# Python 3

## Los fundamentos del lenguaje

4ª edición

Todas las marcas citadas han sido registradas por su respectivo editor.

Reservados todos los derechos. El contenido de esta obra está protegido por la ley, que establece penas de prisión y/o multas, además de las correspondientes indemnizaciones por daños y perjuicios, para quienes reprodujeren, plagiaren, distribuyeren o comunicaren públicamente, en todo o en parte, una obra literaria, artística o científica, o su transformación, interpretación o ejecución artística fijada en cualquier tipo de soporte o comunicada a través de cualquier medio, sin la preceptiva autorización.

Copyright - Editions ENI - Febrero 2024
ISBN: 978-2-409-04421-2
Edición original: 978-2-409-04044-3

Ediciones ENI es una marca comercial registrada de Ediciones Software.

**Ediciones ENI**

P° Ferrocarriles Catalanes, 97-117, 2a pl. of. 18
08940 - Cornellà de Llobregat (Barcelona)

Tel: 934 246 401
Fax: 934 231 576

e-mail: info@ediciones-eni.com
http://www.ediciones-eni.com

Autor: Sébastien CHAZALLET
Colección **Recursos Informáticos** dirigida por Émilie VILLETORTE

# Contenido

Podrá descargar algunos elementos de este libro en la página web de Ediciones ENI: **http://www.ediciones-eni.com**.
Escriba la referencia ENI del libro **RITHS-43PYT** en la zona de búsqueda y valide. Haga clic en el título y después en el botón de descarga.

## Prólogo



## Parte 1: Las fortalezas de Python

## Capítulo 1-1
## Claves teóricas

## Capítulo 1-2
## Presentación de Python

**Capítulo 1-3**
**Por qué escoger Python**

## Capítulo 2-2
## Funciones y módulos

## Capítulo 2-3
## Los principales tipos

## Capítulo 2-4
## Las clases



## Parte 3: Los fundamentos del lengaje

## Capítulo 3-1
## Algoritmos básicos

## Capítulo 3-2
## Declaraciones

## Capítulo 3-3
## Modelo de objetos

**Capítulo 3-4**
## Números, booleanos y algoritmos aplicados

## Capítulo 3-5
## Secuencias y algoritmos aplicados

## Capítulo 3-6
## Conjuntos y algoritmos aplicados

## Capítulo 3-7
## Cadenas de caracteres y algoritmos aplicados

## Capítulo 3-8
## Diccionarios y algoritmos aplicados



## Capítulo 3-9
## Datos temporales y algoritmos aplicados

**Parte 4: Características**

**Capítulo 4-1**
## Manipulación de datos

**Capítulo 4-2**
## Bases de datos

## Capítulo 5-2
## Crear una aplicación web en 30 minutos



## Capítulo 5-3
## Crear una aplicación de consola en 10 minutos



## Capítulo 5-4
## Crear una aplicación gráfica en 20 minutos

**Capítulo 5-5**
## Crear un juego en 30 minutos con PyGame



## Anexos

# Prólogo

## 1. Introducción

Hace ahora más de 15 años que, por convicción, solo trabajo con software libre; con bastante rapidez descubrí Python y me convertí en un aficionado. Desde hace 10 años, solo trabajo en proyectos de Python y siempre intento saber más, mejorar y transmitirlo.

Si usted es un pythonista aspirante o experimentado, conoce otros lenguajes o no, necesita dominar un área funcional específica o desea tocar todo, este libro es para usted. Le permitirá entender el lenguaje, y lo guiará en muchas áreas funcionales para dominarlos.

El lenguaje es solo una herramienta, lo que importa es lo que puedes hacer con él. Y somos afortunados, porque nuestra herramienta, el lenguaje Python, es particularmente hábil y nos permitirá hacer muchas cosas.

## 2. Contenido del libro

El contenido de este libro se centra en Python 3. No obstante, los aspectos esenciales que se abordan se pueden utilizar en Python 2, un lenguaje ahora desprestigiado, pero que sigue existiendo. Cuando presentemos una funcionalidad del lenguaje y haya diferencias notables con Python 2, las presentaremos en primer lugar en un pequeño comentario. Además, se escribe un anexo especializado para ayudarle a pasar de Pyton 2 a Pyton 3.

Este libro está estructurado en varias partes. La primera parte tiene como objetivo presentar algunas claves teóricas para entender qué es un lenguaje de programación y cómo podemos diferenciar los lenguajes existentes. Demostraremos que Python, ya sea como primer lenguaje o como lenguaje profesional, es una elección con futuro, fiable, que se utiliza de forma industrial y que cubre un dominio funcional muy importante.

La **segunda parte** es un pequeño tutorial dedicado a aquellos que aprenden su primer lenguaje de programación en general o quienes empiezan en Python en particular. Se presentan todos los elementos indispensables, que se detallarán de manera más minuciosa en la tercera parte.

La **tercera parte** es el corazón del libro. Presenta el lenguaje en sí:

- gramática;
- tipos;
- estructuras de datos;
- modelo objeto;
- programación funcional y otros paradigmas;
- algoritmos.

Está dirigido a aquellos que ya hayan practicado un poco con Python o aquellos que han terminado la segunda parte y quieran entrar en detalles. Encontrará absolutamente todo lo que debe saber sobre el lenguaje para convertirse en un buen conocedor del mismo. Esta parte también se puede utilizar como una referencia, en la que ir a consultar información cuando sea necesario.

Aquellos que ya conozcan el lenguaje, encontrarán toda la información necesaria para completar sus conocimientos y algunos elementos avanzados, destacados a lo largo del libro.

La **cuarta parte** presenta todo lo que se puede hacer con Python, mediante la librería estándar, librerías externas o incluso frameworks: conectarse con una base de datos, manipular ciertos formatos y estructuras de datos y archivos.

Por último, en la **quinta parte** terminamos como hemos empezado: con tutoriales. Presenta situaciones reales que permiten iniciar proyectos en distintos sectores.

En el anexo, encontrará los códigos fuente a los que se hace referencia más adelante en este libro, y que son demasiado largos como para incluirlos, así como una guía sobre Unicode y otra sobre la transferencia de Python 2 a Python 3 o sobre los métodos que permiten escribir un código compatible para las dos ramas.

Precisemos que la versión que se utiliza en este libro es la versión 3.11 beta.

## 3. Progresión del libro

Cada parte y cada capítulo aborda un dominio particular, cerrado, que presenta desde las nociones básicas hasta las más avanzadas. En función de su nivel, el lector podrá adaptar su lectura.

Después de una primera parte teórica y una segunda en forma de tutorial, la tercera detalla progresivamente todos los aspectos esenciales del lenguaje. Todas las secciones siguientes presentan la implementación de tecnologías de terceros a través de Python. Cada tema se presenta primero teóricamente, y después su uso con Python. Estos conceptos se presentan a través de ejemplos simples, de uso común, a veces originales.

Conociendo la documentación existente y abundante en Internet, algunos capítulos están diseñados como un complemento a la misma y hacen referencia a ella. Se introducen los conceptos básicos que faltan en documentaciones determinadas de difícil acceso para un debutante o conceptos avanzados en otra documentación de acceso más fácil.

© Editions ENI - All rights reserved

Siempre se intenta comenzar desde la base y ofrecer ejemplos que pueda reproducir y modificar para ver lo que manipula y, asi, dominar el tema.

Se le proponen implementaciones concretas para ayudarle a descubrir estos módulos.

Este espíritu es el que impregna también la redacción de la última parte: ayudarle a arrancar un proyecto en un dominio particular y llevarlo hasta el final.

Uno de los hilos conductores esenciales del libro consiste en dar ciertas pautas que muestran cómo podría hacer uno mismo para descubrir lo que se presenta. Esta postura le permitirá ser capaz de descubrir y explorar por usted mismo las posibilidades del lenguaje o de sus módulos, en cualquier situación, en particular si se enfrenta a una necesidad que no está cubierta por este libro. Se trata de un elemento esencial para volverse autónomo rápidamente y dotarse de los medios para progresar uno mismo en lo que Python permite realizar gracias a la consola y herramientas que se presentarán a su debido tiempo.

Con este libro se provee, también, la totalidad del código fuente de esta última parte además de algunas implementaciones prácticas importantes, con el objetivo de permitir al lector probar los programas y modificarlos a su gusto de forma que respondan a su propia experiencia.

Este libro cubre, de este modo, un perímetro relativamente amplio, aborda en profundidad todo el núcleo del lenguaje y el procesamiento de datos y abre perspectivas importantes acerca de todo lo que Python es capaz de hacer.

## 4. Destinado a profesores y alumnos

Numerosos gobiernos, entre ellos el de Estados Unidos de América o el de Francia, recomiendan utilizar Python como lenguaje en la enseñanza de algoritmos en el curso escolar. Destaquemos que este lenguaje es libre y gratuito.

La gran mayoría de las universidades estadounidenses usa Python para aprender un primer lenguaje de programación, pero también como lenguaje para presentar áreas funcionales. En España, Python se enseña en secundaria, en particular en robótica, donde ciertos ejercicios se en Python. En los estudios superiores, su presencia también es generalizada.

Se enseña en los institutos y clases de preparación a la universidad, así como en numerosas facultades universitarias y escuelas de ingenieros.

Existen numerosos cursos en línea abiertos y masivos (MOOC) acerca de los algoritmos que se presentan en universidades americanas u otros actores y la mayoría están escritos en Python.

Respecto a sus competidores, Python no es, todavía, la opción prioritaria por la sencilla razón de que no está lo suficientemente extendido y los profesores aún no lo dominan (algo que está cambiando). Por ello, tiene algunas ventajas importantes, empezando por el hecho de que se trata de un lenguaje de futuro: los alumnos que aprendan hoy este lenguaje podrán utilizarlo, de manera profesional, el día de mañana.

Por otro lado, Python es un lenguaje muy versátil, excelente para la enseñanza, puesto que permite ilustrar numerosos paradigmas y algoritmos. Además, permite trabajar con libertad y dejar que cada estudiante invente según su creatividad, utilizando un único lenguaje, para hacer cosas tan diferentes como controlar un robot, trabajar con matemáticas científicas (como propone MATLAB) o incluso crear una interfaz gráfica o un pequeño sitio web.

Por último, para los alumnos, Python permite organizar su forma de pensar de alto nivel focalizándose sobre un problema que hay que resolver y no a problemáticas vinculadas con el hardware o a limitaciones del lenguaje. Por ello, es posible evaluar realmente la comprensión que un alumno posee respecto a problemáticas u algoritmos sin tener que comprender las cuestiones vinculadas a fallos debidos a una mala manipulación del algoritmo o a la complejidad del propio lenguaje.

Como último argumento, diremos que Python se utiliza directamente por consola o mediante herramientas con muy buen rendimiento tales como iPython o bPython y resulta un lenguaje con una gran capacidad de introspección; lo que permite a los alumnos experimentar ellos mismos y hacerse, progresivamente, con el lenguaje.

La última parte de este libro detalla numerosos conceptos que se abordan, también, en el marco de un curso de informática y que pueden servir como base a numerosas ideas de proyectos o, simplemente, como base de conocimiento.

Los profesores encontrarán en este libro un material de soporte relativamente completo, y los alumnos, una guía para aprender mediante la práctica y la experiencia.

## 5. Destinado a investigadores y doctores

Los investigadores y los doctores, salvo si su área de competencia es la informática, son especialistas en su dominio pero no necesariamente en herramientas informáticas ni en lenguajes de programación. Se trata de dos áreas de conocimiento diferentes.

En este sentido, la principal ventaja de Python es su simplicidad en la implementación; resulta relativamente próximo a un lenguaje natural.

El hecho de que investigadores y doctores posean buenos conocimientos en matemáticas y algorítmica clásica permite asegurarles un uso de Python adecuado a sus objetivos. Existen numerosos ejemplos que muestran cómo este lenguaje resulta particularmente útil para el desarrollo de aplicaciones dedicadas a la investigación, como se verá en el libro.

La principal ventaja de Python es, por tanto, que el investigador o doctor puede dedicar más tiempo a la problemática vinculada a su dominio de investigación que a escribir su código, puesto que no se trata de un fin en sí mismo, sino de un medio.

Muchos comentan que, además de resultar sencillo, Python proporciona también rendimientos equivalentes, o incluso mejores, en particular porque es posible ir más allá en la complejidad con un esfuerzo menor.

Además, cabe destacar que Python ofrece excelentes librerías científicas, con un muy buen nivel y muy completas. Son, como el resto del lenguaje, gratuitas y libres, lo cual resulta una ventaja indiscutible respecto a sus competidores, puesto que no hace falta pagar royalties para mostrar su trabajo en asambleas o incluso para explotarlo económicamente.

Esto significa que el investigador o el doctor que utilice estas librerías para realizar su proyecto tendrá el derecho de distribuirlo libremente o construir una aplicación propietaria, lo que no ocurre con otros productos de la competencia.

Cabe destacar que entre los MOOC citados más arriba, algunos están perfectamente adaptados a estudiantes, investigadores o doctores.

© Editions ENI - All rights reserved

## 6. Destinado a aquellos que vienen de otro lenguaje

Sea cual sea el lenguaje previo, aquel que quiera aprender con Python encontrará siempre características o particularidades que le serán familiares y que le permitirán despegar con mayor facilidad y más rápidamente, sin tener que reaprender.

Para ello, bastará con desarrollar utilizando Python de la manera más similar a como lo hiciera con su anterior lenguaje, de sintaxis similar. Más adelante, una vez acostumbrado a la sintaxis y con ganas de ampliar y alcanzar un nivel suplementario, podrá aprender poco a poco a hacer su código un poco más «pythoniano», lo que le permitirá ser en todo momento eficaz y alcanzar una curva de aprendizaje regular.

Por todas las diferencias y novedades, el nuevo pythonista encontrará en este libro material para descubrir y ampliar su conocimiento y disfrutará, en particular con la segunda parte, dedicada al núcleo del lenguaje, con las sutilidades de Python.

Tenga precaución, no obstante, ¡pues muchas personas que han buceado hasta el corazón de Python no han podido volver jamás a los lenguajes de programación que utilizaban antes!

© Editions ENI - All rights reserved

# Parte 1: Las fortalezas de Python

# Capítulo 1-1 Claves teóricas

## 1. Breve historia de los lenguajes informáticos

### 1.1 Informática teórica

Para comprender la evolución de la historia de la informática, es preciso conocer los dos ejes de investigación de la informática teórica: la traducción del lenguaje natural en un lenguaje formal, comprensible por una máquina, y la definición de la semántica de los lenguajes de programación.

El primer eje es el más evidente. Se trata de crear un lenguaje informático que sea un lenguaje formal, permita abstraerse de la semántica y trate los datos de forma abstracta, definiendo las reglas matemáticas que se les podrá aplicar de modo que pueda utilizarlo una máquina. El lenguaje formal permite a quien escribe código fuente (desarrollador) describir una serie de instrucciones totalmente abstractas para realizar un objetivo concreto, que la máquina no conoce, pero que tiene sentido para el desarrollador.

El segundo eje consiste en dotar a los programas (significantes) de un vínculo con un objeto matemático (significado). Podríamos citar un ejemplo con el patrón de diseño llamado *decorador*, que corresponde con lo que en matemáticas llamamos *composición*. Un programa puede, de este modo, semejarse a un transformador de propiedades que puede expresarse en estos términos: «Si se respeta una precondición, la poscondición también lo será».

El libro informático de referencia en el dominio es *The Art Of Computer Programming* de Donald Knuth, publicado por Addison-Wesley Professional, aunque no traducido al castellano.

## 1.2 Cronología de la informática

### 1.2.1 Evolución de las problemáticas vinculadas a la informática

La informática es una disciplina científica que ha evolucionado muy rápido, gracias a la aparición de máquinas cada vez más potentes y a la experiencia acumulada.

Al principio, cada máquina incluía especificidades que era preciso tener en cuenta (arquitectura, serie de instrucciones, capacidad), y más tarde la *selección natural* ha vuelto obsoletas algunas de ellas, mientras que otras han evolucionado de forma asombrosa.

De este modo, la problemática esencial del código fuente, en sus primeros años, era el tamaño del código ejecutable y la cantidad de recursos a disposición del usuario, así como el tiempo de ejecución.

A día de hoy, salvo en contextos particulares, esta problemática no tiene la menor importancia dada la capacidad de las máquinas actuales.

La problemática esencial, a día de hoy, es la capacidad de un código fuente para ser organizado, estructurado, simplificado, de forma que pueda comprenderse fácilmente, mantenerse, reutilizarse y mejorarse. También es conveniente que sea capaz de evolucionar rápidamente y, en general, de disminuir el coste de desarrollo.

La gran cantidad de programas informáticos, los ámbitos de uso (desde el ordenador de escritorio hasta el servidor, aunque también los dispositivos domóticos o los teléfonos móviles), los numerosos dominios de aplicación de la informática (desde nuestra agenda electrónica hasta el ERP de la empresa, desde la tienda de un artesano hasta un sitio comercial de alta disponibilidad), hacen que las problemáticas que se plantean sean numerosas, así como las formas de responder a ellas. Los requerimientos se han vuelto esenciales y sitúan a la informática en el centro de uno de los pilares económicos actuales. Lo queramos o no, la informática se encuentra en el núcleo de nuestras vidas.

Un **fabricante de software** puede hacer evolucionar con rapidez sus programas, o bien gestionar simplemente las solicitudes concretas que provienen de cada cliente, siendo capaz de aportar una corrección muy rápidamente y de hacerlo evolucionar sin que se vuelva demasiado costoso.

Un desarrollador que trabaje para una empresa de **servicios informáticos**, que se encargue de un proyecto ya bien avanzado, y que no va a permanecer en él más que unos pocos meses probablemente, debe poder entrar con facilidad en el código de todas las partes de la aplicación y crear nuevo código que sea homogéneo con el existente. El tiempo dedicado a la comprensión del código y a su dominio resulta determinante para el éxito de la misión.

Las **agencias web** buscan programas de gestión de contenidos (CMS) que no haya más que personalizar, o bien frameworks que permitan realizar un desarrollo muy rápido y que resulte sencillo de mantener. El objetivo es construir un sitio más o menos específico en unos pocos días y el trabajo principal está vinculado con el diseño.

Las tres problemáticas esenciales de la situación anterior son, por tanto, el **tiempo** que el desarrollador tarda en comprender un código existente, las **posibilidades** en términos de arquitectura de aplicación (modularidad, reutilización, extensibilidad) y la **capacidad funcional**.

© Editions ENI - All rights reserved

En todos estos casos, seleccionar Python es conveniente, pues pocos lenguajes son tan claros, concisos, explícitos, permiten desarrollar rápidamente, de manera modular, en equipo y disponen de una cobertura funcional tan importante.

Existen, no obstante, dominios de la informática donde las problemáticas clásicas siguen estando presentes, en particular para la informática embebida, para la que Python sigue siendo una posible elección, puesto que los módulos utilizados están perfectamente optimizados, o incluso en informática en tiempo real para la que Python se utiliza en prototipos.

### 1.2.2 Cronología de los lenguajes informáticos

Además de la evolución del hardware, la evolución de los lenguajes informáticos se explica bastante a través de la evolución de las problemáticas, y también de su modelización y de la implementación de diversas teorías que han surgido a lo largo de la historia de la informática y que se han implementado con más o menos acierto en ciertos lenguajes.

De este modo, los paradigmas seguidos por un lenguaje son una característica esencial.

Un elemento muy importante que explica la adopción de un lenguaje, y también su evolución y supervivencia es el hecho de que, a lo largo de la historia, haya convencido a uno o varios actores clave del mercado de la informática, en particular si dicho actor ha invertido en esta tecnología o, todavía mejor, la ha incorporado al núcleo de su estrategia. De este modo, uno de los actores que ha invertido en la mayoría de los lenguajes a lo largo de su historia es, sin duda, IBM, pero existen otros como, por ejemplo, SUN, que ha tenido una importancia capital.

He aquí, por tanto, una tabla resumen no exhaustiva de la cronología:

| Año | Nombre: Descripción corta | Paradigmas |
|---|---|---|
| 1952 | **A-0**: se describe un programa como secuencia de subprogramas. | Imperativo. |
| 1954 | **Fortran**: orientado al cálculo científico. Éxito industrial. | Imperativo. |
| 1958 | **Algol**: un programa se describe por una serie de algoritmos, incluye recursividad. Éxito universitario, pero no industrial. | Procedural. |
| 1959 | **Lisp**: un programa que se manipula como una estructura de datos. Utiliza notación prefijada y dispone de una gestión automática de la memoria. | Imperativo y funcional. |
| 1960 | **COBOL**: descendiente de A-0, sintaxis extremadamente pesada, adaptado a las tarjetas perforadas, pero obsoleto después. | Imperativo. |
| 1962 | **Simula**: descendiente de Algol, introduce el concepto de clases. | Imperativo, precursor de la orientación a objetos. |

| Año | Nombre: Descripción corta | Paradigmas |
|---|---|---|
| 1963 | **CPL**: descendiente de Algol, aporta profundos cambios a nivel de la traducción puesto que introduce el O-code y el compilador en dos partes: del código fuente hacia el O-code y de este último al lenguaje máquina, simplificando así la compatibilidad de un programa en varias máquinas. Creado en sus orígenes para responder tanto a necesidades industriales como universitarias, se inspira a su vez en Fortran y COBOL. | Imperativo. |
| 1967 | **BCPL**: evolución de CPL realizada en el entorno universitario y que resuelve sus problemáticas. | Imperativo. |
| 1969 | **B**: descendiente de BCPL al que se le ha eliminado todo lo que se consideraba como no esencial. Creado para uso industrial. | Imperativo. |
| 1971 | **Pascal**: concebido para uso educativo (universitario) y, más adelante, mejorado constantemente y que terminó conquistando el dominio industrial. Nace de trabajos sobre una variante de Algol y se construye por oposición a Algol y Fortran (sintaxis clara, rigurosa y sencilla, estructuración de los programas). | Imperativo. |
| 1972 | **Smalltalk**: descendiente de Simula y de Lisp, se trata del primer lenguaje orientado a objetos: todo es un objeto, todo es modificable, el tipado es dinámico y dispone de un recolector de basura. Introduce el sistema de gestión de excepciones que se ejecuta mediante una máquina virtual, idea que retoma Java con su JIT. Dispone de herencia simple. Presenta el concepto de MVC. | Orientado a objetos. |
| 1972 | **C**: descendiente de B. Es una referencia absoluta de los lenguajes imperativos modernos y los lenguajes de bajo nivel. Es el lenguaje de los sistemas operativos modernos. C dispone de una sintaxis abordable, amplias posibilidades, numerosas librerías con muy buen rendimiento y portabilidad gracias a la compilación en dos fases herencia de CPL (mediante BCPL y B). | Imperativo. |
| 1972 | **INTERCAL**: lenguaje de programación paródico, cuyo estudio permite poner en evidencia problemáticas propias de los lenguajes de programación de la época. | Imperativo. |
| 1972 | **Prolog**: primer lenguaje que implementa el paradigma de programación lógica. | Lógico. |
| 1975 | **Scheme**: descendiente de Lisp orientado a la programación funcional pura. Se caracteriza por una sintaxis limitada, con pocas palabras clave y que puede orientarse a objetos mediante el uso de macros. | Funcional. |

© Editions ENI - All rights reserved

| Año | Nombre: Descripción corta | Paradigmas |
|---|---|---|
| 1977 | **Modula**: descendiente de Algol y de Pascal, fuertemente tipado, modular, portable y que no ha evolucionado mal con el paso de los años. Inspirará a Java, C# y Python. | Imperativo, procedural, genérico. |
| 1980 | **C With Classes**: primera implementación de clases en C, precursor de C++. | Imperativo, orientado a objetos mediante clases. |
| 1980 | **ABAP**: descendiente de COBOL, aplicado a SAP. La extensa implantación de esta herramienta en el mundo empresarial y la obligación de utilizar ABAP ha obligado a mantener este lenguaje totalmente obsoleto en actividad. Es el principal motivo de que los desarrolladores sean especialmente caros. | Imperativo. |
| 1983 | **Ada**: descendiente de Pascal, del que retoma la sintaxis, adaptado a sistemas en tiempo real y embebidos. | Imperativo. |
| 1983 | **Turbo Pascal**: versión de referencia de Pascal, del que desciende. Su historia resulta importante pues ocupa un lugar especial en el seno de las reflexiones acerca de la calidad del software, así como de las licencias y su portabilidad. Esta versión, realizada por Borland, costaba solamente 49 $ frente a los 500 $ de Microsoft. Por un lado, disponía de una calidad superior por un precio medio; por otro lado, Borland no reclamaba derechos suplementarios, mientras que Microsoft pretendía que los desarrolladores pagaran por cada integración de librería del lenguaje en el seno del programa final. Esta actitud ha creado escuela. | Imperativo, orientado a objetos. |
| 1983 | **C++**: continuación del trabajo comenzado con «C with Classes» en 1980, con funciones virtuales, sobrecarga de operadores, plantillas, gestión de excepciones, etc. Se trata de una referencia para cualquier lenguaje y la posibilidad de agregar funcionalidades ha permitido mejoras en el rendimiento. La librería C++ es, a su vez, particularmente impresionante. Existen, además, otras librerías importantes que no se encuentran en el núcleo de C++, como por ejemplo Boost. | Imperativo, orientado a objetos, genérico. |
| 1984 | **Common Lisp**: descendiente de Lisp, que presenta multiparadigma así como tipado dinámico, gestión de excepciones y es sintácticamente extensible. | Imperativo, funcional, orientado a objetos. |
| 1986 | **Eiffel**: introduce la programación por contrato, aunque también permite programación orientada a objetos y herencia de tipos. | Orientado a objetos, por contrato. |

| Año | Nombre: Descripción corta | Paradigmas |
|---|---|---|
| 1987 | **Perl**: muy inspirado en C, del que toma los aspectos esenciales, tiene la vocación de proporcionar una alternativa a programas como sed, awk, y el shell sh, estando particularmente adaptado a la manipulación de archivos de texto y expresiones regulares. Se desarrollará mucho más allá de su objetivo inicial. | Imperativo, orientado a objetos, funcional. |
| 1990 | **Haskell**: fundado en el cálculo lambda y la lógica combinatoria, sus principales características son las funciones recursivas, la inferencia de tipo, la comprensión de listas y la evaluación perezosa (del inglés *lazy evaluation*). | Funcional. |
| 1991 | **Python**: el lenguaje que abordamos en este libro. | Consulte el siguiente capítulo. |
| 1993 | **Brainfuck**: literalmente «masturbación intelectual», se trata de un lenguaje paródico. | Imperativo. |
| 1993 | **Ruby**: inspirado por Lisp, Smalltalk, Python, Eiffel, Ada y Perl, Ruby es un lenguaje de alto nivel multiplataforma que se distingue por el respecto del principio de la mínima sorpresa y que dispone de varias implementaciones (como Python), y de una sintaxis particular, mezcla de varias influencias. | Imperativo, orientado a objetos, concurrente y funcional. |
| 1993 | **Lua**: se utiliza, en particular, para embeberlo en videojuegos, dispone de una compacidad apreciada en detrimento de la legibilidad, algo compleja para los no expertos. | Imperativo, procedural, orientado a objetos prototipo. |
| 1995 | **Delphi**: descendiente de Pascal, que hace hincapié en las librerías gráficas. | Imperativo, orientado a objetos. |
| 1995 | **Java**: trabaja sobre una máquina virtual (como lo hacía Smalltalk en 1972), dispone de una sintaxis muy verbosa (demasiado) que puede resultar atractiva a la enseñanza por su rigidez. Dispone de una librería extendida y de una licencia que, si bien no está aclamada por los gurús del software libre, permite a las empresas realizar desarrollos con un menor coste. Java es, típicamente, un lenguaje que se ha impuesto gracias al soporte de IBM, que lo ha incluido en el núcleo de su estrategia, como hizo en su día con Fortran o COBOL. No obstante, el líder y contribuyente principal histórico ha sido SUN. | Orientado a objetos. |

© Editions ENI - All rights reserved

| Año | Nombre: Descripción corta | Paradigmas |
|---|---|---|
| 1995 | **PHP**: se trata de una gramática y una librería de varios miles de funciones escritas en C. PHP se utiliza, en particular, para realizar sitios web o aplicaciones web dinámicos. Existen muchos programas de libre distribución escritos en PHP (Drupal, OsCommerce, Wikimedia, utilizado por Wikipedia). | Imperativo, orientado a objetos desde PHP 5.3. |
| 1998 | **Erlang**: lenguaje que puede compararse con C o Java y desarrollado por Ericsson para sus portátiles. La idea básica es la delegación de tareas a varias máquinas virtuales con una elevada tolerancia a fallos. | Concurrente y funcional. |
| 2000 | **D**: sucesor de C (que es una referencia) y que tiene como objetivo simplificar en mantenimiento de los compiladores, la depuración de la sintaxis de forma que resulte a la vez más sencilla de comprender y más rápida de compilar. Incluye pruebas unitarias, funciones acrónimas, estructuras de tabla, plantillas, recolector de basura y es compatible y se comunica con el lenguaje C. | Imperativo, orientado a objetos, programación por contrato. |
| 2009 | **Go**: desarrollador por Google con el objetivo de alcanzar la mayor rapidez posible. | Concurrente. |

Se distinguen varias fases muy claras: en los anos 58 a 62 surgieron las primeras bases, en los años 69 a 75 se desarrollan las necesidades industriales y las empresas que lideran el mercado en la época, a primeros de los años 80 aparece la portabilidad y entre los años 85 a 95 aparecen los lenguajes de alto nivel.

# 2. Tipología de los lenguajes de programación

## 2.1 Paradigmas

### 2.1.1 Definición

Una de las diferencias esenciales entre los lenguajes de programación es el paradigma que implementa cada uno de ellos.

Un paradigma es una representación, mediante un modelo teórico coherente, de una visión particular del mundo.

Dicho de otro modo, un paradigma, en el sentido informático del término, es el conjunto de reglas gramaticales y herramientas que permiten a un desarrollador describir algoritmos. Este conjunto debe resultar coherente y permitir responder a una visión particular de la forma de desarrollar.

Un paradigma es un modelo de programación y determina, por tanto, la formulación de algoritmos y, en consecuencia, la visión que tiene el desarrollador de la ejecución de su programa, así como la organización de su código fuente.

Llevando este razonamiento hasta su extremo, podemos decir que la elección de paradigmas de un lenguaje de programación determina la forma de pensar, de reflexionar, de un desarrollador y, en consecuencia, la forma de modelar los problemas encontrados.

El término «paradigma de programación» no tiene sentido. Se utilizan, en cambio, los términos «paradigma» o «modelo de programación».

Algunos lenguajes de programación se crean para dar soporte a un paradigma concreto. De este modo, C, Fortran, COBOL y Pascal implementan el **paradigma imperativo**; Eiffel, Java y Smalltalk implementan el **paradigma orientado a objetos**; Lisp, Haskell, Caml y Erlang implementan el **paradigma funcional**; Prolog implementa el **paradigma lógico**; AspectJ implementa el **paradigma orientado a aspectos**.

La historia de la informática y la evolución del pensamiento lógico ha hecho indispensable utilizar el **paradigma orientado** a objetos para el desarrollo de aplicaciones. De este modo, se creó C++ para incluir este paradigma en C, Turbo Pasca lo ha hecho con Pascal y OCaml con Caml. A pesar de todo, no puede deducirse que el paradigma orientado a objetos sea mejor que el **paradigma imperativo**. Está, simplemente, mejor adaptado a algunos contextos, aunque también está, por oposición, peor adaptado a otros. A día de hoy, por ejemplo, el lenguaje C sigue siendo muy útil, en particular para programación de sistema, donde el uso de objetos supone una complejidad que no aporta mejoras significativas.

Estos paradigmas agregados son el resultado de la evolución de las tecnologías informáticas –donde unas inspiran a otras– y de una continuidad que resulta de la voluntad de mantener el espíritu original que les sirvió para alcanzar su éxito.

Otros lenguajes de programación se han diseñado para permitir, de forma nativa, utilizar varios paradigmas o ampliar su uso mediante librerías externas. Es el caso de Python.

El paradigma es una teoría que resulta más o menos precisa y que deja más o menos margen a las implementaciones. De este modo, cada lenguaje de programación utiliza toda o parte de la teoría, o la adapta a su propia visión.

De este modo, por ejemplo, algunos lenguajes utilizan la herencia simple, otros la herencia múltiple, e incluso las soluciones que permiten utilizar la herencia múltiple son muy diferentes unas de otras, algunas de ellas no muy próximas a la teoría.

**Observación**

*La filosofía vinculada al lenguaje Python recomienda vaciar la mente y observar lo que ocurre a nuestro alrededor, para inspirarse e incluso reutilizar lo que sea posible. Todo ello se opone a una doctrina que trata de convencer a todos aquellos para los que solo su manera de ver las cosas es correcta. De este modo, en lo relativo a los paradigmas, se le recomienda empezar utilizando el que le resulte más familiar, y más adelante evolucionar hacia los demás, a su ritmo. Por este motivo **Python es multiparadigma**.*

### 2.1.2 Paradigma imperativo y derivados

Entre los principales paradigmas, se distingue el **paradigma imperativo** que incluye COBOL, Algol, BASIC y C. Algunos programas disponen de una etiqueta por línea y son completamente lineales, utilizando sentencias GOTO para realizar bucles. Otros son un conjunto de procedimientos o funciones que pueden invocarse entre ellos, utilizando recursividad.

© Editions ENI - All rights reserved

El punto de entrada del programa es una función o procedimiento particular. Existen tantas variantes como lenguajes.

Python, en sí mismo, permite realizar una programación imperativa.

### 2.1.3 Paradigma orientado a objetos y derivados

Otro paradigma al que se hace referencia es el **paradigma orientado a objetos.** Distinguimos, aquí, dos grandes variantes: el paradigma orientado a objetos mediante clases y el paradigma orientado a objetos mediante prototipos. El primero consiste en la escritura de clases (C++, Java...), mientras que el segundo permite definir un nombre de clase, padres, y agregar métodos (Lua, JavaScript) a continuación. La diferencia entre ambos es que una clase permite tener instancias que pueden, en función de la implementación del lenguaje, tener más o menos afinidad con las clases, mientras que en la programación mediante prototipo no existe la noción de instanciación. Los objetos no son más que contenedores de métodos estáticos.

Python permite trabajar con ambos estilos de programación orientada a objetos y su implementación resulta particularmente completa y muy distinta respecto a otros lenguajes. El capítulo Modelo de objetos nos servirá para describir con detalle todos los aspectos relativos a este paradigma orientado a objetos.

La **programación orientada a componentes** parte de la madurez del paradigma orientado a objetos y de la voluntad de estructurar el código en bloques reutilizables.

Remplazar la duplicación de código mediante la reutilización de funcionalidades genéricas permite progresar en el mantenimiento de las aplicaciones.

El modelo orientado a objetos de Python le permite implementar una programación por componente muy bien planteada.

Del mismo modo, la **programación orientada a eventos** consiste en desarrollar una aplicación como un programa que responde a eventos que es capaz de detectar, y supone la aplicación del paradigma orientado a objetos y un patrón de diseño particular. Para C++, hay que utilizar la librería boost::signal.

Python aprovecha también su modelo de objetos para proporcionar varias soluciones de programación orientada a eventos. Resulta particularmente útil para diseñar interfaces gráficas, principalmente web, aunque no en exclusiva.

### 2.1.4 Programación orientada a aspectos

La **programación orientada a aspectos** permite desacoplar las preocupaciones (aspecto, en inglés) técnicas de las preocupaciones propias del dominio de aplicación gracias a principios arquitecturales y a puntos de unión. Un programa se convierte en un entrecruzado (*crosscutting*) de diversas preocupaciones.

Python, gracias a su modelo orientado a objetos, permite implementar nativamente la noción de aspecto permitiendo ciertas modificaciones de los objetos, tal y como se presenta en el capítulo Modelo de objetos. Existen diversos módulos que permiten, a su vez, responder a necesidades concretas sin tener que entrar hasta el fondo (aop, aspyct, aspects, Sprint Python).

### 2.1.5 Paradigma funcional

Otro paradigma que es algo menos conocido que los dos paradigmas fundamentales anteriores (imperativo y orientado a objetos) es el **paradigma funcional**. Lo utilizan Lisp, Scheme, Erlang.

Según sus diseñadores, permite centrarse en la reflexión acerca de los propios datos, y no en los algoritmos que los manipulan.

Ciertos lenguajes se llaman puramente funcionales; no autorizan una programación imperativa. Es el caso de Erlang, por ejemplo. Ciertos algoritmos resultan mucho más fáciles de expresar mediante un paradigma imperativo, de modo que la asociación de ambos permite ofrecer un campo de acción algo mayor a los desarrolladores, agrupando las variables en dos grupos: las variables mutables, sobre las que es posible utilizar programación funcional, y no mutables, sobre las que no puede aplicarse el paradigma funcional.

Python proporciona, a su vez, elementos de programación funcional particularmente útiles.

### 2.1.6 Paradigma lógico

El **paradigma lógico** resulta todavía mucho más particular. Se utiliza en Prolog. En este caso, los datos resultan mucho más importantes que el algoritmo. La idea consiste en definir una aplicación mediante un gráfico de reglas lógicas aplicables a los datos mediante un motor de inferencia. Se asemeja a la teoría de grafos, y es la base de la programación por restricciones utilizada en la inteligencia artificial.

Python posee dos modos relativos a la **programación lógica**. El primero, PyPy, es una implementación diferente a la implementación habitual de Python, que utiliza de manera subyacente la programación lógica. Esto permite obtener mejores rendimientos.

Python proporciona, a su vez, el módulo PyKE (*Python Knowledge Engine*) que permite a los desarrolladores utilizar directamente el paradigma lógico en el seno de CPython.

Una derivada es la **programación por restricciones**. Python proporciona un módulo python-constraint que permite declarar un problema, insertar restricciones y obtener las soluciones.

### 2.1.7 Programación concurrente

La **programación concurrente** se concibe, específicamente, para permitir realizar varias tareas simultáneas. Se denominan tareas concurrentes. Esto permite, a su vez, aprovechar mejor el hardware moderno, que dispone de varios procesadores o varios núcleos, y una cantidad de recursos mucho mayor.

Python proporciona varios módulos que permiten gestionar diferentes necesidades, aunque con la llegada de Python 3.2 aparece una solución natural mediante el paquete llamado concurrente.

Por último, esta enumeración finaliza con la **programación por contrato**, que permite desarrollar en función de una serie de precondiciones y postcondiciones. Representado por Eiffel, esta forma de programar ofrece varias ventajas.

Python posee medios que permiten utilizar simplemente este paradigma en el núcleo del lenguaje, además de un módulo dedicado, pycontract, que permite ir un poco más lejos.

© Editions ENI - All rights reserved

### 2.1.8 Síntesis

Las secciones anteriores muestran que Python ofrece una variedad muy amplia.

Fundamentalmente, no existe ningún paradigma que sea intrínsecamente mejor o peor que otro. Si existe un paradigma, es porque responde a una necesidad concreta y es para dicha necesidad para la que se encuentra mejor adaptado o, como mínimo, ofrece una ventaja singular.

Cada lenguaje implementa un paradigma de alguna manera que le resulta propio y que responde a ciertas restricciones y necesidades que le son inherentes. Por ello, imponen los paradigmas de las técnicas que se han de utilizar y conceptos que hay que respetar.

Algunos paradigmas son complementarios y se combinan con éxito. La voluntad de Python es sacar el mayor provecho de cada situación y no dudar a la hora de adaptarse y combinarse con otras técnicas. Desgraciadamente, algunos métodos de calidad de código no comprenden este aspecto. Existen otros lenguajes que deciden no implementar más que un único paradigma haciendo todo lo posible por prohibir el uso de otros paradigmas, con cierta voluntad de purismo que no tiene sentido, puesto que el objetivo de un lenguaje de programación no es permanecer cerrado sobre sí mismo sino proveer a los desarrolladores una versatilidad lo más amplia posible.

Los lenguajes que implementan varios paradigmas se denominan lenguajes **multiparadigma**.

Python tiene vocación de ser un lenguaje universal. No es un lenguaje especializado para una tarea específica, sino que proporciona herramientas que le permiten alcanzar este fin respetando ciertas exigencias definidas.

Claramente, Python está muy orientado a objetos, puesto que en Python todo es un objeto, realmente todo: una propia clase, una función o un módulo son también objetos y pueden tratarse como tales.

Sin embargo, las orientaciones imperativa y funcional de Python también son importantes y no es raro escribir código que utilice los tres a la vez.

Con Python, la elección del paradigma o de los paradigmas que se desean utilizar se realiza en función de las necesidades y exigencias del proyecto, y también basándose en la experiencia y los hábitos propios de programación. Esto deja un amplio margen de libertad.

Aquellos desarrolladores que vengan de C, COBOL o Algol empezarán a trabajar utilizando, sin duda, una programación imperativa, para pasar a continuación de manera progresiva a una orientación a objetos y a un dominio funcional, mientras que aquellos que provengan de Java o de PHP digerirán en primer lugar las diferencias del modelo de objetos antes de poder apreciar la programación funcional, en una etapa más madura, por ejemplo.

Además, la interrelación de varios paradigmas puede realizarse sin ser plenamente consciente, y el carácter natural de Python hace que con un poco de experiencia la progresión pueda ser bastante rápida con muy poca inversión de tiempo.

## 2.2 Interoperabilidad

En sus inicios, se desarrollaban programas con instrucciones binarias. Estaban orientados a un procesador concreto. A continuación, aparecen los lenguajes de programación, que permiten ordenar las instrucciones. Están vinculados con un procesador, y si es preciso pueden traducirse a otro.

Una de las ventajas de C consiste en proporcionar una forma de compilación de los programas independiente de la arquitectura, introduciendo el O-code. De este modo, cualquier programa se traduce a O-code, que es totalmente independiente del soporte (arquitectura del hardware) y una segunda herramienta traduce el O-code en lenguaje máquina. Esto permite que, de una máquina a otra, la ejecución sea diferente pero el programa realice las mismas tareas, de manera óptima.

Además, la evolución permanente de la informática implica que los nuevos procesadores incluyan de forma regular nuevas instrucciones que resulta particularmente útil implementar con el objetivo de mejorar de forma natural la ejecución de los programas, mejorando las capas sobre las que se basan y ejecutan. Este trabajo se realiza, ahora, en una única dirección: la dedicada a transformar el O-code en lenguaje máquina. Por el contrario, cuando un lenguaje evoluciona aceptando una nueva sintaxis, una nueva norma, dicho lenguaje debe evolucionar, lo que implica la modificación de la parte que traduce un programa en O-code.

La implementación más común de Python está escrita en C y aprovecha, por tanto, estas ventajas. De este modo, todo este formidable trabajo realizado por cuenta del lenguaje C sirve también para Python, y se aprovecha toda la experiencia acumulada.

Existen otras implementaciones de Python realizadas a partir de Java o de .NET, y que aprovechan a su vez sus ventajas respectivas.

El código Python puede ejecutarse directamente en una máquina virtual que produce un byte-code y lo ejecuta. Este byte-code depende de la máquina, aunque su producción se realiza para cualquier arquitectura y sistema operativo.

Esta interoperabilidad, para un lenguaje de programación destinado a desarrollar aplicaciones, resulta un elemento esencial sin el cual se limitaría enormemente su difusión.

Python responde, por tanto, a esta problemática. Además, Python va mucho más lejos que C u otros lenguajes informáticos, pues su comportamiento es idéntico sea cual sea la plataforma y hace una abstracción completa de las diferencias vinculadas al bajo nivel, que se abordan en el propio lenguaje. Salvo en la programación explícita de bajo nivel, el desarrollador no tiene que preocuparse de las diferencias entre las arquitecturas de hardware y los sistemas operativos, lo que convierte a Python en un lenguaje más cómodo de usar.

No obstante, Python es capaz de adaptarse a restricciones particulares, fuera del espectro habitual. Por ejemplo, es posible realizar desarrollos específicos para utilizar los aspectos concretos de una determinada arquitectura de hardware.

De este modo, PyArduino, por ejemplo, permite utilizar instrucciones específicas para Arduino.

**Observación**

*El hecho de que los programas escritos en Python se ejecuten en una máquina virtual y que estas máquinas existan en todas las arquitecturas posibles hace que cualquier programa en Python sea extremadamente portable. Además, para la distribución de su programa, existen herramientas para empaquetarlo (crear un instalador para Windows o un paquete para Linux, por ejemplo).*

© Editions ENI - All rights reserved

## 2.3 Niveles de programación

### 2.3.1 Máquina

La programación a nivel de máquina significa que se escribe el programa en el juego de instrucciones directamente comprensible por el procesador.

Se trata, por ejemplo, de los distintos lenguajes ensambladores. Estos lenguajes requieren una experiencia previa sobre el funcionamiento de la máquina, sobre todas las problemáticas vinculadas con el hardware y las técnicas y conceptos esenciales y fundamentales acerca del uso de registros, por ejemplo.

Realizado por un experto, dicho programa es insuperable en términos de rendimiento y de consumo de recursos. Es, por tanto, un tipo de programación que todavía se realiza a día de hoy –por expertos– en situaciones en las que las restricciones de hardware son importantes y en contextos más electrónicos que informáticos. Es el caso, por ejemplo, de la robótica, con informática embebida, aunque es hasta cierto punto extraño porque el nivel de experiencia necesario es realmente muy elevado y existen lenguajes de bajo nivel que permiten realizar prácticamente las mismas tareas con los mismos recursos o con una rapidez aceptable.

Además, la complejidad de dichos programas no puede ser muy elevada dado que deben contentarse con procesar señales, recibidas desde sensores o dispositivos periféricos y controlar servo-motores u otros dispositivos en función de un juego de instrucciones determinista bastante sencillo.

En efecto, la realización de estos programas depende del hardware y, en consecuencia, requiere una profunda modificación si se cambia este.

### 2.3.2 Bajo nivel

Un lenguaje de bajo nivel permite programar algoritmos más o menos complejos, así como utilizar hardware específico y armonizado (de una arquitectura de hardware a otra y de un sistema operativo a otro), realizando una abstracción de las llamadas de sistema y del sistema de archivos.

Este tipo de lenguaje puede, por tanto, compilarse en lenguaje máquina y, cuantos más compiladores existan para las distintas arquitecturas, mejor detectará el hardware y utilizará las especificidades del juego de instrucciones del procesador, y más «portable» será.

Algunos lenguajes de bajo nivel no son portables salvo para algunas pocas plataformas más comunes y no soportan más que las instrucciones más corrientes y que bastan para ejecutar de principio a fin un programa. Otros permiten ejecutar sobre todas las arquitecturas y utilizan, sistemáticamente, las últimas mejoras de los juegos de instrucciones de los procesadores. La gama existente entre ambos extremos es relativamente importante.

Un mismo programa, compilado en distintas máquinas, puede dar instrucciones sensiblemente distintas.

Esta problemática es relativamente importante y está tan bien resuelta por ciertos lenguajes de bajo nivel que por ello resultan indispensables.

A día de hoy, los lenguajes de bajo nivel siguen siendo muy útiles en todos los desarrollos cortos y próximos al sistema (típicamente la programación de sistema, aunque también en el procesamiento de señales y código embebido), aunque también se utilizan en contextos en los que el rendimiento resulta un aspecto esencial, como por ejemplo el tiempo real, los gráficos 3D, el cálculo o los vídeojuegos.

El desarrollo de bajo nivel requiere, no obstante, una gestión de los recursos, en particular de la memoria. Esto implica un cierto dominio del lenguaje utilizado y dedicar tiempo en el desarrollo para asegurar que las tareas de bajo nivel se realizan de forma correcta, potencialmente generadoras de errores.

Estos lenguajes se caracterizan por la capacidad de gestionar tareas de bajo nivel tales como asignación y liberación de memoria; de ahí el nombre de lenguajes de bajo nivel.

### 2.3.3 Alto nivel

Un lenguaje de alto nivel se caracteriza por una gestión automática de todas las tareas de bajo nivel, a diferencia de estos últimos (asignación de memoria, liberación de memoria, generalmente mediante el uso de un recolector de basura...). Se trata de la única característica propia de un lenguaje llamado de alto nivel.

El hecho de que un lenguaje esté orientado a objetos no tiene nada que ver con el hecho de que sea de alto nivel. Por ejemplo, C++ es un lenguaje orientado a objetos que, aun siendo una referencia de este tipo de lenguajes, sigue siendo de bajo nivel por los motivos que acabamos de exponer.

Del mismo modo, algunos lenguajes integran un sistema de gestión de excepciones o una librería más o menos potente. Incluso en estos casos se trata de características diferentes a la noción de alto nivel.

La principal ventaja de un lenguaje de alto nivel es que el desarrollador puede dedicarse a la resolución de su tarea y no tener que ocuparse de los detalles propios de la implementación. Por ejemplo, si necesita un número entero, declara un número entero, sin tener que reflexionar acerca de su tamaño para saber si tendrá que representarlo con uno, dos o cuatro bytes. De este modo, los algoritmos escritos con un lenguaje de alto nivel se parecen a un metacódigo lógico o a un lenguaje matemático.

Por último, un lenguaje de alto nivel no tiene, necesariamente, un peor rendimiento que un lenguaje de bajo nivel, pues todo depende de las posibles optimizaciones implementadas y de la habilidad del desarrollador. En efecto, para los lenguajes de alto nivel, el desarrollador podrá escoger entre utilizar una u otra solución en función de la complejidad del algoritmo y el lenguaje hará el resto, mientras que en un lenguaje de bajo nivel, el programador tendrá que seleccionar, para cada algoritmo, la mejor manera de trabajar y realizar elecciones estructurales.

Dicho en otros términos, podríamos afirmar que es posible convertirse en un buen desarrollador en un lenguaje de alto nivel mientras que harán falta bastantes más años de experiencia para alcanzar el mismo estatus en un lenguaje de bajo nivel.

**Observación**

*El lenguaje Python es un lenguaje de alto nivel, puesto que gestionar sus recursos, y en particular la memoria, mediante un recolector de basura que implementa un contador de referencias. Es también la referencia absoluta de los lenguajes de alto nivel por su extrema legibilidad y su flexibilidad, que permite al desarrollador abordar una gran cantidad de casos de uso de manera muy elegante y natural.*

© Editions ENI - All rights reserved

## 2.4 Tipado

### 2.4.1 Débil vs. fuerte

El tipado débil vs. fuerte es una noción que no presenta gran interés, puesto que casi todos los lenguajes son fuertemente tipados. Un tipado débil no da importancia más que al contenido, mientras que un tipado fuerte da la misma importancia al contenido que al tipo.

Esta noción puede ponerse de manifiesto analizando las funcionalidades de comparación, por ejemplo. Con PHP, un lenguaje débilmente tipado, la cifra 1 y la cadena de caracteres '1' son idénticas y su comparación mediante el operador de igualdad == devuelve verdadero (hay que crear un operador de igualdad fuerte === para obtener una comparación que devuelva falso). En un lenguaje fuertemente tipado, 1 siempre será diferente a «1».

*Python es un lenguaje fuertemente tipado.*

### 2.4.2 Estático vs dinámico

El tipado estático consiste en declarar, en los programas, el tipo de las variables o de los atributos de la clase así como su identificador, aunque estos últimos estén declarados en el cuerpo del programa o en la firma de una función. Esto permite anticipar problemáticas de bajo nivel tales como el tamaño de ocupación en memoria y realizar optimizaciones, así como garantizar cierta seguridad en la programación introduciendo un nivel de rigor suplementario y permitiendo al compilador detectar más problemas potenciales.

El tipado dinámico permite una mayor flexibilidad (modificar el tipo de una variable en tiempo de ejecución, por ejemplo). El tipado dinámico no tiene por qué ofrecer un peor rendimiento, pues permite realizar optimizaciones de otra naturaleza. Por el contrario, tiene la ventaja de ser mucho más manejable y permite resolver problemáticas clásicas de una manera mucho más natural y elegante.

Allí donde los lenguajes estáticos deben implementar un paradigma genérico para dotarse de flexibilidad, el lenguaje dinámico permite hacer esto de forma natural. Por otro lado, también debe encontrar una solución para asegurar cierta seguridad del desarrollo.

Observación

*Python es un lenguaje dinámicamente tipado, y es una referencia absoluta para los lenguajes dinámicamente tipados gracias a sus soluciones innovadoras para garantizar cierta seguridad de programación.*

## 2.5 Gramática

### 2.5.1 Lenguajes formales

Una gramática es una herramienta propia de las matemáticas discretas que permite definir la sintaxis de un lenguaje formal que se describe, a continuación, como un conjunto de palabras y relaciones entre ellas, llamadas reglas de producción.

Cada palabra se ve como un conjunto ordenado de símbolos y estos últimos pertenecen a un conjunto finito y determinado que se llama alfabeto. El último elemento del vocabulario, el monoide libre del alfabeto, es el conjunto de palabras que pueden componerse a partir del alfabeto.

Los símbolos se dividen en dos grupos: símbolos terminales y símbolos no terminales. Por ejemplo, analicemos la primera línea de la gramática de Python:

```
single_input: NEWLINE | simple_stmt | compound_stmt NEWLINE
```

En este ejemplo, aparecen en letra minúscula los símbolos no terminales y en letra mayúscula los símbolos terminales. Estos últimos pueden, a su vez, representarse mediante cadenas de caracteres, que representan una palabra del lenguaje:

```
del_stmt: 'del' exprlist
```

Cada símbolo no terminal se define mediante una asociación de símbolos terminales y no terminales. Esta definición es lo que se llama una regla de producción de una gramática formal, el elemento definido cumple ambos puntos y el lenguaje utilizado se asemeja a las expresiones regulares.

El estudio de estas gramáticas requiere competencias reales y al desarrollador avispado le basta una simple lectura de la gramática de un lenguaje de programación para saber cómo utilizarlo y hacerse una idea de lo que permite y no permite realizar.

La gramática de un lenguaje es una de sus dos características principales, el otro elemento es su ámbito funcional.

**Observación**

*La gramática de Python (https://docs.python.org/3/reference/grammar.html) es una de las más elegantes que existen. Ofrece posibilidades algorítmicas muy vanguardistas y particularmente apreciadas por los desarrolladores, ya que les permite escribir un código claro, ligero, conciso, legible, sencillo. Hace lo máximo para ofrecer una legibilidad similar al lenguaje natural anglosajón. Sin apenas exagerar, podríamos decir que si sabemos leer in inglés, entonces sabemos leer un algoritmo escrito en Python.*

### 2.5.2 Sintaxis

La sintaxis de un lenguaje parte, directamente, de su gramática y debe asegurar que un extracto de código tenga un único significado.

Para el desarrollador, se trata de la forma en que se describen las instrucciones. Puede resultar más o menos completa, utilizar símbolos abstractos o palabras clave y ser más o menos verbosa.

Para los diseñadores del lenguaje, la gramática permite analizar un programa para construir un árbol sintáctico.

Esto pasa por una frase del análisis léxico que permite reconocer las palabras, a continuación una fase de análisis sintáctico que permite reconocer las reglas de construcción utilizadas y, de este modo, comprender las instrucciones solicitadas, la semántica del programa. La visión que se presenta aquí está bastante simplificada.

© Editions ENI - All rights reserved

# 3. Python y el resto del mundo

## 3.1 Posición estratégica del lenguaje Python

### 3.1.1 Segmentos de mercado

Python abarca sobre prácticamente todos los segmentos: desde la programación de sistema hasta la programación web, pasando por la programación de aplicaciones sin interfaz gráfica, los vídeojuegos, las redes, el cálculo científico, el Big Data o el software embebido.

En aquellos contextos en que se prefieran otras soluciones, sigue siendo, no obstante, una solución de prototipo apreciada, por ejemplo con la programación para móviles.

### 3.1.2 Nivel de complejidad

Python presenta varios aspectos. Para el programador debutante, permite producir rápidamente código simple y funcional. Para aquellos que vienen de otros horizontes, permite hacerse con él rápidamente y abrirse hacia nuevas prácticas.

Muchos se ven gratamente sorprendidos por lo conciso del lenguaje y su eficacia, y llegan a producir, con frecuencia, resultados rápidos basándose en sus conocimientos previos de otros lenguajes y adaptándolos a Python.

Para aquellos que dominen bien la base del lenguaje, permite ir más allá ofreciendo una gran modularidad, una gran paleta funcional; permanece simple incluso para gestionar problemáticas complejas, encapsulándolas para ofrecer al desarrollador una API concisa, aunque completa.

Controlar la complejidad supone un eje esencial para aprehender progresivamente el lenguaje y descubrir poco a poco sus facetas, en lugar de tener que conocerlo todo antes de poder realizar cualquier tarea.

En este sentido, el hecho de disponer de una consola y de familiarizarse con el lenguaje permite aprenderlo progresivamente. Es lo que se pretende, por otro lado, alentar con este libro, en el que no todo lo que se expone resulta una afirmación tajante, sino que se complementa con ejemplos realizados mediante la consola. Además, la presentación de los elementos del lenguaje se lleva a cabo descubriéndolo a través de esta consola. Cabe destacar que el lenguaje Python está presente en entornos universitarios e industriales.

### 3.1.3 Fortalezas del lenguaje

Si el primer punto fuerte de Python es su gramática, el segundo es, sin duda, su librería estándar, que permite cubrir un amplio espectro de funcionalidades: es habitual oír decir que Python viene con todo incluido. Para otras funcionalidades, existen una gran cantidad de proyectos externos, tales como frameworks web, por ejemplo, que se construyen de forma que son muy fáciles de integrar, mediante un gestor de paquetes Python.

La fuerza del lenguaje Python es, por tanto, poder cubrir un dominio funcional enorme sin dejar por ello de ser abordable y poder producir un código muy estructurado. Este lenguaje dispone, por otro lado, de una licencia similar a una licencia BSD y compatible con GPL.

La interfaz con C, C++ y Java, entre otros, permite a su vez utilizar Python como elemento de unión entre programas heterogéneos.

### 3.1.4 Puntos débiles

Habrá oído decir, probablemente, que Python, como cualquier lenguaje no compilado, es lento. Esta afirmación es cierta si nos quedamos en una reflexión de bajo nivel, comparando entre sí algoritmos clásicos, tales como la ordenación de una lista, la escritura en un archivo o la resolución de problemas matemáticos como el cálculo del factorial de un número.

Esto tiende a ser menos cierto con Python 3, que utiliza una gran cantidad de optimizaciones que veremos a lo largo de este libro.

Además, si nos situamos en un alto nivel, esta lentitud se compensa sin duda con la gran diversidad en las posibilidades que ofrece para escribir algoritmos. De este modo, si se escribe un método para calcular los números primos entre 0 y 1000, por ejemplo, basándose en el método óptimo de C, Python se verá, obviamente, como un lenguaje lento. Por el contrario, gracias a las optimizaciones que permite su gramática, es posible programar una solución más rápida (el ejemplo se incluye en este libro). Python lo compensa, con creces, ofreciendo nuevos métodos.

Para cerrar este asunto, Python podría, sin duda, superar su retraso en cuanto a problemáticas de bajo nivel si se lograra dotar de un compilador JIT (*just in time*), cuya pista más prometedora en la actualidad es Pyjion (https://github.com/Microsoft/Pyjion). Observe que existe el JIT histórico que es psico, así como alternativas interesantes como Numba (https://numba.pydata.org/) o Pyston (https://github.com/dropbox/pyston).

Sin embargo, todavía hay un problema ampliamente identificado que sigue siendo el GIL. Sin entrar en detalles, es un proceso que le permite administrar la seguridad de las tareas mediante bloqueos. Ciertamente, esta solución garantiza la seguridad de la ejecución de Python, pero provoca una pérdida de rendimiento.

Otro punto débil, actualmente cerca de solucionarse, es su poca difusión respecto a otros lenguajes como C o C++ (que son auténticas referencias) y Java, ubicado en el núcleo de la estrategia de empresas de primer nivel, y que se aprovecha de un soporte sin igual.

A día de hoy, la mayoría de las empresas innovadoras seleccionan Python para realizar sus aplicaciones, puesto que el lenguaje les permite realizar desarrollos profesionales, con un buen rendimiento, rápidos y que resuelven muy bien dominios funcionales muy diferentes.

A medida que los desarrollos en Python en las áreas de la Web, la minería de datos/análisis de datos/ciencia de datos se multiplican, se hace sentir la falta de desarrolladores sénior y expertos técnicos.

## 3.2 Integración con otros lenguajes

### 3.2.1 Extensiones C

Es importante destacar que Python es un lenguaje que dispone de varias implementaciones, la más común de ellas es CPython, escrita en C.

Esto permite estudiar el núcleo del lenguaje Python y escribir extensiones en lenguaje C. Para ello, existen varias posibilidades.

© Editions ENI - All rights reserved

### 3.2.2 Integración de programas escritos en C

Algunos programas o librerías se escriben en C. Es posible invocarlos desde el código Python realizando bindings, es decir, extensiones C que son una librería de funciones C donde cada función provee una funcionalidad del programa o de la librería utilizable en Python.

### 3.2.3 Integración de programas Python en C

Es posible cargar, en el seno de un programa C o C++, la máquina virtual Python, y pedirle que realice un trabajo, como por ejemplo ejecutar un programa.

Los inconvenientes son el tiempo de carga de la máquina virtual y el consumo de memoria (que siguen siendo razonables respecto a otras máquinas virtuales). La ventaja es el uso de programas Python en ocasiones con muy buen rendimiento o la creación de prototipos en Python para ganar en tiempo de desarrollo. Cabe destacar, no obstante, la existencia de **`boost::python`**.

### 3.2.4 Integración de programas escritos en Java

Existe otra implementación de Python escrita en Java, llamada Jython. Permite disponer de toda la librería de Java directamente en el seno del código Python. También permite cargar un archivo JAR y utilizarlo.

### 3.2.5 Integración de programas Python en Java

También es posible utilizar Python en programas Java. Este caso resulta algo más raro, pues existe una doctrina «puro Java» que hace que solo los productos escritos en Java puedan utilizarse por otra aplicación Java.

Por el contrario, a los desarrolladores multiculturales sí les seduce esta idea. Aun así, el inconveniente reside en cargar la máquina virtual Python además de la de Java, aunque el hecho de disponer de la potencia de Python permite ofrecer grandes posibilidades y reducir los tiempos de desarrollo o de creación de prototipos.

### 3.2.6 Otras integraciones

Existen otros módulos de Python que permiten importar código realizado en otros lenguajes (Fortran, Lisp, Scheme...). Cabe destacar, por otro lado, que la biblioteca científica de Python está basada en su portabilidad desde Fortran, que ha sido una referencia en la materia.

Es también la filosofía de Python: ¿por qué rehacer lo que ya funciona perfectamente? Es preferible reutilizar algo mejorándolo.

© Editions ENI - All rights reserved

# Capítulo 1-2
# Presentación de Python

## 1. Filosofía

### 1.1 Python en pocas líneas

#### 1.1.1 ¿De dónde proviene el nombre «Python»?

Una pitón (del género *python*) es una serpiente fácilmente reconocible (http://es.wikipedia.org/wiki/Python_(g%C3%A9nero)) que debe su nombre al monstruoso animal de Delfos (http://es.wikipedia.org/wiki/Pit%C3%B3n_(mitolog%C3%ADa)). Esta imagen, fácil de representar por el espíritu humano, ha servido como base para crear un lenguaje que se ha llamado, también, «Python» con un logotipo estilizado, pero que no tiene nada que ver con la elección del nombre para este lenguaje de programación.

Se trata, en realidad, de un homenaje a los célebres «Monty Python» –http://es.wikipedia.org/wiki/Monty_Python–, grupo de cómicos británicos que tras conocer el éxito con el *Monty Python's flying circus* grabó una primera película, selección de sus sketches anteriores *Se armó la gorda* y que encadenaron luego con otras tres películas de referencia, como son *Los caballeros de la mesa cuadrada*, *La vida de Brian* y *El sentido de la vida*.

Para saber cómo los Monty Python seleccionaron su nombre, y en particular la palabra «Python», hay que volver al corazón de la leyenda, lo que sale del ámbito estricto de este libro (aunque nunca está mal poder hablar de televisión, de cine o incluso de dibujos animados en un libro sobre informática).

#### 1.1.2 Presentación técnica

Python es un lenguaje de programación **interpretado**, **multiparadigma**, de **alto nivel** con un **tipado dinámico fuerte**, dotado de una **gestión automática de los recursos**, de un alto grado de **introspección** y de un sistema de **gestión de excepciones**.

Es **libre** y **gratuito**, funciona sobre todas las plataformas, apareció en 1990 y posee varias implementaciones, entre ellas **CPython**, **Jython**, **IronPython** y **PyPy**.

Su licencia es la «Python Software Foundation License». Es relativamente cercana a la licencia BSD y compatible con la licencia GPL.
Su sintaxis es minimalista, explícita, clara, sencilla y lo suficientemente cercana al lenguaje natural como para permitir que un algoritmo se comprenda tras su primera lectura, al menos por un lector que conozca el inglés.
Una de las ventajas de este lenguaje es que la elaboración de una reflexión, de un algoritmo compuesto por palabras, se declina de forma prácticamente natural.

### 1.1.3 Presentación conceptual

Python es un lenguaje diseñado para ser simple. Se orienta en torno a una filosofía que da directrices muy claras, permaneciendo extremadamente flexible. Deja mucho espacio a los desarrolladores, sin imponerles una forma de hacer las cosas, incluso por los mejores motivos del mundo.
En contraposición, es capaz de afrontar y resolver para el desarrollador problemáticas de bajo nivel. En efecto, estas problemáticas son recurrentes, perfectamente conocidas por los desarrolladores experimentados, que podrían proponer cada uno SU mejor solución, y de este modo se genera una integración de alto nivel muy eficaz como es Python.
Gracias a ello, el desarrollador que utilice Python sabe que, si realiza correctamente sus algoritmos de alto nivel, Python los procesará de la mejor manera posible, gestionando la memoria correctamente (recolector de basura) y también los demás recursos. Esto permite mejorar enormemente la productividad.
Por ello, Python es un medio excelente para iniciarse en los conceptos básicos de la programación de alto nivel, sin verse estorbado por problemáticas de bajo nivel.

## 1.2 Comparación con otros lenguajes

### 1.2.1 Shell

Como los lenguajes Shell (sh, csh, ksh, zsh, bash...), Python permite realizar scripts de administración del sistema. En entornos sin interfaz gráfica, con restricciones de sistema en ocasiones bastante fuertes, cuando el Shell se vuelve imposible de usar, Python puede remplazarlo con éxito.
La consola Python puede, a su vez, remplazar ventajosamente la línea de comandos. Esto es especialmente evidente para operaciones complejas.
He aquí las ventajas de Python:
- mejor rendimiento (no tiene por qué ser importante en los scripts);
- sintaxis (los lenguajes Shell dan preferencia a la concisión frente a la claridad);
- rapidez de desarrollo en Python;
- en los scripts ambiciosos, el desarrollo Python permite ir más allá;
- supera limitaciones del lenguaje Shell.

© Editions ENI - All rights reserved

## 1.2.2 Perl

Perl se ha impuesto, hace ya un tiempo, como una buena alternativa a los lenguajes Shell, y permite cubrir un perímetro importante (remplazo de sed) mediante la manipulación de flujos. No obstante, como los lenguajes Shell, Perl es un lenguaje de nicho, en el sentido de que está, por lo general, reservado a la realización de scripts de sistema (incluso aunque existan aplicaciones importantes en otros dominios).

Además, Perl dispone de una sintaxis todavía más optimizada para la concisión y proporciona one-liners. Si bien su escritura puede resultar muy estimulante desde el punto de vista intelectual, es fácil constatar que la lectura, incluso poco después, resulta prácticamente imposible.

Python cubre un perímetro funcional más amplio que Perl, con un rendimiento similar. En efecto, a bajo nivel, se verifican variaciones de un lado o de otro en función de las funcionalidades, donde Perl está mejor adaptado para trabajar con expresiones regulares y Python para el resto, y donde ambos son extremadamente lentos en comparación con C. Por el contrario, Python presenta muchas más ventajas:

- mejor mantenimiento;
- perímetro funcional mucho más amplio (evita tener que aprender un nuevo lenguaje, al ser útil en una gran cantidad de dominios);
- documentación mejor elaborada (la comunidad es algo más importante);
- mucho más extensible.

## 1.2.3 C, C++

Hay que comparar elementos comparables entre sí. Python es un lenguaje interpretado de alto nivel con tipado dinámico. C, por su lado, es un lenguaje compilado de bajo nivel con un tipado estático. Está claro que el origen y los objetivos de ambos lenguajes no son los mismos.

Por ello, C y Python son complementarios. En efecto, la implementación más habitual de Python es CPython y, aunque una parte importante de las librerías de Python están escritas en C, algunas son simples bindings a librerías de C.

Por ejemplo, el módulo StringIO (Python 2.x) también estaba disponible en C con el nombre CstringIO. Actualmente, la misma biblioteca para StringIO está escrita en C. Las librerías gráficas de C se utilizan en Python (PyGTK utiliza GTK+).

A día de hoy, C todavía se utiliza un poco, especialmente para ciertos nichos como la administración del sistema o el software embebido; pero ha sido ampliamente remplazado por su sucesor, C++. De ahí que la comparación entre C y Python no tenga sentido sin incluir a C++.

C++ aporta a C el paradigma orientado a objetos, y mejora muchos otros aspectos. Si C es una referencia a nivel de rendimiento, C++ es todavía mejor en algunas partes.

Si CPython es una implementación sobre C, también es posible utilizar C++. Por ejemplo, PyQt utiliza Qt y wxPython utiliza wxWidgets.

La interacción entre C++ y Python es realmente importante y ambos lenguajes pueden utilizarse de manera conjunta.

A nivel global, C y C++ requieren más tiempo de desarrollo y de dominio de la parte del desarrollador que el mismo programa en Python, aunque tienen mejor rendimiento. C y C++ exigen que se gestionen problemáticas de bajo nivel que Python aborda por sí mismo y la sintaxis es mucho más compleja.

Un desarrollo en C o C++ necesita desarrolladores con un nivel de experiencia muy alto y un buen control de este tipo de problemáticas antes de poder manejar las librerías de C. Python es mucho más flexible, su sintaxis permite una accesibilidad mucho más sencilla y la implementación de algoritmos complejos se realiza mucho más rápido.

Por otro lado, para aquellos que deban trabajar obligatoriamente con C o C++, Python es una excelente solución para elaborar prototipos, permitiendo así una reducción de costes significativa con un resultado visual idéntico, pues las librerías que utilizan son las mismas.

El desarrollo también puede realizarse directamente en Python, antes de identificar las secciones sensibles para desarrollarlas directamente en C/C++ con objeto de ganar en rendimiento.

A modo de resumen, las diferencias son las siguientes:

- C/C++ tiene mejor rendimiento que Python.
- Python soporta más paradigmas que C++ y que C.
- Python es mucho más accesible que C/C++.
- El desarrollo en Python es más rápido que en C/C++.
- El perímetro funcional es prácticamente el mismo.
- Python puede utilizar bindings sobre librerías C/C++.
- Los programas en C/C++ pueden embeber también código Python.
- Al final, ambos lenguajes trabajan de manera conjunta.

### 1.2.4 Java

Java es un lenguaje de alto nivel, con tipado estático. Tiene las ventajas de estar muy extendido y de integrar sus propias librerías, que cubren un amplio perímetro funcional. Presenta la desventaja de trabajar en torno a una filosofía de «puro Java» que en lugar de utilizar librerías o componentes con mejor rendimiento y ya certificadas prefiere volver a desarrollarlas en Java.

La doctrina de Java es extremadamente restrictiva, los arquitectos adoran poner trabas de modo que puedan dirigir a sus desarrolladores. Estos últimos, enfrentados a una problemática no trivial, hallan siempre un medio para alcanzar su fin, encontrando nuevas dificultades. Por el contrario, Python está basado en una filosofía de libertad para adoptar o no una solución o un patrón de diseño.

El núcleo de Java es su máquina virtual. Tarda bastante en cargarse, aunque una vez en memoria es relativamente rápida.

Esto descalifica a Java como un lenguaje de scripting, por ejemplo, puesto que resulta incómodo esperar varios segundos y consumir muchos recursos para ejecutar un simple script que no requiere más que unos pocos milisegundos de procesador y muy poco espacio en memoria.

Por otro lado, no es a este segmento de mercado al que se dirige Java, sino a la creación de aplicaciones pesadas, a menudo basadas en servidores web.

© Editions ENI - All rights reserved

Para las aplicaciones gráficas, Java se ha extendido, puesto que ofrece la posibilidad de desarrollar más fácilmente que con C/C++ (al menos en la época en que se impuso Java), gracias a IDE bien diseñados y librerías certificadas.

Python ofrece una oferta más próxima a la de C/C++ dado que utiliza sus librerías, y permite usar programas de terceros para la creación de interfaces gráficas.

En lo relativo al desarrollo Web, Python ha sido capaz de proporcionar soluciones extremadamente creativas y de vanguardia, y continúa en esta vía. Las soluciones que proporciona Python a día de hoy son las que propondrá Java en algunos años.

Bien en función del tráfico del sitio, de su importancia o de su coste, cabe tomar en consideración ambos parámetros: el coste de desarrollo y el de alojamiento.

Python permite tiempos de desarrollo cinco veces menores que Java y es menos caro para un mismo rendimiento.

Para resolver problemáticas de tráfico elevado, de alta disponibilidad o de alta volumetría (términos muy cercanos y a menudo relacionados), escojamos una u otra tecnología deberemos tener la precaución de confiar el trabajo a un equipo experimentado que sepa sacar el máximo partido de Python o de Java y utilizar las mejores herramientas del mercado (Apache, Squid, Varnish...).

Al final, lo que queda es el coste de la infraestructura, que es dos veces menor en el caso de una aplicación escrita en Python.

La gran diferencia entre Python y Java es que el número de desarrolladores formados en Python es mucho menor, y que las soluciones Python no tienen tanta difusión a día de hoy.

La gran ventaja de Java ha sido su adopción por parte de Sun, quien ha sido un actor muy importante en el ámbito del software libre, sin duda un pilar esencial, unido a otros fabricantes reconocidos como IBM, que colocó a Java en el núcleo de su estrategia. La otra gran ventaja de Java es que dispuso de una comunidad muy grande y supo abordar problemas sumamente técnicos muy pronto, como fue el caso con Hadoop o Kafka, por ejemplo. Cabe destacar que la fundación Apache ha implementado varias de sus herramientas de primer nivel en Java. En conjunto con la doctrina de Java que impulsa a usar solo Java, se han vuelto a desarrollar otros proyectos estructuradores en Java que han sido rápidamente adoptados por la comunidad.

También cabe destacar que Python proporciona una implementación en Java, llamada Jython. Permite obtener un bytecode legible por la máquina virtual de Java. Resulta muy ambiciosa y tiene grandes exigencias (funcionales, de rendimiento) pero su comunidad es algo más pequeña. Sus números de versión van de la mano de CPython; a día de hoy la aparición de la versión 2.7 de Jython es inminente. El paso a la versión 3 se producirá probablemente a la versión 3.3 directamente, que integra mecanismos para facilitar la traducción entre ambas ramas.

Otro eje de desarrollo de Java es la creación de nuevos lenguajes basados en esta máquina virtual, que es el núcleo.

Las principales diferencias entre Java y Python pueden resumirse así:

- Java y Python presentan, en términos generales, el mismo rendimiento (en términos de velocidad de ejecución de códigos similares, excluyendo el JIT).
- La máquina virtual de Java tarda mucho más en cargarse.

- El consumo de memoria de Java es bastante superior.
- Un desarrollo en Python es cinco veces menor que uno similar en Java.
- Java está mucho más extendido que Python tanto en empresas como en el espíritu de técnicos de selección y gerentes.
- Python integra, mientras que Java reescribe.
- La filosofía de Python y la doctrina de Java son prácticamente opuestas.

### 1.2.5 PHP

PHP es un lenguaje que ha sabido imponerse relativamente rápido en el desarrollo web gracias a las posibilidades que ofrece, su simplicidad y su integración en páginas HTML.

No está estrictamente adaptado a los proyectos grandes; el lenguaje lo llevan sobre todo frameworks y CMS o software de comercio electrónico.

A nivel global, PHP es fundamentalmente una colección de funciones escritas en C con un analizador y una gramática minimalista. El hecho de estar escrito en C lo hace un lenguaje rápido, aunque esto quiere decir que cada función tiene una única utilidad y, en este caso, es preciso utilizar la función adecuada, y no otra, para que el rendimiento sea el óptimo. El problema es que PHP está formado por varios miles de funciones, sin una noción de módulo o de introspección que permitan facilitar el desarrollo.

A día de hoy, incluir PHP en archivos HTML no se recomienda. Una aplicación PHP debe utilizar un framework o crear su propio bootstrap y sistema MVC, siendo PHP el que genera el HTML.

Python ha demostrado, tras varios años, una superioridad respecto a los frameworks web, aunque todavía no se ha impuesto, si bien cada vez más equipos de desarrollo, desarrolladores independientes o agencias web abandonan PHP en beneficio de Python.

PHP sufre la competencia de ASP, una solución idéntica que se ha inspirado mucho en ella, aunque con el soporte de un gran fabricante de software de primer nivel. Sufre, también, de una imagen de lenguaje para principiantes que no merece, y es evidente que la web contiene muchos foros donde se proponen, por cuestiones legítimas, respuestas técnicamente correctas pero que no suponen buenas prácticas.

PHP dispone de la potencia, estabilidad y reputación de Apache, que es una solución de referencia.

La comparativa sería la siguiente:

- Python, como PHP, puede alojarse en Apache.
- Python es un lenguaje multiparadigma cuyo paradigma orientado a objetos es diferente del de PHP, que se contenta con proporcionar una semántica orientada a objetos sin serlo en realidad.
- PHP y Python son dos lenguajes accesibles y requieren una formación teórica previa suficiente (ninguno de ellos debería abordarse sin esta experiencia previa).
- El desarrollo en Python es de dos a tres veces más rápido que uno equivalente en PHP.
- Los frameworks de Python son extremadamente útiles y modulares.
- PHP dispone de Drupal, Magento, por ejemplo, como soluciones de referencia.
- Python tiene un mejor rendimiento para operaciones habituales y el código de la aplicación es interpretado y se compila únicamente con el arranque del servidor, y no con cada consulta.

© Editions ENI - All rights reserved

## 1.3 Grandes principios

### 1.3.1 El zen de Python

La filosofía puede resumirse por «El Zen de Python» (http://www.python.org/dev/peps/pep-0020/).

- Hermoso es mejor que feo;
- Explícito es mejor que implícito;
- Simple es mejor que complejo;
- Complejo es mejor que complicado;
- Plano es mejor que anidado;
- Disperso es mejor que lento;
- La legibilidad cuenta;
- Los casos especiales no son suficientemente especiales como para romper las reglas;
- Lo pragmático gana a la pureza;
- Aunque la funcionalidad tiene prioridad sobre la pureza
- Los errores nunca deberían dejarse pasar silenciosamente;
- A menos que se silencien explícitamente;
- Cuando te enfrentes a la ambigüedad, rechaza la tentación de adivinar;
- Debería haber una, y preferiblemente solo una, manera obvia de hacerlo;
- Aunque puede que no sea obvia a primera vista a menos que seas holandés (observación: Guido van Rossum es holandés);
- Ahora es mejor que nunca;
- Aunque nunca suele ser mejor que «ahora mismo»;
- Si la implementación es difícil de explicar, es una mala idea;
- Si la implementación es sencilla de explicar, puede que sea una buena idea;
- Los espacios de nombres son una gran idea –¡tengamos más de esas!

Está todo dicho.

Este texto es uno de los primeros en hacer referencia y explica muchas de las opciones adoptadas por los diseñadores de Python.

Algunos pasajes resultan evidentes, pero con experiencia puede verse que se hace referencia a problemáticas que todo desarrollador puede encontrar.

### 1.3.2 El desarrollador no es estúpido

La mayoría de los lenguajes de programación dedican mucha energía a acotar el camino del desarrollador prohibiéndole ciertos comportamientos, de cara a asegurar que utiliza las herramientas del lenguaje según lo establecido para que sean útiles.

Esta línea se corresponde con las necesidades de los arquitectos de aplicaciones, que quieren asegurar que los desarrollos realizados por los desarrolladores siguen sus pautas. En la práctica, suele ocurrir al contrario, el desarrollador se ve bloqueado por una problemática y acaba encontrando una solución a un problema inmediato que creía evidente pero cuya solución presenta todas las trabas del lenguaje o de la arquitectura.

Python, por el contrario, deja el campo libre al desarrollador. Existen ciertos límites, caminos trazados, aunque se encuentran en la documentación y el desarrollador debe hacer el esfuerzo de formarse. En contrapartida, si es creativo, controla bien lo que hace, podrá encontrar soluciones elegantes a todo tipo de problemas, incluso para aquellos que no había previsto el diseñador del lenguaje o de alguna librería.

**No se hace nada para bloquear al desarrollador**, en cualquier punto que se encuentre. Esto no es incompatible con una aplicación segura, más bien al contrario: ambos aspectos son independientes.

Dicho de otro modo, por un lado Python no hace nada por atar al desarrollador, mientras que por otro **la documentación del código es el pilar** básico para realizar desarrollos útiles y reutilizables.

### 1.3.3 Documentación

Esto nos lleva directamente al siguiente punto: utilizar de forma correcta las herramientas puestas a disposición por parte de Python para documentar el código, a saber: los docstring. Pueden utilizarse de distintas formas y pueden servir para preparar **pruebas unitarias**, tal y como presentamos más adelante en este libro.

Los docstring pueden estar en cualquier lugar: funciones, clases, métodos, módulos... Lo ideal es que se escriban sistemáticamente.

### 1.3.4 Python viene con todo incluido

Python es un lenguaje de programación extremadamente completo, que permite implementar muchos algoritmos, dispone de una gramática excepcional que responde, de manera natural, a muchas necesidades clásicas.

Aunque lo que hace que un lenguaje sea realmente útil es que disponga de una **librería estándar** excepcional que permita cubrir un perímetro funcional impresionante. Gracias a ella, Python puede interactuar con otros lenguajes, con bases de datos, directorios, archivos de datos (documentos de texto bruto, opendocument [archivos XML comprimidos], imágenes, xml, cvs...). También puede interactuar con el sistema de archivos, con la red, Internet...

Y si esta librería estándar no bastara, dispone también de **librerías de terceros** que se distribuyen como paquetes instalables mediante el gestor de paquetes de su distribución o incluso por un gestor específico de Python.

En otros términos, Python tiene todo lo necesario para responder a sus necesidades, y dispone además de una licencia libre y gratuita.

### 1.3.5 Duck Typing

La analogía proviene de la frase: «Si veo un animal que vuela como un pato y nada como un pato, entonces es un pato».

Esto quiere decir que **el fondo es más importante que la forma**, que el aspecto funcional es más importante que el técnico.

De este modo, la lista de métodos y de atributos de un objeto define mejor al objeto que su tipo.

© Editions ENI - All rights reserved

#### Type hinting

Se desarrolló, como refuerzo con duck typing, la noción de type hinting. Esto es para especificar el tipo de variables, atributos y parámetros y el retorno de una función o método. El uso de esta técnica permite dar a Python todas las cualidades de un lenguaje estático en términos de seguridad de programación, dejando a Python su carácter dinámico. Esta noción de seguridad de programación se basa en el uso creciente de herramientas de integración continua asociadas con módulos que aprovechan el type hinting. Esto se presentará en el capítulo de Declaraciones, dedicado a la calidad.

### 1.3.6 Noción de código pythónico

El propio espíritu del lenguaje se encuentra en los párrafos anteriores y debería servir como hilo conductor para el desarrollador que utiliza Python, para comprender la herramienta, y para realizar desarrollos homogéneos con el lenguaje.
Cuando un código se atiene a estas reglas, sigue la filosofía del lenguaje y respeta los fundamentos. Se trata, dicho de otro modo, de un código pythónico.

## 2. Historia de Python

### 2.1 La génesis

Todos los lenguajes tienen un creador emblemático y originalmente tienen un destino específico, que está muy orientado a resolver un problema. Los lenguajes que tienen éxito son aquellos que han sido capaces de diversificarse y permiten responder de manera relevante y eficiente a una multiplicidad de campos de aplicación.
Python encaja exactamente en esta definición. A finales de 1980, Guido Van Rossum trabajaba en Los Países Bajos en CWI (*Centrum voor Wiskunde en Informatica*) en el equipo del sistema operativo Amoeba. El problema con el que se encontró fue que las llamadas del sistema a este sistema operativo son difíciles de interactuar con Bourne Shell, que era el punto de referencia de la época, utilizado como interfaz de usuario.
Fue en 1989 cuando creó, en su tiempo libre, la primera versión del lenguaje Python, llamada así en honor a los Monty Python de los que era fan. Python está inspirado en los lenguajes ABC (este último está inspirado en Algol y está diseñado para tener éxito en BASIC, Pascal y Awk, pero tiene restricciones que hacen necesaria la creación de una alternativa), Modula-3, que es una mejora de Pascal, integra conceptos interesantes, C que ya es una referencia y herramientas de Unix.
De esta manera, Python cubre un perímetro funcional limitado, pero responde bien al problema para el que fue originalmente diseñado.
Por lo tanto, fue adoptado rápidamente dentro del equipo de Amoeba y Guido van Rossum continuó su desarrollo durante su tiempo libre.
La primera versión hecha pública es la 0.9.0, que se publicó en un foro de Usenet en febrero de 1991.

## 2.2 Ampliación del perímetro funcional

Guido van Rossum continuó su trabajo dentro del CWI durante varios años y el lenguaje Python evolucionó en paralelo con las necesidades que va encontrando en su trabajo. La última versión lanzada fue la 1.2.

En 1995, continuó este trabajo en la CNRI (*Corporation for National Research Initiatives*), una organización sin fines lucrativos con sede en Reston, Virginia, con el objetivo de promover la tecnología de la información.

Esto aceleró aún más el desarrollo de Python y realmente estructuró un equipo en torno al lenguaje, en lugar de tener solo una persona o desarrolladores ocasionales. Nuevamente, el desarrollo de aplicaciones usando Python ha mejorado el lenguaje en sí.

En 1999, Python fue abordado por un proyecto lanzado en colaboración con la DARPA (*Defense Advanced Research Projects Agency*) para ser utilizado como un lenguaje de enseñanza de programación. El lenguaje en sí es el objetivo principal y ya no solo se mejora junto con el desarrollo del software que lo utiliza.

Se dedicó un equipo al lenguaje. Sin embargo, las subvenciones acordadas por DARPA no fueron suficientes y Guido van Rossum deja el NCRI. La última versión, 1.6, se lanzó el 5 de septiembre de 2000.

A partir de entonces, el equipo principal de desarrollo de Python trabajó en BeOpen.com (una referencia) y formará el equipo de PythonLabs (otro nombre importante para la comunidad de Python). Luego, se unió a Digital Creation con Guido van Rossum.

Python 2.0 realizó cambios estructurales en el lenguaje y esto continuará para todas las versiones posteriores, el lenguaje se enriquece y mejora versión tras versión.

Esta tabla proporciona una lista no exhaustiva de las evoluciones significativas del lenguaje:

| Version | Apports notables |
|---|---|
| 2.0<br>16/10/2000 | Soporte unicode.<br>Adición de comprensiones de listas (programación funcional).<br>Adición de operadores unarios.<br>Nuevo recolector de basura.<br>Parámetros sin nombre y con nombre.<br>Soporte XML. |
| 2.1<br>17/04/2001 | Comparaciones ricas.<br>Sistema de depreciación y anticipación.<br>Referencias débiles.<br>Posibilidad de anidamiento. |
| 2.2<br>14/10/202 | Nuevo modelo de objeto.<br>Unificación de tipos y clases.<br>Implementación de la antigua regla de herencia de diamante.<br>Adición de iteradores y generadores.<br>Mejora del concepto de anidamiento.<br>Mejora del funcionamiento de los int con long (hasta 2.4). |

© Editions ENI - All rights reserved

| Version | Apports notables |
|---|---|
| 2.3<br>29/07/2003 | Creación de un módulo para gestionar conjuntos.<br>Tipo booleano agregado.<br>Implementación de tramos en tipos básicos.<br>Gestión mejorada de codificaciones de archivos fuente.<br>Adición de la primitive enumerate.<br>Adición de un módulo de logging. |
| 2.4<br>30/03/2005 | Los conjuntos están integrados en el corazón de Python.<br>Posibilidad de escribir un generador con la sintaxis de un entendimiento.<br>Funcionamiento mejorado de los int con long (desde Python 2.2).<br>Nuevo módulo de subproceso para gestionar llamadas al sistema.<br>Importar en varias líneas, usando paréntesis (en lugar de \).<br>Importaciones relativas. |
| 2.5<br>19/09/2006 | Expresiones condicionales.<br>Módulo dedicado a programación funcional y función parcial.<br>Posibilidad de priorizar importaciones relativas versus importaciones absolutas.<br>Se agregó la posibilidad de ejecutar un módulo como un script.<br>Manejo unificado de excepciones (como hoy, excepto la sintaxis).<br>Posibilidad de interacción con un generador.<br>Gestor de contexto (palabra clave with).<br>Excepciones mejoradas usando el nuevo modelo de objetos. |
| 2.6<br>01/10/2008 | Desarrollo sincronizado con Python 3.0 (maximizando la compatibilidad).<br>Anticipación de la migración a 3.0:<br>– Uso de print como una función.<br>– Modificación de la sintaxis de excepciones.<br>– Gestión de entradas y salidas.<br>Adición del módulo multiprocessing para gestionar procesos de manera similar a la gestión de tareas en el módulo threading.<br>Forma nueva y mejorada de formatear cadenas de caracteres.<br>Clases abstractas.<br>Decoradores de clases. |
| 2.7<br>03/07/2010 | Esta será la última versión de la rama Python 2.<br>Soporte al menos hasta 2020.<br>Incorporación de características de Python 3.1.<br>Agregar un diccionario ordenado.<br>Nuevo módulo para analizar los argumentos pasados al programa.<br>Módulo importlib. |

| Version | Apports notables |
|---|---|
| 3.0<br>03/12/2008 | Nueva rama: ya no se garantiza la compatibilidad con versiones anteriores.<br>Eliminación de toda funcionalidad obsoleta y otras se renombran.<br>Cambios sintácticos.<br>Otros cambios en Python 2.6.<br>La primitiva print ahora es una función (y solo puede ser eso).<br>Separación clara entre cadenas en datos unicode y sin procesar (bytes).<br>El uso de iteradores está muy extendido.<br>Se esboza la noción de comparación. |
| 3.1<br>27/06/2009 | Cambios presentes en Python 2.7, (diccionarios ordenados, etc.).<br>Mejora de las funcionalidades de depreciación y anticipación.<br>Optimización. |
| 3.2<br>20/02/2011 | Estabilización y optimización: consideramos esta versión como la que completa la mayor parte de la transición a la rama 3.<br>Analizador de argumentos (compatible con Python 2.7).<br>Módulo de gestión de la competencia: concurrent.futures.<br>Mejoras para WSGI (interfaz universal para servidor web). |
| 3.3<br>29/09/2012 | Consideramos esta versión como la primera versión utilizable en producción de la rama 3.<br>Estabilización, optimización y estandarización (introduce cambios que rompen la compatibilidad con versiones anteriores).<br>Varias mejoras de sintaxis.<br>Módulo importlib (compatible con Python 2.7).<br>Entorno virtual. |
| 3.4<br>16/03/2014 | Integración de pip por defecto durante la instalación de Python.<br>Mejora de unos cincuenta módulos y creación de siete nuevos.<br>Inicio de la revisión asíncrona con la creación de asyncio. |
| 3.5<br>13/09/2015 | Nueva sintaxis para corrutinas.<br>Nuevo operador de multiplicación para matrices.<br>Operador de formateo para bytes y matrices de bytes.<br>Posibilidades mejoradas para transmitir argumentos.<br>De tipado estático con vocación documental.<br>Prueba de igualdad aproximada (42 y 41.9999999999 o 42.000000001). |
| 3.6<br>23/12/2016 | Cadenas de caracteres formateadas de acuerdo a variables locales (f-string).<br>Anotaciones.<br>Generadores asíncronos/entendimientos asíncronos.<br>Nuevo módulo para gestionar rutas.<br>Nueva implementación del diccionario (el orden de las claves es el de su inserción, pero esto se considera fiable). |

© Editions ENI - All rights reserved

| Version | Apports notables |
|---|---|
| 3.7<br>27/06/2018 | Preparación de características en previsión de Python 4.0.<br>Evaluación diferida de anotaciones.<br>await y async introducidos en Python 3.5, se convierten en palabras clave.<br>Mejora del módulo de gestión asíncrono (asyncio).<br>Nuevos módulos contextvars, dataclasses y importlib.ressources.<br>Nueva primitiva que permite establecer un punto de interrupción (breakpoint).<br>Oficialmente, el orden de un diccionario es el orden de inserción.<br>El módulo time puede bajar al nanosegundo. |
| 3.8<br>14/10/2019 | Mejora de muchos módulos, entre ellos asyncio, pathlib y time.<br>Los diccionarios se pueden iterar al revés.<br>Expresión de asignación (símbolo :=).<br>Posibilidad de tener argumentos que solo estén ubicados, mejora del unpacking.<br>Mejora del API C, de los módulos asyncio, builtins, collections, ctypes, functools, datetime, gettext y nuevo protocolo para pickle. |
| 3.9<br>05/10/2020 | Última versión con la compatibilidad Pyhton 2.<br>Operadores de unión añadidos a los diccionarios.<br>Mejora del tipo hinting y anotaciones, así como ayuda para el módulo typing.<br>Nuevos módulos zoneinfo y graphlib.<br>Mejora de módulos muy numerosos. |
| 3.10<br>04/10/2021 | Mejora de los errores de sintaxis de Python del tipo hinting.<br>Introducción del pattern matching (match/case).<br>Mejora de los módulos muy numerosos y de clases o funciones básicas. |
| 3.11<br>24/10/2022 | Mejora de la velocidad de Python entre un 10 y un 60 %.<br>Mejora del sistema de excepciones.<br>Mejora del tipo hinting.<br>Módulo nuevo que permite leer archivos TOML. |
| 3.12<br>Previsto el<br>02/10/2023 | En el momento de escribir este libro, es demasiado pronto para decirlo, pero la página correspondiente se llena poco a poco<br>https://docs.python.org/3.12/whatsnew/3.12.html |

Como demuestra esta tabla, el lengüaje ha cambiado enormemente en unos pocos años y continúa mejorando. Permite a los desarrolladores generar código eficiente, de calidad, seguro, comprobable y eficiente.

El lenguaje realmente tiene sus propias particularidades y se distingue claramente de la competencia, lo que le permite tocar todas las áreas funcionales.

## 2.3 Evolución de la licencia

Básicamente, Python se creado por Guido van Rossum en su tiempo libre, pero lo utiliza en su actividad profesional, dentro del equipo en el que trabaja. La autoría de las primeras contribuciones es por lo tanto, múltiple.

La licencia evoluciona hacia la compatibilidad con la licencia GPL entre el paso de la versión 1.6 y 1.6.1. Incluso es la modificación más importante entre estas dos versiones, modula algunas correcciones de uso. Este desarrollo es el resultado de una intensa colaboración entre el NCRI y la Free Software Foundation.

Posteriormente, casi a raíz de este primer cambio, la licencia sigue evolucionando. En lugar de inspirarse en la licencia de Apache, se renombró la Licencia de Python Software Foundation, junto con la creación de Python Software Foundation, creada en el modelo de Apache Software Foundation.

Esta licencia, que se aplica desde la versión 2.1, es similar a la licencia BSD y es totalmente compatible con la licencia GPL.

## 2.4 El futuro

Con la rama 2.x, un tremendo impulso creativo ha visto a Python pasar del estado de un lenguaje pequeño específico, agradable y original, al de una referencia real, una verdadera referencia y herramienta completa.

El desafío de la rama 3.x era capitalizar, homogeneizar y estabilizar el lenguaje. Para hacer esto, era necesario romper la compatibilidad con versiones anteriores, lo que va en contra de un principio fundamental de Python. Por esta razón se creó una nueva rama. Por supuesto, las herramientas están disponibles para la transición y le permiten mover su código desde 2.x a 3.x.

Aunque la transición fue delicada, porque es un trabajo colosal, no ha frenado la energía creativa inexorable que continúa teniendo Python con herramientas cada vez más eficientes y para mantener una gran coherencia.

Tenga en cuenta que la rama 2.x estaba programada para finalizar en 2015, pero se acordó dar cinco años más para tratar con la gran cantidad de librerías, herramientas o softwares desarrollados en Python, su enorme diversidad, así como la complejidad de su migración y el hecho de que algunos de ellos sean pilares del software libre.

Por las mismas razones, ciertas decisiones fundacionales de la rama 3 se han suavizado, nuevamente con el objetivo de facilitar la migración. La rama 2.x terminará con la versión 2.7 (http://legacy.python.org/dev/peps/pep-0373/).

Así es como hemos visto el desarrollo de algunos ejes muy importantes a lo largo del desarrollo de la rama 3.x: seguridad del desarrollo (con tipos hint, anotaciones) y asíncronismo. El corazón del lenguaje no debe ser superado, porque los bytes, cadenas, diccionarios e incluso los generadores, se han mejorado continuamente, al igual que los módulos para gestionar problemas básicos, como la gestión de rutas o la lectura y validación de los argumentos.

© Editions ENI - All rights reserved

Pero el lenguaje no lo es todo. La razón principal por la que cada vez más desarrolladores se están cambiando a Python, es la aparición de soluciones como **Django** o **Twisted**, por ejemplo, que están revolucionando sus respectivos campos. Python también se ha establecido como la referencia indispensable en otros campos, por ejemplo, la construcción de **interfaces gráficas** para aplicaciones Gnome, Kde o Windows.

También podemos citar una gran cantidad de áreas específicas para las cuales Python alcanza resultados concluyentes muy rápidamente, como el scrapping web, la creación de complementos para aplicaciones e incluso áreas más conocidas como la informática científica.

La otra razón es la conciencia de la importancia de trabajar con software libre y el hecho de que ya existan módulos potentes y que son referencias en ciertos campos. Este es precisamente el caso de la **informática científica**, por ejemplo, Python es la única alternativa gratuita así de poderosa y diversa.

# 3. Gobierno

## 3.1 Desarrollo

### 3.1.1 Ramas

Python dispone de una única rama activa: la 3, cuya última versión estable, en el momento de escribir este libro, es la 3.11

Desde el comienzo, la filosofía de Python acerca de la rama y su funcionamiento es bien claro: la compatibilidad por encima de todo. En el seno de una misma rama, un código escrito al principio de la existencia de la rama debería poder funcionar con todo lo que se agregue a continuación. Todo puede evolucionar, aunque siempre en direcciones que resulten válidas. De este modo, los desarrolladores deben asegurarse de que escriben código que será funcional hasta que la rama en curso desaparezca.

Aun así cuando un lenguaje evoluciona, algunos aspectos deben remplazarse de forma que mantener la compatibilidad puede suponer un problema. Algunas viejas prácticas pueden querer eliminarse o prohibirse.

A día de hoy, resulta necesario pasar hacia una nueva rama. Es la ocasión de revisar en profundidad todos los aspectos del lenguaje para proponer elementos adecuados, novedosos y sólidos.

Es, precisamente, lo que ocurría hace algunos años durante la migración hacia la rama 3. Esta última necesitó algunos ajustes importantes con las ramas 3.0 y 3.1 que hicieron que estas dos versiones no sean compatibles con las versiones 3.2 y superiores. La complejidad de la migración de Python 2 a Python 3 hizo que la norma se flexibilizara.

Existen varios mecanismos que permiten migrar con facilidad de una versión a otra. Por un lado, hay un mecanismo de devaluación que permite indicar con avisos los elementos del lenguaje que están llamados a desaparecer. Estos últimos permanecen durante un mínimo de dos versiones, es decir, dos años, y así los desarrolladores tienen tiempo para migrar su código.

El otro mecanismo consiste en permitir activar con antelación funciones determinadas que abarcan versiones posteriores; de esta manera, se facilita la migración de código.

Pero la mayor parte de los desarrollos se hacen dejando una compatibilidad ascendente y descendente.

En el caso de la transición de Python 2 a Python 3, se crearon herramientas dedicadas para ayudar en dicha transición (2to3, six).

### 3.1.2 Comunidad

**La comunidad Python no es monolítica**. Existen, por un lado, tantas comunidades como módulos, librerías externas, frameworks Python, y no son exclusivas entre sí. Por otro lado, existen ciertas personas especialmente activas y que participan en muchas comunidades, mientras que otras dirigen un módulo que han creado, por ejemplo.

No es posible dar una cantidad exacta de su tamaño, aunque por el contrario es posible determinar su actividad cuando se reportan bugs midiendo el número de bugs reportados y su tiempo de resolución. Esto permite hacerse una idea objetiva de la fiabilidad de una comunidad y de su importancia.

La comunidad se expresa a través de Internet, a través de los numerosos foros, blogs y demás soportes. Es posible ver reportes y compartir experiencias, lo cual se revela muy útil. Como siempre, la mayoría de los recursos están disponibles en inglés, aunque existen referencias en castellano.

Esta noción es muy importante, pues cuando un desarrollador decide usar un software libre utiliza aquellos recursos que tiene a su disposición. Si encuentra un bug que le bloquea y le impide continuar correctamente, puede sufrir graves consecuencias.

En este caso, se puede enviar el bug y es donde la reactividad y la utilidad de la comunidad realmente cuentan y son relevantes. A diferencia de un fabricante de software, la comunidad no debe nada al desarrollador que utiliza lo que tiene a su disposición, y no existe una verdadera responsabilidad por resolver un problema o bug, mucho menos de respetar un tiempo de respuesta. La comunidad corrige el bug para que su producto sea todavía más perfecto, aunque lo hace por sus propios medios.

El último punto que cabe destacar es que ciertas empresas han centrado su estrategia en Python, y ponen a disposición de los demás todos o parte de sus desarrollos en forma de librerías o de aplicaciones completas que disponen de licencias libres, en función de la estrategia de cada compañía. Algunas pueden difundir la parte «core» de su código, otras pueden difundir la totalidad, aunque con un retraso de seis meses.

## 3.2 Modo de gobierno

### 3.2.1 Creador del lenguaje

El creador de Python es **Guido Van Rossum** (http://www.python.org/~guido/). Posee el título de «benevolente dictador vitalicio» (BDFL, del inglés, *benevolent dictator for life*) y está muy implicado en el software libre, más allá de Python (http://neopythonic.blogspot.com/).

No obstante, conviene tener siempre en mente el filtro «Monty Python» para comprender la esencia de la comunidad Python.

De hecho, el 12 de julio de 2018, anunció su retirada como BDFL, considerando que el lenguaje había alcanzado una etapa en la que podía "evolucionar" por sí solo y gracias a la fuerza de las contribuciones.

© Editions ENI - All rights reserved

En Python, él está, evidentemente, en el núcleo de los procesos de decisión, y en consecuencia sigue muy de cerca el desarrollo del lenguaje y su evolución.

### 3.2.2 PEP

Una PEP, del inglés *Python Enhancement Proposal* (propuestas de mejora para Python), es un documento que describe una **propuesta** que pretende mejorar uno o varios aspectos del lenguaje Python.

Puede tratarse de propuestas de tipo técnico (Standard track PEP), propuestas más estratégicas (Process PEP) o incluso recomendaciones (Informational PEP).

Cada PEP lo revisan tanto Guido Van Rossum como otros responsables de la comunidad.

Algunos son meramente informativos, algunos otros tienen el carácter «a tener en cuenta», otros son «rechazados» y otros finalmente son «implementados».

La gran ventaja de Python es que todo se traza y discute de manera pública, de modo que es posible encontrar la información relativa a cada asunto para comprender sus motivos y elecciones.

### 3.2.3 Toma de decisiones

El proceso de decisión es muy claro. Cada uno puede escribir una PEP que de lugar a debate entre participantes. Si se llega a un consenso, comienza la implementación de la PEP. De lo contrario, son los participantes principales los responsables de tomar la decisión y en el raro caso de que no se llegue a un consenso en esta etapa, la decisión se basa en BDFL.

El BDFL asume un papel de dirección y toma de decisiones, pero estas decisiones están en gran medida orientas y ampliamente discutidas.

Dado que los calendarios de lanzamiento para las versiones de Python se conocen con bastante antelación, cada PEP se programa y se desarrolla para una versión. Dependiendo de su progreso, se integrará o no en una de las versiones alfa. Cuando sale la primera versión beta, se congela la adición de funcionalidad. Cualquier mejora no completada se llevará a la próxima versión.

Hay una PEP para detallar el calendario de cada versión.

### 3.2.4 Contribuir a Python

Todo el mundo puede aportar su contribución, bien reportando algún bug encontrado o enviando alguna petición de evolución, o incluso escribiendo parches o nuevas características.

Es posible participar en la evolución del propio lenguaje, de sus librerías integradas o externas, o de sus frameworks.

Como en toda comunidad, estos cambios se articulan en torno a una plataforma dedicada, con listas de distribución y canales IRC.

Si bien todo el mundo puede participar –lo cual es posible a día de hoy gracias a los sistemas de gestión de versiones modernos y a las posibilidades de creación de forks– solo algunas personas altamente experimentadas tienen permiso de escritura en el repositorio oficial y se encargan, a su vez, de validar las peticiones de merge o fusión. Forman equipos sólidos que interactúan mucho.

# 4. ¿Qué contiene Python?

## 4.1 Una gramática y una sintaxis

El núcleo del lenguaje es su **gramática**. Python proporciona una gramática extremadamente original, con posibilidades muy amplias. Se define según la documentación oficial (http://docs.python.org/py3k/reference/grammar.html).

Siendo muy generalista, Python proporciona soporte para varios paradigmas. Todo es un objeto, aunque todo es modificable. El paradigma imperativo sigue utilizándose ampliamente; el paradigma funcional ocupa, a su vez, un lugar importante. Los operadores se pueden sobrecargar.

Existen varias instrucciones que se definen en el mismo documento (http://docs.python.org/py3k/reference/index.html).

Python permite escribir listas, diccionarios y generadores. Dispone de 33 palabras reservadas, lo cual es al mismo tiempo poco y suficiente. Cada palabra clave tiene un significado claro y preciso, y no existen dos palabras clave que se parezcan ni de lejos.

Su gramática y su sintaxis permiten, a su vez, una gran legibilidad y son muy innovadoras en cuanto a las posibilidades algorítmicas que ofrecen a los desarrolladores.

## 4.2 Varias implementaciones

Python es un lenguaje abstracto, una teoría. Dispone de varias implementaciones diferentes. La implementación de referencia es **CPython**.

Por otro lado, la mayoría de las veces, por abuso del lenguaje, cuando se dice que un texto está escrito en **Python**, lo que se escribe y se utiliza realmente **CPython**.

Las otras dos implementaciones de referencia son **PyPy** y **Jython**.

**PyPy** (http://pypy.org/) es una implementación de Python escrita en Python. Se trata, básicamente, de un proyecto de investigación que tiene como objetivo permitir una mejora considerable del rendimiento sin necesidad de que el desarrollador tenga que intervenir, gracias a un JIT (compilador en tiempo de ejecución que permite una mejora de rendimiento notable). PyPy también se utiliza a nivel industrial, en contextos particulares.

Jython (http://www.jython.org/) es un intérprete de Python construido sobre la máquina virtual Java. Permite leer programas Python desde una máquina virtual Java y, también, utilizar librerías Java como, por ejemplo, SWT desde un programa Python.

Cabe destacar que cada uno de estos lenguajes evoluciona a su ritmo en función del programa impuesto por **CPython**, la implementación de referencia, de modo que, con el mismo número de versión, las tres herramientas funcionan de manera idéntica. La documentación estándar es, también, válida para todas ellas.

## 4.3 Una librería estándar

Python se provee con una librería estándar que permite realizar prácticamente cualquier operación corriente, e incluso más.

Esta librería está bien documentada (http://docs.python.org/py3k/library/index.html). La lectura de su resumen nos da una buena idea acerca de lo que permite hacer Python. Se abordan todas las problemáticas clásicas.

© Editions ENI - All rights reserved

## 4.4 Librerías de terceros

Existe una gran cantidad de librerías de terceros. Algunas las construyen empresas; otras, desarrolladores independientes, y todas disponen de una comunidad más o menos amplia.

Python permite empaquetar estas librerías y, a los usuarios, instalarlas de forma extremadamente sencilla, sin tener que realizar compilaciones complejas. Una gran parte de estas librerías se reúne y empaqueta en el mismo sitio (http://pypi.python.org/pypi). Otras pueden instalarse mediante el gestor de paquetes de las distribuciones de Linux.

## 4.5 Frameworks

Existe un cierto número de frameworks escritos en Python. Permiten realizar aplicaciones siguiendo, simplemente, reglas precisas y ofrecen toda la potencia de Python para las problemáticas habituales.

# 5. Fases de ejecución de un programa Python

## 5.1 Carga de la máquina virtual

Cuando se inicia un programa Python, la máquina virtual Python se arranca. Realiza la interfaz entre el programa Python y el sistema operativo.

Su arranque consume, obligatoriamente, cierto tiempo, así como recursos, aunque relativamente limitados.

## 5.2 Compilación

Cuando se inicia un programa Python, este último (representado por el módulo principal que es el archivo ejecutado) va a compilarse, así como el conjunto de módulos que utiliza (módulos que importa, y esto de manera recursiva).

Para evitar compilar de nuevo los módulos con cada uso del script, su versión compilada se escribe en un archivo **.pyc** y, con cada nueva ejecución del script, se verifica si los módulos no se han modificado, en cuyo caso se realiza una nueva compilación. Por el contrario, el propio módulo principal se compila cada vez, sistemáticamente, al vuelo, y no se guarda en ningún archivo.

El hecho de tener estos archivos **.pyc** permite ahorrar tiempo en el arranque. Contienen el bytecode, que es una versión técnica del código explotable por la máquina virtual, independiente de la plataforma.

Python proporciona módulos que permiten gestionar su propia compilación y personalizar este proceso. Existen habitualmente dos opciones, **-O** y **-OO**, que pueden pasarse como parámetro a Python y permiten generar archivos compilados de manera más o menos optimizada.

De cualquier modo, se utilice el archivo **.py** o el archivo **.pyc**, el programa Python es bastante rápido. Solamente tarda la carga inicial del programa.

La rama 3.x reorganiza estos archivos y permite separar las compilaciones realizadas por distintas versiones de Python de forma que no se eliminen cuando se cambia de intérprete (https://www.python.org/dev/peps/pep-0488/).

En efecto, destacaremos que es posible tener varios intérpretes de Python instalados en la máquina (si trabaja en Linux con Python 3, tiene como mínimo la versión de Python 3 más Python 2 del sistema). Puede tener también PyPy o Jython.

Cuando cambie de intérprete, debe compilar de nuevo todos sus módulos. Además, si cambia su nivel de optimización, también debe recompilar. Para evitar esto, existe una nueva norma que permite prefijar la extensión por la versión de su máquina virtual y el nivel de optimización.

El conjunto de archivos compilados se encuentran en la carpeta **`__pycache__`**. De este modo, será posible compilar un módulo **`mi_modulo`** en varios archivos de la siguiente manera:

- **`mi_modulo.cpython-27.pyc`**;
- **`mi_modulo.cpython-33.pyc`**;
- **`mi_modulo.cpython-33.opt-1.pyc`**;
- **`mi_modulo.cpython-33.opt-2.pyc`**;
- **`mi_modulo.cpython-35.pyc`**;
- **`mi_modulo.cpython-35.opt-2.pyc`**;
- **`mi_modulo.jython-33.pyc`**.

Guardar este conjunto de archivos compilados permite ahorrar cierto tiempo cuando se implementa el programa.

## 5.3 Interpretación

A continuación, es posible ejecutar el programa Python mediante la máquina virtual, se trata de la interpretación. El bytecode se utiliza y produce un resultado. Python, al ser un programa tipado dinámicamente y orientado a objetos, utiliza más espacio en memoria para los objetos que un programa en C, por ejemplo. La ejecución de funciones de muy bajo nivel es, también, algo más lenta.

A alto nivel, y con una funcionalidad idéntica, la potencia de los objetos Python, la forma en que utilizan conceptos avanzados tales como la comprensión de listas, diccionarios o, en general, generadores, iteradores, así como ciertos aspectos de su modelo de objetos implica que esta lentitud a bajo nivel se vea compensada por un uso muy especializado de la arquitectura, ahorrando muchas operaciones al final.

Python es un lenguaje que permite trabajar tanto a muy bajo nivel como a muy alto nivel y que permite optimizar los recursos de hardware que utiliza.

© Editions ENI - All rights reserved

# Capítulo 1-3
# Por qué escoger Python

## 1. Cualidades del lenguaje

### 1.1 Puerta de entrada

La experiencia de aprendizaje de Python difiere bastante en función de la experiencia de cada uno. Sea cual sea el lenguaje informático practicado, es necesario tener cierta lógica y ser capaz de dominar ciertos conceptos algorítmicos; para los más jóvenes, hay sitios que permiten aprender divirtiéndose. También es muy recomendable dominar Scratch y practicar con él.

**Observación**

*Escoger Python como primer lenguaje es la mejor elección que puede realizar: muy próximo al lenguaje natural y a los conceptos algorítmicos clásicos, le permitirá hacer gran cantidad de cosas de manera muy natural y aprovechar una curva de aprendizaje muy pronunciada.*

Esta experiencia de aprendizaje difiere bastante según los lenguajes practicados en el pasado. En efecto, cada lenguaje aporta su propia manera de pensar y su implementación de las técnicas algorítmicas, lo que moldea el pensamiento del que lo practica.

**Observación**

*Aprender Python cuando se ha trabajado antes con otro lenguaje es bastante fácil pues se dispone de cierta información esencial, ciertas claves fundamentales que se expondrán a lo largo de este libro.*

A continuación, se enumeran algunos principios enunciados por Guido van Rossum:

– simple e intuitivo,

– open source, todo el mundo puede contribuir,

– comprensible, tan sencillo de entender como leer inglés,
– apropiado para las tareas diarias,
– permite tiempos de desarrollo cortos.

Para ver un ejemplo práctico, he aquí una ilustración sencilla de la facilidad de uso de Python.

Cuando se desea comprobar que un número entero se encuentra dentro de cierto rango, la expresión lógica matemática que se utiliza sería, en algoritmia:

```
SI 18 <= edad < 35 ENTONCES mostrar "equipo senior"
```

En la mayoría de lenguajes de programación, esta condición debe transformarse utilizando la lógica binaria:

```
SI (edad >= 18 Y edad < 35) ENTONCES mostrar "equipo senior"
```

Lo que da como resultado en Python el siguiente algoritmo concreto:

```
if edad >= 18 and < 35:
    print("equipo senior")
```

He aquí lo mismo en lenguaje pythónico:

```
if 18 <= edad < 35:
    print("equipo senior")
```

Volvemos a la expresión lógica inicial: no tenemos por qué transformar nuestro pensamiento para hacerla comprensible para el lenguaje, ¡es el lenguaje el que ha hecho el esfuerzo de comprendernos!

Del mismo modo, podemos remplazar la siguiente expresión:

```
if equipo.nombre == "U8" or equipo.nombre == "U10" or equipo.nombre == "U12":
    print("Torneo este sábado")
```

por:

```
if equipo.nombre in ("U8", "U10", "U12"):
    print('OK')
```

Lo cual resulta más legible y más natural, pues por un lado tenemos la variable que se desea comparar y por otro, la enumeración de los valores que validan la condición.

**Observación**

*Tendrá la ocasión de introducir lo esencial muy rápidamente tras algunas pocas horas, siguiendo el tutorial que compone la segunda parte del libro.*

Los principales comentarios y experiencias de la mayoría de estudiantes de Python que jamás antes habían desarrollado destacan su facilidad de aprendizaje, el hecho de que se pueda empezar rápidamente a realizar pequeños algoritmos sin necesidad de tener una gran base teórica y la posibilidad de progresar regular y gradualmente, sin encontrar grandes obstáculos.

Aquellos que ya conocían algún otro lenguaje destacan, en primer lugar, la rapidez con la que se domina Python y, en segundo lugar, la facilidad con la que se desarrollan sus hábitos para aprender nuevas maneras de trabajar, gracias al aspecto "multicultural" del lenguaje.

© Editions ENI - All rights reserved

## 1.2 Cualidades intrínsecas

Como ya hemos podido decir (aunque jamás lo repetiremos lo suficiente), el lenguaje Python en sí mismo es una maravilla. Simple, legible, dando soporte a conceptos potentes, y a la vez un lenguaje totalmente natural y muy avanzado.
Cada tipo de dato puede utilizarse de múltiples maneras. La imaginación del desarrollador será el último límite.
Ideal para empezar a aprender, es muy sutil y permite implementar conceptos de alto nivel, producir un código muy modular, muy fácil de mantener, de generar una documentación técnica sencilla, y también capaz de ir muy lejos en los conceptos algorítmicos.
Para ilustrar estos aspectos, he aquí un ejemplo:

```
for jugador in equipo.jugadores:
    if not jugador.licencia:
        print("Al menos un jugador no tiene licencia ")
    break
else:
    print("Todos los jugadores tienen su licencia ")
```

Observe que la palabra clave **else** está alineada con la palabra clave **for** y no con **if**. El bloque correspondiente solo se ejecuta si el bucle ha terminado de manera natural, es decir, sin pasar por una instrucción **break**. Hablamos de bucle de búsqueda y el código asociado describe lo que hay que hacer cuando la búsqueda ha fracasado.
Veremos también la gran riqueza del modelo de objetos de Python, así como sus principales tipos de datos. Terminaremos con los patrones de diseño aplicados al lenguaje Python.

**Observación**

*Tendrá también la ocasión de estudiar en profundidad cada concepto clave del lenguaje Python y de ver todos sus matices leyendo la tercera parte de este libro.*

La experiencia de los estudiantes muestra que a menudo les sorprende la simplicidad con la que Python juega con conceptos claves y permite ahorrarles esfuerzos. No necesitan reflexionar durante mucho tiempo para poder traducir pensamientos en algoritmos, pues esto resulta bastante natural.
Gracias a ello, aprenden rápidamente a manipular algoritmos, se apropian del lenguaje y se concentran más rápidamente en la visión general, lo que les permite con bastante poca experiencia obtener tiempos de desarrollo significativamente más cortos.

## 1.3 Cobertura funcional

Como ya hemos dicho, es posible hacer absolutamente todo lo que deseemos con Python: desde un simple acceso a una base de datos relacional hasta la implementación de un modelo de datos de objetos avanzados para manipular entidades y sus relaciones (ORM), pasando por la generación automática de consultas SQL (sin tener por qué conocer este lenguaje), o también acceder a servidores LDAP, Redis, CouchDB, MongoDB e incluso Cassandra o memcached.

Python, gracias a su visión abierta del mundo, permite incluso utilizar tecnologías propias del mundo Java proporcionando módulos que permiten utilizar los componentes del ecosistema Hadoop, como HBase.

También permite generar documentos de texto, imágenes, flujos de audio o de vídeo, e incluso manipular archivos XML. Nos permite ejecutar comandos externos, utilizar recursos de nuestro sistema, e incluso realizar programación concurrente (tareas y procesos) o de red.

Puede, también, comunicarse directamente con dispositivos periféricos y controlar plotters, impresoras 3D o servomotores.

En resumen, permite dar respuesta a muchas problemáticas habituales, y cubrir otros dominios algo más exóticos. En estos últimos, existe menos competencia, lo que permite a Python imponerse más fácilmente como una solución de referencia, mientras que para dominios más clásicos ya existen competidores instalados sólidamente, aunque no sean los mejores.

Estas experiencias, no obstante, resultan muy positivas.

Lo que caracteriza también a Python es la homogeneidad del propio lenguaje y de sus librerías. De este modo, el desarrollador no se sorprende cuando tiene que realizar un esfuerzo mucho menor para aprender las novedades.

**Observación**

*El conjunto de funcionalidades se abordan en la cuarta parte de este libro, que le dará las claves para hacer de Python una verdadera navaja suiza.*

La experiencia y los comentarios de los estudiantes demuestran que una vez que están cómodos con el lenguaje, la puerta de entrada a un nuevo dominio funcional resulta bastante sencilla. Llegar a utilizar y dominar nuevos módulos resulta casi natural gracias a las cualidades del lenguaje, y también a la documentación de las librerías de terceros.

## 1.4 Dominios de excelencia

Python dispone de ciertas librerías cuya reputación es indiscutible. Es el caso, por ejemplo, de la informática científica. En este dominio, Python ha integrado vastas librerías escritas en Fortran (antiguo lenguaje de referencia en este dominio que ofrece excelentes funcionalidades acompañadas de muy buenos rendimientos). También aporta mejoras considerables a estas librerías y su facilidad para manipular los datos.

Python también es especialmente reconocido por la creación de aplicaciones de sistema (concebidas para utilizarse en un terminal) o incluso de aplicaciones gráficas (adaptadas a Gnome, KDE o Windows). También goza de un aprecio especial en la creación de vídeojuegos o de prototipos para vídeojuegos.

Por último, Python es una solución de referencia en el desarrollo web, ya se trate de soluciones de intranet, extranet o Internet. Podemos citar frameworks tan diversos como Bottle, Flask, BlueBream, TurboGears, Pyramid e incluso el excelente Django, así como aplicaciones como Plone (CMS), Mezzanine (Blog), LFS, Saleor.io (e-commerce), Trac (gestor de anomalías) u Odoo (ERP).

© Editions ENI - All rights reserved

También podemos destacar lo excelente que son los distintos servidores web como Tornado, Gunicorn e incluso uWSGI o Waitress. Los sitios Python también pueden ejecutarse sobre Apache, lighttpd o Nginx.

Todo esto es posible gracias a que, sea cual sea la tecnología utilizada, los frameworks y los servidores se comunican entre sí gracias a la misma interfaz unificada WSGI (*Web Server Gateway Interface*), lo que garantiza la coherencia y la posibilidad de cambiar de framework para un proyecto sin tener que reescribirlo todo (en función de los componentes utilizados por cada framework).

También podemos citar Twisted, que no es una solución web, sino más bien una solución de Internet que permite proporcionar funcionalidades sobre muchos otros protocolos.

También en este caso la experiencia es clara: aquellos que escogen Python para atacar alguno de estos dominios donde destacan no lo lamentan, y cuantas más herramientas dominan, más nuevas perspectivas se abren.

## 1.5 Garantías

Python es un lenguaje perenne. Ha evolucionado de manera constante, dispone de una gran comunidad y está muy presente en todos los dominios de la programación.

Su implementación más común es CPython, y dispone de casi 200 librerías (sin contar aplicaciones, frameworks y librerías externas). Se trata de un proyecto de más de un millón de líneas de código –de las cuales un 60% están escritas en Python y un 40% en C– por más de un millar de contribuyentes. Más de 150 han contribuido al núcleo del lenguaje, y más de 200, a la documentación, que contiene más de 180 000 líneas REST (consultar Sphinx).

El proyecto evoluciona de forma continua y aparecen nuevas versiones con regularidad. En el momento de escribir estas líneas, las versiones 2.6 y 3.2 siguen recibiendo correctivos de seguridad, mientras que las ramas 2.7 y 3.3 reciben correctivos de seguridad y de bugs. La versión actualmente en desarrollo es la 3.4 y es la única que admite novedades.

Uno de los pilares esenciales de Python consiste en asegurar la calidad, proceso que funciona perfectamente. El seguimiento de anomalías se realiza de forma meticulosa y profesional. Por cada anomalía detectada, además de un correctivo, se aportan además una serie de pruebas unitarias que permiten detectarla claramente y asegurar que no se vuelve a producir.

Cada anomalía se prueba en un conjunto de versiones soportadas, se reproduce, aísla y documenta. Se realizan bastantes discusiones para asegurar la correcta resolución y el parche propuesto se revisa varias veces antes de ser validado. Una vez se han actualizado los documentos de seguimiento y se ha validado el conjunto de pruebas se da el bug por corregido.

El seguimiento de las pruebas comprende más de 100 000 pruebas que representan más de 200 000 líneas de código, es decir un tercio del código de Python. La comunidad dispone de 80 buildbots, que son servidores destinados a pasar las pruebas.

Estos servidores ejecutan las versiones soportadas de Python en diversas arquitecturas de hardware (x86, amd64, sparc...), con sistemas operativos diferentes (Linux (Debian, Ubuntu, CentOS, Fedora...), Unix, FreeBSD, Mac (Tiger, Leopard, Lion, El Capitan...), Solaris, Windows (XP, 7, Vista, NT 10, Server 2012, Phone 8...).

Además, Python es un lenguaje que ha superado el paso de su núcleo a Unicode, lo cual es fundamental para poder reutilizarse en todo el mundo, sea cual sea la tecnología.

El paso a Python 3 no genera inquietud, puesto que la comunidad no tiene ninguna traza de dividirse en dos corrientes: los adeptos a la rama 2 y aquellos defensores de la rama 3. Además, se hace todo lo posible por facilitar la transición de la existencia de la rama 2 hacia la rama 3. A este respecto, la versión 3.3 de Python tiene como objetivo eliminar dificultades que impiden la migración de proyectos importantes a Python 3.

Las mejoras introducidas por Python 3 son notables, además de resultar un lenguaje más homogéneo y más respetuoso con los grandes principios de Python.

A día de hoy, apostar por Python no presenta ningún riesgo en términos de perennidad o de evolución. Python es, claramente, un lenguaje adaptado a su tiempo y que dispone de una base sólida y argumentos de peso.

## 2. Difusión

### 2.1 Empresas

Python no es un lenguaje de gadget.

A día de hoy, no está tan difundido como debería entre los actores responsables de las decisiones, gerentes y directores, y no está en el núcleo de la mayoría de los principales SS II del mercado, que apuestan por tecnologías de gran renombre.

No obstante, Python está presente en muchos ámbitos, empezando por Google, que lo utiliza en cada vez más proyectos importantes. Está también presente en empresas importantes como YouTube o DropBox.

Estos dos ejemplos ilustran a la perfección el hecho de que Python permita responder a problemáticas de alta disponibilidad, de rapidez, de eficacia. La experiencia adquirida en estos actores de Internet demuestra, con claridad, que la elección de Python está justificada y aporta realmente ventajas. A día de hoy, empieza a imponerse como una referencia en ciertos dominios.

Python se utiliza ampliamente en el conjunto de dominios de excelencia citados antes, en particular para el desarrollo web, debido a la diversidad de soluciones que aporta, y a su simplicidad de implementación. Comienza, por otro lado, a utilizarse en agencias web cuyo núcleo de negocio no es el desarrollo.

Encontramos también muchos desarrollos de aplicaciones cliente/servidor, de scripts de sistema para el mantenimiento o la extracción de datos, así como aplicaciones específicas. Por ejemplo, muchos diseñadores de bancos de pruebas adquieren de forma estándar Python como lenguaje principal para conducirlos: Python se impone poco a poco en el mundo industrial.

Resulta también muy útil para comunicar aplicaciones heterogéneas entre sí (lenguaje-pegamento), y cuando existen restricciones fuertes que dejan a sus principales competidores fuera de juego. Por ejemplo, los autómatas de trading, que trabajan en tiempo real y deben manipular datos en tiempo real, se programan en C/C++, aunque la implementación de algoritmos novedosos, a menudo realizados en tiempo récord, se realizan en Python, el único lenguaje que permite a la vez comunicarse con C y C++, ofrecer tiempos de desarrollo mínimos y realizar un mantenimiento sencillo.

© Editions ENI - All rights reserved

Python también está presente en muchas aplicaciones, como lenguaje de scripting, por ejemplo para OpenOffice/LibreOffice (de oficina), Inkscape (diseño vectorial), Gimp (retoque fotográfico), Blender (3D, también escrito en Python...).

Permite, así, a los usuarios de estas aplicaciones ir más allá en su uso, donde si se ha seleccionado este lenguaje es tanto por sus cualidades intrínsecas como por su curva de aprendizaje.

Python está, por último, presente en todos los dominios de la empresa, incluso en empresas cuyo ámbito no sea el desarrollo, permitiendo, por ejemplo, controlar máquinas industriales o la automatización de ciertos procesos.

En ciertos dominios que aumentan actualmente en popularidad (y cuyas necesidades en términos de contratación se empiezan a notar), Python sale del apuro (https://www.anaconda.com/blog/why-python, http://www.javaworld.com/article/2071288/open-source-tools/python--big-data-s-secret-power-tool.html). Dominar este lenguaje es también una de las competencias más apreciadas y a su vez mejor pagadas (manteniendo las proporciones) (http://computerhoy.com/noticias/software/sueldo-programadores-descubierto-31147).

Python es capaz de adaptarse a muchos entornos para proporcionar versiones previamente empaquetadas destinadas especialmente a las empresas (https://www.prweb.com/releases/the_leading_enterprise_python_distribution_for_data_analytics_is_moving_to_the_hadoop_and_spark_infrastructures/prweb12248300.htm).

Existen empresas de desarrollo que sitúan a Python en el núcleo de su estrategia. Cuando llevan Python a algún cliente como novedad, es preciso justificar las ventajas de Python, pero una vez abierta la veda, el número de proyectos crece de manera exponencial.

Su éxito demuestra claramente que Python, a día de hoy, es una referencia en el mundo industrial y en el de los servicios. Confirmamos, por otro lado, desde hace varios años una progresión constante del lenguaje de programación Python, como puede verse en distintas clasificaciones (https://www.tiobe.com/tiobe-index/, http://pypl.github.io/PYPL.html).

## 2.2 El mundo de la investigación

Python se utiliza, también, en el mundo de la investigación. Existen doctores e investigadores que trabajan en proyectos que requieren la creación de herramientas informáticas y realizar un pequeño desarrollo.

Estos doctores e investigadores son especialistas en su dominio, pero no en el desarrollo de aplicaciones. Las cualidades intrínsecas de Python, su puerta de entrada, su cobertura funcional, son argumentos que permiten que Python sea una elección prioritaria en el mundo de la investigación para desarrollar pilotos, proyectos diversos y variados.

En la historia de la informática han existido lenguajes de programación que han tenido éxito en el mundo empresarial, pero que no han penetrado jamás en el mundo universitario, y a la inversa. Python ha conseguido implantarse en ambos medios sin oponerlos, gracias a que no se ha diseñado específicamente para uno o para otro y a que dispone de suficientes librerías que permiten responder a todo tipo de problemática.

Por ejemplo, Python permite realizar cálculos científicos para generar gráficos o hacer cálculo distribuido, y es un lenguaje próximo a las matemáticas, que hace una clara distinción entre secuencias y diccionarios, por ejemplo, y también entre secuencias y conjuntos, ofreciendo a cada tipo de datos los métodos que le son estrictamente necesarios. Python permite, a su vez, gestionar de manera natural, sencilla y eficaz operaciones matemáticas como las permutaciones, por ejemplo.

Python es, también, una alternativa extremadamente creíble –y libre– a Matlab o Mathematica y permite obtener el mismo rendimiento, o incluso más.

Cabe destacar que uno de los proyectos principales utilizados en el mundo científico, IPython (http://ipython.org/), evoluciona ahora a jupyter (https://jupyter.org/), y nos permite ser agnósticos respecto a los lenguajes de programación y trabajar con otros como R, un lenguaje muy utilizado por los científicos. Es una prueba más de la voluntad de Python de ser ecléctico y de su potencia como lenguaje pegamento.

Todo esto hace que doctores e investigadores vean en Python el lenguaje ideal para trabajar con sus datos.

## 2.3 El mundo de la educación

Python ha sido recomendado por los ministerios de educación de varios gobiernos para el aprendizaje de algorítmica.

Es el lenguaje de aprendizaje de informática seleccionado por numerosas universidades americanas (http://www.genbetadev.com/formacion/python-es-ya-el-lenguaje-de-introduccion-mas-popular-en-las-universidades-norteamericanas), y de la mayoría de MOOC (https://es.coursera.org/course/programming1, https://www.edx.org/course/introduction-computer-science-mitx-6-00-1x-6, https://librosweb.es/libro/python/, http://cacheme.org/curso-online-python-cientifico-ingenieros/). Hablamos del aprendizaje de la informática en general: Python se ha convertido en el medio preferente para aprender los conceptos que se utilizarán en el aprendizaje de los demás lenguajes.

Existen también muchos cursos en línea especializados en el lenguaje Python, en sí mismo (https://es.coursera.org/learn/python, https://www.pluralsight.com/courses/python-fundamentals, https://developers.google.com/edu/python/).

En la actualidad, profesores que enseñan informática desde hace varios años basándose en Python reportan experiencias muy positivas. En el curso escolar 2013-2014 se incluyen, de manera oficial, cursos de estudio de algoritmos en Python en las clases troncales de varias escuelas universitarias españolas (dos horas el primer año y una hora el segundo año, en 2014). La experiencia a este respecto (donde algunos aspectos importantes son las pruebas de programación) estará disponible muy pronto.

Además, destacar el carácter abierto y pedagógico de Python puede interpretarse de otra forma. En efecto, la formación de desarrolladores en Python es un aspecto muy importante para el desarrollo del propio lenguaje, y permitirá paliar el principal defecto de Python –¿el único?–, que es su difusión limitada como consecuencia de la poca cantidad de desarrolladores Python en el mercado.

© Editions ENI - All rights reserved

## 2.4 Comunidad

La comunidad Python es tan importante como variada. Uno de los aspectos esenciales del software libre es el hecho de mantener viva su comunidad. El objetivo de la operación es permitir que se compartan conocimientos, se realicen nuevas librerías y se escriban nuevas aplicaciones en Python.

Para desarrollar todo esto, la cantidad de aspectos que intervienen cuando se escribe una aplicación, sea cual sea su ámbito, es considerable. La manera de resolverlos evoluciona constantemente gracias a la evolución del propio lenguaje, y también de sus librerías. Es importante, por lo tanto, estar pendiente de la comunidad así como de la evolución del lenguaje y de sus librerías.

Afortunadamente para nosotros, en la comunidad Python todo ocurre en un lugar público y todas las ideas se debaten abiertamente. Forman parte de PEP (propuestas) que se aceptan o rechazan a continuación. Sea cual sea el caso, el conjunto de argumentos de cada parte está presente y se exponen las razones que han conducido a la decisión final.

Más allá de Python, las librerías de terceros también están agrupadas (según sus aspectos esenciales) en un único sitio (https://pypi.python.org/pypi). Podemos instalarlas fácilmente o incluso encontrar su documentación. También resulta fácil seguir su evolución y, en particular, sus actualizaciones. Esta centralización hace que sea fácil para cualquier pythonista orientarse en el ecosistema y acceder a la información adecuada.

La comunidad puede, a su vez, unirse alrededor del desarrollo de un proyecto libre escrito en Python, mediante la organización de sprints que permiten reunir a desarrolladores durante varias horas o días.

Esta práctica presenta muchas ventajas. Por un lado, las aplicaciones afectadas evolucionan y mejoran. Por otro lado, en estos sprints, al estar liderados por personas de referencia con bastante experiencia, los participantes aprenden todos mucho, bien desde un punto de vista técnico o desde un punto de vista de la organización del trabajo en equipo (colaboración, metodologías ágiles...).

Otro aspecto importante y donde la comunidad resulta crucial es la redacción de la documentación, así como su traducción. Este punto es particularmente importante, pues es lo que permitirá a los debutantes ponerse al día y aprender una tecnología documentada para convertirse, más adelante, en miembros activos de la comunidad.

La comunidad española se organiza mediante la Asociación Python España (http://www.es.python.org/), que ofrece numerosos recursos dirigidos tanto a las personas más implicadas en la comunidad como a los debutantes.

Se organizan conferencias (http://www.pycon.org/) alrededor de todo el mundo para presentar los nuevos proyectos Python, contar experiencias u ofrecer talleres destinados tanto a debutantes como a desarrolladores experimentados.

La comunidad existe también en Internet y dispone de diversos medios para comunicarse: sitios de Internet, canales IRC, redes sociales, foros reddit o incluso artículos de blog (http://planetpython.org/)... Estos medios son utilizados por personas interesadas, que de este modo pueden compartir. Más allá de estas herramientas, también se organizan eventos que permiten a los miembros encontrarse y seguir aprendiendo y mejorando constantemente, e incluso mostrar otros proyectos en los que están implicados.

Existen también iniciativas más importantes, tales como el Python African Tour que realiza acciones de formación en varios países de África para enseñar Python y formar a la mayor cantidad posible de personas. Por último, existen muchos recursos en línea, resultado de iniciativas personales, colectivas, o empresariales (http://dailytechvideo.com/, http://www.fullstackpython.com/best-python-resources.html).

## 3. Referencias

### 3.1 Pesos pesados en la industria informática

#### 3.1.1 Google

Google se conoce, principalmente, por su motor de búsqueda, creado por Larry Page y Sergey Brin, y situado en el núcleo de la estrategia de la empresa epónima que fundaron y desarrollaron con éxito. A continuación, han utilizado su situación de casi-monopolio con este motor para agregar funcionalidades basándose en un modelo de desarrollo que se fundamenta en la oferta de servicios gratuitos financiados mediante la publicidad pagada, sobre todo, por otras empresas. Google se ha convertido en uno de los principales capitales bursátiles del mundo.

Estos servicios gratuitos son, por ejemplo, Gmail, la agregación de novedades, YouTube, las redes sociales, así como herramientas compartidas (procesamiento de texto, hojas de cálculo, presentaciones o incluso agendas). Estas herramientas permiten trabajar de manera colaborativa sobre un mismo soporte.

El modelo económico de Google consiste en proveer servicios avanzados a las empresas, que ponen a su disposición mediante API que permiten utilizar de manera muy sencilla las herramientas de Google, así como la publicidad, principal fuente de ingresos.

La empresa se sitúa claramente por un lado con una estrategia de calidad de software que implementa mediante su comunicación y la innovación. De hecho, cuando Google anuncia un producto nuevo, se genera una gran expectativa y el producto lo adopta rápidamente una comunidad de usuarios muy amplia. Al final, el producto se incorpora en muy poco tiempo en los hábitos de consumo de sus usuarios.

Para alcanzar sus objetivos, Google ha incorporado en su equipo a informáticos con talento y, entre ellos, a Guido van Rossum, que trabajó con ellos desde 2005 hasta finales de 2012. Google invirtió en Python proporcionando recursos para conectar sus API con este lenguaje, utilizándolo de manera interna para sus propios desarrollos y generando documentación como, por ejemplo, guías (https://google.github.io/styleguide/pyguide.html), aunque sobre todo poniendo parte de su departamento de I+D al servicio de la mejora de Python.

© Editions ENI - All rights reserved

### 3.1.2 Mozilla

La fundación Mozilla es una asociación sin ánimo de lucro fundada para construir una suite de productos libres iniciada con NetScape y que creó la Mozilla Corporation, una filial sin ánimo de lucro para gestionar la difusión de estas aplicaciones, dando empleo a unas cien personas.

Sus aplicaciones son muy extensibles, gracias a herramientas específicas que permiten crear extensiones fácilmente. Estas extensiones pueden realizarse mediante distintos lenguajes de programación, entre los que se encuentra Python.

Mozilla invierte, por tanto, en el lenguaje Python. Un ejemplo es su herramienta Sync, que permite sincronizar los distintos marcadores favoritos de un usuario, y que estará en un futuro en el núcleo de Firefox.

### 3.1.3 Microsoft

Microsoft es una empresa de desarrollo de aplicaciones creada por Bill Gates y Paul Allen que es, también, uno de los grandes actores en bolsa a día de hoy a nivel mundial. Sus productos de referencia son los sistemas operativos y sus suites ofimáticas, ambas en situación de casi-monopolio y que representan su fuente principal de ingresos. No obstante, Microsot, que aspira a estar presente en todos los sectores de la informática, también es un actor importante en el ámbito de la Web.

Microsoft proporciona recursos Python para su sistema operativo, entre ellos scripts de sistema (http://gallery.technet.microsoft.com/scriptcenter). Si bien no se da una preferencia especial a Python sobre el resto de los lenguajes, sí que su calidad en la programación de sistema se ve reconocida y apreciada.

Pero el elemento más representativo de su inversión es la portabilidad a C# de Python que Microsoft ha hecho para integrarlo en su plataforma .NET, cuya idea es proporcionar una API común a todos los lenguajes de programación más populares de cara a uniformizar las prácticas, dejando a sus clientes un abanico de opciones lo más amplio posible. Proporciona, a su vez, sistemas de certificación.

Cabe destacar también el éxito actual del proyecto Pyjion.

### 3.1.4 Canonical

Canonical es una empresa fundada por Mark Shuttleworth con el objetivo de promover el software libre. Esta empresa se conoce, en particular, por ser el patrocinador principal de Ubuntu, un sistema operativo basado en Debian, una distribución GNU/Linux. La empresa emplea a unas 300 personas y provee dos servicios principales que son el soporte y la certificación.

Python está muy presente en distribuciones GNU/Unix modernas, entre otros se utiliza en **apt/aptitude**, **emerge** y **yum** –herramientas que permiten instalar y actualizar aplicaciones mediante la gestión de paquetes (**.deb** o **.rmp**)– y la empresa tiene competencias en Python e invierte en esta tecnología.

Algunas de estas nuevas aplicaciones se desarrollan en Python, aprovechando así la gran capacidad del lenguaje en dominios particulares. Por ejemplo, Ubuntu One es un servicio de alojamiento en línea (gratuito hasta los 5 GB) que permite subir y sincronizar archivos para salvaguardarlos, y su cliente se ha desarrollado en Python, utilizando **twisted**.

### 3.1.5 Cisco

En sus orígenes, Cisco era conocido por la venta de hardware de red, muy reputado por su fiabilidad y extendido en las grandes empresas. La evolución del mercado informático ha hecho que se sitúe sobre las nuevas tecnologías emergentes próximas a su negocio original, entre otros SAN, VPN, voz sobre IP, Wi-Fi y aplicaciones particulares. Realiza también certificaciones.

Para sus nuevos desarrollos, la empresa utiliza ampliamente Python, aprovechando su capacidad de bajo nivel y su facilidad en el uso de protocolos. Cisco ofrece todas las herramientas necesarias para controlar su hardware mediante Python y ofrece también a la comunidad su experiencia en controladores de hardware y aplicaciones dedicadas.

## 3.2 Empresas de innovación

### 3.2.1 Servicios de almacenamiento en línea

Uno de los servicios más populares que se ha desarrollado en los últimos años, destinado a las empresas y, principalmente, a usuarios particulares, es el almacenamiento en línea. Se trata de permitir subir el archivo, sincronizarlo bidireccionalmente, aprovechando un servicio de copia de seguridad.

Ubuntu One proporciona este tipo de servicio innovador y se basa en Python, y también es el caso de Nasuni, que, por ejemplo, utiliza Django con gran satisfacción (https://www.builtinboston.com/companies/tech/django-companies).

### 3.2.2 Cloud computing

El cloud computing o computación en la nube consiste en delegar un procesamiento pesado en servidores cuyo número y capacidad pueden modificarse en función de la cantidad de trabajo delegado para adaptarse a las necesidades.

En este tipo de tecnología, tan innovadora, donde todavía no existe un claro liderazgo ni tampoco monopolio, Python ha logrado imponerse, gracias a su sólida base, su versatilidad y considerable capacidad.

De este modo Heroku, New Relic, DotCloud, Nebula, Linode, PlaidCloud o incluso Loggly (y la lista está lejos de ser exhaustiva) –que todavía no son actores tan reconocidos como Google o Microsoft– utilizan Python y lo soportan.

### 3.2.3 Plataforma colaborativa (Forge)

Una plataforma colaborativa es un elemento esencial para una buena gestión del proyecto. Trac es la plataforma colaborativa desarrollada en Python más reputada, aunque existen nuevas plataformas tales como BitBucket que están teniendo éxito tras su aparición. GitHub, que no se ha desarrollado históricamente con Python, lo utiliza también mucho, en particular para sus clientes. En este ámbito Python aporta una capacidad que permite utilizar conceptos de bajo nivel de manera sencilla.

### 3.2.4 Redes sociales

Las redes sociales abren nuevos segmentos de mercado, y en ellas Python se utiliza ampliamente, como ocurre por ejemplo en Bit.ly, Evite y myYearBook.

© Editions ENI - All rights reserved

## 3.3 Editores de contenidos

### 3.3.1 Disney Animation Studio

Se trata de una empresa especializada en la animación de vídeo. Su núcleo de negocio está, por tanto, a medio camino entre el cine y la informática, que es necesaria para crear animaciones y en la que invierten profundamente, tanto en open source como compartiendo su licencia libre de ciertas aplicaciones. Utilizan ampliamente Python.

### 3.3.2 YouTube

Se trata de un sitio web especializado en la distribución de contenido de vídeo donde cualquier usuario puede aportar o visualizar contenido. Python se utiliza ampliamente y existe una API a disposición de los desarrolladores (https://developers.google.com/youtube/1.0/developers_guide_python).

### 3.3.3 Box ADSL

Con el mismo espíritu, la mayoría de Box ADSL europeas utiliza Python, en particular para el diseño de interfaces de usuario, y también para la gestión de ciertos flujos de red.

### 3.3.4 Spotify

Se trata de un cliente que permite escuchar y compartir música en línea y que proporciona una API Python (http://code.google.com/p/pytify/), invirtiendo en esta tecnología.

## 3.4 Fabricantes de software

Existen muchos fabricantes de software que sitúan a Python en el núcleo de su estrategia de desarrollo con éxito –por ejemplo en Francia– en segmentos de mercado muy diferentes.

Cabe distinguir dos tipos de fabricantes: por un lado están aquellos dedicados a la creación de aplicaciones de carácter general para clientes de cualquier segmento, adaptando aplicaciones a las necesidades concretas del cliente; por otro lado están aquellos que se sitúan explícitamente sobre un segmento de mercado muy específico y que construyen aplicaciones dedicadas.

ZeOmega, por ejemplo, es un fabricante especializado en el segmento de mercado de los servicios de salud que sitúa a Python en buen lugar, dado que el «Chief Mentor» de la empresa es un miembro particularmente activo de la comunidad Python.

Existen muchos programadores independientes que tienen éxito –también en España– viviendo de desarrollos en Python. La demanda no es tan fuerte como con Java, aunque es mayor que la oferta. Las competencias buscadas son, no obstante, más concretas y más orientadas a la Web.

# 4. Experiencia

## 4.1 Internet de las cosas

Pythonista: Thierry Gayet
Cargo: director técnico
Compañía: AMA SA (Rennes)
Sectores de actividad: médico, industria y seguridad
Servicios proporcionados por la compañía: móvil, Internet de las cosas, objetos conectados, gafas conectadas
Lenguajes utilizados en la compañía: Java, C, C++, Python, bash
Uso de Python:

- Prototipos/pruebas de concepto.
- Aplicación Xpert Eye para gafas conectadas.
- Seguimiento de pruebas de aplicación automatizadas.
- Mantenimiento de sistemas (backups).
- Pruebas unitarias.
- Herramientas de monitorización.
- Diagnóstico de red.

Testimonio:

*Como desarrollador Python con GNU/Linux desde hace varios años, he impulsado su uso en el seno de la compañía AMA SA debido a su rapidez para elaborar prototipos y para la realización de pruebas de concepto.*

*Gracias a su sintaxis, es bastante fácil de leer y puede asimilarse con rapidez por parte de un desarrollador junior con nociones de desarrollo orientado a objetos. A diferencia del lenguaje Perl, que requiere un poco de perspectiva para comprender el objetivo de un algoritmo, el lenguaje Python le lee realmente de manera muy natural.*

*Adoro Python porque cuenta con muchos módulos que se pueden utilizar disponibles en PyPi y la accesibilidad a su código fuente facilita su comprensión y su uso.*

*Todo lo relacionado con la parte del sistema de la solución Xpert Eye de AMA se ha desarrollado con este lenguaje, que ha permitido un desarrollo rápido con una excelente puesta a punto y un buen mantenimiento.*

*Respecto a otros lenguajes, diría que, como con los scripts bash, es interpretado, lo que permite trabajar sin tener que recompilar todo tras cada modificación.*

*Además, como digno representante de los lenguajes orientados a objetos, está dotado de todos los patrones de diseño que podemos encontrar en los demás lenguajes.*

*Hablemos bien de Python 2.x o bien de la versión 3.x, nos parece que es un lenguaje de programación muy extendido, que está presente desde en el descodificador del televisor hasta en el teléfono móvil, pasando por los ordenadores de escritorio o los servidores.*

*Este lenguaje se ha hecho transversal pasando del desarrollador al tester que utiliza scripts para automatizar sus pruebas o al DSI que realiza sus tareas de mantenimiento como backups. Animo a los desarrolladores a crear sus conjuntos de pruebas, lo cual resulta realmente fácil con Python.*

© Editions ENI - All rights reserved

Por último, utilizamos también todo un ecosistema que nos permite elaborar la documentación, como Sphinx.

## 4.2 Sistemas y desarrollo web

Pythonista: Sébastien Bonnegent
Cargo: administrador de sistemas
Compañía: INSA Rouen (Rouen)
Sector de actividad: escuela pública de ingeniería
Servicios proporcionados por la compañía: enseñanza e investigación
Lenguajes utilizados en la compañía: Python, PHP, Java
Uso de Python:

- Enseñanza.
- Sondas de supervisión.
- Sincronización de bases de datos de usuarios.
- Gestión de workflow de compras.
- Gestión de los préstamos de material.
- Gestión de las máquinas virtuales.

Testimonio:

*Como administrador de sistemas, es habitual tener que realizar pequeños desarrollos para procesamientos particulares, sondas... Evidentemente, estos desarrollos se adaptan y modifican sobre la marcha y, dependiendo del lenguaje, no siempre es fácil retomar un desarrollo, incluso aunque esté documentado. En Python, la indentación del código facilita mucho su lectura y comprensión.*

*De este modo, es muy fácil retomar, releer y comprender un código escrito en Python independientemente de los hábitos del desarrollador (sin entrar en una guerra entre los aficionados a las llaves al final de la línea y aquellos que las prefieren tras un retorno de línea para los lenguajes basados en C).*

*En la actualidad, desarrollo exclusivamente en Python (usando la rama 3.x si es posible), ya sea para la administración o para el desarrollo web (he desarrollado y mantengo tres aplicaciones web en particular con más de 5.000 líneas de código cada una escritas en Python/Django). Para mí, esta es otra ventaja del lenguaje, ya que es polivalente, multiplataforma, e integra por defecto una gran cantidad de módulos. Es también fácil de aprender, y luego de dominar. El único inconveniente del lenguaje sería la gestión de las cadenas de caracteres, que podía llegar a bloquear la ejecución de un programa solo con un carácter acentuado en un comentario dentro del archivo sin el encabezado correcto. Afortunadamente, esto se ha corregido en la versión 3.*

*La posibilidad de crear entornos virtuales también es un aspecto muy práctico que permite reproducir un entorno similar entre los puestos de desarrollo y los servidores de producción, o gestionar fácilmente las dependencias de paquetes ausentes en el sistema de destino.*

## 4.3 Enseñanza

Pythonista: Nicolas Patrois
Sector de actividad: enseñanza (matemáticas)
Otros lenguajes practicados:

- Scilab para las matrices y el cálculo científico.
- Bash y con menos frecuencia C para mis proyectos personales.
- TI (Texas Instrument) con los alumnos.
- Brainfuck cuando es posible.
- XHTML+MathML para mi sitio personal.

Uso de Python:

- Matemáticas.
- Algorítmica (grafos, combinatoria).
- Juegos.
- Automatización de tareas.

Testimonio:

*Mi primer contacto con Python tuvo lugar hace más de diez años (un contribuyente de la Wikipedia me ayudó a descubrirlo). En aquel momento, yo utilizaba principalmente Perl y C, aunque resultaba bastante pesado. Cuando me embarqué en el proyecto Euler (después CodeAbbey y después CodinGame (https://www.codingame.com)), lo hice con Python 2 y luego 3. Valoro su sintaxis sencilla, aunque mucho más rica de lo que aparenta a primera vista. Poco a poco, habituado a los lenguajes puramente imperativos, me habitué a la programación orientada a objetos incluso aunque actualmente soy un autodidacta –todo ha cambiado bastante desde mis estudios de ingeniería.*

*Vale la pena utilizar Python porque no se complica la vida con una sintaxis enrevesada (salvo en algunos casos particulares muy raros): se escribe directamente el pseudocódigo en Python. Con un poco de curiosidad, se llega a acumular bastante información, ideas y trucos. Por otro lado, el lenguaje está lleno de librerías que evitan tener que reinventar la rueda. Programar en Python me hace más fáciles las tareas, por ejemplo mediante un complemento que me permite contar mis horas de trabajo o una herramienta que produce un array perfecto para el algoritmo de Dijkstra.*

## 4.4 Informática embebida

Pythonista: Nicolas Gachadoit
Cargo: desarrollador
Compañía: 3Sigma (Chambourg-sur-Indre)
Sectores de actividad: informática y robótica
Servicios proporcionados por la compañía: robots y objetos conectados
Lenguajes utilizados en la compañía: Python, JavaScript, C/C++
Uso de Python: en casi todos los productos
Testimonio:

*Conozco Python desde hace más de 15 años, lo descubrí como un lenguaje de script que permitía automatizar bancos de pruebas. Python es muy sencillo y agradable de utilizar, a diferencia de lo pesados que resultan otros lenguajes.*

© Editions ENI - All rights reserved

*Valoro particularmente la gran cantidad de librerías disponibles en dominios muy diversos. Para hacerse una idea de la polivalencia del lenguaje, nosotros hemos construido recientemente un robot programado al 100 % en Python. Este lenguaje se utiliza no solo en el mini-ordenador embebido (una tarjeta pcDuino) para leer los sensores, calcular las dependencias y dirigir los servomotores, sino también en el ordenador host que ejecuta la interfaz gráfica de guía: programada en Python, muestra en tiempo real los datos del robot y permite modificar sus ajustes.*
*Por último, un servidor web Python (Tornado) gestiona toda esta telemetría. Todo esto podría construirse en otros lenguajes, aunque no tan fácilmente.*

## 4.5 Desarrollo web

Pythonista: Thierry Durand
Cargo: desarrollador web full stack independiente
Compañía: PySOFT (Pourrières)
Sector de actividad: desarrollo web
Servicios proporcionados por la compañía: creación de sitios de Internet
Lenguajes utilizados en la compañía: Python, HTML 5, CSS, JavaScript
Uso de Python: Django + scripts externos de tratamiento de datos
Testimonio:
*Desarrollador de sitios de Internet como freelance desde 2009, con PHP 5, Apache, MySQL en Linux, descubrí Python en 2014 y he desarrollado mucho con este lenguaje desde entonces.*
*Me he dado cuenta rápidamente de la necesidad de integrar Python en el dominio de la Web, motivado por su potencia y facilidad de implementación. Además, los modelos de datos en Python para el framework Django permiten separar con éxito la parte de los datos de la parte de la implementación (patrón de arquitectura MVC).*
*El paso de PHP a Django/Python ha sido laborioso pues la filosofía es algo diferente, aunque la inversión ha sido provechosa pues en la actualidad tengo un código mucho más limpio. La modificación y el mantenimiento se ven ampliamente mejorados.*
*Ya no tengo que escribir más líneas de SQL, la gestión se hace directamente con Django (mediante su ORM), sea cual sea la base de datos utilizada. Basta con cambiar el archivo de configuración para pasar de SQLite a MySQL o PostgreSQL sin necesidad de modificar el código.*
*Ahora albergo mis sitios en un servidor VPS Linux, con NGinx y Gunicorn.*

## 4.6 ERP

Pythonista: Christophe Combelles
Cargo: director general
Compañía: Anybox SAS (Paris)
Sector de actividad: servicios digitales para empresas
Servicios proporcionados por la compañía: desarrollo de aplicaciones de negocio, mantenimiento, servicios de alojamiento web, formación
Lenguajes utilizados en la compañía: Python, JavaScript
Uso de Python (con el ejemplo de otro testimonio):

- Gestión completa de la empresa.
- Supervisión del alojamiento.

– Automatización del cloud.

– Robot de integración continua.

– Solución propietaria de gestión de código fuente.

Testimonio:

*Inicialmente, me atrajeron dos puntos del lenguaje Python: su sintaxis ligera y su biblioteca estándar tan completa. Para alguien cuya formación inicial no es informática, es una ventaja importante porque uno es rápidamente más eficiente.*

*También es un lenguaje que permite abordar casi todas las necesidades de programación, ya sea para el desarrollo web, como para interfaces gráficas, procesamiento de datos, computación científica, automatización de la nube, herramientas de gestión empresarial, etc.*

*Rápidamente se puede experimentar el placer de disfrutar de la codificación e innovar, gracias a las bibliotecas de Machine Learning como* **scikit-learn** *o enfocarse en objetivos concretos como las importaciones de estados de cuenta.*

*No perdemos tiempo en problemas de programación de bajo nivel. También es un lenguaje que evoluciona rápidamente y en una comunidad para adaptarse a las necesidades presentes en las empresas, por ejemplo, paralelización o programación asíncrona con el módulo* **asincio**.

© Editions ENI - All rights reserved

# Capítulo 1-4
# Instalar el entorno de trabajo

## 1. Introducción

Aquí solo abordaremos CPython, la implementación de referencia de Python, y no PyPy o Jython.
Sea cual sea su sistema operativo, podrá instalar Python leyendo este capítulo y, a continuación, instalar las librerías externas en función de sus necesidades (consulte la sección Instalar una librería externa) y crear entornos virtuales (consulte la sección Crear un entorno virtual).
Si desea instalar a la vez Python y Jupyter (antes IPython) y la mayoría de librerías científicas o de análisis de datos, puede ir directamente a la sección Instalar Anaconda, para instalar este paquete en lugar de Python. Dispondrá de otros métodos para gestionar entornos virtuales y para instalar librerías externas.

## 2. Instalar Python

### 2.1 Para Windows

El sistema operativo Windows requiere habitualmente el uso de un instalador para poder instalar una aplicación sea cual sea. Si dispone de Windows, seguramente esté habituado. Python no se salta esta regla.
Para instalar Python, vaya al sitio oficial (http://python.org/download/) para descargar el instalador adecuado. Como podrá constatar, se sitúan en primer lugar un acceso rápido a la última versión (en el momento de escribir este libro era la 3.12.0); después un acceso a las últimas versiones todavía activas (actualmente, la versión 3.11, que aún recibe correcciones de anomalías; luego, las versiones de la 3.8 a la 3.10, que solo reciben correcciones de seguridad).
También se puede descargar la última versión de la rama 2.7, que está al final de su vida (ya no se actualiza), porque todavía hay muchos proyectos que no se han migrado.

El soporte correctivo dura 2 años después de la primera aparición de la versión y el soporte de seguridad dura 5 años.

Nosotros le aconsejamos trabajar con la última versión 3.x, aunque usted es libre de instalar la que desee o incluso instalar varias en función de sus necesidades, no existe ninguna objeción a ello.

Una vez realizada la descarga, debe ejecutar el instalador (y eventualmente superar algunas protecciones de su sistema operativo que le solicita aceptar su confianza a este instalador), para ver la siguiente ventana:

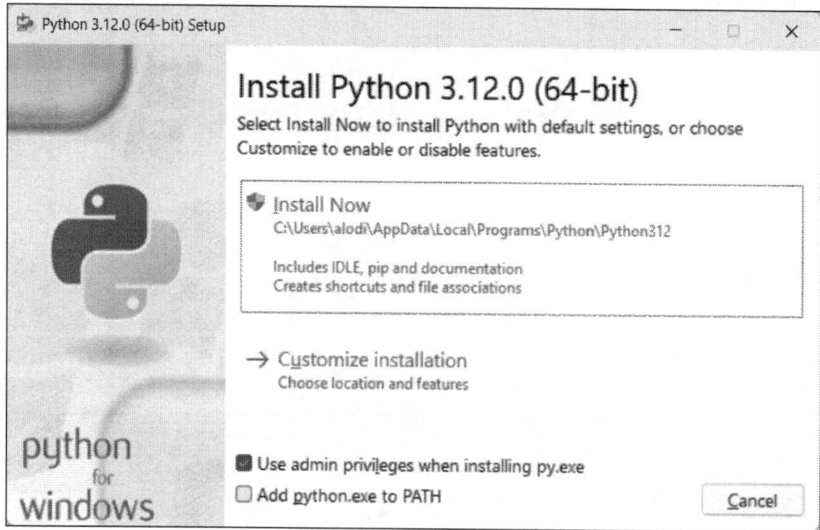


Como podrá constatar, es posible personalizar la instalación seleccionando la ruta de instalación de la aplicación o escogiendo instalar solamente algunas funcionalidades, aunque no se lo aconsejamos.

Le recomendamos, en cambio, marcar la opción **Add python.exe to PATH** para configurar la variable PATH del terminal y hacer que Python esté accesible más fácilmente.

© Editions ENI - All rights reserved

Si ya tiene una versión anterior de Pyton instalada, de la misma rama (en este ejemplo, ya está instalada Python 3.7.2), puede actualizarla con ayuda del instalador:

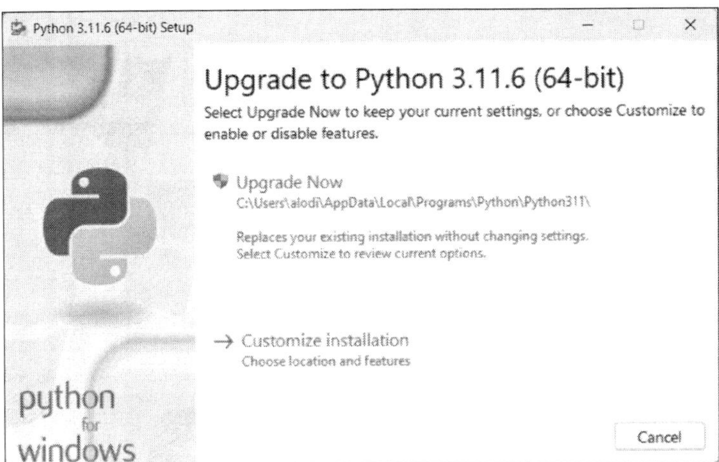


En cambio, si ya tiene la versión 3.11.5 e instala la versión 3.12, esta última no sustituirá a la versión anterior, sino que se instalará a la par. Si quiere sustituir, tendrá que desinstalar correctamente la última versión instalada. Puede realizar esta operación volviendo a ejecutar el instalador original.

Le recomendamos que conserve los instaladores en su ordenador porque podrían dejar de estar disponibles para su descarga si son demasiado antiguos.

Sea cual sea el escenario, llegará a una pantalla que muestra el progreso de la instalación y solo tiene que cerrar la ventana una vez que haya terminado:

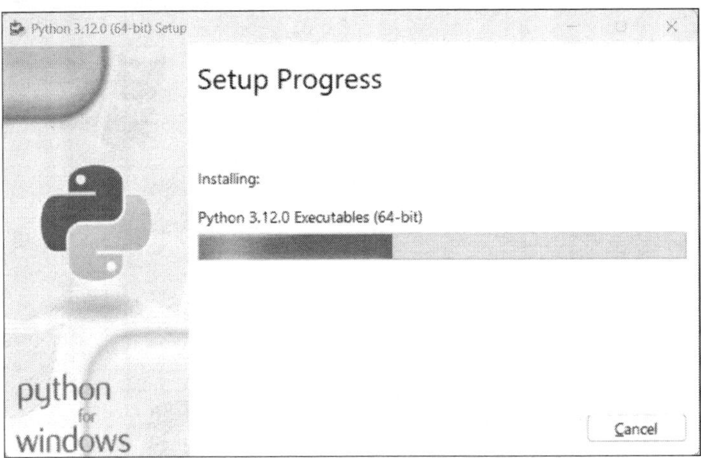

Ahora está preparado para utilizar Python.

## 2.2 Para Mac

Debe saber que ya existe una versión de Python preinstalada en Mac, pues Mac OS X lo utiliza para sus propias necesidades y Python está integrado en su propio ciclo de desarrollo. Sin embargo, si desea trabajar con una versión diferente a la que haya instalada, puede instalarla, sabiendo que no existe ninguna contraindicación al hecho de disponer de varias versiones de Python en la misma máquina.

Para instalar Python en Mac OS X, el procedimiento a seguir es similar al utilizado para Windows. Hay que ir al sitio oficial (https://www.python.org/downloads/mac-osx/), descargar el instalador correspondiente a su configuración y seguir las distintas etapas.

Para los usuarios de Mac, es conveniente saber que Python dispone de una buena integración de sus especificidades, en particular de cara a Objective-C, el lenguaje de programación con el que está desarrollado Mac OS X, y Cocoa, interfaz de programación de Mac OS X.

## 2.3 Para GNU/Linux et BSD

Las distintas distribuciones libres utilizan Python de manera nativa, en particular para algunas partes más sensibles. Python está instalado de manera natural, generalmente con la última versión de la rama 2.x. Sin embargo, también en este caso, no existe ninguna objeción al hecho de utilizar varias versiones de Python.

Lo más sencillo es utilizar su administrador de paquetes, lo cual puede hacerse mediante una herramienta gráfica, como Synaptic para Debian:

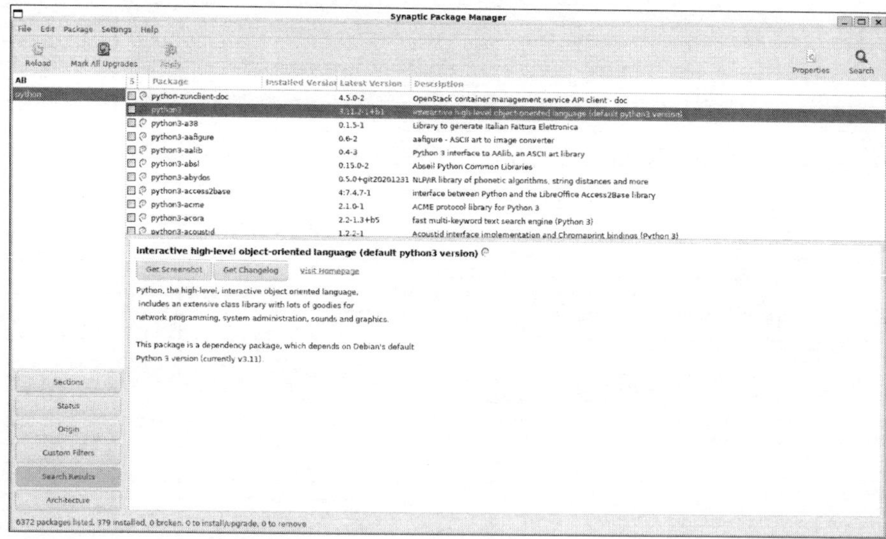


© Editions ENI - All rights reserved

A continuación, basta con realizar una búsqueda mediante la palabra clave **python** para ver las distintas versiones (sobre una versión antigua de Debian, son las versiones Python 2.6, 2.7 y 3.2).

Por el contrario, todos los paquetes python3-xxxxx que puede ver aquí son librerías externas y no el propio Python. Hablaremos de esto más adelante en este capítulo.

Una vez seleccionados los paquetes deseados, basta con instalarlos haciendo clic en el botón **Aplicar**.

Observe que todo esto puede hacerse por línea de comandos, siempre utilizando su administrador de paquetes, que puede ser apt-get, aptitude, yum, emerge, pkg_add u otro.

Por ejemplo, para una distribución Debian o Ubuntu:

```
$ sudo aptitude install python3
```

Sin embargo, esto no nos permite escoger la versión deseada, a menos que utilicemos fuentes alternativas. Si queremos obtener toda la última versión de Python, habrá que recurrir, la mayor parte del tiempo, a la compilación.

## 2.4 Mediante compilación

Compilar Python no es una tarea muy compleja. Sí que es, por el contrario, una tarea impuesta cuando no se trabaja con contenedores. En efecto, en la empresa, se desarrollan a menudo aplicaciones destinadas a estar alojadas. Resulta imprescindible trabajar en el propio puesto de trabajo con una versión de Python que sea idéntica a la existente en la máquina de producción.

En GNU/Linux, pero también en otros sistemas, es posible compilar la versión de Python que se quiere. Al fin y al cabo, Python no es más que un programa escrito en C. Para ello, hay que descargar el código fuente (https://www.python.org/downloads/source/), que viene en un archivo, descomprimirlo, situarse en la carpeta obtenida y escribir algunos comandos:

```
$ ./configure -prefix=/path/to/my/python/directory
$ make
$ sudo make altinstall
```

Observe que en esta última línea, no utilizamos el comando **make install**, que reemplazaría nuestro Python del sistema por el Python que queremos compilar, pues esto podría tener consecuencias indeseadas o incluso desastrosas.

Observe también que escogerá durante la configuración la ruta en la que copiar sus librerías de Python. Por lo general, es habitual utilizar **/opt**, aunque no existe ninguna regla, sino que todo depende de los hábitos de cada empresa o de su experiencia en la materia.

Si acaba de instalar Python 3.5 mediante este método, ahora tendrá acceso al siguiente programa invocándolo así desde su terminal:

```
$ python3.5
```

Mediante este método, podrá instalar las últimas versiones (http://python.org/download/pre-releases/) de Python que todavía no se han liberado (alfas o betas), ¡lo que le permitirá probarlas con antelación!

Observe que, utilizando este método, no funcionarán todas las librerías de Python. En efecto, como algunas utilizan otras librerías de C, habrá que realizar la compilación cruzada y utilizar los distintos encabezados de estas librerías. Esto ocurre, por ejemplo, para hacer funcionar Curses, ReportLab (generación de archivos PDF) e incluso PyUSB (acceso a los puertos USB).

En ese caso, el comando **./configure** tendrá que recibir argumentos suplementarios y necesitará encontrar un tutorial en línea que le indique cómo proceder, puesto que puede llegar a resultar más o menos complejo.

### 2.5 Para un smartphone

Instalar una máquina virtual Python en un smartphone es posible. En Android, el procedimiento es bastante sencillo, pues existe un producto específico (http://www.qpython.com/), igual que para Windows Phone (https://apps.microsoft.com/store/detail/python-39/9P7QFQMJRFP7). Para iOS es otro cantar (https://github.com/linusyang/python-for-ios), dado que el usuario se encuentra encerrado en un sistema del que no tiene ningún control.

## 3. Instalar una librería externa

**Observación**

*Si aborrece el terminal, sepa que puede instalar una librería externa desde su IDE, lo cual le resultará probablemente más práctico.*

### 3.1 A partir de Python 3.4

Para instalar una librería externa, simplemente debe conocer su nombre. Este es, por lo general, bastante intuitivo. Por ejemplo, la librería que permite comunicarse con un servidor Redis se llama redis.

Puede haber variaciones. Por ejemplo, la librería de referencia para trabajar con archivos XML es lxml y, algo más difícil, la que nos permite trabajar con BeautifulSoup es bs4. Buscando cómo responder a un requerimiento en la red o en PyPi (https://pypi.python.org/pypi), encontrará rápidamente una librería de referencia.

Sobre asuntos más confidenciales, puede ocurrir que encuentre varias pequeñas librerías. Puede probarlas y seleccionar la que utilizará en su proyecto.

Sepa que también puede realizar una búsqueda directamente desde su terminal:

```
$ pip search xml
$ pip search soup
```

Esto le devolverá una lista de librerías acompañada de una pequeña descripción, de manera similar a como lo hacen los administradores de paquetes en Linux (los cuales están escritos en Python, dicho sea de paso).

Sepa que **pip** existe sea cual sea su sistema operativo (debe estar familiarizado con el terminal de su sistema, sin embargo) y que desde la versión 3.4 de Python se instala automáticamente. Si no fuera el caso, consulte la siguiente sección: Para una versión inferior a Python 3.4.

© Editions ENI - All rights reserved

**pip** es una herramienta formidable. Si utiliza una versión de Python que corresponda con la del sistema, utilizará el comando **pip** para gestionar las librerías. Si utiliza una versión diferente, como por ejemplo Python 3.5, entonces tendrá que utilizar el comando **pip-3.5**. Para Python 3.3, será **pip-3.3**. En los siguientes ejemplos, tendrá que tener en cuenta esta particularidad.

Esta herramienta le permitirá instalar una librería en su última versión así como todas las librerías dependientes. En efecto, no es raro que una librería de Python necesite otra librería (o varias) para funcionar. Por ejemplo, la instalación de redis se realiza con el siguiente comando:

```
$ pip install redis
```

Podemos escoger la versión a instalar:

```
$ pip install -Iv redis==2.10.5
```

O actualizar la librería a una versión concreta:

```
$ pip install -U redis==2.10.5
```

O a la última versión:

```
$ pip install -U redis
```

Y podemos desinstalarla:

```
$ pip uninstall redis
```

Una funcionalidad muy importante permite obtener la lista de librerías ya instaladas (sea cual sea la manera en la que se hayan instalado):

```
$ pip freeze
```

Lo que podemos copiar en un archivo:

```
$ pip freeze > requirements.txt
```

Para instalar todos los paquetes enumerados, podemos proceder así:

```
$ pip install -r requirements/base.txt
```

Este método resulta particularmente útil en el marco de un entorno virtual; volveremos a ello más adelante.

Es posible encontrar información relativa a un paquete ya instalado:

```
$ pip show django-redis
---
Name: django-redis
Version: 4.3.0
Location: /path/to/my/env/lib/python3.4/site-packages
Requires: redis
```

Vemos aquí que el paquete **django-redis** tiene una dependencia hacia **redis**: instalándolo, se instala automáticamente **redis**.

Actualizar este paquete actualiza automáticamente sus dependencias:

```
$ pip install -U django-redis
```

Si no queremos actualizar las dependencias, podemos proceder así:

```
$ pip install -U --no-deps django-redis
```

También es posible instalar varias librerías al mismo tiempo:

```
$ pip install django-redis==4.3.0 bs4 lxml
```

Este comando instalará automáticamente redis si no está instalado, pues está declarado como dependencia.

Sin embargo, este comando tiene sus límites. En efecto, si instala una librería externa que utiliza una librería C, tendrá que disponer de los encabezados C correspondientes (paquetes **dev** para Debian o **devel** para Fedora). Hace falta tener cierta práctica con este tipo de situaciones para superar los obstáculos.

### 3.2 Para una versión inferior a Python 3.4

Si dispone de una versión inferior a Python 3.4, simplemente debe instalar PIP. Para ello, debe utilizar el terminal. A menos de que disponga de una versión de Python realmente muy antigua, debería tener acceso al anterior administrador de paquetes de Python. Puede utilizarlo así:

```
$ sudo easy_install3 pip
```

**Observación**

*Python 2: debe utilizar* **easy_install** *en lugar de* **easy_install3** *en el comando anterior.*

Si no dispone de este administrador de paquetes, he aquí cómo instalarlo en Linux:

```
$ aptitude install python3-setuptools
```

**Observación**

*Python 2: tendrá que instalar el paquete python-setuptools.*

Para los demás sistemas, existen instrucciones a seguir, que se detallan en la página de la librería (https://pypi.python.org/pypi/setuptools).

### 3.3 Para Linux

Muchas librerías Python están empaquetadas para Linux y resultan bastante fáciles de instalar mediante el administrador de paquetes de su sistema. Para ello, basta con utilizar la versión gráfica, como por ejemplo Synaptic, o la versión de terminal, como aptitude, apt-get, yum u otros.

Sepa que procediendo así, no dispondrá necesariamente de todas las últimas versiones, aunque se ahorrará algunos disgustos, en particular cuando sea necesario instalar encabezados C (los famosos paquetes **dev** para Debian o **devel** para Fedora se declaran como dependencias).

© Editions ENI - All rights reserved

# 4. Crear un entorno virtual

**Observación**

*Si aborrece el terminal, sepa que puede crear un entorno virtual desde su IDE, lo cual le resultará probablemente más práctico.*

## 4.1 ¿Para qué sirve un entorno virtual?

Un entorno virtual es simplemente un entorno que está aislado de su sistema. Resulta interesante por varios motivos.

El primero es que probablemente no desea ensuciar la versión de Python de su sistema con librerías que solo se utilizan en un proyecto particular.

El segundo es que esto evitará que todos sus proyectos se ensucien con esta misma librería que solo va a utilizar en uno de ellos.

En la misma línea, probablemente tenga que desarrollar un nuevo sitio de Internet con Django 1.9 al mismo tiempo que debe asegurar el mantenimiento de otros dos sitios con las versiones 1.7 y 1.8. En este caso, verá el problema: no puede pasar todo su tiempo cambiando de versión.

Le conviene crear un entorno virtual para cada nuevo proyecto que desarrolle, preferentemente con versiones idénticas a las que se utilizarán más adelante en producción.

El entorno virtual es un elemento indispensable en un marco de trabajo profesional.

## 4.2 Para Python 3.3 o versiones superiores

La posibilidad de crear entornos virtuales se incluye por defecto con Python 3.3 y con las siguientes versiones, bajo la fórmula del módulo **venv**. Existe un script **pyvenv** que permite crear el entorno virtual de manera muy sencilla:

```
$ pyvenv /path/to/my/env
```

Una vez creado el entorno virtual, puede activarse así:

```
$ /path/to/my/env/bin/activate
```

La versión de Python utilizada por el terminal se convierte en la del entorno virtual (pero solo para el terminal en curso). Del mismo modo, todas las librerías externas son las correspondientes al entorno local.

Para aquellos que utilizan versiones de Python diferentes (3.2 e inferior o 2.x), se utiliza **virtualenv**, que se presenta en la siguiente sección. Observe que incluso aunque utilice Python 3.3 o superior, también puede utilizar **virtualenv**, sobre todo si debe trabajar con distintas versiones de Python.

En la siguiente sección, daremos algunas explicaciones más detalladas que se aplican también a **venv**.

## 4.3 Para cualquier versión de Python

Los entornos virtuales se crean mediante una librería particular. Hay que instalarla:

```
$ sudo pip install virtualenv
```

Recuerde que debe utilizar el **pip** que corresponde a la versión de Python instalada. Esta operación se hace una única vez para permitir crear entornos virtuales, lo cual se hace así:

```
$ virtualenv -p python3.5 path/to/my/env
```

La opción **-p** permite escoger la ruta en la que se creará el entorno. Preste atención: esta ruta no tiene nada que ver con la del proyecto. Confundir ambas rutas o juntarlas es una mala idea.
Para utilizar el entorno virtual, hay que ejecutar el siguiente comando:

```
$ source path/to/my/env/bin/activate
```

Observe que para Windows se trabaja de una manera algo diferente:

```
$ C:\\path\to\my\env\Scripts\activate.bat
```

Esto va a activar el entorno virtual, lo que podrá confirmar, pues la línea de comandos cambia. He aquí otro modo de confirmarlo:

```
user@localhost:~$ which python
/usr/bin/python
$ source ~/.virtualenvs/path/to/my/env/bin/activate
(env)user@localhost:~$ which python
/home/user/.virtualenvs/path/to/my/env/bin/python
```

El programa se llama simplemente **python**, se obtiene la versión de Python que se ha precisado en la creación del entorno virtual:

```
$ python --version
Python 3.5.1
```

Para las versiones de Python inferiores a la 3.4, se puede instalar **pip**:

```
$ easy_install pip
```

Podemos hacer la misma comprobación con **pip**:

```
(env)user@localhost:~$ which pip
/home/user/.virtualenvs/path/to/my/env/bin/pip
```

De este modo, ahora podemos instalar todas las librerías necesarias en nuestro entorno virtual.
Para salir de él, basta con utilizar el siguiente comando:

```
(env)user@localhost:~$ deactivate
```

Sepa que para replicar una instalación de un entorno a otro en la misma máquina, puede utilizar este comando en el entorno de origen:

```
$ pip freeze -l > requirements.txt
```

A continuación, en el entorno de destino:

```
$ pip install -r requirements/base.txt
```

© Editions ENI - All rights reserved

La opción **-l** permite seleccionar únicamente los paquetes locales (y no los paquetes correspondientes al sistema que pueden estar accesibles también desde los entornos virtuales).
Para ser más precisos, en las versiones más recientes, el entorno virtual está totalmente aislado del sistema, lo cual puede revertirse utilizando la opción **--system-site-packages** durante la creación de este entorno.
En versiones anteriores del sistema (3.2 e inferiores), el entorno virtual puede utilizar los paquetes del sistema que no están sobrecargados, salvo si se indica la opción **--no-site-packages** durante la creación del entorno.

## 4.4 Para Linux

Linux permite una integración suplementaria de los entornos virtuales, utilizando **virtualenvwrapper**. Hay que instalarlo también:

```
$ pip install virtualenvwrapper
```

Recuerde que hay que utilizar el **pip** que corresponde a la versión de Python instalada. Una vez realizada esta operación, hay que agregar las siguientes tres líneas al final del archivo **~/.bashrc** :

```
export WORKON_HOME = /.virtualenvs
mkdir -p $WORKON_HOME
source ~/.local/bin/virtualenvwrapper.sh
```

En este caso, esta manipulación se hace solamente la primera vez. Esto permite indicar dónde situará los entornos virtuales: por ejemplo, todos en el mismo sitio, en una carpeta dedicada y oculta (no visible por defecto por un explorador de archivos como Nautilus, pues la carpeta empieza por un punto) de su carpeta personal.
La idea consiste en hacer referencia a estos entornos virtuales utilizando su nombre y no su ruta completa.
Para crear un entorno virtual, hay que hacerlo de la siguiente manera:

```
$ mkvirtualenv -p python3 env_name
```

Para utilizarlo, se escribe el siguiente comando:

```
$ workon env_name
```

Este método no es fundamentalmente diferente al anterior, aunque presenta algunas ventajas. Permite, en particular, pasar más fácilmente de un entorno a otro y, sobre todo, no tener que mantener las rutas completas.
Sepa que también es posible eliminar un entorno virtual:

```
$ rmvirtualenv env_name
```

Por último, existen dos comandos suplementarios que le permitirán facilitar su navegación para ir a la carpeta del entorno virtual:

```
$ cdvirtualenv
```

O a la que contiene las librerías externas:

```
$ cdsitepackages
```

Esto resulta útil para leer el código de estas últimas.

## 5. Gestión de las dependencias

La herramienta **pip** instala un paquete específico, así como todas sus dependencias. En cambio, cuando se quiere instalar un paquete y tiene una dependencia que no es compatible con lo existente, **pip** no puede resolver la situación.
Poetry (https://python-poetry.org/docs/basic-usage/) es un gestor de paquetes Python que permite administrar las versiones de todos los paquetes de forma que todo sea compatible.
Para usar esta herramienta, primero hay que instalarla; lo ideal es hacerlo en un entorno virtual:

```
$ pip install poetry
```

Después hay que crear un proyecto:

```
$ poetry new example
```

Este comando crea un directorio **example** que contiene los archivos básicos de un proyecto, entre ellos el archivo **pyproject.toml**. Este último contiene, entre otros, el nombre de las distintas dependencias. Si estamos en el directorio de un proyecto que ya existe, también podemos usar:

```
$ poetry init
```

Con este comando se le pide al usuario de manera interactiva los distintos elementos para actualizar el archivo **pyproject.toml**, entre ellos el nombre de los paquetes deseados. Eso se hace en varios pasos. En primer lugar, el programa solicita el nombre del paquete, hace una búsqueda para encontrar los nombres más parecidos a lo que se busca, luego se le pide que elija en la lista y pregunta si hay particularidades sobre la versión deseada.
Después de cerrar este programa, siempre se pueden agregar paquetes nuevos añadiéndolos a mano en este archivo o usando el comando:

```
$ poetry add nombre_del_paquete
```

Para mantener el proyecto en el tiempo y actualizar los paquetes, se puede usar el siguiente comando, posiblemente después de haber revisado las condiciones asignadas a cada uno en el archivo **pyproject.toml**:

```
$ poetry update
```

La cuestión fundamental es que, cada vez que se instala o se actualiza un paquete mediante este comando, las versiones de cada paquete o dependencia de los paquetes solicitados se registrarán en un archivo **poetry.lock**. Así, si conservamos el archivo **pyproject.toml** y el archivo **poetry.lock**, podemos garantizar que reproducimos exactamente el mismo entorno. Eso resuelve un problema fundamental que se plantea cuando se hace pasa a producción y queremos estar seguros de tener el mismo entorno que durante las pruebas o el desarrollo. Por supuesto, estos dos archivos deben estar confirmados en el repositorio de archivos del proyecto.

© Editions ENI - All rights reserved

# 6. Instalar Anaconda

## 6.1 Para Windows

Como ocurre con cualquier otra aplicación, la instalación de Anaconda requiere un instalador, que puede descargar del sitio oficial del proyecto (https://www.anaconda.com/download).

Basta con ejecutar este archivo y pasar por las diferentes etapas de seguridad aceptando la confianza al fabricante, lo cual nos lleva a la siguiente ventana de inicio:

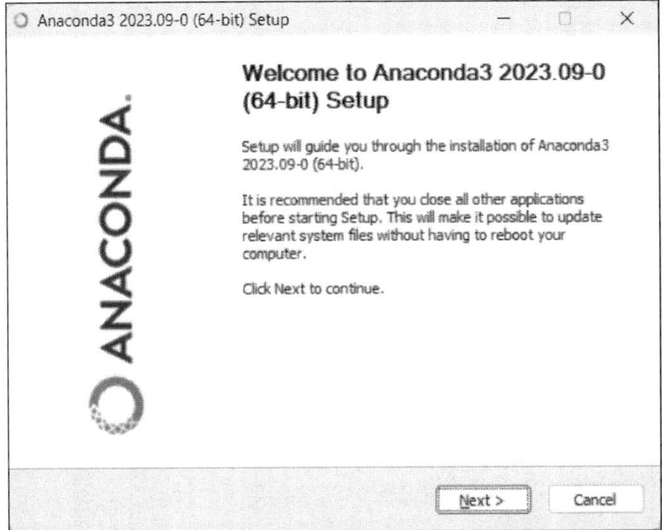


Debe aceptar en primer lugar la licencia, y luego seleccionar si desea instalar el producto para usted (**Just Me (recommended)**) o bien para todos los usuarios (**All Users (requires admin privileges)**), sabiendo que puede resultar útil, en función de su uso del sistema de cuentas de Windows, instalar la aplicación para todos los usuarios.

El resto del proceso es bastante básico. Sin embargo, le recomendamos escoger agregar Anaconda en su variable de sistema *path* (marque para ello la opción **Add Anaconda to my PATH environment variable**), de manera que pueda utilizarse desde el terminal (le recomendamos también no instalar Python y Anaconda al mismo tiempo).

La opción **Register Anaconda as my default Python 3.11** es la otra opción importante que debe marcar, pues le permite utilizar Anaconda como versión principal de Python (la que se invocará por los principales programas que utilicen Python, por ejemplo PyCharm, que veremos más adelante).

Recuerde que la versión de Python que se utilizará en el terminal será la que se encuentre en primer lugar en el PATH, de ahí su importancia.

Después de pasar algunas pantallas adicionales, ahora Anaconda está instalado.

### 6.2 Para Linux

Anaconda se instala también en Linux. Sabiendo que todas las librerías que utiliza Python pueden instalarse mediante el administrador de paquetes del sistema o mediante el de Python (como veremos más adelante), recurrir a Anaconda no es necesario, a menudo, en Linux, aunque puede tener un lado práctico, pues evita tener que instalar todos los componentes uno mismo o desplegarlos mediante otras soluciones, que exigen algunos conocimientos más avanzados.

Para hacerlo, basta con ir a la misma página de descarga que para Windows, aunque esta vez para descargar un script. Una vez descargado este último, hay que ejecutarlo:

```
$ bash AnacondaV-a.b.c-Linux-x86_xx.sh
```

Hay que reemplazar en la línea anterior **V** por la versión de Python (**2** o **3**, luego **a**, **b** y **c** para los números de versión de Anaconda y **xx** para la arquitectura (**32** o **64**).

### 6.3 Para Mac

Para Mac, Anaconda dispone de un instalador gráfico y de un script. Puede escoger entre los dos métodos anteriores.

### 6.4 Actualizar Anaconda

Actualizar Anaconda es muy sencillo. Puede abrir un terminal y escribir la siguiente línea:

```
$ conda update conda
```

El primer **conda** es el comando que invoca a Anaconda y el segundo es el nombre de lo que se actualiza.

### 6.5 Instalar una librería externa

Para instalar una librería externa, por ejemplo redis, proceda de la siguiente manera:

```
$ conda install redis
```

Para actualizarla:

```
$ conda update redis
```

Para eliminarla:

```
$ conda remove redis
```

Al igual que con el administrador de paquetes de Python, podemos instalar una versión concreta:

```
$ conda install redis==2.10.5
```

También es posible realizar una búsqueda:

```
$ conda search redi
```

Y obtener la lista de librerías ya instaladas:

```
$ conda list
```

© Editions ENI - All rights reserved

### 6.6 Entornos virtuales

Anaconda también permite crear entornos virtuales:

```
$ conda create -n path/to/my/env python=3.5
```

Estos entornos se habilitan y deshabilitan como los creados de la manera habitual (**activate** / **deactivate**), son completamente idénticos.

## 7. Docker

Docker es una solución cada vez más utilizada. Permite crear contenedores minimalistas que son sistemas operativos en miniatura y contienen la cantidad mínima de paquetes necesaria para realizar una tarea. De esta forma, tenemos contenedores para Debian o Windows, pero también para Redis, PostgreSQL, RabbitMQ o incluso Python (https://hub.docker.com/_/python).

Para poder usar Docker, primero hay que instalarlo:

Si no está familiarizado con la herramienta, le recomiendo usar Docker Desktop porque le permitirá administrar los contenedores mediante una interfaz gráfica (https://docs.docker.com/engine/install/). También le recomendamos instalar docker compose (https://docs.docker.com/compose/install/).

Una vez hecho esto, solo tiene que ejecutar una imagen preconstruida, como las imágenes Python:

```
$ docker run python:3.12-rc-bullseye
```

Esta instrucción descargará la imagen y luego la iniciará.

También es posible crear un archivo Dockerfile:

```
FROM python:3.12-rc-bullseye

SHELL ["/bin/bash", "-c"]

ENV DEBIAN_FRONTEND noninteractive
ENV APT_KEY_DONT_WARN_ON_DANGEROUS_USAGE=DontWarn
ENV PYTHONDONTWRITEBYTECODE 1
ENV PYTHONUNBUFFERED 1
ARG POETRY_VERSION=1.1.14

RUN useradd pythoniste --create-home --user-group --groups sudo --shell
/bin/bash

WORKDIR /home/pythoniste

# Actualización de PIP
RUN pip install --no-cache-dir --upgrade pip

# Instalación de Poetry
RUN pip install poetry==${POETRY_VERSION}
RUN poetry config virtualenvs.create false
```

```
# Instalación de las dependencias
COPY pyproject.toml pyproject.toml
# COPY poetry.lock poetry.lock
RUN poetry install --no-interaction --no-ansi
```

En este ejemplo, también se muestra cómo tomar lo mejor de Docker y Poetry (usado por el Python del sistema dentro del contenedor, con ayuda de la línea `poetry config`). Para ir más lejos en este aspecto, le invitamos a ver los archivos de código entregados con el libro.

## 8. La consola Python

### 8.1 Arrancar la consola Python

La consola Python es una herramienta indispensable, pero que puede llegar a exasperar a los debutantes rápidamente por aquello del copiar y pegar. Por tratarse de una herramienta especialmente poco agradable de utilizar, la explicaremos brevemente sin detenernos en los detalles.

Sea cual sea su sistema operativo, para arrancar la consola, puede abrir un terminal y escribir, según su versión:

```
$ python
$ python3
$ python2.6
$ python3.5
```

La primera línea abre la consola de Python del sistema, para los sistemas GNU/Linux o Mac. Las demás líneas abren las versiones que haya instalado usted mismo.

Para los usuarios de Windows, la primera línea abre la primera versión de Python que se encuentre en el PATH. Si el comando no funciona, es porque el PATH está mal configurado.

Sepa que también se puede acceder a la consola a partir del menú llamado Consola Python o IDLE. IDLE es una herramienta gráfica, pero sepa que es tan poco práctica como la consola.

Cuando se abre la consola, verá el número de versión así como una línea que empieza por tres símbolos ">". Se trata de la línea de comandos de la consola de Python.

### 8.2 BPython

BPython es una consola mejorada, que aprovecha una librería que permite una mejor interacción (y también se utiliza en otros productos, tales como una consola para PostgreSQL (http://pgcli.com/), por ejemplo).

Realiza la coloración sintáctica, que resulta indispensable en la actualidad, así como el autocompletado de código, que no es menos. También le permite copiar y pegar código en varias líneas sin gran dificultad y mantiene un histórico de comandos ejecutados, incluso si cerramos el terminal y volvemos a abrirlo.

Esta consola se instala de la siguiente manera:

© Editions ENI - All rights reserved

```
$ pip install bpython
```

Y se abre así:

```
$ bpython
```

Observe que se integra perfectamente con proyectos como Django (que le permite cargar automáticamente todos los modelos y todas las funciones útiles automáticamente al inicio).

**Observación**

*Esta consola es la que le recomendamos utilizar para probar todo lo que encuentre en este libro y para experimentar.*

## 8.3 IPython

IPython (http://ipython.org/) y ahora Jupyter (https://jupyter.org/) es un proyecto colosal que permite responder a muchas necesidades, especialmente para los investigadores y científicos. Aunque aquí nos interesa el hecho de que IPython es una consola relativamente avanzada.

No es tan atractiva como BPython, no proporciona coloración sintáctica, aunque sí permite el autocompletado de código y establece una separación clara entre una salida estándar, una salida de error y un simple retorno, lo que puede tener su importancia.

Dispone también de muchos comandos que nos simplifican la vida, como por ejemplo **`%paste`**, que permite copiar y pegar código fácilmente.

Para instalarlo, utilizaremos los paquetes del sistema para GNU/Linux:

```
$ aptitude install ipython3
```

**Observación**

*Python 2: Tendrá que instalar el paquete* **`ipython`**; *del mismo modo, en todos los comandos siguientes reemplace* **`ipython3`** *por* **`ipython`**.

Si desea obtener una versión particular o si trabaja con otro sistema operativo, utilizaremos Anaconda.

## 8.4 IPython Notebook

Una de las funcionalidades más importantes de IPython es su notebook. Por ello, hace falta instalar un paquete suplementario (según la versión deseada):

```
$ aptitude install ipython-notebook ipython3-notebook
```

Para utilizarlo, se ejecuta IPython en modo servidor web:

```
$ ipython3 notebook
```

Este comando abre también un navegador y una nueva pestaña. Podemos crear notebooks, que permiten escribir código y ejecutarlo (en una página web), pero también escribir y formatear texto utilizando Markdown, un formato muy utilizado en la red (en blogs o foros, por ejemplo).

De este modo, si es formateador, podrá proveer notebooks completados con su código listo para ejecutar por los estudiantes. La solución es también un excelente medio para compartir información en conferencias.

Sepa también que dispone de todas las funcionalidades necesarias para diseñar gráficos matemáticos y obtener renders de gran calidad. Para ello, se invoca a una opción suplementaria.

```
$ ipython3 notebook --pylab inline
```

Le invitamos a descubrir este fabuloso producto.

# 9. Instalar un IDE

## 9.1 Lista de IDE

Disponer de un entorno de trabajo adaptado es importante siempre y cuando se trabaje en proyectos de un tamaño considerable. Podemos utilizar **vim** ocasionalmente para trabajar con scripts, aunque esta solución resulta limitada rápidamente, incluso aunque estemos habituados.

Existen muchas soluciones (http://wiki.python.org/moin/IntegratedDevelopmentEnvironments), entre las que se encuentran Eclipse y Aptana, Eric o Spyder.

La combinación de Eclipse + PyDev puede resultar seductora en el papel: cuando se trabaja en proyectos que utilizan distintos lenguajes de programación permite que todos los desarrolladores trabajen en un único entorno de desarrollo.

Desgraciadamente, resulta difícil instalar Eclipse más todas las extensiones, dado que cada una tiene sus propias dependencias, y no son del todo compatibles las unas con las otras. En la vida real, nos vemos obligados a tener un Eclipse para Python, otro para PHP, otro para C y un último para Java, pues es muy complicado hacer funcionar todo el conjunto.

Aptana es una versión empaquetada de Eclipse + PyDev. Es, por tanto, una versión dedicada a Python. Este entorno responde a los criterios esenciales, aunque es particularmente lento y en ocasiones inestable, y algunas funcionalidades básicas como el auto completado no están del todo garantizadas. Daremos preferencia a otras soluciones.

Eric (http://eric-ide.python-projects.org/index.html) es un IDE libre y gratuito escrito en Python que es realmente muy completo. Como muestran las capturas de pantalla del sitio web, proporciona una gran cantidad de funcionalidades muy bien adaptadas y muy diversificadas. Dispone también de autocompletado de código y de un depurador, así como de una versión en español. Es una excelente alternativa a PyCharm, que escogeremos aquí.

Por último, existen también IDE especializados como Spyder (https://pypi.python.org/pypi/spyder), que ofrece funcionalidades similares a las de MATLAB. No se adapta a lo que buscamos aquí, aunque podría perfectamente convenir a aquellos que lo necesiten.

## 9.2 Presentación de PyCharm

PyCharm es un IDE que garantiza lo esencial proporcionando funcionalidades indispensables como la coloración sintáctica, el autocompletado de código, así como la detección de errores o advertencias (relacionadas con PEP 8). También permite acceder fácilmente al código fuente de un objeto ([Ctrl] + clic).

© Editions ENI - All rights reserved

Es posible pedirle que agregue automáticamente un import cuando se utiliza por primera vez en un archivo un elemento externo. También permite formatear rápidamente y de manera eficaz el código fuente y proporciona una multitud de pequeñas funcionalidades que facilitan la escritura y el mantenimiento del código.
Existe una versión de comunidad que dispone de las funcionalidades esenciales así como una versión de pago que dispone de funcionalidades más avanzadas. El proyecto realiza muchas comunicaciones, en particular a través de Planet Python.
Hay que señalar que la versión de comunidad permite usar el Python del sistema, pero también el de un entorno virtual. Con la versión de pago, también es posible usar el de Anaconda o incluso una configuración realizada con ayuda de Poetry. También se puede acceder a un Python instalado en la WSL (para Windows). Pero el punto vital de la versión de pago es el hecho de poder usar un Python instalado en un contenedor Docker. Sin embargo para eso, hay que tener acceso como administrador a este dDocker. Dicho de otro modo, no será posible en un ordenador Windows donde no tiene el control.

## 9.3 Configuración de PyCharm

Tras el primer arranque de PyCharm, este último le preguntará si desea importar información desde otros IDE.
En Windows, sabrá encontrar solo el conjunto de versiones de Python que haya instalado. En Linux y Mac, encontrará aquellas que estén empaquetadas en el sistema pero no aquellas que haya compilado usted mismo. Tendrá que indicárselas si desea utilizarlas (bien sea para el análisis de la sintaxis o para ejecutar un proyecto).
Para ello, debe acceder a la configuración (menú **File - Settings**) y a la sección **Project - Python interpreter**.

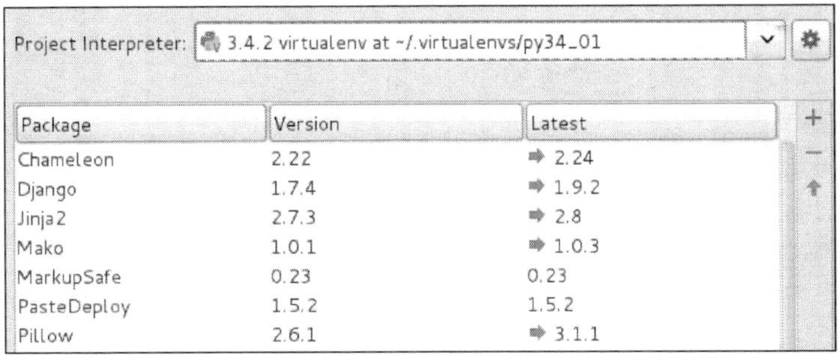

Project Interpreter: 3.4.2 virtualenv at ~/.virtualenvs/py34_01

| Package | Version | Latest |
|---|---|---|
| Chameleon | 2.22 | ➡ 2.24 |
| Django | 1.7.4 | ➡ 1.9.2 |
| Jinja2 | 2.7.3 | ➡ 2.8 |
| Mako | 1.0.1 | ➡ 1.0.3 |
| MarkupSafe | 0.23 | 0.23 |
| PasteDeploy | 1.5.2 | 1.5.2 |
| Pillow | 2.6.1 | ➡ 3.1.1 |

Cuando esté en esta página, puede seleccionar un intérprete para su proyecto de entre todos los presentes o agregar uno nuevo haciendo clic en el pequeño engranaje situado a la derecha. Tendrá que buscar el archivo ejecutable de Python correspondiente a la versión que desee agregar.
Observe que mediante este botón en forma de engranaje también podrá crear un entorno virtual.
En la segunda sección de la pantalla, verá el conjunto de librerías instaladas para la versión de Python seleccionada, su número de versión y el número de la versión más reciente. Podrá actualizar una librería haciendo clic en la flecha azul.

Por último, para agregar una librería, hay que hacer clic en el pequeño + verde situado a la derecha.

Dominar esta interfaz le permitirá evitar tener que utilizar el terminal, si es alérgico.

Por último, sepa que este IDE es altamente personalizable. Ciertos parámetros pueden resultar algo molestos al inicio (por ejemplo, por defecto PyCharm guarda automáticamente todo lo que ya no está activo y cierra las pestañas cuando existen muchas abiertas), pero o bien uno se habitúa, o bien se personaliza, o bien se deshabilitan estos parámetros.

La parte más importante de la configuración se encuentra en la sección **Editor - General** y en sus subsecciones:

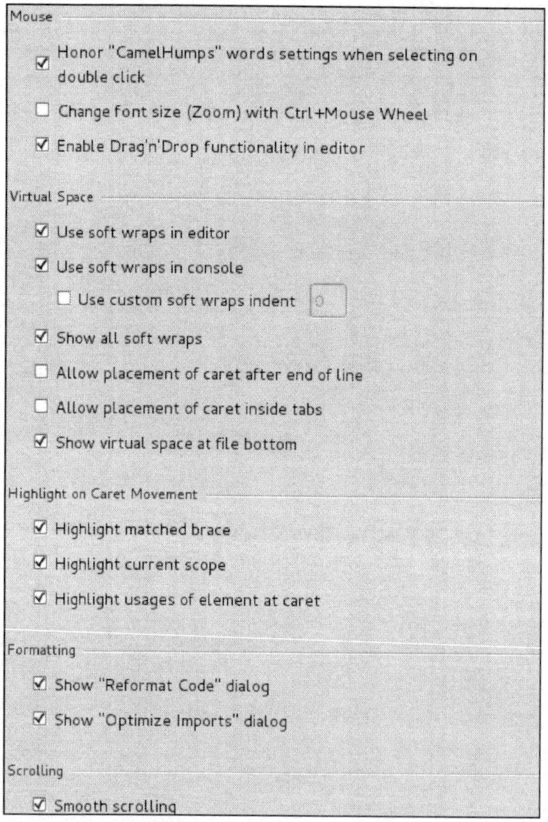

Mouse
- [x] Honor "CamelHumps" words settings when selecting on double click
- [ ] Change font size (Zoom) with Ctrl+Mouse Wheel
- [x] Enable Drag'n'Drop functionality in editor

Virtual Space
- [x] Use soft wraps in editor
- [x] Use soft wraps in console
  - [ ] Use custom soft wraps indent 0
- [x] Show all soft wraps
- [ ] Allow placement of caret after end of line
- [ ] Allow placement of caret inside tabs
- [x] Show virtual space at file bottom

Highlight on Caret Movement
- [x] Highlight matched brace
- [x] Highlight current scope
- [x] Highlight usages of element at caret

Formatting
- [x] Show "Reformat Code" dialog
- [x] Show "Optimize Imports" dialog

Scrolling
- [x] Smooth scrolling

Aquí se utilizan los soft wraps (retornos de línea visuales para líneas largas que nos permiten evitar tener que utilizar el desplazamiento horizontal) y el subrayado del cursor, de la sección de código correspondiente así como del elemento apuntado. Por ejemplo, si el cursor está situado sobre un paréntesis abierto, el paréntesis cerrado correspondiente se subraya.

© Editions ENI - All rights reserved

El IDE también insertará automáticamente un cierto número de cosas por nosotros (paréntesis, llaves, comillas...).
Todo esto permite teclear más rápido y evitar tener que gestionar uno mismo la indentación de cada línea o gestionar los saltos de línea en una única instrucción.
También podemos mostrar los números de línea (indispensable) y separar visualmente los distintos elementos del código:

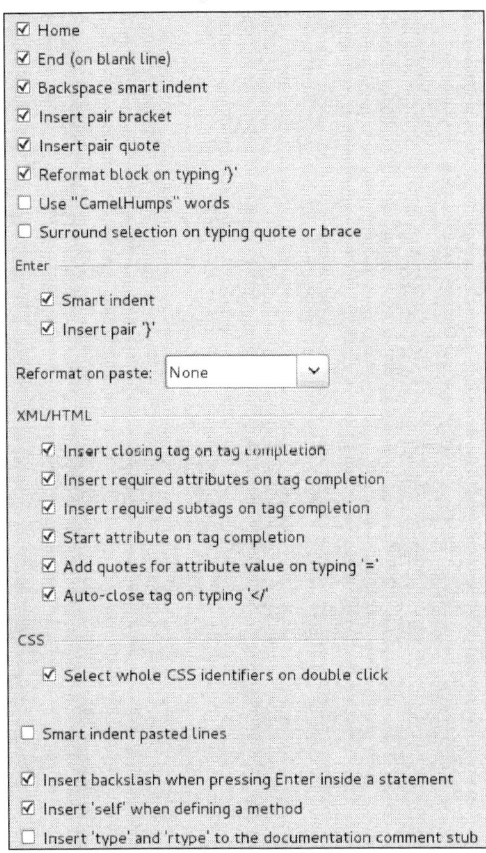

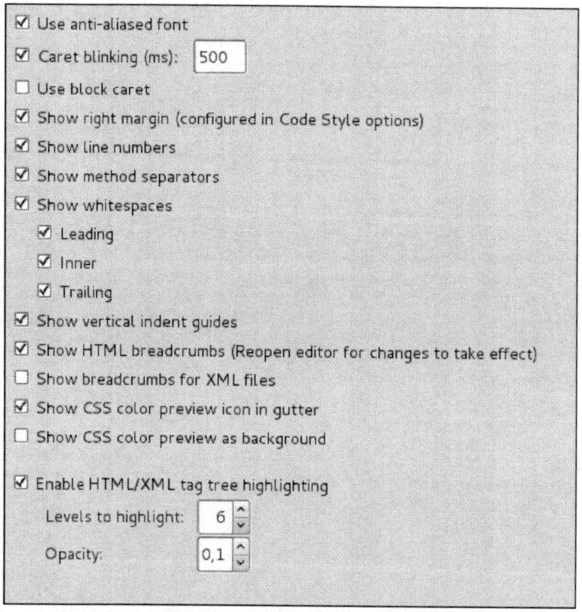

☑ Use anti-aliased font
☑ Caret blinking (ms): 500
☐ Use block caret
☑ Show right margin (configured in Code Style options)
☑ Show line numbers
☑ Show method separators
☑ Show whitespaces
☑ Leading
☑ Inner
☑ Trailing
☑ Show vertical indent guides
☑ Show HTML breadcrumbs (Reopen editor for changes to take effect)
☐ Show breadcrumbs for XML files
☑ Show CSS color preview icon in gutter
☐ Show CSS color preview as background
☑ Enable HTML/XML tag tree highlighting
Levels to highlight: 6
Opacity: 0,1

También es posible visualizar los espacios en blanco, lo que nos permite reparar eventuales tabulaciones o espacios incorrectos, o ver los finales de línea de Windows o de Mac (es preferible utilizar finales de línea Unix en todos los casos).

Por último, PEP 8 recomienda una longitud de línea de 79 caracteres como máximo, aunque otros lo fijan en 120, de modo que podemos escoger. Esta pantalla permite mostrar un trazo al final de la línea, para no superarlo (preferentemente).

© Editions ENI - All rights reserved

He aquí la pantalla que permite administrar el funcionamiento de las pestañas (una pestaña representa un archivo abierto):

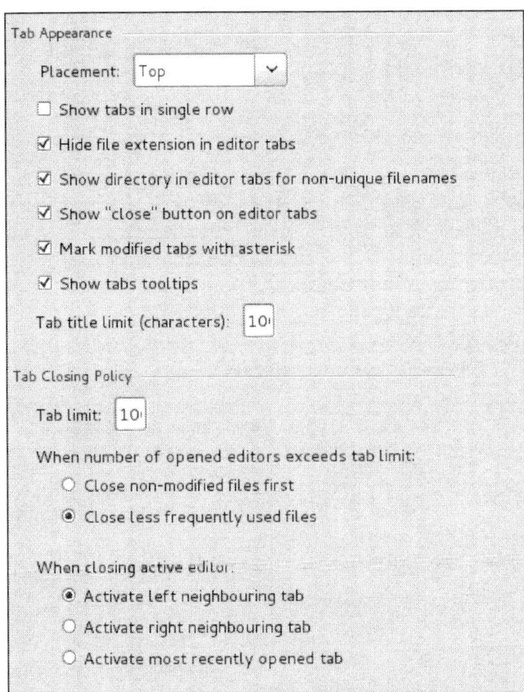


Vemos que se define un límite lo suficientemente grande para el número máximo de pestañas, e incluso podemos llegar a evitar que se cierren demasiado pronto, lo cual resulta útil en proyectos MVC donde con frecuencia, tenemos que leer una veintena de archivos en paralelo.
Por último, para terminar, destacaremos que es posible indicar la manera en la que se realizan los imports:

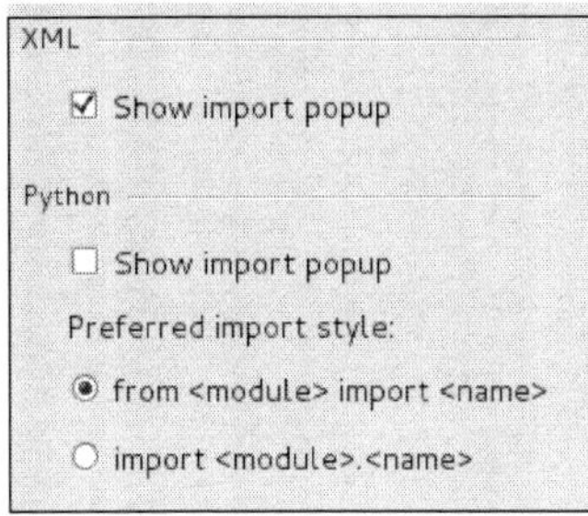

Vemos que este IDE es bastante configurable y que es capaz de adaptarse a todos los hábitos.
Recomendamos dedicar cierto tiempo a visualizar las opciones, probarlas y establecer la configuración deseada. Esto puede parecer cierto tiempo perdido al principio, pero permitirá ahorrar bastante en un futuro, sin contar el aspecto del confort.

## 10. VSCode

VSCode es un editor de código de Microsoft con el que se puede editar código escrito casi en cualquier lenguaje, y por supuesto Python está incluido. Ha sido diseñado como un editor muy genérico al que se puede añadir una gran cantidad de extensiones. En lo que respecta al análisis de sintaxis o a la generación automática de documentación, es casi tan evolucionado como PyCharm y permite responder bastante bien a los problemas más grandes.
Pero donde marca una diferencia significativa es en la posibilidad de instalarlo en un contenedor. Dicho de otro modo, puede usar el Python de un contenedor específico.
Para eso, hay que instalar VSCode, luego su extensión para WSL (si está bajo Windows) y la extensión para los contenedores Docker. Por último, hay que crear una imagen Python adaptada a nuestras necesidades (con todos los paquetes útiles para nuestro código) y abrir VSCode dentro del contenedor.

© Editions ENI - All rights reserved

# Parte 2:
# Guía de Python

## Capítulo 2-1
## Primeros pasos

## 1. Antes de comenzar

### 1.1 Algunas nociones importantes

#### 1.1.1 ¿Cómo funciona un ordenador?

Un ordenador está compuesto por varios elementos clave entre los que destacan el **procesador**, el **disco duro** y la **memoria dinámica**.

El **procesador** es una unidad dedicada a ejecutar **operaciones aritméticas o lógicas**. Puede tratar el conjunto de **recursos** del ordenador, entre los que contamos con la memoria dinámica, y también el disco duro y los dispositivos como el teclado, el ratón, la tarjeta de red, la tarjeta de sonido o la tarjeta de vídeo.

El **disco duro** es la **unidad física de almacenamiento** de un ordenador, también llamada **memoria estática**. Contiene el conjunto de archivos que componen el **sistema operativo**, el conjunto de **programas** y el conjunto de **datos** contenidos en el ordenador.

La característica más importante del contenido de un disco duro es que es persistente: tras la parada del ordenador, el conjunto de datos se preserva y estará presente en el próximo arranque.

La memoria dinámica es otra unidad de almacenamiento, mucho más **rápida** que el disco duro, pero **volátil**. Si el equipo se detiene repentinamente, todos los datos de la memoria dinámica se pierden, a diferencia de los persistidos en la memoria estática.

**El procesador sirve para ejecutar programas**. Estos últimos se **almacenan en el disco duro** de la máquina (la única ubicación capaz de almacenar cosas de manera persistente).

**Cuando un programa se ejecuta**, el **sistema operativo** crea un nuevo **proceso** y copia el contenido del programa del disco duro en la **memoria dinámica**. De este modo, el nuevo proceso puede empezar con la ejecución de este programa.

Esta ejecución se desarrolla de la siguiente manera: las instrucciones de un programa se copian poco a poco desde la **memoria dinámica** en la **caché del procesador**, una especie de memoria dinámica asociada al procesador aún más rápida; y a continuación, son decodificados y ejecutados por el procesador.

Cuando el programa termina, el proceso muere y el espacio que ocupaba en la memoria dinámica se libera.

### 1.1.2 ¿Qué es un programa informático?

Un programa informático es, simplemente, un archivo, presente en el disco duro de un ordenador, que puede ser ejecutado por este último. Hablamos también de programa binario, pues se trata de un **archivo binario** (en contraposición a los archivos de texto).

Cualquier programa informático está compuesto por una serie de instrucciones expresadas en un lenguaje directamente comprensible por el procesador (el lenguaje en ensamblador adaptado a este procesador).

Escribir un programa informático consiste en generar dicho archivo. Aunque evidentemente, salvo raras excepciones, no se va a escribir un archivo de este tipo que contenga instrucciones de procesador, sino más bien código fuente.

### 1.1.3 ¿Qué es el código fuente?

El código fuente de un programa es este programa, tal y como se ha diseñado. Está escrito no en un lenguaje adaptado al procesador, sino utilizando un lenguaje de programación.

Un código fuente es un conjunto de archivos, también presentes en el disco duro, aunque se trata de archivos de texto. Son los archivos que vamos a aprender a escribir.

En el caso de lenguajes compilados, el código fuente se compila en un código ejecutable y entenderemos inmediatamente la relación entre ambos.

En el caso de lenguajes interpretados, como Python, se trabaja de una forma ligeramente diferente: el programa ejecutado es, de hecho, la propia máquina virtual de Python y no el programa que realmente deseamos ejecutar.

En realidad, este programa se carga en la máquina virtual y esta lo ejecuta.

## 1.2 Algunas convenciones utilizadas en este libro

### 1.2.1 Código Python

En este libro se muestran extractos de código de la siguiente manera:

```
print("Hello World!")
```

Es importante destacar que las comillas son **comillas rectas** y que las comillas dobles son **comillas dobles rectas**; en particular, cuando copie código directamente desde un soporte donde los caracteres puedan estar estilizados.

Cuando existan espacios delante de una línea, debe conservarlos. Esto se denomina indentación, y es fundamental:

```
if numero == 42:
    print("¡Esta es la respuesta!")
```

© Editions ENI - All rights reserved

Eliminar estos espacios hará que el código deje de funcionar porque marcan los bloques de código.

### 1.2.2 Terminal

Necesitamos, además, utilizar un terminal; por ejemplo, para ejecutar un archivo. Esto se hace de la siguiente manera:

```
$ python3 01_Salida_estandar.py
Hello World!
```

El carácter **$** delante de la primera línea simboliza la línea de comandos de su terminal. En consecuencia, lo que sigue es un comando que debe escribir en un terminal y no en una consola Python.
La ausencia del carácter delante de la segunda línea significa que lo muestra el comando y no lo ha introducido el usuario.

### 1.2.3 Formato

Para destacar aspectos importantes, utilizaremos el siguiente formato:

**Observación**

*Esto es un punto importante, destacado.*

Estos puntos puede que estén especialmente dirigidos a aquellos lectores que ya tengan ciertos conocimientos de Python:

**Observación**

*Avanzado: esto es una observación para aquellos desarrolladores más experimentados.*

En otros casos, pueden ir dirigidos explícitamente a los usuarios de Python 2:

**Observación**

*Python 2: preste atención, este detalle funciona de manera diferente en Python 2.*

También podrá indicarse algún truco:

**Observación**

*Esto es un truco que podrá resultarle útil.*

O un aspecto al que se debe prestar una especial atención:

**Observación**

*Preste atención: es bastante fácil equivocarse en este punto.*

Por último, en esta segunda parte, destinada a ayudarle en sus primeros pasos con el lenguaje, le proponemos algunos ejercicios.

**Observación**

*Ejercicio: descargue el código fuente que se provee con este libro.*

### 1.3 ¿Cuál es el mejor método para aprender?

El mejor consejo que le podemos dar es que se lance con el lenguaje: está frente a un intérprete que le señalará cualquier error (intentando siempre explicarle la causa) y que le va a permitir introducir absolutamente todo lo que desee, así que hágalo.

Intente hacer todo lo que se le pase por la cabeza, sea curioso: si modifico este ejemplo, cambiando eso o aquello, ¿qué podría pasar? ¿Y por qué?

Modifique los ejemplos que encuentre en el repositorio de código GitHub vinculado a este libro, intente personalizarlos, agregue nuevas funcionalidades, compruebe lo que afirma sin probarlo...

No hay secretos, es forjando como se convertirá en herrero, equivocándose es como aprenderá (y sobre todo, aprenderá el por qué).

Por lo tanto, ¡anímese! ¡Láncese! Y equivóquese, es importante. Aprendemos de sus errores y de sus expereincias.

## 2. Primer programa

### 2.1 Hello world!

El hilo conductor de esta guía es la construcción de algunos juegos cada vez más complejos. El primero será un juego del tipo «Adivine un número».

La idea es empezar poco a poco e ir agregando complejidad conforme avance, así que empezaremos con el clásico programa llamado **Hello World!**: un estándar universal cuando se trata de jugar con la implementación de un programa en un lenguaje concreto. He aquí lo que produce en Python:

```
print("Hello World!")
```

Como podemos observar, el código es muy directo. Literalmente, se lee: *muestra «Hello World!»*, y esto es lo que ocurre cuando se ejecuta el programa.

**Observación**

*Encontrará este ejemplo en la carpeta Guía de los archivos para descargar. Se llama 01_Salida_estandar.py.*

Para ejecutar este programa, puede escoger entre escribirlo usted mismo en un archivo o bien ejecutar directamente el que hay disponible en los archivos descargados:

```
$ python3 01_Salida_estandar.py
Hello World!
```

Aclararemos ciertos puntos del vocabulario. En el código, verá una única línea: se trata de una **instrucción**. Contiene dos elementos: una **función** y un **literal**. En efecto, escribir en un código un valor, sea el que sea, consiste en utilizar un literal.

© Editions ENI - All rights reserved

He aquí una lista de literales:

```
42              # número entero
42.42           # número real
"Hello World!"  # Cadena de caracteres
'Hello World!'  # Cadena de caracteres exactamente idéntica
"42"            # Cadena de caracteres
"42.42"         # Cadena de caracteres
```

Las comillas (simples o dobles, Python no hace ninguna distinción) significan que lo que se encuentra en el interior es una cadena de caracteres. Sin ello, si el literal solo está compuesto de cifras, entonces se trata de un número entero. Si tiene un punto, entonces se trata de un número real (un número con decimales). Existen otros literales, que presentaremos en la parte Los fundamentos del lenguaje, cuando estudiemos más de cerca cada tipo de datos.

Los literales son algo importante, pues permiten introducir datos directamente en el programa, como el contenido de una cadena de caracteres que se desea imprimir.

Cuando la máquina virtual lee algo que no corresponde con un literal, esto quiere decir que ese algo es el nombre de una variable o, dicho de otro modo, de un objeto, pues en Python todo es un objeto:

```
a      # una variable llamada a
a42    # una variable llamada a42
print  # una variable llamada print
```

Al principio, puede sorprender que **print** sea una variable, un objeto. Se trata en realidad de una **función**: las funciones son, en Python, objetos. Objetos particulares, pero objetos al fin y al cabo.

Sepa que esta función no sale de la nada (no existe nada mágico en Python), sino que forma parte de un módulo especial que es el módulo **builtins**. Lo que hace este módulo especial es que, tras el arranque de la máquina virtual, todas las funciones que contiene se importan automáticamente. De ahí el hecho de que el nombre de la función esté disponible cuando queremos utilizarlo, desde la primera línea de nuestro programa.

Más adelante, retomaremos el módulo **builtins** y el procedimiento de import, la manera en la que funciona realmente y sus consecuencias.

Para terminar con este ejemplo, debemos explicar lo que hace esta función **print**: escribe en una salida, por defecto en la **salida estándar**.

Aquí tocamos la noción de IO para **input/output** (entrada/salida). Todo lo que entra en el programa se considera como input (datos que provienen del usuario, a través de un teclado o un ratón o incluso un dispositivo como un escáner, lector de código de barras, etc., computadora o incluso archivo de datos leídos). Todo lo que sale del programa es el output (archivo escrito, visualización en pantalla, instrucciones enviadas a un periférico, como una impresora, una impresora 3D o una máquina industrial).

Para comprender lo que es la salida estándar, debemos hacer un paréntesis para explicar las interfaces informáticas tal y como las conocemos en la actualidad. Originalmente, simplemente había un terminal.

El ordenador y su usuario tenían que comunicarse. Para darle información al usuario, el terminal mostraba mensajes. Había mensajes de dos tipos: la **salida estándar** y la **salida de error**. Para recoger la información transmitida por el usuario, el terminal escuchaba en la **entrada estándar**, vinculada generalmente al teclado.

La salida estándar y la salida de error son dos canales que pueden mostrar texto. La diferencia entre ambos es el que hace el desarrollador de la aplicación. Pero, habitualmente, la aplicación comparte información por la salida estándar y escribe mensajes de error o advertencias en la salida de error.

Ambas salidas son tratados como flujos por parte de los sistemas operativos (y pueden redirigirse si es necesario):

```
$ python3 01_Salida_estandar.py 1> out.txt 2> err.txt
```

En el caso anterior, cada salida se escribe en su propio archivo de texto. También es posible hacer que ambas salidas se almacenen en el mismo archivo:

```
$ python3 01_Salida_estandar.py 1> salidas.txt 2>&1
```

Para comprender bien estas nociones, es necesario, sin embargo, conocer las bases del funcionamiento de un sistema operativo, porque es este el que hace que estas salidas estén disponibles. Es decir, en la actualidad, preferimos utilizar interfaces gráficas, aunque son mucho más complejas de manipular (necesitando librerías enteras que deben dominarse). Como consecuencia, hay que hacer el esfuerzo de pasar por el terminal, al menos el tiempo necesario para aprender las bases del lenguaje, sabiendo que este terminal puede ser el de su IDE, potencialmente más fácil de manejar porque redirige las salidas estándar y de error en las ventanas dedicadas.

## 2.2 Asignación

Hemos hecho referencia a la **entrada estándar**. Ahora vamos a detallar el segundo programa, que contiene tres **instrucciones**:

```
informacion = input("Introduzca alguna información: ")
print("Ha introducido: ", informacion)
```

**Observación**

*Encontrará este ejemplo en la carpeta Guía de los archivos para descargar. Se llama 02_Entrada_estandar.py.*

He aquí lo que ocurre cuando se ejecuta este programa:

```
$ python3 02_Entrada_estandar.py
Introduzca alguna información:
```

El programa invita al usuario a introducir alguna información y se detiene. El cursor queda posicionado junto a lo que se acaba de mostrar. Hasta que el usuario no presione la tecla [Intro], el programa seguirá congelado.

Una vez introducida la información, el resultado obtenido es similar a este:

```
$ python3 02_Entrada_estandar.py
Introduzca alguna información: 42
Ha introducido: 42
```

© Editions ENI - All rights reserved

La primera línea del programa utiliza la función **input** que deja el programa a la espera de la información del usuario, la cual termina cuando se presiona la tecla [Intro]. Una vez introducida la información, la función devuelve lo que se ha introducido. Como la llamada a la función es el operando derecho de una **asignación**, el resultado de la función se asigna a la variable llamada **informacion**.

En Python, no hace falta declarar una variable previamente para poder utilizarla. Tampoco hace falta tiparla, puesto que el tipado es dinámico.

Ahora, la variable introducida puede utilizarse (pues ya está asignada) y se utiliza en la línea 3, cuando se muestra su valor, precedido de una frase de introducción.

En este ejemplo, vemos que es posible mostrar varias cosas con la función **print**. Cada una se separa mediante un espacio. En nuestro caso, se trata de un literal, seguido de una variable.

## 2.3 Valor booleano

En informática, se utiliza a menudo la noción de booleano. Se trata de determinar la veracidad de una afirmación. El ejemplo típico es el uso de un **operador de comparación**. Una expresión de este tipo devuelve bien **verdadero**, bien **falso**:

```
a == b # ¿a y b son iguales?
a > b  # ¿a es estrictamente superior a b?
a >= b # ¿a es superior o igual a b?
a < b  # ¿a es estrictamente inferior a b?
a <= b # ¿a es inferior o igual a b?
a != b # ¿a es distinto de b?
```

En Python, existe una palabra clave para verdadero, **True**, y una palabra clave para falso, **False**. Las mayúsculas son importantes.

He aquí un programa que le permite realizar una comparación:

```
numero1 = input("Introduzca un primer número: ")
numero2 = input("Introduzca un segundo número: ")

# Realizar la comparación
comparacion = numero1 < numero2

# Mostrar el resultado
print(numero1, "<", numero2, ":", comparacion)
```

**Observación**

*Encontrará este ejemplo en la carpeta Guía de los archivos para descargar. Se llama 03_Booleanos.py.*

Las dos primeras instrucciones resultan familiares. Nos permiten invitar al usuario a introducir dos datos y registrarlos.

Observamos, a continuación, una línea que empieza por una almohadilla. Se trata de un **comentario**: todo lo que se escriba a continuación de esta almohadilla será ignorado por la máquina virtual, hasta el salto de línea. Si la almohadilla está situada al principio de la línea, entonces se ignora la línea completa. No existe ninguna forma de escribir comentarios multilínea en Python, aunque ciertos IDE incluyen acciones para comentar varias líneas a la vez, como [Ctrl][Shift] / o [Ctrl][Shift] : para VSCode en PyCharm, por ejemplo. Un **comentario** no es una **instrucción**.

La tercera instrucción realiza una comparación y almacena su resultado en una variable mientras que la última realiza una visualización, para permitirnos ver el resultado:

```
$ python3 03_Booleanos.py
Introduzca un primer número: 42
Introduzca un segundo número: 8
42 < 8 : True
```

Todo tiene pinta de funcionar correctamente: nuestros dos números se han memorizado correctamente y vemos que se muestra un valor booleano. Pero si lo observamos más detenidamente, ¿no hay algo extraño?

**Observación**

*Ejercicio: Muestre la suma de los dos números además de la comparación, y trate de entender lo que no funciona.*

## 2.4 Tipo

Efectivamente, si lo observamos más detenidamente, resulta extraño que Python nos diga que **42** es estrictamente inferior a **8**. Nos habían vendido que se trataba de un buen lenguaje, y nos ha decepcionado.

Pero, de hecho –y esto ocurre con frecuencia–, el ordenador tiene razón. Porque cuando se pide al usuario que introduzca cualquier cosa, lo que ha introducido es una cadena de caracteres. El programa anterior ha comparado, en realidad, dos cadenas de caracteres entre sí.

Es decir, dos cadenas se comparan en relación al orden alfabético de sus letras – lo cual es una gran aproximación, o incluso una verdad a medias, pero de momento, lo dejaremos aquí.

Por lo tanto, cuando hemos comparado nuestras dos palabras –que podemos extender a la comparación de cadenas de caracteres–, se ha realizado la comparación de cada palabra letra a letra. En nuestro caso, el **4** es efectivamente inferior a **8**, del mismo modo que **a** es inferior a **b**, es decir, está situado antes.

De modo que vamos a tener que convertir estas cadenas de caracteres en números para poderlas comparar a continuación:

```
numero1 = input("Introduzca un primer número: ")
numero1 = int(numero1)

numero2 = int(input("Introduzca un segundo número: "))

# Realizar la comparación
comparacion = numero1 < numero2

# Mostrar el resultado
print(numero1, "<", numero2, ":", comparacion)
```

© Editions ENI - All rights reserved

**Observación**

*Encontrará este ejemplo en la carpeta Guía de los archivos para descargar. Se llama 04_Tipos.py.*

Verá que el cambio respecto al programa anterior es mínimo. Para convertir el primer número, ha agregado una línea que utiliza la función **`int`**, que forma parte de los builtins y que es un tipo. Aquí, se asigna el resultado de la conversión a la misma variable – que cambia de tipo, ¡viva el tipado dinámico!
Nos ha permitido realizar la conversión de un número decimal escrito en una cadena de caracteres a un verdadero número.
Para convertir el segundo número, se anida la llamada de las funciones **`int`** e **`input`**, lo cual resulta ligeramente menos legible, pero evita tener que realizar una asignación más. Ambas sintaxis son equivalentes.

**Observación**

*Ejercicio: Muestre la suma de los dos números además de la comparación y compruebe que todo va bien esta vez. Inténtelo también con números negativos.*

**Observación**

*Ejercicio: Simule un error de entrada escribiendo letras o no escribiendo nada y pulsando la tecla [Intro]. ¿Qué ocurre?*

## 2.5 Excepciones

En efecto, si el usuario es tozudo, podemos ver esto:

```
$ python3 04_Tipos.py
Introduzca un primer número: 42
Introduzca un segundo número: univers
Traceback (most recent call last):
  File "04_Tipos.py", line 15, in <module>
    numero2 = int(numero2)
ValueError: invalid literal for int() with base 10: 'universe'
```

¿Quién dijo que el programa se colgaría? No. Un programa Python nunca se queda colgado. **Produce excepciones**. Después, si no hay nadie para **capturar las excepciones** y **tratarlas** convenientemente, ¡Python se lava las manos!
Retomemos un poco todo esto con más calma. ¿Qué es este **sistema de excepciones**?
En realidad, es muy sencillo. Hay momentos en los que el jefe nos pide hacer algo. Entonces nos damos cuenta de las limitaciones, agachamos la cabeza y nos hundimos. En ocasiones, se pasa, y en otras ocasiones no se pasa: resulta imposible llevar a cabo la tarea, pero no podemos hacer nada. En tal caso, alertamos.
Y esta alerta le llega automáticamente a nuestro jefe. Si nuestro jefe ha anticipado la eventualidad del problema, habrá preparado una alternativa. De no ser así, entonces la alerta remontará hasta su propio jefe.

Y así sucesivamente. Hasta que llegue a uno de los jefes que sí haya previsto el inconveniente y disponga de alguna alternativa, o hasta que no existan más responsables. Entonces la alerta es visible desde el exterior.

Retomemos esta analogía en un algoritmo: cuando la función prevé que algo pueda salir mal, puede producir una excepción. Por eso se trata de una **función crítica**. A veces, esto pasa en las capas más profundas del sistema, como en una división por cero. La excepción es un mecanismo que permite interrumpir el proceso de ejecución normal para subir en la pila de llamadas hasta que sea capturada y tratada. Esta excepción no tiene obligación de ser gestionada directamente en el lugar donde se llama a la función crítica.

Comprenderá que toda esta analogía sirve para decir que el sistema de excepciones permite gestionar estas responsabilidades.

En el ejemplo del principio de este capítulo, hay dos secciones críticas, es decir, dos instrucciones que pueden plantear problemas, de modo que las trataremos por separado. Nuestra solución alternativa consiste en decir que si no puede convertirse alguno de los números, se muestre un mensaje de error –y, por tanto, un mensaje por la salida de error– y a continuación, se salga del programa. El usuario tendrá que volver a ejecutarlo e introducir de nuevo los datos, si lo desea.

Para hacer esto, necesitamos invocar a dos elementos que no se encuentran en el módulo **builtins**, sino en el módulo **sys**. Tenemos que importar explícitamente este módulo:

```
import sys
```

Ahora, disponemos de una variable llamada **sys** que apunta a este módulo. La función **exit** de este módulo está accesible con la instrucción **sys.exit**, a la que agregaremos los paréntesis para realizar la llamada de función (sin paréntesis, solo se expone la función, sin invocarla).

También se utiliza el objeto **sys.stderr**, designa la salida de error.

He aquí una sección de código que permite tratar la primera excepción:

```
numero1 = input("Introduzca un primer número: ")
try:
    numero1 = int(numero1)
except:
    print("La conversión de este número no ha tenido éxito ",
          file=sys.stderr)
    sys.exit()
```

Si se lee literalmente, tenemos: *Intenta convertir el número. En caso de excepción, escribe un mensaje y sale.*

La palabra clave **try** está seguida de un bloque que contiene la **sección crítica** –aquí, la conversión, que utiliza la función **int**. Se marca un **bloque** con **dos puntos** siguiendo la palabra clave **try** y se realiza una **indentación** sobre la línea siguiente. Mientras que las siguientes líneas estén indentadas al mismo nivel, se consideran parte del mismo bloque. Una vez que la indentación vuelve al nivel de la palabra clave **try**, como ocurre aquí con la palabra clave **except**, se termina el bloque.

La palabra clave **except** está seguida aquí inmediatamente de un **bloque**. Este bloque contiene la **alternativa** que se debe ejecutar si se encuentra alguna **excepción** durante la ejecución de la **sección crítica**.

© Editions ENI - All rights reserved

Con esta sintaxis, se capturan todas las excepciones posibles e imaginables. Por suerte para nosotros, solo hay una posibilidad aquí y se trata de un error de conversión. Pero generalmente, esta sintaxis minimalista se desaconseja.
Es preferible precisar el tipo de la excepción que se está capturando. Esto es lo que hacemos con la conversión de número siguiente:

```
try:
    numero2 = int(input("Introduzca un segundo número: "))
except ValueError as e:
    print("La conversión de este número no ha tenido éxito",
          file=sys.stderr)
    sys.exit()
```

Aquí, solo se capturan las excepciones de tipo **ValueError**, es decir las excepciones producidas por la conversión. Y es todavía mejor, porque la sección crítica utiliza en realidad dos funciones que son **int** e **input**, y esta última puede también producir una excepción de tipo **EOFError**.
Hacer la distinción puede resultar útil si se quiere hacer un tratamiento distinto en función de la excepción encontrada. Sin embargo, nos detendremos aquí en lo relativo a esta guía.

**Observación**

*Encontrará este ejemplo en la carpeta Guía de los archivos para descargar. Se llama 05_Excepciones.py.*

También podemos destacar, de paso, la manera en la que se salta de línea en Python, alineando el parámetro con la apertura del paréntesis de la función.

## 2.6 Bloque condicional

Un bloque condicional es un bloque que se ejecuta solamente si se evalúa una condición como verdadera. Ya hemos presentado los booleanos y los operadores de comparación, ya hemos visto la noción de bloque, de modo que la lectura de este código debería resultarle fácil:

```
if numero1 == numero2:
    print(numero1, "==", numero2)
```

Si lo leemos literalmente: *Si el número 1 es igual al número 2, mostrarlo.*
Si la condición es verdadera, el bloque condicional se ejecuta y a continuación, una vez terminado, el programa continúa tras el bloque.
Si la condición es falsa, el bloque condicional no se ejecuta, sino que el programa continúa tras el bloque.
En el caso de que queramos realizar una u otra acción en función de una condición, podemos utilizar también un bloque **else**, que se traduce por "si no".

```
if numero1 == numero2:
    print(numero1, "==", numero2)
else:
    print(numero1, "!=", numero2)
```

Es totalmente imposible que ambas visualizaciones se realicen, o que ninguna de ellas lo haga. Se entrará obligatoriamente y de manera exclusiva en uno de los dos bloques.

**Observación**

*Encontrará este ejemplo en la carpeta Guía de los archivos para descargar. Se llama 06_Bloque_Condicional_1.py.*

Cabe destacar también que es posible comprobar varias condiciones utilizando **elif** ("si no si"):

```
if numero1 <= numero2:
    print(numero1, "<=", numero2)
elif numero1 >= numero2:
    print(numero1, ">=", numero2)
else:
    print(numero1, "==", numero2)
```

**Observación**

*Encontrará este ejemplo en la carpeta Guía de los archivos para descargar. Se llama 07_Bloque_Condicional_2.py.*

En este caso, si la primera condición es verdadera, entonces se ejecuta el primer bloque y se retoma el programa después del resto de bloques condicionales vinculados.
Se denominan bloques condicionales vinculados el conjunto de bloques que empiezan por un bloque **if**, 0 a n bloques **elif** y de 0 a 1 bloque **else**. Cuando hay dos bloques **if** seguidos, son distintos: ambos bloques pueden ejecutarse, en función de las condiciones.
Si la primera condición no es válida, pero la segunda sí lo es, se ejecuta únicamente el segundo bloque.
Por último, si ninguna de las condiciones anteriores es válida, entonces se ejecuta lo que hay dentro del bloque **else**.
Si observamos atentamente este ejemplo, veremos que si ambos números son iguales, entonces la primera condición es válida: el primer bloque se ejecuta. La segunda condición es también válida, pero no hará nada: como la primera condición era verdadera, entonces la segunda ni siquiera se comprueba. El programa continúa al final de los bloques condicionales vinculados.
También es posible observar que jamás se ejecutará este bloque **else**.

**Observación**

*Ejercicio: Modifique estas condiciones para hacerlas exclusivas y haga que el bloque **else** se ejecute en caso de igualdad entre ambos números.*

© Editions ENI - All rights reserved

## 2.7 Condiciones avanzadas

Python es sencillo, se lo habíamos prometido. Esto se ilustra por el hecho de que es posible escribir condiciones de una manera similar a las matemáticas:

```
numero1 = input("Introduzca un primer número entre 1 y 10: ")
numero2 = input("Introduzca un segundo número entre 1 y 10: ")

try:
    numero1 = int(numero1)
    numero2 = int(numero2)
except:
    print("La conversión de uno de los números no ha tenido éxito",
          file=sys.stderr)
    sys.exit()

# Realizar la comparación
if 0 < numero1 < 11:
    print("El número", numero1, "está comprendido entre 1 y 10")

if 1 <= numero2 <= 10:
    print("El número", numero2, "está comprendido entre 1 y 10")
```

**Observación**

*Encontrará este ejemplo en la carpeta Guía de los archivos para descargar. Se llama 08_Condiciones_avanzadas.py.*

Este código permite simplemente verificar que los números están bien delimitados. Dado que se trata de números enteros, podemos utilizar indiferentemente los operadores de comparación estrictos o los largos.

Se trata aquí de dos bloques condicionales distintos, pues podemos ver 0, 1 o 2 mensajes en función de si respetan la condición.

## 2.8 Bloque iterativo

El bloque iterativo es el último bloque importante que hay que dominar.

Esta vez, no se trata de determinar si hay que ejecutar o no un bloque, sino de determinar si hay que repetirlo. Este bloque podrá repetirse de 0 a n veces.

Imaginemos que pedimos al usuario introducir un número comprendido entre 1 y 10, aunque esta vez, le pedimos un valor en caso de error en lugar de salir del programa, tantas veces como se equivoque.

He aquí el aspecto de este programa:

```
numero = input("Introduzca un número entre 1 y 10: ")
try:
    numero = int(numero)
except:
    numero = 0
```

```
while not 1 <= numero <= 10:
    # El número no es válido

    # Se pide volver a introducir un número
    numero = input("Introduzca un número entre 1 y 10: ")

    try:
        numero = int(numero)
    except:
        numero = 0

print("Estamos seguros de que", numero,
      "es un número y está comprendido entre 1 y 10 incluidos.")
```

**Observación**

*Encontrará este ejemplo en la carpeta Guía de los archivos para descargar. Se llama 09_Bloque_Iterativo.py.*

Empezaremos viendo la condición del bloque iterativo. Vemos que está precedida de la palabra clave **not**, que sirve para invertir el resultado de la evaluación. De este modo, podemos leerlo: *mientras el número no esté comprendido entre 1 y 10*, lo que podríamos traducir, utilizando la lógica: *mientras el número sea estrictamente menor a 1 o estrictamente mayor que 10*.

Se pide una primera información antes del bloque de iteración. Dicho de otro modo, si la entrada es correcta a la primera, no se pasará jamás por este bloque.

También podemos destacar que hemos cambiado nuestro comportamiento alternativo en caso de error de conversión. En efecto, si la conversión no puede realizarse, almacenaremos en el número un valor que sea un entero, pero un entero que no sea válido. De este modo, la condición del bloque iterativo será falsa y se volverá a pedir al usuario la información.

Este truco permite simplificar la tarea pero, como hemos podido observar, existe código duplicado y esto no es bueno.

Podemos resolver esto utilizando un bucle infinito:

```
while True:
    # Se entra en un bucle infinito

    # Se pide introducir un número
    numero = input("Introduzca un número entre 1 y 10: ")
    try:
        numero = int(numero)
    except:
        pass
    else:
        # Realizar la comparación
        if 1 <= numero <= 10:
            # Tenemos lo que queremos, de modo que salimos del bucle
            break
```

© Editions ENI - All rights reserved

```
print("Estamos seguros de que", numero,
      "es un número y está comprendido entre 1 y 10 incluidos")
```

**Observación**

*Encontrará este ejemplo en la carpeta Guía de los archivos para descargar. Se llama 10_Bloque_Iterativo_infinito.py.*

En efecto, **True** es siempre verdadero, de modo que la condición que determina si hay que repetir el bloque será siempre verdadera: el bucle no se detendrá jamás. O casi nunca, porque de hecho, al final del bucle iterativo, comprobamos la condición inversa a la que verificábamos en el código anterior, y si se cumple, se sale del bucle gracias a la palabra clave **break**.

Este bucle se ejecutará de 1 a n veces (en lugar de 0 a n, como ocurría antes).

Podemos destacar también que en el caso de que se produzca una excepción, no se reaccionará de ninguna manera: el simple hecho de estar dentro de un bucle infinito va a resolver automáticamente el problema por nosotros.

Por el contrario, solamente si no tenemos una excepción, comprobaremos si el número está delimitado entre 1 y 10 y, en función de la respuesta, saldremos del bucle.

La sintaxis que permite hacer esto consiste en crear un bloque con la palabra clave **else**. Pero preste atención, este **else** no está seguido por un **if**, sino por un **try**.

## 3. Primer juego: Adivine el número

### 3.1 Descripción del juego

Va a crear un programa para terminal que va a escoger un número aleatoriamente, entre 0 y 99, y a continuación, le va a pedir al usuario que adivine este número.

Tras cada intento, le responderá indicándole si se ha quedado corto o se ha pasado, hasta que encuentre el número. Entonces, mostrará el número de intentos que han hecho falta para encontrar este número y el programa se terminará.

### 3.2 Pistas

#### 3.2.1 Gestión del azar

Va a pedirle al ordenador que escoja un número aleatoriamente, entre 0 y 99. Esto se hace así:

```
import random
numero = random.randint(0, 100)
```

La primera línea permite importar el módulo que contiene todas las funciones que permiten gestionar el azar (las principales se presentarán con detalle en este libro). La segunda línea permite generar un número y asignarlo a la variable llamada **numero**.

### 3.2.2 Etapas del desarrollo

No intente desarrollar el programa entero de golpe. Empiece generando el número aleatorio (en una variable que llamaremos **numero**), y luego pida al usuario que introduzca un número (en una variable llamada **intento**). Convierta esta variable en un valor entero, y compruebe que esté comprendido entre 0 y 99. En caso contrario, consideraremos que se trata de un error de escritura y no que se trata de una jugada (de modo que no la descontaremos).

Para hacer todo esto, tendrá que utilizar lo que hemos visto hasta el momento y tendrá que probar su programa con regularidad, aunque solo sea para asegurarse de que se comporta como se ha previsto y que no se ha olvidado de ningún caso de uso.

A continuación, comparará el número aleatorio con el número introducido por el usuario y mostrará «Demasiado pequeño», «Demasiado grande» o incluso «¡Ha ganado!». Podrá mostrar, también, de manera provisional, el número generado aleatoriamente para poder comprobar el programa que está escribiendo.

En una segunda etapa, escribirá el código que le permita pedir la información al usuario y responderle dentro de un nuevo bucle, que se repetirá hasta que el jugador haya acertado.

Sepa que hay varias soluciones posibles y que la propuesta aquí no es necesariamente la más conveniente, aunque es la mejor adaptada a la progresión pedagógica que hemos querido desarrollar aquí.

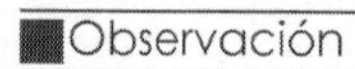


*Existe una propuesta de solución en el archivo 11_JUEGO_guess_the_number.py.*

## 3.3 Para ir más allá

Para ir más allá, puede plantearse nuevos objetivos.

He aquí un ejemplo de partida, con una ayuda para el usuario:

```
$ python3 ejemplo.py
Adivine el número entre 0 y 99 incluidos: 50
Demasiado grande
Adivine el número entre 0 y 49 incluidos: 25
Demasiado pequeño
Adivine el número entre 26 y 49 incluidos: 42
¡Ha ganado!
```

También puede pedirle al usuario que escoja los límites mínimo y máximo antes de jugar. De este modo, podrá adivinar un número entre 1 y diez millones, si es amante de los desafíos.

© Editions ENI - All rights reserved

# Capítulo 2-2
# Funciones y módulos

## 1. Las funciones

### 1.1 ¿Por qué utilizar funciones?

Cuando se desarrolla, se utilizan muchas funciones, como por ejemplo **print** o **input** que hemos visto en el capítulo anterior. Estas últimas son bastante simples de manipular por varios motivos:

– poseen un nombre sencillo que indica con claridad para qué sirven;

– reciben parámetros que permiten variar la manera en la que se utilizan;

– no necesitamos saber cómo están escritas, simplemente qué van a hacer.

Cuando escriba su propio código, debe diseñar algoritmos más o menos complejos, y cuando no está organizado, puede producir lo que hemos hecho hasta el momento: un código perfectamente lineal.

El principal inconveniente es el siguiente: un código de este tipo es una larga prosa, sin descansos particulares. Es difícil aislar una parte y saber qué línea se invoca y en cada momento. Habitualmente, consideramos que una función bien hecha debe tener unas diez líneas de media, y 20 o 25 como máximo.

Estas métricas no son, realmente, obligaciones, sino un orden de magnitud para tener en mente e intentar respetar y obtener así un código legible y comprensible por todos, incluido usted algunos meses más tarde, pues lo que ha escrito solo lo tendrá fresco en el momento de su escritura.

En efecto, un código demasiado largo es difícil de leer, de aprender y de mantener.

La realidad es clara, hay que organizar el propio código para que esté formado por pequeños bloques simples y fáciles de identificar. La verdadera dificultad es saber cómo delimitar estos bloques, cómo construir bellas funciones que sean lo suficientemente precisas como para hacer lo que deseamos con detalle, pero también lo suficientemente genéricas como para no tener que construir dos funciones que sean casi idénticas y que solo se distingan por un pequeño detalle.

Un buen punto para comenzar consiste en mirar el código producido hasta el momento (la solución al ejercicio del final del capítulo anterior) e identificar duplicados en el código:

```
print("Introduzca el número a adivinar")
while True:
    numero = input("Introduzca un número entre 0 y 99: ")
    try:
        numero = int(numero)
    except:
        pass
    else:
        if 0 <= numero <= 99:
            break

# PARTE 2
print("Intente adivinar el número")
while True:  # BUCLE 1
    while True:  # BUCLE 2
        intento = input("Introduzca un número entre 0 y 99: ")
        try:
            intento = int(intento)
        except:
            pass
        else:
            if 0 <= intento <= 99:
                break  # Bucle 2

    if intento < numero:
        print("Demasiado pequeño")
    elif intento > numero:
        print("Demasiado grande")
    else:
        print("¡Ha ganado!")
        break  # Bucle 1
```

**Observación**

*Encontrará este ejemplo en la carpeta Guía de los archivos para descargar. Se llama 11_JUEGO_guess_the_number.py.*

Vemos que en este extracto de código, pedir la información del número que hay que encontrar y la del número que se debe adivinar es casi lo mismo: cambia la primera visualización, que indica al usuario lo que se pide de lo que cambia.

Observe que eliminar los duplicados del código es algo muy importante, pues cuando tenga que mantener un código, si tiene que cambiar cualquier cosa, tendrá que repetirlo sobre todos los duplicados y resulta bastante fácil olvidarse de alguno durante la operación.

Este objetivo de eliminación de duplicados es nuestro hilo conductor y donde vamos a empezar definiendo nuestra primera función útil.

© Editions ENI - All rights reserved

Sin embargo, no olvide que en la vida real tendrá que reflexionar primero y codificar después y que, en consecuencia, tendrá que definir aquellos bloques que quiera crear antes de crearlos realmente y no escribir primero un código y reflexionar cómo hacerlo legible más adelante.

## 1.2 Introducción a las funciones

### 1.2.1 Cómo declarar una función

En Python, los principios sintácticos son siempre los mismos. El código de una función, al ser un bloque, exige que la sintaxis de una función sea la de un bloque.

Vamos a escribir la palabra clave **def**, que permite indicar que se está definiendo una función, a continuación el nombre de esta función, seguido de un paréntesis (veremos más adelante qué poner dentro) y los famosos dos puntos. Esta primera línea se llama la **firma de la función**.

Lo que hay a continuación, y que se escribe indentado, es el **cuerpo de la función**. Veamos lo que se obtiene:

```
def pedir_numero():
    while True:
        entrada = input("Introduzca un número entre 0 y 99: ")
        try:
            entrada = int(entrada)
        except:
            pass
        else:
            if 9 <= entrada <= 99:
                break
    return entrada
```

A excepción de la primera y última líneas, el conjunto de este extracto de código es completamente idéntico a la parte que estaba duplicada en nuestra primera versión del juego. La única diferencia es el nombre de la variable, que era **numero**, y luego **intento**, y que ahora se llama **entrada**.

En efecto, el nombre de las variables correspondía, en el programa de partida, respectivamente con el número que se debe adivinar y luego con los intentos del jugador.

Aquí tenemos una función cuyo objetivo es simplemente pedir al usuario que introduzca un número cualquiera. A nivel de la función, no se sabe para qué va a servir este número, no se conoce su nombre y tampoco hace falta saberlo. Se sabe únicamente que se trata de una entrada, de modo que se decide llamarlo así.

Las cosas se ponen interesantes cuando utilizamos nuestra función:

```
# PARTE 1
print("Introduzca el número a adivinar")
numero = pedir_numero()

# PARTE 2
print("Intente adivinar el número")
while True:
```

```
    intento = pedir_numero()
    if intento < numero:
        print("Demasiado pequeño")
    elif intento > numero:
        print("Demasiado grande")
    else:
        print "¡Ha ganado!"
        break
```

Vemos que el código es considerablemente más corto y que encontramos nuestras variables **numero** e **intento**, como resultado de la función.

Gracias a que la función devuelve la entrada, es posible realizar esta asignación: comprende ahora el sentido de la instrucción **return** al final de la función.

**Observación**

*Encontrará este ejemplo en la carpeta Guía de los archivos para descargar. Se llama 12_Funciones.py.*

Hemos escrito nuestra primera función y el programa se comporta, desde el punto de vista del usuario, exactamente igual.

### 1.2.2 Gestión de un parámetro

Podemos mejorar fácilmente nuestra función. En efecto, en lugar de mostrar información antes de invocar nuestra función, podemos cambiar la invitación a introducir un número.

Para ello, hay que pasar un parámetro, es decir, que cuando se invoque la función tendremos que darle los elementos para que pueda comportarse como deseamos.

En nuestro ejemplo, queremos definir los valores mínimo y máximo una única vez: vamos a utilizar constantes.

Esta noción es muy importante, pues utilizando esta constante en lugar de un literal, dispondremos de los medios para cambiar este valor de manera sencilla: basta con modificar la constante sin tener que recorrer todo el código para buscar un literal y modificarlo.

De este modo, una constante se define exactamente como una variable, salvo que se escribe en mayúsculas:

```
MIN = 0
MAX = 99
```

En Python, una constante es una variable como cualquier otra. La única convención consiste en escribirla en mayúsculas, aunque puede modificarlas; nada se lo impide.

**Observación**

*Python funciona bastante con convenciones: le da las herramientas para hacer las cosas de manera correcta, pero no le impone restricciones. Python parte del principio de que el desarrollador sabe lo que hace y confía plenamente en que hará lo correcto: si por cualquier motivo no respeta la convención, es porque posee una razón de peso para no hacerlo y Python lo respetará.*

© Editions ENI - All rights reserved

El uso de estas constantes mejora la legibilidad y la comprensión del código pues, tras su declaración, se comprende inmediatamente de qué se trata y si vemos **MIN** o **MAX** más adelante en el código, sabremos a qué se refiere, mejor que usando literales.
He aquí la función ligeramente modificada:

```
def pedir_numero(invitacion):
    # Se completa la invitacion:
    invitacion += " entre " + str(MIN) + " y " + str(MAX) + ": "

    while True:
        entrada = input(invitacion)
        try:
            entrada  = int(entrada)
        except:
            pass
        else:
            if MIN <= entrada <= MAX:
                break
    return entrada
```

Damos la posibilidad de invocar nuestra función diciendo lo que hay que introducir, y se completa esta información precisando los límites del número que se debe indicar.
Observe que las constantes **MIN** y **MAX** se definen fuera de la función. Por lo tanto, son accesibles. Ocurre así también con todas las variables que se definen, en el momento en que se invoque la función.

### Observación

*Salvo casos excepcionales que llegaremos a dominar, evitaremos el uso en una función de una variable que pueda no estar definida en el momento en que se invoque esta función.*

Si reflexionamos con calma, las funciones **int** e **input** se definen también fuera de la función, y si habíamos importado un módulo al inicio del archivo, este será accesible desde el interior de la función.
Si queremos ir más allá acerca de estas cuestiones, tendremos que dirigirnos al capítulo Declaraciones - sección Visibilidad que aborda el **ámbito de una variable**.
He aquí el código que hace uso de esta función:

```
# PARTE 1
numero = pedir_numero("Introduzca el número a adivinar")

# PARTE 2
while True:
    intento = pedir_numero("Adivine el número")
    if intento < numero:
        print("Demasiado pequeño")
    elif intento > numero:
        print("Demasiado grande")
    else:
```

```
        print("¡Ha ganado!")
        break
```

El código escrito es mucho más legible: se sabe enseguida por qué se utiliza nuestra función y lo que va a producir.

**Observación**

*Encontrará este ejemplo en la carpeta Guía de los archivos para descargar. Se llama 13_Funciones_genéricas_1.py.*

Veremos ahora cómo puede utilizarse esta función de una manera todavía más inteligente.

### 1.2.3 Cómo hacer la función más genérica

La función, tal y como la hemos escrito, depende de **MIN** y de **MAX**. Si queremos que estos dos valores puedan variar, tendremos que dejar de utilizar las constantes. Pero la propia función no sabe cómo pueden variar estos dos valores.
Estos valores deben convertirse en parámetros:

```
def pedir_numero(invitacion, minimo, maximo):
    invitacion += " entre " + str(minimo) + " y " +
                  str(maximo) + " : "

    while True:
        entrada = input(invitacion)
        try:
            entrada = int(entrada)
        except:
            pass
        else:
            if minimo <= entrada <= maximo:
                break
    return entrada
```

Vemos aparecer dos nuevos parámetros, **minimo** y **maximo** y, respecto al ejemplo anterior, hemos reemplazado **MIN** por minimo y **MAX** por **maximo**, simplemente.

**Truco**

*Observe el salto de línea entre las líneas 2 y 3: como la línea 2 termina con un +, Python sabe que la línea 3 es la continuación de la instrucción que empieza en la línea 2. Por convención, como esta instrucción es una asignación, se alinea la línea 3 con el principio del operando derecho.*

© Editions ENI - All rights reserved

Donde es necesario ahora prestar atención es en la modificación de la llamada a nuestra función:

```
# PARTE 1
numero = pedir_numero("Introduzca el número a adivinar",
                      MIN, MAX)

# PARTE 2
while True:
    intento = pedir_numero("Adivine el número", MIN, MAX)
    if intento < numero:
        print("Demasiado pequeño")
    elif intento > numero:
        print("Demasiado grande")
    else:
        print("¡Ha ganado!")
        break
```

Hay que pasar el mínimo y el máximo en cada llamada y aquí haremos referencia a nuestras constantes.

**Truco**

*De paso, observe la continuación de la línea entre las líneas 2 y 3: como la línea 2 se termina con una coma, Python sabe que la línea 3 es la continuación de la instrucción empezada en la línea 2. Por convención, como esta instrucción es una llamada a una función, y como el paréntesis está abierto pero no cerrado, se alinea la línea 3 con el primer parámetro de la función.*

Claramente, nada ha cambiado a nivel del resultado producido, pero las responsabilidades han cambiado. Antes, la función decidía ella misma el mínimo y el máximo, mientras que ahora se decide en el momento de la llamada.

**Observación**

*Encontrará este ejemplo en la carpeta Guía de los archivos para descargar. Se llama 14_Funciones_genericas_2.py.*

Ahora que hemos visto todo esto, sería una pena no plantearse la posibilidad que se nos ofrece de utilizar una función más interesante.
Rehagamos la parte 2 de la siguiente manera:

```
minimo = MIN
maximo = MAX

# PARTE 2
while True:
    intento = pedir_numero(
        "Adivine el número",
        minimo,
        maximo,
```

```
        )
        if intento < numero:
            print("Demasiado pequeño")
            minimo = intento + 1
        elif intento > numero:
            print("Demasiado grande")
            maximo = intento - 1
        else:
            print("¡Ha ganado!")
            break
```

No vamos a modificar los valores de **MIN** y **MAX**, pues se trata de constantes. Se crean entonces dos variables y se las inicializa con ciertos valores. A continuación, se las utiliza en la llamada a la función. Aquí es donde viene lo interesante, y es que podemos modificar estas variables conforme avanzan los intentos del usuario.

Vemos que tras cada bucle, al menos una de las dos variables se modifica.

De este modo, el jugador dispone de una ayuda que le permite saber dónde se encuentra entre las opciones que le quedan, y si está proporcionando un número que ya se ha eliminado, entonces puede volver a intentarlo, y se contará como un error en la entrada y no como un nuevo intento.

**Truco**

*De paso, observe aquí la llamada en varias líneas a la función* **pedir_numero**. *Dado que no entra en una única línea, podemos hacer como antes, y simplemente terminar la primera línea por el paréntesis abierto y escribir a continuación un parámetro por línea identificándolos con cuatro espacios, como con un bloque. El paréntesis de cierre, situado a nivel de la indentación del bloque que contiene la llamada, permite terminar la instrucción.*

Es posible mejorar ligeramente esta función.

### 1.2.4 Parámetros por defecto

En efecto, estamos trabajando con un caso en el que siempre hay que pasar los valores que están en las constantes **MIN** y **MAX**: esto donde se pide al usuario introducir el número que se debe encontrar.

Para simplificar las llamadas a las funciones, podemos determinar los parámetros por defecto:

```
MIN = 0
MAX = 99

def pedir_numero(invitacion, minimo=MIN, maximo=MAX):
    invitacion += " entre " + str(minimo) + " y " +
                  str(maximo) + " : "

    while True:
        entrada = input(invitacion)
        try:
```

© Editions ENI - All rights reserved

```
            entrada = int(entrada)
        except:
            pass
        else:
            if minimo <= entrada <= maximo:
                break
    return entrada
```

De este modo, se tiene la posibilidad de precisar el mínimo y el máximo durante la llamada a la función o bien no hacerlo. En este último caso, se utilizarán los valores por defecto:

```
# PARTE 1
numero = pedir_numero("Introduzca el número a adivinar")
```

**Observación**

*Encontrará este ejemplo en la carpeta Guía de los archivos para descargar. Se llama 15_Funciones_parámetros_por_defecto.py.*

El resto del código no cambia respecto al ejemplo anterior.
Acabamos de ver todo lo que hay que hacer para crear una función en Python y los puntos esenciales. En lo relativo a la parte sintáctica, hemos terminado.
Sin embargo, las funciones son una herramienta fundamental de la programación y es importante saber diferenciar entre funciones buenas y funciones malas.

## 1.3 Problemáticas de acoplamiento y duplicación de código

### 1.3.1 Nivel de sus funciones

Una buena función es una función que es lo suficientemente genérica para gestionar todos los casos de uso de los que es responsable, pero también lo suficientemente especializada como para no hacer lo mínimo.
En nuestro ejemplo, tenemos una función que nos permite pedir la entrada de un número. Dicho de otro modo, esta función implica que el número está delimitado, pues existe una verificación.
No podemos utilizar esta función simplemente para pedir información acerca de un número cualquiera, y si se diese esta necesidad, como ocurre ahora, la respuesta más común sería crear una nueva función, que sería una copia parecida a la que ya existe, dejando aparte la verificación de los límites, que se eliminaría.
Esta situación se debe al hecho de que nuestra función inicial no es una buena función: no está lo suficientemente desacoplada.
He aquí lo que habría convenido hacer:

```
def pedir_numero(invitacion):
    while True:
        entrada = input(invitacion)
        try:
            entrada = int(entrada)
        except:
            print("Solo están autorizados los caracteres [0-9].",
```

```
                file=sys.stderr)
        else:
            return entrada
```

Esta función se contenta con comprobar que se ha introducido un número.

**Truco**

*En lugar de salir del bucle y ejecutar un **`return`** a continuación, es posible hacer directamente el **`return`**.*

Y ahora, podemos crear una función para pedir la entrada de un número límite, que va a reutilizar la función anterior:

```
def pedir_numero_limite(invitacion, minimo=MIN,
                      maximo=MAX):
    while True:
        invitacion = "{} entre {} y {} incluidos".format(invitacion, minimo,
                                                         maximo)
        entrada = pedir_numero(invitacion)
        if minimo <= entrada <= maximo:
            return entrada
```

Aquí no existe ningún código duplicado. Podemos plantearnos la pregunta del rendimiento, pues se utilizan varios bucles infinitos en lugar de uno solo, pero la diferencia es insignificante.

Ahora se dispone, por el contrario, de dos funciones que están perfectamente desacopladas y que no contienen duplicados.

Podemos rehacer el código de la parte 1 de la siguiente manera:

```
# PARTE 1
minimo = maximo = 0
while True:
    minimo = pedir_numero("Seleccione el mínimo")
    maximo = pedir_numero("Seleccione el máximo")
    if maximo > minimo:
        break

numero = pedir_numero("Introduzca el número a adivinar",
                     minimo, maximo)
```

Aquí, no se impone ningún límite cuando se escogen los valores mínimo y máximo, se verifica por el contrario que los números introducidos son coherentes.

Sin embargo, para continuar el programa, tenemos que asegurar que la entrada está limitada.

**Observación**

*Encontrará este ejemplo en la carpeta Guía de los archivos para descargar. Se llama 16_Funciones_desacoplo_1.py.*

© Editions ENI - All rights reserved

Para retomar el hilo conductor, hemos eliminado los duplicados creando una función, y a continuación, la hemos modificado para finalmente desacoplarla y hacer dos funciones distintas, ambas útiles para casos de uso parecidos, aunque distintos.

Es momento de ir más allá en el esfuerzo de estructuración de nuestro programa y ver el segundo ángulo que permite determinar la manera en la que se va a desacoplar nuestro programa en bloques.

### 1.3.2 Noción de complejidad

La noción de complejidad es extremadamente difícil de evaluar, dada la diversidad de los lenguajes de programación, de sus propias características, de los paradigmas de programación que utilizan y de la manera en la que se implementan. Por este motivo, los métodos que se utilizan ampliamente en la actualidad también están muy cuestionados o al menos debatidos.

Lejos de querer tomar parte en este debate en esta guía, al menos debemos introducir esta noción planteando bien los límites.

La noción de complejidad se articula en torno a las distintas maneras en las que un código puede ejecutarse. Podemos asemejar cada lugar del código con un nodo y cada forma de pasar de un nodo a otro con una ruta. Se representa el código en formato de grafo.

Sabiendo esto, y sin entrar en detalles, podemos deducir dos métricas: la complejidad ciclomática que es el número de opciones posibles, y la complejidad NPath que corresponde con el número de rutas que podemos tomar.

Siempre es necesario tratar de limitar estos dos parámetros. La complejidad ciclomática máxima debería ser 10 y la complejidad máxima 32. Asegúrese, sin embargo, de que dispone de las herramientas que le permitirán medir la complejidad de cada parte del código, como **flake8**, por ejemplo.

Para ello, es necesario volver a los principios fundamentales de Python: se escriben pequeñas funciones, que hacen un trabajo sencillo y que puede estar aislado. De este modo, encontramos funciones que poseen algoritmos bastante poco anidados y muy fáciles de leer y comprender:

```
def jugar_una_vez(numero, minimo, maximo):
    intento = pedir_numero_limite("Adivine el número",
                                  minimo, maximo)
    if intento < numero:
        print("Demasiado pequeño")
        minimo = intento + 1
        victoria = False
    elif intento > numero:
        print("Demasiado grande")
        maximo = intento - 1
        victoria = False
    else:
        print("¡Ha ganado!")
        victoria = True
        minimo = maximo = intento
    return victoria, minimo, maximo
```

Se define así una función que permite jugar una sola vez y extraemos lo que contiene, es decir, el hecho de pedir una entrada y comprobarla.
La ventaja principal de este método es que permite aislar esta parte de código, lo que va a permitirnos más adelante construir otros bloques a su alrededor. El principal problema es que los datos que manipula de esta función no son independientes: se debe conocer el número por adivinar para realizar la comprobación así como el mínimo y el máximo.
Además, como podemos modificar potencialmente el mínimo y el máximo, hay que comunicárselo a la parte que llama a nuestra función. Además, también hay que indicar si se gana o no, para poder saber si la partida ha terminado o no.

**Truco**

*Observe la manera en la que se devuelven varios valores, separándolos por comas.*

Se trata de restricciones nada despreciables, pero que siguen siendo gestionables.

**Truco**

*Recordemos aquí que habríamos podido optar por no pasar* **`minimo`** *y* **`maximo`** *como parámetros y dejar que la función utilizara las variables, aunque esto no se considera una buena práctica.*

Conviene saber que para evitar este tipo de situaciones, podríamos ir más allá de las funciones y modelar la problemática utilizando clases. Entonces, no sería necesario devolver varios valores, pues bastaría con modificar los atributos. Pero no nos precipitemos, la idea aquí es salir del paso utilizando únicamente funciones.
Entonces vamos a ver cómo invocar a esta función (aquí solo se reproduce el código que se ha modificado desde el último ejemplo):

```
# PARTE 2
while True:
    victoria, minimo, maximo = jugar_una_vez(
        numero,
        minimo,
        maximo,
    )
    if victoria:
        break
```

**Truco**

*Observe las tres variables delante del operador de asignación: la función devuelve tres valores, las tres variables se actualizan, cada una corresponde con un valor de retorno. El orden de los valores es importante.*

**Observación**

*Encontrará este ejemplo en la carpeta Guía de los archivos para descargar. Se llama 17_Funciones_desacoplo_2.py.*

© Editions ENI - All rights reserved

El código principal de la parte 2 se ha reducido considerablemente. Tiene su ventaja, puede formar parte de un bloque: el bloque que nos va a permitir jugar una partida.

### 1.3.3 Buenas prácticas

Vamos a terminar el trabajo aquí escribiendo las tres últimas funciones, empezando por aquella que nos va a permitir describir cómo se juega una partida; esto es: "mientras no se adivine el número, se pide un intento al usuario".
Esto se escribe en Python de una manera un poco más sencilla que en la fase anterior:

```
def jugar_una_partida(numero, minimo, maximo):
    victoria = False
    while not victoria:
        victoria, minimo, maximo = jugar_una_vez(
            numero,
            minimo,
            maximo,
        )
```

O incluso:

```
def jugar_una_partida(numero, minimo, maximo):
    while True:
       victoria, minimo, maximo = jugar_una_vez(
            numero,
            minimo,
            maximo,
        )
        if victoria:
            return
```

Este ejemplo permite ver lo sencillo que es leer un algoritmo en Python siempre que se encuentre estructurado en bloques con nombres representativos.
También hace falta gestionar la entrada del número que se debe adivinar:

```
def pedir_numero_incognita():
    return pedir_numero_limite(
        "Introduzca el número a adivinar",
        minimo,
        maximo,
    )
```

Además de aislar el código que permite escoger los límites:

```
def decidir_limites():
    while True:
        minimo = pedir_numero(
            "¿Cuál es el límite inferior?")
        maximo = pedir_numero(
            "¿Cuál es el límite superior?")
        if maximo > minimo:
            return minimo, maximo
```

He aquí por último cómo hacer funcionar el conjunto para poder jugar:

```
def jugar():
    minimo, maximo = decidir_limites()
    numero = pedir_numero_incognita()
    jugar_una_partida(numero, minimo, maximo)
```

Y cómo iniciar el juego:

```
jugar()
```

**Observación**

*Encontrará este ejemplo en la carpeta Guía de los archivos para descargar. Se llama 18_Funciones_desacoplo_3.py.*

Con este último ejemplo, hemos creado todos los bloques y cada uno de ellos es corto y fácil de leer y comprender.

Sin embargo, tenemos todo en un archivo de unas cien líneas. Estas funciones merecen cierta reorganización para poder producir algo más limpio.

Pero antes de ello, es momento de revelar un detalle que hemos mantenido en silencio hasta el momento.

# 2. Los módulos

## 2.1 Introducción

### 2.1.1 ¿Qué es un módulo?

Un módulo es una colección de funciones, clases, constantes y otras variables. Hay que ver los módulos como los estantes de una librería. Estos se utilizan para clasificar el código que escribe de una manera organizada.

Esta organización, por el contrario, se deja a su parecer: cada uno es libre de proceder como mejor considere. Obviamente, existen recomendaciones, en particular cuando utiliza proyectos que requieren una arquitectura sólida, como Django, pero una vez más, es usted quien decide.

Conviene saber que cualquier módulo puede ser un punto de entrada potencial. De este modo, si no hay más que constantes, clases y funciones, este módulo no hará gran cosa: se cargará y el programa terminará en algún momento. Este tipo de módulo está en realidad destinado a importarse desde algún otro módulo.

Por el contrario, si hay llamadas a funciones, entonces se verá el resultado de estas llamadas. Sea cual sea, es importante identificar el módulo que es el punto de entrada de la aplicación. Retomaremos este tema más adelante.

© Editions ENI - All rights reserved

### 2.1.2 ¿Cómo crear un módulo en Python?

En Python, un módulo es simplemente un archivo con la extensión **.py**.
Podemos crear un paquete (o *package* en inglés), que no es más que una arborescencia de módulos. Una carpeta puede ser un módulo de Python siempre que exista un archivo **__init__.py** en su interior, incluso aunque esté vacío. El contenido de este archivo será el contenido del propio módulo.
Además, los demás módulos presentes en el interior de esta carpeta, ya se trate de archivos o de otras carpetas, serán sus submódulos, bajo las mismas condiciones.

### 2.1.3 Organizar el código

La organización del código es uno de los elementos más importantes (no solo para Python), pues permite orientarse rápidamente y también mejorar la reusabilidad del código.
Es importante entender la diferencia entre una función y un módulo. Una función sirve para factorizar código (escribirlo una única vez y reutilizarlo tantas veces como se necesite), es un bloque de nuestro código. El módulo sirve también para factorizar código. Habría que verlo como una caja de herramientas: las herramientas serían otros módulos, funciones o clases.
Los módulos sirven también para aislar las variables y las constantes que contienen y que no ensuciarán el código de otros módulos.

## 2.2 Gestionar el código de los módulos

### 2.2.1 Ejecutar un módulo, importar un módulo

Como hemos dicho en la sección ¿Qué es un módulo?, existen módulos que están destinados a ser importados y otros que están destinados a ser el punto de entrada de una aplicación.
En ocasiones, ciertos módulos pueden responder a ambos usos. En este caso, resulta útil saber diferenciar entre lo que se espera del módulo cuando se importa y lo que se espera de él cuando se ejecuta.
En efecto, de un módulo importado se espera el hecho de disponer de sus clases y de sus funciones, esencialmente. Para un módulo ejecutado, se dispone también de estos elementos, pero se desea sobre todo iniciar el programa, invocar la función que va a implementar nuestra creación. Pero sobre todo no queremos que esto se produzca cuando solamente importamos el módulo.
Por este motivo, vamos a tener que realizar cierta distinción, que será posible gracias al hecho de que un módulo tiene un nombre contenido en la variable **__name__** y este último es el que se asigna cuando se importa, mientras que lleva el nombre **__main__** cuando se ejecuta:

```
if __name__ == '__main__':
    jugar()
```

Este único cambio hace de nuestro código anterior un módulo correctamente formado.

**Observación**

*Encontrará este ejemplo en la carpeta Guía de los archivos para descargar. Se llama 19_Modulo_1.py.*

Una vez planteado esto, es momento de pasar a lo realmente complicado: la organización del código.

### 2.2.2 Gestionar un árbol de módulos

Organizar el código supone separarlo en varios módulos y organizar estos módulos entre sí. Es todo un reto, sobre todo cuando se debuta. En efecto, cuando se tiene todo en un único archivo, se sabe dónde se encuentra la información: en el archivo.

Por el contrario, cuando se debe navegar por varios archivos, uno tiene rápidamente la impresión de estar perdido. Los debutantes reportan varias quejas que, en un primer momento, pueden parecer justificables. Pero si se piensa detenidamente, cambiar de hábitos puede resultar beneficioso rápidamente.

El primer cambio, cuando se trabaja con archivos grandes, es que resulta necesario cambiar de pestaña sin cesar para leer el código. Pero incluso si esto fuera así, es preferible a tener que desplazarse continuamente por un único archivo. La buena noticia es que pueden mostrarse dos archivos uno al lado del otro en cualquier IDE, lo que permite ver a la izquierda el código que se modifica y a la derecha el código que se necesita leer para hacer esto.

El segundo cambio es que hay que separar el código en varios archivos y esto nos obliga a recordar dónde se ha clasificado cada función y cada clase. También en este caso, cualquier IDE le permite ver el código de una función o de una clase (en PyCharm o VSCode, con ayuda de [Ctrl] + clic).

Además, este es precisamente el interés de invertir algo de tiempo en escoger la manera en la que se desean organizar los archivos: la clasificación debe ser lógica, fácil de recordar, y es tarea suya encontrar los métodos para no perderse. En cualquier caso, cuando se trabaja con un único archivo, deben escribirse las funciones en cierto orden teniendo como único límite el número de líneas, que pueden cambiar con el desarrollo.

Aquí se encuentra el verdadero problema: ¿cómo organizarse?

En nuestro caso, nuestro código es bastante sencillo. Tenemos dos tipos de funciones: las que sirven para pedir entradas al usuario y las que sirven para gestionar el desarrollo general del juego.

Esto basta para organizar el código. Tendremos nuestros dos módulos: un módulo **entrada** y un módulo **juego**. Esta es una propuesta, aunque podría haber otras. Sepa que prever un módulo para una única función o una única clase no es una buena recomendación en Python y generalmente no es una buena idea. Segmentar el código demasiado o demasiado poco puede afectar a su organización, aunque nadie mejor que usted para escoger la forma en la que desee trabajar.

Para mejorar esta parte, vamos a modificar la función **jugar** así:

```
def jugar():
    minimo, maximo = decidir_limites()
    while True:
        numero = pedir_numero_incognita()
        jugar_una_partida(numero, minimo, maximo)
```

© Editions ENI - All rights reserved

```
        if not pedir_entrada_si_o_no("¿Desea jugar una nueva partida?"):
            print("¡Hasta pronto!")
            return
```

Concretamente, esto nos permite jugar varias partidas. En lo que nos respecta, esto introduce una nueva función **pedir_entrada_si_o_no**, que es una función que pide una entrada, pero esta vez no se trata de un número sino de un valor booleano. Podemos imaginar, en el módulo **entrada**, tener dos submódulos **numero** y **booleano** para poner de relieve esta especificidad. En una extensión posterior del juego, podríamos también diseñar un nuevo sub-módulo para introducir cadenas de caracteres o incluso gestionar menús más elaborados.
He aquí el código de esta función:

```
SI = ("s", "si", "y", "yes", "1")

def pedir_entrada_si_o_no(invitacion):
    """Por defecto, cualquier respuesta no contemplada vale NO"""
    try:
        return input(invitacion).lower() in SI
    except:
        return False
```

Esta función compara la respuesta con varios elementos que se consideran como respuestas positivas para devolver un valor booleano. En caso de problema, devuelve **False**.

**Observación**

*Encontrará este ejemplo en la carpeta Guía de los archivos para descargar. Se trata de una carpeta llamada 20_Modulo_2.*

Con estas consideraciones aparentemente sencillas pero infinitamente importantes se termina este capítulo.

## 3. Terminar el juego

Para terminar este tutorial, proponemos realizar varios ejercicios.
Hemos definido aquí lo esencial de los bloques que permiten crear un juego que consiste en adivinar un número. Proponemos partir de la última versión del juego (20_Modulo_2) y trabajar en varios aspectos para ir más allá.

### 3.1 Crear niveles

El primer cambio consiste en crear un menú que permita seleccionar un nivel de dificultad vinculado a una preselección de los límites del juego: nivel simple (entre 0 y 100), nivel intermedio (entre 0 y 1.000), nivel avanzado (entre 0 y 1.000.000) y nivel experto (entre 0 y 1.000.000.000.000).
El jugador podrá escoger de manera sencilla su nivel, por ejemplo entre 1 y 4, y los valores mínimo y máximo se determinarán automáticamente.
De manera opcional puede, sea cual sea el nivel, proponer al jugador una ayuda (mostrar el número mínimo y máximo deducidos de las anteriores entradas) o rechazarla.

Puede crear una función para gestionar este menú, que incluirá en un nuevo módulo **entrada.menu**. También debe crear nuevas funciones en el módulo **juego** y revisar la función **jugar**.

## 3.2 Determinar un número máximo de intentos

También es posible contar el número de intentos (si es preciso, mostrarlo) y terminar la partida si se alcanza un valor máximo (que será libre de definir para cada nivel, aunque sea generoso).

Esto será un ejercicio excelente que le obligará a practicar el mantenimiento de una aplicación debiendo, a posteriori, recuperar las funciones que ya existen y comunicarles una nueva variable.

Esto le permitirá darse cuenta de la importancia de organizar el código.

## 3.3 Registrar las mejores puntuaciones

Al final de una partida ganada, puede también pedir al jugador su nombre y guardarlo en la tabla de mejores puntuaciones. En primer lugar, esta tabla se creará al inicio del programa y los datos se perderán una vez se cierre.

Cuando tenga algo más de práctica con Python, podrá utilizar el módulo **pickle** para hacer que estos datos sean persistentes, utilizar **sqlite** o incluso **sqlalchemy** para guardarlos en una base de datos embebida.

## 3.4 Inteligencia artificial

Por último, para aquellos lectores más tenaces, le proponemos divertirse escribiendo una inteligencia artificial que juegue por usted.

En el menú descrito más arriba, puede proponer una nueva entrada: el nivel maestro IA. En primer lugar, en lugar de invocar la función **jugar** del módulo **juego**, invocará una función **jugar** de un nuevo módulo llamado **ia**.

Esta última debe encontrar ella misma el número que debe probar y debe recuperar la respuesta para saber si debe probar con un número más alto o más bajo en la siguiente jugada.

En segundo lugar, puede intentar ver en qué medida es posible desacoplar un poco más el código para que, cuando juegue la IA o bien usted, se reutilice el mismo código para saber si se está muy por encima o muy por debajo.

© Editions ENI - All rights reserved

# Capítulo 2-3
# Los principales tipos

## 1. Cadenas de caracteres

### 1.1 Sintaxis

Las cadenas de caracteres son absolutamente indispensables en cualquier programa informático: permiten al programa comunicarse con los usuarios dándoles información. Sin embargo, se trata de un objeto bastante complejo, pues una cadena debe poder ser maleable y permitir, por ejemplo, contener ciertas partes variables.

Para escribir una cadena de caracteres literal, pueden usarse indistintamente las comillas rectas simples o dobles:

```
cadena = 'cadena'
cadena = "cadena"
```

Los dos objetos creados son idénticos.

Conviene saber que Python permite escribir cadenas en varias líneas, de la siguiente manera:

```
"""
Esto es una cadena en varias líneas.
Esto es una nueva línea.
"""
```

**Observación**

*Resulta interesante saber que si la cadena no está asignada a una variable y declarada en la parte superior del módulo, será la documentación del módulo también llamada docstring. Ocurre igual con una función o una clase.*

```
Def funcion():
    """
        Esta es la documentación de la función
    """
help(funcion)
```

## 1.2 Formato de una cadena

Hemos visto que el método que permite mostrar algo por la salida estándar puede recibir de 1 a n parámetros:

```
print(cadena, numero, otra_cadena)
```

Sin embargo, si queremos escribir una cadena compleja, existe un medio muy sencillo de construir cadenas dinámicas, es decir, una cadena cuyo contenido puede variar en función de variables.

```
print(f"Cadena: {str}")
Cadena: <class 'str'>
```

En este ejemplo, lo importante es el carácter **f** que precede a la cadena de caracteres. Como era de esperar, a esto se le llama una f-string y simplemente se puede considerar que se trata de una cadena con huecos, y los huecos son las llaves que contienen un nombre de variable. En nuestro ejemplo, la variable **str** apunta a la clase de las cadenas de caracteres que está incluida en el módulo **builtins**. Dentro de estos corchetes, se pueden usar funciones, atributos del objeto o incluso usar el operador corchete:

```
>>> d = {"key": "value"}
>>> print(f"diccionario {d}, key {d['key']} or {d.get('key')},
lenght: {len(d)}")
diccionario {'key': 'value'}, key value or value, lenght: 1
```

Hay muchas otras maneras de dar formato a una cadena de caracteres, pero esta es al mismo tiempo la más sencilla y la más reciente. Por eso vamos a darle preferencia, siempre que sea posible, para nuestros desarrollos nuevos, aunque todas las alternativas se presentan en el capítulo Cadenas de caracteres y algoritmos aplicados.

## 1.3 Noción de tamaño de letra

Los caracteres tienen una noción de tamaño de letra, que se aplica a las letras, acentuadas o no. He aquí cómo transformar una cadena de caracteres para ponerla en minúsculas:

```
cadena_minusculas = cadena.lower()
```

Si tuviera que memorizar una sola cosa de este capítulo, sería esta: **la zona de memoria de una cadena de caracteres no se modifica jamás**.

En este ejemplo, el método **lower** trabaja sobre la cadena, devolviendo una nueva a otra ubicación de memoria y con la transformación solicitada. El objeto original no se modifica en memoria, no lo hará jamás.

© Editions ENI - All rights reserved

**Observación**

*Una cadena de caracteres es un objeto **inmutable**. Es una de las nociones más importantes que se deben entender cuando comenzamos con Pyton.*

En consecuencia, después de la transformación, su variable apunta a una zona de memoria diferente. Por eso, lo que sigue no es suficiente:

```
cadena.lower()
```

Para convencerle:

```
cadena = "TesT"
cadena_minuscula = cadena.lower()
print(cadena)
print(cadena_minuscula)
```

Para terminar, si escribimos esto:

```
cadena = "TesT"
cadena = cadena.lower()
```

Entonces ya no hay un puntero a la zona de memoria que contenga "TesT", ya que la variable `cadena` ahora apunta a la zona de memoria que contiene "`test`". Esta zona de memoria se declara huérfana y se limpiará durante el próximo paso del recolector de basura, el dispositivo de Python para reciclar la memoria que ya no se usa. Sepa que este dispositivo existe, que maneja todos los problemas de administración de memoria por usted y que lo hace de manera optimizada.
Existe también un método que permite obtener la cadena en mayúsculas:

```
cadena_mayusculas = cadena.upper()
```

**Observación**

*Podemos citar también los métodos **`capitalize`** o **`title`** así como **`swapcase`**, que le invitamos a descubrir analizando el archivo Guía/21_Cadenas/21__01__Introduccion.py.*

## 1.4 Noción de longitud

La longitud de una cadena de caracteres se obtiene así:

```
longitud = len(cadena)
```

Esta forma de trabajar es típica de la programación imperativa. Para un lenguaje puramente orientado a objetos, se esperaría hacer algo así como **`cadena.len()`**, pero no es el caso en Python.
¿Por qué? Por un lado, porque la doctrina de Python es precisa: "Debe haber una, preferentemente única, forma evidente de hacer las cosas". Por otro lado, por motivos de consistencia del lenguaje: si **`len`** fuera un método, nada nos impediría que tuviera un nombre diferente de una clase a otra.

Conviene saber que la función **len** se aplicará automáticamente a todo objeto medible, es decir, con una longitud; veremos el porqué y los mecanismos subyacentes en el capítulo Modelo de objetos de la parte Los fundamentos del lenguaje.
La noción de longitud de caracteres es una noción de alto nivel. Para aquellos que estén habituados a lenguajes de bajo nivel, en Python se cuenta el número de caracteres y no el número de bytes utilizados para representarlos, sin contar el carácter de fin de cadena.

```
len("Flecha: →") # Devuelve 9
```

Efectivamente, la tabla Unicode es gigantesca y encontramos símbolos, no solo letras.

## 1.5 Pertenencia

Python posee un método muy sencillo para saber si una cadena (llamada **fragmento**) está contenida en otra (llamada **cadena**):

```
fragmento in cadena
```

El uso de la palabra clave **in** y no de cualquier operador o método de clase es también una elección estructural del lenguaje: permite mejorar su legibilidad.
Leyendo el código, comprendemos rápidamente "¿el fragmento está en la cadena?", y la respuesta será **True** o **False**.

## 1.6 Noción de ocurrencia

Contar el número de ocurrencias de un carácter en una cadena se hace utilizando un método:

```
cadena = 'abcdaefabcefab'
cadena.count ('a') # Devuelve 4
```

Pero observe que también podemos contar fragmentos de cadenas:

```
cadena = 'abcdaefabcefab'
cadena.count('ab') # Devuelve 3
```

He aquí otro ejemplo:

```
cadena = 'abcdaefabcefab'
cadena.count('abc') # Devuelve 2
```

También es posible encontrar el índice de la posición de la primera ocurrencia de un carácter:

```
posicion = frase.index("a")
```

**Observación**

*La primera posición de un carácter en una cadena es siempre 0 y la última* **n - 1**, **n** *es la longitud de la cadena.*

Para encontrar la siguiente posición, se utiliza la misma función, pero pidiéndole empezar la búsqueda en el siguiente índice:

```
posicion2 = frase.index("a", posicion + 1)
```

Si ya no hay más posiciones, el método devuelve el valor **-1**. Como ocurría antes, no solo existe la posibilidad de buscar caracteres, sino también cadenas de caracteres.

© Editions ENI - All rights reserved

He aquí un algoritmo que permite mostrar todas las posiciones:

```
def posiciones(cadena, fragmento) :
    posicion = -1
    for i in range(cadena.count(fragmento)):
        posicion = cadena.index ("a", posicion + 1)
        print(f"Posición n°{i+1}:{posición}"
```

Vemos cómo se reutiliza siempre la misma llamada a la función **index**, pero que empieza por la posición **0**. Evidentemente, como se utiliza **posicion + 1**, se declara la posición inicial a **-1** para poder empezar en el primer carácter.
Sepa que para buscar un fragmento en una cadena, se hace de manera parecida, pero con el método **find**.

## 1.7 Reemplazo

Python dispone de un método que permite reemplazar caracteres:

```
cadena.replace("a", "A")
# Devuelve 'AbcdAefAbcefAb'
```

Esto funciona también con cadenas de caracteres:

```
>>> cadena.replace("ab", "AB")
# Devuelve 'ABcdaefABcefAB'
```

Nada nos obliga a que esta cadena de reemplazo tenga la misma longitud que la cadena buscada:

```
>>> cadena.replace("abc", "[--O--]")
# Devuelve '[--O--]daef[--O--]efab'
```

## 1.8 Noción de carácter

En Python, no hace falta un tipo para representar un carácter. Un carácter es simplemente una cadena de caracteres de longitud 1.
Para Python, las cadenas de caracteres se codifican utilizando Unicode. Dicho de otro modo, cada carácter está situado en una tabla y dispone de una posición en esta tabla, llamada ordinal.
Así, la letra 'A' tiene como ordinal 65 y el ordinal 97 corresponde con la letra 'a'. Todos los caracteres acentuados, así como los signos de puntuación, poseen también un ordinal, aunque pueden ir más allá del 255. En efecto, en Unicode, un carácter puede codificarse con 1, 2, 3 o 4 bytes. Afortunadamente, no hace falta preocuparse por esta problemática de bajo nivel cuando se desarrolla con Python, pero sepa que puede incluir en sus cadenas caracteres extranjeros, como la ç francesa o el eszett alemán.
He aquí una lista de caracteres específicos:

```
[chr(x) for x in range(191, 564)]
```

Encontramos la "ce cedilla mayúscula" y otras particularidades de las lenguas indoeuropeas, pero también el conjunto de letras del alfabeto árabe o del hebreo, los ideogramas indios, chinos o japoneses (https://en.wikipedia.org/wiki/Katakana, ver la parte inferior de la ficha, apartado Unicode) e incluso lenguas muertas como el nabateano (ordinales 67712 a 67759) o el fenicio (67840 a 67871).

Vemos que es posible acceder a un carácter concreto de una cadena mediante el operador corchete:

```
palabra[0]
```

Por el contrario, como no es posible modificar una cadena, tampoco es posible hacer esto:

```
palabra[0] = '!'
```

Por último, existen también símbolos en la tabla Unicode, que se utilizan en CSS para elaborar el formato.

**Observación**

*El archivo Guía/21_Cadenas/21__02_caracteres.py le permitirá hacer sus propias pruebas.*

## 1.9 Tipología de los caracteres

Del mismo modo que los números tienen el módulo **math** que contiene funciones esenciales para ellos, las cadenas de caracteres tienen el módulo **unicodedata**:

```
import unicodedata
unicodedata.category('a')  # Devuelve 'Ll'
unicodedata.category('A')  # Devuelve 'Lu'
unicodedata.category('é')  # Devuelve 'Ll'
unicodedata.category('É')  # Devuelve 'Lu'
unicodedata.category('ç')  # Devuelve 'Ll'
unicodedata.category('ñ')  # Devuelve 'Ll'
unicodedata.category(chr(0x10880))  # Devuelve 'Cn'
unicodedata.category('>')  # Devuelve 'Sm'
```

Podemos saber fácilmente si un carácter es una letra minúscula o mayúscula comprobando su categoría. Para probar las demás categorías, hace falta un buen conocimiento de Unicode (https://en.wikipedia.org/wiki/Unicode_character_property#General_Category).

Por este motivo, incluso aunque en la actualidad Unicode se encuentra muy extendido, se tiende a utilizar el módulo **string**.

Este módulo contiene algunas cadenas que contienen todos los caracteres de un tipo particular:

```
import string
string.ascii_letters
# Devuelve 'abcdefghijklmnopqrstuvwxyzABCDEFGHIJKLMNOPQRSTUVWXYZ'
string.ascii_lowercase
# Devuelve 'abcdefghijklmnopqrstuvwxyz'
string.ascii_uppercase
# Devuelve 'ABCDEFGHIJKLMNOPQRSTUVWXYZ'
```

© Editions ENI - All rights reserved

Así como las cifras (según la base):

```
string.digits
# Devuelve '0123456789'
string.hexdigits
# Devuelve '0123456789abcdefABCDEF'
string.octdigits
# Devuelve '01234567'
```

Los signos de puntuación y los espacios:

```
string.punctuation
# Devuelve '!"#$%&\'()*+,-./:;<=>?@[\\]^_`{|}~'
string.whitespace
# Devuelve ' \t\n\r\x0b\x0c'
```

Y el conjunto de todo lo anterior:

```
string.printable
# Devuelve '0123456789abcdefghijklmnopqrstuvwxyzABCDEFGHIJKLMNOPQRSTUVWXYZ!"#
$%&\'()*+,-./:;<=>?@[\\]^_`{|}~ \t\n\r\x0b\x0c'
```

Este módulo es ideal para el idioma inglés, pero para trabajar con el español habrá que adaptarlo para que aparezcan los caracteres suplementarios, que se especificarán y podrán ser diferentes de otros idiomas parecidos, como el francés o el italiano.

```
If letra in string.digits :
    print("la letra {} es una cifra.".format(letra))
```

## 1.10 Secuenciar una cadena de caracteres

He aquí cómo dividir una cadena de caracteres:

```
palabras = frase.split()
```

La división se hace respecto al conjunto de caracteres en blanco (**string.whitespace**). Se obtiene así una lista de cadenas de caracteres que podemos recomponer mediante una cadena de caracteres que servirá de pegamento:

```
"<pegamento>".join(palabras)
```

La cadena pegamento puede ser una cadena de caracteres vacía.
Es posible dividir carácter por carácter una cadena de caracteres muy fácilmente:

```
lista_caracteres = list(cadena_de_caracteres)
```

Se obtiene así una lista, igual que si hubiéramos utilizado el método **split** y lo que hemos detallado hasta el momento.

**Observación**

*Encontrará un archivo que le ayudará a probar esto: Guía/21_Cadenas/21__03_secuencias.py.*

## 2. Listas

### 2.1 Sintaxis

La lista es el objetivo contenedor por excelencia. A diferencia de la cadena de caracteres, es modificable y está hecha para ser modificada.
Puede contener todo tipo de objetos, incluso objetos de distintos tipos.
Empezaremos creando una lista de caracteres:

```
lista = list("Python is awesome")
```

Lo que equivale a declarar la lista así:

```
lista =  ['P', 'y', 't', 'h', 'o', 'n', ' ', 'i', 's', ' ', 'a',
'w', 'e', 's', 'o', 'm', 'e']
```

Los delimitadores de la lista son los corchetes y cada elemento está separado de su vecino por una coma.

### 2.2 Índices

Cada elemento de esta lista dispone de un índice (como la cadena de caracteres) y estos índices son extremadamente importantes: pueden utilizarse de muchas maneras.
He aquí cómo recuperar un elemento:

```
lista[4] # Devuelve o
```

También cómo utilizar un índice negativo para partir del final:

```
lista[-3] # Devuelve o
```

Es posible realizar lo que se llama una extracción de sub-lista, que consiste en crear una copia parcial de una lista; por ejemplo, del comienzo, con los seis primeros elementos:

```
lista[:6] # Devuelve ['P', 'y', 't', 'h', 'o', 'n']
```

Los dos puntos sirven para separar el índice de comienzo del del final.
También es posible extraer los caracteres séptimo y octavo:

```
lista[7:9] # Devuelve ['i', 's']
```

Se trata de algo importante: en Python, los índices que permiten delimitar una zona siempre van del primero incluido al último excluido.
Para ir hasta el final, podemos dejar el segundo argumento vacío:

```
lista[10:] # Devuelve ['a', 'w', 'e', 's', 'o', 'm', 'e']
```

Por último, es posible utilizar un paso, posicionando un tercer argumento:

```
lista[2::5] # Devuelve ['t', 'i', 'e']
```

Y todo esto puede hacerse indiferentemente utilizando índices y un paso que pueden ser positivos o negativos.

```
lista[-3::-6] # Devuelve ['o', 's', 't']
```

© Editions ENI - All rights reserved

Preste atención, sin embargo: se parte del primer elemento y se desplaza según el sentido del paso (hacia la derecha si el paso es positivo). Si el índice de llegada está en la dirección opuesta, la lista obtenida estará vacía.
El índice también permite asignar un nuevo valor a esta ubicación de la lista:

```
lista[11] = "b"
```

También es posible reemplazar varios elementos a la vez (preste atención, la longitud de los elementos debe ser igual en ambos lados):

```
lista[13:15] = "fg"
```

Y es posible eliminar un elemento de la lista:

```
del lista[15]
```

Preste atención, la longitud de la lista se reducirá en 1.
También es posible eliminar varios elementos a la vez:

```
del lista[:7]
```

La longitud de la lista se reducirá otro tanto.

## 2.3 Valores

Como con la cadena de caracteres, podemos buscar una ocurrencia mediante el método **index** y su número mediante el método **count**.
También es posible eliminar un elemento particular de la lista (sin saber su índice):

```
lista.remove("y")
```

Como podemos comprobar, no escribimos:

```
lista = lista.remove("y")
```

De hecho, la lista es un objeto **mutable**, es decir que su espacio de memoria es modificable y que uno puede trabajar dentro de él. Por lo tanto, sus métodos no devuelven nada, o más bien no devuelven **None**, el elemento vacío de Python. Entonces, este último ejemplo es un error de desarrollo, ya que perdemos el puntero a nuestra lista que, por lo tanto, ya no es accesible.

**Observación**

*Atención a esta noción fundamental **mutable/no mutable**. Comprobar los diferentes métodos de las cadenas (no mutables) y las listas (mutables), permite visualizar la manera en la que las trata.*

O eliminarlo todo:

```
while " " in lista:
    lista.remove(" ")
```

Por último, es posible utilizar la lista como una pila eliminando un valor al final y devolviéndolo:

```
lista = ["a", "b"]
letra = lista.pop()
print(letra)    # Muestra "b"
print(lista)    # Muestra ["a"]
```

O agregando un valor al final:

```
lista.append("z")
```

También podemos agregar valores en cualquier lugar, basta con precisar el índice de inserción y el valor que se desee insertar:

```
lista.insert(1, "o")
```

Por último, podemos agregar otra lista, al final:

```
lista.extend(["A", "B"])
```

**Observación**

*Para dominar la lista, le proponemos ejecutar el archivo Guía/22_Listas/22__01_Introduccion.py y tratar de entender lo que ocurre, paso a paso.*

**Observación**

*Ejercicio: al final del archivo, verá dos funciones incompletas. Deberá utilizar los métodos que desee (trabajando únicamente con índices o con valores) para alcanzar el resultado esperado, a partir de la lista inicial.*

```
def ejercicio1():
    lista = ["P", "t"]
    # TODO
    assert "".join(lista) == "Python"

def ejercicio2():
    lista = [1, 4, 2, 5, 4, 3, 4, 7, 5, 8, 9]
    # TODO
    assert lista == list(range(1, 6, 2))
```

## 2.4 Azar

Saber manipular listas es primordial. Un elemento importante que debe saber es que en Python, no es necesario referirse a los índices para manipular los datos de una tabla. Es posible hacerlo, aunque rara vez se necesita.
De este modo, en los lenguajes de bajo nivel, cuando se quiere escoger un elemento de una lista al azar, se calcula la longitud de la lista, se escoge un número (siempre entre 0 y 1), se multiplican estos dos datos y se guarda la parte entera para obtener el índice del objeto seleccionado aleatoriamente.
En Python, no se hace así.

© Editions ENI - All rights reserved

Para probarlo, juguemos a un juego de cartas:

```
cartas = [chr(x) for x in range(0x1f0a1, 0x1f0af)]
```

que, gracias a la magia de Unicode:

Y para escoger una carta:

```
from random import choice
choice(cartas)
```

También es posible seleccionar una cantidad determinada. Por ejemplo, 5:

```
sample(cartas, 5)
```

Y, por último, podemos mezclarlas fácilmente:

```
shuffle(cartas)
```

Como con la ordenación, que verá próximamente, la propia lista se modifica. Escribir **cartas = shuffle(cartas)** sería un error (¡Compruébelo para estar seguro!).

**Observación**

*Encontrará el resultado asociado a todos estos ejemplos ejecutando el archivo Guía/22_Listas/22__02_Azar.py.*

## 2.5 Técnicas de iteración

Como hemos dicho antes, saber manipular listas es primordial y no es necesario hacer referencia a los índices para manipular los datos de una tabla.
Para simplificar, tomemos una lista sencilla y corta:

```
lista = list("abc")
```

He aquí cómo iterar en esta lista:

```
for letra in lista:
    print(letra)
```

Aquí no hay ninguna noción de índice. La variable **letra** va a contener directamente el elemento de la lista en cuestión. Esto significa que en el interior del bloque iterativo, no tenemos ninguna idea de la posición del elemento en la lista, y que hay que precisar que, la mayor parte del tiempo, no es necesario saberlo.
Pero si realmente se necesita:

```
for indice, letra in enumerate(lista):
    print(f"indice {indice}, letra {letra}"
```

El generador **enumerate** nos va a generar la posición, y con cada bucle, devolverá dos valores: el índice y el carácter, en este orden.
Observemos también la sintaxis particular de esta línea, pues estos dos valores van a alojarse respectivamente en las variables **indice** y **letra**.

Ahora hay que pasar a la tabla (aquí, el término "tabla" designa una lista de listas). He aquí lo que no hay que hacer:

```
tabla = [lista, lista]
```

¿Por qué?

```
tabla[0][0] = "X"
print(f"tabla = {tabla}"
# Devuelve: tabla = [['X', 'b', 'c'], ['X', 'b', 'c']]
print(f"lista = {lista}"
# Devuelve: ['X', 'b', 'c']
```

¿Qué ha podido pasar?
Es bastante simple: la lista es un elemento mutable. Es, por tanto, transformable.
Cuando escribimos:

```
a = [1, 2, 3]
b = a
```

los identificadores **a** y **b** apuntan a la misma zona de memoria. Por consecuencia, si modificamos una de las variables, también modificamos la otra.
Esto es lo que ha pasado. La misma celda de memoria está apuntada por **lista[0]**, **tabla[0][0]** y **tabla[1][0]**.
Retomemos:

```
tabla = [lista[:], [c.upper() for c in lista]]
```

Aquí, hemos utilizado un extracto de sub-lista de inicio a fin, es decir una copia de la lista, y luego un recorrido de la lista para obtener una copia de la lista, pero con letras mayúsculas.
He aquí ahora cómo hacer una iteración:

```
for linea in tabla:
    for casilla in linea:
        print(casilla)
```

Sin embargo, en Python, no queremos programar muchos bucles anidados, de modo que daremos preferencia al uso de un generador como el siguiente:

```
from itertools import chain
for casilla in chain.from_iterable(tabla):
    print(casilla)
```

Este generador va a iterar sucesivamente todas las líneas, pero con mejor rendimiento.
Sin embargo, si realmente necesitamos los índices, es posible hacerlo así:

```
for i, linea in enumerate(tabla):
    for j, casilla in enumerate(linea):
        print(f"tabla[{i}][{j}] = {casilla}")
```

Aunque conviene saber que en la práctica totalidad de casos, es posible salir del paso utilizando algún otro truco.

© Editions ENI - All rights reserved

Iterar sobre las líneas está muy bien, pero en ocasiones, es necesario iterar sobre las columnas. Y no queremos implementar soluciones demasiado complejas. Afortunadamente para nosotros, es posible transponer una tabla:

```
transpose = zip(*tabla)
```

Ahora basta con iterar las líneas de la tabla para iterar sobre las columnas de la tabla:

```
for j, columna in enumerate(): zip(*tabla)):
    for i, casilla in enumerate(columna):
        print(f"tabla[{i}][{j}] = {casilla}")
```

Las funciones `zip` y `enumerate` son ambas generadoras. Por lo tanto, Python funcionará en cada elemento de la memoria sin la necesidad de calcular y almacenar la transposición. Esto le permite mantener el rendimiento correcto en este tipo de operación.

Para terminar, sepa que a menudo se van a tener datos que representan casillas posicionadas en una tabla, pero la manera de almacenarlas no sigue un orden, por motivos de rendimiento.

Sepa que la mayor parte del tiempo puede recrear artificialmente estas líneas y sus columnas de manera muy práctica:

```
from itertools import product

lineas = ["A", "B", "C"]
columnas = [1, 2, 3]

for linea, columna in product(lineas, columnas):
    print(f"Casilla {linea}{columna}")
```

Reutilizaremos este truco.

Si solo tenemos una línea, podemos utilizar el método anterior:

```
from itertools import product
for linea, columna in product(["Z"], columnas):
    print(f"Casilla {linea}{columna}")
```

O bien virtualizar una lista que contiene solo el elemento deseado, pero el número deseado de veces:

```
from itertools import repeat
for linea, columna in zip(repeat("Z"), columnas):
    print(f"Casilla {linea}{columna}"
```

Por último, podemos querer repetir una secuencia un número indeterminado de veces para obtener lo necesario:

```
from itertools import cycle
for numero, letra in zip(range(10), cycle("ABC")):
    print(f"Casilla {linea}{columna}"
```

**Observación**

*Encontrará el resultado asociado a todos estos ejemplos ejecutando el archivo Guía/22_Listas/22__03_Iteraciones.py.*

## 2.6 Ordenación

Una de las mayores dificultades en programación está en ordenar datos. En Python, esto se hace de manera muy sencilla:

```
Lista = [0, 3, 7, 8, 2, 4, 1, 6, 5, 9]
lista.sort()
```

Es importante ver que el método **sort** va a ordenar la lista en el sitio, pero no va a devolver nada, a diferencia de todos los métodos vistos para la cadena de caracteres: esto es debido a que la lista es mutable.

Podemos mostrar la lista para confirmar que se ha ordenado correctamente.

Para los números, no hay ningún problema, pero cuando el orden tiene un significado más sutil, la cosa cambia. He aquí una lista de cadenas de caracteres:

```
palabras = "Ah La frase a ordenar se ha declarado con éxito".split()
```

He aquí el resultado:

```
palabras.sort()  # Transforma la lista en:
['Ah', 'La', 'a', 'con', 'declarado', 'frase', 'ha', 'ordenar', 'se', 'éxito']
```

En realidad, la ordenación se hace sobre el ordinal de los caracteres. Por ello, se empieza con las letras mayúsculas, luego las minúsculas y por último, los acentos.

Para construir algoritmos complejos, hay que saber aprovechar las sutilidades permitidas por Python.

En efecto, puede pasarse por parámetro al método **sort** una clave que se aplicará a cada elemento de la lista y la comparación se hará no sobre los propios elementos, sino sobre los elementos transformados mediante esta clave.

Efectivamente, es bastante fácil poner los caracteres en minúsculas, gracias a su método **lower**. Pero este método pertenece de hecho a su clase, que es **str**. Está accesible mediante **str.lower** y puede utilizarse como una función.

En otros términos, utilizar **"A".lower()** equivale a **str.lower("A")**.

Para Python, todo es un objeto, tanto las cadenas como los números o las funciones e incluso las clases. Podemos crear una variable que apunte a una función:

```
mi_funcion = str.lower
```

Observará que no hay paréntesis y que, por consecuencia, no se trata de una llamada de función. Se dice que **mi_funcion** equivale a **str.lower**. Y se puede utilizar:

```
mi_funcion("A")
```

Todo ello, para decir que es posible pasar **str.lower** como clave de comparación:

```
palabras.sort(key=str.lower)  # Devuelve:
['a', 'Ah', 'con', 'declarado', 'frase', 'ha', 'La', 'ordenar', 'se', 'éxito']
```

Faltaría por resolver el problema de los acentos.

© Editions ENI - All rights reserved

Para ello, hay que indicar para todos los caracteres acentuados su correspondencia con el carácter no acentuado. Esto se hace utilizando un diccionario de traducción, aunque afortunadamente para nosotros, es fácil de declarar:

```
translation = str.maketrans(
    "àäâéèëêïîöôùüûÿŷç_-",
    "aaaeeeeiioouuuyyc  ",
    "#~.?,;:!")
```

Todos los caracteres de la primera línea se reemplazarán por aquellos que están inmediatamente debajo y todos los caracteres de la última línea simplemente se eliminarán.
Ahora hay que escribir la función de transformación:

```
def transformacion(x):
    return x.lower().translate(translation)
```

Y pasar esta función como parámetro:

```
palabras.sort(key=transformacion)  # Devuelve
['a', 'Ah', 'con', 'declarado', 'éxito', 'frase', 'ha', 'La', 'ordenar', 'se']
```

**Observación**

*Encontrará estos ejemplos en el archivo Guía/22_Listas/22__04_Ordenacion.py.*

Para más información, el diccionario de traducción se parece a:

```
{63: None, 46: None, 95: 32, 224: 97, 33: None, 226: 97, 35: None,
228: 97, 231: 99, 232: 101, 233: 101, 234: 101, 235: 101, 44:
None, 45: 32, 238: 105, 239: 105, 59: None, 244: 111, 246: 111,
375: 121, 249: 117, 58: None, 251: 117, 252: 117, 126: None, 255: 121}
```

Las claves son los ordinales de los caracteres que se deben reemplazar y los valores, los ordinales de los caracteres de reemplazo, o **None** si hay que eliminarlos.
Es momento de ver qué es un diccionario.

# 3. Diccionarios

## 3.1 Presentación de los diccionarios

Un diccionario es un contenedor que asocia una clave con un valor. Es un tipo de dato esencial cuando se desea acceder rápidamente a un valor. Para ilustrarlo, imaginemos una agenda de direcciones tradicional: por cada nombre, se asocia un número de teléfono.

```
agenda = {
    "Climent": "601020304",
    "Claudia": "934123456",
    "Mateo": "917101345",
}
```

Existen tres entradas en este diccionario. Lo más importante es recordar que lo único que cuenta es la asociación entre la clave y el valor.

De este modo, si se desea obtener el número de teléfono de Claudia, podríamos hacerlo así:

```
agenda["Claudia"]
```

El acceso al elemento es extremadamente rápido, mucho más rápido que ir a buscar un elemento en una lista ordenada, ordenada según un orden de nombres, por ejemplo.
Podemos agregar un nuevo número de la siguiente manera:

```
agenda["Sebastián"] = "791827364"
```

Si la clave existe, entonces su valor se actualiza; en caso contrario, se crea un nuevo registro.
También en este caso, esta operación es muy rápida. Esto es así porque no existe ningún orden en el diccionario y no es necesario mantener un orden en cada momento.

### 3.2 Recorrer un diccionario

He aquí cómo recorrer un diccionario:

```
for nombre, telefono in agenda.items():
    print(f"El número de {nombre} es {telefono}")
```

Y si realmente es necesario recorrer el diccionario en orden, tendremos que iterar sobre las claves, pero con la precaución de ordenarlas previamente:

```
for nombre in sorted(agenda.keys()):
    print(f"El número de {nombre} es {agenda['nombre']}")
```

El valor se obtiene buscando en el diccionario con cada iteración.
Podemos comprobar la presencia de una clave fácilmente:

```
"Casiopea" in agenda
```

Y accedemos a una entrada del diccionario, incluso aunque no estemos seguros de que exista:

```
agenda.get("Casiopea")
```

Y pedirle que devuelva un valor por defecto si no existe la clave:

```
agenda.get("Casiopea", "987654321")
```

Las ventajas de esta estructura de datos son bastante constructivas y se complementa muy bien con la lista. Si se utilizan únicamente estos dos contendores, podremos representar más o menos lo que queramos.

### 3.3 Ejemplo

He aquí un ejemplo inspirado en el Black Jack:

```
cartas = {
    chr(0x1f0a1): 11,
    chr(0x1f0a2): 2,
    chr(0x1f0a3): 3,
    chr(0x1f0a4): 4,
    chr(0x1f0a5): 5,
    chr(0x1f0a6): 6,
```

© Editions ENI - All rights reserved

```
    chr(0x1f0a7): 7,
    chr(0x1f0a8): 8,
    chr(0x1f0a9): 9,
    chr(0x1f0aa): 10,
    chr(0x1f0ab): 10,
    chr(0x1f0ad): 10,
    chr(0x1f0ae): 10,
}
```

Aquí, el diccionario sirve para obtener el valor de cada carta.
Hay que crear a partir de este diccionario una lista de cartas, que utilizaremos para poder escoger una carta:

```
lista_cartas = list(cartas)
```

Ahora podemos hacer escoger al jugador dos cartas, una a continuación de la otra:

```
from random import choice, sample

carta = choice(lista_cartas)
score = cartas[carta]

carta = choice(lista_cartas)
score += cartas[carta]
```

Con cada etapa, se agrega la puntuación de la carta seleccionada, que se obtiene fácilmente.
A continuación, la banca escoge dos cartas al azar:

```
main_banca = sample(lista_cartas, 2)
score_banca = sum(cartas[carta] for carta in main_banca)
```

Aquí se utiliza una expresión generador (similar a la expresión en el interior del recorrido de una lista) para sumar los valores de ambas cartas.
Y he aquí un ejemplo de ejecución:

```
Ha seleccionado: 🂡 🂪 >>> su puntación es de 21

La banca tiene: 🂣 🂪 >> su puntuación es de 13
```

**Observación**

*Puede probar este programa y adaptarlo, se encuentra en el archivo Guía/23_Diccionario/23__01_Introduccion.py.*

© Editions ENI - All rights reserved

# Capítulo 2-4
# Las clases

## 1. Sintaxis

Declarar una clase es tan sencillo como declarar una función: una palabra clave, seguida del nombre de la clase, seguida de un bloque que contiene el código de la clase:

```
class MiClase:
    """Documentación"""
```

Conviene recordar lo importante que es adquirir el buen hábito de documentar el código y, por tanto, las clases y las funciones.

El resto es bastante sencillo. Si se declara una variable dentro de una clase, esta variable es un atributo de la clase. Si se declara una función en la clase, esta función es, entonces, un método de la clase.

Y, siempre a nivel sintáctico, Python es muy permisivo. Se puede declarar una clase en una función, una clase en una clase (y también una función en una función, por otro lado). Luego, habrá que ver si tiene alguna utilidad (como es el caso), pero no entraremos en estos detalles hasta llegar a la parte Los fundamentos del lenguaje.

He aquí cómo crear una instancia:

```
mi_instancia = MiClase()
```

Destacamos la presencia de los paréntesis para gestionar la construcción del objeto. No es necesario en absoluto utilizar una palabra clave. ¿Por qué? Porque los lenguajes estáticos van a realizar automáticamente operaciones para construir el objeto en memoria y todo el proceso es predecible respecto a los atributos declarados en la clase.

En Python, no ocurre así. Todo es un objeto, una instancia es un objeto como cualquier otro y la manera en la que se construye estará definida por el código presente en el método `__new__` y no por el código escrito en el lenguaje. Gracias a esta flexibilidad, podemos modificar la manera en la que se crea un objeto en Python y resolver así fácilmente todos los patrones de diseño correspondientes a la construcción.

Más allá de este método, existe el método de inicialización **`__init__`**, también llamado constructor, para mantener el mismo vocabulario que en los demás lenguajes (aunque es un abuso del lenguaje, porque la construcción se realiza mediante la palabra clave **`new`** en los demás lenguajes y mediante el método **`__new__`** en Python).

Lo importante, llegados a este punto, es declarar correctamente sus atributos y sus métodos para tener objetos que estén bien hechos. Recuerde que Python es un lenguaje de tipado dinámico: en lo relativo a las clases, no es necesario declarar los atributos previamente en la clase para poder utilizarlos a continuación.

Cuando se declara un atributo, este existe, ya se declare en una función o al vuelo; no importa dónde.

Por ejemplo, si hacemos:

```
mi_instancia.atributo = 42
```

Tenemos derecho, incluso aunque este atributo no provenga de ninguna parte. Declarar los métodos y los atributos dentro de la declaración de clase es el paradigma objeto declarativo. Declarar estos mismos atributos fuera es asimilable al paradigma objeto por prototipo. Si esto le sorprende, precisaremos que hay todo un mundo entre lo que se puede hacer y lo que se recomienda hacer, pero es importante tener en mente que en Python no se imponen barreras y que la libertad que se da al desarrollador es una seña de identidad importante del lenguaje.

Efectivamente, se tiende a pensar que el desarrollador sabe lo que hace, que es capaz de tomar buenas decisiones y que si decide hacer algo, es porque necesitaba hacerlo en su momento.

Después, viene la responsabilidad por parte del desarrollador de hacer las cosas de manera limpia.

Esto nos lleva a la noción de visibilidad: Python dispone de una manera particular de marcar esta visibilidad: si una variable o una función empieza por un carácter subrayado (underscore), entonces tiene un ámbito privado. Puede acceder, e incluso modificarla o eliminarla, pero se le ha dado la información de que era privada.

En términos generales, se le ha dicho que no debía utilizarla, pero si realmente no puede hacer otra cosa, entonces se le permite hacerlo.

Hemos hecho un recorrido muy rápido de los objetos vistos por Python: una sintaxis sencilla, que mejora la legibilidad, pocas restricciones: un verdadero espacio de expresión para el desarrollador, quien tiene, como todos sabemos, alma de artista.

## 2. Noción de instancia en curso

En la mayoría de lenguajes de programación, existe una palabra clave (generalmente **`this`**) que representa la instancia en curso. El propio lenguaje hace un poco de magia arreglándoselas para encontrar la instancia correcta.

En Python, no hay magia alguna. La instancia en curso no es una palabra clave, sino el primer parámetro de cada método. Este es también el funcionamiento de C cuando crea librerías de funciones en base a la misma estructura (como por ejemplo con las API de Gimp).

© Editions ENI - All rights reserved

Este es uno de los aspectos más desconcertantes para aquellos que hayan programado con objetos en algún otro lenguaje. He aquí un ejemplo de método:

```
class MiClase:
    """Documentación"""
    def mi_metodo(self, nombre):
        print("{}.mi_metodo({}".format(self, nombre)
```

He aquí ahora un ejemplo concreto de una clase con un método de inicialización y un método que permite mostrar el objeto:

```
class Punto:
    """Representa un punto en el espacio"""

    def __init__(self, x, y, z):
        """Método de inicialización de un punto en el espacio"""
        self.x = x
        self.y = y
        self.z = z

    def mostrar(self):
        """Método temporal utilizado para mostrar nuestro punto"""
        print("Punto ({}, {}, {})".format(self.x, self.y, self.z))
```

He aquí ahora cómo crear un punto y mostrarlo:

```
p = Punto(1, 2, 3)
p.mostrar()
```

**Observación**

*Este ejemplo puede probarse en Guía/24_Clases/24__01__Introduccion.py.*

El método de inicialización es un método especial: se trata de un método utilizado por el propio lenguaje Python.

**Observación**

*Ejercicio: Cree un método que permita calcular el módulo del punto (distancia respecto al origen).*

**Observación**

*Ejercicio: Cree un método que permita calcular la distancia de un punto en curso respecto a otro.*

**Observación**

*Ejercicio: Cree un método que permita calcular la distancia del punto en curso respecto al origen (es decir, el módulo).*

Si desea una pista para empezar, he aquí el esqueleto de esta clase:

```
class Punto:
    """Representa el punto en el espacio"""

    def __init__(self, x, y, z):
        """Método de inicialización de un punto en el espacio"""
        self.x = x
        self.y = y
        self.z = z

    def mostrar(self):
        """Método temporal utilizado para mostrar nuestro punto"""
        print("Punto ({}, {}, {})".format(self.x, self.y, self.z))

    def modulo(self):
        """Devuelve el módulo del punto"""

    def distancia(self, other):
        """
        Devuelve la distancia respecto a otro punto
        Las variables self y other son, ambas, puntos.
        """

    def distancia_y_modulo(self, other=None):
        """Devuelve la distancia respecto a otro punto o por
        defecto al origen"""
```

He aquí también la manera de inicializar esta clase y utilizar las funciones:

```
p = Punto(1, 2, 3)
p.mostrar()
print("|p| =", p.modulo())
print("la distancia entre p y (1, 2, 5) es ", p.distancia(Punto(1, 2, 5)))
print("|p| =", p.distancia_y_modulo())
print("la distancia entre p y (1, 2, 5) es ",
p.distancia_y_modulo(Punto(1, 2, 5)))
```

**Observación**

*La solución está en el archivo Guía/24_Clases/24__02__Ejercicio_1.py.*

© Editions ENI - All rights reserved

## 3. Operadores

Recordaremos que en Python, todo es un objeto. Cuando se utiliza un operador, Python va a invocar, en realidad, a un método especial del operador sobre el operando de la izquierda y a pasarle el operando de la derecha como parámetro (si existe, lo que depende del operador en cuestión).
Basta con crear un método con un nombre especial para que el operador asociado exista para la clase.

**Observación**

*Ejercicio: Agregue el operador de suma a la clase* **`Punto`**, *sabiendo que se utiliza el método especial* **`__add__`** *(y que un punto puede sumarse con otro punto).*

He aquí la solución:

```
class Punto:
    """Representa un punto en el espacio"""
    [ ... código omitido ... ]
    def __add__(self, other):
        return Punto(self.x + other.x,
                     self.y + other.y,
                     self.z + other.z)
```

**Observación**

*Ejercicio: Agregue el operador de sustracción (método* **`__sub__`**) *así como el operador de multiplicación (método especial* **`__mul__`**), *sabiendo que un punto se multiplica por un escalar (número).*

**Observación**

*Ejercicio: El método especial* **`__str__`** *es el que se utiliza por* **`print`** *para mostrar un objeto, sea cual sea. Sobrecárguelo para utilizarlo en lugar del método* **`mostrar`**.

**Observación**

*La solución se encuentra en el archivo Guía/24_Clases/24__03__Operadores.py.*

Podrá comprobar, ejecutando este archivo, que la presencia del operador **+** induce automáticamente la presencia del operador **+=**, bien la modificación por adición o la adición en el propio lugar.
Python reemplaza automáticamente esto:
**`punto1 += punto2`**
por esto:
**`punto1 = punto1 + punto2`**
Sin embargo, nuestro método de suma crea un nuevo punto y se hace una reasignación, lo que resulta poco óptimo. En lugar de esto, es preferible utilizar un método para modificar el punto en curso directamente, es decir, modificar los atributos de la instancia en curso.

**Observación**

*Ejercicio: Haga esto para los tres operadores vistos anteriormente.*

Ayuda: si no tiene ninguna idea sobre cómo empezar, he aquí la solución para el operador de modificación por adición:

```
def __iadd__(self, other):
    """Operador de adición en el lugar """
    self.x += other.x
    self.y += other.y
    self.z += other.z
    return self
```

Se modifican aquí tres enteros (que son inmutables), lo que tiene un mejor rendimiento que crear una nueva instancia de nuestra clase.
No debe olvidar devolver la instancia en curso al final de la función. En caso contrario, el resultado de la operación será **None**.

**Observación**

*La clase **Punto** terminada está disponible en el archivo Guía/24_Clases/24__04__Mutabilidad.py.*

## 4. Herencia

La manera en la que un lenguaje gestiona la herencia es una de sus marcas más reconocibles y fundamentales. Hay tantas prácticas contradictorias y doctrinas sobre el asunto que resulta complicado aclararse.
Se trata de un concepto de los años 1970 sobre el que se ha teorizado mucho y se ha adaptado a muchos lenguajes que eran, originalmente, lenguajes imperativos. Algunas adaptaciones son referencias (C++ para C), otras son algo frágiles (PHP, en el que el objeto es simplemente una semántica y se gestiona en realidad mediante un diccionario asociativo más una lista de funciones).
También existe el lenguaje Java, que está orientado a objetos, pero que ha retorcido algunos conceptos. Podemos citar, por ejemplo, la transformación de la noción de interfaz en una manera de trabajar con la herencia múltiple sin decirlo, porque esto parece dar algo de miedo.
En Python, el lenguaje se ha diseñado en primer lugar para ser multiparadigma con, entre otros, el soporte al paradigma orientado a objetos, y acepta la herencia múltiple, lo que significa que una clase puede heredar de varias clases.
Antes de asustarse al leer estas líneas, pongamos las cosas en perspectiva y veamos para qué puede servir la herencia.
Para explicarlo de una forma muy sencilla, la herencia es un método que permite evitar duplicar código. Y se distinguen dos problemáticas principales.

© Editions ENI - All rights reserved

## 4.1 Especialización

Problemática 1: «Tengo dos objetos que se comportan más o menos de la misma forma, pero con algunas diferencias.»
Respuesta: «Voy a crear una clase para describir los comportamientos idénticos, y a continuación, dos subclases que hereden de ella y, en cada una, incorporaré los comportamientos diferentes.»
Para retomar nuestro ejemplo, tenemos el código de un punto en el espacio. Podemos reutilizar este código perfectamente para describir el comportamiento de un punto en un plano. En efecto, un punto en un plano es simplemente un punto cuya altitud es nula. Esto se hace así:

```
class Punto2D(Punto):
    """Representa un punto en el plano"""
```

A partir de aquí, nuestro punto 2D se comporta igual que un punto normal, salvo por algunas diferencias. Por ejemplo, querremos inicializar nuestro punto pasándole solamente dos parámetros, pues sabemos que **z** es nula.

```
    def __init__(self, x, y):
        """Método de inicialización de un punto en el plano"""
        super().__init__(x, y, 0)
```

La última línea va a invocar al método **__init__** de la clase madre, también llamada superclase.
Por último, cuando mostramos nuestro punto, no queremos ver la referencia a la altitud. Modificamos la función **__str__** así:

```
    def __str__(self):
        return "Punto2D ({self.x}, {self.y})".format(self=self)
```

Para el resto, todos los demás métodos funcionan parecido. Hemos construido en algunas pocas líneas una clase que nos permite hacer todo lo que queremos con un punto en el plano:

```
p = Punto2D(1, 2)
p += Punto2D(3, 0)
```

Y que está personalizada:

```
print(p)
```

La real dificultad aquí consiste en encontrar el mejor enfoque para especializar la clase. Si especializándola tenemos que redefinir todos los métodos, entonces la utilidad de la reutilización es probablemente escasa.

## 4.2 Programación por composición

Problemática 2: «Tengo comportamientos que se encuentran en varios objetos diferentes, pero ninguno es semejante.»

Respuesta: «Voy a crear componentes muy básicos, cada uno que describa un comportamiento, y voy a definir a continuación mis objetos como combinaciones de varios comportamientos.»

Retomando nuestro ejemplo, los operadores y la manera en la que el punto evoluciona en el espacio o el plano es algo propio del punto. Por el contrario, es posible aislar uno de los comportamientos: el hecho de que pueda visualizarse. De hecho, muchos objetos de todo tipo pueden necesitar mostrarse. De modo que es posible hacer lo que llamaremos un **Mixin**:

```
class MostrableMixin:

    str_format = "PrettyPrintableObject"

    def __str__(self):
        """
        Representación automática de un objeto,
        basada en el uso de una cadena de formateo
        que es un atributo de la clase
        """
        return self.str_format.format(self=self)
```

Cualquier objeto que herede de este componente heredará su método **__str__**. A continuación, podrá personalizar la representación simplemente sobrecargando el atributo de clase **str_format**.

También podemos entretenernos creando otro componente para ofrecer la posibilidad de dar automáticamente un nombre a este punto, basado en una regla sencilla: se empieza en A para el primer objeto y se utiliza la siguiente letra para todos los objetos siguientes.

```
class NombreAutomaticoMixin:

    ordinal = 65

    def __init__(self):
        self.letra = chr(NombreAutomaticoMixin.ordinal)
        NombreAutomaticoMixin.ordinal += 1
```

Este método **__init__** va a crear un nuevo atributo **letra** y va a actualizar el atributo de clase **ordinal**. Vemos que se accede a este atributo desde la clase y no desde la instancia. Es lo que se llama, en otros lenguajes, un atributo estático; y en Python, un atributo de clase. Estos atributos son comunes a todas las instancias. Hay más sutilidades a este respecto, pero de momento nos quedaremos aquí.

© Editions ENI - All rights reserved

Ahora podemos ver el punto en el espacio así:

```
class Punto(MostrableMixin, NombreAutomaticoMixin):
    """Representa un punto en el espacio"""

    str_format = "Punto {self.letra} ({self.x}, {self.y}, {self.z})"

    def __init__(self, x, y, z):
        """Método de inicialización de un punto en el espacio"""
        super().__init__()
        self.x, self.y, self.z = x, y, z

    [ ... código omitido ... ]
```

Y el punto en el plano así:

```
class Punto2D(Punto):
    """Representa un punto en el plano"""

    str_format = "Punto2D {self.letra} ({self.x}, {self.y})"

    def __init__(self, x, y):
        """Método de inicialización de un punto en el plano"""
        super().__init__(x, y, 0)
```

Cabe destacar que se redefine para cada clase el atributo de clase **str_format** y que todos los métodos **__init__** invocan a su método padre.

Ahora podemos probar este código:

```
p = Punto(1, 2, 3)
print(p)
p = Punto2D(1, 2)
print(p)
```

Y ver el resultado:

```
Punto A (1, 2, 3)
Punto2D B (1, 2)
```

© Editions ENI - All rights reserved

# Parte 3: Los fundamentos del lenguaje

# Capítulo 3-1 Algoritmos básicos

## 1. Delimitadores

### 1.1 Instrucción

Una instrucción es un conjunto de caracteres que permiten al desarrollador definir una acción que debe gestionar su algoritmo. Esta acción puede ser la asignación de un valor a una variable, la ejecución de una función, la declaración de una clase, la escritura de una condición, la entrada en una iteración o cualquier otra actividad.

### 1.2 Una línea de código = una instrucción

En Python, una línea de código permite escribir una instrucción. Empieza en la izquierda de la pantalla y termina con un salto de línea:

```
>>> print('Hello World!')
'Hello World!'
```

No hace falta indicar nada además del salto de línea, como por ejemplo un punto y coma. No obstante, este punto y coma es un elemento de la sintaxis que existe en Python, y puede servir para separar varias instrucciones diferentes que se escribirían en la misma línea:

```
>>> a=1;a*=5;print(a)
5
```

Esta práctica se utiliza con poca frecuencia, pues reduce bastante la legibilidad. Un desarrollador Python preferirá siempre, sin excepción, utilizar una línea de código por instrucción. He aquí un contraejemplo habitual:

```
import pdb; pdb.set_trace()
```

Se trata de arrancar un depurador. La primera instrucción importa el módulo necesario y la segunda ejecuta el depurador.

Escribir ambas operaciones en una única línea permite tener que marcar una única línea como comentario cuando se quiere deshabilitar temporalmente este modo de depuración, o cuando se pasa a producción, donde bastará con eliminar esta línea del código. Se permite, por tanto, esta escritura.

## 1.3 Comentario

Existe una única manera de comentar una línea: precediéndola con un carácter de almohadilla.

```
# import pdb; pdb.set_trace()
```

Una convención en Python establece que este carácter debe estar seguido de un espacio. Además, si el comentario sigue a una línea de código, la almohadilla debe estar también precedida de dos espacios:

```
respuesta = 42  # consultar H2G2
```

## 1.4 Una instrucción en varias líneas

Por razones de legibilidad, una instrucción puede dividirse en varias líneas. De este modo, el salto a la línea siguiente se escapa:

```
>>> table = str.translate('àâäéèêëîïöôùûüç', \
...                       'aaaeeeeiioouuuc')
```

El salto de línea permite, en este ejemplo, alinear el segundo parámetro con el primero y mejorar la legibilidad en la correspondencia de los caracteres que se quiere remplazar mediante la instrucción, facilitando así la lectura del código.
Aun así, sin el carácter \ al final de la línea, Python consideraría el salto de línea, pues se produce entre dos parámetros bien definidos; la unión de estas líneas es obvia, a diferencia de otros ejemplos como:

```
>>> my_str="Ejem\
... plo"
>>> my_str
'Ejemplo'
```

La unión se realiza explícitamente mediante la barra invertida, sin la cual obtendríamos un error:

```
>>> my_str="Ejem
  File "<stdin>", line 1
    my_str="Ejem
               ^
SyntaxError: EOL while scanning string literal
```

## 1.5 Palabras clave

Python contiene pocas palabras clave, 35 para ser exactos. Se han agregado dos más a la versión 3.5.
Estas palabras clave son elementos que permiten estructurar los algoritmos.
Cada una tiene un significado particular que el desarrollador no puede modificar en absoluto.

© Editions ENI - All rights reserved

El hecho de disponer de tan pocas palabras reservadas permite a Python mantener su sencillez y dejar mucha más libertad a los desarrolladores.
Entre estas palabras clave, se distinguen las instrucciones, un total de 32:

| | | | |
|---|---|---|---|
| – **and** | – **def** | – **global** | – **or** |
| – **as** | – **del** | – **if** | – **pass** |
| – **assert** | – **elif** | – **import** | – **raise** |
| – **async** (3.5) | – **else** | – **in** | – **return** |
| – **await** (3.5) | – **except** | – **is** | – **try** |
| – **break** | – **finally** | – **lambda** | – **while** |
| – **class** | – **for** | – **nonlocal** | – **with** |
| – **continue** | – **from** | – **not** | – **yield** |

Estas instrucciones se detallan más adelante en este capítulo, en la sección Instrucciones.
Existen, por otro lado, tres palabras clave que son instancias: **None** es un singleton que representa el elemento vacío. **True** y **False** son las dos únicas instancias booleanas, que representan, respectivamente, verdadero y falso.
Observe que es posible pedir a Python que nos proporcione esta lista de palabras clave de manera sencilla:

```
>>> import keyword
>>> keyword.kwlist
```

Este módulo también permite probar si una palabra es una palabra clave (**iskeyword**).

## 1.6 Palabras reservadas

Las palabras reservadas son nombres que se corresponden con funciones, clases o módulos usuales. Se recomienda que no utilice estos nombres para sus propias variables, pues se corre el riesgo de complicar la escritura de algoritmos.
No obstante, a diferencia de las palabras clave, el lenguaje Python no prohíbe la modificación de estas palabras reservadas.
De este modo, una función que se corresponda con una palabra reservada podrá redefinirse por parte del usuario.
Para entender bien la diferencia entre una palabra reservada y una palabra clave, he aquí lo que ocurre con la palabra reservada **print** en Python 3:

```
>>> print = 42
```

He aquí lo que ocurre cuando intentábamos hacer lo mismo con Python 2, donde la instrucción **print** era una palabra clave:

```
>>> print = 42
  File "<stdin>", line 1
    print = 42
          ^
SyntaxError: invalid syntax
```

**Observación**

*Esta es una de las principales diferencias entre ambos lenguajes: en Python 3, **`print`** es una simple palabra reservada, mientras que en Python 2 es una palabra clave.*

## 1.7 Indentación

El elemento que estructura el lenguaje Python y una de sus principales características es la indentación. Se trata, también, de un elemento que puede desestabilizar a los desarrolladores con bastante experiencia frente a otros lenguajes de programación.

En efecto, si la mayoría de lenguajes, como el C, recomiendan utilizar la indentación esencialmente por motivos de legibilidad, esta última no es obligatoria ni significante en Python.

La indentación es, simplemente, un desfase hacia la derecha de una o varias líneas de código. Es la presencia de los dos puntos tras una condición, por ejemplo, así como el simple desfase el que indica que el hecho de entrar en un bloque de código se producirá cuando la condición sea verdadera.

```
>>> if condición:
...     instrucción si verdadero
... nueva instrucción no indentada = fin del bloque condicional
```

Un bloque de código es una serie de líneas de código que pertenecen a la misma indentación. Un bloque condicional es un bloque de código indentado bajo la misma condición.

La indentación se utiliza a todos los niveles del lenguaje, pues todas las líneas de código indentadas bajo la firma de una función constituyen su cuerpo, y aquellas indentadas bajo la declaración de una clase constituyen su contenido.

He aquí dos códigos equivalentes en C y en Python que utilizan un bloque y una instrucción de una única línea:

| C | Python |
|---|---|
| `int a=0`<br>`for(int i=0;i<10;i++) {`<br>`    a = a+i`<br>`}` | `a=0`<br>`for i in range(10):`<br>`    a += i`<br>`# Final implícito del bloque` |
| `a=0`<br>`for(int i=0;i<10;i++)`<br>`    a = a+i` | `a=0`<br>`for i in range(10): a += i` |

Python no es el único lenguaje que da significado a la indentación, aunque es un elemento importante de diferenciación respecto a otros lenguajes como C, por ejemplo.

En Python, no existen las llaves. Si se tiene una única instrucción, es posible indicarla a continuación y delimitar el bloque mediante dos puntos al final de la línea y una indentación más profunda hasta el final.

© Editions ENI - All rights reserved

**Observación**

*Si es muy reacio a la indentación, puede simplemente pedirle a Python que vuelva a las llaves:*

```
from __future__ import braces
```

El comando provoca un error que es intencionado (es una especie de «huevo de pascua», un poco de humor asociado al lenguaje).

## 1.8 Símbolos

En este capítulo veremos rápidamente el uso de símbolos y aparecerán varios conceptos que se explicarán con detalle más adelante en el libro.
Los paréntesis sirven para escribir algoritmos, definir n-tuplas y generadores, así como para invocar una función o para instanciar un objeto. Lo que se encuentra entre paréntesis define su propio significado (una coma para separar tuplas, palabras clave para generadores).
He aquí un uso aritmético:

```
>>> a = (1 + 2) / 3
>>> a
1.0
```

He aquí tuplas donde la coma es el elemento esencial que caracteriza a una n-tupla:

```
>>> a = (1, 2)
>>> a = (1,)
>>> a = 1,
```

Aunque se recomienda utilizar paréntesis, por ejemplo para aislar una tupla, en una enumeración:

```
>>> a, b = (1, 2), 'cadena'
```

El siguiente ejemplo muestra cómo diferencian los paréntesis una llamada a una función con un único parámetro, que es una tupla de dos elementos respecto a dos parámetros:

```
>>> f((1, 2))
```

Sirven también para llamar a una función, a un método o para instanciar una clase, y se sitúan a la derecha de una función, método o nombre de clase.
El siguiente ejemplo muestra cómo utilizar los paréntesis para definir un generador:

```
>>> g = (i**2 for i in range(10))
```

Este generador devolverá la potencia elevada al cuadrado de los números de 0 a 9. Veremos sus características y su utilidad posterior.
Cuando se tiene una función, aquí llamada **funcion_ejemplo**, es posible llamarla de la siguiente manera:

```
>>> funcion_ejemplo(param1, param2)
```

Los paréntesis sirven para delimitar los parámetros que se pasan a la función. Existen muchas formas de pasar parámetros a una función, tal y como veremos más adelante.

Por último, es posible instanciar un objeto de la clase **MiClase** de la siguiente forma:

```
>>> objeto = MiClase(param1, param2)
```

En este caso se utilizan paréntesis y se pasan los parámetros al constructor de la clase. Veremos más adelante qué es un constructor y cómo funciona.
De momento, podemos quedarnos con la idea del uso de los paréntesis, así como la ausencia de la palabra clave **new**, que utilizan la mayoría de lenguajes de programación.
Los corchetes sirven para definir una lista de valores cuando se utilizan solos:

```
>>> l = [1, 2, 3]
```

Ligados a una variable, definen una palabra clave o un índice (o franja si se indican dos puntos):

```
>>> l[1]
2
>>> l[1:]
[2, 3]
```

Un índice es un número (entero) que permite ubicar un elemento dentro de una colección ordenada (el tercer elemento de una lista, por ejemplo).
Una clave es un objeto cualquiera que sirve para encontrar un elemento en una colección que asocia un valor a una clave, como es el caso de los diccionarios. Una clave puede, perfectamente, ser un número, aunque la presencia del número 42, por ejemplo, no quiere decir que existan las claves inferiores.
La comprensión de la lista es similar a un generador, aunque utiliza en sus extremos corchetes, que son las marcas de la lista:

```
>>> l = [i**2 for i in range(10)]
```

Las llaves permiten definir un conjunto o un diccionario, en función del uso de los dos puntos :

```
>>> diccionario = {'clave1': 'valor1', 'clave2': 'valor2'}
>>> conjunto = {1, 2, 3}
```

Un conjunto lo es en el sentido matemático del término, un contenedor de objetos únicos que dispone de métodos que permiten realizar la unión y la intersección, por ejemplo. El diccionario es una colección que asocia un valor con una clave. Cada clave es única.
Es posible también recorrer diccionarios y conjuntos:

```
>>> d = {chr(i): chr(i+32) for i in range(65, 91)}
>>> e = {i**2 for i in range(10)}
```

En este caso, los marcadores de los conjuntos y los diccionarios se encuentran en el recorrido de las listas, es decir, entre las llaves de inicio y de fin, así como los dos puntos para el diccionario.
Todos los tipos de datos que acabamos de presentar se detallan en los capítulos Números, booleanos y algoritmos aplicados, Secuencias y algoritmos aplicados y Diccionarios y algoritmos aplicados.

© Editions ENI - All rights reserved

Un elemento común a todos ellos es la coma. Separa varios valores en un conjunto de valores (lista, n-tupla, conjunto, diccionario..., aunque también parámetros de una función, de un método o de un constructor).

El punto y coma delimita varias instrucciones sobre la misma línea, lo que se recomienda evitar, como hemos explicado al principio de este capítulo.

Los dos puntos sirven para delimitar la separación entre una clave y un valor en un diccionario:

```
>>> diccionario = {'clave1': 'valor1', 'clave2': 'valor2'}
>>> d = {chr(i): chr(i+32) for i in range(65, 91)}
```

Sirve también para delimitar franjas:

```
>>> l = [1, 2, 3]
>>> l[:]
[1, 2, 3]
>>> l[::2]
[1, 3]
```

Una franja es la extracción de una subcolección a partir de una colección. Se detallará en el capítulo Secuencias y algoritmos aplicados.

El punto sirve para acceder a un objeto. Permite acceder a los atributos y métodos de una instancia o de una clase. No existe el símbolo **->** en Python.

También sirve como indicador decimal para los números:

```
>>> type(42)
<class 'int'>
>>> type(42.0)
<class 'float'>
>>> type(42.)
<class 'float'>
```

Como podemos ver, solo el punto permite especificar que se trata de un número real y no de un entero; el cero es opcional, aunque se recomienda escribirlo por motivos de legibilidad.

Como el punto permite hacer dos cosas distintas, puede resultar divertido, por ejemplo:

```
>>> 1..real
1.0
>>> (1).real
1
```

Cuando se escribe un número, el primer punto es siempre el separador entre la parte entera y la parte decimal. A continuación es posible encadenar un segundo punto que será el acceso al objeto y permite utilizar el atributo **real** del objeto entero 1.

Cuando se quiera utilizar el punto como acceso al objeto sobre el número entero 1, habrá que recurrir a los paréntesis, como es el caso del segundo ejemplo.

La arroba permite aplicar un decorador:

```
>>> @decorator
... def f():
...     pass
```

```
...
```

Un decorador es un patrón de diseño.

Los espacios sirven para delimitar las palabras del código, los operadores, las variables... Los espacios a principio de línea definen la indentación, que caracteriza un bloque de código y, en consecuencia, su número define la profundidad de la indentación. Observe que estos espacios son importantes únicamente al inicio de una línea que empieza con una instrucción, y no en mitad de ella:

```
>>> for i in range(1):
...     i += 2           # Indentación importante
...     a = (1, 2,       # Indentación importante
... 3, 4,
...          5, 6
... )
...     break            # Indentación importante
...
```

Es preferible tener una indentación que facilite la lectura del código.

Esta puede realizarse mediante tabulaciones, aunque es importante mantener la coherencia a este nivel. No hay que mezclar tabulaciones y espacios en el mismo inicio de línea y entre una línea y la siguiente, pues pueden darse problemas de mala indentación difíciles de ver.

A menudo, se prefiere tener indentaciones de cuatro espacios y prohibir el uso de las tabulaciones.

La mayoría de IDE modernos permiten remplazar tabulaciones por cuatro espacios cuando se introduce el código, lo que permite utilizar la tecla de tabulación para agregar una indentación sin tener que preocuparse por los problemas derivados.

También podemos destacar que se aconseja no superar las 80 columnas cuando se escribe código, y no anidar llamadas de funciones, o escribir llamadas complejas en varias líneas.

Todos los símbolos utilizados por los operadores tienen un significado particular y forman parte del procesamiento particular descrito más arriba.

No existen los símbolos **$**, **?** o `.

La gramática de Python está disponible en su documentación oficial:
http://docs.python.org/py3k/reference/grammar.html

## 1.9 Operadores

Un operador es un carácter o una cadena de caracteres al que la gramática de Python da un significado particular.

En ciertos lenguajes, cuando se encuentra un operador, se procesa directamente. De este modo, la expresión a + b se evalúa y el núcleo del lenguaje suma a y b, si puede mediante operaciones realizadas a bajo nivel.

En Python, esto no funciona así, pues el significado del operador no está del todo asociado al propio operador, sino a los objetos sobre los que se les aplica.

Estos operadores se asocian, entonces, a su operando izquierdo y derecho según el caso y se invoca el método que se corresponde con dicho operando.

© Editions ENI - All rights reserved

He aquí una lista de los operadores utilizados en el lenguaje Python:

| + | - | * | ** | / | // | % | ~ | & | \| |
|---|---|---|---|---|---|---|---|---|---|
| ^ | > | < | >= | <= | != | == | >> | << | @ |

El operador ~ es un operador unario, no recibe ningún operando por la derecha:

```
>>> ~response
-43
```

Cuando se realiza dicha operación, el operador se vincula con su operando izquierdo, y a continuación se invoca el método correspondiente al operador de dicho objeto.

```
>>> response.__invert__()
-43
```

Como conclusión, la semántica del operador depende del objeto sobre el que se aplica: si un objeto dispone del método **__invert__**, entonces puede utilizar el operador tilde anterior.

Otra implicación importante es que el desarrollador tiene la posibilidad de agregar el soporte de cualquier operador a su propia clase, simplemente escribiendo los métodos especiales necesarios. Es también posible sobrecargar un tipo de datos y modificar un método especial asociado a un operador para modificar su significado.

Es la gramática del lenguaje la que se encarga de apreciar el operador y la forma de aplicarlo. De este modo, los operadores - y + pueden ser operadores unarios:

```
>>> -response
-42
```

En el caso anterior, el método aplicado es el siguiente:

```
>>> response.__neg__()
-42
```

Estos operadores pueden, a su vez, utilizarse como operadores binarios:

```
>>> response - 2
40
```

En tal caso, el método aplicado es el siguiente:

```
>>> response.__sub__(2)
40
```

El operador de la izquierda es el objeto cuyo método se invoca y el de la derecha es el parámetro que se le pasa.

Estos detalles son muy importantes de cara a comprender la mecánica de Python. En el caso de un operador unario, se invoca al método del único operando asociado, pero en el caso de un operador binario, existen dos posibilidades. En primer lugar, se invoca a un método del operando izquierdo, pasándole como parámetro el operando derecho. En caso de fallo, se invoca a un método del operando derecho pasándole como parámetro el operando izquierdo. El método utilizado viene prefijado por una **r** de **right**, es decir, derecho.

Veamos el siguiente ejemplo:

```
>>> 'a' * 2
'aa'
>>> 'a'.__mul__(2)
'aa'
```

Los operadores |, &, ^ y - también son operadores de unión. Se aplican a conjuntos, pero desde Python 3.9 también a los diccionarios. Su mecanismo es idéntico al de los otros operadores binarios. Hablaremos de ellos en el capítulo Conjuntos y algoritmos aplicados.

El operando izquierdo es una cadena de caracteres. Acepta el operador * y le da una semántica particular: se trata de repetir la cadena tantas veces como pida el operando derecho. Este debe ser un número entero.

Por el contrario, cuando se realiza la operación inversa:

```
>>> 2 * 'a'
'aa
```

El operando izquierdo es un valor entero y el método correspondiente al operador * tiene la semántica de la multiplicación en el sentido matemático. No sabe multiplicar una cadena de caracteres, y devuelve **NotImplemented**, lo cual quiere decir que el método no sabe qué hacer.

```
>>> (2).__mul__('a')
NotImplemented
```

En este caso, se repite la operación tomando el operador derecho y buscando no el método **__mul__** sino el método **__rmul__** pasándole el operando izquierdo como parámetro:

```
>>> 'a'.__rmul__(2)
'aa
```

Hay previstos dos métodos especiales, pues el orden de los operandos puede tener significado, y por ello las acciones que hay que realizar **__mul__** o **__rmul__**, por ejemplo, pueden ser diferentes.

Conviene saber que si el método **__rmul__** no está definido, significa que **__rmul__** se comporta como **__mul__** y Python bascurlará sobre este último.

Para ir más allá en este asunto, el conjunto de métodos se detalla en el capítulo Modelo de objetos y en el capítulo Conjuntos y algoritmos aplicados.

Esta flexibilidad que aporta Python nos permite dar un significado particular a los operadores de nuestras propias clases, de cara a evitar problemas de coherencia y para que estén bien construidas, de modo que si **a * b** funciona, **b * a** funcione también sean cuales sean los tipos de **a** y de **b**.

Por último, el signo = puede considerarse como un operador. Permite asignar un valor a una variable, aunque no es posible sobrecargarlo.

Existen otras operaciones llamadas de asignación que modifican la variable en curso:

| += | -= | *= | **= | /= | //= | %= | &= | \|= | ^= | >>= | <<= | @= |
|---|---|---|---|---|---|---|---|---|---|---|---|---|

Estos operadores están también asociados a una función especial. Para la multiplicación, por ejemplo, se llama **__imul__**, la **i** significa inplace (multiplicación en el sitio).

© Editions ENI - All rights reserved

Estos operadores son operadores binarios: esperan recibir necesariamente un operando a la izquierda y un operando a la derecha.

Pueden pasar por una operación de asignación. En efecto, si por ejemplo **__mul__** está definido pero no **__imul__**, entonces esto:

```
response *= 42
```

se transformará en esto:

```
response = response * 42
```

Dicho de otro modo, Python va a utilizar **__mul__** y hacer una reasignación. Para hacerlo simple, el método **__imul__** solo sirve para mejorar el rendimiento y evitar tener que crear un nuevo objeto.

## 1.9.1 Operador de expresión de asignación :=

Desde Python 3.8 también hay un nuevo operador **:=** que permite realizar la operación de asignación usando el valor en una expresión. Se llama operador walrus (https://www.python.org/dev/peps/pep-0572/).

A continuación se muestra el ejemplo extraído de la documentación oficial:

```
if (n := len(a)) > 10:
    print(f"List is too long ({n} elements, expected <= 10)")
```

La lectura de la PEP permite ver que esta adición sintáctica ha sido particularmente bien pensada y también revela sus límites. Podemos mencionar aquí un ejemplo especialmente clarificador sobre los beneficios de esta sintaxis: https://www.python.org/dev/peps/pep-0572/#copy-py.

A continuación se muestra un caso de código introspectivo que intenta hacer una copia profunda yendo a buscar, en el objeto en cuestión, los métodos capaces de realizar una copia como esta para llamarlos. A continuación se muestra el código sin el operador **:=** :

```
reductor = dispatch_table.get(cls)
if reductor:
    rv = reductor(x)
else:
    reductor = getattr(x, "__reduce_ex__", None)
    if reductor:
        rv = reductor(4)
    else:
        reductor = getattr(x, "__reduce__", None)
        if reductor:
            rv = reductor()
        else:
            raise Error(
                "un(deep)copyable object of type %s" % cls)
```

Ahora se muestra el mismo código usando el operador **:=** :

```
if reductor := dispatch_table.get(cls):
    rv = reductor(x)
elif reductor := getattr(x, "__reduce_ex__", None):
```

```
    rv = reductor(4)
elif reductor := getattr(x, "__reduce__", None):
    rv = reductor()
else:
    raise Error("un(deep)copyable object of type %s" % cls)
```

El uso de este nuevo operador no afecta a la legibilidad del código y permite reducir significativamente la profundidad de las indentaciones.

## 1.10 Uso del carácter de subrayado

La teoría de objetos prevé que los métodos o atributos de una instancia de una clase puedan ser visibles o modificables por una u otra clase, especificándolo expresamente.

La mayoría de los lenguajes han reducido esta problemática definiendo tres niveles, que son público, protegido y privado. De este modo, un método público podrá utilizarlo cualquier otro objeto, un método privado no podrá utilizarse fuera del propio objeto y un método protegido podrán utilizarlo únicamente clases hijas.

En Python, partimos del principio de que el desarrollador es una persona coherente y utilizará sus componentes de la forma correcta, siendo consciente y midiendo los riesgos.

Python permite informar si un método o un atributo son públicos o privados, pero en ningún caso esto supone una barrera.

Para resumir, en Python el carácter privado es una convención y no una restricción.

Un atributo o un método son privados si su vocación es ser llamados únicamente desde los métodos de la propia clase.

Si un desarrollador utiliza un método privado desde otro lugar, sabrá que es privado y lo utilizará de manera consciente.

Para hacer privados una función, un método o un atributo, basta con prefijarlos mediante el carácter de subrayado. De este modo, seguirá siendo accesible, aunque el desarrollador sabrá que es privado. Esto es válido y general para cualquier variable o función, lo cual va más allá del simple paradigma de orientación a objetos.

Esto puede tener un nivel de impacto real. La directiva **`from module import *`**, por ejemplo, no importa los elementos del módulo prefijados por el carácter de subrayado.

De este modo, si bien este carácter es meramente convencional, el resultado puede ser poco satisfactorio. Python proporciona otro mecanismo, algo más complejo, para hacer inaccesibles los atributos o métodos privados. Para utilizar este mecanismo, basta con prefijarlos con dos caracteres de subrayado (u opcionalmente puede agregarse como sufijo un único carácter de subrayado).

En este caso, el método o atributo se renombra al vuelo, y no está accesible si no se conoce su verdadero nombre. Aun así, el método sigue siendo accesible si el desarrollador busca el nombre correcto.

Sin embargo, sigue siendo una convención, y no una restricción.

Por último, para cerrar este asunto relativo a los métodos privados o protegidos, es importante saber que existe lo que se llaman propiedades y que permiten gestionar los atributos precisando cómo pueden leerse, modificarse o eliminarse.

Este asunto se aborda en el capítulo Modelo de objetos.

© Editions ENI - All rights reserved

Por otro lado, existen también métodos especiales. Están prefijados por dos caracteres de subrayado y tienen también dos caracteres de subrayado al final, como convención. Se trata de métodos vinculados a la gramática del lenguaje o a funcionalidades básicas, tales como los métodos asociados a los operadores, como hemos visto más arriba.

## 1.11 PEP-8

Este documento es un recurso esencial para cualquier desarrollador Python, pues presenta el estilo de codificación que debe utilizarse cuando se desarrolla con Python (http://www.python.org/dev/peps/pep-0008/). Efectivamente, este último sigue la filosofía Python expresada en PEP-20.

Los principios enunciados son sencillos, y tienen como objetivo facilitar y homogeneizar la lectura de todos los códigos Python precisando el uso de espacios, reglas de nomenclatura para las variables, las funciones, las clases, los módulos... o permitir una buena accesibilidad al código escribiéndolo de forma que todos puedan leerlo fácilmente sea cual sea su entorno de trabajo (una línea limitada a 79 caracteres, por ejemplo). Existen también recomendaciones sobre las buenas prácticas cuando se dan varias posibilidades que responden a la misma problemática.

Pero Python no es un lenguaje encerrado en una burbuja y que obliga a hacer las cosas de una determinada manera. Al contrario. Por ejemplo, un conector Python de un módulo C debe seguir las reglas de nomenclatura del módulo C en detrimento de las de Python, permitiendo así a los desarrolladores que conozcan la API de C no tener que volver a aprender una nueva API con una nomenclatura diferente. No se trata de una doctrina que hay que aplicar al pie de la letra, sino de recomendaciones que permiten ganar en eficacia.

Este documento presenta únicamente recomendaciones, no obligaciones, aunque el hecho de respetarlas permite producir un código de mejor calidad y es importante leerlo al menos una vez. Desde la redacción de este documento han cambiado algunos puntos (ya no se habla de funciones mágicas sino de funciones especiales, por ejemplo), pero el espíritu sigue vivo.

## 1.12 PEP-7

Este documento existe para ofrecer recomendaciones sobre la redacción de código C de Python (código de C-Python o sus extensiones). Resulta esencial para todos aquellos que deben utilizar sus funcionalidades.

## 1.13 PEP-257

Este documento se refiere a las convenciones relativas a la documentación del código. Explica qué es un docstring, su utilidad, cómo crearlo y qué reglas conviene seguir.

# 2. Instrucciones

## 2.1 Definiciones

### 2.1.1 Variable

Una variable es una palabra que empieza por una letra minúscula o mayúscula y que contiene únicamente letras, cifras y el carácter de subrayado.

Por convención, las variables, los atributos y las funciones no contienen más que letras minúsculas y, en ocasiones, cifras.

Si están compuestas por varias palabras, se separan mediante caracteres de subrayado:

```
>>> mi_variable_util
>>> mi_funcion_util_42()
```

Por el contrario, los nombres de las clases se escriben con su primera letra mayúscula. Si la clase contiene varias palabras, cada una comenzará por una letra mayúscula, y no se utilizará el carácter de subrayado para separarlas:

```
>>> MiClaseUtil42()
```

Para declarar una variable, basta con utilizar el operador de asignación situando en la izquierda el nombre de la variable (contenedor) y en la derecha su valor (contenido):

```
>>> ejemplo = 42
```

No es necesario escribir ninguna palabra clave, ni realizar ninguna declaración previa: estamos trabajando con un lenguaje tipado dinámicamente. Es posible utilizar el mismo nombre de variable más adelante para describir una variable con un tipo distinto.

**El tipo de la variable no lo establece el contenedor, sino el contenido**.

El contenido puede, perfectamente, ser una operación más compleja:

```
>>> ejemplo = 4 * 10 + 2
```

También es posible utilizar otra variable:

```
>>> ejemplo2 = ejemplo * 1.0
```

Basta con recordar dos cosas. La primera es que, en Python, todo es un objeto. Aquí, ejemplo1 es un objeto de tipo entero y ejemplo2 es un objeto de tipo float:

```
>>> type(ejemplo1)
<class 'int'>
>>> type(ejemplo2)
<class 'float'>
```

La segunda, para aquellos que estén habituados a C, es que varios punteros pueden apuntar al mismo objeto en memoria. Por ejemplo, ejemplo1 y ejemplo2 son punteros:

```
>>> ejemplo3 = ejemplo1
```

© Editions ENI - All rights reserved

Existe una palabra clave para saber si dos variables son exactamente idénticas, es decir, para saber si dos punteros apuntan al mismo objeto:

```
>>> ejemplo1 is ejemplo2
False
>>> ejemplo1 is ejemplo3
True
```

Esta palabra clave **is** también puede utilizarse para realizar comparaciones no sobre valores, sino sobre objetos:

```
>>> 42 == 42.0
True
>>> 42 is 42.0
False
```

Por convención, para probar una condición respecto a un valor booleano o al valor nulo (las tres palabras clave que son instancias), utilizaremos esta palabra clave **is**:

```
>>> condición is True
>>> variable is None
```

También es posible asociar la palabra clave **is** con la palabra clave **not**:

```
>>> condición is not True
>>> variable is not None
```

Cabe destacar que es posible declarar varias variables en una única línea:

```
>>> a, b = 1, 2
```

Como habrá podido comprobar, los identificadores se encuentran a la izquierda y los valores a la derecha. Hay que tener los mismos en ambos lados.
Esto tiene sus implicaciones prácticas. Una de ellas es el hecho de poder intercambiar los valores de dos variables:

```
>>> a, b = b, a
```

En realidad, se manipulan n-tuplas:

```
>>> a, b
(2, 1)
```

Esta funcionalidad se denomina unpacking y con Python 3.5 adquiere bastante relevancia:

```
>>> a, b, c, d, e, f = 1, *(2, 3), 4, *range(5, 6), 6
```

El carácter ***** sirve para transformar un contenedor de valores para utilizarlos en el flujo. La función **range** es un generador que va a devolver todos los valores entre un mínimo incluido y un máximo excluido.

### 2.1.2 Función

Para definir una función es necesario anteponer a su firma la palabra clave **def** y, a continuación, escribir un bloque que contenga su código. Este bloque está delimitado mediante el carácter de dos puntos y al menos una línea de código con una indentación superior; el final de la indentación indica el final del bloque:

```
>>> def say_hello(to):
...     print("Hello %s!" % to)
...
```

Al final, una función no es más que una variable de tipo función:

```
>>> type(say_hello_to)
<class 'function'>
```

**Observación**

*Una función puede, por tanto, utilizarse como una variable:*

```
>>> say_hello2 = say_hello_to
```

Es importante destacar que una función puede definirse en cualquier lugar del código. No obstante, solo estará visible en el bloque en curso o en el que esté incluida, tras la definición de la función:

```
>>> def print_add(a, b):
...     def add(a, b):
...         return a+b
...     print(add(a, b))
...
>>> print_add(5, 6)
11
```

La función **add** no está definida fuera de la función:

```
>>> add
Traceback (most recent call last):
  File "<stdin>", line 1, in <module>
NameError: name 'add' is not defined
```

Definir una función en el interior de otra función es algo que puede parecer extraño y a lo que no se está habituado; no obstante, es realmente útil y permite resolver numerosas situaciones. Es, por ejemplo, un requisito previo para crear decoradores eficaces.

En efecto, sin entrar mucho en el asunto, podemos decir simplemente que un decorador es una función que recibe como parámetro una función y que devuelve una función (que es, por lo general, la función que se pasa como parámetro y modificada al vuelo).

Para definir un método, se trata exactamente del mismo proceso. Un método es, simplemente, una función definida en el bloque de una clase.

En efecto, la primera utilidad de la clase es la encapsulación, es decir, el hecho de contener sus métodos y sus atributos.

Sigue, a su vez, reglas específicas, pues el primer argumento puede representar a la instancia en curso o la clase, lo cual se detalla en el capítulo Modelo de objetos.

© Editions ENI - All rights reserved

Para resumir, una función es una variable de tipo función que se declara de forma particular, pues contiene un bloque de código. Un atributo es una variable en una clase y un método es una función encapsulada en una clase.

### 2.1.3 Funciones lambda

Como se ha visto, una función es una variable particular, que contiene un bloque de código. No obstante, en ocasiones ocurre que una función es relativamente simple de escribir y no es necesario declararla en una variable. Se utiliza, entonces, una escritura simplificada y en el caso de utilizar esta escritura de forma directa, sin pasar por una variable, se dice que este tipo de función es una función anónima.
Las funciones lambda son una forma de escribir una función anónima que utiliza una sintaxis análoga a la que se conoce en matemáticas:

```
>>> lambda x: x**2
<function <lambda> at 0x16327c0>
```

En Python, es la única forma de escribir una función anónima. Esto resulta particularmente útil en la programación funcional. En efecto, una función puede estar directamente escrita en la llamada a una función sin necesidad de definirla previamente.

```
>>> list(map(lambda x: x**2, range(10)))
[0, 1, 4, 9, 16, 25, 36, 49, 64, 81]
```

Si bien las funciones lambda se utilizan con el objetivo de crear funciones anónimas, es posible darles un nombre:

```
>>> f = lambda x: x**2
>>> f(5)
25
>>> list( map(f, range(10))
[0, 1, 4, 9, 16, 25, 36, 49, 64, 81]
```

Y, a pesar de su aparente simplicidad, esta funcionalidad es muy rica, puesto que aprovecha toda la potencia de Python en términos de programación funcional:

```
>>> g = lambda x, y: x*y**2
>>> g(4, 2)
16
```

Como conclusión podemos decir que la filosofía de una función lambda es describir una relación entre parámetros y una expresión que los utiliza, de forma algebraica.

### 2.1.4 Clase

La palabra clave **class** es a una clase lo que **def** a una función. Le sigue el nombre de la clase, a continuación una lista (ordenada) de sus padres, y a continuación un bloque:

```
>>> class MiClase:
...     pass
...
```

**Observación**

*Python 2: preste atención, se utiliza la siguiente sintaxis:*

```
>>> class MiClase(object):
...     pass
...
```

Una clase puede definirse, también, en cualquier lugar, incluso dentro de otra clase o en una función.

```
>>> class A:
...     class B:
...             pass
...
```

Esto es una cualidad de Python que puede sorprendernos, aunque encuentra muchas aplicaciones prácticas.

Por último, recordaremos que cualquier variable definida en la clase es un atributo y cualquier función definida en una clase es un método.

```
>>> class MiClase:
...     atributo = 42
...     def metodo(self):
...         pass
...
```

### 2.1.5 Instrucción vacía

Para definir una función vacía o una clase vacía (sin instrucciones), es necesario indicarlo con la palabra clave **pass**.

```
>>> def f():
...     pass
...
```

```
>>> class A:
...     pass
...
```

Como hemos visto, la definición de una función o de una clase requiere, en cualquier caso, la presencia de un bloque. Esta instrucción permite, por tanto, marcar la presencia de un bloque indentado, con el objetivo de respetar las reglas de gramática relativas a los bloques aunque no se realice ninguna acción dentro de dicho bloque.

También es posible utilizar un docstring en este sentido, aunque su escritura es, en realidad, una instrucción.

Cabe destacar que se recomienda encarecidamente documentar siempre las funciones y clases. El docstring es, por tanto, algo con carácter obligatorio.

© Editions ENI - All rights reserved

### 2.1.6 Borrado

La declaración de una variable se realiza únicamente mediante el signo = y asocia el nombre de la variable con su valor.

Es posible eliminar cualquier variable declarada anteriormente mediante el simple uso de la palabra clave **del** indicando el nombre de la variable:

```
>>> a=5
>>> del a
```

El nombre de la variable ya no está asociado al contenido, sea cual sea, y su uso provoca una excepción de tipo **NameError**:

```
>>> a
Traceback (most recent call last):
  File "<stdin>", line 1, in <module>
NameError: name 'a' is not defined
```

Aunque se haya eliminado el contenedor, el contenido en sí mismo no se ha visto impactado. Cada contenido dispone de un contador de referencias. Con cada asignación, aumenta en 1, y con cada eliminación, decrece en 1. Cuando no existe ninguna variable apuntando a dicho contenedor, su contador de referencias está a cero.

Esto no significa que vaya a desaparecer inmediatamente. En efecto, estamos trabajando con un lenguaje de alto nivel que dispone de un recolector de basura. Este es el encargado de iniciar, en el momento adecuado, la recuperación de variables cuyo contador de referencias valga cero y eliminarlas si lo considera adecuado.

El desarrollador no tiene el control sobre este proceso, aunque debe asegurarse de que se gestiona de la mejor manera posible, es decir, con el mejor rendimiento posible.

La instrucción de eliminación funciona también utilizando una variable de manera conjunta a un índice o una franja para una secuencia o incluso para una clave de un diccionario:

```
>>> b=list(range(10))
>>> del b[5] #índice
>>> del b[2:7:2] #franja
>>> b
[0, 1, 3, 6, 8, 9]
```

```
>>> c={'a': 'A', 'b': 'B',
'c': 'C'}
>>> del c['b'] # clave
>>> c
{'a': 'A', 'c': 'C' }
```

La eliminación tiene lugar en dos etapas: en primer lugar se realiza el acceso a los elementos descritos mediante el operador corchete y a continuación se elimina.

### 2.1.7 Devolver el resultado de la función

Una función (o un método) devuelve siempre un valor, y un único valor. Por defecto, se devuelve **None**:

```
>>> def f():
...     pass
...
>>> print(f())
None
```

En efecto, cuando no se realiza ninguna acción, la función devuelve de manera implícita el valor **None**. El uso de la instrucción **return** permite especificar explícitamente el valor de retorno:

```
>>> def uno():
...     return 1
...
```

Este es el funcionamiento de una función: recibe de cero a varios parámetros y devuelve un único valor. Por ello, es posible observar lo siguiente:

```
>>> def f():
...     return 1, 2, 3
...
```

Veamos lo que ocurre realmente:

```
>>> f()
(1, 2, 3)
>>> type(f())
<class 'tuple'>
```

En realidad, se devuelve un único valor, y se trata de una n-tupla. En efecto, escribir **return 1, 2, 3** equivale exactamente a escribir **return (1, 2, 3)**, la coma es el separador característico de una n-tupla.

Esta particularidad no se debe, en absoluto, a una funcionalidad ligada a la instrucción **return** o a algún tipo de magia de las funciones Python, sino simplemente a la potencia de la gramática de Python, que interpreta una secuencia de datos separados por comas como parte de una n-tupla.

Por el contrario, resulta particularmente interesante para combinar la devolución de varios resultados mediante la asignación múltiple, que es una funcionalidad que permite remplazar las siguientes instrucciones:

```
>>> a = 1
>>> b = 2
```

por el siguiente código, más compacto:

```
>>> a, b = 1, 2
```

En resumen:

```
>>> a, b, c = f()
```

En efecto, como para la asignación múltiple, es preciso tener el mismo número de operandos a derecha e izquierda.

## 2.2 Instrucciones condicionales

### 2.2.1 Definición

Un bloque condicional es un bloque de código que se ejecuta si y solamente si la instrucción de control que lo contiene ve cumplida su condición. Cuando uno de los bloques se ejecuta, el seguimiento de las instrucciones condicionales se termina.

© Editions ENI - All rights reserved

Nada evita que un bloque se encuentre dentro de una función, de un método, de un módulo, o incluso dentro de una clase. Un bloque condicional puede ubicarse en un bucle, o incluso dentro de otro bloque condicional.

## 2.2.2 Condición

Una condición es la evaluación de una expresión que transforma de forma determinista dicha expresión por uno de los dos valores **True** o **False**.
Las condiciones utilizan con frecuencia operadores de comparación, aunque no es la única forma de crearlas. Es posible utilizar cualquier objeto y evaluarlo en función de los principios de evaluación booleana definidos en el capítulo Números, booleanos y algoritmos aplicados. Un operador de comparación devuelve simplemente un valor booleano, que es asimismo un objeto.
La instrucción **is** permite realizar una comparación sobre la identidad del objeto, y no sobre su valor. La instrucción **not** es, simplemente, una instrucción que invierte una condición, sea cual sea.

## 2.2.3 Instrucción if

La palabra clave **if** ejecuta las instrucciones solamente si se verifica una condición:

```
>>> def evaluación(num):
...     r = 'positivo'
...     if num < 0:
...         r = 'negativo'
...     return r
...
```

Como hemos expuesto, Python no tiene muchas florituras. Ya hemos visto cómo un boque no requiere llaves y vemos ahora que la escritura de una condición no requiere paréntesis. La instrucción **if** y el bloque que sigue se bastan a sí mismos.
Observe que es posible utilizar **pass** en el bloque. Esto resulta extraño porque, si bien una función vacía o una clase vacía son útiles, un bucle condicional vacío no lo es:

```
>>> if True:
...     pass
...
```

El principio de esta instrucción es contener una parte de código que se ejecuta únicamente si la instrucción se considera verdadera.

## 2.2.4 Instrucción elif

La instrucción **elif** se utiliza únicamente si el conjunto de instrucciones anteriores se han evaluado a **False**.
Si se cumple esta condición previa, se evalúa la condición vinculada a la instrucción **elif** y, si la evaluación es positiva, se ejecuta el bloque correspondiente.

Para convencerse, basta con probar el siguiente fragmento de código:

```
>>> if False:
...     print(1)
... elif True:
...     print(2)
... elif True:
...     print(3)
...
2
```

La primera expresión no es verdadera, de modo que el primer bloque no se ejecuta y se sigue leyendo el código. La segunda expresión es verdadera, de modo que se ejecuta el segundo bloque y se detiene la lectura de las siguientes instrucciones condicionales del algoritmo.
Una instrucción **elif** se escribe, obligatoriamente, tras una instrucción **if** y puede haber tantas como sea necesario.

### 2.2.5 Instrucción else

Para distinguir cuándo se respeta una condición y cuándo no, es posible realizarlo con dos bloques diferentes:

```
>>> def f(condición):
...     if condición:
...         print('OK')
...     if not condición:
...         print('KO')
...
```

Aunque esta lectura resulta algo pesada y puede generar, potencialmente, errores debido a condiciones complejas, además de que obliga a evaluar la condición dos veces.
La instrucción **else** permite, aquí, tratar el caso en que la primera condición no es verdadera.
He aquí un código equivalente al anterior:

```
>>> def f(condición):
...     if condición:
...         print(True)
...     else:
...         print(False)
...
>>> def evaluación(num):
...     if num < 0:
...         r = 'negativo'
...     else:
...         r = 'positivo'
...     return r
...
```

La solución es más elegante y comprensible.

© Editions ENI - All rights reserved

Las instrucciones **if** y **else** permiten tratar todos los casos posibles, aunque **elif** aporta una simplificación del algoritmo. He aquí el algoritmo de la sección que describe la instrucción **elif** realizado sin dicha instrucción:

```
>>> if False:
...     print(1)
... else:
...     if True:
...         print(2)
...     else:
...         if True:
...             print(3)
...
2
```

Se aprecia inmediatamente el interés de la instrucción **elif**. En este caso, la tercera instrucción tampoco se valida.
La instrucción **else** también puede utilizarse de forma complementaria a **elif**, aunque se sitúa, obligatoriamente, en último lugar:

```
>>> def evaluación(num):
...     if num < 0:
...         print 'negativo'
...     elif num > 0:
...         print 'positivo'
...     else:
...         print 'nulo'
```

Lo cual es funcionalmente equivalente a:

```
>>> def evaluación(num):
...     if num < 0:
...         return 'negativo'
...     else:
...         if num > 0:
...             return 'positivo'
...         else:
...             return 'nulo'
...
```

## 2.3 Instrucción de correspondencia

Denominada en inglés **Structural Pattern Matching**, esta función se introdujo con Python 3.10. A primera vista, se trata de hacer corresponder una variable con varios valores posibles, lo que puede parecerse a las estructuras `switch/case` que ha podido encontrar en otros lenguajes. Aquí tenemos un ejemplo sencillo:

```
>>> def test(mensaje):
...     match mensaje:
...         case 'ok':
...             print('Éxito')
...         case 'ko':
```

```
...             print('Fracaso')
...         case _:
...             print('No definido')
...
```

Pero esta instrucción no es solo una alternativa a los `elif`, permite ir mucho más lejos. Por ejemplo, puede marcar la diferencia entre las listas de longitud distinta:

```
>>> match enteros:
...     case []:
...         print("lista vacía")
...     case [a]:
...         print(f"un único entero en la lista: {a}")
...     case [a, b]:
...         print(f"dos enteros en la lista: {a}, {b}")
...     case [a, b, c]:
...         print(f"tres enteros en la lista: {a}, {b}, {c}")
...     case [a, b, c, *otros]:
...         print(f"muchos enteros en la lista: {a}, {b}, {c}
junto con {otros}")
...
```

En el ejemplo anterior, el tipo de entero no es importante, mientras se trate de una secuencia. Si el entero es una lista, una n-tupla o un conjunto, el **match** se hará. Si es un generador o un diccionario, no se hará. Hay que señalar que, en el **case**, también se declaran variables locales contextuales que se pueden usar en el bloque **case** que las ha declarado. He aquí otro ejemplo sacado directamente de la documentación (https://peps.python.org/pep-0636/) que muestra que se puede hacer el **match** en los valores de los elementos de una secuencia:

```
>>> match punto:
...     case (0, 0):
...         print("punto de origen")
...     case (0, y):
...         print(f"En el eje de las ordenadas {y}")
...     case (x, 0):
...         print(f"En el eje de las abcisas {x}")
...     case (x, y):
...         print(f"Cualquier punto {x}, {y}")
...     case _:
...         raise ValueError("No es un punto")
...
```

También es posible probar los distintos elementos:

```
>>> match elemento:
...     case int() as var:
...         print(f"{var} es un número entero")
...     case float() as var:
...         print(f"{var} es un número decimal")
...
```

© Editions ENI - All rights reserved

En este ejemplo, la variable local se declara explícitamente con la palabra clave **as**, y puede ver cómo se prueba el tipo. En el siguiente ejemplo se muestra cómo se puede usar el operador de unión para tratar dos casos distintos de la misma manera (y evitar duplicar código):

```
>>> match elemento:
...     case int() | float() as var:
...         print(f"{var} es un número")
...     case list() | tuple() | set() as var:
...         print(f"{var} es una secuencia")
...     case dict() as var:
...         print(f"{var} es un diccionario")
...     case str() as var:
...         print(f"{var} es una cadena de caracteres")
...     case var:
...         print(f"{var} es de tipo {type(var)}")
...
```

Puede observar que el último caso usado es el genérico. Se han probado todos los otros casos y solo queda este. La variable local corresponde a la variable de salida y se puede utilizar en el bucle **case** local. Cuando lee **case _** en los otros ejemplos, se trata exactamente de este caso, salvo que se use la variable _ que, en Python, es la manera de declarar una variable muda, es decir, una variable que no se va a utilizar. En este caso, se trata de una convención.

Aquí hay otro ejemplo, siempre inspirado directamente en la documentación oficial que muestra cómo usar un diccionario:

```
>>> def test(actions):
...     for action in actions:
...         match action:
...             case {"text": str(mensaje), "color": str(color)}:
...                 print(f"message {message}, color {color}")
...             case {"sleep": float(duration)}:
...                 print(f"duration {duration}")
...             case _:
...                 print("Nothing happening")
...
>>> test([{"text": "hello", "color": "red"},
...       {"sleep": 42.9},
...       {"sleep": 42},
...       {"text": "hello", "color": "red", "sleep": 42.9},
...       {"sleep": 42.9, "text": "hello", "color": "red"},
... ])
message hello, color red
duration 42.9
Nothing happening
message hello, color red
message hello, color red
```

Este ejemplo pone de manifiesto el hecho de que se pueden observar las claves de un diccionario y condicionar una acción a sus claves y al tipo de sus valores. En efecto, cuando el código dice **case {"sleep": float(duration)}**, hay que entender «búsqueda de una clave llamada **sleep** con un valor que es un número flotante; si se encuentra, el valor se pondrá en la variable **duration**». Es el motivo por el que, cuando se pasa un entero, la correspondencia no se produce.

Por último, hay que señalar que se tratará una sola correspondencia, y el orden de tratamiento es el de los campos, según el orden de las claves en el diccionario.

Para terminar, aquí es donde se va a probar el tipo de los elementos, pero también su valor:

```
>>> def test(element):
...     match element:
...         case {"success": True, "result": int(result)} if result > 50:
...             print("El resultado de la experiencia es positivo")
...         case {"success": True, "result": int(result)}:
...             print("El resultado de la experiencia es negativo")
...         case {"success": True, "result": str(result)}:
...             print(f"El resultado de la experiencia es {result}")
...         case _:
...             print("El resultado de la experiencia no es concluyente")
...
```

Este es el resultado de la prueba de este extracto de código con distintos diccionarios:

```
>>> test({"success": True, "result":42})
El resultado de la experiencia es negativo
>>> test({"success": True, "result":92})
El resultado de la experiencia es positivo
>>> test({"success": True, "result": "NUL"})
El resultado de la experiencia es es NUL
>>> test({"success": False, "result": "NUL"})
El resultado de la experiencia es no concluyente
```

Por lo tanto, esta experiencia es extremadamente completa, va mucho más allá de las instrucciones **switch case** que se pueden encontrar en otros lenguajes y permite expresar condiciones complejas de manera muy fácil una vez que se consigue dominarla.

## 2.4 Uso de una expresión de asignación

Las expresiones de asignación se pueden utilizar como condiciones. Permiten simplificar un poco el código. Ya hemos visto:

```
>>> if (n := len(a)) > 10:
...     print(f"List is too long ({n} elements, expected <= 10)")
```

A continuación se muestra un nuevo ejemplo:

```
>>> if env_base := os.environ.get("PYTHONUSERBASE", None):
...     return env_base
```

© Editions ENI - All rights reserved

Lo que equivale a:

```
>>> env_base = os.environ.get("PYTHONUSERBASE", None)
>>> if env_base:
...     return env_base
```

Este ejemplo está extraído de la documentación oficial y permite entender el interés de una expresión de asignación como esta.
Puede volver más arriba en este capítulo a la sección sobre el operador expresión de asignación, que ofrece dos ejemplos completos usando la palabra clave **if** y una condición que es una expresión de asignación (https://www.python.org/dev/peps/pep-0572/#copy-py).

### 2.4.1 Instrucción switch

La estructura **if elif else** permite gestionar todos los casos de uso. Como Python no es muy amigo de tener varios elementos diferentes para resolver problemáticas idénticas, no existe la palabra clave **switch**, y de hecho se ha elaborado y rechazado una propuesta a este respecto (http://www.python.org/dev/peps/pep-3103/). Resulta, no obstante, interesante. Lo que también es interesante es el hecho de que todas las opciones se enumeren y expliquen y se pueda saber por qué se ha tomado la decisión final.
No obstante, es interesante observar que ha llegado una proposición nueva, más compleja y significativamente alejada de la simple alternativa al **elif else**: se trata del **match case** que hemos visto algunas páginas antes. En este punto también, es interesante ver el proceso de decisiones que ha conducido a esta adición en el lenguaje.

### 2.4.2 Interrupciones

Cuando se utiliza la instrucción **return** en un bloque condicional, el algoritmo se detiene automáticamente y devuelve el valor solicitado o **None**, sea cual sea la situación.
Se sale, así, de la función, y se vuelve a la instrucción siguiente a la llamada a dicha función.
Las palabras clave **break** y **continue** no se aplican en un bloque condicional. Interrumpen el algoritmo para volver al final del bloque del bucle. Esto se presenta en la sección siguiente.

### 2.4.3 Profundizando en las condiciones

Una de las condiciones clásicas consiste en utilizar un comparador:

```
>>> if edad < 0:
...     print('imposible')
...
```

Una de las particularidades de Python es que permite encadenar sus comparadores:

```
>>> if 0 < edad < 18:
...     print('menor')
... else:
...     print('mayor')
...
```

Es posible escribir algoritmos complejos de manera sencilla y legible dado que la notación utilizada es la notación matemática:

```
>>> if a < b < c < d > max:
...     print('OK')
...
```

En este caso, Python procesa la condición de izquierda a derecha. Si la variable a es mayor que b, la condición es necesariamente falsa. En este caso, Python no pierde el tiempo evaluando el resto de la condición y devuelve directamente su evaluación booleana.

Siempre con el mismo espíritu de simplificación de los algoritmos, lo cual facilita la lectura y mejora el rendimiento, es posible utilizar la palabra clave **in** para verificar si un valor se encuentra en una secuencia:

```
>>> a in (2, 3, 5, 7, 11, 13)
True
>>> a == 2 or a == 3 or a == 5 or a == 7 or a == 11 or a == 13
True
```

Cuando la secuencia es muy larga o contiene elementos complejos, las ventajas son evidentes.

A menudo se utilizan las dos palabras claves **and** y **or**. Sus características son:

- Con la palabra clave **and**, si la primera parte de la expresión es falsa, la segunda parte no se evalúa, porque falso y cualquier otra cosa es falso obligatoriamente.
- Con la palabra clave **or**, si la primera parte de la expresión es verdadera, la segunda parte no se evalúa, porque verdadero o cualquier otra cosa es verdadero obligatoriamente.

Estos elementos deberían tenerse en cuenta en términos de rendimiento.

### 2.4.4 Rendimiento

La complejidad de la evaluación booleana es proporcional al tiempo que tarda en resolverse. Este dato resulta esencial y debería tenerse en cuenta en la construcción de condiciones.

Cuando alguna condición se lee a menudo y está compuesta por varias partes con una complejidad similar, resulta importante poner en primer lugar la sección que es más probable que devuelva falso con el objetivo de detener lo antes posible el proceso de evaluación.

Si alguna de las partes es más compleja, debería situarse en último lugar, de modo que no tenga que evaluarse salvo si las demás condiciones son verdaderas.

Esto resulta particularmente útil con el uso de las palabras clave **and** y **or** basándonos en las características expuestas más arriba, que deben conocerse y utilizarse correctamente.

A su vez, para una sucesión de instrucciones **if**, **elif**, **else**, se recomienda que aparezcan en primer lugar aquellas condiciones menos complejas de probar y, a igual dificultad, aquellas que tengan más probabilidades de ser verdaderas, de modo que se pase por la menor cantidad de instrucciones **elif** posibles.

Del mismo modo, el **else** no debería ser la «instrucción papelera» en el sentido de que las condiciones particulares se tratan en las instrucciones anteriores y «todas las demás» se tratarán en el **else** porque eso quiere decir que esta última instrucción es la más probable.

© Editions ENI - All rights reserved

Por ejemplo, si evaluamos una nota entre 0 y 20, y el 80 % de los resultados se sitúan entre 8 y 12 y el 15 % por encima de 12, he aquí un algoritmo clásico:

```
>>> if nota < 8:
...     print('insuficiente')
... elif nota > 12:
...     print('sobresaliente')
... else:
...     print('suficiente')
...
```

Dicho algoritmo hace que en el 80 % de los casos la primera instrucción se comprueba, a continuación se evalúa la segunda para, finalmente, terminar entrando con la tercera y última.

Sería preferible plantearlo de la siguiente manera:

```
>>> if 8 <= nota <= 12:
...     print('suficiente')
... elif nota > 12:
...     print('sobresaliente')
... else:
...     print('insuficiente')
...
```

Además, para una condición o parte de una condición compleja que deba calcularse y utilizarse en varias ocasiones, resulta conveniente evaluar de manera previa las instrucciones condicionales de modo que no sea preciso realizar el cálculo varias veces.

Python sabe cómo realizar, por sí mismo, algunas optimizaciones, aunque existen prioridades, y conviene saber utilizarlas de manera ventajosa.

## 2.5 Iteraciones

### 2.5.1 Instrucción for

La palabra clave **in** verifica la pertenencia de un elemento a una secuencia. La combinación de esta con la palabra clave **for** permite iterar sobre el conjunto de elementos de la secuencia.

```
>>> for a in (5, 7, 11, 13):
...     print('%d es un número primo' % a)
...
5 es un número primo
7 es un número primo
11 es un número primo
13 es un número primo
```

Esto permite saber de inmediato que la iteración ha terminado (no cabe la posibilidad de entrar en un bucle infinito) y repetir el procesamiento basándose en un conjunto determinado de elementos.

Existen muchas formas de iterar mediante estas dos palabras clave, aunque están íntimamente ligadas a los tipos de datos y por ello los casos de uso concreto se presentan en los capítulos Secuencias y algoritmos aplicados y Diccionarios y algoritmos aplicados.
Cabe destacar que, en lugar de sobre una secuencia, es posible iterar sobre un generador. En este caso, la iteración se detiene cuando el generador ha terminado (si es finito), o puede convertirse en un bucle infinito si no gestiona su propia salida.
Existen palabras clave que permiten anticipar la salida de un bucle, las cuales se presentan más abajo.
La característica esencial de esta instrucción es que permite repetir una secuencia de instrucciones sobre un conjunto de datos que se le pasa como parámetro.
Cabe destacar también que Python 3.5 introduce la posibilidad de iterar de manera asíncrona, lo cual resulta útil cuando se utiliza con generadores, por ejemplo:

```
>>> async for row in cursor:
... print(row)
```

Este es un pequeño cambio para el desarrollador, pero potencialmente un gran cambio para mejorar el rendimiento.

### 2.5.2 Instrucción while

La instrucción **while** sirve para repetir una serie de instrucciones mientras la condición se evalúe como verdadera.
La condición puede realizarse sobre cualquier elemento, aunque por lo general se trata de un dato que se manipula en el seno del bucle de modo que pueda gestionarse su salida.

```
>>> a = 2
>>> while a > 0:
...     a -= 1
...
```

Es fácil realizar un bucle infinito (**while True:**), aunque crearlo significa que se sabe cómo gestionarlo para finalizarlo, de lo contrario el programa se bloqueará.
En Python existe una verdadera diferencia entre las instrucciones **while** y **for**, no solamente basándose en la comodidad a la hora de escribirlas. Por ello, deben utilizarse en contextos precisos. Por ejemplo, no se itera sobre secuencias controlando un índice, sino que es preciso utilizar **for**. Por el contrario, **while** se utiliza en casos bien definidos, cuando no es posible resolver la situación utilizando un bucle **for**.

### 2.5.3 ¿Cuál es la diferencia entre for y while?

Para Python, las instrucciones **for** y **while** son dos instrucciones muy diferentes, tanto en su uso como en el aspecto conceptual.
En efecto, en el plano conceptual, dejando de lado los efectos de una salida anticipada del bucle, el principio del bucle **for** es que puede saberse de antemano el número de iteraciones que se ejecutarán, mientras que con el bucle **while** resulta imposible predecir en qué momento la condición se volverá falsa.

© Editions ENI - All rights reserved

En el aspecto práctico, el bucle **for** permite iterar directamente sobre los valores y realizar operaciones para cada uno de ellos. El bucle **while** permite repetir un algoritmo mientras una condición sea verdadera.

### 2.5.4 Instrucción break

Esta instrucción permite terminar la iteración inmediatamente, sea cual sea el número de iteraciones realizadas o que quede por realizar. Resulta útil en muchos aspectos.

Veamos el siguiente problema. Queremos obtener la potencia de 2 inmediatamente superior a un millón. Se parte de 1 y se multiplica por dos hasta que se cumpla la condición. Esto podría realizarse mediante un bucle infinito (pues a priori no se sabe cuántas iteraciones son necesarias), saliendo de la iteración cuando se tenga el valor deseado:

```
>>> def f():
...     a = 1
...     while True:
...         a *= 2
...         if a > 1000000:
...             break
...     return a
...
>>> f()
1048576
```

Esta instrucción se utiliza también para acortar una iteración. Por ejemplo, para comprobar la validez de los elementos de una secuencia:

```
>>> def es_valido(l):
...     r = True
...     for a in l:
...         if a < 0 or a > 20:
...             r = False
...             break
...     return r
...
```

Cuando alguno de los valores de la secuencia no está conforme, la secuencia no lo está y no resulta útil verificar los demás valores.

A diferencia de otros lenguajes, **break** y **continue** son palabras clave que se utilizan solas y no pueden estar seguidas de cifras, si bien la reflexión acerca de este aspecto sí se ha realizado (http://www.python.org/dev/peps/pep-3136/). Por ejemplo, **break 2,** para indicar la salida de dos bucles o el uso de etiquetas que se han tenido en cuenta en la etapa de reflexión aunque finalmente no se han implementado.

Se han propuesto otras variantes originales, como el reemplazo de la instrucción **break** por un método incluido en el objeto iterador, aunque se ha rechazado la propuesta.

En efecto, este tipo de funcionalidad entraña una complejidad demasiado alta y potencialmente bastante confusión en un código complejo.

Además, los casos de uso son demasiado extraños y siempre es posible resolver el problema de forma sencilla.

Por ejemplo, para encontrar los valores comunes a dos listas y detenerse cuando se han encontrado dos valores:

```
def test():
      brk, num = False, 0
      for a in range(1, 20, 2):
          for b in range(1, 20, 3):
              if a == b:
                  print(a)
                  num += 1
                  if num >= 2: brk=True
                  break
          if brk:
              break
```

La ejecución de esta función da el siguiente resultado:

```
>>> test()
1
7
```

Mientras que si se eliminan las dos últimas líneas, el resultado es:

```
>>> test()
1
7
13
19
```

No entraremos en detalle a este nivel del libro, aunque conviene saber que Python permite evitar dobles bucles y el uso de estas soluciones evita tener que escribir un algoritmo como el anterior.

### 2.5.5 Instrucción return

Cuando se obtiene un resultado, en lugar de utilizar **break**, es posible devolver el resultado inmediatamente. Es otra forma de terminar una iteración:

```
>>> def f():
...     a = 1
...     while True:
...         a *= 2
...         if a > 1000000:
...             return a
...
>>> f()
1048576
```

© Editions ENI - All rights reserved

### 2.5.6 Instrucción continue

Otra instrucción extremadamente útil es **continue**. Permite, simplemente, interrumpir una iteración para pasar a la siguiente.
He aquí un ejemplo:

```
>>> def positivo(l):
...     for a in l:
...         if a < 0:
...             continue
...         print(a)
...
```

Se han presentado todas las herramientas necesarias para gestionar adecuadamente las iteraciones.

### 2.5.7 Instrucción else

Es una especificidad de Python. La palabra clave **else** también tiene significado cuando se asocia con la palabra clave **for**.
Se ha presentado el ejemplo de la función **es_valido** antes para introducir la palabra clave **break**:

```
>>> def es_valido(l):
...     for a in l:
...         if a < 0 or a > 20:
...             return False
...     else:
...             return True
```

Si la lista es válida, se recorre el conjunto de elementos y la condición de invalidación de algún elemento es siempre falsa. La instrucción **break** no se ejecuta nunca.
Esto provoca que se entre en la instrucción **else**; he aquí el resultado:

```
>>> es_valido([1, 2, 3])
True
```

Cuando la instrucción **break** se ejecuta, el bloque contenido en el **else** no se tiene en cuenta:

```
>>> es_valido([-1, 2, 3])
False
```

Esto nos abre posibilidades en la escritura de algoritmos interesantes y originales.
La palabra clave **else** funciona también en combinación con la palabra clave **while** del mismo modo y con el mismo significado. He aquí un ejemplo del sitio oficinal adaptado con la instrucción **while**:

```
>>> for n in range(2,10):
...     x = 2
...     while x < n**(1/2):
...         if n % x == 0:
...             print('%i vale %i * %i' % (n, x, n/x))
```

```
...                 break
...             x += 1
...     else:
...         print('%i es un número primo' % n)
...     n += 1
...
2 es un número primo
3 es un número primo
4 vale 2 * 2
5 es un número primo
6 vale 2 * 3
7 es un número primo
8 vale 2 * 4
9 vale 3 * 3
```

La semántica de **else** se define por oposición a **break**.

### 2.5.8 Generadores

La diferencia entre una secuencia de valores y un generador de valores es que **la primera se calcula íntegramente antes de utilizarse**, lo cual exige la ocupación en memoria de la lista íntegra y espera su cálculo antes de poder utilizarla. Por el contrario, el generador se contenta con calcular un valor a continuación del otro, devolviéndolos con cada llamada y esperando que se devuelva el control para calcular el valor siguiente.
La principal dificultad de un generador consiste en devolver un valor al algoritmo que lo invoca (el que utiliza el generador), y devolver el control a continuación. Afortunadamente, existe una solución fácil mediante el uso de la instrucción **yield**:

```
>>> def g(num):
...     for i in range(num):
...         print('Generador %d' % i)
...         yield i
...
```

Aquí es preciso comprender que cuando se invoca a esa función, el código contenido en dicha función no se invoca. De hecho, la llamada de un generador se contenta con dejar las cosas preparadas para que el generador pueda utilizarse.

```
>>> gen = g(2)
```

Aquí no se tiene ninguna visualización, el código incluido en el generador no se ejecuta. Por el contrario, este código se ejecutará cuando se utilice en un bucle:

```
>>> for i in gen:
...     print('Uso %d' % i)
...
Generador 0
Uso 0
Generador 1
Uso 1
```

© Editions ENI - All rights reserved

Este ejemplo pone de relieve la forma en la que funciona el generador, de manera combinada con el bucle que lo utiliza. Es necesario ver la descomposición de las distintas acciones y el orden de escritura de la visualización para comprender qué ocurre.
Cuando un bucle utiliza un generador, el código de dicho generador se ejecuta hasta que encuentra la palabra clave **yield**, que le permite devolver un valor. A continuación, se ejecuta el bucle de llamada completo. Una vez termina el bucle, el generador retoma el control donde se hubiera detenido (consulte el capítulo Modelo de objetos).
Este tipo de generador se llama generador finito, pues realiza el bucle n veces (dos veces en el caso de nuestro ejemplo). Dicho generador finaliza obligatoriamente con un **return**, pues un generador es una función y toda función termina de esta manera.
En la práctica, está prohibido indicar un elemento, sea el que sea, incluido **None**:

```
>>> def gen():
...     yield 1
...     return None
...
  File "<stdin>", line 3
SyntaxError: 'return' with argument inside generator
```

Por el contrario, la palabra clave sin valor sí se acepta:

```
>>> def gen():
...     yield 1
...     return
...
```

De este modo, un generador puede terminar de manera explícita mediante el uso de **return** o de manera implícita cuando el generador funciona sobre un conjunto de valores finitos.
Lo que hay que recordar es que la presencia de la palabra clave **yield** es el elemento característico de un generador. Esto también es un generador:

```
>>> def test():
...     yield 1
...     yield 2
...     yield 3
...
```

Devuelve, sucesivamente, 1, a continuación 2 y por último 3. Es útil únicamente para fines pedagógicos.
Otro detalle es que existe una función **next** que permite invocar al valor siguiente de un generador:

```
>>> gen = test()
>>> next(gen)
1
>>> next(gen)
4
>>> next(gen)
3
>>> next(gen)
Traceback (most recent call last):
```

```
  File "<stdin>", line 1, in <module>
StopIteration
```

Como muestra el ejemplo, un generador devuelve una excepción de tipo **StopIteration** cuando no existen más valores para devolver.

No es posible volver a poner un generador a cero o ir hacia atrás, puesto que no se almacena ningún valor. Por el contrario, es posible crear un nuevo generador para volver a comenzar con él:

```
>>> gen = test()
```

Un generador infinito se caracteriza por el hecho de que no termina jamás, como su propio nombre indica y, en consecuencia, el usuario debe gestionar la condición de parada. He aquí un generador infinito:

```
>>> def uno():
...     while True:
...         yield 1
...
```

Y un código que gestiona la detención de la iteración:

```
>>> for a in uno():
..      break
...
```

Los generadores se explican con detalle más adelante en el libro, en particular los motivos para utilizar generadores, aunque todos los elementos que permiten comprender su sintaxis se han expuesto aquí.

Por último, para terminar esta presentación, recientemente se ha introducido una nueva sintaxis: se trata de **yield from**. El objetivo es evitar, una vez más, tener que hacer bucles dentro de otros bucles. De este modo, veamos el siguiente ejemplo inspirado en la función **cadena** presentada en itertools que podría resumirse de la siguiente manera:

```
>>> def cadena(*iters):
...     for it in iters:
...         for item in it:
...             yield item
```

Utilizando la nueva palabra clave, podríamos simplificar el código anterior de la siguiente manera:

```
>>> def cadena(*iters):
...     for it in iters:
...         yield from it
```

La idea consiste en devolver directamente un valor provisto por un generador invocándolo.

© Editions ENI - All rights reserved

## 2.6 Construcciones funcionales

### 2.6.1 Construcción condicional

Python permite construir un objeto de distinta manera según las condiciones:

```
>>> variable = 42 if (película = "H2G2") else 0
```

Hay que prestar especial atención a que esta expresión no sea demasiado pesada, pues se corre el riesgo de penalizar la legibilidad, que siempre debería primar.

```
>>> variable = 42 if (película = "H2G2") else 1 if (película= = "aventura") else 0
```

Por último, sepa que una función o una clase no son más que variables como las demás, de modo que podríamos escribir cosas como:

```
>>> (funcion1 if (película = "H2G2") else funcion2)()
>>> instance = (Class1 if (película = "H2G2") else Class2)()
```

Una escritura chula pero, una vez más, no necesariamente legible, y por lo tanto poco utilizada, salvo en generadores o recorridos.

### 2.6.2 Generadores

Es posible construir un generador en una línea, utilizando las palabras clave **for** e **in** y utilizando paréntesis para delimitarlo:

```
>>> gen = (a**2 for a in range(1000))
```

Dejando a un lado la diferencia sintáctica, la funcionalidad es exactamente la misma que en los generadores descritos anteriormente. En el caso anterior, el generador es finito, pues se basa en una lista finita.

Para construir un generador infinito, basta con basarse en otro generador infinito:

```
>>> gen = (a**2 for a in generador_infinito())
```

También es posible iterar sobre varias dimensiones así:

```
>>> gen = (a+b for a in range(1000) for b in range(1000))
```

### 2.6.3 Recorrido de listas

De nuevo, se utilizan las palabras clave **for** e **in**, aunque en lugar de utilizar paréntesis se utilizan corchetes:

```
>>> lista = [a**2 for a in range(1000)]
>>> lista = [a+b for a in range(1000) for b in range(1000)]
```

Preste atención para no basar el recorrido de la lista en un generador infinito.

### 2.6.4 Recorrido de conjuntos

Se basa en el mismo principio, siempre con las palabras clave **for** e **in** aunque utilizando llaves:

```
>>> conjunto = {a**2 for a in range(1000)}
```

### 2.6.5 Recorrido de diccionarios

De nuevo, se utilizan las palabras clave **for** e **in** junto a llaves, y la presencia de los dos puntos indica la diferencia respecto al recorrido de conjuntos.

```
>>> diccionario = {a: a**2 for a in range(1000)}
>>> tabla = {(a, b): a*b for a in range(1000) for b in range(1000)]
```

## 2.7 Recorrido y expresión de asignación

Las expresiones de asignación se pueden utilizar en un recorrido de lista. A continuación se muestra un ejemplo extraído de la documentación oficial):

```
>>> filtered_data = [y for x in data if (y := f(x)) is not None]
```

Hay que observar la ubicación de la expresión de asignación. El interés es evitar tener que hacer un cálculo varias veces para usarlo como valor y en un filtro. De hecho, este ejemplo sin la expresión de asignación se escribiría de la siguiente manera:

```
>>> filtered_data = [f(x) for x in data if f(x) is not None]
```

Sin la expresión de asignación, el único medio de obtener buen rendimiento sería pasar por un algoritmo procedimental:

```
>>> filtered_data = []
>>> for x in data:
...     y = f(x)
...     if y is not None:
...         filtered_data.append(y)
```

Este ejemplo permite ver el interés de la expresión de asignación en un recorrido.

## 2.8 Gestión de excepciones

### 2.8.1 Breve presentación de las excepciones

El mecanismo de gestión de excepciones forma parte del núcleo de Python. De este modo, no existe forma de encontrarse con un error que no sea una excepción (a diferencia de PHP, por ejemplo, cuya parte moderna genera excepciones, mientras que su parte histórica sigue produciendo errores que no pueden capturarse ni gestionarse).
Las excepciones se producen durante la ejecución del código. Los errores de sintaxis no generan una excepción, pues se detectan durante el análisis del código y no en tiempo de ejecución:

```
>>> a = '
  File "<stdin>", line 1
    a = '
        ^
SyntaxError: EOL while scanning string literal
```

En la consola, en una secuencia de instrucciones, un error de sintaxis se detecta inmediatamente cuando se valida la línea, mientras que una excepción no se detecta hasta que se ejecuta la instrucción.

© Editions ENI - All rights reserved

De cara al usuario, es preciso prever que ciertas partes del código escrito pueden no funcionar correctamente por distintos motivos.

### 2.8.2 Elevar una excepción

En lugar de dejar que se ejecute el código de forma incontrolada y crear excepciones no manejadas a continuación, es preferible tomar las riendas y prever los posibles errores que se pueden producir de cara a poder gestionarlos y adaptar la excepción a la situación:

```
>>> def media(*args):
...     return sum(args)/len(args)
...
>>> media()
Traceback (most recent call last):
  File "<stdin>", line 1, in <module>
  File "<stdin>", line 2, in media
ZeroDivisionError: division by zero
```

La naturaleza de la excepción no es semánticamente correcta respecto a lo que ocurre realmente. He aquí cómo proceder para ajustar mejor el error:

```
>>> def media(*args):
...     if len(args) == 0:
...         raise TypeError(media expected at least 1 arguments, got 0')
...     return sum(args)/len(args)
...
>>> media()
Traceback (most recent call last):
  File "<stdin>", line 1, in <module>
  File "<stdin>", line 3, in media
TypeError: media expected at least 1 arguments, got 0
```

Esto se realiza mediante la palabra clave **raise** seguida de una instancia que herede de la clase base Exception. Si se ejecuta la instrucción, la ejecución del programa se detiene, a menos que se capture y se realice algún procedimiento adaptador al error.
En caso contrario, el programa se detiene abruptamente, y se muestra la excepción. Contiene diversa información, en particular el nombre de la excepción, que es un elemento extremadamente importante y significativo, su descripción y la pila de llamadas que contiene las anidaciones del programa y que permite identificar las secciones del código afectadas.

### 2.8.3 ¿Por qué elevar una excepción?

Muchos desarrolladores debutantes se preguntan de qué sirve elevar excepciones. En efecto, cuando se está desarrollando, se encuentran a menudo excepciones, que indican errores de lógica, despistes o problemas más generales en el código.
Requieren modificar el código para corregirlo, lo cual se realiza en tiempo de desarrollo. Por el contario, un código bien construido no debería generar, jamás, una excepción al usuario final.
Todo esto es cierto hasta cierto punto. En efecto, una excepción no significa necesariamente un error en la lógica del código. Puede deberse, por ejemplo, a un intento de conexión a un servidor que fracasa, porque el servidor remoto no está disponible, por ejemplo.

Conviene darse cuenta de que el componente que gestiona esta conexión no puede decir qué debe realizarse. Para él, no puede ir más allá y eleva una excepción para transmitir esta información indicando que ha encontrado un problema. La naturaleza de la excepción, su tipo y el mensaje de error permitirán al administrador saber cómo reaccionar: encender el servidor, abrir una incidencia o similar.

Por el contrario, puede haber componentes de más alto nivel encargados de capturar esta excepción para reaccionar, cuando se produce, de una manera controlada particular. Esto puede expresarse de la siguiente manera: «Intenta conectarte al servidor. Si no lo consigues, conéctate a un servidor auxiliar. Si tampoco lo consigues, envía un correo electrónico al administrador y devuelve un mensaje de error sencillo, conciso y educado al usuario».

De este modo, esta sección lógica no tiene nada que hacer en el aspecto técnico que asegura la conexión. Puede variar de una situación a otra. El hecho de elevar una excepción y de permitir su captura por otro permite articular lo que se conoce como **reparto de responsabilidades**.

El código que hace el trabajo informa cuando encuentra un problema. Se le denomina **código crítico**.

El código que solicita el trabajo puede hacer como prefiera, considerando que la llamada al código crítico debe funcionar, o bien interrumpir el programa a causa de un error.

Este mismo código puede, también, ser consciente del riesgo vinculado a la llamada del código crítico y decidir prever un **comportamiento alternativo** que permita anticipar un posible error.

### 2.8.4 Aserciones

La instrucción **assert** resulta útil para permitir generar excepciones si las condiciones no se cumplen, lo cual resulta perfectamente útil para realizar un control.

Las aserciones pueden utilizarse simplemente para comprobar una expresión:

```
>>> a=1
>>> assert a%2 == 1
>>> a=2
>>> assert a%2 == 1 Traceback (most recent call last):
 File "<stdin>", line 1, in <module>
AssertionError
```

Mientras todo vaya bien, no ocurre nada, pero en caso contrario se genera una excepción de tipo **AssertionError** cuando una expresión se evalúa como incorrecta.

En este caso es posible pasar a la palabra clave una segunda expresión que se evalúa y sustituye si aparece un problema, que permite precisar un poco mejor el tipo de problema encontrado:

```
>>> a=1
>>> assert a%2 == 1, 'variable a incorrecta'
>>> a=2
>>> assert a%2 == 1, 'variable a incorrecta'
Traceback (most recent call last):
 File "<stdin>", line 1, in <module>
AssertionError: variable a incorrecta
```

© Editions ENI - All rights reserved

Cabe destacar que esto funciona en la consola por defecto, aunque debería desactivarse. Para ello:

```
>>> __debug__
True
```

Esta variable es una variable especial, protegida en escritura. No es posible modificarla directamente. He aquí un archivo escrito únicamente para la demostración:

```
a=1
assert a==2, 'Test'
```

He aquí el resultado obtenido:

```
$ python3 test_assert.py
Traceback (most recent call last):
  File "test_assert.py", line 2, in <module>
    assert a==2, 'Test'
AssertionError: Test
```

La manera de deshabilitar este modo de depuración es el siguiente:

```
$ python3 -O test_assert.py
```

En este punto, las instrucciones **assert** se han ignorado.
Observe que la excepción se produce con toda la pila de llamadas y la información necesaria para permitir al desarrollador disponer toda la información útil para corregir el problema (que puede, a su vez, deberse a una expresión de aserción falsa).

### 2.8.5 Capturar una excepción

Veamos una función que genera un error:

```
>>> def test(num):
...     if num <0:
...         raise ValueError('El número es negativo')
...     return num
...
```

Cuando se produce una excepción, se genera una traza y se envía hasta el origen incluyendo la pila de llamadas:

```
>>> test(-1)
Traceback (most recent call last):
  File "<stdin>", line 1, in <module>
  File "<stdin>", line 3, in test
ValueError: El número es negativo
```

Cuando se utiliza una función o un método susceptible de generar una excepción, es posible escoger voluntariamente no hacer nada. De este modo, se dice que la excepción se propaga. En caso de error, la pila de llamadas muestra la ruta desde el origen del programa hasta la excepción no capturada.

He aquí un ejemplo:

```
>>> def retest(num):
...     if test(num) > 100:
...         print('OK')
...
>>> retest(-1)
Traceback (most recent call last):
  File "<stdin>", line 1, in <module>
  File "<stdin>", line 2, in retest
  File "<stdin>", line 3, in test
ValueError: El número es negativo
```

Veamos cómo capturar una excepción:

```
>>> try:
...     num = test(num)
```

Y el final de la secuencia, que es inseparable de lo anterior, el procesamiento del error:

```
... except:
...     num = 0
...
```

que se detalla en el capítulo siguiente.

### 2.8.6 Manejar una excepción

El hecho de no capturar una excepción no es, necesariamente, un error de programación, y puede estar voluntariamente justificado. No es indispensable capturar sistemáticamente una excepción, y mucho menos elevarla en el procesamiento del error:

```
>>> try:
...     test(-1)
.. except:
...     raise ValueError('El número es negativo')
...
Traceback (most recent call last):
  File "<stdin>", line 2, in <module>
  File "<stdin>", line 3, in test
ValueError: El número es negativo
During handling of the above exception, another exception
occurred:
Traceback (most recent call last):
  File "<stdin>", line 4, in <module>
ValueError: El número es negativo
```

A diferencia de lo deseado, esto genera confusión. Resulta práctico comparar con otros lenguajes que hacen precisamente lo contrario, es decir, obligar a capturar todas las excepciones, salvo que se propague elevándola de nuevo en el procesamiento del error. En Python, resulta una pérdida de tiempo y una aberración que no tiene sentido. Se trata de un punto de diferenciación importante respecto a lo que se realiza en otros lenguajes. Esto aporta flexibilidad al código sin disminuir eficacia al sistema de excepciones.

© Editions ENI - All rights reserved

De cara a gestionar con detalle qué tipo de error se produce durante la ejecución de la secuencia de instrucciones contenida en el bloque **try**, es posible capturar distintos tipos de excepciones y efectuar un procesamiento de errores personalizado para cada excepción y para el caso en que no se capture:

```
>>> try:
...     pass
... except TypeError:
...     """Procesamiento para este tipo de excepción"""
... except ValueError:
...     """Procesamiento para este tipo de excepción"""
... except:
...     """Procesamiento para los demás tipos de excepción"""
...
```

Esta solución funciona, aunque no distingue entre un error producido por una u otra de las instrucciones presentes en el bloque **try**. Si se debe realizar alguna distinción, es necesario gestionar dos bloques **try** diferentes.
En ocasiones, para generar una excepción, es necesario recuperar el objeto de excepción con objeto de recoger la información necesaria, que permite decidir entre varios escenarios alternativos. Para ello, es preciso modificar el código anterior de la siguiente manera:

```
>>> try:
...     pass
... except TypeError as e:
...     """Procesamiento para este tipo de excepción"""
... except ValueError as e:
...     """Procesamiento para este tipo de excepción"""
... except Exception as e:
...     """Procesamiento para los demás tipos de excepción"""
...
```

Observe que en la última parte se captura una excepción de tipo Exception, es decir, la excepción más general (todas las excepciones heredan de esta clase).
Preste atención, en Python 2 verá la siguiente sintaxis:

```
>>> try:
...     pass
... except TypeError, e:
...     """Procesamiento para este tipo de excepción"""
... except ValueError, e:
...     """Procesamiento para este tipo de excepción"""
... except Exception, e:
...     """Procesamiento para los demás tipos de excepción"""
...
```

### 2.8.7 Gestionar la salida del bloque de captura

La captura de una excepción sigue siendo un elemento esencial de la programación moderna. Cuando se inicia dicha secuencia, pueden producirse varios casos. O bien el bloque **try** se ejecuta con éxito, o bien se interrumpe y las instrucciones del bloque **except** se ejecutan a continuación. O, en ocasiones, es importante realizar cierto número de operaciones, en particular si hay presente una instrucción **return** o si el bucle de procesamiento produce una nueva excepción.

Esto es lo que se denomina gestionar la salida del bloque de captura:

```
>>> def f(num):
...     try:
...         return test(num)
...     except:
...         return 0
...     finally:
...         print('siempre se ejecuta')
...
```

Cuando no se produce ninguna excepción, se obtiene:

```
>>> f(1)
siempre se ejecuta
1
```

Cuando se produce alguna excepción, el resultado es:

```
>>> f(-1)
siempre se ejecuta
0
```

De este modo, el bloque de instrucciones incluido en **finally** se ejecuta antes de devolver el resultado, como si se hubiera copiado en ambas secciones del código justo antes del retorno. Esto evita, por tanto, la duplicación de código inútil y permite realizar las operaciones necesarias para finalizar el procesamiento conteniéndolas en un punto único.

Esto resulta esencial, pues permite evitar la duplicación de código. Permite, a su vez, cerrar correctamente las conexiones a un servidor o cerrar un archivo. El bloque **finally** solamente puede utilizarse con **try** para gestionar una salida, como cerrar un archivo incluso cuando se produce y propaga una excepción.

### 2.8.8 Gestionar que no se produzcan excepciones

En ocasiones, cuando se captura una excepción, se define un comportamiento por defecto:

```
>>> try:
...     n = test(-1)
... except:
...     n = 0
...
```

© Editions ENI - All rights reserved

Y esto resulta suficiente. Por el contrario, puede quererse realizar una instrucción que puede elevar una excepción, y continuar como si no se hubiera producido. Por lo general, estas instrucciones se sitúan en el bloque **try** justo tras la instrucción de la que se quiere capturar una excepción:

```
>>> try:
...     # instrucción de la que se quiere capturar las excepciones
...     # segunda parte: otras instrucciones
...     pass
... except:
...     pass
...
```

Esto parece correcto, aunque en realidad es una mala idea, pues el desarrollador no ha previsto capturar más que los errores de la primera instrucción.
O, si se ejecutan las demás instrucciones, el bucle de procesamiento del error no está, potencialmente, adaptado y puede provocar un mal funcionamiento.
Por otro lado, capturar una excepción tiene un coste y cuantas menos instrucciones se alojen en su interior, mejor.
En ocasiones se ve el siguiente tipo de algoritmo:

```
>>> ok = False
>>> try:
...     # instrucción de la que se quiere capturar las excepciones
...     ok = True
... except:
...     pass
...
>>> if ok:
...     # segunda parte: otras instrucciones
...
```

Esto es mejor en un plano funcional. En efecto, si la primera instrucción se ejecuta correctamente, la segunda también. El bloque condicional que sigue asegura de manera determinista que las instrucciones que contiene no se ejecutan salvo si no hay excepciones.
En el plano cualitativo, la legibilidad no es la mejor y el algoritmo tiene una complejidad inútil, pues el propio programa sabe si se ha producido una excepción o no. Puede, entonces, gestionarlo por sí mismo, que es precisamente lo que se propone mediante el uso de la palabra clave **else**.
De este modo, el resto de las instrucciones que se han de ejecutar únicamente si no se ha producido una excepción previa se incluyen en un bloque **else** y la semántica de este bloque se contrapone con la de la palabra clave **except** porque se pasa o bien a un bloque o bien al otro.
Las posibles excepciones que podrían producirse en el bloque **else** no están capturadas, aunque pueden agregarse en un nuevo bloque **try**.

He aquí un ejemplo típico que sirve para trabajar con una base de datos:

```
try:
      # establecimiento de conexión con una base de datos
except:
      # se muestra un mensaje que pide verificar la conexión
else:
    try:
      # se envía una consulta
    except:
      # se muestra un mensaje con la consulta
    else:
      # se recupera el resultado en una variable
finally:
      # se cierra la conexión a la base de datos
```

De este modo, el sistema de gestión de excepciones de Python es particularmente completo y utiliza solo cuatro palabras clave que, por sí mismas, bastan para gestionar todas las posibles situaciones.

### 2.8.9 Gestor de contexto

La instrucción **with** se utiliza con **as** y se describe en una propuesta específica (http://www.python.org/dev/peps/pep-0343/). Su objetivo es adaptar el sistema de gestión de excepciones a casos de uso habituales, como son la utilización de recursos y, sobre todo, su correcta liberación, lo que permite una simplificación importante de la sintaxis facilitando la legibilidad.

A continuación se muestra la sintaxis propia de la instrucción **with**:

```
with EXPR as VAR:
      BLOCK
```

En realidad, equivale a lo siguiente:

```
VAR = EXPR
VAR.__enter__()
try:
      BLOCK
finally:
      VAR.__exit__()
```

He aquí un ejemplo típico:

```
>>> with open('ejemplo.txt') as archivo:
...     content = archivo.read()
...
```

De este modo, el archivo siempre se cierra correctamente y sus datos se preservan, no solo sin complicar la lectura del código fuente sino también mejorando el rendimiento y su comprensión.

El hecho de no tener un bloque **except** implica que, si se produce una excepción en el bloque **try**, se propagará.

© Editions ENI - All rights reserved

Con este tipo de funcionalidad, no hay excusas para seguir escribiendo:

```
>>> for line in open('ejemplo.txt'):
..     pass
...
```

que crea un descriptor hacia un archivo abierto y que no se cierra nunca.
Es posible utilizar varias variables con esta palabra clave, separándolas mediante comas (desde Python 3.1):

```
>>> with open('ejemplo1.txt') as f1, open('ejemplo2.txt', 'w') as f2:
...     for l in f1:
...         f2.write(l)
...
15
15
```

El código producido es sencillo, claro y tiene muy pocas líneas, gestionando correctamente lo esencial. Se tarda muy poco en pensar y escribir este código.
Las especificidades de los métodos especiales utilizados se detallan en el capítulo Modelo de objetos.

**Observación**

*Python 2: en versiones anteriores de Python, es posible disponer del administrador de contexto así:*

```
>>> from __future__ import with_statement
```

### 2.8.10 Programación asíncrona

La programación asíncrona es uno de los aspectos que más evolucionan en el lenguaje Python. Se trata de una funcionalidad importante que permite mejorar el rendimiento sin tener que dotar de complejidad excesiva a los algoritmos.
Python 3.4 aportó un nuevo módulo llamado **asyncio** (https://docs.python.org/3/library/asyncio.html) que permitió implementar una mejor solución que las existentes hasta el momento, y Python 3.5 (https://docs.python.org/3/library/asyncio-task.html) ha transformado este intento incorporando en el núcleo del lenguaje estos principios gracias a las dos palabras clave **async** y **await**.
La primera palabra clave sirve para declarar una función como asíncrona:

```
async def envio_peticion(servidor, accion):
    """Cuerpo de la función asíncrona"""
```

El segundo sirve para utilizar una función asíncrona dentro de otra función asíncrona:

```
async def recuperar_informacion():
    return await envio_peticion("localhost:8844", "/info")
```

La primera palabra clave también puede utilizarse con un administrador de contexto (palabra clave **with**) así:

```
async def get_cursor(db):
    async with db.transaction():
        return await db.fetch('SELECT * from mi_tabla')
```

Esto permite mejorar el rendimiento con un coste muy bajo, en particular para operaciones lentas y/o que están a menudo en espera.
Por último, también se puede utilizar para las iteraciones:

```
async def read_data(cursor):
    async for row in cursor:
        print(row)
    else:
        print('there is no row')
```

Las funciones asíncronas se denominan rutinas concurrentes y esta sintaxis es, desde Python 3.5, la preferente para escribir rutinas concurrentes. En Python 3.4, hay que seguir utilizando el módulo **asyncio**, y en versiones anteriores, **asyncore**.
Observe, sin embargo, que el módulo **asyncore** se encuentra ahora deprecado y el módulo **asyncio** podría seguir rápidamente el mismo camino, dado que se concibió como una experimentación de cara a integrar la programación asíncrona en el núcleo del lenguaje, como hace Python 3.5.

## 2.9 Otros

### 2.9.1 Gestionar imports

La instrucción **import** es absolutamente necesaria en los módulos Python para diseñar y utilizar nuestros propios módulos. Está todo explicado con detalle en la documentación oficial (http://docs.python.org/reference/simple_stmts.html#the-import-statement).
He aquí los aspectos esenciales que cabe recordar. Es posible importar todo un módulo:

```
>>> import os
```

Es posible utilizar cualquier función haciendo referencia al módulo:

```
>>> os.walk
<function walk at 0x1521738>
```

Aunque lo único que se puede importar de este modo es un módulo:

```
>>> import os.walk
Traceback (most recent call last):
  File "<stdin>", line 1, in <module>
ImportError: No module named walk
```

Es posible importar únicamente lo que vamos a necesitar:

```
>>> from os import walk
>>> walk
<function walk at 0x1521738
```

También es posible utilizar la palabra clave **as** en los casos anteriores para dar un alias a un módulo, una función, una clase o una constante:

```
>>> from os import walk as w
>>> w
<function walk at 0x1521738>
```

© Editions ENI - All rights reserved

Esto es útil sobre todo para los módulos estructurados en profundidad con nombres largos. Un aspecto importante es que se puede importar un módulo buscándolo de manera relativa respecto al módulo en curso. Imaginemos, por ejemplo, que tenemos un módulo configurado en la ruta Python o en la raíz de nuestro proyecto y su arquitectura es así:

- **entrada**
  - **__init__.py**
  - **cadena.py**
  - **comun.py**
  - **numero.py**
- **ihm**
  - **__init__.py**
  - **basico.py**
  - **ihm cursos.py**

Si nos encontramos en el archivo **entrada/numero.py**, podemos importar una función del módulo **entrada/comun.py** de estas dos maneras:

```
>>> from entrada.comun import entrada
>>> from .comun import entrada
```

Si deseamos, siempre desde el archivo **entrada/numero.py**, importar una función del módulo **ihm/basic.py**, podemos hacerlo de estas dos maneras:

```
>>> from ihm.basic import entrada
>>> from ..ihm.basic import entrada
```

Los puntos representan los nodos que hay que subir en el árbol: un punto para subir al nivel superior, dos para subir dos niveles, etc. Observe que la carpeta puede ser una simple carpeta y no un módulo en el sentido de Python, en cuyo caso no se puede subir más allá de esta carpeta. Además, no se puede descender en una carpeta que no es un módulo.

### 2.9.2 Compartir espacios de nombres

La palabra clave **global** permite publicar una variable que proviene de un contexto local en un contexto global. Esto está íntimamente vinculado con la implementación de Python, en particular CPython.

He aquí un ejemplo sin utilizar esta instrucción:

```
>>> def f():
...     a = 1
...
```

Dicha función define una variable en el interior de su espacio de nombres local.

Cuando se invoca a la función, existe un aislamiento estricto entre el espacio de nombres local de la función y el espacio de nombres global.

En el siguiente ejemplo, **a** no existe antes ni después de la llamada:

```
>>> a
Traceback (most recent call last):
  File "<stdin>", line 1, in <module>
NameError: name 'a' is not defined
```

```
>>> f()
>>> a
Traceback (most recent call last):
  File "<stdin>", line 1, in <module>
NameError: name 'a' is not defined
```

La palabra clave **global** rompe esta regla, aunque es necesario declarar una variable como global antes de realizar su instanciación:

```
>>> def f():
...     global a
...     a=1
...
```

Esta vez, la variable no existe antes de la ejecución, aunque sí existe después:

```
>>> a
Traceback (most recent call last):
  File "<stdin>", line 1, in <module>
NameError: name 'a' is not defined
>>> f()
>>> a
1
```

Esta instrucción se utiliza en raras ocasiones.

Del mismo modo, existe **nonlocal**, que permite impactar no en el espacio de nombres global sino en el espacio de nombres local inmediatamente superior. He aquí una función de muestra:

```
>>> def f():
...     a = 0
...     def g():
...         a = 1
...         return a
...     return g() + a
...
>>> a = 10
>>> f()
1
>>> def f():
...     a = 0
...     def g():
...         nonlocal a
...         a = 1
...         return a
...     return g() + a
...
>>> f()
2
```

© Editions ENI - All rights reserved

En el primer caso, la función **g** devuelve **1** y **a** vale **0** en el cuerpo de la función **f**, por lo que el resultado debe ser **0 + 1**. Pero en el segundo caso, ambas variables **a** se comparten en ambos espacios de nombres locales de ambas funciones.

En ambos casos, el espacio de nombres global no se utiliza. He aquí un ejemplo modificado para utilizar la palabra clave **global** y ver su comportamiento:

```
>>> def f():
...     a = 5
...     def g():
...         global a
...         return a
...     return g() + a
...
>>> f()
15
```

Para la función **f**, **a** vale **5**, y para la función **g**, **a** vale, en el espacio de nombres **global**, **10**.

Esta funcionalidad se detalla en el PEP3104 (http://www.python.org/dev/peps/pep-3104/).

### 2.9.3 Funciones print, help, eval y exec

Estos nombres de funciones no son palabras clave, aunque ocupan un lugar especial en el lenguaje Python 3.

La función **print** permite mostrar cosas por la salida estándar, o por casi cualquier otro medio de salida. En efecto, existen parámetros que permiten extender las posibilidades de la función.

```
>>> print('Hello world !')
Hello world !
>>> for _ in range(10):
...     print('*', end='-')
... print('#')
*-*-*-*-*-*-*-*-*-*-#

with open('ejemplo.txt') as f:
... print('Hello world !', file=f)
```

La función **help** permite mostrar la ayuda de un objeto que se pasa como parámetro, sea una variable, una función, una clase o un módulo:

```
help(print)
Help on built-in function print in module builtins:
print(...)
   print(value, ..., sep=' ', end='\n', file=sys.stdout)
   Prints the values to a stream, or to sys.stdout by default.
   Optional keyword arguments:
   file: a file-like object (stream); defaults to the current sys.stdout.
   sep:  string inserted between values, default a space.
   end:  string appended after the last value, default a newline.
 (END)
```

Falta por presentar las funciones **eval** y **exec**. Son extremadamente particulares, pues permiten interpretar el contenido de una cadena de caracteres como si se tratara de una línea de instrucciones:

```
>>> exec("print('Hello World!')")
Hello World!
>>> eval("print('Hello World!')")
Hello World!
```

Se utilizan bastante poco, dado que Python dispone de todo lo necesario para gestionar la introspección, aunque pueden resultar muy útiles.

La diferencia entre **exec** y **eval** es que **eval** evalúa una expresión y devuelve un valor, mientras que **exec** se contenta con ejecutar el código:

```
>>> a=eval("'Hello World!'")
>>> print(a)
'Hello World!'
>>> b=exec("'Hello World!'")
>>> print(b)
None
```

En las versiones más antiguas, **exec** se utiliza sin paréntesis, como **print**. Había una gran distinción entre instrucciones y funciones, dado que **print** no podía invocarse mediante **eval**, por ejemplo:

```
exec 'print 5' # funciona
eval('print 5')# no funciona
```

**Observación**

*Cabe destacar que el uso de estas funcionalidades puede resultar peligroso, pues nada garantiza que no hay código malicioso en la cadena de caracteres o incluso que no van a producirse excepciones. Por lo tanto, es posible y recomendable realizar comprobaciones sobre el contenido de la cadena antes de ejecutarla.*

*Para hacer esto, recordamos la existencia del módulo **keyword** que permite comprobar la presencia de palabras clave y del módulo **pyparsing**, que le permitirá comprobar si la cadena corresponde con algo esperado (https://github.com/pyparsing/pyparsing).*

Con Python 3.x, todo esto se ha armonizado y las instrucciones son ahora funciones que pueden utilizarse en contextos más amplios.

En particular, para ejecutar un código contenido en una cadena de caracteres (o en un archivo concreto, o cualquier otro origen), se utiliza **exec**. Para evaluar una expresión (más o menos compleja) y recuperar el valor obtenido en una variable, se utiliza **eval**. De esta manera, el modo de uso de cada instrucción sí se respeta perfectamente.

Su propio nombre basta para comprender su uso. Para realizar evaluaciones, **eval**, y para ejecutar, **exec**.

© Editions ENI - All rights reserved

# Capítulo 3-2
# Declaraciones

## 1. Variable

### 1.1 ¿Qué es una variable?

#### 1.1.1 Contenido

El contenido de una variable es su valor, almacenado en memoria. Se trata, obligatoriamente, de un objeto, dicho de otro modo, de la instancia de una clase. El tipo de la instancia es el nombre de su clase. Por ejemplo, **42** es una instancia de la clase **int**, es de tipo **int**:

```
>>> type(42)
<class 'int'>
```

Cualquier operación realizada sobre una variable se realiza sobre su valor.

#### 1.1.2 Continente

El continente no es más que la asociación de un nombre, llamado identificador, y un puntero hacia el contenido, es decir, el valor asociado a dicho nombre.
La asignación es la operación que permite asociar un contenido (operando situado a la derecha) con un continente (operando situado a la izquierda) y, por tanto, asociar un identificador con un puntero a un valor.

```
>>> a = 42
```

De este modo, el uso de este nombre devuelve, sistemáticamente, el valor asociado:

```
>>> a
42
```

La única forma de eliminar esta asociación entre contenido y continente es suprimir la asociación entre el nombre y el puntero:

```
>>> del a
```

El continente ya no existe, y ya no es posible utilizar el nombre de la variable:

```
>>> a
Traceback (most recent call last):
  File "<stdin>", line 1, in <module>
NameError: name 'a' is not defined
```

El hecho de que el continente ya no exista no quiere decir, necesariamente, que el contenido asociado ya no exista en memoria, pues si bien un continente solo puede estar asociado a un único contenido, un contenido puede estar asociado a varios continentes.
Para saber si los continentes apuntan al mismo contenido, se realiza lo siguiente:

```
>>> a is b
```

He aquí un ejemplo en el que se elimina un continente pero no el contenido:

```
>>> a = 42
>>> b = a
>>> a is b
True
>>> del a
>>> b
42
```

Cuando todos los continentes que apuntaban sobre un contenido se eliminan, el contenido se vuelve inaccesible, en el sentido de que ya no tiene ningún puntero asociado.
Esto no significa que se vaya a eliminar inmediatamente, pues esta operación la realiza el recolector de basura de la máquina virtual de Python y este último se lanza de manera optimizada e impredecible.
El nombre de los continentes debe seguir ciertas reglas, que son en parte impuestas y en parte tácitas.
Todas las palabras clave (las 32 instrucciones + **`None`** + **`True`** + **`False`**) que hemos visto en el capítulo anterior no pueden utilizarse como nombre de variable (el análisis léxico reporta un error):

```
>>> def = 42
  File "<stdin>", line 1
    def = 42
        ^
SyntaxError: invalid syntax
```

Dicho error se detecta durante la compilación. Por el contrario, es posible utilizar palabras reservadas, es decir, ya usadas por el propio lenguaje:

```
>>> list
<class 'list'>
>>> list=42
>>> list
42
```

© Editions ENI - All rights reserved

Sin embargo, al hacer esto, nos exponemos a encontrar errores que se producen de forma lógica. En efecto, si un poco más adelante en el código queremos convertir una n-tupla en una lista como se muestra a continuación, tendremos:

```
>>> list((1, 2, 3))
Traceback (most recent call last):
  File "<stdin>", line 1, in <module>
TypeError: 'int' object is not callable
```

Este tipo de error es más insidioso, pues no se detecta durante el análisis léxico, dado que **list** no es una palabra clave, sino una palabra reservada.

En efecto, Python supone que el desarrollador sabe lo que hace en todo momento y que, si decide remplazar la función **list**, es porque desea remplazarla por un equivalente construido según lo establecido.

Tampoco detectan el error los demás mecanismos, dado que el desarrollador puede estar queriendo realmente remplazar la clase **list** existente por una clase personalizada y una característica de la potencia de Python consiste precisamente en permitir este tipo de posibilidades.

Toda respuesta acerca del correcto uso de los nombres de variable por parte del desarrollador y la filosofía de Python consiste en confiar en el desarrollador y darle la mayor cantidad de pistas posible.

En lo relativo a la consola, la forma de volver atrás sobre este tipo de errores consiste en volver a buscar la variable desde el módulo **builtins**:

```
>>> from builtins import list
```

**Observación**

*Preste atención: con Python 2, podrá hacerlo así:*

```
>>> from __builtins__ import list
```

### 1.1.3 Formas de modificar una variable

Cada vez que se aplica el operador de asignación se asigna un nuevo contenido a un continente (es decir, un nuevo valor a una variable).

```
>>> a = 42
>>> a = 34
```

En este caso, no resulta adecuado hablar de modificación. En realidad, el puntero asociado al contenido llamado **a** se modifica para que apunte a otro contenido. Es la reasignación.

Por diversos motivos (vinculados a la representación de datos a bajo nivel, a problemáticas de optimización o también a aspectos estructurales del lenguaje), ciertos contenidos no pueden modificarse.

Es decir, cuando se crean, ocupan un espacio en memoria que no puede modificarse hasta que se elimina.

Es importante comprender que, si bien el contenido no puede modificarse, esto no significa que el dato representado no puede modificarse; son dos aspectos totalmente distintos.

En efecto, es posible tomar un contenido, realizar operaciones para obtener otro contenido, almacenarlo en memoria junto al valor anterior y modificar el puntero del continente para situarlo sobre el nuevo contenido. La variable no es modificable más que por reasignación.

El término inglés para definir esta característica es «non mutable» y, por oposición, el término «mutable» se utiliza para la característica contraria.

Esta terminología parece algo vinculada a la genética y no demasiado adecuada en un contexto de lenguajes de programación.

La otra palabra que nos viene a la cabeza es «modificable», aunque existe cierta confusión entre que una variable sea modificable y el hecho de que su contenido lo sea. El término exacto sería, por tanto, «variable con contenido modificable».

Para utilizar una terminología coherente y alineada con toda la documentación existente, es más simple utilizar las palabras mutable y no mutable con el siguiente significado: una variable mutable es una variable cuyo contenido es modificable, es decir, una variable que puede sufrir cambios «en memoria».

Variable no mutable, reasignación:

```
>>> a=(1,)
>>> id(a)
42258832
>>> a+=(2,)
>>> id(a)
43682416
```

Variable mutable, cambio en memoria:

```
>>> a=[1]
>>> id(a)
43626936
>>> a+=[2]
>>> id(a)
43626936
```

Para comprender este ejemplo, **id** es una primitiva cuyo objetivo es dar un identificador único a cada contenido, lo cual se realiza en CPython dando la dirección del objeto en memoria.

El hecho de tener a nuestra disposición estos dos tipos de objetos permite sacar partido de las ventajas de cada uno y tenerlo en cuenta para diseñar nuestras aplicaciones de la manera adecuada.

Por ejemplo, la diferencia técnica visible entre una lista y una n-tupla, si utilizamos ambas instancias para el ejemplo anterior, es que la lista contiene métodos suplementarios que son todos los métodos que permiten realizar cambios, cosa imposible en una n-tupla. La diferencia menos visible es que todos los métodos comunes a las listas y a las n-tuplas no se comportan de la misma manera, en virtud de lo que acabamos de exponer.

Pero esta diferencia técnica está al servicio de una diferencia de carácter conceptual, pues las listas y las n-tuplas no se utilizan para representar los mismos tipos de datos y no compiten entre sí. El capítulo Secuencias y algoritmos aplicados da todos los detalles a este respecto.

Para el desarrollador, es esencial comprender esta característica, pues determina el uso que debe hacerse de un objeto.

© Editions ENI - All rights reserved

Con un objeto mutable, se realiza una modificación sobre el objeto en curso, y el método que la realiza, salvo en algún caso particular, no tiene que devolver algo obligatoriamente:

```
>>> l = [2, 3, 1]
>>> print(l.sort())
None
>>> print(l)
>>> l
[1, 2, 3]
```

Con un objeto no mutable, un método que realice alguna modificación devuelve un objeto nuevo, y no modifica el objeto en curso:

```
>>> s = "Ejemplo"
>>> print(s.lower())
'ejemplo'
>>> print(s)
'Ejemplo'
```

Para aplicar el cambio sobre el objeto en curso, conviene realizar una asignación:

```
>>> s = "Ejemplo"
>>> s = s.lower()
>>> print(s)
'ejemplo'
```

Preste atención, un error común cuando se empieza a programar es tratar de hacer la misma acción con una lista:

```
>>> l = [2, 3, 1]
>>> l = l.sort()
>>> print(l)
None
```

Esto ocurre porque la lista se ordena en su sitio y, a continuación, finaliza el método, devolviendo **None**, y es **None** lo que realmente se asigna a la variable **l**: la lista, de este modo, se pierde.
Por otro lado, si existe un método de ordenación para una n-tupla, no cambia el objeto en curso y devuelve una tupla ordenada. Dicho método no existe, pues no existe la noción de ordenación para una n-tupla, dada su naturaleza y los datos que representa, aunque el índice de una n-tupla posee un significado importante que no está ligado a una relación de orden entre sus elementos.
Sin anticipar el capítulo Secuencias y algoritmos aplicados, una 2-tupla (x, y) puede ser una representación matemática de un punto en un plano, por ejemplo. En este caso, ordenar la 2-tupla no tiene ningún sentido.
Para terminar esta reflexión, es importante ligar los motivos técnicos con las características funcionales y semánticas.
He aquí un ejemplo de un error clásico:

```
>>> l1 = [2, 3, 1]
>>> l2 = l
>>> l1.append(4)
>>> print(l2)
[2, 3, 1, 4]
```

**l1** y **l2** son dos punteros a la misma lista. Si se modifica dicha lista desde uno de los punteros, se la modifica también para el otro puntero.
Veremos, esta vez en el capítulo Cadenas de caracteres y algoritmos, técnicas de duplicación particularmente útiles y muy sencillas de implementar.
Por el contrario, con una variable no mutable, el puntero cambia.
De este modo, si reproducimos el ejemplo con una cadena de caracteres:

```
>>> s1 = 'Ejemplo'
>>> s2 = s1
>>> s1 = s1.lower()
>>> print(s2)
'Ejemplo'
```

El proceso de reasignación es visible, pues se utiliza el operador de asignación. Nos queda la duda de que el puntero **s1** se haya modificado mientras que **s2** no.

## 1.2 Tipado dinámico

### 1.2.1 Asignación: recordatorio

La asignación es la operación que vincula un contenido con un valor mediante la creación de un nombre de variable y de un puntero, habiendo calculado el valor previamente.
Se realiza de manera natural mediante el operador **=**, que recibe como operador izquierdo el continente y como operador derecho el contenido.
Este operador es el único que no puede sobrecargarse, debido a su particular naturaleza, pues todos los demás están vinculados a métodos especiales implementados en las clases de las instancias manipuladas.

### 1.2.2 Primitiva type y naturaleza del tipo

La primitiva type permite conocer el tipo de una variable. Se basa en el contenido y devuelve la clase (que es un objeto, porque, en Python, ¡todo es un objeto!):

```
>>> a=[]
>>> type(a)
<class 'list'>
```

Esta clase es, por tanto, un objeto, de tipo **type**:

```
>>> t = type(a)
>>> type(t)
<class 'type'>
```

Es posible utilizar esta variable como el nombre de la clase para crear una instancia:

```
>>> t([1, 2, 3])
[1, 2, 3]
```

La clase **type** es una clase como las demás y proporciona métodos particulares:

```
>>> list(set(dir(type))-set(dir(object)))
['__prepare__', '__module__', '__abstractmethods__',
'__subclasses__', '__basicsize__', '__itemsize__', '__base__',
'__flags__', '__mro__', '__call__', '__bases__',
```

© Editions ENI - All rights reserved

```
'__dictoffset__','__weakrefoffset__', '__dict__', '__name__',
'__subclasscheck__', '__instancecheck__', 'mro']
```

Algunos atributos especiales permiten recuperar información relativa a las clases, en particular su nombre, las clases de las que hereda directamente, y su MRO:

```
>>> t.__name__
'list'
>>> t.__bases__
(<class 'object'>,)
>>> t.__base__
<class 'object'
>>>> t.mro()
[<class 'list'>, <class 'object'>]
```

El método **mro** quiere decir *Method Resolution Order* (orden de resolución de métodos) y permite conocer el orden en el que se atribuirán los métodos o se buscan los atributos en la declaración de la clase. Esto resulta particularmente útil en el sentido de que la problemática de la herencia múltiple es compleja y puede resultar difícil de comprender.
Este punto se detalla en el capítulo Modelo de objetos. Hasta entonces, he aquí un ejemplo más completo:

```
>> from io import StringIO
>>> StringIO.__name__
'StringIO'
>>> StringIO.__bases__
(<class '_io._TextIOBase'>,)
>>> StringIO.__base__
<class '_io._TextIOBase'>
>>> type.mro(StringIO)
[<class '_io.StringIO'>, <class '_io._TextIOBase'>,
<class '_io._IOBase'>, <class 'object'>]
```

### 1.2.3 Características del tipado Python

La variable es un continente y un contenido. El continente no es más que una asociación entre un nombre y un puntero, mientras que el contenido contiene el valor.
En Python, el tipado se determina, simplemente, mediante la clase de la instancia en curso, y no a partir de su nombre. Se trata, por tanto, de una noción dirigida por el contenido, y no por el continente, de modo que no existe ninguna manera de limitar un continente y aceptar únicamente contenidos de un tipo determinado.
En este sentido, el tipado es dinámico, y nada impide que una misma variable pueda recibir varios contenidos de tipo diferente. En el siguiente ejemplo, la misma variable recibe un valor entero, una cadena de caracteres y un tipo:

```
>>> a = 1
>>> a = '1'
>>> a = list
```

En los lenguajes tipados estáticamente, una variable se declara de la siguiente manera:

```
int a;
```

Esto tiene como consecuencia limitar el tipo de la variable a lo largo de su ciclo de vida. La ventaja es que permite al compilador verificar, en tiempo de análisis, que las manipulaciones realizadas están autorizadas, mientras que en el caso de Python esta verificación se realiza en tiempo de ejecución.

Esto tiene también la ventaja de permitir a los IDE modernos (entornos de desarrollo, como Eclipse) poder proporcionar al desarrollador funcionalidades tales como la completitud automática de código.

Por el contrario, el tipado dinámico aporta una gran flexibilidad en su uso y permite concentrarse en la información contenida en la variable en lugar de en su tipo. De este modo, se permite cambiar el tipo de una variable al vuelo, si fuera necesario. Es en tiempo de desarrollo donde se realiza la tarea, compleja, de encontrar un nombre coherente que represente correctamente la información esencial contenida en la variable.

He aquí un ejemplo básico, basado en un presupuesto al que se elimina el impuesto:

```
>>> presupuesto = 100
>>> presupuesto /= 1.21
>>> presupuesto
82,64462809917355
>>> type(100), type(presupuesto)
(<class 'int'>, <class 'float'>)
```

**Observación**

*Cuidado, en Python 2 esto es falso: un número entero dividido por un entero da un entero:*

```
>>> 99/100
0
```

La variable `presupuesto` es un entero que se ha convertido necesariamente, debido a las transformaciones realizadas, en un número de coma flotante. Lo importante es el valor contenido en la variable `presupuesto`, no su tipo.

El único aspecto que impone el tipo es la lista de métodos disponibles en su clase, que limita, por tanto, el campo de acción debido al uso de la instancia y de sus métodos.

Todo código que respecte las prácticas de duck typing permite a cualquier objeto explotarlas sin límite. Para el código que impone un tipo particular de manera explícita, es necesario realizar una conversión.

La otra noción importante de Python es que el tipado es fuerte, por oposición al tipado débil. Esta noción interviene en los momentos de realizar comparaciones.

En Python la comparación entre dos objetos de distintos tipos normalmente no tiene sentido:

```
>>> 1 == 1
True
>>> 1 == '1'
False
```

© Editions ENI - All rights reserved

Puede haber excepciones:

```
>>> 1 == 1.0
True
```

En este ejemplo, el número entero 1 no sabe compararse con el número en coma flotante 1.0, pero el número en coma flotante 1.0 sabe compararse con un número entero. Esto se debe a la manera de implementar los operadores de comparación en cada tipo y a la forma de funcionar de estos operadores. Lo explicaremos detalladamente en el próximo capítulo Modelo de objetos.

**Observación**

*Cuidado: con Python 2, las comparaciones se hacen de manera completamente distinta y se basan en un mecanismo muy distinto, que tiene la comparación de claves de hash. Por lo tanto, es fácil comparar objetos completamente distintos y obtener resultados sorprendentes.*

En PHP, la comparación anterior sí habría tenido sentido y devolvería verdadero en ambos casos. Se ha inventado (en PHP) un operador de tipo igual que permite obtener una comparación fuerte.
En Python también existe este tipo de operador:

```
>>> 1 is 1
True
>>> 1 is 1.0
False
```

De la misma manera, solo se puede añadir cuando se comparan estas variables con los patrones singleton **None**, **True** o **False**; este operador se usará de manera explícita en lugar de los operadores de igualdad:

```
>>> variable is True
>>> variable is False
>>> variable is None
```

Además, el tipado no es un simple atributo que no sirve más que para realizar una definición extremadamente ligera de una tipología y que puede cambiar sobre la marcha:

```
objeto.type = otro_tipo
```

Un tipo es un aspecto estructural y determinante para una instancia. El **contenido** de una variable no puede **jamás** cambiar de tipo. Por el contrario, la propia variable sí puede cambiar de tipo mediante el mecanismo de reasignación:

```
>>> a = [1, 2, 3]
>>> a = tuple(a)
```

Esto puede estar implícito en el caso del ejemplo visto antes de la variable **presupuesto**, dado que un número entero o real es no mutable y la modificación realizada es una reasignación implícita. Los errores de tipado son excepciones que se elevan en tiempo de ejecución, producidas como respuesta a condiciones especificadas en el código:

```
>>> '1' / 2
Traceback (most recent call last):
  File "<stdin>", line 1, in <module>
TypeError: unsupported operand type(s) for /: 'str' and 'int'
```

Para finalizar, Python no obliga a identificar previamente el tipo esperado por un contenedor, se dice que Python está **dinámicamente tipado**. Python tiene, también, un **tipado fuerte**. Esto significa que es imposible dudar del tipo de una variable expuesto por su contenido y que no puede modificarse.

## 1.3 Visibilidad

### 1.3.1 Espacio global

En una consola, cualquier variable declarada mediante una asignación en una instrucción independiente está accesible desde cualquier lugar:

```
>>> a = 42
```

Una variable declarada en el seno de un bloque que posee su propio espacio de nombres no está afectada, como veremos más adelante.
Estas variables se llaman globales y se accede a ellas de la siguiente manera:

```
>>> globals()
{'a': 42, 'StringIO': <class '_io.StringIO'>, '__builtins__':
<module 'builtins' (built-in)>, '__package__': None, '__name__':
'__main__', '__doc__': None}
```

Contiene el conjunto de variables declaradas, y también las importaciones realizadas, puesto que esta operación consiste en declarar en el espacio global una variable que proviene de un módulo.
Por el contrario, una variable que pertenezca a un espacio de nombres propio de un bloque se denomina local.
En un módulo, una instrucción de asignación independiente define, a su vez, una variable accesible desde cualquier lugar del módulo. Forma parte del espacio de nombres propio del módulo. Se dice que está encapsulada en el módulo.

### 1.3.2 Noción de bloque

Un bloque de código define una sección de código aislado del flujo en el que el bloque es el contenido, por el motivo que sea.
El hecho de que un código esté ubicado en un bloque no quiere decir, en absoluto, que el bloque esté sujeto a un espacio de nombres diferente. Por ejemplo, los bloques condicionales, iterativos o de gestión de excepciones no modifican el espacio de nombres:

```
>>> if True:
...     a = 42
```

© Editions ENI - All rights reserved

```
...
>>> a
42
>>> del a
```

Conviene no introducir un desequilibrio, pues el código podría no funcionar en ciertos casos particulares:

```
>>> if False:
...     a = 1
...
>>> a
Traceback (most recent call last):
  File "<stdin>", line 1, in <module>
NameError: name 'a' is not defined
```

En efecto, en este caso, permanecemos en el mismo espacio de nombres, aunque la variable no siempre existe. Por eso el código anterior supone un problema real y, habitualmente, es común dar un valor predeterminado a una variable en un caso como este y después probar esta variable:

```
>>> a = None
... if False:
...     a = 1
...
>>> if a is not None :
...     print(a)
```

En este ejemplo, está implícito que, si **a** vale **None**, el valor vacío, eso significa que no ha sido asignada después de su declaración inicial. Hay un medio de saber si una variable está definida o no, pero se usa muy poco, incluso se puede considerar como un antipatrón:

```
>>> if 'a' in globals().keys():
...     del a
...
```

Pero eso nos permite introducir la noción de visibilidad de una variable. En efecto, algunos bloques introducen un nuevo espacio de nombres. Este es el caso cuando se define una función o una clase, por ejemplo:

```
>>> a = 42
>>> def f():
...     a = 34
...
>>> f()
>>> a
42
```

Se asigna el valor **42** a la variable **a** nivel global, mientras que en el interior de la función **f** se asigna el valor **34** a la variable del mismo nombre. La función se ejecuta y, así, el contenido de la variable global no se modifica.

¿Qué ocurre? He aquí un código que aclara el desarrollo de la ejecución de la función y las modificaciones que realiza. Empezaremos declarando una función particular que mostrará su espacio de nombres, a continuación el espacio de nombres global, y a continuación modifica una variable que se corresponde con el nombre de la función (lo cual sería problemático si lo expuesto en el párrafo anterior fuera falso) y muestra de nuevo ambos espacios de nombres.

```
>>> def f():
...     print(locals())
...     print(globals())
...     f = 3
...     print(locals())
...     print(globals())
...
```

Veamos cuál es el espacio de nombres global si se abre una nueva consola en el momento de crear la función anterior:

```
>>> globals()
{'f': <function f at 0x131da68>, '__builtins__': <module
'builtins' (built-in)>, '__package__': None, '__name__':
'__main__', '__doc__': None}
```

El espacio de nombres local, dado que se ha escrito directamente en la consola, es idéntico al espacio de nombres global:

```
>>> locals()
{'f': <function f at 0x131da68>, '__builtins__': <module
'builtins' (built-in)>, '__package__': None, '__name__':
'__main__', '__doc__': None}
```

Ejecutamos nuestra función:

```
>>> f()
```

En primer lugar, el espacio de nombres está vacío puesto que no se ha definido nada en el cuerpo de la función:

```
{}
```

El espacio de nombres global permanece inalterado:

```
{'f': <function f at 0x131da68>, '__builtins__': <module
'builtins' (built-in)>, '__package__': None, '__name__':
'__main__', '__doc__': None}
```

A continuación, se declara la variable **f** en el cuerpo de la función y se le asigna el valor **3**. El espacio de nombres local se modifica en consecuencia:

```
{'f': 3}
```

Pero no el espacio global:

```
{'f': <function f at 0x131da68>, '__builtins__': <module
'builtins' (built-in)>, '__package__': None, '__name__':
'__main__', '__doc__': None}
```

© Editions ENI - All rights reserved

Una vez termina la función y devuelve el control (devolviendo, según el caso, un resultado), desaparece cualquier rastro de su ejecución, así como su espacio de nombres local. Es el retorno al flujo normal de la ejecución:

```
>>> globals()
{'f': <function f at 0x131da68>, '__builtins__': <module
'builtins' (built-in)>, '__package__': None, '__name__':
'__main__', '__doc__': None}
>>> locals()
{'f': <function f at 0x131da68>, '__builtins__': <module
'builtins' (built-in)>, '__package__': None, '__name__':
'__main__', '__doc__': None}
```

Esto significa, a su vez, que una nueva ejecución de la misma función se realizaría en las mismas condiciones, es decir, con un espacio de nombres local vacío. No se conserva el espacio de nombres entre una ejecución y la siguiente.
Cuando se invoca a una variable, en primer lugar se la busca en el espacio de nombres local, y a continuación en el global, en caso de fallo. El mecanismo permite, no obstante, encontrar variables antes de su redefinición de manera local.

```
>>> a = 42
>>> def f():
...     a = 34
...     print(a, globals().get('a'))
...
>>> f()
34 42
```

Cabe destacar que la decisión del espacio de nombres que se utiliza para buscar una variable se realiza igual para todo el bloque.
De este modo, no es posible utilizar un nombre de variable que haga referencia a una variable global y definirla a continuación, transformándola así en una variable local, pues resulta una mala práctica que revela un potencial problema de diseño.
Este hermetismo entre espacios de nombres se realiza de manera previa a la ejecución del código del bloque con el objetivo de detectar este tipo de errores.
Si bien Python es capaz de facilitar la tarea a los desarrolladores, no permite hacer lo que a uno se le ocurra, y una confusión así entre los espacios de nombres supone un error de desarrollo o incluso de diseño.
He aquí un código que pone de relieve lo que se ha explicado:

```
>>> def f():
...     print(a)
...     a = 34
...     print(a)
...
>>> f()
Traceback (most recent call last):
  File "<stdin>", line 1, in <module>
  File "<stdin>", line 2, in f
UnboundLocalError: local variable 'a' referenced before assignment
```

Puede compararse con el código anterior.
No existe ninguna manera de modificar una variable que pertenezca al espacio de nombres global en el interior de un espacio de nombres local.
Podríamos intentar escribir:

```
>>> globals().get('a')
42
>>> globals().get('a') += 1
  File "<stdin>", line 1
SyntaxError: can't assign to function call
```

En realidad, se considera que cada espacio de nombres debe controlar sus propios datos, lo cual parece lógico.
Sí es, por el contrario, posible modificar una variable del espacio local por una variable de otro espacio local mediante los datos devueltos por las funciones:

```
>>> def f():
...     return 34
...
>>> a = 42
>>> a = f()
>>> print(a)
34
```

De este modo, la función devuelve un valor y es en el espacio de nombres local que invoca a la función donde se realiza la asignación que da un nuevo valor a una variable local.
Por último, para terminar, he aquí un método que permite recuperar una variable global en un espacio local respetando todo lo que se ha expuesto:

```
>>> def f():
...     a = globals().get('a')
...     print(a)
...
```

No es una buena idea generalizar este principio a todas las variables contenidas en **globals** y debe, por tanto, utilizarse cuidadosamente. El uso de **globals** resulta muy limitado a casos particulares, pues la lógica de Python se basta, a menudo, a sí misma.
En lo relativo a las clases, es algo particular, pues las variables declaradas en una clase son atributos y su funcionamiento es específico, tal y como se verá en el capítulo Modelo de objetos.

## 2. Función

### 2.1 Declaración

La declaración de una función es muy sencilla, tal y como hemos visto en el capítulo anterior. Basta con utilizar la palabra clave **def**, seguida del nombre que se quiere dar a la función y paréntesis de apertura y cierre que pueden, si es preciso, contener una lista de argumentos, y los dos puntos.

© Editions ENI - All rights reserved

Se abre, de este modo, un bloque que posee su propio espacio de nombres local y que contiene las instrucciones de la función. Termina devolviendo una variable y, si no se indica explícitamente mediante alguna instrucción, la función devuelve **None**.
El nombre de la función debe ser, preferentemente, un nombre representativo de esta. Este nombre es también el nombre de la variable (continente) cuyo valor es la función, que es un objeto (contenido).
Si ya existe una variable con el nombre de la función, se reemplaza por la función, exactamente de la misma manera que cuando se realiza una operación de asignación.
He aquí una función vacía:

```
>>> def f():
...     pass
...
```

He aquí los atributos o métodos del objeto función:

```
>>> list(set(dir(f))-set(dir(object)))
['__module__', '__defaults__', '__annotations__',
'__kwdefaults__', '__globals__', '__call__', '__closure__',
'__dict__', '__name__', '__code__', '__get__']
```

Una función está vinculada con el nombre del módulo que contiene su definición:

```
>>> f.__module__
'__main__'
```

Vemos que lleva su mismo nombre:

```
>>> f.__name__
'f
```

Esta característica es propia de la función y no del nombre de la variable:

```
>>> g = f
>>> g.__name__
'f'
```

He aquí la misma función definida con un docstring:

```
>>> def f():
...     """Docstring útil"""
...
```

La palabra clave **pass** ya no es necesaria, pues la función contiene una instrucción que es este docstring. Forma parte de la documentación del código, y resulta útil para aquellos que deban utilizarla, permitiendo realizar pruebas unitarias.

## 2.2 Parámetros

### 2.2.1 Firma de una función

Los dos elementos que constituyen una función son el bloque que contiene su código y su firma, es decir, su nombre seguido de sus parámetros y sus características. Esta firma determina la visibilidad que tienen los elementos exteriores cuando se invoca a la función.

Esta firma encuentra una traducción visible si se analiza el objeto función. De este modo, una función sin parámetros, como la definida anteriormente, dispone de los siguientes atributos:

```
>>> f.__defaults__
>>> f.__kwdefaults__
>>> f.__annotations__
{}
```

Su firma es: **f()**

He aquí una función que recibe tres parámetros:

```
>>> def f(a, b, c):
...     return a + b + c
...
```

Su firma es **f(a, b, c)**.

### 2.2.2 Noción de argumento o de parámetro

Cuando un argumento o parámetro (se aceptan ambas terminologías) está presente en la firma de una función debe, obligatoriamente, recibir un valor. La función que acabamos de escribir debería invocarse de la siguiente manera:

```
>>> f(1, 2, 3)
6
```

Si falta algún argumento o si recibe más de lo esperado, se genera una excepción:

```
>>> f(1, 2)
Traceback (most recent call last):
  File "<stdin>", line 1, in <module>
TypeError: f() takes exactly 3 arguments (2 given)
```

Estas verificaciones las realiza Python de forma automática y se encarga de gestionar correctamente los espacios de nombres para integrar los valores transmitidos durante la llamada a los nombres de las variables definidas durante la definición de la función:

```
>>> def f(a, b, c):
...     print(locals())
...     return a + b + c
...
>>> f(1, 2, 3)
{'a': 1, 'c': 3, 'b': 2}
6
```

A este respecto, Python permite una transparencia apreciable.

### 2.2.3 Valor por defecto

Una firma como la que hemos visto antes implica precisar, para cada llamada de la función, un conjunto de parámetros. O bien, si se quiere simplificar una llamada a la función dejando que no sea obligatorio informar ciertos parámetros, es posible darles un valor por defecto.

© Editions ENI - All rights reserved

Se dice que estos parámetros son opcionales y su declaración es muy parecida a la de los parámetros obligatorios, indicando simplemente su valor por defecto en la firma de la función:

```
>>> def f(a=0, b=0, c=0):
...     print(locals())
...
```

Con cada llamada, los parámetros que se pasan a la función se asignan a las variables correspondientes, mientras que otros reciben su valor por defecto:

```
>>> f()
{'a': 0, 'b': 0, 'c': 0}
>>> f(1)
{'a': 1, 'b': 0, 'c': 0}
>>> f(1, 2)
{'a': 1, 'b': 2, 'c': 0}
>>> f(1, 2, 3)
{'a': 1, 'b': 2, 'c': 3}
```

No obstante, si se pasan demasiados parámetros, se produce un error:

```
>>> f(1, 2, 3, 4)
Traceback (most recent call last):
  File "<stdin>", line 1, in <module>
TypeError: f() takes at most 3 positional arguments (4 given)
```

La manifestación evidente de este funcionamiento se encuentra en un atributo del objeto función que contiene la lista de valores por defecto:

```
>>> f.__defaults__
(0, 0, 0)
```

El elemento esencial en la firma de una función es el orden en que se declaran los parámetros. Este orden determina el valor de cada variable. De este modo, pueden convivir los parámetros obligatorios y opcionales:

```
>>> def f(a, b, c=0):
...     print(locals())
...
>>> f(1, 2)
{'a': 1, 'b': 2, 'c': 0}
>>> f(1)
Traceback (most recent call last):
  File "<stdin>", line 1, in <module>
TypeError: f() takes at least 2 arguments (1 given)
```

Aun así, es primordial respetar el orden, y no hay más que un valor por defecto. De este modo:

```
>>> f.__defaults__
(0,)
```

Una firma como **f(a, b=42, c)** no es correcta, pues si se invocara a la función con dos parámetros, el último parámetro no estaría informado, provocando un error incluso aunque el segundo parámetro ve cómo su valor se sustituye por el de la llamada.

La lógica implícita a la firma de las funciones obliga a situar los parámetros opcionales después de los parámetros obligatorios.

### 2.2.4 Valor por defecto mutable

Es especialmente importante prestar atención al tipo de valor por defecto que se indica en una función:

```
>>> def test(argument=(0, 1)):
...     argument += (argument[-1] + 1,)
...     print(argument)
...
>>> test()
(0, 1, 2)
>>> test()
(0, 1, 2)
>>> def test(argument=[0, 1]):
...     argument += (argument[-1] + 1,)
...     print(argument)
...
>>> test()
[0, 1, 2]
>>> test()
[0, 1, 2, 3]
>>> test()
[0, 1, 2, 3, 4]
```

¿Qué podemos constatar? Todo va bien con una n-tupla, pero no funciona con una lista.
¿Por qué? Se trata de un enorme defecto colateral debido al hecho de que el contenido de la función se ejecuta cuando se la invoca, aunque su firma lo hace cuando se carga el programa. En consecuencia, el parámetro apunta a una zona de memoria que será siempre idéntica.

Y un objeto no mutable no puede modificarse, de ahí el hecho de que no haya problema. Por el contrario, un objeto mutable es modificable. En consecuencia, siempre se alterará la misma zona de memoria en cada llamada.

En otros términos, no conviene utilizar objetos mutables como parámetros por defecto. Los números, las cadenas de caracteres e incluso los frozensets u otros objetos no mutables funcionan perfectamente, pero si debe utilizar un argumento por defecto que sea mutable, utilice uno que sea no mutable (llamado centinela) y redefínalo en el cuerpo de la función:

```
>>> def test(argument=None):
...     if argument is None:
...         argument = [0, 1]
...     argument += (argument[-1] + 1,)
...     print(argument)
```

© Editions ENI - All rights reserved

### 2.2.5 Parámetros nombrados

Cuando se tiene varios parámetros opcionales, es posible modificar el valor por defecto de uno de ellos sin estar obligado a tener que pasar los valores por defecto de los parámetros anteriores. Por ejemplo:

```
>>> def f(a=0, b=0, c=0):
...     print(locals())
...
```

Para modificar el valor de **b** sin afectar a **a**, es posible informar el valor por defecto de **a** en la llamada:

```
>>> f(0, 4)
{'a': 0, 'c': 0, 'b': 4}
```

Todos los lenguajes lo permiten, pero algunos como Python permiten, también, pasar únicamente el valor que hay que modificar, dándole nombre en la llamada:

```
>>> f(b=4)
{'a': 0, 'c': 0, 'b': 4}
```

Es posible nombrar las variables durante la llamada, tanto si el parámetro es obligatorio como si es opcional, y es posible utilizar de manera conjunta parámetros nombrados y parámetros no nombrados.
Las siguientes instrucciones son equivalentes:

```
>>> f(1, 2, 3)
6
>>> f(a=1, b=2, c=3)
6
>>> f(b=2, a=1, c=3)
6
>>> f(1, 2, c=3)
6
```

Preste atención, no obstante, a los parámetros no nombrados que deben pasarse en primer lugar:

```
>>> f(a=1, 2, 3)
  File "<stdin>", line 1
SyntaxError: non-keyword arg after keyword arg
```

Preste atención también a no declarar varias veces la misma variable:

```
>>> f(1, a=2)
Traceback (most recent call last):
  File "<stdin>", line 1, in <module>
TypeError: f() got multiple values for keyword argument 'a'
```

### 2.2.6 Declaración de parámetros extensibles

Una de las características esenciales de Python es que tiene en cuenta, de forma sencilla y limpia, un número variable de argumentos en la firma de una función.

De este modo es posible agrupar los argumentos no nombrados en una n-tupla y los argumentos nombrados en un diccionario.

He aquí la forma de recuperar los argumentos no nombrados:

```
>>> def f(*args):
...     return locals()
...
>>> f(1, 2, 3, 4, 5, 6)
{'args': (1, 2, 3, 4, 5, 6)}
```

He aquí la forma de recuperar los argumentos nombrados:

```
>>> def f(*kwargs):
...     return locals()
...
>>> f(a=1, b=2, c=3)
{'kwargs': {'a': 1, 'c': 3, 'b': 2}}
```

En ambos casos, **args** y **kwargs** son variables locales de la función, que se utilizan respectivamente como n-tupla o como diccionario. En este último caso las variables nombradas pueden agregarse, de manera unitaria, al espacio de nombres local de la función:

```
>>> def f(**kwargs):
...     locals().update(**kwargs)
...     del kwargs
...     return locals()
...
>>> f(a=1, b=2, c=3)
{'a': 1, 'c': 3, 'b': 2}
```

Para los argumentos no nombrados no es posible hacer esto, a menos que se fijen aleatoriamente los nombres de las variables, lo cual resulta poco interesante.

He aquí un ejemplo que utiliza todos los tipos de parámetros en su firma:

```
>>> def f(a, b=0, *args, **kwargs):
...     return a + b + sum(args) + sum(kwargs.values())
...
>>> f(1, 2, 3, 4, y=5, z=6)
21
```

Aun así, el orden de los argumentos entre sí es extremadamente importante. Los argumentos obligatorios se informan en primer lugar, a continuación vienen los argumentos opcionales y en último lugar los parámetros extensibles. Entre ellos, los argumentos no nombrados se informan en primer lugar y los argumentos nombrados (kwargs) se sitúan, obligatoriamente, en último lugar.

En este caso concreto, **a** vale **1**, **b** vale **2**, mientras que **3** y **4** son argumentos no nombrados presentes en la lista **args** e **y** y **z** son argumentos nombrados almacenados en el diccionario **kwargs**. El único parámetro obligatorio es **a**.

© Editions ENI - All rights reserved

He aquí una función que permite ver los detalles:

```
>>> def f(a, b=0, *args, **kwargs):
...     print('a=%s' % a)
...     print('b=%s' % b)
...     print('args=%s' % str(args))
...     print('kwargs=%s' % str(kwargs))
...
>>> f(1, 2, 3, 4, y=5, z=6)
a=1
b=2
args=(3, 4)
kwargs={'y': 5, 'z': 6}
```

Dicha función recibe un parámetro obligatorio, y todos los demás son opcionales (**b** tiene un valor por defecto y los atributos con asterisco o doble asterisco son opcionales por definición.

## 2.2.7 Paso de parámetros con asterisco

Durante la llamada a la función, es posible pasar los argumentos no nombrados mediante una secuencia prefijada por un asterisco y los argumentos nombrados mediante un diccionario prefijado por dos asteriscos:

```
>>> f(*[1, 2, 3, 4], **{'y': 5, 'z': 6})
a=1
b=2
args=(3, 4)
kwargs={'y': 5, 'z': 6}
```

Esta notación prefijada por uno o dos asteriscos se utiliza en otros contextos (no necesariamente en la firma de una función) y permiten pasar, de manera muy sencilla, una lista a una enumeración de valores no nombrados y un diccionario a una enumeración de valores nombrados.

Esta flexibilidad es una de las principales armas de Python y resulta una herramienta esencial para producir un código genérico y extensible de manera sencilla. Esta funcionalidad se denomina unpacking, y con Python 3.5 se ha mejorado:

```
>>> f(*[1, 2], *(3, 4), 5, **{'w': 6})
>>> f(*[1, 2], **{'y': 3, 'z': 4}, x=5, **{'w': 6})
```

Si un argumento se encuentra varias veces en la firma, es el último el que se tiene en cuenta:

```
>>> f(*[a=1, **{'a': 42})
```

En este caso, por ejemplo, el parámetro **a** valdrá **42**.

Esto encontrará muchos usos, en particular en el caso en que se deban fusionar diccionarios antes de pasarlos como parámetros con asterisco.

### 2.2.8 Firma universal

Es fácil producir una firma que acepte todo tipo de parámetros, pasados de cualquier manera:

```
>>> def f(*args, **kwargs):
...     return sum(args) + sum(kwargs.values())
...
>>> f(1, 2, 3, 4, y=5, z=6)
21
```

Este tipo de función resulta ultraflexible, aunque requiere procesar los datos recibidos a continuación. Si algunos parámetros son obligatorios, es preciso declararlos como parámetros obligatorios.

La mejor forma de diseñar la firma de una función es pensar en las formas en las que se la querrá invocar. Hay que pensar, también, que esta firma puede evolucionar y que su evolución debería realizarse de manera que las antiguas llamadas a la función sigan siendo válidas. De este modo, una evolución de la función debería mantener una firma compatible con la antigua.

Esta técnica se utiliza también para permitir, durante la llamada a la función, pasar sin hacer distinción toda una serie de datos. Es la firma la que permite ordenar los datos y vincular aquellos que necesita, dejando los demás en parámetros extendidos que sirvan como «papelera».

Una llamada a la función autoriza a pasar más parámetros que los realmente necesarios sin producir, por ello, un error. He aquí un ejemplo:

```
>>> def f1(a, b, *args, **kwargs):
...     return locals()
...
>>> def f2(b, c, *args, **kwargs):
...     return locals()
...
>>> f1(**datas)
{'a': 1, 'args': (), 'b': 2, 'kwargs': {'c': 2}}
>>> f2(**datas)
{'c': 2, 'args': (), 'b': 2, 'kwargs': {'a': 1}}
```

Este procedimiento se utiliza a menudo y resulta práctico en ocasiones, aunque una vez más diremos que definir una firma restrictiva es un medio de automatizar todo un trabajo de verificación del correcto paso de argumentos y prevenir potenciales problemas de desarrollo. Los parámetros con asterisco no deberían utilizarse sistemáticamente sustituyendo a los parámetros clásicos.

### 2.2.9 Obligar a un parámetro a ser nombrado (keyword-only)

Por ciertos motivos, vinculados generalmente a razones de legibilidad en las llamadas a las funciones, puede forzarse un parámetro a ser nombrado. He aquí un ejemplo de función:

```
>>> def f(a, b, operador):
...     pass
...
```

© Editions ENI - All rights reserved

La llamada a la función no es muy explícita, y para comprender la firma es necesario comprender el código:

```
>>> f(1, 2, '+')
```

Para corregirlo, en la firma de la función, basta con ubicar el parámetro detrás de ***args**:

```
>>> def f(a, b, *, operador):
...     pass
...
```

Si se invoca a la función como se ha hecho antes, se obtendrá un error:

```
>>> f(1, 2, '+')
Traceback (most recent call last):
  File "<stdin>", line 1, in <module>
TypeError: f() needs keyword-only argument operador
```

La siguiente llamada resulta más clara. Cierto número de funciones y métodos de la librería Python 3 ya utilizan este procedimiento.

```
>>> f(1, 2, operador='+')
```

Esta forma de proceder permite, a su vez, facilitar un posible cambio de firma en las versiones superiores de la función manteniendo la compatibilidad con la versión anterior.
Por otro lado, es posible asignar un valor por defecto a un parámetro y los parámetros obligatorios deben declararse antes de los parámetros nombrados opcionales, siendo coherente con los parámetros clásicos:

```
>>> def f(a, b, *, operador='+'):
...     pass
...
```

Los parámetros nombrados no tienen relación de orden entre ellos, como hemos visto anteriormente. En consecuencia, lo siguiente es posible y tiene sentido:

```
>>> def f(a, b='', *, x=0, y):
...     pass
...
```

He aquí una posible llamada a la función anterior:

```
>>> f(1, 2, 3, y='')
```

En este caso, **a** vale **1**, **b** vale **2**, **3** se mueve a **args**, los parámetros nombrados **x** e **y** valen, respectivamente, **0** y una cadena vacía.
La mínima llamada es una de las siguientes:

```
>>> f('valor de a', y='valor de y')
>>> f(a='valor de a', y='valor de y')
```

O incluso utilizando parámetros con doble asterisco:

```
>>> f(**{'a': 'a', 'y': 'y'})
```

El hecho de que dicho parámetro tenga un valor por defecto se ve en un atributo del objeto función particular:

```
>>> f.__kwdefaults__
{'x': 0}
```

Mientras que los demás parámetros clásicos ven sus valores por defecto almacenados en otro atributo ya presente:

```
>>> f.__defaults__
('',)
```

Observe las diferencias en la representación, pues en el primer caso es el orden de los argumentos lo que importa, y se utiliza una tupla, mientras que en el segundo caso es el nombre del parámetro lo que cuenta y se utiliza un diccionario, donde las claves representan los nombres de los parámetros.
Una vez más, no hay magia y estos atributos del objeto son modificables:

```
>>> f.__defaults__ = (1, 2)
>>> f.__kwdefaults__ = {'x': 'x', 'y': 'y'}
```

Con estas modificaciones es posible invocar a la función sin parámetros, pues acabamos de darles, a todos, un valor por defecto:

```
>>> f()
```

Para Python 2.x, la estrella sola no funciona; es necesario asignar un nombre a los argumentos posicionales:

```
>>> def f(a, b='', *args, x=0, y):
...     pass
...
```

La gran diferencia con el ejemplo anterior es que podemos pasar argumentos por posición adicionales cuando no lo necesitemos. Por lo tanto, nos podemos encontrar con un uso de la función que será sintácticamente correcta, pero funcionalmente incorrecta.

## 2.3 Forzar un argumento a ser posicional (positional-only)

Desde Python 3.8, es posible forzar todos los argumentos para que sean necesariamente posicionales. Aquí de nuevo, esto le permite controlar la manera en la que se debe llamar la función que escribimos.
A continuación se muestra el ejemplo extraído de la documentación oficial:

```
def pow(x, y, z=None, /):
    r = x**y
    if z is not None:
        r %= z
    return r
```

El símbolo de división posicionado al final de la lista de los argumentos, hace que estos últimos sean posicionales.

© Editions ENI - All rights reserved

### 2.3.1 Anotaciones/tipo hint/tipado estático

Un lenguaje con tipado estático hace que la firma de una función incluya el tipo de las variables. En Python, no es el caso, pues el tipado es dinámico.

Para invocar a una función, no existe ninguna manera de verificar, antes de la ejecución del código, que los tipos esperados están bien pasados. Esto aporta cierta flexibilidad, pues es posible utilizar la misma firma para gestionar varios casos.

Por ejemplo, no es extraño encontrar funciones que esperan recibir como parámetro un flujo de datos y que son capaces de trabajar indistintamente con un buffer, el descriptor de un archivo o incluso una simple cadena de caracteres que contiene la ruta hacia un archivo.

Este tipo de necesidades puede aparecer en varias funciones, incluso es posible crear un decorador que se encargue de tener en cuenta los distintos casos posibles para devolver un tipo único a la función a la que se aplique. Procediendo así, la funcionalidad del decorador se capitaliza y reutiliza en otras funciones.

Por el contrario, puede resultar útil verificar el tipo de los parámetros, bien el tipo devuelto o incluso su propio tipo. Esto puede realizarse fácilmente mediante decoradores. No obstante, este mecanismo requiere escribir estos decoradores y no es fácil, ni mucho menos rápido, construirlos de forma genérica y reutilizable.

Aun así, Python ha proporcionado desde 2006, para la rama 3.0 (y retroportado a la rama 2), un nuevo mecanismo que complementa esto: las anotaciones (http://www.python.org/dev/peps/pep-3107/). Posteriormente, este concepto ha evolucionado para convertirse en una solución completa de tipado estático, pero conservando el espíritu de Python. Ahora es posible precisar el tipo de los datos esperados, así como el tipo del resultado, utilizando anotaciones directamente en la firma de la función.

Preste atención, por un lado, a que Python no vuelve al principio de duck typing, sino que permite a sus desarrolladores implementar una verificación de los tipos de datos que se pasan como parámetro. Por otro lado, este mecanismo no tiene nada que ver con lo que hacen otros lenguajes con tipado estático. Es importante no confundir ambas nociones.

He aquí dicha declaración:

```
>>> def f(a:str, b:int)->int:
...     print(locals())
...     return 1
...
```

Las anotaciones, por sí mismas, no garantizan que los tipos se respeten:

```
>>> f(1, 2)
{'a': 1, 'b': 2}
1
>>> f('', 2)
{'a': '', 'b': 2}
1
```

Lo importante para las anotaciones es que el usuario de una función pueda saber lo que se espera como parámetro. Esto se realiza fácilmente:

```
>>> f.__annotations__
{'a': <class 'str'>, 'b': <class 'int'>, 'return': <class 'int'>}
```

Es importante precisar que los puntos fuertes de Python son su tipado dinámico y su gran flexibilidad, dejando al desarrollador libre de cualquier restricción. En esto, las anotaciones no son en absoluto un medio de imponer restricciones, sino de dar más información y de permitir securizar un poco el código, cuando es necesario.
En otros términos, el duck typing sigue siendo la regla, pero resulta interesante proveer otras alternativas al desarrollador que las necesite.
Con este objetivo, se conciben las anotaciones, sabiendo que se trataba también de consultar a la comunidad para saber qué tipos de uso se harían y cómo sería su acogida.
Poco a poco, a medida que aparecen versiones nuevas de la rama 3 de Python, este mecanismo se ha reforzado, ha ganado en madurez y han aparecido objetos nuevos basados en este mecanismo, como las dataclasses. Se presentarán en un capítulo posterior.
El módulo **typing** es uno de estos módulos que han evolucionado profundamente. En efecto, antes de Python 3.9, era necesario para poder tipar ciertos elementos:

```
>>> from typing import List, Dict
>>> def f(elements: List[str]) -> Dict[str,int]:
...     return {e: len(e) for e in elements}
...
>>> f(["cosa", "chisme"])
{'cosa': 4, 'chisme': 6}
```

Desde la versión 3.9, los tipos correctos se pueden usar directamente:

```
>>> def f(elements: list[str]) -> dict[str,int]:
...     return {e: len(e) for e in elements}
...
```

Por lo tanto, los scripts antiguos también pierden valor. Este módulo todavía es útil por otros aspectos:

```
>>> from typing import Optional, Union
>>> def f(a: int, b: Optional[int]=None) -> Union[int, float]:
...     pass
...
```

En el ejemplo anterior, se especifica que **a** es un número entero, **b** es un número entero, pero no es obligatorio (lo que significa que también puede tener el valor **None**) y que el valor de retorno es o un número entero o un número de coma flotante. Hay que destacar que también se puede escribir así:

```
>>> def f(a: int, b: Optional[int]=None) -> int | float:
...     pass
...
```

Por lo tanto, es posible tipar de manera estática y volver a cuestionar el lado dinámico, simplemente encuadrándolo un poco mejor. Tampoco podemos olvidar que esto no es limitador, a menos que se pida explícitamente.

© Editions ENI - All rights reserved

Especificamos que la estática no se aplica solo a las funciones, sino también a los métodos de las clases, así como a todas las variables:

```
>>> a: int = 42
>>> b: str = "ejemplo"
```

Como ejercicio, a continuación se muestra un decorador que permite arrojar un error si no se respeta el tipado estático:

```
>>> def wrapper(f):
...     def wrapped(*args, **kw):
...         for n, t in f.__annotations__.items():
...             if n == 'return':
...                     continue
...             a = type(kw.get(n, f.__kwdefaults__ !=
None and f.__kwdefaults__.get(n) or None))
...             if a != t:
...                     raise TypeError("El argumento %s
debería ser de tipo %s y es de tipo %s" % (n, t, type(a)))
...         r = f(**kw)
...         if 'result' in f.__annotations__:
...             if type(r) != f.__annotation__['result']:
...                     raise TypeError("El tipo del
resultado debería ser %s y es de tipo %s" %
(f.__annotations__['result'], type(r)))
...         return r
...     return wrapped
...
>>> @wrapper
... def f(*args, a:str, b:int=42)->int:
...     print('f', locals())
...     return 1
...
>>> f(a='', b=1)
f {'a': '', 'args': (), 'b': 1}
1
>>> f(a='')
f {'a': '', 'args': (), 'b': 42}
1
>>> f(1)
Traceback (most recent call last):
  File "<stdin>", line 1, in <module>
  File "<stdin>", line 8, in wrapped
TypeError: El argumento a debería ser de tipo <class 'str'> y es
de tipo <class 'type'>
```

Podemos observar la existencia del proyecto mypy que permite usar estos tipos hint para verificar el tipado estático (http://mypy-lang.org/).
Esta herramienta está madura para integrarse en un enfoque de calidad, aunque el lenguaje Python no lo obligue.

Para terminar, estos tipos hint tienen un efecto sobre el campo de inicio de los programas Python y solo se pueden usar en nombres que ya son conocidos (y no declarados después, como para cualquier tipo de variable). A continuación se muestra un ejemplo:

```
>>> class Example:
...
...     def clone(self) -> Example:
...         return self
...
Traceback (most recent call last):
  File "<input>", line 1, in <module>
    class Example:
  File "<input>", line 3, in Example
    def clone(self) -> Example:
NameError: name 'Example' is not defined
```

A continuación se muestra lo que sucede después de que la importación ha funcionado:

```
>>> from __future__ import annotations
>>> class Example:
...
...     def clone(self) -> Example:
...         return self
...
>>> e = Example()
>>> e.clone()
<__main__.Example object at 0x7ff48a499ef0>
```

Para corregir estos defectos, se ha establecido la evaluación desplazada de estas anotaciones. Sin embargo, como esto plantea un problema de compatibilidad hacia atrás, es necesario activar este comportamiento en cada módulo, gracias a esta importación:

```
from __future__ import annotations
```

# 3. Clase

## 3.1 Declaración

### 3.1.1 Firma

Para declarar una clase, se utiliza la palabra clave **class**, seguida del nombre de la clase, de los padres entre paréntesis y de un bloque que representa la encapsulación de los datos de la clase, atributos y métodos.
He aquí la declaración mínima:

```
>>> class A:
...     pass
...
```

© Editions ENI - All rights reserved

Dicha sintaxis está prohibida en Python 2.x, donde hay que utilizar, obligatoriamente, las nuevas clases (nuevas desde la versión 2.2):

```
>>> class A(object):
...     pass
...
```

El uso de esta última forma es, en Python3, exactamente idéntica a la forma anterior. El cambio de rama permite que la escritura con el estilo anterior cree la misma clase que con el nuevo estilo, dado que el antiguo ya no existe.
De este modo, independientemente de cómo se describa la clase anterior, se tiene:

```
>>> type. mro(A)
[<class '__main__.A'>, <class 'object'>]
```

## 3.1.2 Atributo

Uno de los principios esenciales de un lenguaje orientado a objetos es la encapsulación, que implica que un dato relativo a una clase pertenezca a la clase. La consecuencia es la necesidad de tener un mecanismo de acceso que permita encontrar el dato dentro de la clase o una instancia de la clase. Esto significa también, aparte de la programación orientada a objetos mediante prototipos, que estos datos se declaran en el bloque de la clase.
En Python, todo depende de la indentación:

```
>>> class A(object):
...     atributo = 42
...
```

El mecanismo de acceso es sencillamente el punto, y el atributo pertenece a la lista que se obtiene utilizando la primitiva **dir**:

```
>>> A.atributo
42
>>> 'atributo' in dir(A)
True
```

## 3.1.3 Método

En Python, todo es un objeto. Un atributo es, por tanto, un objeto, sea cual sea su tipo, y un método también lo es. En este sentido podemos considerar que un método es, también, un atributo como cualquier otro.
Un método se define exactamente de la misma manera que una función, a excepción del hecho de que se encuentra encapsulado en una clase. No obstante, se trata de una función como cualquier otra, y su tipo es **function**.
He aquí una prueba que lo pone de relieve:

```
>>> class A(object):
...     def método(self): pass
...
>>> A.método
<function b at 0x1442380>
```

Existen, en realidad, tres tipos de métodos: métodos de instancia (los clásicos), métodos de clase y métodos estáticos.

El detalle sobre los atributos, los métodos y las especificidades del contenido de las clases se verán con detalle en el capítulo Modelo de objetos.

Hay que señalar que todo lo que se ha dicho antes para las funciones se aplica a los métodos, ya sea a nivel de la firma, de la posibilidad de utilizar parámetros de posición o nombrados o incluso en el concepto de tipado estático:

```
>>> from typing import Self
>>> class A:
...     def method(self: Self) -> Self:
...         return self
...
```

Quiero hacer la observación de que **Self** solo existe desde Python 3.11 y no se puede sustituir por el nombre de la clase porque esta última está en proceso de declaración en el momento de su análisis. Para las versiones anteriores, sencillamente no se pondrá nada.

### 3.1.4 Bloque local

Una clase es un bloque como cualquier otro. En este sentido contiene, en realidad, instrucciones y dispone de un espacio de nombres local.

Esto tiene como consecuencia que, cuando se declara un atributo o un método, como se hace en los ejemplos anteriores, se ejecuten en realidad instrucciones que se ejecutan durante la lectura de la clase.

De este modo, los atributos y los métodos son variables y funciones escritas en el interior del espacio de nombres de la clase y que están vinculadas a ella durante la lectura de la clase.

El espacio de nombres local de una clase se corresponde, por tanto, con lo declarado en el bloque de la clase junto a los elementos agregados en la construcción del objeto clase. Este espacio se crea durante la lectura de la firma de la clase y se actualiza conforme prosigue la lectura.

He aquí un fragmento de código que ilustra este aspecto:

```
>>> class A(object):
...     print(locals())
...     atributo = 42
...     print(locals())
...
{'__module__': '__main__', '__locals__': {...}}
{'__module__': '__main__', '__locals__': {...}, 'atributo': 42}
```

Las instrucciones **print** se ejecutan en la lectura, y el espacio de nombres local se modifica sobre la marcha.

La ejecución de instrucciones en el interior del bloque de la clase está, no obstante, habitualmente limitado a la declaración de atributos y métodos.

© Editions ENI - All rights reserved

## 3.2 Instanciación

### 3.2.1 Sintaxis

Una clase es un objeto como cualquier otro, aunque dispone de métodos que le permiten crear una instancia. Estos métodos se detallan en el capítulo Modelo de objetos.
A continuación se muestra la sintaxis utilizada para crear una instancia:

```
>>> a = A()
```

En Python no es preciso utilizar la palabra clave **new**, como en la mayoría de lenguajes orientados a objetos.

### 3.2.2 Relación entre la instancia y la clase

Cuando se dispone de una única instancia, siempre es posible volver a su clase:

```
>>> type(a)
<class '__main__.A'>
```

Esta información está visible también en el atributo **__class__** de la instancia:

```
>>> a.__class__
<class '__main__.A'>
```

Python es un lenguaje realmente introspectivo. El elemento con el que trabajamos no es una simple cadena de caracteres que indica el nombre de la clase, sino realmente el objeto clase (que es una instancia de **type**):

```
>>> a.__class__ == A
True
```

Sabiendo esto, si se tiene una instancia y se quiere crear otra instancia del mismo tipo, es posible recuperar la clase de la primera instancia para crear una instancia en segundo lugar, todo en una línea:

```
>>> b = type(a)()
```

Los paréntesis al final de la expresión son la instanciación.
El tipo del nuevo objeto es el deseado:

```
>>> type(b)
<class '__main__.A'>
```

Todo esto confiere a Python una gran flexibilidad respecto a sus competidores, que no permiten más que gestionar cadenas de caracteres que representan el nombre de una clase y funcionalidades complejas de instanciaciones a partir de dichas cadenas.
En último lugar, si la clase se elimina del espacio de nombres local, mientras existe alguna instancia presente, esta funcionará siempre, puesto que apunta sobre la clase. El contador de referencias de la clase sigue siendo no nulo. La siguiente línea no cambia nada:

```
>>> del A; A = type(a)
```

## 4. Módulo

### 4.1 ¿Para qué sirve un módulo?

Un módulo es la agrupación de un conjunto de funcionalidades dentro de un mismo archivo. De este modo, su contenido depende exclusivamente de usted, incluso aunque existan buenas prácticas que conviene respetar.

Un módulo es, por tanto, un bloque en la construcción de su aplicación. Invocado directamente (ejecutado), se trata de un punto de entrada de su aplicación.

### 4.2 Declaración

Un módulo Python es, simplemente, un archivo con la extensión .py o .pyc (versión Python o versión compilada) o incluso un archivo escrito directamente en C (para la implementación CPython). También puede ser una carpeta.

Un módulo es, por tanto, un bloque que posee su espacio de nombres y que puede contener variables, funciones, clases, y también otros módulos.

A diferencia de otros lenguajes, no existen reglas en Python que impongan una clase por archivo o por módulo. Esto podría ser contraproducente, pues significaría que un módulo solo podría contener una única clase.

Es, también, contrario a las buenas prácticas de diseño de software que, en Python, aprovecha este concepto de módulo para permitir la implementación de una arquitectura de código flexible y lógico.

Un módulo Python puede integrar otro módulo y puede realizar una jerarquía más o menos compleja. Si los módulos de más bajo nivel son archivos, los módulos de alto nivel serán carpetas.

Estos módulos no contienen más que submódulos. No obstante, es posible agregar otro contenido creando, en la carpeta del módulo, un archivo **`__init__.py`** que contiene el código de los elementos específicos del módulo.

Cabe destacar que este archivo es obligatorio en Python 2.x, pues es lo que hace de cada carpeta un módulo Python. En Python 3.x, es útil únicamente para dar información suplementaria (declaraciones globales del módulo).

### 4.3 Instrucciones específicas

Hemos visto que para escribir una aplicación modular, hay que escribir varios módulos. El código de cada módulo es independiente y los módulos son estancos: solo se puede acceder al contenido desde el interior del módulo.

Para poder utilizar el módulo desde otro módulo tiene que importarlo, lo que se hace así:

```
>>> import mi_modulo
```

Cuando se ejecuta esta instrucción, crea una variable con el mismo nombre que el módulo y apunta al objeto módulo (porque un módulo es también un objeto, como una función o una clase).

A partir de esta variable podremos acceder a su contenido:

```
>>> mi_modulo.mi_funcion()
```

© Editions ENI - All rights reserved

Podríamos decidir importar directamente solo lo que nos interesa:

```
>>> from mi_modulo import mi_funcion
```

A continuación, se crea una variable llamada **mi_funcion** en el espacio de nombres local y que apunte directamente a esta función.
Algo interesante es que se puede decidir dar a estas variables locales un nombre diferente al de su definición:

```
>>> from math import sqrt as raiz
>>> raiz
<built-in function sqrt>
import cmath as math_complejos
```

Aquí podemos ver que nuestra función se invoca correctamente, en el espacio de nombres local **raiz**, aunque se trata de la función **sqrt**.
También podemos hacer lo mismo con el propio módulo:

```
>>> math_complejos
<module 'cmath'>
```

Por último, el último caso de uso: un módulo puede estar, en ocasiones, destinado a utilizarse directamente como se muestra a continuación:

```
$ python3 mimodulo.py
```

El módulo es entonces el punto de entrada de la aplicación. Es posible diferenciar el caso en que el módulo es el punto de entrada de la aplicación de aquel en el que simplemente se importa:

```
if __name__ == "__main__":
      # instrucciones cuando el módulo es el punto de entrada
else:
      # instrucciones cuando se importa el módulo
```

Por último, cuando se utiliza **from mimodulo import ***, es posible especificar lo que forma parte de ***** informando una lista especial **__all__**, preferentemente al inicio del módulo:

```
__all__ = ['mi_funcion', 'MiClase', ...]
```

## 4.4 ¿Cómo conocer el contenido de un módulo?

Para saber lo que se incluye en un módulo, existen otros métodos además de la lectura del código, aunque sigue siendo el método más seguro y el más directo, si bien potencialmente lento.
Cuando un módulo se encuentra documentado correctamente, es posible recorrerlo con ayuda de **dir** y **help**, que permiten encontrar toda la información necesaria:

```
>>> import pdb
>>> dir(pdb)
['Pdb', 'Restart', 'TESTCMD', '__all__', '__builtins__',
'__cached__', '__doc__', '__file__', '__name__', '__package__',
'_rstr', '_usage', 'bdb', 'cmd', 'code', 'dis', 'find_function',
'getsourcelines', 'help', 'inspect', 'lasti2lineno',
```

```
'line_prefix', 'linecache', 'main', 'os', 'pm', 'post_mortem',
'pprint', 're', 'run', 'runcall', 'runctx', 'runeval',
'set_trace', 'signal', 'sys', 'test', 'traceback']
>>> help(pdb)
>>> help(pdb.inspect)
```

Esto es cierto únicamente para los módulos. Es el medio preferente de descubrir las funcionalidades, con el mismo espíritu que el comando **man** del terminal.

**Observación**

*Cabe destacar que cuando se utiliza un IDE como PyCharm o incluso una consola interactiva algo avanzada como bpython, se tiene acceso al autocompletado de código, así como a la firma del método cuando se está tecleando, lo que facilita considerablemente las cosas.*

## 4.5 Compilación de los módulos

Cuando arranca un programa, Python ejecuta la máquina virtual y analiza sintácticamente el módulo, que es el punto de entrada de la aplicación. También va a cargar los módulos a importar (de manera recursiva) y, para cada uno de ellos, hará un análisis sintáctico y una compilación en un lenguaje comprensible por la máquina virtual.

Un módulo solo se compila una vez. De este modo, el siguiente código va a provocar la compilación de los módulos **maths** y **pdb**:

```
>>> from math import sqrt
>>> import pdb
```

En el ejemplo anterior, incluso aunque se importe solamente la función **sqrt** del módulo **math**, se compila todo el módulo. Por el contrario, si encontramos más adelante, en el mismo archivo o en cualquier otro, esto:

```
>>> from math import log
>>> import pdb
```

Entonces ninguno de los módulos se compila, porque ya se ha hecho previamente, incluso aunque el nombre de la función importada sea diferente: cuando se hace referencia a un módulo, se compila todo el módulo y no únicamente la función que se importa.

Estos archivos compilados tienen la extensión **.pyc** y se procesan en la carpeta **__pycache__**, para evitar ensuciar las carpetas con los archivos compilados.

Tras una compilación, Python va a comprobar si el archivo se ha modificado tras la última compilación y solo lo compilará si realmente es necesario hacerlo, lo que permite ganar algo de tiempo evitando volver a compilar todo sistemáticamente.

Además, los archivos compilados con versiones diferentes de Python tienen extensiones diferentes, lo que permite no tener que recompilar todo cuando se pasa de Python 3.3 a Python 3.4, por ejemplo, sabiendo que es habitual pasar de una versión a otra en muchos contextos, en particular desde una versión de Python 2 a una versión de Python 3 para probar si el código es portable.

© Editions ENI - All rights reserved

Por último, conviene saber que es posible ejecutar Python con dos niveles de optimización:

```
$ python mi_modulo.py
$ python -O mi_modulo.py
$ python -OO mi_modulo.py
```

En este caso, los archivos compilados tienen un nombre diferente para evitar tener que recompilarlos cuando se pasa de un nivel de optimización a otro.

Y el bonus: no debemos olvidar que CPython, que probablemente utiliza, no es sino una implementación de Python de entre las muchas que existen. En este caso, se va a intentar diferenciar los archivos compilados para evitar que una de las compilaciones borre otra hecha con un Python diferente.

Con todo esto, un mismo módulo puede perfectamente tener varios archivos compilados:

- mi_modulo.cpython-27.pyc
- mi_modulo.cpython-27.opt-1.pyc
- mi_modulo.cpython-27.opt-2.pyc
- mi_modulo.cpython-32.pyc
- mi_modulo.cpython-33.pyc
- mi_modulo.cpython-34.pyc
- mi_modulo.cpython-35.pyc
- mi_modulo.cpython-35.opt-1pyc
- mi_modulo.cpython-35.opt-2pyc
- mi_modulo.jython-27.pyc
- mi_modulo.jython-32.pyc

Estos detalles se incluyen con Python 3.5, pero las versiones anteriores se han modificado para que utilicen también este sistema (el cambio es transparente para los usuarios finales de Python, es decir los desarrolladores).

© Editions ENI - All rights reserved

# Capítulo 3-3
# Modelo de objetos

## 1. Todo es un objeto

### 1.1 Principios

#### 1.1.1 Qué sentido dar a «objeto»

Python es un lenguaje que utiliza varios paradigmas y, entre ellos, el paradigma orientado a objetos. Este se elaboró durante los años 1970 y es, ante todo, un concepto. Un objeto representa:

- un objeto físico:
  - parcela de terreno, bien inmueble, apartamento, propietario, inquilino...;
  - coche, piezas de un coche, conductor, pasajero...;
  - biblioteca, libro, página de un libro...;
  - dispositivo de hardware, robot...;
- un objeto informático:
  - archivo (imagen, documento de texto, sonido, vídeo...);
  - servicio (servidor, cliente, sitio de Internet, servicio web...);
  - un flujo de datos, pool de conexiones...;
- un concepto:
  - portador de alguna noción que pueda compartir;
  - secuenciador, ordenador, analizador de datos...

**Observación**

*Aprovechamos para llamar la atención del lector sobre ciertos aspectos cognitivos: a partir del momento en que se modelizan personas como objetos, es fácil olvidar que detrás del código hay seres vivos que piensan, y cuya libertad puede ser limitada por las elecciones que se hacen sobre la manera de modelizar, la cantidad o la calidad de las informaciones que se decide tratar o conservar.*

*Aquí vemos un ejemplo muy simple y concreto: un gestor de horarios que solo permite crear franjas cada media hora puede tener una repercusión real sobre el funcionamiento de un servicio que necesita una granularidad más fina. Por lo tanto, influye de manera muy negativa en los usuarios que, antes de la llegada del software, tenían horarios que permitían más libertad.*

*Además, a partir del momento en que almacena datos de sus usuarios, es responsable de su conservación y seguridad; por eso tiene que asegurarse de que no se puedan filtrar, robar o incluso corromper.*

*Hay organismos que permiten dar una visión correcta de las reglas básicas que se deben seguir para tratar datos de este tipo, y también legislaciones, como el RGPD, que a su vez determinan algunos principios útiles.*

Para modelizar como objeto, es necesario seguir algunos principios.
Uno de los principios es la encapsulación de datos. Esto significa que cada objeto posee en su seno no solo los datos que lo describen y que contiene (bajo la forma de atributos), sino también el conjunto de métodos necesarios para gestionar sus propios datos (modificación, actualización, compartición...).
El desarrollo orientado a objetos consiste, simplemente, en crear un conjunto de objetos que representa de la mejor forma posible aquello que modelan y en gestionar sus interacciones.
Cada funcionalidad se modela, de este modo, bajo la forma de interacciones entre objetos. De su correcto modelado y de la naturaleza de sus interacciones dependen la calidad del programa y también su estabilidad y mantenibilidad.
El paradigma orientado a objetos define, entonces, otros mecanismos para dar respuesta a las distintas problemáticas que se le plantean al desarrollador: polimorfismo, interfaces, herencia, sobrecarga de métodos, sobrecarga de operadores...
Es aquí donde se diferencian los lenguajes entre sí, pues cada uno propone soluciones que le son propias utilizando o no ciertos mecanismos del lenguaje orientado a objetos y de forma más o menos fiel a su espíritu.

### 1.1.2 Adaptación de la teoría de objetos en Python

En lenguajes como PHP, por ejemplo, se agrega una **semántica de objetos** que permite a los desarrolladores escribir de forma similar a un lenguaje orientado a objetos. Esto se realiza en dos etapas: la posibilidad de declarar clases (con interfaces y herencia simple) y la posibilidad de crear instancias de estas clases y acceder a los atributos de los métodos. Pero no es más que una semántica de objetos, puesto que detrás se trata en realidad de tablas (que contienen los atributos) que se asocian a una lista de métodos que pueden aplicarse al objeto.

© Editions ENI - All rights reserved

La implementación está, por tanto, muy lejos de un paradigma orientado a objetos, aunque la semántica esté presente y sea suficiente para este lenguaje.

En los lenguajes orientados a objetos, como Java, el paradigma orientado a objetos está en el núcleo del lenguaje y, por tanto, de la gramática. Se han realizado adaptaciones del concepto para amoldarse a distintos escenarios técnicos o a una filosofía propia del lenguaje. No se dispone de herencia múltiple, y el concepto de interfaz se ha transformado en su totalidad para ofrecer una alternativa. Como no existen más que objetos, es necesario pasar por el proceso de bootstrap y las arquitecturas se han vuelto difíciles o restrictivas debido a limitaciones técnicas que debían respetarse.

C++ también propone sus propias adaptaciones e innovaciones. El modelo orientado a objetos que ofrece es la referencia absoluta de un lenguaje de bajo nivel estáticamente tipado.

Estas son las características esenciales que diferencian estos lenguajes del lenguaje de programación Python y que hacen que el modelo de objetos de Python sea, necesariamente, muy diferente.

Pero, además de ser diferente, el lenguaje ha tratado de aprovechar sus cualidades básicas que lo diferencian de otros lenguajes para adaptar completamente la teoría de objetos a su filosofía y encontrar aplicaciones particularmente novedosas que permitan proponer un conjunto a la vez completo, preciso y con buen rendimiento.

Por este motivo se encuentran tantas diferencias. Por tanto, la forma de trabajar de Python está completamente adaptada al lenguaje, aunque no puede decirse que el modelo de objetos de Python sea mejor que el de C++, por ejemplo. El modelo de C++ está adaptado a C++ y el de Python lo está a Python. Si se hubieran retomado los conceptos de C++ en Python, estos no habrían encontrado lugar, y viceversa.

Al final, cuando se viene de trabajar en otro lenguaje, adquirir práctica puede resultar más o menos fácil en un primer lugar, aunque para comprender realmente las diferencias y sutilidades es necesario ir más allá en el modelo de objetos, en la teoría, y comprender las elecciones realizadas y su adaptación a las características del lenguaje.

Por ello, no se deje sorprende por el hecho de que no existan las palabras clave **`new`** o **`this`**, que la firma de los métodos sea diferente, sino comprenda la filosofía general y saque provecho de las posibilidades que se ofrecen.

Python se ha creado en un momento en el que los lenguajes de referencia ya existían y habían marcado su tiempo. Ha aprovechado su experiencia y sacado el mejor provecho. A día de hoy, el propio lenguaje Python es una fuente de inspiración.

### 1.1.3 Generalidades

El objeto es uno de los pilares esenciales de Python, que decide proporcionar un lenguaje donde todo es un objeto, con el objetivo de responder de manera sencilla y eficaz a problemáticas complejas, permitir una gran flexibilidad y ofrecer una gran libertad de acción a los desarrolladores, como veremos en este capítulo.

Python tiene un único principio, que es «todo es un objeto», lo cual no es simplemente un concepto genérico. En efecto, si es evidente que una instancia es un objeto, el hecho de que todo sea un objeto quiere decir que la propia clase es un objeto, que un método es un objeto y que una función es un objeto.

Esto significa que todas las clases, funciones y métodos disponen de atributos y de métodos particulares, y que pueden modificarse tras su creación.

De este modo, es posible declarar clases, métodos y funciones de manera imperativa, mediante el uso de las palabras clave **`class`** o **`def`**, aunque también pueden declararse por asignación, abriendo así posibilidades muy interesantes.

Pero Python no es un lenguaje doctrinal con una única visión y buscando imponerla. Si bien el objeto está en el núcleo de sus funcionalidades, los demás paradigmas no se han rechazado o dejado de lado. Son tan importantes los unos como los otros.

En efecto, en función de la tarea que quiera cumplir, habrá una única manera evidente de proceder y aun así se podrá recurrir a uno de los tres paradigmas: imperativo, orientado a objetos o funcional.

Python no preconiza la superioridad del objeto, ni busca impedir la programación imperativa para obligar a que se utilicen objetos simplemente porque el objeto sea un enfoque más moderno o más de moda.

Es, por otro lado, interesante, cuando se conocen varios lenguajes, ver cómo Python es capaz de vincular la experiencia imperativa con la orientación a objetos y hacer emerger lo mejor de cada una.

Los debutantes que ya conozcan alguno de los paradigmas podrán desarrollar utilizando preferentemente el paradigma que conozcan y, a continuación, descubrir los demás poco a poco, en función de su experiencia.

## 1.2 Clases

### 1.2.1 Introducción

Una clase se define, simplemente, así:

```
>>> class A:
...     pass
```

Esta definición es de naturaleza imperativa, en el sentido de que una clase es un bloque que contiene un conjunto de instrucciones imperativas que se recorren y ejecutan unas detrás de otras.

Estas instrucciones pueden ser un docstring, por ejemplo:

```
>>> class A:
...     """Descripción de mi clase"""
```

Existen, en realidad, dos formas de describir una clase: bien utilizando este modo imperativo, descriptivo, que pone de relieve la encapsulación (utilizada a menudo), o bien mediante un prototipo, que también permite Python, de manera similar a JavaScript, como veremos más adelante.

© Editions ENI - All rights reserved

### 1.2.2 Declaración imperativa de una clase

Una clase puede contener instrucciones declarando una variable, que se convierte en un atributo de clase, o una función, que se convierte en un método.

```
>>> class A:
...     """Descripción de mi clase"""
...     atributo = "Esto es un atributo"
...     def método(self, *args, **kwargs):
...         return "Esto es un método"
```

Una clase encapsula, así, con claridad todos sus datos, que son accesibles:

```
>>> A.__doc__
'Descripción de mi clase'
>>> A.atributo
'Esto es un atributo'
>>> A.método
<function método at 0x257ea68>
```

De este modo, el método es un atributo como los demás, pues cuando se accede sin invocarlo se devuelve la instancia correspondiente al método.
La única complejidad en la creación de clases se desprende de la complejidad funcional, del correcto modelado de objetos y de sus relaciones. Se recomienda trabajar de modo que los datos de una clase o de una instancia le pertenezcan y estén gestionados por la propia instancia, y no desde el exterior.

### 1.2.3 Instancia

Creemos una instancia:

```
>>> a = A()
```

Y accedamos al contenido de la instancia, definido en la clase:

```
>>> a.__doc__
'Descripción de mi clase'
>>> a.atributo
'Esto es un atributo'
>>> a.método
<bound method A.método of <__main__.A object at 0x25dfa90>>
```

Los atributos y métodos de la clase están, ahora, disponibles para la instancia, puesto que incluye un vínculo hacia los elementos de la clase, tal y como sugiere el término «bound».
Como puede verse, el hecho de acceder al método devuelve, simplemente, un objeto, aunque no invoca al método. Para realizar dicha llamada es necesario agregar los paréntesis y pasar los eventuales argumentos.
Recordemos que la firma del método espera un parámetro. Este parámetro representa, en realidad, la instancia. El vínculo entre el primer argumento del método definido en la clase y la instancia se realiza de manera natural:

```
>>> a.método()
'Esto es un método'
```

Es la gramática del lenguaje la encargada de informar el primer argumento situando la instancia. En Python no se hace magia, no existe ninguna variable mágica que represente automáticamente la instancia en curso; esta última está realmente visible y presente en la firma. Por convención, se denomina **self**.

La noción de interconexión entre una instancia y su clase es un elemento importante que debe dominarse. En efecto, si de una u otra manera se modifican los elementos de la clase, entonces se modifican también los elementos de la instancia:

```
>>> class B:
...     a = 'Otro atributo'
...     def m(self, *args, **kwargs):
...         return 'Otro método'
...
>>> A.atributo = B.a
>>> A.método = B.m
>>> a.atributo
'Otro atributo'
>>> a.método()
'Otro método'
```

Igual que la instancia no tiene su propio atributo, su valor es el de la clase y, como el atributo de la clase es dinámico, cualquier cambio realizado sobre este afectará a la instancia. No tener claro este aspecto puede llevarnos a generar errores inesperados. No obstante, preste atención: no es así como declaramos los atributos únicos de cada instancia, sino que se pasan al constructor, como veremos más adelante.

Informar los atributos directamente a nivel de la clase sirve, también, para que se compartan entre todas las instancias. Son, de algún modo, atributos de clase, en la semántica de Python, lo que equivale a atributos estáticos en la mayoría de los lenguajes.

Si bien estos atributos son de la clase, nada impide que un atributo con el mismo nombre aparezca en una instancia.

En este momento, podemos considerar que el atributo de la clase contiene el valor por defecto y el atributo de la instancia contiene el valor asociado de manera durable a la instancia.

Cuando el atributo de una instancia se modifica y recibe otro valor diferente al de la clase, se encuentra desconectado del atributo de la clase.

```
>>> a.atributo = 'Atributo de instancia'
>>> A.atributo
'Otro atributo'
>>> a.atributo
'Atributo de instancia'
```

El atributo de la instancia está conectado al de la clase. Ahora:

```
>>> a.atributo = A.atributo
```

Nos contentamos con realizar una asignación, sin cambiar de valor:

```
>>> A.atributo = 'B'
>>> a.atributo
'A'
```

© Editions ENI - All rights reserved

### 1.2.4 Objeto en curso

Se denomina objeto «en curso» a la instancia en curso de la clase.

En Python, dicha instancia se denomina **self**, aunque no es más que una convención. Lo que importa es que el objeto en curso es, sistemáticamente, el primer objeto que recibe como parámetro un método, y dicho vínculo se establece de forma automática.

En la mayoría de los lenguajes existe una palabra clave **this** que permite ejecutar un método como una función, un poco de forma mágica, pues **this** representa a la instancia en curso.

Como a Python no le gusta la magia y quiere preservar la legibilidad, se contenta con exigir un primer argumento que representa a la instancia y el vínculo se establece a bajo nivel, pero no hay ningún elemento mágico de por medio. Lo que se utiliza en la función es, simplemente, variables que se presentan en la firma del método.

Cabe destacar que no se utiliza la palabra clave **this** ni la palabra clave **new** para crear la instancia.

### 1.2.5 Declaración por prototipo de una clase

La programación orientada a objetos por prototipo consiste en crear una clase y, a continuación, asignarle atributos y métodos como se hace, por ejemplo, en JavaScript.

Esto es muy diferente a la programación orientada a objetos clásica, puesto que nos contentamos con declarar una clase que es un recipiente vacío con un nombre y, a continuación, se le agregan atributos y métodos.

Estos métodos pueden ser, para ciertos lenguajes, simples funciones que transforman un objeto que se pasa como parámetro o que reciben un objeto como parámetro para devolver otro objeto sin que exista ningún vínculo entre ellos, salvo el hecho de agregarse en la misma clase.

El recurso de una palabra clave permite, por tanto, crear un vínculo artificial pero suficiente entre los métodos de una misma clase y sus propiedades. Esto puede parecer una agregación de propiedades y de funciones similares a lo que serían atributos y métodos.

Semánticamente, el uso de una clase así es idéntico al de una clase declarada de manera clásica, aunque los mecanismos internos sean totalmente distintos.

Esto no entra, en absoluto, en el espíritu de la programación orientada a objetos, pues si bien la encapsulación se resuelve de una manera diferente, aunque comprensible, los demás mecanismos tales como la instanciación, la diferenciación de instancias o el polimorfismo, por ejemplo, no pueden resolverse, o bien se resuelven de manera poco satisfactoria. Además, ciertos lenguajes hacen todas las clases puramente estáticas.

Estos lenguajes son, entonces, una interpretación del paradigma orientado a objetos bastante reducida, aunque por el contrario representan una ventaja indiscutible, que es la capacidad evolutiva, dado que, en cualquier momento, es posible agregar o modificar funciones.

En efecto, en la mayoría de los lenguajes, una vez declarada la clase, es imposible agregar nuevos métodos o atributos. En ocasiones, una permisividad natural permite agregar atributos de manera lateral. No obstante, esto es una limitación importante que hace que la programación orientada a objetos por prototipo encuentre su verdadero lugar.

En lo relativo a Python, esto es muy distinto. Por un lado, su lectura extrema del paradigma orientado a objetos hace que las propias clases, funciones y métodos sean objetos sobre los que es posible actuar como con cualquier otro objeto. Por otro lado, el hecho de que sea dinámico implica que, en todo momento, sea posible realizar una asignación o una modificación.

De este modo, es posible declarar una clase y, a continuación, añadir más tarde un atributo, por agregación. Para comenzar, creemos una clase de manera declarativa, como hemos hecho hasta ahora:

```
>>> class Declarativa(object):
...     """Clase escrita de manera declarativa"""
...
...     atributo_de_clase = 42
...
...     def __init__(self, name):
...         self.name = name
...         self.subs = []
...
...     def __str__(self):
...         return "{} ({})".format(self.name, ", ".join(self.subs))
...
...     def mostrar(self):
...         print(self)
```

Ahora podemos utilizar este objeto:

```
>>> a = Declarativa("test")
>>> a.subs.append("cosa", "chisme")
>>> print(a)
test (cosa, chisme)
>> dir(a)
['__class__', '__delattr__', '__dict__', '__dir__', '__doc__',
'__eq__', '__format__', '__ge__', '__getattribute__', '__gt__',
'__hash__', '__init__', '__le__', '__lt__', '__module__',
'__ne__', '__new__', '__reduce__', '__reduce_ex__', '__repr__',
'__setattr__', '__sizeof__', '__str__', '__subclasshook__',
'__weakref__', 'atributo_de_clase']
>>> Declarativa.mostrar
<function Declarativa.mostrar__ at 0x7fb456895bf8>
```

Presentaremos, ahora, el código equivalente al anterior, escrito mediante prototipo. Veremos que primero se escriben los métodos:

```
>>> def proto__init__(self, name):
...     self.name = name
...     self.subs = []
...
>>> def proto__str__(self):
...     return "{} ({})".format(self.name, ", ".join(self.subs))
...
>>> Prototipo = type("Prototipo", (object,), {
```

© Editions ENI - All rights reserved

```
        "__init__": proto__init__,
        "__str__": proto__str__,
        "atributo_de_clase": 42})
```

También es posible agregar funciones más tarde:

```
>>> def mostrar(self):
...     print(self)
...
>>> Prototipo.mostrar = mostrar
```

El resultado es completamente idéntico a nuestra clase declarada de manera clásica:

```
>>> dir(Prototipo)
['__class__', '__delattr__', '__dict__', '__dir__', '__doc__',
'__eq__', '__format__', '__ge__', '__getattribute__', '__gt__',
'__hash__', '__init__', '__le__', '__lt__', '__module__',
'__ne__', '__new__', '__reduce__', '__reduce_ex__', '__repr__',
'__setattr__', '__sizeof__', '__str__', '__subclasshook__',
'__weakref__', 'atributo_de_clase']
```

Esta forma de operar no es un error de programación o de diseño, es algo natural y que está previsto en Python.

Como un método no es más que una función encapsulada en una clase (si bien sigue algunas reglas particulares suplementarias que se presentan en la sección Métodos), Python no tiene ningún problema con esta forma de trabajar.

```
>>> def m(self):
...     return "Definido por prototipo"
...
>>> A.método = m
```

Esta forma de trabajar es bastante diferente a la de los lenguajes específicamente cualificados como «programación orientada a objetos por prototipo», como por ejemplo JavaScript, uno de los más conocidos y utilizados en este dominio.

Sin embargo, es bastante limitada en Python, a parte de las librerías que utilizan masivamente nociones complejas, tales como metaclases; por ejemplo, para resolver requisitos específicos de diseño.

La gran ventaja de esta técnica es que permite modificar las clases en cualquier momento, o extenderlas tanto como se quiera. Podemos perfectamente declarar una clase de la manera habitual, y después, en otro módulo importarla y agregarle métodos o atributos.

### 1.2.6 Tuplas con nombre

Existen muchos casos de uso en los que se necesita la flexibilidad de un objeto pero no se desea pasar demasiado tiempo escribiendo una clase. Para ello, existen las tuplas con nombre:

```
>>> from collections import namedtuple
>>> Punto = namedtuple('Punto', ['x', 'y'])
```

**Punto** es una clase particular que dispone de dos atributos **x** e **y**. Puede instanciarse:

```
>> p = Punto(4, 2)
```

La ventaja de esta clase reside en las distintas formas de manipularla, sea como una n-tupla o como un diccionario pero, con esta manera de crearse, se parece bastante a la declaración mediante prototipo.

## 1.3 Métodos

### 1.3.1 Declaración

Como hemos visto, la declaración de un método en una clase sigue ciertas reglas, en particular reglas relativas a su firma.

En el paradigma de orientación a objetos se distinguen, habitualmente, dos tipos de métodos: los métodos llamados de instancia (usuales), que se aplican sobre una instancia de la clase, y los métodos llamados estáticos, que se aplican sobre la propia clase.

Muchos lenguajes tienen interpretaciones diferentes de este aspecto, que está vinculado a la resolución de problemáticas técnicas complejas, también presentes en Python. Se simplifican las elecciones mediante el uso del primer argumento de la función.

De este modo, en Python, cabe distinguir:

– los métodos de instancia, donde por convención el primer argumento se llama **self** y representa a la instancia:

```
>>> class A:
...     def metodo_instancia(self, *args, **kwargs):
...         return "Esto es un método de instancia
aplicado sobre %s" % self
```

– los métodos de clase, donde por convención su primer argumento se llama **cls** y cuya característica importante es que representan a la clase:

```
...     @classmethod
...     def metodo_clase(cls, *args, **kwargs):
...         return "Esto es un método de clase aplicado sobre %s" % cls
```

– los métodos estáticos, que tienen una firma idéntica a las funciones. Se trata de funciones agregadas a las clases:

```
...     @staticmethod
...     def metodo_estatico(*args, **kwargs):
...         return "Esto es un método estático"
...
```

Lo que da su naturaleza a estos métodos es el uso sobre ellos de **classmethod** o **staticmethod** en forma de decoradores.

Como todavía no hemos presentado el funcionamiento de los decoradores, recomendamos, de momento, quedarse con la idea de la forma de usarlos, es decir, usar el carácter arroba, así como su ubicación antes de la definición de la función y la indentación necesaria. El decorador es un patrón de diseño que permite modificar el comportamiento habitual de la función sobre la que se aplica.

© Editions ENI - All rights reserved

He aquí cómo declarar lo mismo mediante prototipo. En primer lugar, la clase:

```
>>> class B:
...     pass
...
```

A continuación, el método de instancia:

```
>>> def m(self, *args, **kwmargs):
...     return "Esto es un método de instancia aplicado sobre %s"
% self
...
>>> B.metodo_instancia = m
```

A continuación, el método de clase:

```
>>> @classmethod
... def m(cls, *args, **kwmargs):
...     return "Esto es un método de clase aplicado sobre %s" % cls
...
>>> B.metodo_clase = m
```

O también (demos preferencia al método anterior):

```
>>> def m(cls, *args, **kwmargs):
...     return "Esto es un método de clase aplicado sobre %s" % cls
...
>>> B.metodo_clase = classmethod(m)
```

Por último, el método estático:

```
>>> @staticmethod
... def m(*args, **kwmargs):
...     return "Esto es un método estático"
...
>>> B.metodo_estatico = m
```

O bien (demos preferencia al método anterior):

```
>>> def m(*args, **kwmargs):
...     return "Esto es un método estático"
...
>>> B.metodo_estatico = staticmethod(m)
```

Ambas formas de declarar tienen, cada una, sus ventajas e inconvenientes, aunque son perfectamente coherentes entre sí. El hecho de tener tres tipos de método diferentes aporta una gran claridad acerca del uso que Python hace del paradigma orientado a objetos, pues la elección no se opera en razón de una simple necesidad técnica para vincularse a un objeto o a una instancia para poder ser invocado, sino más bien en función de la naturaleza de la funcionalidad contenida en el método.

Por otro lado, esta coherencia se hace patente en el momento de invocar al método.

### 1.3.2 Invocar al método

Tenemos la siguiente instancia:

```
>>> a = A()
```

He aquí cómo invocar a un método de instancia:

```
>>> a.metodo_instancia()
"Esto es un método de instancia aplicado sobre <__main__.A object
at 0x25dfc90>"
```

El primer parámetro del método lo provee el objeto sobre el que se aplica, en la parte izquierda del acceso, la instancia **a**.
Se utiliza el mismo mecanismo para invocar a un método de clase:

```
>>> A.metodo_clase()
"Esto es un método de clase aplicado sobre <class  '__main__.A'>"
```

El objeto a la izquierda del punto se convierte en el primer argumento del método. Si este tuviera otros argumentos, los recibiría dentro del paréntesis durante la llamada a la función.
Es posible invocar a un método de clase directamente a partir de una instancia. Podría esperarse un fallo, pues parece poco conforme al espíritu de Python. En realidad, no es así:

```
>>> a.metodo_clase()
"Esto es un método de clase aplicado sobre <class '__main__.A'>"
```

Python, gracias a la forma en la que declara sus métodos, sabe perfectamente cómo aplicarlos y sabe encontrar la clase de la instancia para aplicar el método. Esto permite, por tanto, utilizar métodos de clase sobre una instancia sin perder coherencia, sin tener que hacer el esfuerzo de buscar la clase de una instancia para aplicarle el método a continuación, lo cual realiza Python directamente.
Python gestiona su modelo de objetos con coherencia respecto a la forma en la que se ha definido, y no respecto a convenciones de llamadas y a la manera de definir un método. A diferencia de lo que existe en otros lugares, no se basa en el uso o no de palabras clave que permitan verificar la conformidad de las llamadas, sino en decoradores que van a facilitar el trabajo del desarrollador teniendo en cuenta la aplicación de las llamadas.
Por último, queda por ver cómo invocar a un método estático:

```
>>> A.metodo_estatico()
'Esto es un método estático'
>>> a.metodo_estatico()
'Esto es un método estático'
```

Un método estático es, simplemente, una función agregada a una clase, que se invoca a partir de la clase, aunque también a partir de la instancia:

```
>>> f = a.metodo_estatico
>>> f()
'Esto es un método estático'
```

© Editions ENI - All rights reserved

Este tipo de mecanismos funciona con todo tipo de métodos:

```
>>> f = a.metodo_instancia
>>> f()
"Esto es un método de instancia aplicado sobre <__main__.A object
at 0x25dfc90>"
>>> f = A.metodo_clase
>>> f()
"Esto es un método d clase aplicado sobre <class '__main__.A'>"
>>> f = a.metodo_clase
>>> f()
"Esto es un método de clase aplicado sobre <class '__main__.A'>"
```

Es la forma de acceso la que informa la clase en curso, o la instancia en curso, como primer argumento. Cuando un método debe aplicarse varias veces con distintos argumentos, esta técnica permite ahorrar en accesos.
Falta por abordar el siguiente punto:

```
>>> f = A.metodo_instancia
```

Se utiliza un método de instancia a partir de una clase. Esto no es un error, sino una «llamada estática» de un método de instancia.
Es necesario proveer, durante la llamada, un primer argumento –hasta ahora informado automáticamente–, que es la instancia:

```
>>> f(a)
"Esto es un metodo de instancia aplicado sobre <__main__.A object
at 0x25dfc90>"
```

Esto resulta particularmente útil en una clase para llamar al método de uno de sus padres:

```
>>> class C:
...     def metodo_instancia(self):
...         resultado = A.metodo_instancia(self)
...         resultado += B.metodo_instancia(self)
...         return resultado
...
```

Aquí, se espera que **self** sea de tipo **C**, aunque en este momento no es de tipo **A** o **B**... En Python, esto no supone un problema. Durante la llamada a un método –sea estático o dinámico– o bien el método existe y se aplica, o bien no existe y devuelve un error. Pero nunca se imponen restricciones para que el tipo de la instancia se corresponda realmente con la clase del método utilizado. Es el principio de «Duck Typing». Esta situación no es un error de programación, sino una libertad.
He aquí el resultado esperado de tal método:

```
>>> c = C()
>>> c.metodo_instancia()
"Esto es un método de instancia aplicado sobre <__main__.C object
at 0x11a0ad0>Esto es un método de instancia aplicado sobre
<__main__.C object at 0x11a0ad0>"
```

Adicionalmente, todo lo que acabamos de ver funciona exactamente de la misma manera para la llamada a los métodos definidos mediante prototipo:

```
>>> b = B()
>>> b.metodo_instancia()
"Esto es un método de instancia aplicado sobre <__main__.B object
at 0x25dfd50>"
>>> B.metodo_clase()
"Esto es un método de clase aplicado sobre <class '__main__.B'>"
>>> B.metodo_estatico()
'Esto es un método estático'
```

Igual que el correcto uso de las llamadas en el siguiente caso:

```
>>> b.metodo_clase()
"Esto es un método de clase aplicado sobre <class '__main__.B'>"
>>> b.metodo_estatico()
'Esto es un método estático'
```

### 1.3.3 Métodos y atributos especiales

Cada objeto contiene cierto número de métodos especiales que se deben al buen funcionamiento del modelo orientado a objetos de Python y a que se agrupan todas las funcionalidades que comparten todos los objetos de Python:

```
>>> dir(object)
['__class__', '__delattr__', '__doc__', '__eq__', '__format__',
'__ge__', '__getattribute__', '__gt__', '__hash__', '__init__',
'__le__', '__lt__', '__ne__', '__new__', '__reduce__',
'__reduce_ex__', '__repr__', '__setattr__', '__sizeof__',
'__str__', '__subclasshook__']
```

Estos métodos especiales están asociados al funcionamiento interno particular y el hecho de disponer de estos métodos, de poder acceder a ellos y, si es preciso, modificarlos permite conocer a fondo el funcionamiento interno de Python y sacarle provecho.

Una parte significativa de estos métodos especiales permite procesar un elemento gramatical particular.

Entre estos métodos, **`__eq__`**, **`__ge__`**, **`__gt__`**, **`__le__`**, **`__lt__`** y **`__ne__`** son comparadores, respectivamente «igualdad», «mayor o igual», «estrictamente mayor», «menor o igual», «estrictamente menor» o «distinto de», y se invocan cuando se utilizan, respectivamente, **==**, **>=**, **>**, **<=**, **<**, **!=** sobre el objeto operando derecho.

**Observación**

*Destacaremos una característica de Python que permite hacer que <> sea el operador de diferencia (https://www.python.org/dev/peps/pep-0401/), obra de una conspiración mundial que pretende jubilar a nuestro "dictador benevolente".*

```
from __future__ import barry_as_FLUFL
```

© Editions ENI - All rights reserved

Para Python 2, todo objeto es comparable, y es posible comparar objetos heterogéneos. Preste atención, pues el hecho de obtener un resultado no quiere decir que este tenga sentido:

```
>>> 1 > 'a'
False
```

El significado de dicha comparación escapa a todo sentido lógico. En Python 3 se obtiene algo más coherente:

```
>>> 1 > 'a'
Traceback (most recent call last):
  File "<stdin>", line 1, in <module>
TypeError: unorderable types: int() > str()
```

Aquí, la semántica recupera su espacio y se admite que ambos tipos de objetos puedan no ser comparables o, dicho de otro modo, no poseen una relación de orden entre sí.

Cada operador pose uno o varios métodos especiales (varios si el operador se utiliza como operador unario y como operador binario, lo que supone una semántica diferente para cada caso) y ciertos tipos de datos implementan ciertos métodos y, por tanto, soportan los operadores asociados. Estos últimos se abordan en los capítulos dedicados a cada tipo de datos.

Existen otros atributos que no están vinculados a los operadores, sino al modelo de objetos, como **`__class__`**, que es un atributo de una instancia que apunta hacia la clase a la que pertenece la instancia. Ya hemos visto, también, los docstring y cómo su contenido se almacena en la variable especial **`__doc__`** de solo lectura.

El método **`__new__`** sirve para crear una instancia, mientras que **`__init__`** sirve para inicializarla tras su creación, dos conceptos bien separados y particulares en Python. Se abordan más adelante en este capítulo, relacionado con los casos de uso.

El método **`__del__`** se diseña como un destructor y contiene instrucciones que se invocan durante el uso de la palabra clave **`del`** sobre una instancia antes de su borrado efectivo.

El método **`__repr__`** es la representación del objeto en forma de cadena de caracteres. Es lo que se ve si se escribe directamente la variable en la consola:

```
>>> "a"
'a'
```

Esta representación debe, obligatoriamente, ser gramatical y semánticamente correcta, es decir, su reproducción como instrucción debe no solo no provocar un error de análisis o de interpretación, sino que además debe dar el mismo objeto. Debe ofrecer la información necesaria para identificar el contenido del objeto sin ambigüedad.

Cuando no es posible realizar esta representación, se utiliza la forma **`<algo>`**.

Por el contrario, **`__str__`** es una cadena de caracteres que devuelve una representación informal contenida en la variable y su objetivo es que sea legible por un usuario:

```
>>> print("a")
a
```

En ambos casos, el resultado es una cadena de caracteres:

```
>>> for a in [1, "1", int, list([1]), tuple({1}), set((1,)),
dict([(1, 1)])]:
...     repr(a), str(a)
...
('1', '1')
("'1'", '1')
("<class 'int'>", "<class 'int'>")
('[1]', '[1]')
('(1,)', '(1,)')
('{1}', '{1}')
('{1: 1}', '{1: 1}')
```

Puede que ambas representaciones sean próximas. También puede que sean muy diferentes, pero en ambos casos se trata de información. No se recomienda «pervertir» la función **`__str__`** para mostrar algo diferente a lo que se haya previsto, precisamente para que la conversión de un objeto en una cadena de caracteres dé un flujo de datos. Para ello debe utilizarse un método dedicado, pues no es la función de **`__str__`**, ni mucho menos de **`__repr__`**.

Veremos, a continuación, una problemática particular que consiste en definir la forma en la que se accede a un atributo de una instancia, es decir, la implementación del acceso al objeto.

El acceso hace uso de **`__getattribute__`** para acceder a un atributo, según un proceso bien identificado. En efecto, todos los atributos de una clase se almacenan en un diccionario **`__dict__`** y leer, agregar o eliminar un atributo consiste en leer, agregar o eliminar un elemento de este diccionario, simplemente.

Cabe destacar que un método es, también, un atributo: un atributo que puede invocarse.

En el caso de que un atributo no se encuentre por este medio, se invoca a otro método: **`__getattr__`**. Se sobrecarga para definir otro medio de acceso a un atributo, en el caso de que no pueda encontrarse de las formas habituales.

Del mismo modo, encontramos los métodos especiales: **`__setattr__`** para crear o modificar un atributo de una manera distinta a la forma habitual o incluso **`__delattr__`** para eliminarlo de una manera diferente. Estos métodos especiales se corresponden, respectivamente, con el uso de las funciones **getattr**, **setattr** y **delattr**. Existe, a su vez, **hasattr**, que permite saber si un atributo existe.

En efecto, Python diferencia:

– el acceso a un objeto de la forma habitual:

```
>>> a.atributo * 42
```

– la modificación por combinación del acceso habitual y el operador de asignación:

```
>>> a.atributo = 42
```

– la eliminación por combinación del acceso habitual y la instrucción **del**:

```
>>> del a.atributo
```

© Editions ENI - All rights reserved

Las funcionalidades **getattr**, **setattr**, **delattr** y **hasattr** son complementarias a las funcionalidades propias del objeto. Es habitual combinar ambas técnicas:

```
>>> if hasattr(a, 'atributo'):
...     getattr(a, 'atributo')
... else:
...     setattr(a, 'atributo', 'valor')
...
```

He aquí el resultado cuando **a** no contiene ningún atributo:

```
>>> a.atributo
'valor'
```

Es posible tener un valor por defecto sin modificar la instancia:

```
>>> getattr(a, 'atributo', 'valor')
'valor'
```

La ventaja de este último método es que provee un valor por defecto y, por tanto, jamás genera errores:

```
>>> getattr(a, 'atributo2', 'valor2')
'valor2'
```

Mientras que:

```
>>> a.atributo2
Traceback (most recent call last):
  File "<stdin>", line 1, in <module>
AttributeError: 'A' object has no attribute 'atributo2'
```

Es posible eliminar un atributo de la siguiente manera:

```
>>> delattr(a, 'atributo')
```

Aunque el error persiste si el atributo no existe:

```
>>> delattr(a, 'atributo2')
Traceback (most recent call last):
  File "<stdin>", line 1, in <module>
AttributeError: atributo2
```

Esto permite dejar al desarrollador la elección del método para procesar sus objetos y, de este modo, poder no utilizar el acceso habitual. El desarrollador puede, de este modo, elaborar código del objeto sin utilizar únicamente la semántica del objeto, sin renunciar al paradigma funcional al que puede estar vinculado, y puede aprovechar lo mejor de ambos.

### 1.3.4 Constructor e inicializador

En la mayoría de los lenguajes encontramos un constructor que permite inicializar los atributos de la instancia, la mayoría de las veces asociando o componiendo objetos que se pasan como parámetro.

En realidad, hay dos fases. La primera consiste en crear un espacio en memoria que contendrá la instancia, y la segunda consiste en inicializar los datos ejecutando el constructor.

La primera fase se realiza a bajo nivel y el desarrollador no interviene sobre el proceso de creación. La segunda fase es accesible escribiendo lo que denominamos un constructor.

En Python, las cosas son algo distintas. El proceso sigue, exactamente, las dos mismas etapas, aunque el desarrollador puede intervenir en cada una de ellas.

En efecto, la primera etapa se llama construcción y se realiza mediante el método **__new__**, que es un método de la clase: la clase define la manera en que se construye su instancia, nada más lógico.

La segunda etapa se llama de inicialización y se realiza mediante el método **__init__**, que es un método de instancia: la instancia recupera los parámetros y se inicializa en función de estos. Como siempre, conforme a la lógica de Python.

No obstante, es necesario tener en cuenta el hecho de que este procedimiento no es necesariamente claro para todos los lenguajes, mientras que sí lo es para Python y, a nivel semántico, lo que llamamos constructor en otros lenguajes debería llamarse inicializador en Python.

En este capítulo solamente se presentará el método **__init__**, puesto que es especialmente imprescindible para realizar las tareas básicas. El método **__new__** se reserva, más bien, para gestionar problemáticas de diseño más.

He aquí un ejemplo concreto:

```
>>> class MiClase:
...     def __init__(self, variable):
...         self.atributo = variable
...         self.otro = []
...     def método(self):
...         return self.atributo
...
```

En este ejemplo, el atributo no existe a nivel de la clase, sino únicamente a nivel de la instancia. Es la forma preferente de crear atributos que no tienen un valor por defecto.

### 1.3.5 Gestión automática de atributos

Ya hemos visto cómo Python permite gestionar firmas genéricas. Es posible, también, realizar algo parecido con los objetos:

```
>>> class MiClase:
...     def __init__(self, **kwargs):
...         for k, v in kwargs.items():
...             setattr(self, k, v)
...
```

Es posible encontrar otros medios más elegantes de realizar esto, utilizando la variable **__dict__**:

```
>>> class MiClase:
...     def __init__(self, **kwargs):
...         for k, v in kwargs.items():
...             self.__dict__[k] = v
...
```

© Editions ENI - All rights reserved

O incluso la solución con la que nos quedaremos:

```
>>> class MiClase:
...     def __init__(self, **kwargs):
...         self.__dict__.update(kwargs)
...
```

Del mismo modo hay que prestar atención a los datos que se pasan al constructor; no deberían contener nombres de método, por ejemplo.

## 1.3.6 Interés del paradigma orientado a objetos

El principal interés del paradigma orientado a objetos consiste en reunir en el seno de la misma clase todos los elementos relativos a un objeto. Esto permite modelar su representación, así como sus funcionalidades.
He aquí un ejemplo concreto:

```
>>> class Punto:
...     def __init__(self, x, y):
...         self.x, self.y = x, y
...     def modulo(self):
...         return (self.x**2+self.y**2)**0.5
...
```

En este ejemplo, vemos en la lectura del inicializador que el objeto se representa mediante dos variables x e y, sus atributos. Viendo sus métodos, podemos observar que dispone de una funcionalidad, el cálculo de su módulo.
Si se hubiera querido hacer lo mismo utilizando el paradigma imperativo, habríamos tenido que seleccionar el tipo de datos ideal (aquí, una n-tupla) y, a continuación, escribir una función que permitiera gestionar el cálculo del módulo.
El principal aporte del paradigma orientado a objetos, en este sentido, es principalmente semántico.

## 1.3.7 Relación entre objetos

Aun así, este aporte está lejos de ser el único. En efecto, lo que es útil cuando se diseñan aplicaciones orientadas a objetos es que resulta muy fácil hacerlas interactuar.
He aquí un ejemplo concreto:

```
>>> class Punto:
...     def __init__(self, x, y):
...         self.x, self.y = x, y
...     def modulo(self, other=None):
...         if other is None:
...             other = Punto(0, 0)
...         return ((self.x-other.x)**2+(self.y-other.y)**2)**0.5
...
```

En este ejemplo se ha modificado sutilmente el método **modulo**. Es posible utilizarlo exactamente igual que antes para obtener el mismo resultado, y también puede servir para calcular la distancia entre dos puntos.

Para ello, basta con utilizar los objetos en la llamada, y el propio método sabe dónde encontrar la información útil.

He aquí un ejemplo de llamada:

```
>>> p1 = Punto(2, -3)
>>> p2 = Punto(2, 4)
>>> p1.module(p2)
7
```

El uso de estas llamadas es semánticamente muy interesante, pues las vuelve claras, legibles y comprensibles, y también rápidas y sencillas de implementar cuando se adquiere un poco de práctica.

## 1.4 Herencia

### 1.4.1 Polimorfismo por subtipado

El principio de la herencia es bastante sencillo. La problemática subyacente generada es, por el contrario, particularmente compleja. El objetivo de la herencia es poder ofrecer una forma de organizar objetos con características comunes describiéndolos en una clase madre y derivando las especificidades de cada objeto en la clase del objeto. Esta práctica se denomina «polimorfismo por subtipado».

Esto permite aprovechar un código común (preferible a la duplicación de código, que debe evitarse a toda costa), pero también reflexionar sobre los objetos, su nivel de similitud y su organización, permitiéndoles ser flexibles, adaptables, reutilizables y extensibles.

Imaginemos que queremos modelar diversos medios que tienen una funcionalidad común:

```
>>> class Punto3D:
...     def __init__(self, x, y, z):
...         self.x, self.y, self.z = x, y, z
...     def modulo(self):
...         return (self.x**2+self.y**2+self.z**2)**0.5
...
>>> class Punto2D(Punto3D):
...     def __init__ (self, x, y) :
...         Puntot3D.__init__(self, x, y, 0)
...
>>> class Punto1D(Punto2D):
...     def __init__ (self, x) :
...         Punto2D.__init__(self, x, 0)
...
```

Podemos observar el uso de una llamada estática, en el método de inicialización de la clase hija. En efecto, si se realizara una llamada clásica, el método invocaría a la propia clase, lo que generaría un error de recursividad infinita y, por lo tanto, un bug. La llamada estática es, aquí, una comodidad particularmente útil que es obligatoria en este contexto para comprender a la perfección la manera de gestionar la herencia.

© Editions ENI - All rights reserved

La funcionalidad **modulo**, definida en la clase madre, se comparte con las clases hijas y, por tanto, se aprovecha la funcionalidad:

```
>>> punto = Punto2D(0, -2)
>>> punto.modulo()
2
```

Observe que, si se hubiera definido Punto1D como clase madre y se hubiera dicho que Punto2D era una clase derivada, habríamos tenido que reescribir la función que permite calcular el módulo y se habría perdido el interés de la herencia.

Conviene ir siempre del caso más general al más particular.

Cabe destacar que cada clase hija puede, entonces, poseer sus propios métodos además de los de la clase madre de la que hereda. Una clase hija hereda de su clase madre, aunque hereda también de la clase madre de su clase madre, y así sucesivamente.

La manera de declarar la relación de herencia consiste, simplemente, en pasar entre paréntesis la lista de clases madre en la primera línea de la declaración de la clase, que podríamos denominar la firma de la clase, de manera análoga a la declaración de una función.

No existe ninguna palabra clave dedicada a esta operación. Cuando una clase hereda de varias clases, se dice que tiene herencia múltiple, y cuando no se indica ninguna clase madre, entonces es **object**, la clase madre por defecto para todos los objetos.

Cabe destacar que es obligatorio precisarlo explícitamente en Python 2.x, por motivos de compatibilidad hacia atrás; si no se especifica nada equivale a utilizar el antiguo modelo de objetos que existía hasta la versión 2.2 y que ya no debe usarse.

Por el contrario, esta compatibilidad hacia atrás se ha eliminado con la nueva rama 3.x y viene definida de manera implícita, de modo que no se precisa nada, se hereda de esta clase original.

### 1.4.2 Sobrecarga de métodos

Imaginemos ahora que una de las clases hijas necesita personalizar un método. Empezamos agregando un método a nuestra clase:

```
>>> class Punto3D:
...     def __init__(self, x, y, z):
...         self.x, self.y, self.z = x, y, z
...     def modulo(self):
...         return (self.x**2+self.y**2=self.z**2)**0.5
...     def to_tuple(self):
...         return (self.x, self.y, self.z)
...
```

– o bien se reescribe el método, pues la funcionalidad de la clase madre no está del todo adaptada a las necesidades de la clase hija (en este caso, es necesario verificar si la herencia es la solución correcta, si la semántica incluida en el nombre del método es coherente entre la madre y la hija...):

```
>>> class Punto2D(Punto3D):
...     def __init__(self, x, y):
...         Punto3D.__init__(self, x, y, 0)
...     def to_tuple(self):
```

```
...         return (self.x, self.y)
...
```

– o bien el método reutiliza el método de la clase madre y modifica el resultado:

```
>>> class Punto2D(PuntoD):
...     def __init__(self, x, y):
...         Punto3D.__init__(self, x, y, 0)
...     def to_tuple(self):
...         return Punto3D.to_tuple(self)[:2]
...
```

– o bien el método realiza acciones antes de ejecutar la funcionalidad descrita en la clase madre:

```
>>> class Punto2D(Punto3D):
...     def __init__(self, x, y):
...         Punto3D.__init__(self, x, y, 0)
...     def to_tuple(self):
...         assert self.z == 0
...         return Punto3D.to_tuple(self)
...
```

– o bien realiza las dos acciones anteriores:

```
>>> class Punto2D(Punto3D):
...     def __init__(self, x, y):
...         Punto3D.__init__(self, x, y, 0)
...     def to_tuple(self):
...         assert self.z == 0
...         return Punto3D.to_tuple(self)[:2]
...
```

En los tres últimos casos, se realiza una llamada estática. Se busca el método de instancia de la clase madre y se aplica sobre la instancia en curso.

Como hemos visto, la instancia que se pasa como argumento no tiene por qué corresponderse a la clase, lo que significa que no hace falta convertir (mediante «cast») la instancia para realizar cualquier operación en ningún momento. Este concepto resulta útil solamente para lenguajes con tipado estático, las operaciones se realizan de manera natural y el «Duck Typing» es la regla.

Cabe destacar que la firma del método con el mismo nombre en la clase madre y en la clase hija puede, perfectamente, tener una firma diferente más especializada (se reduce el número de posibilidades) o extendida (aumenta el número de posibilidades).

La sobrecarga de métodos es, por tanto, la redefinición de un método de la clase madre por un nuevo método en la clase hija, con el mismo nombre. Destaquemos que es posible que este método sea, en realidad, una propiedad (lo veremos más adelante).

© Editions ENI - All rights reserved

Cabe destacar que aquí se ha utilizado una llamada estática al método padre con **Punto3D.metodo_padre(self, parametros)**, pero que el método habitualmente recomendado es este:

```
>>> class Punto2D(Punto3D):
...     def __init__(self, x, y):
...         super().__init__(x, y, 0)
...     def to_tuple(self):
...         assert self.z == 0
...         return super().to_tuple()[:2]
...
```

Destacamos que **super** no necesita parámetros con Python 3, cosa que no ocurre con Python 2:

```
>>> class Punto2D(Punto3D):
...     def __init__(self, x, y):
...         super(Punto2D, self).__init__(x, y, 0)
...     def to_tuple(self):
...         assert self.z == 0
...         return super(Punto2D, self).to_tuple()[:2]
...
```

Este método presenta la ventaja de su simplicidad, aunque en caso de herencia múltiple se deja el control de lo que pasa a Python, mientras que con una llamada estática se puede escoger el orden de las llamadas a los padres, sea cual sea el orden de la herencia. En la mayoría de casos, con esto basta.

### 1.4.3 Sobrecarga de operadores

En Python, los operadores están vinculados a un método que puede aportar su operando izquierdo o derecho (o su único operando). Estos métodos pueden pertenecer a la clase de base, en el caso de operadores de comparación, aunque existen también numerosos operadores especializados tales como **|**, **&**, **^**, **~** o incluso otros.

El capítulo Algoritmos básicos explica, en su sección Operadores, cómo se realiza este vínculo y muestra algunos ejemplos.

Una vez entendido, sobrecargar un operador supone simplemente sobrecargar el método que utiliza un operador. He aquí un ejemplo rápido:

```
>>> a, b = 'Tarde', 'mañana'
>>> a < b
True
```

La comparación se realiza comparando los ordinales de cada letra. El significado de esta comparación no es válido, puesto que las mayúsculas y las minúsculas tienen para nosotros el mismo valor comparativo. He aquí una resolución sencilla:

```
>>> class MyStr(str):
...     def __lt__(self, other):
...         return str.__lt__(self.lower(), other.lower())
...
>>> a, b = MyStr('Tarde'), MyStr('mañana')
```

```
>>> a < b
False
```

Evidentemente, se hará de manera similar para los demás métodos de comparación de cara a mantener la coherencia. Existen, también, otros medios de comparación mejor adaptados y que pueden implementarse sin esfuerzo.

En los capítulos dedicados a cada tipo de datos se desarrollan ejemplos más complejos y útiles.

### 1.4.4 Polimorfismo paramétrico

El paradigma orientado a objetos define otro polimorfismo que es la posibilidad de tener varios métodos con el mismo nombre (y, por tanto, la misma semántica, realizando la misma operación), cada uno adaptado a un tipo de uso.

De este modo, cada uno tiene su propia lista de parámetros así como el procesamiento de estos, con el objetivo de alcanzar un mismo fin, compartido por estos métodos polimórficos.

Esto tiene su límite, pues resulta imposible tener dos métodos polimórficos con una serie de argumentos del mismo tipo, pero con semántica diferente, pues es imposible trabajar sobre la semántica.

En Python, este tipo de polimorfismo no resulta útil y no tiene sentido, por el sencillo motivo de que las posibilidades ofrecidas por los parámetros de un método (obligatorios, opcionales, nombrados, no nombrados, obligatoriamente nombrados) ofrecen un abanico de posibilidades muy amplio que remplaza, sin duda, al polimorfismo paramétrico y que permite cubrir más casos de uso.

Desde Python 3.4, es posible utilizar un polimorfismo paramétrico definiendo una única función o método para distintos tipos de parámetros (deben tener el mismo número de argumentos, el polimorfismo se basa en su tipo).

La idea es definir una función de la manera tradicional, que puede recibir argumentos sin conocer su tipo:

```
>>> from functools import singledispatch
>>> @singledispatch
... def func(arg):
... print('Comportamiento por defecto')
...
```

En segundo lugar, es posible agregar una nueva definición de la función o del método utilizando un tipo diferente:

```
>>> @func.register(int)
... @func.register(float)
... def _(arg):
... print("Comportamiento para un número")
...
```

© Editions ENI - All rights reserved

La función anterior funciona, por tanto, para números enteros y de coma flotante. Basta con utilizar dos veces el decorador para tener en cuenta dos tipos diferentes. Más allá de los tipos de datos básicos de Python, es posible trabajar sobre las clases:

```
>>> class Custom:
... pass
...
>>> @func.register(Custom)
... def _(arg):
... print("Comportamiento para una clase de custom")
...
```

Aquí, somos capaces de trabajar con una clase que se haya definido.

Esta novedad constituye un pequeño avance en las funcionalidades de objeto de Python, y permite todo un conjunto de nuevas opciones. Por ejemplo, es posible simplificar enormemente el procesamiento de ciertos casos particulares o las etapas de verificación de tipo.

Esto no entra en conflicto, tampoco, con los principios fundamentales de Python. Se trata, precisamente, de una capacidad adicional, que le permite ofrecer un modelo de objetos todavía más completo (y que va más allá del modelo de objetos, pues esta forma de trabajar funciona también con funciones simples).

En el plano práctico, la funcionalidad se vuelve posible mediante el uso intermedio de un simple registro que asocia las funciones (o métodos) que se han de ejecutar para cada tipo. He aquí cómo visualizar este registro:

```
>>> fun.registry.keys()
```

He aquí una ilustración de la manera en la que responde el ejemplo anterior:

```
>>> func('cadena')
Comportamiento por defecto
>>> func([])
Comportamiento por defecto
>>> func(1)
Comportamiento para un entero
>>> func(Custom())
Comportamiento para una clase de custom
```

Con esta nueva funcionalidad, podemos hacer lo equivalente al polimorfismo paramétrico utilizado en Java o C++.

### 1.4.5 Herencia múltiple

La herencia múltiple permite aprovechar el comportamiento de dos clases en el seno de una única. Imaginemos que diseñamos un juego en 2D y que describimos un edificio, que se define mediante su nombre y los recursos que produce:

```
>>> class Edificio(object):
...     def __init__(self, nombre, recursos):
...         self.nombre = nombre
...         self. recursos = recursos
...     def producir(self):
...         return '%s produce %s' % (self.nombre, self.recursos)
...
```

El juego va a poder definir todos los edificios que es posible construir de manera genérica por cada jugador.
Una vez definida esta clase edificio, queremos definir una para describir un edificio especial, que será único y estará ubicado en un lugar particular. Es posible crear un edificio geolocalizado utilizando las clases **Edificio** y **Punto**:

```
>>> class EdificioUnico(Edificio, Punto):
...     def __init__(self, nombre, recursos, x, y):
...         Edificio.__init__(self, nombre, recursos)
...         Punto.__init__(self, x, y)
...
```

Cabe destacar la llamada estática al método de inicialización de ambas clases.
Procediendo así, se aprovecha el comportamiento de las dos clases:

```
>>> mina = EdificioUnico('Mina', ['Oro', 'Platino'], 0, 42)
>>> mina.producir()
"Mina produce ['Oro', 'Platino']"
>>> mina.modulo()
42
```

Esto ofrece, por tanto, la posibilidad de crear fácilmente pequeños componentes que aprovechan cada uno un comportamiento específico y tener objetos que agregan comportamientos sin tener que volver a definirlos.
Esto resulta mucho más eficaz que tener un padre y X interfaces que necesitan redefinir ciertos métodos cada vez que se implementa una interfaz, mientras que el comportamiento implementado es idéntico de una clase a otra. Estos componentes son, por tanto, fácilmente reutilizables y pueden constituir bloques que pueden encajarse fácilmente.
Queda una cuestión esencial: ¿qué ocurre si se definen dos métodos con el mismo nombre, uno en cada padre? Para ello, es preciso determinar el orden de resolución de métodos, lo cual es relativamente sencillo:

```
>>> type.mro (EdificioUnico)
[<class '__main__.EdificioUnico'>, <class '__main__.Edificio'>,
<class '__main__.Punto'>, <class 'object'>]
```

No obstante, la posibilidad ofrecida por el mecanismo de sobrecarga de los métodos permite personalizar la manera en la que funciona un método y utiliza los de sus padres. Por ejemplo, en el método **__init__** anterior, habría sido posible seleccionar en qué orden invocar al método del padre, o incluso seleccionar no llamar a uno u otro de estos métodos.
Si se quiere definir a la vez el nombre y el autor, se escoge invocar a ambos métodos.
Además, Python verifica que no se haga cualquier cosa y lleguemos a una situación inexplicable. He aquí un ejemplo:

```
>>> class A:
...     pass
...
>>> class B(A):
...     pass
...
```

© Editions ENI - All rights reserved

No es posible heredar dos veces de la misma clase:

```
>>> class C(A, A):
...     pass
...
Traceback (most recent call last):
  File "<stdin>", line 1, in <module>
TypeError: duplicate base class A
```

No es posible crear una clase de modo que la resolución del método presente un problema:

```
>>> class C(A, B):
...     pass
...
Traceback (most recent call last):
  File "<stdin>", line 1, in <module>
TypeError: Cannot create a consistent method resolution
order (MRO) for bases B, A
```

En efecto, en este caso, el método de resolución hace que B no se alcance jamás. Por el contrario, lo que se muestra a continuación sí es posible (aunque inútil):

```
>>> class C(B, A):
...     pass
...
```

La herencia múltiple ha sido una problemática muy compleja que se ha resuelto de manera diferente por Python, en lugar de encontrar un método de consenso y que no presente más problemas, mientras que la mayoría de los lenguajes han decidido, simplemente, obviarla.

La herencia múltiple sigue siendo, no obstante, una noción que resulta bastante sencilla de comprender y fácil de dominar.

No debería asustarnos ni tampoco utilizarse sin consciencia, puesto que no es la respuesta universal a todas las problemáticas y ni tampoco es –ni de lejos– la única especificidad Python sobre la que apoyarse.

Sea como sea, el trabajo más difícil es construir objetos que permitan resolver funcionalidades con cierta calidad, simple y con una buena legibilidad.

Para ello, conviene realizar un buen modelado y un uso correcto de los conceptos en los lugares adecuados.

El método **type.mro** debe utilizarse sin restricciones para fines introspectivos.

## 2. Otras herramientas de la programación orientada a objetos

### 2.1 Principios

En Python, los aspectos esenciales de la programación orientada a objetos se basan en la correcta declaración de las clases, en la flexibilidad del propio lenguaje, que permite acoplar las clases, las instancias, sus atributos y sus métodos tal y como se desee, y en otras cualidades desarrolladas en los dos capítulos anteriores.

Conocer lo expuesto en la sección Todo es un objeto nos permite escribir fácilmente componentes eficaces y arquitecturizarlos conforme a nuestras expectativas. Se trata de funcionalidades ligeras, no restrictivas, muy ágiles y suficientes para responder a todos los casos de uso.

Para los debutantes, esto es suficiente e incluso en muchos casos, para aquellos programadores más experimentados, raras son las veces en las que es necesario utilizar otros conceptos.

Pero Python es un lenguaje muy completo y permite ofrecer funcionalidades más complejas y más completas sin tener, por ello, que imponerlas y hacer su modelo de objetos restrictivo. La libertad que tiene el desarrollador para seleccionar la solución es una regla de su filosofía, pero libertad de elección no significa únicamente «no existen restricciones», significa también un panel de opciones importante y útil.

## 2.2 Interfaces

Ahora que sabemos escribir clases, organizarlas, gestionar sus atributos y métodos, es momento de hacerlas dialogar entre sí. Una de las problemáticas consiste en determinar con qué tipo de clase es posible interactuar.

Para ello, Python se fundamenta en el principio de «duck typing». Si funciona como un pato y anda como un pato, entonces será un pato. Dicho de otro modo, si un objeto posee los métodos necesarios, entonces este objeto debe ser el que esperamos.

```
>>> import csv
>>> csv.reader(file)
```

El objeto **file** es una clase que interactúa con **reader**, pero **file** no puede ser cualquier clase, del mismo modo que **reader** la utiliza de una forma determinada.

```
>>> class File:
...     pass


...
>>> file = File()
>>> csv.reader(file)
Traceback (most recent call last):
  File "<stdin>", line 1, in <module>
TypeError: argument 1 must be an iterator
```

El mensaje de error es explícito. Espera un iterador. ¿Qué es un iterador? No es un objeto que herede de una superclase que define la iteración, pues esto limitaría enormemente el lenguaje. Tampoco es un objeto que implemente una interfaz específica que hace que sea iterable.

Nos basaremos en el «duck typing». Un iterador es un objeto que posee dos métodos que son **__iter__** y **__next__** y es suficiente definir estos métodos para ser un iterador:

```
>>> class File:
...     def __iter__(self):
...         return self
...     def __next__(self):
...         raise StopIteration
```

© Editions ENI - All rights reserved

```
...
>>> file = File()
>>> csv.reader(file)
<_csv.reader object at 0x25a89b0>
```

Cuando se utiliza bien y de manera coherente, este principio es genial, pues permite resolver todos los casos de uso.

Claramente, la clase **File** no tiene nada que ver, de forma estricta, con un archivo, salvo que contiene los métodos necesarios para definir un iterador. Por ello, funciona como un iterador, de ahí que sea un iterador. Y como necesitamos un iterador, pues asunto resuelto.

Esto no siempre es suficiente para los desarrolladores de una aplicación que quieren otro medio de verificar que un objeto es realmente el esperado, una manera transversal al objeto y a la herencia.

El principio consiste en definir explícitamente la lista de métodos esperados en un contrato y solicitar a los objetos que respeten esta lista, para firmar el contrato.

Este contrato se denomina «interfaz» y cada lenguaje tiene su propia interpretación de lo que es una interfaz. En Java o PHP existe una palabra clave específica y una interfaz se parece a una clase que define métodos vacíos y, obligatoriamente, públicos. En C++, se trata de clases que poseen únicamente métodos virtuales y este tipo de clase se denomina, a su vez, «clase puramente virtual». Todas estas consideraciones son consideraciones técnicas. Lo que cuenta es la palabra «contrato».

En Python, se define la noción de interfaz en un PEP, aunque ha sido rechazado (http://www.python.org/dev/peps/pep-0245/). Existe, no obstante, **zope.interface** que resuelve esta noción sin formar parte del núcleo del lenguaje. Se presenta al final de este capítulo.

Existen, no obstante, varias técnicas para crear contratos y asegurar que se respetan; la más sencilla consiste en utilizar un procesamiento basado en excepciones:

```
>>> try:
...     iter = file.__iter__()
...     while True:
...         res = iter.__next__()
...         print(res)
... except StopIteration:
...     print('Termina')
... except:
...     raise TypeError('Debe ser un iterador')
...
Termine
```

Este tipo de procesamiento es, no obstante, costoso.

Una forma más ligera es utilizar «Duck Typing» de una u otra manera antes de aplicar las funcionalidades del objeto que deben utilizar una interfaz:

```
>>> if not hasattr(file, '__iter__'):
...     raise TypeError('Debe ser un iterador')
...
>>> iter = file.__iter__()
>>> if not hasattr(iter, '__next__'):
```

```
...     raise TypeError('Debe ser un iterador')
...
>>> try:
...     while True:
...         res = iter.__next__()
...         print(res)
... except StopIteration:
...     print('Termina')
...
Termina
```

Puede resultar algo más lago de escribir, pero menos costoso.

La manera más pesada, aunque más cercana a la noción de interfaz original, es la creación de una clase abstracta que incluya únicamente los métodos del contrato y la verificación de que esta clase abstracta se encuentre en el árbol de herencia.

```
>>> class File(Iterable):
...     def __iter__(self):
...         return self
...     def __next__(self):
...         raise StopIteration
...
>>> file = File()
```

Para la construcción de la clase **`Iterable`**, conviene dirigirse a la sección Clases abstractas.

## 2.3 Atributos

Uno de los conceptos esenciales del paradigma orientado a objetos es la gestión de la visibilidad de los atributos. La teoría dice que debería ser posible determinar con precisión quién puede ver qué atributo, quién puede modificarlo, quién puede eliminarlo...

Por ejemplo, puedo ver un atributo X en mi clase A y decir que este atributo pueden verlo A, B, C y D, ser modificado por A, B y C y eliminado por A y B.

Pocos lenguajes implementan, de manera nativa, este mecanismo, como es por ejemplo el caso de Eiffel. En la mayoría de los casos (Java, C++, PHP), se definen tres niveles:

- public: todo el mundo puede ver y modificar.
- protected: solo la clase en curso y las clases hijas pueden ver y modificar.
- private: solo la clase en curso puede ver y modificar.

Este mecanismo se acompaña, por lo general, de getters y setters, es decir, métodos que permiten, respectivamente, devolver el atributo y modificarlo. Estos métodos pueden tener una visibilidad diferente a la del propio atributo, lo que permite diferenciar los permisos de lectura y de escritura siempre en función del uso compartido. Este concepto es más limitado que el original, aunque resulta mucho más sencillo y suficiente para la mayoría de casos de uso.

© Editions ENI - All rights reserved

En Python, es, una vez más, diferente. Por defecto todo es accesible en lectura y escritura, para todo el mundo, aunque quien conozca el modelo de objetos de Python sabrá que esta accesibilidad utiliza tres métodos claves que son **__getattr__**, **__setattr__** y **__delattr__** y que, dominando estos métodos, es posible redefinir la visibilidad, con un control muy preciso y una capacidad de evolución importante. Por ejemplo:

```
>>> class A:
...     read_only = ['x', 'y']
...     x, y, z = 'X', 'Y', 'Z'
...     def __setattr__(self, name, value):
...         if name in self.read_only:
...             raise Exception('Read only attribute')
...         else:
...             return object.__setattr__(self, name, value)
...     def __delattr__(self, name):
...         if name in self.read_only:
...             raise Exception('Read only attribute')
...         else:
...             return object.__delattr__(self, name)
...
```

Se ha definido una lista de atributos que se configuran de solo lectura y se modifican los métodos **__setattr__** y **__delattr__** de modo que tienen en cuenta este atributo. De este modo, **x** e **y** son de solo lectura, a diferencia de **z**:

```
>>> a = A()
>>> a.x
'X'
```

No es posible modificar ni eliminar **x**:

```
>>> a.x = 1
Traceback (most recent call last):
  File "<stdin>", line 1, in <module>
  File "<stdin>", line 6, in __setattr__
Exception: Read only attribute
>>> del a.x
Traceback (most recent call last):
  File "<stdin>", line 1, in <module>
  File "<stdin>", line 11, in __delattr__
Exception: Read only attribute
```

Sí podemos hacer lo que queramos sobre **z**:

```
>>> a.z
'Z'
>>> a.z = 1
>>> del a.z
```

Pero es posible cambiar este comportamiento modificando el atributo **read_only**:

```
>>> a.read_only.pop(0)
'x'
>>> a.x = 1
```

Para evitar esto, es preciso configurar el atributo **read_only**, él mismo, de solo lectura, y debería ser una n-tupla para que no pudiera modificarse. Sería conveniente, también, agregar métodos especiales para que no pudieran modificarse.
Como hemos visto, es posible agregar restricciones, en función de la imaginación del desarrollador, su conocimiento de las posibilidades ofrecidas por el lenguaje y la adaptación a su necesidad real, limitando las capacidades reales de Python.
Python considera, por convenio, que los atributos que empiezan por un carácter de subrayado son atributos privados. Sigue siendo posible modificarlos, aunque por convención no se utilizan fuera de una clase. Más allá de lo convenido, estos atributos tienen una visibilidad limitada al módulo de la clase donde se encuentran.
Cuando se utiliza la primitiva **import**, no se importan variables, métodos o clases que empiezan por un carácter de subrayado.
Por otro lado, los atributos prefijados por dos caracteres de subrayado son atributos privados y no son visibles.

```
>>> class A:
...     def __m(self):
...         return 1
...
>>> A.__m()
Traceback (most recent call last):
  File "<stdin>", line 1, in <module>
AttributeError: type object 'A' has no attribute '__m'
```

Si lo vemos más de cerca:

```
>>> dir(a)
['_A__m', ...]
```

Se agrega un método particular, que comienza por un carácter de subrayado y, a continuación, concatena el nombre de la clase y el nombre del método. Se trata, en realidad, de un método estático que debe invocarse de manera estática pasándole como primer parámetro la instancia sobre la que se debe aplicar:

```
>>> a._A__m(a)
1
```

Esta convención de escritura va más allá de una simple convención, y no muestra en el espacio de nombres el método que no debe utilizarse, aunque sí permite alcanzarlo, porque el principio de Python es que nada está oculto.
Para hacer, de nuevo, público este método en un contexto de herencia:

```
>>> class B(A):
...     def m(self):
...         return A._A__m(self)
...
```

© Editions ENI - All rights reserved

```
>>> b = B()
>>> b.m()
1
```

## 2.4 Propiedades

Las propiedades son un mecanismo particular, técnico, destinado a permitir el uso de un método como un atributo:

```
>>> class Boletín:
...     def __init__(self, *notas):
...         self.notas = list(notas)
...     @property
...     def media(self):
...         if len(self.notas):
...             return sum(self.notas)/len(self.notas)
...         return 0
...
```

De este modo, la media se ve como una propiedad, aunque cambia con las notas:

```
>>> boletín = Boletín(12, 13, 16, 19)
>>> boletín.media
15.0
>>> boletín.notas.append(10)
>>> boletín.media
14.0
```

Este mecanismo puede, también, tener en cuenta el setter y deleter, además del getter:

```
>>> class Boletín:
...     def __init__(self, *notas):
...         self.notas = list(notas)
...     @property
...     def media(self):
...         if len(self.notas):
...             return sum(self.notas)/len(self.notas)
...             return 0
...     @property
...     def ultima_nota(self):
...         if len(self.notas):
...             return self.notas[-1]
...         return None
...     @ultima_nota.setter
...     def ultima_nota(self, nota):
...         self.notas.append(nota)
...     @ultima_nota.deleter
...     def ultima_nota(self):
...         self.notas.pop()
...
```

Este código permite conocer la última nota obtenida mediante el getter, agregar una que se convierte, por naturaleza, en la última nota y suprimirla. La media, efectivamente, se adapta. Esto da:

```
>>> boletín = Boletín(12, 13, 16, 19)
>>> boletín.media, boletín.ultima_nota
(15.0, 19)
>>> boletín.ultima_nota = 10
>>> boletín.media
14.0
>>> del boletín.ultima_nota
```

Esta funcionalidad abre puertas muy novedosas y útiles, con una semántica natural, lógica y comprensible. Es una arma absoluta que disminuye las interacciones entre los distintos atributos y que otorga una gran flexibilidad a los objetos.
En lugar de tener métodos que reciben nuevos datos, a continuación recalculan todos los atributos e iteran este trabajo con cada método que se agrega, es preferible realizar una distinción entre los atributos esenciales, los que contienen los datos (aquí la tabla de notas), y aquellos que son atributos secundarios, que dependen de los primeros (la media, la última nota).
Los primeros atributos se almacenan de manera sencilla y natural, se manipulan directamente sin necesidad de un método dedicado, y los atributos secundarios se definen simplemente en función de los primeros. El único inconveniente es que, si se accede demasiado a los atributos secundarios, y el cálculo resulta complejo, el rendimiento puede verse degradado, y conviene prever mecanismos de caché (existen decoradores para ello).
Este mecanismo puede, también, adaptarse para responder a la problemática de la sección anterior, es decir, proponer una visibilidad adaptada.

```
>>> class A:
...     __attr = 0
...     @property
...     def atributo(self):
...         return self.__attr
...     @atributo.setter
...     def atributo(self, value):
...         self.__attr = value
...     @atributo.deleter
...     def atributo(self):
...         del self.__attr
...
```

Estos son los getters y setters clásicos. El atributo se utiliza como antes, aunque el interés es menor.

```
>>> a = A()
>>> a.atributo = 42
>>> a.atributo, a._A__attr
(42, 42)
```

© Editions ENI - All rights reserved

Como muestra la última línea, sigue siendo posible acceder directamente al atributo que contiene el valor, aunque se desaconseja. Como siempre, Python ofrece una orientación, aunque el desarrollador tiene, siempre, la opción de hacer las cosas como estén previstas o no.
Es posible condicionar la escritura de las propiedades en función de una necesidad funcional concreta y, de este modo, controlar su visibilidad, incluso prohibiendo su modificación y su borrado:

```
>>> class A(object):
...     __attr = 0
...     @property
...     def atributo(self):
...         return self.__attr
...
>>> a = A()
>>> a.atributo = 42
Traceback (most recent call last):
  File "<stdin>", line 1, in <module>
AttributeError: can't set attribute
```

No obstante, es posible modificar directamente el atributo **`__attr`**.

## 2.5 Ubicaciones

El modelo de objetos de Python es ultra permisivo, pues permite definir una clase, y también asignarle, a continuación, cualquier atributo o método. Cuando se crea una clase se crea por defecto el atributo **`__dict__`**, que contiene la lista de atributos y de métodos (un método es un atributo como cualquier otro).
Para comprender esta regla, y congelar los atributos presentes en la declaración de la clase, es posible definir ubicaciones. Más allá de este aspecto permiten, a su vez, mejorar el rendimiento, pues en lugar de tener un objeto abierto a los cuatro vientos, el objeto está cerrado.
Obtenemos:

```
>>> class A:
...     __slots__ = ['a']
...
```

Es posible crear una instancia y utilizar el atributo presente en las ubicaciones, pero no aquellos que no están presentes:

```
>>> a = A()
>>> a.a = 1
>>> a.b = 1
Traceback (most recent call last):
  File "<stdin>", line 1, in <module>
AttributeError: 'A' object has no attribute 'b'
```

Vemos que no se ha creado el diccionario habitual:

```
>>> '__dict__' in dir(a)
False
```

Es posible utilizar las ubicaciones junto al sistema clásico de diccionarios reservando una ubicación para **`__dict__`**, que contiene todos los valores que no se han definido previamente en las ubicaciones:

```
>>> class A:
...     __slots__ = ['a', '__dict__']
...
```

Es posible definir cualquier tipo de atributo:

```
>>> a = A()
>>> a.a = 1
>>> a.b = 1
```

Aunque no están definidos en el mismo lugar:

```
>>> a.__dict__
{'b': 1}
>>> a.__slots__
['a', '__dict__']
```

Más allá del aspecto puramente funcional, el uso de las ubicaciones permite disminuir el consumo de memoria entre dos o entre cinco, en función de la naturaleza de los atributos. Es, por tanto, una ventaja indiscutible. Si una clase no está diseñada para salirse de los límites su definición, entonces es imperativo el uso de ubicaciones. Si no están impuestas por defecto es porque prima, en todo momento, la libertad.

## 2.6 Metaclases

Las metaclases son un buen medio, eficaz y elegante para agregar funcionalidades a los objetos.

Para instanciar un objeto, son necesarias dos fases: la construcción del objeto, con el método **`__new__`**, y la inicialización del objeto, con el método **`__init__`**, que son dos aspectos particularmente distintos en Python.

El segundo método es, con diferencia, el más conocido y utilizado, pues cuando se describen los parámetros que se pasan al constructor es necesario utilizar este método, ya que forma parte de la fase de inicialización. La firma del método es, por tanto, la firma del constructor, aproximadamente.

Cuando remontamos el árbol de herencia, encontramos siempre, al final, el objeto **`object`**.

Como ya hemos visto, el atributo **`__class__`** de una instancia indica la clase vinculada a la instancia. Esta clase tiene un atributo **`__class__`**, o bien **`instance.__class__.__class__`**, que define la metaclase y que, por defecto, se trata de **`type`**.

```
>>> int.__class__
<class 'type'>
>>> type.mro(int)
[<class 'int'>, <class 'object'>]
```

© Editions ENI - All rights reserved

Es primordial no confundir ambas nociones, imprescindibles para comprender las metaclases.
He aquí un ejemplo sencillo, con carácter puramente pedagógico:

```
>>> class Metacls(type):
...     def __new__(mcs, name, bases, dct):
...         dct['test'] = 'Test' # Línea interesante
...         return type.__new__(mcs, name, bases, dct)
...
>>> class A(metaclass=Metacls):
...     pass
...
>>> a = A()
>>> a.test
'Test'
```

La única línea interesante en este ejemplo es la que se ha puesto de relieve por el comentario. Lo que hace falta comprender es que se reciben como parámetros de una metaclase su nombre, sus bases y el diccionario que representa estos datos. El ejemplo anterior se contenta con vincular, al vuelo, un atributo test, a título de demostración.
También habríamos podido modificar el nombre o las bases. Vemos un medio bastante sencillo y con buen rendimiento para implementar patrones de diseño sin tener que recurrir a mecanismos muy complejos.
He aquí otro ejemplo que se contenta con realizar una visualización de la secuencia de llamadas que se inicia durante una construcción:

```
>>> class Metacls(type):
...     def __new__(mcs, name, bases, dct):
...         print('Metaclass NEW')
...         return type.__new__(mcs, name, bases, dct)
...     def __init__(self, *args, **kwargs):
...         print('Metaclass INIT')
...         return type.__init__(self, *args, **kwargs)
...
```

Se muestra un marcador cada vez que se utiliza la función. Al final de la definición de la metaclase, no pasa nada en particular. Es durante la creación de la clase que utiliza la metaclase cuando se instancia:

```
>>> class A(metaclass=Metacls):
...     def __new__(mcs, *args, **kwargs):
...         print('Class new')
...         return object.__new__(mcs, *args, **kwargs)
...     def __init__(self, *args, **kwargs):
...         print('Class init')
...         return object.__init__(self, *args, **kwargs)
...
Metaclass NEW
Metaclass INIT
```

Del mismo modo, la creación de la instancia desencadena los marcadores situados en la clase:

```
>>> a = A()
Class new
Class init
```

He aquí un ejemplo más completo:

```
>>> import types
>>> from time import time
>>> class Timer(type):
...     def __new__(mcs, name, bases, dct):
...         def wrapper(name, method):
...             def timeit(self, *args, **kwargs):
...                 t = time()
...                 result = method(self, *args, **kwargs)
...                 print("Llamada de %s:\t%s" % (name, time() - t))
...                 return result
...             timeit.__name__ = method.__name__
...             timeit.__doc__ = method.__doc__
...             timeit.__dict__ = method.__dict__
...             return timeit
...         d = {}
...         for name, slot in dct.items():
...             if type(slot) is types.FunctionType:
...                 d[name] = wrapper(name, slot)
...             else:
...                 d[name] = slot
...         return type.__new__(mcs, name, bases, d)
...
```

Se ha creado un wrapper que permite cronometrar cada método y, a continuación, se recorre la lista de métodos para decorarlos con este wrapper sin impactar a los atributos.

```
>>> class A(metaclass=Timer):
...     def m(self): pass
...
```

Se ha declarado una clase directora que contiene un método, y solamente falta crear una instancia y realizar la prueba.

```
>>> a = A()
>>> a.m()
Llamada de m:        8.106231689453125e-06
```

Las metaclases son altamente reutilizables; de ahí su potencia.

© Editions ENI - All rights reserved

## 2.7 Clases abstractas

Una de las herramientas del paradigma orientado a objetos son las clases abstractas. Si bien este concepto no se tiene en cuenta en Python por el simple hecho de que no resulta útil de cara a su manera de trabajar. El duck typing dice que, si una clase tiene los métodos adecuados, entonces es la clase esperada, pero si no los tiene, entonces no es la clase correcta. Procediendo por verificación de la composición de la clase, es posible proveer la funcionalidad esperada.

Siempre es posible crear un equivalente a lo que se denomina métodos virtuales en otros lenguajes:

```
>>> class A:
...     def m(self):
...         raise NotImplementedError
...
```

De manera clásica, el uso del método **m** producirá un error cuya semántica es clara, es preciso implementar el método.

```
>>> a = A()
>>> a.m()
Traceback (most recent call last):
  File "<stdin>", line 1, in <module>
  File "<stdin>", line 3, in m
NotImplementedError
```

Si en una clase hija no se sobrecarga algún método abstracto, entonces la clase hija sigue siendo abstracta:

```
>>> class B(A):
...     pass
...
>>> B().m()
Traceback (most recent call last):
  File "<stdin>", line 1, in <module>
  File "<stdin>", line 3, in m
NotImplementedError
```

En caso contrario, el método se vuelve concreto:

```
>>> class B(A):
...     def m(self):
...         pass
...
>>> B().m()
```

Una clase sigue siendo abstracta mientras posea, al menos, un método abstracto.

No debe confundirse entre interfaces y clases abstractas, pues si bien la consecuencia de la no-implementación es similar en ambos casos, filosóficamente resulta muy diferente, tanto en Python como en otros lenguajes.

Una interfaz es la parte visible para un tercer componente (pública para los lenguajes que gestionan la visibilidad, las interfaces no contienen más que firmas de métodos públicos).

Se trata de un contrato.

Las clases abstractas contienen código de negocio y lo aprovechan, y utilizan los métodos abstractos para permitir su personalización en las clases hijas.

Si bien es perfectamente posible trabajar sin utilizar clases y métodos abstractos, el hecho es que son bastante útiles en el diseño de aplicaciones. Se ha escrito un PEP a este respecto (http://www.python.org/dev/peps/pep-3119/) y se ha aceptado.

Se ha escrito un módulo **abc** (del inglés *Abstract Base Class*) que se encarga de ofrecer las herramientas que permiten responder de forma pythónica a estos retos.

Es posible definir, simplemente, métodos abstractos:

```
>>> import abc
>>> class Loader(metaclass=abc.ABCMeta):
...     @abc.abstractmethod
...     def load(self, input):
...         return
...
```

A continuación, crear subclases para tener clases concretas:

```
>>> class LinesLoader(Loader):
...     def load(self, input):
...         with open(input) as f:
...             return f.readlines()
...
```

Y una segunda con otra implementación:

```
>>> import csv
>>> class CSVLoader(Loader):
...     def load(self, input):
...         with open(input) as f:
...             return cvs.reader(f.read())
...
```

Por último, es posible vincular una clase independiente a una clase abstracta que tenga vínculos de herencia entre ambas clases:

```
>>> import pickle
>>> class PickleLoader:
...     def load(self, input):
...         with open(input) as f:
...             return pickle.load(f)
...
>>> Loader.register(PickleLoader)
```

En efecto, solo las dos primeras clases son abstractas:

```
>>> Loader.__subclasses__()
[<class '__main__.FileLoader'>, <class '__main__.CSVLoader'>]
```

© Editions ENI - All rights reserved

Para instanciar una clase que contiene métodos abstractos:

```
>>> class VoidLoader(Loader):
...     pass
...
>>> VoidLoader()
Traceback (most recent call last):
  File "<stdin>", line 1, in <module>
TypeError: Can't instantiate abstract class Loader with abstract
methods load
```

También es posible definir, mediante los decoradores apropiados, métodos de clases abstractas (**abc.abstractclassmethod**) y métodos estáticos abstractos (**abc.abstractstaticmethod**), según los mismos principios.

Un atributo no puede ser abstracto, no tiene sentido. Por el contrario, una propiedad, como método decorado, sí puede declararse como abstracta, lo cual, una vez más, es un concepto bastante innovador en Python y que resulta práctico:

```
>>> class A(metaclass=abc.ABCMeta):
...     @abc.abstractproperty
...     def atributo(self):
...         return
...
```

Utilizar un atributo de esta manera provoca, exactamente, el mismo error que hemos visto antes. No debemos olvidar que se trata de una propiedad y que, en consecuencia, la sobrecarga debe ser, a su vez, una propiedad:

```
>>> class B(A):
...     @property
...     def atributo(self):
...             return 'Valor'
...
```

Tenemos, así, una propiedad concreta:

```
>>> b = B(); b.atributo
'Valor'
```

## 2.8 Zope Component Architecture

### 2.8.1 Presentación

El modelo de objetos de Python es, a la vez, sólido y permisivo. En este sentido autoriza, como hemos visto en la sección Todo es un objeto, al desarrollador creativo a ser innovador y eficaz, rápido y no ambiguo, proveyendo un modelo simple y con buen rendimiento. Este modelo no es rígido y puede adaptarse a la voluntad del desarrollador. Las herramientas que lo permiten son las que hemos visto en la sección Otras herramientas de la programación orientada a objetos. Son funcionalidades que no es imprescindible conocer y dominar para trabajar con objetos, cuyo uso no es obligatorio, pero que pueden resultar muy prácticas en numerosos contextos.

Cuando se desarrollan aplicaciones complejas, con una fuerte interacción entre objetos o con una gran necesidad de ser arquitecturizadas, la solución pasa por implementar componentes autónomos, reutilizables, incluso configurables.

Para responder a estos objetivos, la ZCA (*Zope Component Architecture*) es un framework que permite escribir aplicaciones utilizando la programación orientada a componentes. Se denomina Zope, pues se ha construido para responder a las necesidades de Zope3 y forma parte integral de dicho framework, aunque se ha concebido para utilizarse de manera independiente. Los componentes se ven, entonces, como objetos que proveen una interfaz, manteniendo el sentido de contrato vinculado a esta palabra.

Una interfaz es un objeto que describe, en los objetos que la implementan, qué deben proveer y, para aquellos que la utilizan, cómo pueden aprovecharla. Puede ser introspectiva. La ZCA en sí misma no es un componente, y no contiene componentes. Es la herramienta que permite crearlos y hacerlos funcionar en su conjunto.

## 2.8.2 Instalación

La ZCA se instala mediante la herramienta de Python dedicada:

```
$ pip_install zope.component
```

Que se instala con:

```
$ pip_install3 zope.component
```

Tomemos el ejemplo de un cargador de datos que puede, potencialmente, buscar los datos en cualquier repositorio, como en la sección anterior.

## 2.8.3 Definir una interfaz y un componente

Una interfaz es una clase que hereda de **zope.interface.Interface** y que define la lista de atributos y métodos esperados:

```
>>> from zope.interface import Interface
>>> from zope.interface import Attribute
>>> class Iloader(Interface):
...     content = Attribute("""Datos cargados""")
...     def load(filename):
...         """Método de carga de datos"""
...
```

Es importante destacar la convención por la que el nombre de una interfaz comienza por «I» mayúscula, donde el uso de «camel case» hace que la segunda letra se escriba, también, en mayúscula.

He aquí un componente que implementa dicha interfaz:

```
>>> from zope.interface import implements
>>> class LinesLoader(object):
...     implements(ILoader)
...     content = []
...     def load(self, filename):
...         """Método de carga de datos para un archivo de texto"""
...         with open(filename) as f:
```

© Editions ENI - All rights reserved

```
...            content = f.readlines()
...
```

Se dice que una instancia de este componente provee la interfaz. Sirve como marcador, pues es posible diferenciar los componentes que la implementan de aquellos que no lo hacen, aunque también sirve de contrato. Una interfaz puede estar vacía, sirviendo únicamente de marcador.

El vínculo entre el componente y su interfaz se realiza mediante **implements** en el cuerpo de la case, aunque puede realizarse tras la declaración:

```
>>> from zope.interface import classImplements
>>> classImplements(LinesLoader, ILoader)
```

La interfaz permite, también, definir restricciones a nivel de la interfaz. Deben respetarse, sea cual sea la implementación:

```
>>> def content_is_list(obj):
...     if type(obj.content) != list:
...         raise TypeException('Los datos no están conformes')
...
```

Esta restricción estipula que el contenido debe ser una lista. Forma parte del contrato. He aquí la interfaz modificada para tener en cuenta este nuevo elemento:

```
>>> class Iloader(Interface):
...     content = Attribute("""Datos cargados""")
...     def load(filename):
...         """Método de carga de datos"""
...     invariant(content_is_list)
...
```

El componente no cambia.

### 2.8.4 Otras funcionalidades

La ZCA se explica en este capítulo porque no está reservada a las aplicaciones web. Es una manera importante de utilizar el modelo de objetos de Python y que puede usarse sea cual sea el tipo de proyecto.

Por el contrario, las demás funcionalidades de ZCA son más próximas a la noción de patrón de diseño que a la de modelo de objetos.

De este modo, se abordará la aplicación clásica de los patrones de diseño en Python antes de presentar cómo se tienen en cuenta en la ZCA.

### 2.8.5 Ventajas de la ZCA

La ZCA permite estructurar los datos y el modelo de objetos, y también estructurar las relaciones entre los objetos. El uso de patrones de diseño no es, en este sentido, una opción, sino que resulta obligatorio, por lo que hay que conocerlos bien y tener una visión bien clara de las relaciones.

La otra ventaja de ZCA es que esta estructuración tiene una gran capacidad de introspección. Permite, de este modo, saber si un componente implementa una interfaz:

```
>>> Iloader.implementedBy(LinesLoader)
True
```

Es posible, también, saber si una instancia de este componente provee una interfaz:

```
>>> loader = LinesLoader()
>>> Iloader.providedBy(loader)
True
```

Para terminar, la última ventaja de ZCA es su ligereza, su buen rendimiento, y que permite crear componentes de manera mucho más sencilla, de una forma mucho más reutilizable que usando herencia múltiple.

# 3. Funciones principales y primitivas asociadas

## 3.1 Personalización

### 3.1.1 Clases

Es posible personalizar las clases utilizando correctamente el método especial **__new__** y las metaclases, que hemos visto antes en este capítulo. En este sentido, Python 3 ha mejorado bastante, simplificando y homogeneizando su comportamiento respecto a la versión anterior.

Este método especial es un método de clase (su primer argumento es la clase). Es este método el que crea una instancia de la clase en curso e invoca a su método **__init__**, que es un método de instancia. Los demás argumentos que se pasan a los dos métodos son idénticos.

La sobrecarga de **__new__** permite, por tanto, personalizar la manera en que se crea la instancia, mientras que la sobrecarga de **__init__** permite personalizar la propia instancia, colocando atributos, por ejemplo.

He aquí una demostración del orden en que se invocan los métodos:

```
>>> class A:
...     def __new__(cls, info):
...         print('A\tNew\t%s\t\t\t%s' % (cls, info))
...         return object.__new__(cls, info)
...     def __init__(self, info):
...         print('A\tInit\t%s\t%s' % (self, info))
...         return object.__init__(self, info)
...
>>> class B(A):
...     def __new__(cls, info):
...         print('B\tNew\t%s\t\t\t%s' % (cls, info))
...         return A.__new__(cls, info)
...     def __init__(self, info):
...         print('B\tInit\t%s\t%s' % (self, info))
```

© Editions ENI - All rights reserved

```
...         return A.__init__(self, info)
...
```

He aquí el resultado de las llamadas:

```
>>> a = A('test 1')
A  New   <class '__main__.A'>                          test 1
A  Init  <__main__.A object at 0x261ea10>              test 1
>>> b = B('test 2')
B  New   <class '__main__.B'>                          test 2
A  New   <class '__main__.B'>                          test 2
B  Init  <__main__.B object at 0x261e890>              test 2
A  Init  <__main__.B object at 0x261e890>              test 2
```

En Python 2.x, esto es sensiblemente diferente.

```
>>> a = A('test 1')
A  Init  <__main__.A instance at 0x1a82680>          test 1
>>> b = B('test 2')
B  Init  <__main__.B instance at 0x1a82878>          test 2
A  Init  <__main__.B instance at 0x1a82878>          test 2
```

Por otro lado, es posible que el método **__new__** no devuelva una instancia de la clase correspondiente al primer argumento. En este caso, no se invoca al método **__init__** de la nueva instancia.

He aquí un ejemplo:

```
>>> class A:
...     def __new__(cls, info):
...         print('A\tNew\t%s\t\t\t%s' % (cls, info))
...         return object.__new__(cls, info)
...     def __init__(self, info):
...         print('A\tInit\t%s\t%s' % (self, info))
...         return object.__init__(self, info)
...
>>> class C:
...     def __new__(cls, info):
...         print('C\tNew\t%s\t\t\t%s' % (cls, info))
...         return object.__new__(cls, info)
...     def __init__(self, info):
...         print('C\tInit\t%s\t%s' % (self, info))
...         return object.__init__(self, info)
...
>>> class B(A):
...     def __new__(cls, info):
...         print('B\tNew\t%s\t\t\t%s' % (cls, info))
...         return C.__new__(C, info)
...     def __init__(self, info):
...         print('B\tInit\t%s\t%s' % (self, info))
...         return A.__init__(self, info)
...
```

```
>>> b = B('test 2')
B New    <class '__main__.B'>                   test 2
C New    <class '__main__.C'>                   test 2
```

El método **__new__** de la clase **B** devuelve una instancia de **C** en lugar de **A** y, en consecuencia, no se invoca al método **__init__**.

Conocer estos mecanismos permite gestionar mejor los patrones de diseño, empezando por aplicar el más sencillo de ellos: el singleton.

Habitualmente, es posible utilizar este tipo de técnicas simplemente para crear un singleton, por ejemplo, o limitar el número de instancias de una clase (para tener dos, en lugar de una, por ejemplo, o en general para hacer que no haya más de una instancia con la misma semántica). Las metaclases son, generalmente, un medio potente y reutilizable para personalizar las clases.

### 3.1.2 Instancias

Es posible personalizar las instancias mediante la sobrecarga del método **__init__**. Generalmente, esto permite incluir atributos, o incluso invocar métodos de la clase.

Otro método permite desencadenar acciones cuando se elimina la clase, acciones que conviene realizar de manera previa a la eliminación efectiva.

Uno de los ejemplos clásicos consiste en utilizar una variable estática que contenga el número de instancias activas de la clase y el número de instancias que se han creado:

```
>>> class A:
...     totalInstances = 0
...     activeInstances = 0
...     def __init__(self, info):
...         self.info = info
...         A.totalInstances += 1
...         A.activeInstances += 1
...     def __del__(self):
...         A.activeInstances -= 1
...
```

Más allá de su interés para ilustrar la personalización de la clase, este extracto de código es un nuevo ejemplo de la forma de utilizar los atributos de instancia y los atributos de clase (tras haber visto las diferencias entre métodos de clase, métodos de instancia y métodos estáticos, que son un caso particular).

Una prueba muestra, también, cuándo se elimina una clase:

```
>>> a1 = A('test 1')
>>> a2 = A('test 2')
>>> A.totalInstances, A.activeInstances
(2, 2)
```

Se crean dos instancias. Es posible eliminar una:

```
>>> del a2
>>> A.totalInstances, A.activeInstances
(2, 1)
```

© Editions ENI - All rights reserved

También es posible utilizar la reasignación:

```
>>> a1 = A('test 3')
>>> A.totalInstances, A.activeInstances
(3, 1)
```

En el detalle, se crea una nueva instancia y, a continuación, se asigna a una variable que contiene otra instancia. Esta pierde, por tanto, su único puntero, su contador de referencias pasa a valer 0 y se elimina.

El modelo de objetos de Python permite, por tanto, gestionar perfectamente ambas nociones de clases y de instancias y gestionarlas independientemente.

Más allá del método `__init__`, es posible también personalizar los métodos `__str__` y `__repr__`, sin olvidar su esencia, es decir, que el primero debe devolver una información informal pero representativa, mientras que el segundo debe devolver una expresión gramaticalmente correcta, además de representativa de la instancia.

## 3.1.3 Comparación

Cada clase puede definir la manera en la que sus instancias se comparan entre sí.

Para ello, basta con sobrecargar los operadores. En el capítulo siguiente se desarrollan algunos ejemplos, adaptando la semántica de los operadores a los tipos de datos.

## 3.1.4 Evaluación booleana

La evaluación booleana se obtiene, de manera clásica, en función de reglas específicas, que se explican en el capítulo Números, booleanos y algoritmos aplicados, en la sección dedicada a los booleanos.

Sigue siendo posible modificar estas reglas para cada tipo de objeto:

```
>>> class A:
...     def __init__(self, value):
...         self.value = value
...     def __bool__(self):
...         return self.value > 0
...
>>> a = A(1)
>>> bool(a)
True
>>> a.value = -1
>>> bool(a)
False
```

Es posible, por tanto, determinar en nuestras clases qué criterios permiten evaluar positiva o negativamente el resultado.

## 3.1.5 Relaciones de herencia o de clase a instancia

Es fácil saber si un objeto es la instancia de una clase determinada:

```
>>> class A:
...     pass
...
>>> a = A()
```

```
>>> isinstance(a, A)
True
```

O si una clase es una subclase de otra:

```
>>> class B(A):
...     pass
...
>>> issubclass(B, A)
True
```

En realidad, ambas primitivas utilizan los métodos especiales de la clase **__instancecheck__** y **__subclasscheck__** y personalizarlos permite determinar qué resultado dan estas primitivas.

Existe un PEP que describe de qué manera pueden utilizarse estos métodos especiales (http://www.python.org/dev/peps/pep-3119/#overloading-isinstance-and-issubclass) y da algunos ejemplos para reproducir.

## 3.2 Clases particulares

### 3.2.1 Iterador

Como muchas nociones en Python, los contenedores y los iteradores se definen por Duck Typing. Los primeros son objetos que pueden contener el método especial **__iter__**, aunque en ningún caso el método especial **__next__**; los segundos contienen ambos métodos.

Contenedor e iteradores están conectados. El segundo lo designa el primero para proponer una solución de iteración sobre los valores que contiene. De este modo, este método especial es una solución de iteración sobre los valores que contiene. Su método especial **__iter__** devuelve, simplemente, una instancia del iterador.

Como es posible utilizar un iterador directamente, y no solo a partir de un contenedor, contiene también un método **__iter__** que devuelve su propia instancia.

De este modo, sea cual sea la manera de proceder, la llamada a este método devuelve el mismo objeto, y este último, al método **__next__**, que permite devolver el elemento siguiente, salvo que no exista un siguiente, en cuyo caso el iterador devuelve una excepción de tipo **StopIteration**.

Por ejemplo, cuando se procede de la siguiente manera:

```
>>> for k, v in {'a': 1}.items():
...     pass
...
```

He aquí el detalle de las operaciones realizadas:

```
>>> iter = {'a': 1}.items().__iter__()
>>> iter.__next__()
('a', 1)
>>> iter.__next__()
Traceback (most recent call last):
  File "<stdin>", line 1, in <module>
StopIteration
```

© Editions ENI - All rights reserved

Esto puede utilizarse para generar contenedores a medida o iteradores a medida. He aquí un ejemplo:

```
>>> class IterEjemplo:
...     precedentes = []
...     def __iter__(self):
...         return self
...     def __next__(self):
...         result = choice(range(5))
...         if result in self.precedentes:
...             raise StopIteration
...         else:
...             self.precedentes.append(result)
...         return result
...
>>> for n in IterEjemplo():
...     print(n)
...
1
4
```

El ejemplo anterior permite devolver aleatoriamente valores y salir cuando haya devuelto el valor en curso.
El ejemplo siguiente permite devolver todos los valores de un conjunto, una única vez cada uno.

```
>>> class IterEjemplo2:
...     def __init__(self, max):
...         self.opcion = list(range(max))
...     def __iter__(self):
...         return self
...     def __next__(self):
...         if len(self.opcion) == 0:
...             raise StopIteration
...         result = choice(self.opcion)
...         self.opcion.remove(result)
...         return result
...
>>> for n in IterEjemplo2(3):
...     print(n)
...
1
0
2
```

De este modo, también es posible definir iteradores infinitos.
No obstante, el rol principal de un iterador es proporcionar un medio para recorrer el contenedor al que está asociado, de la manera con mejor rendimiento posible y siempre de forma determinista.

Conviene destacar que desde Python 3.5, esto puede hacerse de manera asíncrona. Dejando a un lado el hecho de que se utiliza **async for** en lugar de simplemente **for**, no existe una gran diferencia para lo que se escribe dentro del bucle. Sabiendo esto, no hay mucho más que añadir:

```
>>> class IterEjemplo2:
...     def __init__(self, max):
...         self.opcion = list(range(max))
...     def __aiter__(self):
...         return self
...     def __anext__(self):
...         if len(self.opcion) == 0:
...             raise StopIteration
...         result = choice(self.opcion)
...         self.opcion.remove(result)
...         return result
..
>>> async for n in IterEjemplo2(3):
...     print(n)
...
1
0
2
```

### 3.2.2 Contenedores

Si bien el iterador es un tipo que se utiliza con frecuencia, el contenedor se utiliza más raramente, pues los tipos de Python son muy versátiles y responden, por lo general, a las expectativas de los desarrolladores sin tener que crear nuevos.

No obstante, para necesidades muy concretas, puede resultar útil. Por un lado, hemos visto que el contenedor puede diseñar su iterador implementando el método especial **__next__**, aunque lo que define un contenedor son las siguientes características:

- un contenedor contiene un número determinado de elementos:
  - el método **__len__** permite conocer el número;
  - lo utiliza la primitiva **len()**;
- un contenedor permite acceder a lo que contiene en modo de lectura, aunque también en escritura, para modificar o eliminar su contenido:
  - los métodos especiales son **__getitem__** (lectura), **__setitem__** (modificación) y **__delitem__** (eliminación);
  - se utilizan cuando se escribe la instancia con el operador corchete, y la presencia del operador de asignación (para una modificación) o de la palabra clave **del** (para una eliminación) permite saber qué utilizar;
- un contenedor debe ser capaz de saber si contiene o no un objeto determinado:
  - el método especial es **__contains__**;
  - se invoca utilizando la palabra clave **in**;

© Editions ENI - All rights reserved

- un contenedor debe, si incluye una relación de orden, poseer un método especial que permita invertir su contenido (intercambiar el primer elemento con el último, y viceversa):
  - el método especial es **__reversed__**;
  - se invoca mediante la primitiva **reverse()**.

Este aspecto se aborda con detalle en el capítulo Secuencias y algoritmos aplicados, pues ciertos tipos utilizan activamente estas nociones.

### 3.2.3 Instancias similares a funciones

Si **f** es una función, **f()** equivale a **f.__call__()**. En realidad, toda instancia que posea el método especial **__call__** puede comportarse como una función:

```
>>> class Say:
...     def __init__(self, what):
...         self.what = what
...     def __call__(self, who):
...         return "%s %s" % (self.what, who)
...
```

Crear una instancia crea, de algún modo, una especialización de la función:

```
>>> sayhello = Say('Hello')
>>> sayhello('World')
'Hello World'
>>> saygoodbye = Say('Goodbye')
>>> saygoodbye('World')
'Goodbye World'
```

Una vez creada la función, es reutilizable a voluntad. Esto puede utilizarse para simplificar enormemente la lectura y la composición del código y permite, a su vez, crear componentes potencialmente complejos que pueden instanciarse mediante un archivo de configuración o un diccionario, que son asimilables a simples funciones, donde el trabajo previo se realiza en la etapa de inicialización.

He aquí un esquema útil:

```
>>> class Consultador:
...     def __init__(self, url):
...         self.url = url
...         # Conexión
...     def __del__(self):
...         pass # Desconexión
...     def __call__(self, parametros):
...         pass
...         # envío de la consulta
...         # procesamiento del resultado
...
```

### 3.2.4 Recursos que hay que proteger

Cuando se utilizan ciertos recursos, como archivos o threads, es necesario asegurar que se liberan correctamente. Este aspecto ya se ha expuesto (con las palabras clave **with** y **as**) en el capítulo Algoritmos básicos, relativo a la sintaxis.

Lo que nos interesa aquí es cómo crear un objeto que pueda utilizarse mediante dicha sintaxis.

Para ello, es preciso que la clase defina dos métodos especiales:

- **__enter__**: este método devuelve la instancia que se ha de utilizar y que se atribuye, a continuación, a la variable ubicada tras la palabra clave **as**.
- **__exit__**: este método permite liberar correctamente el recurso y se invoca en el bucle **with**, es decir, incluso aunque se produzca una excepción.

He aquí un esquema para una conexión SQL:

```
>>> class Consultador:
...     def __init__(self, url):
...         self.url = url
...     def __enter__(self):
...         pass
...         # self.conexion = … > Conexión
...     def __exit__(self):
...         pass
...         # self.conexion.close() > Desconexión
...
```

Cabe destacar que desde Python 3.5, esto puede hacerse de manera asíncrona (con las palabras clave **async with**):

```
>>> class Consultador:
...     def __init__(self, url):
...         self.url = url
...     def __aenter__(self):
...         pass
...         # self.conexion = … > Conexión
...     def __aexit__(self):
...         pass
...         # self.conexion.close() > Desconexión
...
```

### 3.2.5 Tipos

Existen muchos métodos especiales dedicados a procesamientos vinculados con ciertos tipos de datos. Para ver el detalle acerca de estos métodos, consulte los capítulos dedicados a cada tipo de datos.

© Editions ENI - All rights reserved

### 3.2.6 Clases de datos

Las clases de datos se introdujeron con Python 3.7. Permiten definir clases para representar los datos permitiendo simplemente declarar los atributos con tipos hint (anotaciones estáticas). Los métodos especiales tales que **__init__**, **__repr__**, **__str__** y **__hash__** se generan automáticamente:

```
>>> from dataclasses import dataclass
>>> @dataclass
... class Point:
...     x: float
...     y: float
...     z: float = 0.0
...
>>> p = Point(1.5, 2.5)
>>> p
Point(x=1.5, y=2.5, z=0.0)
>>> print(p)
Point(x=1.5, y=2.5, z=0.0)
```

Esto puede permitir modelizar rápidamente las clases representando los datos.

© Editions ENI - All rights reserved

# Capítulo 3-4
# Números, booleanos y algoritmos aplicados

## 1. Números

### 1.1 Tipos

#### 1.1.1 Enteros

Un número entero es de tipo **int**:

```
>>> type(1)
<class 'int'>
```

He aquí la lista de métodos y atributos que integra:

```
>>> dir(int)
['__abs__', '__add__', '__and__', '__bool__', '__ceil__',
'__class__', '__delattr__', '__divmod__', '__doc__', '__eq__',
'__float__', '__floor__', '__floordiv__', '__format__', '__ge__',
'__getattribute__', '__getnewargs__', '__gt__', '__hash__',
'__index__', '__init__', '__int__', '__invert__', '__le__',
'__lshift__', '__lt__', '__mod__', '__mul__', '__ne__', '__neg__',
'__new__', '__or__', '__pos__', '__pow__', '__radd__', '__rand__',
'__rdivmod__', '__reduce__', '__reduce_ex__', '__repr__',
'__rfloordiv__', '__rlshift__', '__rmod__', '__rmul__', '__ror__',
'__round__', '__rpow__', '__rrshift__', '__rshift__', '__rsub__',
'__rtruediv__', '__rxor__', '__setattr__', '__sizeof__',
'__str__', '__sub__', '__subclasshook__', '__truediv__',
'__trunc__', '__xor__', 'as_integer_ratio','bit_length', 'conjugate',
'denominator', 'imag', 'numerator', 'real']
```

Como ya hemos visto, todos los métodos que empiezan y terminan con dos caracteres guion bajo son métodos especiales, utilizados para el funcionamiento interno de Python, mientras que los otros son los que vamos a poder usar.

Estos métodos se aplican a los objetos en el marco de lo que está permitido por la gramática de Python. De este modo, el punto se considera como una coma, en el sentido matemático, y no como el acceso al objeto.
Para utilizar dicho acceso se utilizan los paréntesis:

```
>>> 1+2
3
>>> 1.__add__(2)
File "<stdin>", line 1
1.__add__(2)
^
SyntaxError: invalid syntax
>>> (1).__add__(2)
3
```

Por el contrario, no es posible modificar un literal, que no es asignable:

```
>>> 5+=6
File "<stdin>", line 1
SyntaxError: can't assign to literal
```

### 1.1.2 Reales

Un número real es de tipo **float** (almacenado en forma de mantisa + exponente):

```
>>> type(1.)
<class 'float'>
```

La representación de un número real difiere de un entero por la presencia de la coma matemática, que es un punto en realidad, por convención anglosajona.
El primer punto se corresponde con la coma del número y el segundo permite acceder a los atributos y métodos.
Aquí podemos ver la lista de métodos para los números reales:

```
>>> dir(float)
['__abs__', '__add__', '__bool__', '__class__', '__delattr__',
'__divmod__', '__doc__', '__eq__', '__float__', '__floordiv__',
'__format__', '__ge__', '__getattribute__', '__getformat__',
'__getnewargs__', '__gt__', '__hash__', '__init__', '__int__',
'__le__', '__lt__', '__mod__', '__mul__', '__ne__', '__neg__',
'__new__', '__pos__', '__pow__', '__radd__', '__rdivmod__',
'__reduce__', '__reduce_ex__', '__repr__', '__rfloordiv__',
'__rmod__', '__rmul__', '__round__', '__rpow__', '__rsub__',
'__rtruediv__', '__setattr__', '__setformat__', '__sizeof__',
'__str__', '__sub__', '__subclasshook__', '__truediv__',
'__trunc__', 'as_integer_ratio', 'conjugate', 'fromhex', 'hex',
'imag', 'is_integer', 'real']
```

Veremos que existen pequeñas diferencias entre los números reales y los enteros; las veremos en la siguiente sección, que trata de comprender a través de ellas las diferentes maneras de utilizar los números.

© Editions ENI - All rights reserved

El tipo real es predominante respecto al tipo entero, en el sentido de que una operación aplicada sobre un entero y un real devuelve, siempre, un valor real, sea cual sea el orden de los operandos:

```
>>> 1.+1
2.0
>>> 1+1.
2.0
>>> 1/1
1.0
>>> 1//1
1
>>> 1//1.
1.0
>>> 1.//1
1.0
```

El capítulo Modelo de objetos muestra cómo funcionan los operadores.

Existe una diferencia entre las ramas 2.x y 3.x de Python: la división de un entero entre un entero ahora es un real, sea cual sea el resultado de la operación, mientras que antes era un entero.

### 1.1.3 Cosas en común entre números enteros y reales

**Observación**

*Vamos a esforzarnos en mostrarle cómo puede visualizar usted mismo las diferencias entre los distintos tipos de Python, de manera que pueda reproducir estos métodos sobre cualquier objeto y así aprender usted mismo a realizar la introspección en el lenguaje.*

A partir del breve estudio de números enteros y reales, podemos determinar fácilmente la lista de métodos y atributos en común. Pero, en lugar de trabajar para obtenerla, dejemos que Python lo haga:

```
>>> comun = sorted(set(dir(int)) & set(dir(float)))
```

Algunas explicaciones:

- **`dir(int)`** y **`dir(float)`** devuelven la lista de métodos y atributos.
- **`set`** es un constructor de conjuntos que permite crear un conjunto a partir de una lista (entre otros); consulte el capítulo Cadenas de caracteres y algoritmos aplicados.
- **`&`** es un operador que permite recuperar los elementos presentes en ambos conjuntos.
- **`sorted`** es una función que permite devolver una colección con forma de lista ordenada.
- Solo queda ordenar nuestra lista, dado que los conjuntos no tienen relación de orden.

He aquí el resultado:

```
>>> comun
['__abs__', '__add__', '__bool__', '__class__', '__delattr__',
'__divmod__', '__doc__', '__eq__', '__float__', '__floordiv__',
'__format__', '__ge__', '__getattribute__', '__getnewargs__',
```

```
'__gt__', '__hash__', '__init__', '__int__', '__le__', '__lt__',
'__mod__', '__mul__', '__ne__', '__neg__', '__new__', '__pos__',
'__pow__', '__radd__', '__rdivmod__', '__reduce__',
'__reduce_ex__', '__repr__', '__rfloordiv__', '__rmod__',
'__rmul__', '__round__', '__rpow__', '__rsub__', '__rtruediv__',
'__setattr__', '__sizeof__', '__str__', '__sub__',
'__subclasshook__', '__truediv__', '__trunc__', 'conjugate',
'imag', 'real']
```

Se distinguen varios grupos:

- Los métodos comunes a todos los objetos.
- Aquellos que definen los operadores.
- Aquellos utilizados por las primitivas.
- Un método particular que permite obtener la conjugación de un nombre complejo, tratándose él mismo de un entero o un real.
- Dos atributos, su parte real y su parte imaginaria, los cuales, para un entero o un real, valen respectivamente su propio valor y cero.

Para esta última parte, la elección se realiza sobre los métodos, pues no existe una representación correspondiente en la gramática de Python, las matemáticas no lo definen y un atributo está mejor adaptado que una función. Los números enteros y reales están adaptados a su uso en conjunto con los complejos.

### 1.1.4 Métodos dedicados a los números enteros

He aquí la lista de atributos y métodos disponibles únicamente para números enteros:

```
>>> list(sorted(set(dir(int)) - set(dir(float))))
['__and__', '__ceil__', '__floor__', '__index__', '__invert__',
'__lshift__', '__or__', '__rand__', '__rlshift__', '__ror__',
'__rrshift__', '__rshift__', '__rxor__', '__xor__', 'bit_length',
'denominator', 'numerator']
```

Se distinguen cinco grupos de métodos:

- Aquellos que realizan operaciones sobre un número como si se tratara de bits: (**__and__**, **__or__**, **__xor__**, **__rand__**, **__ror__**, **__rxor__**, **__lshift__**, **__rlshift__**, **__rrshift__**, **__rshift__**, **__invert__**); consulte la sección Representación binaria de este capítulo.
- **bit_length**, que recupera el número de bits necesarios para representar el número sin tener en cuenta su signo; consulte la sección Representación binaria.
- Aquellos que permiten redondear al número superior e interior (**__ceil__** y **__floor__**); consulte la sección Redondeo de este capítulo.
- Los atributos **denominator** y **numerator**, que valen, respectivamente, **1** y el propio número.
- El método **__index__**, que permite dar un valor entero a un objeto, cuando se requiere utilizar dicho objeto en un slice o con las primitivas **bin**, **oct** o **hex**. No obstante, si se devuelve este método, en la práctica el método **__index__** no tiene por qué invocarse, pues el objeto es, en sí mismo, un entero.

© Editions ENI - All rights reserved

## 1.1.5 Métodos dedicados a los números reales

He aquí la lista de atributos y métodos disponibles únicamente para números reales:

```
>>> list(sorted(set(dir(float)) - set(dir(int))))
['__getformat__', '__setformat__', 'fromhex', 'hex', 'is_integer']
```

Se distinguen cuatro grupos de métodos:

- **is_integer**, que permite saber si un número real es un entero.
- **as_integer_ratio**, que permite escribir un número real con forma de fracción, si es posible. Esta función está disponible para los enteros a partir de Python 3.8 para acercar las funcionalidades de las dos clases.
- **hex** y **fromhex**, que permiten gestionar la representación hexadecimal; consulte la sección Representación hexadecimal de este capítulo.
- **__getformat__** y **__setformat__**, utilizados en las pruebas unitarias de Python.

## 1.1.6 Complejos

Un número complejo es de tipo **complex**:

```
>>> type(1j)
<class 'complex'>
```

La notación de un número complejo se distingue por la presencia de la **j** junto al número, que determina la parte compleja del número y, por tanto, su pertenencia al tipo complejo. Las siguientes formas no funcionan:

```
>>> j
Traceback (most recent call last):
File "<stdin>", line 1, in <module>
NameError: name 'j' is not defined
>>> 1 j
File "<stdin>", line 1
1 j
^
SyntaxError: invalid syntax
>>> 1+j
Traceback (most recent call last):
File "<stdin>", line 1, in <module>
NameError: name 'j' is not defined
```

La cadena **j** debe asociarse a un número para que reciba el sentido matemático **j**, como por ejemplo **j**2=-1**. En caso contrario, la gramática de Python no es capaz de entender la expresión, y espera encontrar una variable llamada **j**. Puede escribirse en mayúscula.

Las partes real e imaginaria pueden ser números enteros o reales, en función de la asignación y de la representación, y se representan de manera más sencilla bajo la forma de un entero, en la medida de lo posible, aunque los valores almacenados son reales y son los que devuelven los métodos **real** e **imag**:

```
>>> 1+1j
(1+1j)
>>> 1+1.j
```

```
(1+1j)
>>> (1+1j).real
1.0
```

La lista de métodos y atributos es exactamente la misma que la presente en el área común a los números enteros y reales, a excepción de la ausencia de **round** y **trunc**, que no tienen sentido para un número complejo:

```
>>> dir(complex)
['__abs__', '__add__', '__bool__', '__class__', '__delattr__',
'__divmod__', '__doc__', '__eq__', '__float__', '__floordiv__',
'__format__', '__ge__', '__getattribute__', '__getnewargs__',
'__gt__', '__hash__', '__init__', '__int__', '__le__', '__lt__',
'__mod__', '__mul__', '__ne__', '__neg__', '__new__', '__pos__',
'__pow__', '__radd__', '__rdivmod__', '__reduce__',
'__reduce_ex__', '__repr__', '__rfloordiv__', '__rmod__',
'__rmul__', '__rpow__', '__rsub__', '__rtruediv__', '__setattr__',
'__sizeof__', '__str__', '__sub__', '__subclasshook__',
'__truediv__', 'conjugate', 'imag', 'real']
>>> set(socle) ^ set(dir(complex))
{'__round__', '__trunc__'}
```

## 1.2 La consola Python, la calculadora por excelencia

### 1.2.1 Operadores matemáticos binarios

Es posible utilizar una consola Python como una calculadora. Permite escribir expresiones aritméticas más o menos complejas y gestiona las prioridades:

```
>>> 1+2*3
7
```

Una operación matemática entre dos objetos homogéneos devuelve un objeto del mismo tipo, salvo la división, que devuelve necesariamente un número real. Una operación entre un número entero y un número real devuelve un real, sea cual sea el operador:

– enteros:

```
>>> 42/(1+2*3)
6.0
>>> 42//(1+2*3)
6
>>> 42%(1+2*3)
0
```

```
>>> 42/4
10.5
>>> 42//4
10
>>> 42%4
2
```

– reales:

```
>>> 1.*42
42.0
```

```
>>> 42*1.
42.0
```

© Editions ENI - All rights reserved

– complejos:

```
>>> (1+1j)*(1-1j)
(2+0j)
```

Funciona de la misma manera con los números. Es posible utilizar los siguientes operadores:

| Operador | Método | Ejemplo |
|---|---|---|
| + | **__add__** o **__radd__** | **10+42 (52)** |
| - | **__sub__** o **__rsub__** | **10-42 (-32)** |
| * | **__mul__** o **__rmul__** | **10*42 (420)** |
| / | **__truediv__** o **__rtruediv__** | **105/42 (2,5)** |
| // | **__floordiv__** o **__rfloordiv__** | **105//42 (2)** |
| % | **__mod__** o **__rmod__** | **105%42 (21)** |
| ** | **__pow__** o **__rpow__** | **42**2 (1764)** |

### 1.2.2 Operadores binarios particulares

El operador módulo puede recibir como segundo parámetro un número entero o real, aunque no un número complejo, pues no tiene sentido:

```
>>> 3%2
1
>>> 3%2.5
0.5
>>> 3%1j
Traceback (most recent call last):
File "<stdin>", line 1, in <module>
TypeError: can't mod complex numbers.
```

En consecuencia, la sintaxis **x**y** es equivalente a la primitiva **pow(x, y)**:

```
>>> 42**2
1764
```

```
>>> pow(42, 2)
1764
```

Puede aplicarse a todo tipo de números (enteros, reales e incluso complejos), pues tiene sentido matemático:

```
>>> 25**.5
5.0
>>> (1+2j)**2
(-3+4j)
>>> (1+2j)**.5
(1.272019649514069+0.7861513777574233j)
>>> 25**(1+2j)
(24.70195964872899+3.848790655850832j)
```

Aunque utilizado con tres argumentos, **pow(x, y, z)** es equivalente a **(x**y) % z**:

```
>>> (42**2) % 6
0
>>> (42**2) % 5
4
```

```
>>> pow(42, 2, 6)
0
>>> pow(42, 2, 5)
4
```

No tiene sentido si el tercer argumento es un número complejo.
Por motivos de optimización, la primitiva **pow** utilizada con tres argumentos se restringe al uso de tres números enteros:

```
>>> pow(42, 2, 5.)
Traceback (most recent call last):
File "<stdin>", line 1, in <module>
TypeError: pow() 3rd argument not allowed unless all arguments are
integers
>>> (42**2) % 5.
4.0
```

| Primitiva | Método | Entero | Real | Complejo | Ejemplo |
|---|---|---|---|---|---|
| pow | __pow__ | X | X | X | pow(42, 2) |
| pow | __pow__ | X | | | pow(42, 2, 5) |

## 1.2.3 Operadores matemáticos unarios

Cuando se utiliza el signo **+** o el signo **-** delante de una cifra y no entre dos cifras, se trata del operador unario que, respectivamente, deja la cifra tal y como está o la transforma en su opuesta.
Estos operadores pueden encadenarse sin problema alguno. De este modo, es posible tener las siguientes escrituras:

```
>>> -5 is -(5)
True
>>> +-5 is -(--5)
True
```

En consecuencia, **++** y **--** no son operadores de incrementación situados detrás (error de sintaxis) o antes de un número (combinación de dos operadores unarios).
Para obtener el número opuesto de un complejo (simetría central respecto al origen del plano complejo), no hay que olvidar los paréntesis delante del número, con riesgo de no obtener más que el opuesto de la parte real o la parte imaginaria:
– escritura correcta:

```
>>> -(1+2j)
(-1-2j)
```

– escritura incorrecta:

```
>>> -1+2j
(-1+2j)
```

© Editions ENI - All rights reserved

Observe que para los números complejos solo el primer signo es unario, pues el segundo vincula ambos operandos, que son las partes real e imaginaria.
Por este motivo la representación de un número complejo incluye paréntesis. De este modo, es posible aplicar un operador sobre ambas partes.

| Operador | Método | Ejemplo |
|---|---|---|
| + | __pos__ | +42 (42) |
| - | __neg__ | -42 (-42) |

La gramática de Python no permite representar el valor absoluto como un operador, pues no tiene asociado ningún símbolo, prefijo o sufijo. Es preciso utilizar una primitiva.

```
>>> abs(-5)
5
>>> abs(1+2j)
2.23606797749979
```

El valor absoluto puede verse como la distancia respecto al origen de coordenadas.

| Primitiva | Método | Ejemplo |
|---|---|---|
| abs | __abs__ | abs(-42) (42) |

### 1.2.4 Redondeo

Existe una primitiva que permite redondear un número especificando el número de cifras decimales que se quiere mantener tras la coma:

```
>>> round(5.54321, 2)
5.54
```

El método **round** existe para números reales y números enteros, pero no tiene sentido matemático en los números complejos.
Las siguientes primitivas están vinculadas a métodos especiales únicamente para los enteros.
También es posible redondear al número superior o inferior, o truncar un número, lo que equivale a redondear hacia arriba un número negativo o hacia abajo un número positivo:

```
>>> import math
>>> math.ceil(-5.5)
-5
>>> math.floor(-5.5)
-6
>>> math.trunc(-5.5)
-5
>>> math.ceil(5.5)
6
>>> math.floor(5.5)
5
```

```
>>> math.trunc(5.5)
5
```

La lista de primitivas unarias y métodos utilizados pueden resumirse así:

| Primitiva | Método | Entero | Real | Complejo | Ejemplo |
|---|---|---|---|---|---|
| **round** | **__round__** | **X** | **X** | | **pow(42, 2)** |
| **math.trunc** | **__trunc__** | **X** | **X** | | **pow(42, 2, 5)** |
| **math.ceil** | **__ceil__** | **X** | | | **pow(42, 2)** |
| **math.floor** | **__floor__** | **X** | | | **pow(42, 2)** |

Las primitivas utilizan métodos mágicos de las clases, si están presentes, y en caso contrario resuelven ellas mismas la situación.

De este modo, aunque los métodos mágicos **__ceil__** y **__floor__** no están presentes en la clase **float**, las primitivas **ceil** y **floor** pueden aplicarse de todos modos.

Podemos aplicar el método que hemos visto en el capítulo anterior para asegurar que las primitivas utilizan correctamente los métodos mágicos deseados sobrecargándolos. Del mismo modo, es posible asegurar que, si se sobrecarga la clase **float** para agregar los métodos especiales **__ceil__** y **__floor__**, se utilizarán correctamente.

Probemos con los enteros:

```
>>> class customint(int):
...     def __ceil__(self):
...         print("int.__ceil__")
...         return int.__ceil__(self)
...     def __floor__(self):
...         print("int.__floor__")
...         return int.__floor__(self)
...     def __trunc__(self):
...         print("int.__trunc__")
...         return int.__trunc__(self)
...
>>> i = customint(42)
>>> math.ceil(i)
int.__ceil__
42
>>> math.floor(i)
int.__floor__
42
>>> math.trunc(i)
int.__trunc__
42
```

© Editions ENI - All rights reserved

A continuación, veamos cómo funciona con los reales:

```
>>> class customfloat(float):
...     def __ceil__(self):
...         print("float.__ceil__")
...         if (self<0):
...             return int(self)
...         return int(self)+1
...     def __floor__(self):
...         print("float.__floor__")
...         if (self>0):
...             return int(self)
...         return int(self)-1
...     def __trunc__(self):
...         print("float.__trunc__")
...         return float.__trunc__(self)
...
>>> f = customfloat(4.2)
>>> math.ceil(f)
float.__ceil__
5
>>> math.floor(f)
float.__floor__
4
>>> math.trunc(f)
float.__trunc__
4
>>> f = customfloat(-4.2)
>>> math.ceil(f)
float.__ceil__
-4
>>> math.floor(f)
float.__floor__
-5
>>> math.trunc(f)
float.__trunc__
-4
```

### 1.2.5 Operadores de comparación

Los operadores de comparación permiten obtener un valor booleano. La particularidad de Python es que permite encadenarlos:

```
>>> 1 > 2
False
>>> 1 < 2 < 3 < 4
True
```

| Operador | Método | Ejemplo |
|---|---|---|
| == | `__eq__` | `1 == 2 (False)` |
| != | `__ne__` | `1!= 2 (True)` |
| > | `__gt__` | `1 > 2 (False)` |
| < | `__lt__` | `1 < 2 (True)` |
| >= | `__ge__` | `1 >= 2 (False)` |
| <= | `__le__` | `1 <= 2 (True)` |

El conjunto de métodos especiales precisados en esta tabla se implementan para todos los tipos de número; no obstante, el número complejo es un caso particular.

Es posible saber si dos números complejos son iguales o diferentes, pues sí tiene sentido matemático. Python es perfectamente capaz de realizar dicha comparación:

```
>>> (1+2j)*(1-2j) == 1+1j+4-1j
True
>>> (1+2j)*(1-2j) == 5
True
```

Por el contrario, los números complejos no disponen de una relación de orden, al estar ubicados en un plano. En consecuencia, no pueden compararse, incluso aunque el número complejo en cuestión tenga una parte imaginaria nula:

```
>>> (1+2j)*(1-2j)
(5+0j)
>>> (1+2j)*(1-2j) >= 5
Traceback (most recent call last):
File "<stdin>", line 1, in <module>
TypeError: no ordering relation is defined for complex numbers
```

Por el contrario, es posible realizar comparaciones sobre las partes real e imaginaria, pues disponen de una relación de orden, al ser reales.

```
>>> if (c1.real >= c2.real and c1.imag == c2.imag == 0):
...
print("Es posible comparar ambos números y c1 es el mayor")
...
Es posible comparar ambos números y c1 es el mayor
```

### 1.2.6 Operaciones matemáticas n-arias

Es posible trabajar sobre varios números, por ejemplo para encontrar el valor mínimo o el valor máximo:

```
>>> min(1, 2, 3, 4., 5)
1
>>> max(1, 2, 3, 4., 5)
5
```

© Editions ENI - All rights reserved

También es posible mezclar números reales y valores enteros, aunque el resultado es del tipo del valor más grande:

```
>>> max(1, 2, 3, 4, 5.)
5.0
```

También es posible pasar una lista de números:

```
>>> min([1, 2, 3, 4, 5])
1
>>> max([1, 2, 3, 4, 5])
5
```

Siendo coherentes con las reglas matemáticas, los números complejos no disponen de una relación de orden, y no pueden utilizarse en este caso preciso, incluso aunque su parte imaginaria sea nula:

```
>>> max([1, 2, 3, 4, 5+0j])
Traceback (most recent call last):
File "<stdin>", line 1, in <module>
TypeError: no ordering relation is defined for complex numbers
```

Existe, también, una primitiva que permite sumar elementos, aunque únicamente recibe como parámetro un contenedor:

```
>>> sum(1, 2., 3j)
Traceback (most recent call last):
File "<stdin>", line 1, in <module>
TypeError: sum expected at most 2 arguments, got 3
>>> sum([1, 2., 3j])
(3+3j)
```

Preste atención, no obstante, al contenedor utilizado, pues hay que respetar sus particularidades:

```
>>> sum({1, 2., 3j, 2})
(3+3j)
```

En este caso, se utiliza un set (consulte el capítulo Cadenas de caracteres y algoritmos aplicados) y el contenedor no debe tener valores duplicados; 2 está presente una única vez, a pesar de lo escrito.

La primitiva **sum** presenta un caso particularmente interesante; permite realizar una suma precisando un valor inicial:

```
>>> sum([1, 2., 3j], 42)
(45+3j)
Lo que equivale a:
>>> sum([1, 2., 3j])+42
(45+3j)
```

### 1.2.7 Funciones matemáticas usuales

El paquete **math** provee funciones matemáticas usuales. Son aplicables únicamente a números reales y, por extensión, a números enteros, aunque no a números complejos y los resultados siempre se expresan en números reales.

De este modo, la raíz cuadrada de 1 es 1, aunque la de -1 no es 1j:

```
>>> math.sqrt(1)
1.0
>>> math.sqrt(-1)
Traceback (most recent call last):
File "<stdin>", line 1, in <module>
ValueError: math domain error
```

Las unidades de ángulos se expresan en radianes:

```
>>> math.cos(math.pi)
-1.0
>>> math.acos(-1)
3.141592653589793
>>> math.acos(-1)== math.pi
True
```

La lista de funciones y variables del módulo **math** es la siguiente:

```
>>> dir(math)
['__doc__', '__file__', '__name__', '__package__', 'acos',
'acosh', 'asin', 'asinh', 'atan', 'atan2', 'atanh', 'ceil',
'copysign', 'cos', 'cosh', 'degrees', 'e', 'exp', 'fabs',
'factorial', 'floor', 'fmod', 'frexp', 'fsum', 'hypot', 'isinf',
'isnan', 'ldexp', 'log', 'log10', 'log1p', 'modf', 'pi', 'pow',
'radians', 'sin', 'sinh', 'sqrt', 'tan', 'tanh', 'trunc']
```

La siguiente tabla detalla cada una de ellas:

| Función/ variable | Explicación | Equivalente |
|---|---|---|
| **pi** | Número Pi. | |
| **e** | Número e. | |
| **trunc** | Truncar un número. | |
| **ceil** | Redondeo superior. | |
| **floor** | Redondeo inferior. | |
| **pow** | Potencia (dos argumentos). | |
| **sqrt** | Raíz cuadrada. | **X**0.5** |
| **degrees** | Permite convertir radianes en grados. | **X*180/Pi** |
| **radians** | Conversión inversa. | **X*Pi/180** |

© Editions ENI - All rights reserved

| Función/ variable | Explicación | Equivalente |
|---|---|---|
| `cos` | Coseno. | |
| `sin` | Seno. | |
| `tan` | Tangente. | |
| `acos` | Función recíproca de coseno. | |
| `asin` | Función recíproca de seno. | |
| `atan` | Función recíproca de tangente. | |
| `atan2` | Tangente inversa de un punto del plano X, Y. | `tan(x/Y)` |
| `cosh` | Coseno hiperbólico. | |
| `sinh` | Seno hiperbólico. | |
| `tanh` | Tangente hiperbólica. | |
| `acosh` | Función recíproca de coseno hiperbólico. | |
| `asinh` | Función recíproca de seno hiperbólico. | |
| `atanh` | Función recíproca de tangente hiperbólica. | |
| `hypoth` | Llamada hipotenusa debido al triángulo rectángulo formado por el eje de abscisas y la recta paralela a la de ordenadas que pasa por el punto X, Y. Se trata de la norma, es decir, la distancia entre el punto y el origen. | `(x**2+y**2)**0.5` |
| `exp` | Función exponencial. | `e**X` |
| `expm1` | Utilizada para pequeños números reales, permite obtener una mejor precisión. | `e**X-1` |
| `log` | Función logaritmo neperiano, puede recibir la base como segundo argumento. | |
| `log1p` | Logaritmo de 1+X. Permite obtener una mejor precisión para los números próximos a cero. | `log(1+X)` |
| `log10p` | Función logaritmo en base 10. Más preciso que `log(X, 10)`. | `log(X) / log(10)` |
| `frexp` | Devuelve la mantisa y el exponente. | |
| `ldexp` | Función inversa de la anterior, posee dos argumentos M y E. | `M * 2**E` |
| `fmod` | Función módulo para números reales (flotantes) con mejor precisión que el operador módulo (`%`). | `X%Y`, aunque con mejor precisión |

| Función/ variable | Explicación | Equivalente |
|---|---|---|
| `modf` | Devuelve la parte tras la coma y la parte entera de una cifra, siendo ambas números reales. | |
| `fabs` | Valor absoluto. | `abs` |
| `fsum` | Suma (mejor precisión que **`fmod`**, su equivalente). | `sum` |
| `isinf` | Devuelve **`True`** si X es infinito. | |
| `isfinite` | Devuelve **`True`** si X no es infinito incluso aunque no sea un número. | |
| `isnan` | Devuelve **`True`** si X no es un número. | |
| `factorial` | Implementación de la función factorial. | |
| `copysign (X, Y)` | Devuelve X con el signo de Y. Realiza la diferencia entre **`0`** y **`-0`**. | |
| `erf` | Función de error dedicada a las estadísticas. | |
| `erfc` | Complementaria a la función de error. | |
| `gamma` | Función gamma. | |
| `lgamma` | Logaritmo del valor absoluto de la función gamma. | `log(abs(gamma (X)))` |
| `inf` | Representa el número infinito (Python 3.5). | |
| `nan` | Representa un dato que no es un número (Python 3.5). | |
| `isclose` | Permite saber si un número es lo suficientemente próximo a otro para que puedan considerarse como iguales (Python 3.5). | |

Las funciones matemáticas compensan la falta de precisión de la representación del número real debido a su notación utilizando mantisa y exponente:

```
>>> math.tan(math.pi/2)
1.633177872838384 4e+16      # deberíamos haber obtenido infinito
>>> math.tan(math.pi/4)
0.9999999999999999           # deberíamos obtener 1
```

La precisión es uno de los problemas conocidos, complejo de resolver, y uno de los ámbitos principales de mejora de la rama 3.x. La mayoría de los lenguajes resuelven esta problemática utilizando «dobles», que son eficaces en algunos casos, aunque crean otros problemas. Python implementa funciones de compensación.

© Editions ENI - All rights reserved

Las funciones prefijadas por **f** están, precisamente, para mejorar esta precisión en los casos que resulte conveniente:

```
>>> sum([0.1] *10)
0.9999999999999999
>>> math.fsum([0.1] * 10)
1.0
```

Para los números complejos, existe también un módulo dedicado:

```
>>> dir(cmath)
['__doc__', '__file__', '__name__', '__package__', 'acos',
'acosh', 'asin', 'asinh', 'atan', 'atanh', 'cos', 'cosh', 'e',
'exp', 'isinf', 'isnan', 'log', 'log10', 'phase', 'pi', 'polar',
'rect', 'sin', 'sinh', 'sqrt', 'tan', 'tanh']
```

Algunas funciones, que sí pueden tener sentido para un número complejo, se redefinen para funcionar también para este tipo:

```
>>> math.cos(1j)
Traceback (most recent call last):
File "<stdin>", line 1, in <module>
TypeError: can't convert complex to float
>>> cmath.cos(1j)
(1.5430806348152437-0j)
```

He aquí la lista de funciones comunes a ambos módulos:

```
>>> sorted(set(dir(math))&set(dir(cmath)))
['__doc__', '__file__', '__name__', '__package__', 'acos',
'acosh', 'asin', 'asinh', 'atan', 'atanh', 'cos', 'cosh', 'e',
'exp', 'isinf', 'isnan', 'log', 'log10', 'pi', 'sin', 'sinh',
'sqrt', 'tan', 'tanh']
```

Todos los métodos no especiales son métodos redefinidos para los números complejos. Las constantes **pi** y **e** no están presentes por razones prácticas. De este modo, se redefinen todas las funciones trigonométricas, hiperbólicas, exponenciales y logarítmicas, y también la función raíz cuadrada, que permite calcular la raíz cuadrada de números negativos:

```
>>> cmath.sqrt(-1)
1j
```

No existen redefiniciones para obtener una mejor precisión. Para utilizar estos métodos, conviene distinguir la parte real y la parte imaginaria y aplicar las funciones del módulo **math**.

El motivo de que existan dos módulos distintos es evidente. Cuando se utilizan únicamente números reales, se desea ver errores si se intenta calcular la raíz cuadrada de un número negativo porque realmente es imposible. Por el contrario, cuando se utilizan números complejos, dicha tarea resulta natural.

El módulo **cmath** proporciona tres nuevas funciones que podrían extenderse a un número real, que no es sino un número complejo particular, con una parte imaginaria nula:

```
>>> list(sorted(set(dir(cmath))-set(dir(math))))
['phase', 'polar', 'rect']
```

La función **polar** da una representación polar de un número complejo. Se obtienen dos números reales, la norma y el argumento (el ángulo):

```
>>> cmath.polar(1+1j)
(1.4142135623730951, 0.7853981633974483)
>>> cmath.polar(1+1j)[0]==math.sqrt(2)
True
>>> cmath.polar(1+1j)[1]==math.pi/4
True
```

También podemos obtenerlos calculándolos a partir de las partes real e imaginaria. He aquí una función equivalente:

```
>>> def polar(x):
...     return (x.real**2+x.imag**2)**.5, math.atan2(x.imag, x.real)
...
>>> polar(1+1j)
(1.4142135623730951, 0.7853981633974483)
```

La siguiente función es también equivalente al uso de las dos anteriores:

```
>>> def polar2(x):
...     return abs(x), cmath.phase(x)
...
>>> polar2(1+1j)
(1.4142135623730951, 0.7853981633974483)
```

La primitiva **abs** se utiliza para calcular la norma de un número complejo; por el contrario, la función **math.fabs**, dedicada a números reales (para mejorar la precisión), no funciona. La función **phase** forma parte del módulo **cmath** y permite calcular el argumento de un número complejo. Es, por tanto, equivalente a:

```
>>> cmath.phase(1+1j)
0.7853981633974483
>>> math.atan2((1+1j).imag, (1+1j).real)
0.7853981633974483
```

Finalmente, la última función permite pasar de una representación polar a una representación rectangular.

```
>>> cmath.rect(math.sqrt(2), cmath.pi/4)
(1.0000000000000002+1j)
```

Siempre aparecen los mismos problemas de precisión.

Python ofrece, por tanto, las herramientas necesarias para trabajar con números. Esto no basta para cubrir un dominio funcional equivalente al de MatLab, por ejemplo, aunque sí es suficiente para la mayor parte de necesidades. Para ir más allá, habría que echar un vistazo a scipy, por ejemplo.

© Editions ENI - All rights reserved

## 1.3 Representaciones de un número

### 1.3.1 Representación decimal

Es la representación matemática habitual, utilizada por defecto.
Un valor entero se almacena bajo la forma de una cadena de bits con un tamaño variable, aprovechando que Python sabe gestionar perfectamente su memoria, y un número real se almacena utilizando una escritura específica con una mantisa y un exponente. En ocasiones esto provoca una falta de precisión, lo cual se ha resuelto en parte en la rama 3.x.

### 1.3.2 Representación por un exponente

Un número puede también representarse mediante notación científica:

```
>>> 4.2e1
42.0
>>> 4.24242E3
4242.42
>>> 4.2e-1
0.42
```

El resultado es, obligatoriamente, un número real. Por el contrario, no existe ningún medio para pedir a Python que represente un número mediante esta forma, aparte de escribir uno mismo el algoritmo. Escribir **e** en mayúsculas o minúsculas no tiene importancia.

### 1.3.3 Representación por una fracción

Un número real puede representarse mediante números enteros bajo la forma de una fracción. Desgraciadamente, esta notación tiene en cuenta la escritura del número real bajo la forma de mantisa y exponente, y presenta resultados inexactos.
Tomemos un ejemplo sencillo:

```
>>> 42/40
1.05
```

Lógicamente, si se pide escribir el número 1.05 bajo la forma de una fracción, se espera tener 21/20:

```
>>> 1.05.as_integer_ratio()
(4728779608739021, 4503599627370496)
```

Esto no impide que la solución sea válida, si nos abstraemos del redondeo:

```
>>> 4728779608739021/4503599627370496
1.05
```

Esto no molesta en absoluto en el marco del uso clásico de los números, pero es un problema para la visualización.

### 1.3.4 Representación hexadecimal

Directamente vinculado con el propósito anterior, he aquí la representación hexadecimal de un número.

Los valores enteros pueden representarse fácilmente en forma hexadecimal gracias a la primitiva **hex**. No funciona con números reales y complejos:

```
>>> hex(42)
'0x2a'
>>> hex(-42)
'-0x2a'
```

Esta forma está firmada. El resultado es una cadena de caracteres.

Ejecutado en la consola tal cual, el resultado se interpreta correctamente:

```
>>> 0x2a
42
```

Para representar números reales, resulta algo más complicado:

```
>>> 42..hex()
'0x1.5000000000000p+5'
>>> (-42.).hex()
'-0x1.5000000000000p+5'
```

Esta representación está también firmada y es una cadena de caracteres, aunque no se comprende tal cual en la consola:

```
>>> 0x1.5000000000000p+5
File "<stdin>", line 1
0x1.5000000000000p+5
                 ^
SyntaxError: invalid syntax
```

Es preciso, por tanto, utilizar el método de clase **float.fromhex**:

```
>>> float.fromhex('0x1.5000000000000p+5')
42.0
```

Para comprender esta representación, conviene ver que está bajo el formato **1** coma algo, seguido de un exponente. El **1** representa el bit de peso fuerte del número que hay que representar, y el exponente es su rango. A continuación, los decimales son la representación del valor del resto respecto a dicho número, cada decimal basado en 16 (**0,8** significa **8/16**, es decir **0.5** en decimal).

He aquí un algoritmo que representa los números de 0 a 64:

```
>>> for i in range(65):
...     print("%2d: %s" % (i, (i*1.0).hex()))
...
```

He aquí algunos resultados comentados:

```
 0: 0x0.0p+0
 1: 0x1.0000000000000p+0        #         1*2**0
 2: 0x1.0000000000000p+1        #         1*2**1
 3: 0x1.8000000000000p+1        #         (1+8/16)*2**1
```

© Editions ENI - All rights reserved

```
 4: 0x1.0000000000000p+2          #          1*2**2
 5: 0x1.4000000000000p+2          #          (1+4/16)*2**2
 6: 0x1.8000000000000p+2          #          (1+8/16)*2**2
 7: 0x1.c000000000000p+2          #          (1+12/16)*2**2
```

He aquí cómo utilizar la segunda cifra tras la coma:

```
32: 0x1.0000000000000p+5          #          1*2**5
33: 0x1.0800000000000p+5          #          (1+0/16+0/16**2)*2*5
34: 0x1.1000000000000p+5          #          (1+1/16+0/16**2)*2**5
35: 0x1.1800000000000p+5          #          (1+1/16+1/16**2)*2**5
```

He aquí ejemplos con números reales que contienen una cantidad infinita de cifras tras la coma:

```
>>> math.pi
3.141592653589793
>>> math.pi.hex()
'0x1.921fb54442d18p+1'
>>> math.e
2.718281828459045
>>> math.e.hex()
'0x1.5bf0a8b145769p+1'
```

Anticipando la sección acerca de las cadenas de caracteres, es posible utilizarlas para obtener una representación hexadecimal de un número real, aunque truncada:

```
>>> "%#x"%42
'0x2a'
>>> "%#x"%42.42
'0x2a'
```

## 1.3.5 Representación octal

Los números enteros pueden presentarse en forma octal utilizando la primitiva **oct**:

```
>>> oct(42)
'0o52'
```

Esto no es posible para los números reales ni para los números complejos:

```
>>> oct(42.)
Traceback (most recent call last):
File "<stdin>", line 1, in <module>
TypeError: 'float' object cannot be interpreted as an integer
```

Esta forma de representar un número es conocida en el intérprete de Python:

```
>>> 0o52
42
```

Como con la representación hexadecimal, es posible también pasar una cadena de caracteres:

```
>>> "%#xo"%42.42
'0x2ao'
```

Del mismo modo, el número flotante se trunca.

### 1.3.6 Representación binaria

Los números enteros también pueden representarse en forma binaria, utilizando la primitiva **bin** (según los mismos principios que para **oct** y **hex**):

```
>>> bin(42)
'0b101010'
```

### 1.3.7 Operaciones binarias

El tipo **int** se utiliza también para almacenar un número que puede verse como una cadena de bits; basta para ello utilizar su representación binaria.
En efecto, por ejemplo:

```
>>> 42<<1
84
>>> 42>>1
21
```

Estas operaciones no representan nada para nosotros (si no se trata de una multiplicación o una división entera entre dos), pero si se utiliza de forma binaria, se comprende todo mucho mejor (el segundo operando debe ser positivo).

```
>>> bin(42)
'0b101010'
>>> bin(42<<1)
'0b1010100'
>>> bin(42>>1)
'0b10101'
```

Se realiza un desplazamiento en el sentido de las flechas de los números binarios.
Siguiendo el mismo principio, es posible realizar un Y lógico, un O lógico o un O EXCLUSIVO lógico entre las representaciones binarias de los números.

```
>>> bin(42)
'0b101010'
>>> bin(34)
'0b100010'
>>> bin(42&34)
'0b100010'
>>> bin(42|34)
'0b101010'
>>> bin(42^34)
'0b1000'
```

| Y/AND | O (inclusivo)/OR | O EXCLUSIVO/XOR |
|---|---|---|
| '0b**1**010**1**0' | '0b**1**0**1**0**1**0' | '0b10**1**010' |
| '0b**1**000**1**0' | '0b**1**000**1**0' | '0b10**0**010' |
| '0b**1**000**1**0' | '0b**1**0**1**0**1**0' | '0b00**1**000' |

© Editions ENI - All rights reserved

Si existen ceros a la izquierda, se retiran automáticamente para simplificar la representación, pues los ceros a la izquierda no son representativos.
La última operación binaria más corriente es NOT, es decir, la negación. Se trata de la inversión de los bits que lo componen.

```
>>> bin(42)
'0b101010'
>>> bin(~42)
'-0b101011'
```

**0b101010** se invierte en **0b010101**, equivalente a **-0b101011**.

```
>>> ~42
-43
```

La combinación de NOT con AND, OR o XOR (O EXCLUSIVO) permite obtener los NAND, NOR y XNOR (coincidencia: ambos 0 o ambos 1).
He aquí dos ejemplos de cada caso:

```
>>> def nand(a, b):
...     return ~(a&b)
...
>>> def nand2(a, b):
...     return ~a|~b
...
>>> def nor(a, b):
...     return ~(a|b)
...
>>> def nor2(a, b):
...     return ~a&~b
...
>>> def xnor(a, b):
...      return ~(a^b)
...
>>> def xnor2(a, b):
...      return a&b|~a&~b
...
>>> bin(nand(42, 34))
'-0b100011'
>>> bin(nor(42, 34))
'-0b101011'
>>> bin(xnor(42, 34))
'-0b1001'
>>> bin(nand2(42, 34))
'-0b100011'
>>> bin(nor2(42, 34))
'-0b101011'
>>> bin(xnor2(42, 34))
'-0b1001'
```

| NOT Y/NAND | NOT O/NOR | Coincidencia/XNOR |
|---|---|---|
| '0b**1**010**1**0' | '0b**1**0**1**0**1**0' | '0b10**1**010' |
| '0b**1**000**1**0' | '0b**1**000**1**0' | '0b10**0**010' |
| '0b**0**111**0**1' | '0b**0**1**0**1**0**1' | '0b11**0**111' |
| '-0b**1**000**11**' | '-0b**1**0**1**0**11**' | '-0b00**1**00**1**' |

### 1.3.8 Longitud de la representación en memoria de un entero

La rama 3.x de Python introduce un método **bit_length** para los enteros que permite conocer la longitud, en bits, de su representación en memoria.

```
>>> (1).bit_length()
1
>>>
(100000000000000000000000000000000000000000000000000).bit_length()
167
>>> 100000000000000000000000000000000000000000000000000/2**166
1.0691058840368783
```

Este valor se corresponde, por tanto, con el rango del bit de peso fuerte.
Cabe destacar que en la rama 2.x de Python había dos tipos, **int** y **long**. Este último ya no existe más:

```
>>> 1L
  File "<stdin>", line 1
    1L
    ^
SyntaxError: invalid syntax
>>> type(1)
<class 'int'>
>>> type(100000000000000000000000000000000000000000000000000)
<class 'int'>
```

La rama 2.x de Python proporciona, por tanto, un tipo para gestionar los números muy grandes, que raramente se utilizan:

```
>>> type(100000000000000000000000000000000000000000000000000)
<type 'long'>
>>> 1L
1L
>>> 100000000000000000000000000000000000000000000000000
100000000000000000000000000000000000000000000000000L
```

Pero para el desarrollador todo es transparente:

```
>>> a, b = 42, 2
>>> for i in range(3):
...     a, b = a**b, b+1
...     print "%39d: %s" % (a, type(a))
```

© Editions ENI - All rights reserved

```
...
                                   1764: <type 'int'>
                             5489031744: <type 'long'>
907784931546351634835748413459499319296: <type 'long'>
```

Por el contrario, una vez se pasa al tipo **long**, se mantiene este formato:

```
>>> a=907784931546351634835748413459499319296L
>>> a/9077849315463516348357484134594993192
100L
```

La rama 3.x de Python uniformiza la gestión de números enteros y estas diferencias no tienen lugar.
La gestión particularmente flexible de los números y de la memoria ofrecida por Python permite al desarrollador no preocuparse por un posible desbordamiento de memoria (overflow), pues el propio Python lo gestiona.
Observe que para los números grandes, Python, en su versión 3.6, permite usar caracteres subrayados para separar las unidades de magnitud:

```
>>> print(10_000_000)
10000000
```

Esto funciona igual con una representación hexadecimal:

```
>>> print(0xF_6D)
3949
>>> print(0x1F_6D)
8045
```

También podemos hacer la operación inversa: formatear separando los grupos de valores:

```
>>> "{:_}".format(10000000)
'10_000_000'
>>> "{:_x}".format(8045)
'1f6d'
```

Este truco puede ser útil por cuestiones de legibilidad.

## 1.4 Conversiones

### 1.4.1 Conversión entre enteros y reales

Es posible, en cualquier momento, convertir un número entero en uno real, utilizando simplemente su constructor:

```
>>> float(42)
42.0
```

Esto también puede realizarse multiplicándolo por el elemento neutro real, que es **1.**, o sumando el elemento neutro real, que es **0.**, dado que el tipo real tiene prioridad respecto al tipo entero:

```
>>> 42*1.
42.0
>>> 42+0.
42.0
```

La operación inversa consiste, simplemente, en truncar el número:

```
>>> int(4.2)
4
>>> int(-4.2)
-4
```

Para convertir un número real en un valor entero, es posible utilizar simplemente las primitivas **ceil** y **floor** que hemos visto con anterioridad.

### 1.4.2 Conversión entre reales y complejos

La conversión de un número entero o real en un número complejo es también natural:

```
>>> complex(1)
(1+0j)
>>> complex(1.)
(1+0j)
```

También podemos convertirlo sin modificar su valor, simplemente sumando **0j**:

```
>>> 42
42
>>> 42+0j
(42+0j)
```

Cabe destacar que, como se ha dicho en la representación de los números complejos, la representación de estos números muestra un valor entero en las partes imaginarias o reales cuando es el caso, si bien son números reales lo que se almacena de manera interna.
Por el contrario, no es posible realizar la operación inversa, incluso aunque la parte imaginaria sea nula:

```
>>> int(1+0j)
Traceback (most recent call last):
File "<stdin>", line 1, in <module>
TypeError: can't convert complex to int
```

### 1.4.3 Conversión en un booleano

Todos los números, como cualquier objeto, poseen una evaluación booleana:

```
>>> bool(42)
True
>>> bool(-42)
True
>>> bool(0)
False
>>> bool(42.)
True
>>> bool(0.)
False
>>> bool(42j)
True
>>> bool(0j)
False
```

© Editions ENI - All rights reserved

Solamente **0**, **0.** y **0j** se corresponden con **False**; los demás números se corresponden, en consecuencia, con **True**.

Es posible convertir un número en un valor booleano de una manera diferente, modificando este número de forma que tome el valor nulo para los valores que se desea que sean falsos y por algo diferente a cero para los demás. Por ejemplo, para que la conversión de un número impar devuelva **False**:

```
>>> bool(42%2==0)
True
>>> bool(41%2!=0)
True
```

Para que la conversión de los números que no están incluidos en un intervalo (por ejemplo, entre 0 y 100) devuelva **False**:

```
>>> bool(0<42<100)
True
```

Estos elementos son la base de la forma de evaluar números enteros en bucles condicionales, que utilizan evaluaciones booleanas.

Las palabras clave **and** y **or** se basan, también, en esta evaluación booleana:

- **a and b** vale **a** si la evaluación de **a** es falsa, en caso contrario **b**.
- **a or b** vale **b** si la evaluación de **a** es falsa, en caso contrario **a**.

En el primer caso, si la evaluación de **a** es falsa, entonces el resultado es, automáticamente, falso. En el segundo caso, si la evaluación de **a** es falsa, entonces el resultado no depende más que de **b**. Cabe destacar que no se devuelven los valores evaluados, sino los valores de las variables.

Del mismo modo, es posible utilizar la palabra clave **not**:

- **not a** devuelve **True** si la evaluación de **a** es falsa, en caso contrario devuelve **False**.

Esta vez el resultado es, necesariamente, un valor booleano, lo cual resulta lógico, pues se desea el valor opuesto a la evaluación.

## 1.5 Trabajar con variables

### 1.5.1 Un número es inmutable

Un número es un objeto único cuya representación se almacena en memoria.

Cuando se modifica un número, el puntero de la variable se desplaza, simplemente, hacia el nuevo valor y si dos variables tienen el mismo valor entonces apuntan hacia la misma zona de memoria:

```
>>> a=0
>>> id(a)
2787056
>>> a+=5
>>> id(a)
2787136
>>> b=0
>>> id(b)
2787056
```

### 1.5.2 Modificar el valor de una variable

Para asignar un valor numérico a una variable, la variable se sitúa a la izquierda de un signo igual y se indica un valor a la derecha. Este valor puede ser el resultado de un cálculo (consulte los capítulos anteriores):

```
>>> a = (1+4+7+8+7+9)/6
>>> a
6.0
```

Otras variables pueden situarse en la parte derecha, siempre y cuando estén definidas, pues en caso contrario Python genera un error en tiempo de ejecución:

```
>>> a = a*2
>>> a
12.0
>>> a+no_definido
Traceback (most recent call last):
File "<stdin>", line 1, in <module>
NameError: name 'no_definido' is not defined
```

La eliminación de una variable se realiza de la siguiente manera:

```
>>> del a
>>> a
```

Estas funcionalidades son básicas. El punto importante es el aspecto inmutable.

En Python, una variable no está tipada, solo lo está su contenido, lo que significa que es posible que una misma variable sea un entero, a continuación un complejo y, a continuación, un real, o cualquier otro tipo.

### 1.5.3 Operadores incrementales

Las variables que contienen números pueden utilizar ventajosamente los operadores incrementales. Pero es preciso tener en mente que no se modifica el objeto entero, real o complejo, sino que calculan otro para reasignarlo a la variable.

```
>>> a=1
>>> id(a)
2787072
>>> a*=2
>>> id(a)
2787088
```

Esto puede compararse con lo que se obtiene con una lista (que sí es mutable):

```
>>> a=[5, 6]
>>> id(a)
3074599692
>>> a*=2
>>> id(a)
3074599692
```

Todos los operadores se ven afectados por esta escritura con forma incremental.

© Editions ENI - All rights reserved

A continuación mostramos varios ejemplos:

```
>>> a = 1
>>> a += 1
>>> a
2
>>> a *= 2
>>> a
4
>>> a -= 1
>>> a
3
>>> a /= 3
>>> a
1.0
>>> a *= 6
>>> a //= 6
>>> a
1
>>> a *= 5
>>> a **= 2
>>> a
25
>>> a %= 3
>>> a
1
```

Estos operadores incrementales no devuelven nada, sino que modifican la variable *in situ*, como se ha visto en los capítulos anteriores.

En el caso de una variable inmutable, los operadores incrementales no modifican el número asignado a esta, es la variable la que apuntará a otra zona de memoria, representando el resultado de la operación.

Recordemos también que Python permite sobrecargar operadores.

## 1.6 Estadísticas

Python es universalmente reconocido como un lenguaje puntero en lo relativo al cálculo científico. No obstante, dichos módulos requieren importar librerías bastante voluminosas como NumPy o SciPy. Para resolver problemas más simples, como calcular una media, una mediana o incluso una varianza, conviene evitar importar este tipo de módulos, que son muy pesados y están reservados, particularmente, a usos más complejos.

De ahí la inclusión en Python 3.4 del módulo **statistics**, que permite responder a estas necesidades:

```
>>> l = [1, 2, 2, 2, 3, 4, 7]
>>> mean(l)
3.0
>>> median(l)
2
>>> median_high(l)
2
>>> median_low(l)
```

```
2
>>> median_grouped(l)
2.3333333333333335
>>> mode(l)
2
```

Cuando se tiene una colección de elementos de número impar, la mediana es el elemento que se encuentra exactamente en el medio de la colección. En caso contrario, se trata de la media de los dos elementos situados en el medio:

```
>>> l2 = [1, 2, 2, 3, 4, 6]
>>> median(l2)
2.5
>>> median_high(l2)
3
>>> median_low(l2)
2
```

En este momento, la noción de mediana baja y mediana alta adquieren sentido.
Para finalizar, se presentan la desviación típica y la varianza estándar, que puede calcularse de manera global o sobre una muestra (las fórmulas matemáticas cambian en función del hecho de que se tomen todos los datos o únicamente una muestra):

```
>>> pstdev(l)
1.8516401995451028
>>> pvariance(l)
3.4285714285714284
>>> stdev(l)
2.0
>>> variance(l)
4.0
```

Con estas funciones, Python completa un poco más su librería estándar.

## 2. Booleanos

### 2.1 El tipo booleano

#### 2.1.1 Clase bool

Un booleano es un valor entero:

```
>>> type.mro(bool)
[<class 'bool'>, <class 'int'>, <class 'object'>]
```

Los métodos y atributos son idénticos:

```
>>> list(set(dir(bool))-set(dir(int)))
[]
>>> list(set(dir(int))-set(dir(bool)))
[]
```

© Editions ENI - All rights reserved

Todo lo que hemos visto en la sección relativa a los enteros puede aplicarse, por tanto, a las instancias de **bool**, incluidos los operadores e incluso las conversiones a **bytes** que se han visto en la sección relativa a las cadenas de caracteres:

```
>>> bool(42)*1
1
>>> bool(0)*1
0
>>> True.to_bytes(2, 'little')
b'\x01\x00'
>>> True.to_bytes(2, 'big')
b'\x00\x01'
>>> False.to_bytes(2, 'little')
b'\x00\x00'
>>> False.to_bytes(2, 'big')
b'\x00\x00'
```

El interés de estas operaciones es hacer que el booleano se parezca a un valor binario **1** o **0**, que se asemeja a un valor entero.

### 2.1.2 Los dos objetos True y False

Esta clase es muy particular, puesto que no posee más que dos instancias, que son **True** y **False**, y que se asemejan, respectivamente, a los valores enteros **1** y **0**:

```
>>> bool(42)
True
>>> bool(0)
False
```

Estas dos instancias son no mutables, no modificables, se pueden hashear y son únicas:

```
>>> hash(True)
1
>>> hash(False)
0
>>> bool(42) is bool([34])
True
>>> bool(0) is bool([])
True
```

### 2.1.3 Diferencia entre el operador de igualdad y de identidad

**True** y **False** son dos instancias únicas, que tienen el mismo identificador; sea cual sea la forma en la que se construyan, son el mismo objeto. Dos objetos idénticos son iguales, pero dos objetos iguales no son, necesariamente, idénticos. De este modo, si se utiliza la palabra clave **is** entre dos booleanos, se obtiene el mismo resultado que con el operador **==**.

En la sintaxis utilizada con la palabra clave **in**, si existe un operador de comparación, este último devuelve directamente un valor booleano. Sean cuales sean los operandos, la condición se reduce a un único objeto, y este es el resultado de una evaluación booleana que permite saber si se entra en el bloque o no.

## 2.2 Evaluación booleana

### 2.2.1 Método genérico

Todos los objetos tienen una evaluación booleana, que se utiliza en los bloques condicionales sea cual sea su ubicación, y se resuelve mediante el método especial **__bool__** presente en la clase **object** y, por tanto, en todas las clases.

```
>>> bool(object())
True
```

### 2.2.2 Objetos clásicos

Los dos objetos **True** y **False** se tienen a sí mismos como evaluación:

```
>>> bool(False)
False
```

Los números diferencian el valor nulo de los demás:

```
>>> bool(0)
False
>>> bool(0.)
False
```

Los contenedores diferencian aquellos que están vacíos de aquellos que contienen al menos un elemento:

```
>>> bool([])
False
>>> bool(())
False
>>> bool({})
False
>>> bool(set())
False
>>> bool('')
False
>>> bool(b'')
False
```

© Editions ENI - All rights reserved

# Capítulo 3-5
# Secuencias y algoritmos aplicados

## 1. Presentación de los distintos tipos de secuencias

### 1.1 Generalidades

Una secuencia es un contenedor de objetos (que no son, necesariamente, únicos) que disponen de una relación de orden. Esto significa que los objetos pueden ser de cualquier tipo, y que se almacenan en un orden preciso. Varios objetos pueden, de este modo, estar incluidos varias veces en la misma secuencia, en posiciones diferentes.

Se distinguen dos tipos de secuencias: aquellas modificables o mutables, como las listas, y aquellas no modificables o inmutables, las n-tuplas o *tuple* en inglés.

Las primeras se utilizan para gestionar una secuencia de objetos que está destinada a «vivir», es decir, a modificarse de manera regular; las segundas se utilizan para agrupar datos, cuando los valores tienen un sentido más amplio que, simplemente, una sucesión de objetos ordenados, o también por motivos de rendimiento. La conservación de la semántica requiere que el objeto no pueda modificarse.

De este modo, cuando una función o un método devuelven varios valores, devuelven, en realidad, una n-tupla de valores:

```
>>> def test():
...     return 1, 2, 3
...
>>> test()
(1, 2, 3)
>>> a, b, c = test()
>>> a
1
>>> b
2
```

```
>>> c
3
```

Para expresar, por ejemplo, las coordenadas de un punto en el plano o en el espacio, la n-tupla se utiliza con mayor frecuencia que la lista, pues tiene un sentido más fuerte:

```
>>> o=(0,0)
>>> p=(1,6)
```

Es posible trabajar con listas desde la programación orientada a objetos, aunque también utilizando programación funcional. Son una herramienta particularmente potente. Trabajar con las n-tuplas permite responder a otros objetivos, y se realiza a menudo sin darse cuenta, pues es un elemento indispensable del lenguaje.

No obstante, ambos tipos de datos tienen mucho en común, y los puntos para pasar de uno a otro permiten resolver todas las problemáticas.

El desarrollador debe tener precaución de no utilizar siempre el mismo tipo, sino buscar y contextualizar sus desarrollos para sacar el mejor provecho.

## 1.2 Las listas

Una lista es un conjunto modificable ordenado no desplegado de objetos Python. Dicho de otro modo, una lista que contiene de cero a varios objetos Python –con los métodos necesarios para gestionarlos–, posiblemente varias ocurrencias de ciertos objetos, y dispone de una relación de orden.

La clase utilizada es **list**, y dispone de cierto número de métodos que vamos a detallar, además de los relativos al modelo de objetos:

```
>>> dir(list)
['__add__', '__class__', '__contains__', '__delattr__',
'__delitem__', '__doc__', '__eq__', '__format__', '__ge__',
'__getattribute__', '__getitem__', '__gt__', '__hash__',
'__iadd__', '__imul__', '__init__', '__iter__', '__le__',
'__len__', '__lt__', '__mul__', '__ne__', '__new__', '__reduce__',
'__reduce_ex__', '__repr__', '__reversed__', '__rmul__',
'__setattr__', '__setitem__', '__sizeof__', '__str__',
'__subclasshook__', 'append', 'count', 'extend', 'index',
'insert', 'pop', 'remove', 'reverse', 'sort']
```

Cuando se utiliza **list()**, se realiza una llamada al constructor de la clase, no a una primitiva o a una función:

```
>>> list
<class 'list'>
```

Como con todos los objetos, el constructor es el método **__init__**:

```
>>> list.__init__
<slot wrapper '__init__' of 'list' objects>
```

© Editions ENI - All rights reserved

La documentación relativa a su constructor se obtiene así:

```
>>> list.__doc__
list() -> new list
list(sequence) -> new list initialized from sequence's items
```

Se utiliza, simplemente, así:

```
l = list()
```

La gramática de Python prevé crear dicho objeto de una forma más sencilla, elegante y legible:

```
l = []
```

La gramática de Python es, también, lo suficientemente flexible como para no preocuparse de dejar una coma o no al final de esta lista:

```
>>> [1, 2,] == [1, 2]
True
```

El constructor puede recibir como parámetro otra secuencia, una n-tupla o incluso un conjunto (consulte el capítulo Conjuntos y algoritmos aplicados). Es el contenido inicial:

```
>>> l = list([1, 2, 3])
>>> l = list((1, 2, 3))
>>> l = list({1, 2, 3})
```

## 1.3 Las n-tuplas

Una n-tupla es un conjunto no modificable ordenado no desplegado de objetos Python. Dicho de otro modo, una n-tupla contiene de cero a varios objetos Python –con los métodos necesarios para acceder– que puede presentar varias ocurrencias y dispone de una relación de orden.
La clase utilizada es **tuple** y dispone de cierto número de métodos, que detallamos a continuación, además de los relativos al modelo de objetos:

```
>>> dir(tuple)
['__add__', '__class__', '__contains__', '__delattr__', '__doc__',
'__eq__', '__format__', '__ge__', '__getattribute__',
'__getitem__', '__getnewargs__', '__gt__', '__hash__', '__init__',
'__iter__', '__le__', '__len__', '__lt__', '__mul__', '__ne__',
'__new__', '__reduce__', '__reduce_ex__', '__repr__', '__rmul__',
'__setattr__', '__sizeof__', '__str__', '__subclasshook__',
'count', 'index']
```

Cuando se invoca a **tuple()**, se utiliza el constructor de la clase, no una primitiva o una función:

```
>>> tuple
<class 'tuple'>
```

Como con todos los objetos, el constructor es el método **__init__**:

```
>>> tuple.__init__
<slot wrapper '__init__' of 'object' objects>
```

De este modo, la n-tupla no sobrecarga al del objeto.
La documentación relativa al constructor se obtiene de este modo:

```
>>> tuple.__doc__
"tuple() -> empty tuple\ntuple(iterable) -> tuple initialized from
iterable's items\n\nIf the argument is a tuple, the return value
is the same object."
```

Se utiliza, simplemente, así:

```
t = tuple()
```

La gramática de Python prevé crear dicho objeto de una forma más sencilla, elegante y legible:

```
t = ()
```

La gramática de Python la distingue de los paréntesis matemáticos, al no haber nada entre ellos. Conviene ser prudente en el caso de que la n-tupla tenga un elemento:

```
>>> (1)
1
>>> (1,)
(1,)
```

En el primer caso, se trata de paréntesis aritméticos y se eliminan por simplificación. En el segundo caso, la coma permite saber que se trata realmente de una n-tupla.
Para las n-tuplas que contengan, al menos, dos elementos, la coma no es obligatoria, aunque puede dejarse:

```
>>> (1, 2,) == (1, 2)
True
```

El último punto es relativo a la gramática, los paréntesis son opcionales para las n-tuplas no vacías:

```
>>> 1, 2, 3
(1, 2, 3)
>>> 1,
(1,)
```

Aunque se recomiendan encarecidamente, por motivos de legibilidad, aunque también para evitar problemas cuando la n-tupla se utiliza con operadores, donde las prioridades son muy importantes:

```
>>> 1, 2, 3 + 1,
(1, 2, 4)
>>> (1, 2, 3) + 1,
Traceback (most recent call last):
File "<stdin>", line 1, in <module>
TypeError: can only concatenate tuple (not "int") to tuple
>>> (1, 2, 3) + (1,)
(1, 2, 3, 1)
```

© Editions ENI - All rights reserved

Las distintas escrituras difieren entre sí por la presencia o ausencia de paréntesis, aunque no todas tienen el mismo significado.
El constructor no puede recibir más de un elemento como parámetro:

```
>>> tuple(1, 2, 3)
Traceback (most recent call last):
File "<stdin>", line 1, in <module>
TypeError: tuple() takes at most 1 argument (3 given)
```

Este elemento puede ser otra secuencia o un conjunto, en cuyo caso los objetos contenidos son los objetos de la n-tupla (que no es modificable tras la instanciación):

```
>>> tuple({1, 2, 3})
(1, 2, 3)
```

## 1.4 Conversión entre listas y n-tuplas

Utilizando constructores, es relativamente sencillo pasar de una estructura de datos a otra:

```
>>> l=[1, 2, 3]
>>> t=tuple(l)
>>> l2=list(t)
>>> l==l2
True
>>> t
(1, 2, 3)
>>> l2
[1, 2, 3]
```

De este modo, si no es posible realizar una operación sobre una n-tupla, basta con transformarla en una lista, para realizar la operación, y volver a convertirla en una n-tupla.

## 1.5 Cosas en común entre una lista y una n-tupla

Las clases **list** y **tuple** heredan ambas directamente de la clase de base:

```
>>> type.mro(list)
[<class 'list'>, <class 'object'>]
>>> type.mro(tuple)
[<class 'tuple'>, <class 'object'>]
```

He aquí los métodos compartidos entre ambos tipos de secuencia:

```
>>> sorted(set(dir(list))&set(dir(tuple)))
['__add__', '__class__', '__contains__', '__delattr__', '__doc__',
'__eq__', '__format__', '__ge__', '__getattribute__',
'__getitem__', '__gt__', '__hash__', '__init__', '__iter__',
'__le__', '__len__', '__lt__', '__mul__', '__ne__', '__new__',
'__reduce__', '__reduce_ex__', '__repr__', '__rmul__',
'__setattr__', '__sizeof__', '__str__', '__subclasshook__',
'count', 'index']
```

Rápidamente, se observa que ambos tipos pueden utilizar los operadores + y *, que tienen un sentido particular, el operador de pertenencia **in** y los operadores de comparación. Comparten, también, el método que permite contar su número de elementos, así como **count** e **index**, que se describen en la sección Definición de índice de un objeto y sus ocurrencias.

He aquí los métodos que existen, únicamente, para las listas:

```
>>> sorted(set(dir(list))-set(dir(tuple)))
['__delitem__', '__iadd__', '__imul__', '__reversed__',
'__setitem__', 'append', 'extend', 'insert', 'pop', 'remove',
'reverse', 'sort']
```

Estos son, todos, métodos que permiten modificar la lista mediante operadores incrementales (**+=** y ***=**), modificando o eliminando un elemento, o incluso realizando operaciones de conjunto.

He aquí el método que existe únicamente para la n-tupla:

```
>>> sorted(set(dir(tuple))-set(dir(list)))
['__getnewargs__']
```

Se trata de un método especial que sirve para gestionar lo que conviene hacer tras la deserialización de datos.

El resto del capítulo presenta las operaciones que es posible realizar sobre las secuencias, a continuación aquellas que solo se aplican a las listas, y muestra cómo realizar las tareas equivalentes sobre las tuplas.

La programación funcional, en todas sus formas, se aborda a continuación.

Por último, se presentan otros tipos de secuencias adaptados a necesidades particulares, así como ciertos algoritmos que permiten adaptar las listas, que pueden utilizarse en las ramas 2.x o 3.x de Python.

## 2. Noción de iterador

Un iterador es un generador que permite recorrer una secuencia:

```
>>> l=[1, 2, 3]
>>> it=iter(l)
>>> next(it)
1
>>> next(it)
2
>>> next(it)
3
>>> next(it)
Traceback (most recent call last):
File "<stdin>", line 1, in <module>
StopIteration
```

© Editions ENI - All rights reserved

La primitiva **next** permite pasar de un elemento al siguiente. Utiliza el método especial **__next__** del iterador. He aquí la lista completa de sus atributos y métodos:

```
>>> dir(iter)
['__call__', '__class__', '__delattr__', '__doc__', '__eq__',
'__format__', '__ge__', '__getattribute__', '__gt__', '__hash__',
'__init__', '__le__', '__lt__', '__module__', '__name__',
'__ne__', '__new__', '__reduce__', '__reduce_ex__', '__repr__',
'__self__', '__setattr__', '__sizeof__', '__str__',
'__subclasshook__']
```

Ambos extractos de código son equivalentes:

```
>>> for i in l:
...     print(i)
...
1
2
3
```

```
>>> for i in iter(l):
...     print(i)
...
1
2
3
```

Cuando se utiliza **for**, busca el método especial **__iter__** del objeto situado tras la palabra clave **in**. La secuencia devuelve un iterador sobre sí misma y el iterador se devuelve a sí mismo. El resultado final es idéntico.

La ventaja de utilizar un iterador es que el bucle finaliza siempre correctamente, no puede pasar a un elemento siguiente si este no existe, a diferencia de lo que puede pasar con un algoritmo clásico.

```
>>> import random
>>> for i in l:
...     l.remove(random.choice(l))
...
>>> l
[2]
```

La otra ventaja es el rendimiento, pues no realiza construcción, sino que se contenta con mirar lo que existe en la lista y devolver un único objeto, que es el siguiente. Otra ventaja es que se mantiene la coherencia entre los distintos tipos.

Ahora, todos los objetos de Python que crean secuencias son generadores.

Por ejemplo, la primitiva **range** en la rama 2.x ya no existe, sino que se ha remplazado por la primitiva **xrange** de la misma rama.

Para obtener una lista a partir de estos iteradores, es posible recorrer la lista:

```
>>> [i for i in range(5)]
[0, 1, 2, 3, 4]
```

Para una tupla, es preciso convertirla utilizando el constructor:

```
>>> tuple([i for i in range(5)])
(0, 1, 2, 3, 4)
```

Pero la forma más sencilla y más eficaz es el uso de constructores:

```
>>> l=[1, 2, 3, 4]
>>> it=iter(l)
>>> tuple(it)
(1, 2, 3, 4)
```

Preste atención, no obstante, a que un iterador puede utilizarse una única vez:

```
>>> tuple(it)
()
```

Es posible realizar una asignación múltiple con un iterador; no obstante, es preciso tener el número correcto de variables a la izquierda:

```
>>> it=iter(l)
>>> a, b, c, d = it
```

Es posible crear iteradores adaptados a necesidades específicas:

```
>>> def iterador(l):
...     for i in l[::2]:
...     yield i
...
>>> l=[42, 36, 40, 30, 34, 38]
>>> list(iterador(l))
[42, 40, 34]
```

También es posible realizar iteradores a partir de una secuencia para utilizarlos sobre cualquier otro elemento a continuación. Por ejemplo:

```
>>> def iterador(l):
...     m=min(l)
...     M=max(l)
...     for i in range(m, M+1):
...         yield i
...     return
...
>>> l=[42, 36, 40, 30, 34, 38]
>>> list(iterador(l))
[30, 31, 32, 33, 34, 35, 36, 37, 38, 39, 40, 41, 42]
```

Esta herramienta es, por tanto, bastante flexible, sencilla y responde a muchos casos de uso. Los iteradores son herramientas indispensables y se abordan en otras secciones.

© Editions ENI - All rights reserved

# 3. Uso de índices y tramos

## 3.1 Definición de índice de un objeto y sus ocurrencias

El índice (index en inglés) es el número correspondiente al lugar que ocupa un objeto en la secuencia, partiendo de su inicio y siguiendo la relación de orden.
Puede obtenerse, simplemente, utilizando el método **index**, pasándole como parámetro el objeto deseado:

```
>>> l = [42, 74, 34]
>>> l. index(34)
2
```

Si se solicita el índice de un objeto que no está presente, se obtiene una excepción:

```
>>> l.index(13)
Traceback (most recent call last):
File "<stdin>", line 1, in <module>
ValueError: 13 is not in list
```

Si un objeto está presente varias veces en una lista, se utiliza el segundo parámetro del método índice, que no es el número de la ocurrencia, sino el rango a partir del que se desea buscar:

```
>>> l = [42, 74, 34, 42, 51]
>>> l.index(42, 0)
0
>>> l.index(42, 1)
3
>>> l.index(42, 2)
3
>>> l.index(42, 3)
3
>>> l.index(42, 4)
Traceback (most recent call last):
File "<stdin>", line 1, in <module>
ValueError: 42 is not in list
```

He aquí cómo encontrar, de manera sencilla, los índices de todas las ocurrencias:

```
>>> def indices(l, o, i=-1):
...     while 1:
...         try:
...             i=l.index(o, i+1)
...         except:
...             return
...         yield i
...
>>> for i in indices(l, 42):
...     print(i)
...
0
3
```

También es posible contar el número de ocurrencias de un objeto:

```
>>> l.count(42)
2
```

## 3.2 Utilizar el índice para recorrer la secuencia

Es posible recuperar los elementos apuntándolos mediante su índice:

```
>>> l = [42, 74, 34]
>>> l[0]
42
>>> l[1]
74
>>> l[2]
34
>>> l[3]
Traceback (most recent call last):
File "<stdin>", line 1, in <module>
IndexError: list index out of range
```

De hecho, el operador corchete utiliza el método especial **__getitem__**. He aquí un equivalente a lo anterior escrito de manera diferente.

```
>>> l.__getitem__(0)
42
>>> l.__getitem__(1)
74
>>> l.__getitem__(2)
34
>>> l.__getitem__(3)
Traceback (most recent call last):
File "<stdin>", line 1, in <module>
IndexError: list index out of range
```

En realidad, un índice es, necesariamente, un valor entero, en cuyo caso no tiene sentido:

```
>>> l[1.]
Traceback (most recent call last):
File "<stdin>", line 1, in <module>
TypeError: list indices must be integers, not float
```

Pero puede ser un entero negativo:

```
>>> l[-1]
34
>>> l[-2]
74
>>> l[-3]
42
>>> l[-4]
Traceback (most recent call last):
File "<stdin>", line 1, in <module>
IndexError: list index out of range
```

© Editions ENI - All rights reserved

Esto permite recorrer la secuencia de principio a fin. Es un medio formidable de evitar hacer más complejos los algoritmos que deben acceder a un elemento conociendo su posición a partir del elemento final.
No es posible utilizar un índice igual a la longitud de la lista para agregar un elemento al final de la misma.
No obstante, el uso de índices, en Python, se limita exclusivamente al acceso a un objeto preciso en un marco ocasional. El uso del índice es, por tanto, limitado.

## 3.3 Encontrar las ocurrencias de un objeto y sus índices

Para saber si un objeto se encuentra (o no) en una lista, utilizando la palabra clave **in** (o **not in**):

```
>>> l=[42, 74, 34, 42, 51]
>>> 42 in l
True
```

Para trabajar sobre las ocurrencias y encontrar el índice de la primera ocurrencia de un objeto en una secuencia, se utiliza el método **index**:

```
>>> l. index(42)
0
```

A continuación, para buscar las siguientes ocurrencias, es necesario utilizar el segundo argumento, que es el índice a partir del que se desea realizar la búsqueda, ubicando el índice en función del que ya se ha encontrado:

```
>>> l.index(42, 1)
3
```

Es posible volver a comenzar tantas veces con sea necesario, a excepción de:

```
>>> l.index(42, 4)
Traceback (most recent call last):
File "<stdin>", line 1, in <module>
ValueError: 42 is not in list
```

He aquí un algoritmo que permite encontrar los índices de todas las ocurrencias de un objeto en una secuencia:

```
>>> def ocurrencias(l, o, i=-1):
...     returned=[]
...     while 1:
...         try:
...             i=l.index(o, i+1)
...             returned.append(i)
...         except ValueError:
...             return returned
...
>>> ocurrencias(l, 42)
[0, 3]
```

Esto puede escribirse con forma de generador, para mejorar el rendimiento:

```
>>> def ocurrencias(l, o, i=-1):
...     while 1:
...         try:
...             i=l.index(o, i+1)
...             yield i
...         except ValueError:
...             return
...
>>> [i for i in ocurrencias(l, 42)]
[0, 3]
```

También es posible conocer el número de ocurrencias de un objeto:

```
>>> l.count(42)
2
```

## 3.4 Tamaño de una lista, contar ocurrencias

Esta sección presenta las operaciones de conjunto realizadas sobre una secuencia. La más básica de dichas funcionalidades consiste en calcular el número de elementos contenidos en una secuencia (correspondiente al número de índices ocupados).
Para ello, se utiliza la primitiva **len** de Python. Esta primitiva está vinculada al método especial **__len__** de la secuencia:

```
>>> l = [1, 2, 3]
>>> len(l)
3
```

Para contar el número de ocurrencias únicas de una secuencia, el método más sencillo consiste en utilizar un conjunto:

```
>>> l=[42, 34, 74, 42, 51]
>>> len(set(l))
4
>>> l
[42, 34, 74, 42, 51]
```

Es relativamente sencillo asociar cada ocurrencia con su nombre utilizando un diccionario (que presentamos al final del capítulo Cadenas de caracteres y algoritmos aplicados) y un algoritmo sencillo:

```
>>> {i: l.count(i) for i in set(l)}
{42: 3, 51: 2, 74: 2, 34: 1}
```

Se trata de recorrer un diccionario, que se presenta al final de la sección Cadenas de caracteres y que construye un diccionario relacionando cada objeto único de la secuencia con el número de veces que aparece en la lista, y que resuelve la unicidad utilizando un conjunto.
He aquí el mismo algoritmo, menos elegante, pero que funciona en la rama 2.x de Python:

```
>>> dict((i, l.count(i)) for i in set(l))
{42: 3, 51: 2, 74: 2, 34: 1}
```

© Editions ENI - All rights reserved

Se trata de recorrer la lista para crear una lista de 2-tuplas que contengan, respectivamente, la clave y el valor de los elementos del diccionario.
Cabe destacar que dicho diccionario no tiene una relación de orden y puede remplazar, sin problema alguno, una lista de gran tamaño que contenga muchas ocurrencias de los mismos objetos, dado que la relación de orden no importa.
La longitud de dicha lista puede calcularse mediante el siguiente algoritmo:

```
>>> lista_especial={42: 3, 51: 2, 74: 2, 34: 1}
>>> longitud=sum(lista_especial.values())
>>> longitud
8
```

Se llega al límite del uso conjunto de dos tipos de datos esenciales en Python como son las secuencias y los diccionarios.

## 3.5 Utilizar el índice para modificar o eliminar

La gramática de Python permite diferenciar el uso del operador corchete en cuatro contextos:

- Si se utiliza solo, se utiliza el método especial **__getitem__** del objeto: la voluntad del usuario es leer el objeto de una secuencia a partir de su índice o utilizar (incluso modificar) un objeto no mutable usando sus métodos.
- Si se utiliza en combinación con el operador de asignación, entonces el método especial **__setitem__** toma el control; la voluntad del usuario es remplazar un objeto de la secuencia por otro.
- Si se utiliza en combinación con un operador incremental, **__getitem__**, se invoca para leer el valor y modificarlo, a continuación se invoca el método **__setitem__** para remplazar el anterior valor por el nuevo, siendo dicho objeto mutable o no; la voluntad del usuario es remplazar un valor por otro calculado a partir del primero.
- Si se utiliza en combinación con la palabra clave **del**, el método invocado es **__delitem__**; la voluntad del usuario es suprimir el elemento indicado por el índice de la lista.

He aquí una forma de convencerse para probar, uno mismo, lo que ocurre en los distintos casos de uso:

```
>>> class milista(list):
...     def __getitem__(self, index):
...         print('list.__getitem__')
...         return list.__getitem__(self, index)
...     def __setitem__(self, index, value):
...         print('list.__setitem__')
...         return list.__setitem__(self, index, value)
...     def __delitem__(self, index):
...         print('list.__delitem__')
...     return list.__delitem__(self, index)
...
```

He aquí un ejemplo que permite detallar la prueba de cada caso de uso:

```
>>> l=[42, 34, []]
>>> l2=milista(l)
```

Dos lecturas:

```
>>> l2[0]+l2[1]
list.__getitem__
list.__getitem__
76
```

Recoger información en un objeto no mutable utilizando uno de sus métodos:

```
>>> l2[0].bit_length()
list.__getitem__
6
```

Recoger información en un objeto no mutable utilizando uno de sus atributos:

```
>>> l2[0].numerator
list.__getitem__
42
```

Remplazar un valor por otro:

```
>>> l2[1]=0
list.__setitem__
```

Incrementar un objeto no mutable:

```
>>> l2[1]+=1
list.__getitem__
list.__setitem__
```

Recoger información en un objeto mutable utilizando uno de sus métodos:

```
>>> l2[2].count(1)
list.__getitem__
0
```

Modificación de un objeto mutable utilizando uno de sus métodos:

```
>>> l2[2].append(1)
list.__getitem__
```

El siguiente caso no es la modificación de un objeto mutable utilizando el operador autoincremental, sino el remplazo de un objeto mutable por otro, calculado a partir de sí mismo:

```
>>> l2[2]+=[2]
list.__getitem__
list.__setitem__
```

Con otro operador incremental (de hecho, el objeto de índice 2 es una lista y el funcionamiento de dichos operadores se explica en la sección Uso de operadores):

```
>>> l2[2]*=2
list.__getitem__
list.__setitem__
```

© Editions ENI - All rights reserved

Ejemplo de uso del operador corchete junto a la palabra clave **del**:

```
>>> l2
[42, 1, [1, 2, 1, 2]]
>>> del l2[2]
list.__delitem__
>>> l2
[42, 1]
```

Al final, se confirma que las diferencias estructurales entre objetos mutables y no mutables no suponen diferencias de comportamiento en el uso del operador corchete, el cual depende, por completo, de la gramática.
Si se utiliza el operador corchete y, a continuación, un método, sea cual sea su finalidad, se utiliza únicamente **__getitem__**, y si se utiliza otro operador de manera combinada, el comportamiento depende de él exclusivamente.

## 3.6 Iteración simple

Este tipo de algoritmo no se ve en Python (debe evitarse):

```
>>> i, max = 0, len(l)
>>> while i<max:
...     print(l[i])
...     i+=1
...
42
74
34
```

Supone una falta de eficacia absoluta.
Una forma más elegante de realizar exactamente la misma acción es utilizar un iterador, que hace que la secuencia sea iterable de una manera mucho más eficiente.
Es posible utilizando, simplemente, la primitiva **iter**:

```
>>> iter(l)
<list_iterator object at 0x2249a10>
```

Su uso permite recorrer la secuencia de una manera mucho más sencilla:

```
>>> for o in iter(l):
...     print(o)
...
42
74
34
```

En realidad, esta escritura tan pesada es inútil gracias a la manera en la que funciona la notación del iterador. En efecto, la lista posee el método especial **__iter__**.
Este método construye un nuevo iterador cada vez que se invoca, y lo devuelve:

```
>>> l.__iter__()
<list_iterator object at 0x22499d0>
>>> l.__iter__()
```

```
<list_iterator object at 0x2249990>
```

A continuación, es posible utilizar dicho iterador (una única vez, como hemos visto) y es su método **__next__** el que se usa, y no directamente la lista:

```
>>> for o in l:
...     print(o)
...
42
74
34
```

Esta sintaxis resulta todavía más sencilla, sintáctica y conceptualmente hablando, aunque no hay que olvidar su funcionamiento interno.

Un abuso del lenguaje consiste en decir que la secuencia (lista o n-tupla) es iterable, porque, de hecho, no lo es. Esta secuencia posee simplemente una manera de crear un iterador, que se recrea cada vez que se recorre la lista, de manera que pueda partir desde el inicio.

Para comprobarlo, he aquí la modificación de una lista que invoca al iterador:

```
>>> class milista(list):
...     def __iter__(self, *args, **kwargs):
...         print('list.__iter__')
...         return list.__iter__(self, *args, **kwargs)
...
>>> for o in l2:
...     print(o)
...
list.__iter__
42
74
34
>>> for o in iter(l2):
...     print(o)
...
list.__iter__
42
74
34
```

La primitiva **iter** invoca al método especial de la secuencia **__iter__**, que devuelve un iterador.

La palabra clave **for** invoca al método especial **__iter__**; los iteradores deben, por tanto, poseer dicho método, que en su caso devuelve **self**.

Si no existe dicho método, se produce una excepción:

```
>>> test = object()
>>> for o in test:
...     pass
...
Traceback (most recent call last):
```

© Editions ENI - All rights reserved

```
File "<stdin>", line 1, in <module>
TypeError: 'object' object is not iterable
```

Los ejemplos anteriores se ilustran con una lista, aunque también funcionan con una tupla:

```
>>> for o in (1, 2, 3):
...     print(o)
...
1
2
3
```

Para disponer también del índice, no vale la pena utilizar la sintaxis **while**. Existe una primitiva llamada **enumerate** que permite obtener dicho índice:

```
>>> for i, o in enumerate(l):
...     print('%2d: %d' % (i, o))
...
0: 42
1: 74
2: 34
```

Es posible que se necesite si se quiere remplazar o eliminar elementos de la lista:

```
>>> for i, o in enumerate(l):
...     if (o==74):
...         del l[i]
...
rango 0: [42, 74, 34]
rango 1: [42, 74, 34]
```

La solución no es buena, porque se omite el rango 0, se elimina el rango 1, pero no se procesa el rango 2 porque, mientras tanto, se ha convertido en el rango 1...
Con **while**, puede ocurrir un fallo clásico, que se produce cuando los índices se modifican durante la iteración, mientras que la longitud de la lista se calcula previamente para evitar tener que calcularlo con cada rango:

```
>>> l=[42, 74, 34]
>>> i, max = 0, len(l)
>>> while i<max:
...     print('rango %2d: %s' % (i, l))
...     if (l[i]==74):
...         del l[i]
...     i+=1
...
rango 0: [42, 74, 34]
rango 1: [42, 74, 34
rango 2: [42, 34]
Traceback (most recent call last):
File "<stdin>", line 3, in <module>
IndexError: list index out of range
```

Esto funciona si se recalcula la lista con cada rango, lo cual no es eficiente:

```
>>> l=[42, 74, 34]
>>> i= 0
>>> while i<len(l):
...     print('rango %2d: %s' % (i, l))
...     if (l[i]==74):
...         del l[i]
...     i+=1
...
rango 0: [42, 74, 34]
rango 1: [42, 74, 34]
```

No obstante, el problema del rango que cambia no se ha resuelto. Existe una solución clásica que consiste en recorrer la lista a la inversa, lo cual puede hacerse con un **while**.

```
>>> while i>=0:
...     print('rango %2d: %s' % (i, l))
...     i-=1
...     if (l[i]==74):
...         del l[i]
...
rango 3: [42, 74, 34]
rango 2: [42, 74, 34]
rango 1: [42, 34]
rango 0: [42, 34]
```

Pero Python propone soluciones más elegantes y eficaces, que se muestran a continuación.

## 3.7 Presentación de la noción de tramos (slices)

Python posee la noción de tramos, slices en inglés. Utiliza un método de descomposición. Esta descomposición empieza en un lugar (start), por defecto el inicio, y termina en otro lugar (stop), por defecto el final, y cada tramo tiene un espaciado que denominamos paso (step).

Python proporciona, para ello, una clase específica:

```
>>> slice
<class 'slice'>
```

He aquí la lista de métodos de esta clase:

```
>>> dir(slice)
['__class__', '__delattr__', '__doc__', '__eq__', '__format__',
'__ge__', '__getattribute__', '__gt__', '__hash__', '__init__',
'__le__', '__lt__', '__ne__', '__new__', '__reduce__',
'__reduce_ex__', '__repr__', '__setattr__', '__sizeof__',
'__str__', '__subclasshook__', 'indices', 'start', 'step', 'stop']
```

Se trata de un objeto que dispone de una relación de orden, porque los slices son comparables, estando los operadores de comparación implementados y dotados de tres atributos y de un método que se detalla a continuación.

© Editions ENI - All rights reserved

En primer lugar, la firma del constructor es particular, puesto que posee un argumento opcional:

**7050**

No es posible tener dos sin riesgo de ambigüedad. Esta eventualidad no se produce únicamente mediante la firma del método constructor, sino que se realiza contando el número de variables y la asignación en consecuencia.

| Firma | Start | Stop | Step |
|---|---|---|---|
| `slice(a)` | `None` | `a` | `None` |
| `slice(a, b)` | `a` | `b` | `None` |
| `slice(a, b, c)` | `a` | `b` | `c` |

Es posible, no obstante, asignar los tres argumentos a **`None`**, lo que indica un tramo desde el primero hasta el último elemento, con un paso unitario:

```
>>> slice(None)
slice(None, None, None)
```

Tras su instanciación, los tres atributos no son modificables:

```
>>> slice(1, 2).stop=3
Traceback (most recent call last):
File "<stdin>", line 1, in <module>
AttributeError: readonly attribute
```

Al final, estas tres variables definen una forma de descomponer el objeto, que puede aplicarse a secuencias de tamaños diferentes. El slice proporciona, además, un método **`indices`** que permite deducir los elementos **`start`**, **`stop`** y **`step`** efectivos que deben utilizarse para realizar correctamente la descomposición de la secuencia a partir de una longitud dada.

Definamos cuatro secuencias de ejemplo:

```
>>> l1=[1]
>>> l2=[1, 2]
>>> l3=[1, 2, 3, 4, 5]
>>> l4=[1, 2, 3, 4, 5, 6, 7, 8, 9, 10]
>>> s=slice(1, 5, 2)
```

Apliquemos la descomposición a una secuencia más pequeña que el límite de descomposición:

```
>>> s.indices(len(l1))
(1, 1, 2)
```

Con esta notación, los índices de inicio y fin –comparar con los del slice original– se adaptan al índice máximo de la secuencia. La descomposición no devuelve nada:

```
>>> l1[s]
[]
```

Apliquemos la descomposición a una secuencia lo suficientemente grande como para que pase, al menos, un elemento:

```
>>> s.indices(len(l2))
(1, 2, 2)
```

El slice obtenido empieza donde empieza el original, aunque termina en el último elemento de la lista, para un índice situado justo después del último índice válido de la lista. La lista así obtenida contiene un único elemento, el último.

```
>>> l2[s]
[2]
```

La siguiente secuencia está cubierta exactamente por la descomposición. Es la misma que la descomposición original:

```
>>> s.indices(len(l3))
(1, 5, 2)
```

La secuencia obtenida de este modo es:

```
>>> l3[s]
[2, 4]
```

Para terminar, último caso de uso, con una secuencia más grande que la descomposición:

```
>>> s.indices(len(l4))
(1, 5, 2)
```

La descomposición es idéntica y los últimos elementos de la lista se eliminan:

```
>>> l4[s]
[2, 4]
```

Una descomposición que contenga un inicio y un final no nulos es una descomposición finita.

Una descomposición puede contener también valores negativos.

Si el principio y el final son, ambos, negativos, con un paso positivo, el valor de inicio debe ser menor que el valor final, es decir, más grande en valor absoluto, pues en caso contrario el resultado estará vacío:

```
>>> s=slice(-1, -5, 2)
>>> [1, 2, 3, 4, 5, 6, 7, 8, 9, 10][s]
[]
```

Recordemos que **-1 > -5**.

Veamos un ejemplo con índices negativos y un paso positivo:

```
>>> l1=[1]
>>> l2=[1, 2]
>>> l3=[1, 2, 3, 4, 5]
>>> l4=[1, 2, 3, 4, 5, 6, 7, 8, 9, 10]
>>> s=slice(-5, -1, 2)
```

© Editions ENI - All rights reserved

El resultado de aplicar este slice es coherente con lo que se ha visto previamente, sabiendo que la descomposición se realiza desde el final, de ahí el resultado diferente en la descomposición de **l3** y **l4**.

```
>>> l1[s]
[]
>>> l2[s]
[1]
>>> l3[s]
[1, 3]
>>> l4[s]
[6, 8]
```

Para comprenderlo mejor, se muestra a continuación **l4** y sus índices positivos y negativos:

| >0 | 0 | | 1 | | 2 | | 3 | | 4 | | **5** | | 6 | | **7** | | 8 | | **9** | |
|---|---|---|---|---|---|---|---|---|---|---|---|---|---|---|---|---|---|---|---|---|
| l4 | | 1 | | 2 | | 3 | | 4 | | 5 | | **6** | | 7 | | **8** | | 9 | | 10 |
| <0 | -10 | | -9 | | -8 | | -7 | | -6 | | **-5** | | -4 | | **-3** | | -2 | | **-1** | |

He aquí cómo se lee el slice **s**: se empieza por el índice **-5**, que se corresponde con el valor **6**, a continuación se desplaza hacia la izquierda del paso deseado y se llega a la posición **-3** para obtener el valor **8**. Vuelve a comenzar el desplazamiento, aunque la clave obtenida se encuentra fuera de tramo. Se detiene, por tanto, en este punto.

Los índices son negativos, pero el paso es positivo, la secuencia se recorre de izquierda a derecha. Observe que si el slice se aplica a una secuencia, el resultado se presenta en forma de valores positivos:

```
>>> s.indices(10)
(5, 9, 2)
```

Estos índices se corresponden con sus equivalentes negativos (pero únicamente en el marco de una secuencia de longitud concreta). De este modo, la traducción es más evidente de leer y de utilizar.

Esta descomposición es, también, una descomposición finita.

También es posible utilizar un paso negativo. Si el índice de inicio es inferior al de fin, entonces la descomposición está vacía.

En ambos casos, la lectura de la secuencia se realiza de derecha a izquierda.

He aquí un ejemplo, siempre con las mismas listas:

```
>>> s=slice(5, 1, 2)
```

El slice utiliza los mismos números que en el primer ejemplo, pero el resultado no es el mismo:

```
>>> s=slice(5, 1, -2)
>>> l1[s]
[]
>>> l2[s]
[]
```

```
>>> l3[s]
[5, 3]
>>> l4[s]
[6, 4]
```

¿Por qué se produce esta diferencia?

Porque el slice funciona desde el elemento inicial incluido hasta el elemento final excluido. De este modo, en el primer ejemplo el rango **1** que se corresponde con el valor **2** sí está incluido, pero no el rango **5** que se corresponde con el valor **6**, mientras que en este ejemplo el rango **5** sí está incluido, pero no el rango **1**.

Además, los valores están invertidos, porque la lectura se realiza efectivamente de derecha a izquierda.

Es preciso estar atento, cuando se realiza un recorrido inverso, a que los elementos de salida y de llegada son diferentes, lo cual es fuente habitual de errores.

Observe que la aplicación del slice a una longitud de secuencia específica devuelve, una vez más, bordes positivos:

```
>>> s.indices(10)
(5, 1, -2)
```

El uso de bordes negativos con un paso negativo permite, todavía, otro tipo de descomposición.

```
s=slice(-1, -5, -2)
```

El resultado es el siguiente, donde se aplican también las observaciones anteriores:

```
>>> s=slice(-1, -5, -2)
>>> l1[s]
[1]
>>> l2[s]
[2]
>>> l3[s]
[5, 3]
>>> l4[s]
[10, 8]
```

Estas descomposiciones son también finitas.

El uso de un índice positivo y otro índice negativo permite tener descomposiciones infinitas. No contienen un número máximo de elementos.

Por ejemplo, esta descomposición indica lo siguiente: «Quiero todos los elementos de mi secuencia, salvo el primero y el último».

```
>>> s=slice(1, -1, 1)
```

Conviene recordar que el límite de inicio está incluido, pero no así el de final.

Su aplicación a nuestras listas nos devuelve lo siguiente:

```
>>> l1[s]
[]
>>> l2[s]
[]
```

© Editions ENI - All rights reserved

```
>>> l3[s]
[2, 3, 4]
>>> l4[s]
[2, 3, 4, 5, 6, 7, 8, 9]
```

Probemos ahora con un paso negativo: «Quiero todos los elementos de mi secuencia, salvo el primero y el último, y los quiero invertidos»:

```
>>> s=slice(-2, 0, -1)
>>> l1[s]
[]
>>> l2[s]
[]
>>> l3[s]
[4, 3, 2]
>>> l4[s]
[9, 8, 7, 6, 5, 4, 3, 2]
```

Tenemos, por tanto, un medio de expresar la descomposición infinita simplemente jugando con tres elementos, que son el índice de comienzo, el de final y el paso.
No es posible expresar descomposiciones complejas tales como «quiero los elementos de mi secuencia cuyos índices no sean ni múltiplos de dos ni múltiplos de tres». Una posibilidad que se encuentra raramente, pero que puede implementarse, es el uso de operadores de conjuntos sobre los slices.

```
slice(None, None, 2)|slice(None, None, 3)
```

En este caso, deben utilizarse otras herramientas, tales como el recorrido de la lista:

```
>>> [o for i, o in enumerate(l4) if not (i%2==0 or i%3==0)]
[2, 6, 8]
```

Si bien Python proporciona siempre una solución elegante a todos los problemas habituales, también lo hace para otras problemáticas.
Esta notación, dentro de las posibilidades de la programación funcional de Python, utiliza **enumerate** para reconstruir los índices presentando una tupla (índice, valor) y crea una lista a partir de la lista **l4** imponiendo las condiciones sobre el índice.
Un slice no es iterable, de modo que es imposible utilizarlo en dicha construcción.
Un aspecto importante que debe recordarse acerca del uso de slices es que el resultado de su aplicación sobre una secuencia mediante un operador de corchete es una nueva secuencia que contiene los mismos punteros que la secuencia original.
De este modo, si un objeto de la secuencia es no mutable, o si se utiliza un operador de asignación o de incrementación sobre una de las secuencias, la otra secuencia no puede modificarse, aunque no es el caso para los objetos mutables donde se utiliza un método de modificación:

```
>>> l=[42, 34, []]
>>> sl=l[slice(1, 3)]
>>> sl[0]=0
>>> sl[1].append(1)
>>> sl
[0, [1]]
```

```
>>> l
[42, 34, [1]]
>>> l[2].append(2)
>>> l
[42, 34, [1, 2]]
>>> sl
[0, [1, 2]]
```

He aquí cómo asegurarse:

```
>>> id(l[2])
37824200
>>> id(sl[2])
Traceback (most recent call last):
File "<stdin>", line 1, in <module>
IndexError: list index out of range
>>> id(sl[1])
37824200
```

Si la secuencia contiene únicamente objetos no mutables (secuencia de números, por ejemplo), la copia está totalmente desvinculada del original y el hecho de modificarla deja el original intacto.

Si se quiere que las modificaciones se reproduzcan sobre la secuencia original, es preciso trabajar directamente sobre ella, combinando slices y operadores.

Para estar seguro de desconectar ambas secuencias, es preciso realizar una «copia profunda», **deepcopy** en inglés:

```
>>> import copy
>>> l=[42, 34, []]
>>> sl=copy.deepcopy(l[slice(1, 3)])
>>> sl[0]=0
>>> sl[1].append(1)
>>> l
[42, 34, []]
>>> sl
[0, [1]]
```

El módulo de Python especialmente escrito para gestionar esta problemática dispone, también, de un método **copy** que realiza una copia clásica, llamada en inglés «shadow copy», que se traduce como «copia superficial».

La copia profunda duplica los objetos almacenados en forma de punteros.

En lugar de utilizar los slices directamente en el operador corchete, la gramática de Python permite escribirlo de forma más elegante, separando los tres atributos del slice mediante dos puntos «:».

He aquí los cuatro ejemplos de segmentación finita aplicados al ejemplo **l4**:

```
>>> l4
[1, 2, 3, 4, 5, 6, 7, 8, 9, 10]
>>> l4[1:5:2]
[2, 4]
>>> l4[-5:-1:2]
```

© Editions ENI - All rights reserved

```
[6, 8]
>>> l4[-1:-5:-2]
[10, 8]
>>> l4[5:1:-2]
[6, 4]
```

El paso es opcional y vale 1 si no está definido. Las siguientes tres escrituras son equivalentes:

```
>>> l4[1:5:1]
[2, 3, 4, 5]
>>> l4[1:5:]
[2, 3, 4, 5]
>>> l4[1:5]
[2, 3, 4, 5]
```

La presencia de, al menos, unos dos puntos es esencial para establecer la diferencia respecto a un simple uso del índice, aunque no de los propios índices:

```
>>> l4[:-1]
[1, 2, 3, 4, 5, 6, 7, 8, 9]
>>> l4[4:]
[5, 6, 7, 8, 9, 10]
>>> l4[:]
[1, 2, 3, 4, 5, 6, 7, 8, 9, 10]
```

No especificar índices implica indicar **None**:

```
>>> l4[None:-1]
[1, 2, 3, 4, 5, 6, 7, 8, 9]
>>> l4[4:None]
[5, 6, 7, 8, 9, 10]
>>> l4[None:None]
[1, 2, 3, 4, 5, 6, 7, 8, 9, 10]
```

El valor **None** puede utilizarse, a su vez, para el paso (equivale, en tal caso, a 1):

```
>>> l4[None:None:None]
[1, 2, 3, 4, 5, 6, 7, 8, 9, 10]
```

Esta escritura es equivalente a:

```
>>> l4[::]
[1, 2, 3, 4, 5, 6, 7, 8, 9, 10]
```

La ausencia de valores o **None** equivale a los valores por defecto, que son:

```
>>> import sys
>>> l4[0:sys.maxsize:1]
[1, 2, 3, 4, 5, 6, 7, 8, 9, 10]
```

Esta notación puede utilizarse, también, para remplazar los valores:

```
>>> l4[::2]=l4[1::2]
>>> l4
[2, 2, 4, 4, 6, 6, 8, 8, 10, 10]
```

No obstante, conviene dominar esta noción de descomposición en tramos finitos o infinitos.

El ejemplo anterior no funciona con una secuencia impar, por ejemplo:

```
>>> l5=[1, 2, 3]
>>> l5[::2]=l5[1::2]
Traceback (most recent call last):
File "<stdin>", line 1, in <module>
ValueError: attempt to assign sequence of size 1 to extended slice
of size 2
```

Hacen falta exactamente el mismo número de operandos a la derecha y a la izquierda del operador de asignación. Por ejemplo:

```
>>> l5[::2]=[0]*len(l5[::2])
>>> l5
[0, 2, 0]
```

Con una descomposición finita, cuando se adapta a la secuencia, el número preciso de elementos es conocido, lo cual simplifica la situación:

```
>>> l4=[1, 2, 3, 4, 5, 6, 7, 8, 9, 10]
>>> l4[1:5:2]=[42,34]
```

Si la descomposición está mal adaptada a la secuencia, aparece el siguiente error:

```
>>> l4[1:5:10]=[42,34]
Traceback (most recent call last):
File "<stdin>", line 1, in <module>
ValueError: attempt to assign sequence of size 2 to extended slice
of size 1
```

Este tipo de errores es frecuente; la diferencia aquí es que se produce una excepción cuando se intenta realizar la asignación, mientras que si únicamente se lee, podría pasar inadvertida, produciendo un mal funcionamiento más complejo de detectar.

Los slices se utilizan, también, para borrar información, de una manera tan sencilla como el resto de los casos de uso:

```
>>> l4=[1, 2, 3, 4, 5, 6, 7, 8, 9, 10]
>>> del l4[::2]
>>> l4
[2, 4, 6, 8, 10]
```

Esta herramienta resulta extremadamente potente, aunque debe dominarse a la perfección y es conveniente visualizar la descomposición y la manera en que se aplica a una secuencia o a un conjunto de secuencias, lo cual resulta esencial para estar seguro de comprender todos los casos de uso.

De ahí surge la necesidad de prever, en los puntos clave de una aplicación, el diseño y ejecución de pruebas unitarias que tengan en cuenta cada tipo de descomposición finita e infinita que hemos visto en esta sección, para evitar sorpresas.

© Editions ENI - All rights reserved

## 3.8 Caso particular de la rama 2.x de Python

La rama 3.x de Python utiliza en todos los casos **__getitem__**, **__setitem__** y **__delitem__**, que usan tanto índices como slices.

Por su lado, la rama 2.x no utiliza estos métodos especiales para gestionar los índices y los slices si no se indica expresamente. Se utilizan, por el contrario, los métodos especiales **__getslice__**, **__setslice__** y **__delslice__**, dedicados al procesamiento de tramos, si no se indica lo contrario.

He aquí un ejemplo para convencerse:

```
>>> class milista(list):
...     def __getitem__(self, index):
...         print 'list.__getitem__'
...         return list.__getitem__(self, index)
...     def __setitem__(self, index, value):
...         print 'list.__setitem__'
...         return list.__setitem__(self, index, value)
...     def __delitem__(self, index):
...         print 'list.__delitem__'
...         return list.__delitem__(self, index)
...     def __getslice__(self, i, j):
...         print 'list.__getslice__'
...         return list.__getslice__(self, i, j)
...     def __setslice__(self, i, j, seq):
...         print 'list.__setslice__'
...         return list.__setslice__(self, i, j, seq)
...     def __delslice__(self, i, j):
...         print 'list.__delslice__'
...         return list.__delslice__(self, i, j)
...
```

Probemos ahora cada caso de uso:

```
>>> l=milista([1, 2, 3])
>>> l[0]
list.__getitem__
1
>>> l[0]=1
list.__setitem__
>>> del l[0]
list.__delitem__
>>> l.insert(0, 1)
list.__getitem__
[1, 3]
>>> l[::2]=[1, 3]
list.__setitem__
```

```
>>> l[1:3]
list.__getslice__
[2, 3]
>>> l[1:3]=[2, 3]
list.__setslice__
>>> del l[1:3]
list.__delslice__
>>> l.extend([2, 3])
>>> l[::2]
del l[::2]
list.__delitem__
del l[::1]
list.__delitem__
```

De este modo, las siguientes dos instrucciones no son equivalentes en términos de procesamiento:

```
>>> del l[:]
list.__delslice__
```

```
>>> del l[::]
list.__delitem__
```

## 3.9 Uso básico de tramos

He aquí un resumen del uso de los tramos:

```
>>> l=[42, 74, 34]
>>> l2=[0, 1, 2, 3]
```

Para obtener los dos primeros elementos de la secuencia:

```
>>> l[:2]
[42, 74]
```

Para obtener los dos últimos elementos de la secuencia:

```
>>> l[-2:]
[74, 34]
```

Para obtener todos los elementos salvo el primero y el último:

```
>>> l[1:-1]
[74]
```

Para obtener toda la lista (una copia):

```
>>> l[:]
[42, 74, 34]
```

Para obtener los elementos con índice par:

```
>>> l[::2]
[42, 34]
```

Para obtener los elementos con índice impar:

```
>>> l[1::2]
[74]
```

Para obtener los elementos con índices (positivos) pares, pero a partir del final de la secuencia:

```
>>> l[(len(l)%2==0) and -2 or None::-2]
[34, 42]
>>> l2[(len(l2)%2==0) and -2 or None::-2]
[2, 0]
```

Para obtener los elementos con índices (positivos) impares, pero a partir del final de la secuencia:

```
>>> l[(len(l)%2==1) and -2 or None::-2]
[74]
>>> l2[(len(l2)%2==1) and -2 or None::-2]
[3, 1]
```

© Editions ENI - All rights reserved

Para obtener únicamente el primer y el último elemento:

```
>>> l[::len(l)-1]
[42, 34]
>>> l2[::len(l2)-1]
[0, 3]
```

Con un poco de imaginación es posible dar respuesta a numerosos casos de uso. Para los demás, siempre queda el recorrido completo de la lista.

## 3.10 Uso avanzado de tramos

Un ejemplo avanzado clásico del uso de tramos es la transformación de una lista en una lista multidimensional:

```
>>> def generar_array(x, y):
...     lista = list(range(x*y))
...     return [lista[n:n+y] for n in range(0, x * y, y)]
...
```

Que se utiliza así:

```
>>> generar_array(2, 3)
[[0, 1, 2], [3, 4, 5]]
>>> generar_array(5, 3)
[[0, 1, 2], [3, 4, 5], [6, 7, 8], [9, 10, 11], [12, 13, 14]]
```

Un ejemplo avanzado clásico de uso de recorrido de listas es la implementación de la criba de Eratóstenes.

Estos algoritmos utilizan los métodos de una lista, algunos de los cuales se presentan más adelante; un recorrido de la lista que también se presenta más adelante, y la clase **range**, que es un generador que permite construir una lista, cuyo constructor posee una firma similar a **slice**.

```
>>> [i for i in range(5)]
[0, 1, 2, 3, 4]
>>> [i for i in range(2, 5)]
[2, 3, 4]
>>> [i for i in range(2, 5, 2)]
[2, 4]
```

Esta clase es, en realidad, un generador.

La rama 2 de Python presenta una primitiva **range** (y no una clase) que es diferente, pues devuelve directamente una lista sobre la que iterar, dejando a un lado los problemas de rendimiento.

```
>>> range
<built-in function range>
>>> range(5)
[0, 1, 2, 3, 4]
```

Para encontrar el equivalente al generador **range** de la rama 3.x, debe utilizarse **xrange** que es, a su vez, un generador:

```
>>> xrange
<type 'xrange'>
```

Más adelante, en este capítulo, se ofrecen explicaciones más detalladas acerca de estos elementos.

Para el resto, he aquí un algoritmo clásico que permite encontrar la lista de números primos entre 0 y un valor máximo implementando la criba de Eratóstenes:

```
>>> def criba1(max):
...     l, n = [i for i in range(2, max+1)], 2
...     while n:
...         for i in l[l.index(n)+1:]:
...             if i % n == 0:
...                 l.remove(i)
...         if l.index(n) +1 < len(l):
...             n = l[l.index(n) + 1]
...         else:
...             return l
...
>>> criba1(10)
[2, 3, 5, 7]
```

Queremos obtener la lista de números primos entre 0 y un valor máximo. La idea consiste en construir una lista que contenga todos los números entre ambos extremos y, a continuación, eliminar el 1 porque no es un número primo y partir del número 2.

Este número es un número primo, y todos los números que son múltiplos de él no lo son. Se revisa, a continuación, toda la lista para eliminar dichos múltiplos. A partir de él, se pasa al siguiente valor, que es necesariamente un número primo.

El algoritmo que se presenta está, en realidad, mejorado, puesto que en lugar de crear una lista a partir de 0 y eliminar el 0 y el 1, crea directamente una lista que comienza en 2. Utiliza también la asignación múltiple y tramos de lectura para evitar gestionar un índice suplementario.

Puede, también, mejorarse utilizando el recorrido de la lista:

```
>>> def criba2(max):
...     l = [i for i in range(max+1)]
...     l[1], n = 0, 2
...     while n**2 <= max:
...         l[n*2::n], n = [0]*((max//n)-1), n+1
...         while not l[n]: n+= 1
...     return [i for i in l if i != 0]
...
>>> criba2(10)
[2, 3, 5, 7]
```

© Editions ENI - All rights reserved

Aquí, se trata de utilizar las particularidades del recorrido de las listas. De este modo, no es posible eliminar registros sin producir desajustes, pues se utiliza el paso. Se remplazan los múltiplos de un número primo por valores 0 en cada iteración y antes de pasar a la próxima iteración se saltan todos aquellos valores a 0, fáciles de encontrar, hasta saltar al siguiente número primo.

Al finalizar el algoritmo, se borran todos los 0 de la lista.

Probemos ambos algoritmos para estudiar su rendimiento:

```
>>> from time import time
>>> def test():
...     for max in [10, 100, 1000, 10000]:
...         t0 = time()
...         criba1(max)
...         t1 = time()
...         criba2(max)
...         t2 = time()
...         print('Máximo %10d : %5.4f | %5.4f > ganancia %5.4f %
%' % (max, t1-t0, t2-t1, 100* (1 - (t2-t1) / (t1-t0))))
...
>>> test()
Máximo         10 : 0.0001 | 0.0000 > ganancia 46.2633 %
Máximo        100 : 0.0007 | 0.0001 > ganancia 89.8639 %
Máximo       1000 : 0.0213 | 0.0002 > ganancia 99.1696 %
Máximo      10000 : 0.8138 | 0.0014 > ganancia 99.8330 %
```

Este ejemplo muestra de manera muy evidente que los tramos y los recorridos de las listas no son un juguete. Permiten escribir algoritmos más rápidamente, de manera más sencilla, legible y ofrecen rendimientos significativos cuando se utilizan de forma conveniente.

Encontrará este mismo ejemplo, ligeramente modificado, en el código fuente que se distribuye con el libro. Puede ejecutarlo directamente en su terminal:

```
$ python eratostenes.py [ou]
$python3 eratostenes.py
```

# 4. Uso de operadores

## 4.1 Operador +

El operador + tiene un sentido particular para las secuencias: la concatenación.

Los dos operadores deben ser, obligatoriamente, homogéneos:

```
>>> [1, 2]+(3, 4)
Traceback (most recent call last):
File "<stdin>", line 1, in <module>
TypeError: can only concatenate list (not "tuple") to list
>>> (1, 2)+[3, 4]
Traceback (most recent call last):
File "<stdin>", line 1, in <module>
TypeError: can only concatenate tuple (not "list") to tuple
```

El resultado del uso del operador + sobre dos secuencias es una secuencia que contiene el conjunto de elementos del operando de la izquierda, en orden, seguido del conjunto del de la derecha, en orden. La relación de orden se conserva:

```
>>> [1, 2]+[3, 4]
[1, 2, 3, 4]
```

El operador **+** se conecta con el método **__add__** de la lista. Como los dos operandos son, necesariamente, homogéneos, no es preciso tener un método **__radd__**, presente cuando el operando de la izquierda no posee **__add__**. Esto permite sobrecargar el operador simplemente para darle otro significado.
Un ejemplo clásico consiste en modificar el significado del operador para aplicarlo en todos los miembros de la secuencia:

```
>>> class test(list):
...     HETEROGENE_ERROR='can only concatenate test (not "%s") to test'
...     def __add__(self, other):
...         if not isinstance(other, test):
...             raise TypeError(test.HETEROGENE_ERROR % type(other))
...         result=test([0]*max(len(self), len(other)))
...         for l in [self, other]:
...             for i, o in enumerate(l):
...                 result[i]+=o
...         return result
...
>>> a=test([1, 2, 3, 4])
>>> b=test([10, 20])
>>> a+b
[11, 22, 3, 4]
>>> b+a
[11, 22, 3, 4]
```

Se habría podido realizar la misma operación sobre cadenas incluyendo cadenas vacías en lugar de ceros durante la inicialización de la variable de retorno.
Esta clase se aleja un poco de la filosofía de Python, pues el significado del operador + es el mismo para todos los contendores, aunque tiene su utilidad.

## 4.2 Operador *

El operador ***** tiene un significado particular para las secuencias. Uno de los dos operandos es la secuencia y el otro es, obligatoriamente, un número entero. El resultado es la repetición de la secuencia tantas veces como indique el operando numérico:

```
>>> [1, 2]*4
[1, 2, 1, 2, 1, 2, 1, 2]
```

Cabe destacar que la relación de orden se mantiene según las reglas habituales.
Un equivalente algorítmico utilizando el signo **+**, para una lista de números, sería:

```
>>> def mul(l, n):
...     result=l[:]
...     for i in range(n-1):
```

© Editions ENI - All rights reserved

```
...         result=result+l[:]
...     return result
...
>>> mul([1, 2], 4)
[1, 2, 1, 2, 1, 2, 1, 2]
```

Pero esta escritura permite realizar optimizaciones particulares, de modo que conviene usarla de manera preferente frente a otros algoritmos que realicen el trabajo manualmente. El operador * utiliza el método especial **`__mul__`** o el método **`__rmul__`**. He aquí cómo poner de manifiesto el funcionamiento de este operador:

```
>>> class milista(list):
...     def __mul__(self, other):
...         print("list.__mul__")
...         return list.__mul__(self, other)
...     def __rmul__(self, other):
...         print("list.__rmul__")
...         return list.__rmul__(self, other)
...     def __imul__(self, other):
...         print("list.__imul__")
...         return list.__imul__(self, other)
...
>>> class miint(int):
...     def __mul__(self, other):
...         print('int.__mul__')
...         return int.__mul__(self, other)
...     def __rmul__(self, other):
...         print('int.__rmul__')
...         return int.__rmul__(self, other)
...
```

Creemos nuestros dos operandos:

```
>>> a=milista([1, 2])
>>> i=miint(2)
```

La regla es que se invoca el método **`__mul__`** del operando de la izquierda. Si sabe gestionar la situación, la operación puede realizarse:

```
>>> a*i
list.__mul__
[1, 2, 1, 2]
```

Cuando la secuencia está a la izquierda, sabe multiplicarse por un entero. Por el contrario, cuando el entero está a la izquierda, no sabe multiplicarse con una secuencia. En este caso se invoca al método **`__rmul__`** del operando de la derecha:

```
>>> i*a
int.__mul__
list.__rmul__
[1, 2, 1, 2]
```

Al final, el resultado es exactamente el mismo.

Estos procedimientos permiten devolver un resultado que funciona en cualquier caso y que es natural para el desarrollador; no obstante, conocer el funcionamiento exacto permite saber cómo adaptar el comportamiento a cada necesidad específica.
Podemos recuperar nuestra clase, que transpone el significado de los operadores sobre su contenido para agregar el soporte al operador *:

```
>>> class test(list):
...     HETEROGENE_ERROR='can only concatenate test (not "%s") to test'
...     NOTINT_ERROR="'%s' object cannot be interpreted as an integer"
...     def __add__(self, other):
...         if not isinstance(other, test):
...             raise TypeError(test.HETEROGENE_ERROR % type(other))
...         result=test([0]*max(len(self), len(other)))
...         for l in [self, other]:
...             for i, o in enumerate(l):
...                 result[i]+=o
...         return result
...     def __mul__(self, other):
...         if not isinstance(other, int):
...             raise TypeError(test.NOTINT_ERROR %type(other))
...         result=self[:]
...         for i, o in enumerate(result):
...             result[i]=o*other
...         return result
...     def __rmul__(self, other):
...         return test.__mul__(self, other)
...
>>> l=test([1, 2])
>>> l*2
[2, 4]
>>> 3*l
[3, 6]
```

He aquí un ejemplo del algoritmo que utiliza esta clase (y la prioridad de los operadores):

```
>>> def aumentar(l, n):
...     result=l[:]
...     for i in range(2, n+1):
...         result=result+l*i
...         return result
...
>>> aumentar([1, 2], 5)
[1, 2, 2, 4, 3, 6, 4, 8, 5, 10]
```

© Editions ENI - All rights reserved

## 4.3 Operador +=

Este operador permite realizar una modificación de la secuencia agregando otra secuencia. Como con los números, no puede aplicarse a una expresión, sino a una variable:

```
>>> [1, 2]+=[3, 4]
File "<stdin>", line 1
SyntaxError: can't assign to literal
```

He aquí un ejemplo con su equivalente gramatical:

```
>>> a=[1, 2]
>>> a+=[3, 4]
>>> a
[1, 2, 3, 4]
```

```
>>> a=[1, 2]
>>> a=a+[3, 4]
>>> a
[1, 2, 3, 4]
```

El orden es importante, no existen operadores para realizar **`a = [3,4] + a`**.
La gramática de Python conecta el uso de este operador con el método **`__iadd__`**; la **`i`** significa «**`inplace`**». Este método existe en las listas, puesto que efectivamente son modificables, pero no existe en las n-tuplas.
Para las n-tuplas, el operador crea un nuevo objeto a partir de los dos operandos y lo asigna a la variable utilizando el método **`__add__`** (nunca **`__radd__`**).
He aquí dos clases que ponen de relieve este funcionamiento:

```
>>> class milista(list):
...     def __add__(self, other):
...         print("list.__add__")
...         return list.__add__(self, other)
...     def __iadd__(self, other):
...         print("list.__iadd__")
...         return list.__iadd__(self, other)
...
>>> class mitupla(tuple):
...     def __add__(self, other):
...         print("tuple.__add__")
...         return tuple.__add__(self, other)
...
```

Probamos para una lista:

```
>>> a = milista([1, 2])
>>> a += [3, 4]
list.__iadd__
>>> a
[1, 2, 3, 4]
```

Probamos para una tupla:

```
>>> a = mitupla([1, 2])
>>> a += (3, 4)
tuple.__add__
>>> a
(1, 2, 3, 4)
```

Al final, el resultado es similar y natural.

## 4.4 Operador *=

Este operador permite modificar la secuencia sobre la que se aplica concatenándola a sí misma tantas veces como se desee. El operando de la izquierda es una secuencia, y el de la derecha, un valor entero, no existen más alternativas.
He aquí un ejemplo con su equivalente gramatical:

```
>>> a=[1, 2]
>>> a*=2
>>> a
[1, 2, 1, 2]
```

```
>>> a=[1, 2]
>>> a=a*2
>>> a
[1, 2, 1, 2]
```

He aquí dos clases que ponen de relieve la llamada a los métodos especiales; el comportamiento es muy similar al del operador **+=**, salvo por el tipo del operando de la derecha:

```
>>> class milista(list):
...     def __add__(self, other):
...         print("list.__add__")
...         return list.__add__(self, other)
...     def __iadd__(self, other):
...         print("list.__iadd__")
...         return list.__iadd__(self, other)
...     def __mul__(self, other):
...         print("list.__mul__")
...         return list.__mul__(self, other)
...     def __rmul__(self, other):
...         print("list.__rmul__")
...         return list.__rmul__(self, other)
...     def __imul__(self, other):
...         print("list.__imul__")
...         return list.__imul__(self, other)
...
>>> class mitupla(tuple):
...     def __add__(self, other):
...         print("tuple.__add__")
...         return tuple.__add__(self, other)
...     def __mul__(self, other):
...         print("tuple.__mul__")
...         return tuple.__mul__(self, other)
...     def __rmul__(self, other):
...         print("tuple.__rmul__")
...         return tuple.__rmul__(self, other)
...
```

© Editions ENI - All rights reserved

Probemos los casos de uso:

```
>>> a=milista([1, 2])
>>> a*=2
list.__imul__
>>> a
[1, 2, 1, 2]
>>> a=mitupla([1, 2])
>>> a*=2
tuple.__mul__
>>> a
(1, 2, 1, 2)
```

## 4.5 Operador in

Para saber si un elemento está contenido en una secuencia, lo más evidente es utilizar la palabra clave **in**, que tiene mejor rendimiento que cualquier otra solución:

```
>>> l = [1, 2, 3]
>>> 1 in l
True
>>> 5 in l
False
```

Esta escritura con la palabra clave **in** utiliza el método especial **__contains__** del operador de la derecha para un uso natural. No obstante, si este método no está disponible, se utiliza el método especial **__iter__** para encontrar un iterador y, de este modo, recorrer el conjunto del contenedor para encontrar el operando de la izquierda.
En este caso, únicamente, **in** puede utilizarse con **not**:

```
>>> 5 not in l
True
```

Otro caso de uso: cuando se utiliza la palabra clave **in** junto a la palabra clave **for**, se usa directamente el método especial **__iter__**, pues se está describiendo el recorrido de una secuencia:

```
>>> for i in l:
...     print(i)
...
1
2
3
>>> [i**2 for i in l]
[1, 4, 9]
```

Aquí no tiene sentido usar la palabra clave **not**, de modo que no puede utilizarse. Esta semántica, más allá de la búsqueda de un elemento en una lista, puede, también, utilizarse para dotar de elegancia y simplicidad al código.

Por ejemplo, en algorítmica, sería ridículo escribir:

```
>>> a=5
>>> if (a==2 or a==3 or a==5 or a==7):
...
print("Es un número primo inferior a 10")
...
Es un número primo inferior a 10
```

Que puede remplazarse fácilmente por:

```
>>> if a in [2, 3, 5, 7]:
...     print "Es un número primo inferior a 10"
...
Es un número primo inferior a 10
```

Es posible utilizar la palabra clave **not**:

```
>>> if a not in [2, 3, 5, 7]: pass
```

Esta notación, además de ser mucho más ligera, resulta más natural.

## 4.6 Operadores de comparación

Comparar dos secuencias es comparar los elementos de cada lista, dos a dos, comenzando por el primer índice. Cuando se encuentra alguna diferencia, la comparación se resuelve. He aquí un popurrí que permite entender cómo funciona la comparación.

```
>>> l1 = [1, 2, 3]
>>> l2 = [1, 4, 3]
>>> l1 > l
False
>>> l1 > l2
False
>>> l1 < l2
True
>>> l2[0] = 0
>>> l1 > l2
True
>>> l2 = [1, 2, 4]
>>> l1 > l2
False
>>> l2 = [1, 2]
>>> l1 > l2
True
>>> l1 = [1, 2, -1]
>>> l1 > l2
True
```

Los operadores de comparación son **==**, **!=**, **>**, **>=**, **<**, **<=** y están respectivamente vinculados a los métodos especiales **`__eq__`**, **`__ne__`**, **`__gt__`**, **`__ge__`**, **`__lt__`** y **`__le__`**. Consulte la sección Funciones principales y primitivas asociadas del capítulo Modelo de objetos para obtener más detalles acerca de estos métodos especiales.

© Editions ENI - All rights reserved

Para una n tupla la asociación de cifras tiene, a menudo, un significado específico, de modo que este método de comparación puede no tener sentido. Por ejemplo, no existe una relación de orden entre una 2-tupla que represente un punto en un plano y una que represente un número complejo.

Es tarea del desarrollador conocer qué contienen los objetos que manipula y comprender el sentido que le está dando a la relación de orden habitual. Si no resulta conveniente a las necesidades concretas, puede crear otra.

Por ejemplo, la distancia entre un punto y el origen de coordenadas.

```
>>> (2, 2) > (1, 10)
True
>>> class punto(tuple):
...     def __gt__(self, other):
...         return (self[0]**2+self[1]**2)**.5 >
(other[0]**2+other[1]**2)**.5
...
>>> punto((2, 2)) > punto((1, 10))>(2, 2)(1, 10)
False
```

Faltaría implementar, del mismo modo, todos los métodos de comparación. Para una 2-tupla, la conversión en un número complejo puede resultar una solución más sencilla:

```
>>> abs(complex(*(2,2))) > abs(complex(*(1, 10)))
False
```

# 5. Métodos de modificación

## 5.1 Agregar elementos a una lista y a una n-tupla

No es posible agregar un nuevo objeto a la lista utilizando un índice para una lista o utilizando el operador corchete sin argumentos, sintaxis que sí existe en otros lenguajes como, por ejemplo, PHP:

```
>>> l
[42, 74, 34]
>>> l[3] = 42
Traceback (most recent call last):
File "<stdin>", line 1, in <module>
IndexError: list assignment index out of range
>>> l[] = 42
File "<stdin>", line 1
l[] = 42
  ^
SyntaxError: invalid syntax
```

Para agregar un nuevo elemento a una lista, es preciso utilizar los métodos clásicos de la lista.

El método **append** agrega un elemento al final de la lista:

```
>>> l = [1, 2, 3]
>>> l.append(4)
>>> l
[1, 2, 3, 4]
```

El método **insert** agrega un elemento, precisando su índice. He aquí cómo agregar un objeto al inicio de la lista, por ejemplo:

```
>>> l = [1, 2, 3]
>>> l.insert(0, 4)
>>> l
[4, 1, 2, 3]
```

Como con los demás métodos, el uso del índice negativo sí está permitido:

```
>>> l.insert(-2, 5)
>>> l
[4, 1, 5, 2, 3]
```

El objeto entero 5 se agrega dos posiciones antes del final, es decir, en la tercera posición de la lista de 4 elementos, o en el índice 2.
Estos métodos son los únicos que permiten agregar un objeto a una lista utilizando procesamientos unitarios.
No está permitido utilizar slices para agregar varios valores:

```
>>> l.insert(slice(1, 2), [1])
Traceback (most recent call last):
File "<stdin>", line 1, in <module>
TypeError: 'slice' object cannot be interpreted as an integer
```

Existen otros medios para agregar contenido a una lista, en particular elementos que provienen de otras secuencias.
De este modo, el método **extend** permite agregar a una lista el contenido de una segunda lista:

```
>>> l = [1, 2, 3]
>>> l.extend([5, 4, 3])
>>> l
[1, 2, 3, 5, 4, 3]
```

Los elementos de la segunda lista se agregan al final de la primera conservando el orden: ambas listas se concatenan. No existe ninguna noción de duplicados (ni, por tanto, ninguna búsqueda de duplicados), dada la naturaleza propia de la lista, que puede contener varias ocurrencias de un mismo objeto.
El método **extend** es, por tanto, equivalente al operador **+=**.
Conviene no confundir **extend** con **append**:

```
>>> l = [1, 2, 3]
>>> l.append([5, 4, 3])
>>> l
[1, 2, 3, [5, 4, 3]]
```

© Editions ENI - All rights reserved

Una lista, al ser un objeto como cualquier otro, puede contener otra lista. No existe ninguna ambigüedad entre **append** e **index**, son dos métodos con fines muy diferentes. Estas operaciones pueden, no obstante, realizarse mediante el operador **+=**:

```
>>> l=[1, 2, 3]
>>> a=4
>>> l+=[a]
>>> l+=l
>>> l
[1, 2, 3, 4, 1, 2, 3, 4]
```

En lo relativo a las n-tuplas, el operador existe, pero no los métodos (las diferencias se explican en el capítulo Conjuntos y algoritmos aplicados, sección Uso para eliminar valores duplicados de las listas).
De este modo, es posible construir una nueva n-tupla que contenga los valores de la anterior, más valores nuevos:

```
>>> l=[1, 2, 3]
>>> id(l)
37901808
>>> l+=[a]
>>> id(l)
37901808
>>> t=(1, 2, 3)
>>> id(t)
37867920
>>> t+=(a,)
>>> id(t)
38289088
```

Lo cual, al final, permite alcanzar el mismo objetivo con medios diferentes:

```
>>> l
[1, 2, 3, 4]
>>> t
(1, 2, 3, 4)
```

## 5.2 Eliminar un objeto de una lista y de una n-tupla

Eliminar la primera ocurrencia de un objeto de una lista es muy sencillo: basta con utilizar el método **remove** pasando el objeto en cuestión que se debe eliminar:

```
>>> l = [42, 74, 34]
>>> l.remove(74)
>>> l
[42, 34]
```

No debe confundirse con la eliminación respecto a un índice:

```
>>> del l[1]
```

Si el objeto no está contenido en la lista, se produce una excepción:

```
>>> l.remove(5)
Traceback (most recent call last):
File "<stdin>", line 1, in <module>
ValueError: list.remove(x): x not in list
```

Si se desea eliminar todas las ocurrencias del objeto, es necesario utilizar un algoritmo:

```
>>> def removeall(l, o):
...     while 1:
...         try:
...             l.remove(o)
...         except ValueError:
...             return
...
>>> l=[42, 74, 34, 42, 51]
>>> removeall(l, 42)
>>> l
[74, 34, 51]
```

Es posible realizar la misma operación utilizando técnicas de recurrencia:

```
>>> def removeall(l, o):
...     try:
...         l.remove(o)
...         removeall(l, o)
...     except ValueError:
...         pass
...
>>> l=[42, 74, 34, 42, 51]
>>> removeall(l, 42)
>>> l
[74, 34, 51]
```

Mucho más natural, evitando utilizar excepciones, es el uso de **in**:

```
>>> def removeall(l, o):
...     while o in l:
...         l.remove(o)
...
>>> l=[42, 74, 34, 42, 51]
>>> removeall(l, 42)
>>> l
[74, 34, 51]
```

Desde un punto de vista de la filosofía, este método es mejor:
«Mientras la lista contenga el objeto, lo elimino» es mucho más lógico que «Elimino el objeto y, si no está, es que he terminado mi trabajo».
Mucho más elegante, y evitando tener que definir una función, es recorrer la lista para realizar el trabajo sobre la marcha (consulte la sección Recorrido de listas más adelante en este capítulo).

© Editions ENI - All rights reserved

```
>>> l=[42, 74, 34, 42, 51]
>>> l=[i for i in l if i != 42]
>>> l
[74, 34, 51]
```

Por el contrario, a diferencia del método **index**, no es posible utilizar el segundo argumento sea cual sea el índice para eliminar a partir de un índice determinado. De otro modo, habría sido posible realizar fácilmente algoritmos que permitirían mantener una única ocurrencia en la secuencia, por ejemplo.

Es posible llevar esto a cabo, no obstante, sin mucha dificultad combinando varios elementos que ya hemos visto:

```
>>> def eliminar_duplicados(l, o):
...     i=l.index(o)
...     removeall(l, o)
...     l.insert(i, o)
...
>>> l=[42, 74, 34, 42, 51]
>>> eliminar_duplicados(l, 42)
>>> l
[42, 74, 34, 51]
```

Este método puede aplicarse a todos los elementos de la lista:

```
>>> l=[42, 74, 34, 42, 34, 51, 51]
>>> for c in l:
...     eliminar_duplicados(l, e)
...
>>> l
[42, 74, 34, 51]
```

Otra manera mucho más sencilla de eliminar duplicados en una secuencia consiste en utilizar un conjunto que, por naturaleza, no tiene valores duplicados, aunque no dispone de relación de orden:

```
>>> l=[42, 74, 34, 42, 34, 51, 51]
>>> l=list(set(l))
>>> l
[51, 42, 34, 74]
```

Si la relación de orden realmente importa, en la mayoría de los casos es preferible realizar una ordenación en lugar de utilizar una solución para eliminar duplicados que respete el orden:

```
>>> l=[42, 74, 34, 42, 34, 51, 51]
>>> l=list(sorted(set(l)))
>>> l
[34, 42, 51, 74]
```

Para realizar operaciones más complejas, conviene utilizar otros medios. Por ejemplo, para eliminar todos los valores que no estén comprendidos entre 50 y 75, incluidos:

```
>>> l=[i for i in l if 50<=i<=75]
>>> l
[74, 51, 51]
```

Para eliminar todos los valores que estén presentes más de una vez:

```
>>> l=[i for i in l if l.count(i)==1]
>>> l
[74, 76]
```

Por último, es posible eliminar uno o varios objetos conociendo su índice o sus índices y reconstruir una secuencia a partir de los slices:

```
>>> l=[42, 74, 34, 42, 34, 51, 51, 76]
>>> l=l[:3]+l[5:6]+l[7:]
>>> l
[42, 74, 34, 51, 76]
```

Es posible eliminar valores utilizando de manera conjunta un cálculo sobre los índices y una reconstrucción de la secuencia. Esto no supone mayor interés, salvo porque es el único método que existe para modificar una tupla sin realizar conversiones, por lo que es una solución utilizada con bastante frecuencia:

```
>>> t=(42, 74, 34, 42, 34, 51, 51, 76)
>>> t=tuple([i for i in t if t.count(i)==1])
>>> t
(74, 76)
```

La sección Uso avanzado de tramos de este capítulo muestra un ejemplo avanzado de borrado de elementos en una lista, con la criba de Eratóstenes:

```
>>> def criba2(max):
...     l = [i for i in range(max+1)]
...     l[1], n = 0, 2
...     while n**2 <= max:
...         l[n*2::n], n = [0]*((max//n)-1), n+1
...         while not l[n]: n+= 1
...             return [i for i in l if i != 0]
...
>>> criba2(10)
[2, 3, 5, 7]
```

Si el ejemplo era perfecto para explicar el uso de tramos, también lo es para explicar cómo eliminar elementos en varios pasos, teniendo como restricción el hecho de tener que mantener la longitud de la lista intacta.

La solución propuesta consiste en remplazar los elementos que ya no sirven por un comodín (0 o None, por ejemplo) y, a continuación, eliminar todas las ocurrencias de dicho comodín al terminar el procesamiento.

© Editions ENI - All rights reserved

El último método que permite eliminar un elemento de la lista es el uso del método **pop**, que devuelve el elemento eliminado.

```
>>> l = [1, 2, 3]
>>> l.pop()
3
>>> l.pop()
2
>>> l.pop()
1
>>> l.pop()
Traceback (most recent call last):
File "<stdin>", line 1, in <module>
IndexError: pop from empty list
```

El uso de **pop** en un bucle **while** sin recurrir a la gestión de excepciones requiere evaluar la longitud de la secuencia en cada iteración, a menos de estar seguro de que los procesamientos que se han realizado no han cambiado la longitud de la secuencia, pues en caso contrario pueden producirse errores.

## 5.3 Soluciones alternativas para la modificación de n-tuplas

Esta sección muestra las formas de realizar todas las modificaciones permitidas por una lista para una n-tupla.

En primer lugar, los métodos para agregar elementos:

```
>>> def append(t, v):
...     return t + (v,)
...
>>> def insert(t, i, v):
...     return t[:i] + (v,) + t[i:]
...
>>> def extend(t, o):
...     return t + o
...
>>> t = (1, 2, 4)
>>> t = append(t, 5)
>>> t
(1, 2, 4, 5)
>>> t = insert(t, 2, 3)
>>> t
(1, 2, 3, 4, 5)
>>> t = extend(t, (6, 7))
>>> t
(1, 2, 3, 4, 5, 6, 7)
```

A continuación, el método para eliminar un objeto:

```
>>> def remove(t, v):
...     i=t.index(v)
...     return t[:i]+t[i+1:]
...
```

Que se utiliza también:

```
>>> t=(1, 2, 3, 2, 4, 2, 5)
>>> t=remove(t, 5)
>>> t
(1, 2, 3, 2, 4, 2)
```

Es, también, posible implementar los métodos vistos para una lista, que permiten eliminar todas las ocurrencias:

```
>>> def removeall(t, v):
...     while v in t:
...         t=remove(t, v)
...     return t
...
```

He aquí cómo utilizarla:

```
>>> t=removeall(t, 2)
>>> t
(1, 3, 4)
```

Una vez más, si este tipo de métodos es necesario, es porque conviene utilizar una lista, construida para tal efecto, y no una n-tupla, cuyo uso tiene un sentido semántico particular, donde el número de elementos tiene tanta importancia como el propio contenido en su significado. No obstante, el ejercicio resulta útil para comprender bien cómo funciona.

## 5.4 Invertir una lista o una tupla

Invertir una lista consiste en desplazar todos sus elementos en función de la siguiente regla: el nuevo índice es la longitud de la lista menos el antiguo índice.
El primer elemento se convierte, así, en el último, el segundo en el penúltimo, el tercero en el antepenúltimo, y así sucesivamente:

```
>>> l = [1, 2, 3]
>>> l.reverse()
>>> l
[3, 2, 1]
```

Si **__iter__** provee un iterador que permite iterar la lista de manera clásica, **__reversed__** provee otro iterador que permite recorrerla a la inversa.
Si **iter** es una primitiva vinculada con el método especial **__iter__**, **reversed** es una primitiva vinculada, de la misma manera, con el método especial **__reversed__**.

```
>>> l = [1, 2, 3]
>>> reversed(l)
<listreverseiterator object at 0x9dcb84c>
>>> it=reversed(l)
>>> for i in it:
...     print(i)
...
3
2
```

© Editions ENI - All rights reserved

```
1
>>> l
[1, 2, 3]
```

Es posible iterar exactamente de la misma forma utilizando un tramo con un paso de **-1**:

```
>>> l = [1, 2, 3]
>>> for i in l[::-1]: print i
...
3
2
1
```

Y, por tanto, es posible invertir la lista como se muestra a continuación:

```
>>> l=l[::-1]
>>> l
[3, 2, 1]
```

Este método resulta menos óptimo que el uso de **reverse**, que está concebido específicamente para ello, aunque tiene la ventaja de que puede utilizarse también para las n-tuplas:

```
>>> t=t[::-1]
>>> t
(3, 2, 1)
```

En general, dicha operación no se realiza sobre una n-tupla, pues no es su rol. No obstante, el desarrollador no se bloquea en sus desarrollos; dispone siempre de una solución en la manga.

## 5.5 Ordenar una lista

Ordenar una lista es de una facilidad desconcertante:

```
>>> l = [1, 3, 4, 3, 7, 0, 5, 1]
>>> l. sort()
>>> l
[0, 1, 1, 3, 3, 4, 5, 7]
```

En el marco de una lista de valores enteros, una lista de cadenas de caracteres o cualquier lista de elementos homogéneos entre sí, la clasificación puede tener sentido. La clasificación de elementos heterogéneos no lo tiene:

```
>>> l = [1, 1.2, "a", "A", "b", "B", list, list.remove, 64, 66]
>>> l.sort
<built-in method sort of list object at 0x29c71b8>
>>> l.sort()
Traceback (most recent call last):
File "<stdin>", line 1, in <module>
TypeError: unorderable types: str() < float()
```

Por el contrario, la rama 2.x de Python no genera este tipo de problema, y deja la responsabilidad al desarrollador:

```
>>> l = [1, 1.2, "a", "A", "b", "B", list, list.remove, 64, 66]
>>> l.sort()
>>> l
[1, 1.2, 64, 66, <method 'remove' of 'list' objects>, 'A', 'B',
'a', 'b', <type 'list'>]
```

Se ve que los elementos homogéneos se agrupan y que su clasificación recíproca tiene sentido, pero no existe ningún motivo aparente para clasificar números con caracteres. Observe que el ordinal de A es 65, mientras que 64 y 66 se clasifican antes en el ejemplo.

La clasificación de números se realiza de manera natural según el orden creciente, sean valores enteros o reales. Dos números iguales con distinto tipo resultan iguales, no se aplican criterios suplementarios:

```
>>> l=[1, 4, 8, 2.0, 6.0, 1.0, 4.0, 2]
>>> l.sort()
>>> l
[1, 1.0, 2.0, 2, 4, 4.0, 6.0, 8]
```

La clasificación de las cadenas de caracteres se realiza mediante los valores ordinales de los caracteres de cada cadena (consulte la comparación de dos cadenas):

```
>>> l=['abcd', 'acdb', 'ab', 'bcda']
>>> l.sort()
>>> l
['ab', 'abcd', 'acdb', 'bcda']
```

Esto significa que las letras mayúsculas no son equivalentes a las letras minúsculas y que los caracteres acentuados no son equivalentes a los caracteres sin acento:

```
>>> l=['a', 'A', 'b', 'B']
>>> l.sort()
>>> l
['A', 'B', 'a', 'b']
```

Cuando se desea modificar la manera en la que se realiza la ordenación, es preciso indicar una forma de transformar cada objeto de la lista por otro objeto cuya comparación se corresponda con lo que se desee. Para ello, puede utilizarse una función que evalúe un objeto asignándole un valor comparable:

```
>>> l=['aa', 'b', 'Auto-Escuela!']
>>> l.sort(key=len)
>>> l
['b', 'aa', 'Auto-Escuela!']
```

Cada cadena se evalúa en función de su longitud, de modo que es posible clasificar las cadenas desde la menor hasta la mayor.

© Editions ENI - All rights reserved

Es posible utilizar **`str.lower`** como clave, aunque no permite gestionar los acentos, de modo que es necesaria una función que transforme los datos:

```
>>> transtable=str.maketrans(
...     'àâäéèêëîïôöùûüŷÿç~-_',
...     'aaaeeeeiioouuuyyc   ',
...     "2&'([|])`^/\@°+*-=$£µ§!:;.,?<>"
... )
>>> def simplify(s):
...    return s.lower().translate(transtable)
...
```

Esta función transforma las cadenas de caracteres para eliminar los caracteres no significativos y poner minúsculas, mayúsculas y acentos en el mismo plano:

```
>>> simplify('Auto-Escuela!')
'autoescuela'
```

A continuación, es posible ordenar una lista en un correcto orden alfabético:

```
>>> l=['aa', 'b', 'Auto-Escuela!']
>>> l.sort()
>>> l
['Auto-Escuela!', 'aa', 'b']
>>> l.sort(key=simplify)
>>> l
['aa', 'Auto-Escuela!', 'b']
```

Existen métodos que permiten clasificar entre sí varios diccionarios:

```
>>> l = [{'id':1, 'valor': "B"}, {'id':2, 'valor': "A"}]
>>> import operator
>>> l.sort(key=operator.itemgetter('id'))
>>> l
[{'id': 1, 'valor': 'B'}, {'id': 2, 'valor': 'A'}]
>>> l.sort(key=operator.itemgetter('valor'))
>>> l
[{'id': 2, 'valor': 'A'}, {'id': 1, 'valor': 'B'}]
```

De este modo, es posible clasificar una lista de diccionarios en función de una clave o de otra de manera muy sencilla.

Dada la naturaleza de las n-tuplas, el orden de los valores tiene un significado importante (ejes de coordenadas para una 2-tupla o 3-tupla que represente un punto en el plano o en el espacio, por ejemplo).

De este modo, ordenarlas no resulta necesariamente útil. No obstante, es posible realizar esta operación transformando previamente la n-tupla en una lista (y volviendo a transformarla, si es preciso, en una n-tupla).

## 6. Uso avanzado de listas

### 6.1 Operaciones de conjunto

He aquí tres operaciones de conjunto sobre los miembros de la lista que ya se han visto en el capítulo Números, booleanos y algoritmos aplicados, sección Operaciones matemáticas n-arias:

```
>>> l = [1, 2, 3]
>>> max(l)
3
>>> min(l)
1
>>> sum(l)
6
```

Estas operaciones pueden utilizarse únicamente para objetos que dispongan de una relación de orden, en el caso de las dos primeras, o que puedan agregarse entre sí, para la suma. Además, todos los objetos de Python tienen un valor booleano, como hemos visto en el capítulo anterior. Supongamos que tenemos tres listas declaradas de la siguiente manera:

```
>>> l1 = [1, 2, 3]
>>> l2 = [0, 1]
>>> l3 = [0, '']
```

Es, por tanto, posible saber si todos los elementos de la lista son verdaderos:

```
>>> all(l1)
True
>>> all(l2)
False
>>> all(l3)
False
```

También es posible saber si al menos un miembro de la lista es verdadero:

```
>>> any(l1)
True
>>> any(l2)
True
>>> any(l3)
False
```

Y, por supuesto, esto puede utilizarse de manera combinada con la palabra clave **not**, lo que permite obtener la respuesta a las preguntas «¿algún elemento es verdadero?»:

```
>>> not any(l3)
True
>>> not any(l2)
False
>>> not any(l1)
False
```

© Editions ENI - All rights reserved

Y «¿al menos un elemento es falso?»:

```
>>> not all(l3)
True
>>> not all(l2)
True
>>> not all(l1)
False
```

## 6.2 Pivotar una secuencia

La primitiva **zip** es una de las particularidades de Python que permite simplificar enormemente la manipulación cruzada de datos:

```
>>> zip(l)
[(1,), (2,), (3,)]
>>> zip([1, 2, 3], [1, 4, 9], ["a", "b", "c"])
[(1, 1, 'a'), (2, 4, 'b'), (3, 9, 'c')]
```

El resultado es una lista de n-tuplas, aunque es sencillo obtener únicamente listas o n-tuplas:

```
>>> [list(a) for a in zip([1, 2, 3], [1, 4, 9], ["a", "b", "c"])]
[[1, 1, 'a'], [2, 4, 'b'], [3, 9, 'c']]
>>> tuple(zip([1, 2, 3], [1, 4, 9], ["a", "b", "c"]))
((1, 1, 'a'), (2, 4, 'b'), (3, 9, 'c'))
```

Veamos un uso clásico: un código de barras EAN-13. Se trata de 12 cifras más un dígito de control. He aquí un algoritmo que permite calcularlo:

```
>>> code = [1, 2, 3, 4, 5, 6, 7, 8, 9, 0, 1, 2]
>>> factor, checksum = 3, 0
>>> for cifra in code[::-1]:
...     checksum += cifra * factor
...     factor = 4 - factor
...
>>> code.append((1000-checksum) % 10)
>>> code
[1, 2, 3, 4, 5, 6, 7, 8, 9, 0, 1, 2, 8]
```

El cálculo ocupa 5 líneas (más la línea para declarar el valor del código y la necesaria para mostrar el resultado). Es, de partida, mucho más corto que las opciones ofrecidas por otros lenguajes. Además, es posible realizar la misma operación en una única línea sin sacrificar la legibilidad y sin aumentar la complejidad:

```
>>> code = [1, 2, 3, 4, 5, 6, 7, 8, 9, 0, 1, 2]
>>> code.append(( 1000 - sum( [ a * b for a, b in zip( code[::-1],
 3, 1 ] * 6)] ) ) % 10 )
>>> code
[1, 2, 3, 4, 5, 6, 7, 8, 9, 0, 1, 2, 8]
```

He aquí algunos comentarios:

- factor vale 3 en la primera iteración, a continuación vale 4 menos el valor de la iteración anterior, por lo que vale alternativamente 3 y 1; dado que nuestra lista tiene 12 elementos, la lista de factores utilizados se obtienen multiplicando la lista [3, 1] por 6 para obtener nuestros 12 elementos;
- es preciso recorrer la lista a la inversa y contraponer el factor con el valor sobre el que se va a aplicar, lo cual se realiza con la ayuda de **zip**;
- una vez obtenida la lista de productos, es preciso sumarla utilizando la primitiva **sum**;
- solo falta realizar el cálculo y, a continuación, agregar a la lista la cifra que se ha obtenido.

En realidad, un código de barras es una cadena de caracteres. Este ejemplo se retoma en el capítulo Cadenas de caracteres y algoritmos aplicados para adaptarlo a dicho contexto.

## 6.3 Iterar correctamente

Las listas son una herramienta ideal para recorrer elementos de diversas maneras:

```
>>> l
[1, 2, 3, 4]
>>> for i in l: print(i)
...
```

```
1
2
3
4
```

Es posible, también, utilizar tramos (slices):

```
>>> for i in l[1::2]:
...     print(i )
...
```

```
2
4
```

Si hace falta un índice, la forma correcta de proceder es la siguiente:

```
>>> for index, valor in
enumerate(l):
... print "l[%s]= %s" %
index, valor)
...
```

```
l[0]=1
l[1]=2
l[2]=3
l[3]=4
```

Es posible pasar a la iteración siguiente utilizando la palabra clave **continue** (lo cual es preferible frente al uso de bloques muy grandes) y salir con la palabra clave **break** o **return** (dependiendo de si estamos en una función o en un método que ha encontrado el resultado esperado).

```
>>> for i in l:
...     if i%2==1:
...         continue
...     print(i)
2
4
```

```
>>> for i in l:
... if i%2==0:
...     print(i)
...     break
...
2
```

© Editions ENI - All rights reserved

El uso de estas palabras clave hace que los algoritmos sean más legibles e incluso más óptimos.
Por último, la palabra clave **while** no se utiliza para recorrer una lista, sino para realizar un bucle que se repite hasta que se cumpla cierta condición:

```
>>> while(sum(l)<20):
...     l.append(max(l)+1)
...
>>> l
[1, 2, 3, 4, 5, 6]
```

He aquí un uso más clásico:

```
>>> l=[1, 2, 1, 4, 3, 1, 5]
>>> while 1 in l:
...     l.remove(1)
...
>>> l
[2, 4, 3, 5]
```

## 6.4 Programación funcional

La programación procedural consiste en escribir algoritmos lineales que tratan los datos. Por ejemplo, es posible filtrar una lista mediante un algoritmo clásico, que sería:

```
>>> l, l2 = [1, 2, 3], []
>>> for i in l:
...     if i % 2 == 0:
...         l2.append(i)
...
>>> l2
[2]
```

Se obtiene así l2, que es la lista l filtrada. Este código funciona perfectamente, aunque no es reutilizable para filtrar varias listas, pues hace falta copiarlo y pegarlo varias veces. Esto plantea problemas evidentes.
Una solución sería escribir una función que realice este filtrado:

```
>>> def filtrar(l):
...     result=[]
...     for i in l:
...         if i%2 == 0:
...             result.append(i)
...     return result
...
>>> l=[1, 2, 3]
>>> filtrar(l)
[2]
```

Este método es mucho mejor, pues basta con invocarlo para filtrar una lista, aunque sigue siendo programación procedural. Se aplica un algoritmo a una lista.

El inconveniente es que mientras este algoritmo no se aplique, no se sabe si funciona para todos los tipos de listas. Además, es menos óptimo, pues reconstruye toda la lista antes de devolverla.

La idea de la programación funcional es describir funcionalmente la situación y aplicarla a continuación. En concreto, para este ejemplo, se escribe un filtro que dice si un valor se conservará o no.

He aquí el filtro:

```
>>> def my_filter(a):
...     if a %2 == 0: return True
...     return False
...
```

Es posible, de este modo, aplicar el filtro de manera unitaria para saber si conviene:

```
>>> my_filter(1)
False
>>> my_filter(2)
True
```

Y es posible aplicarlo a una lista mediante la primitiva **filter**:

```
>>> list(filter(my_filter, l))
[2]
```

El rendimiento se ve optimizado por el uso de un generador.

La diferencia entre la programación procedural y la programación funcional puede parecer ligera a simple vista, cuando no se está habituado.

La gran diferencia, la más importante desde el punto de vista de la aplicación, es que las pruebas unitarias de un filtro son mucho más sencillas y casi naturales, mientras que las asociadas a una función procedural son mucho más complejas de escribir.

Python proporciona, además, otro método que permite aplicar una transformación a todos los miembros de una lista. Como con el filtro, es necesario comenzar describiendo la transformación:

```
>>> def double(a):
...     return a*2
...
```

Que puede probarse de manera unitaria:

```
>>> double(1)
2
```

Y aplicarse a una lista mediante la primitiva **map**:

```
>>> list(map(double, l))
[2, 4, 6]
```

Es fácil ver que los algoritmos son mucho más sencillos de escribir y mucho más legibles. Resulta también sencillo construir una lista de filtros, de transformaciones y reutilizarlas convenientemente.

© Editions ENI - All rights reserved

Las transformaciones y filtros pueden utilizarse en conjunto, comenzando con el filtro para tener que realizar menos transformaciones:

```
>>> list(map(double, filter(my_filter,l)))
[4]
```

Esto es lo realmente interesante:

```
>>> def my_filter(a):
...     print('filtrar %s' % a)
...     if a %2 == 0: return True
...     return False
...
>>> def double(a):
...     print('transformar %s' % a)
...     return a*2
...
>>> list(map(double, filter(my_filter,l)))
filtrar 1
filtrar 2
transformar 2
filtrar 3
[4]
```

El uso de generadores permite, por tanto, tratar integralmente un dato antes de pasar al siguiente.
De este modo, utilizar un transformador que detiene la iteración en alguna de sus etapas nos permite detenernos en cualquier etapa, evitando así tener que realizar operaciones inútiles.

## 6.5 Recorrido de listas

El concepto es realmente sencillo: se trata de una posibilidad ofrecida por la gramática de Python para describir de manera funcional una lista. He aquí una sintaxis que no realiza ningún cambio:

```
>>> l = [1, 2, 3]
>>> [i for i in l]
[1, 2, 3]
```

Esta secuencia convierte una tupla o un iterador en una lista.
Es posible realizar el equivalente de lo que propone la primitiva **filter**:

```
>>> l = [1, 2, 3]
>>> l = [i for i in l if i % 2 == 0]
>>> l
[2]
```

También es posible realizar la misma operación que la primitiva **map**:

```
>>> l = [1, 2, 3]
>>> l = [i*2 for i in l]
>>> l
[2, 4, 6]
```

La combinación de estas dos operaciones se realiza de manera natural:

```
>>> l = [1, 2, 3]
>>> l = [i*2 for i in l if i % 2 == 0]
>>> l
[4]
```

Cuando se quiere aplicar un cambio de manera condicional, el recorrido de la lista posee una sintaxis particular:

```
>>> l = [1, 2, 3]
>>> l = [a*2 if a % 2 == 0 else a for a in l]
>>> l
[1, 4, 3]
```

Lo que equivale a:

```
>>> def dobla_si_par(a):
...     if a % 2 == 0:
...         return a*2
...     return a
...
>>> l = [1, 2, 3]
>>> l = list(map(dobla_si_par, l))
>>> l
[1, 4, 3]
```

Respecto a la programación funcional clásica, se pierde la noción de prueba unitaria fácilmente realizable y la noción de reutilizable, pues, cada vez que se desea transformar una lista, es preciso reescribir el recorrido de esta.

Por el contrario, para filtros o transformaciones sencillas, que se expresan sin mucha dificultad, se gana en legibilidad, en simplicidad y en rapidez de escritura.

Si no, conviene utilizar una programación funcional clásica.

Recordemos aquí nuestra escritura:

```
>>> l = [i**3 if i % 2 == 0 else -i**3 for i in l]
```

En este caso, el **if** está delante del **for** y no detrás, de modo que no se trata de un filtro, pues se conoce la longitud de la lista obtenida e inicialmente es iterable. Se trata en cambio de una expresión condicional que indica que el valor puede calcularse de dos maneras distintas en función de una condición.

También puede utilizarse esta sintaxis:

```
>>> [i+j for i in range(3) for j in range(5)]
```

que permite trabajar con varias dimensiones. Bien utilizada, también permite hacer cosas bastante originales:

```
>>> [(i,j) for i in range(3) for j in range(i)]
```

Comprobará que las posibilidades son infinitas, la imaginación del desarrollador es el único límite.

© Editions ENI - All rights reserved

Observe que existe un recorrido de lista asincrónica:

```
result = [i async for i in aiter() if i % 2]
```

E incluso:

```
result = [await fun() for fun in funcs if await condition()]
```

Estos dos ejemplos están extraídos de la documentación oficial. Su objetivo es mostrarle las palabras clave utilizadas, así como la sintaxis. La conclusión es que, en algunos contextos, pueden funcionar con mejor rendimiento que los recorridos convencionales.

## 6.6 Iteraciones avanzadas

Python integra un módulo llamado **itertools** que permite abordar los casos de uso de iteraciones complejas de una manera pythónica y, por tanto, sencilla.
En primer lugar, se muestra a continuación algunos métodos que permiten acoplar un dato adicional a un dato principal, de manera similar a lo que propone la primitiva **enumerate**:

```
>>> import itertools
>>> l=[42, 74, 34, 42, 54, 5]
>>> for i in zip(l, itertools.repeat(0)):
...     print(i)
...
(42, 0)
(74, 0)
(34, 0)
(42, 0)
(54, 0)
(5, 0)
>>> for i in zip(l, itertools.cycle([1, 2, 3])):
...     print(i)
...
(42, 1)
(74, 2)
(34, 3)
(42, 1)
(54, 2)
(5, 3)
>>> for i in zip(l, itertools.count(10)):
...     print(i)
...
(42, 10)
(74, 11)
(34, 12)
(42, 13)
(54, 14)
(5, 15)
```

Esto evita tener que gestionar una variable adicional que habría que actualizar en cada bucle gestionándola directamente en su declaración.

La idea de los siguientes métodos es modificar el comportamiento del iterador en lugar de tener que manipular el dato, para evitar procesamientos inútiles o tener que agregar condiciones para saber si se sale del bucle, si se pasa a la siguiente iteración y, de este modo, pulir visualmente el código, además de resolver problemas de rendimiento.
En lugar de realizar dos bucles con el mismo contenido, pero que iteran sobre dos variables:

```
>>> for i in [1, 2, 3]:
...     print(i)
...
1
2
>>> for i in [3]:
...     print(i)
...
3
```

En lugar de tener que manipular los datos:

```
>>> for i in [1, 2]+[3]:
...     print(i)
...
1
2
3
```

Una escritura que itera sobre una y, a continuación, sobre la otra variable:

```
>>> for i in itertools.chain([1, 2, 3], [3]):
...     print(i)
...
1
2
3
```

Al revés que con **chain**, es fácil realizar agrupaciones conforme se presentan los datos:

```
>>> for i in itertools.groupby([1, 2, 3, 2, 1], lambda x:x>2):
...     print(i)
...
(False, <itertools._grouper object at 0x10ae890>)
(True, <itertools._grouper object at 0x10ae810>)
(False, <itertools._grouper object at 0x10ae890>)
```

El cambio se produce cada vez que la condición se invierte y la herramienta devuelve una 2-tupla en la que el primer miembro indica su estado. He aquí un ejemplo de la explotación de dichos grupos:

```
>>> for e, i in enumerate(itertools.groupby([1, 2, 3, 2, 1],
lambda x:x>2)):
...     for g in i[1]:
...         print('Grupo %s: %s' % (e, g))
...
Grupo 0: 1
```

© Editions ENI - All rights reserved

```
Grupo 0: 2
Grupo 1: 3
Grupo 2: 2
Grupo 2: 1
```

Es, de este modo, posible trabajar sobre los iteradores para realizar iteraciones por lotes, o iterar únicamente sobre una sección de los datos.
Es posible, también, trabajar a partir de **groupby**, el equivalente a un filtro que no procesa más que los casos **True** o **False**, el equivalente a **dropwhile** o **takewhile**.
Podemos pedir que se comience a iterar la lista a partir del primer valor que responda a dicha condición. Todos los valores siguientes se recorrerán.

```
>>> for i in itertools.dropwhile(lambda x:x<3, [1, 2, 3, 2, 1]):
...     print(i)
...
3
2
1
```

Lo cual resulta mucho más fácil y legible que:

```
>>> condition=False
>>> for i in [1, 2, 3, 2, 1]:
...     if condition==False:
...         if i<3:
...             continue
...         condition=True
...     print(i)
...
3
2
1
```

También es posible realizar la operación inversa, es decir, iterar mientras un valor cumpla la condición y parar la iteración cuando alguno de los valores no la respete, independientemente de los valores que vengan a continuación:

```
>>> for i in itertools.takewhile(lambda x:x<3, [1, 2, 3, 2, 1]):
...     print(i)
...
1
2
```

Python proporciona también un medio para aplicar una máscara a una lista:

```
>>> for i in itertools.compress([1, 2, 3], [0, 1, 0]):
...     print(i)
...
2
```

El método **islice** permite realizar la misma tarea que utilizando un tramo. Presenta las mismas características que **slice** en su firma (secuencia, [inicio], fin, paso):

```
>>> for i in itertools.islice([1, 2, 3], 2):
...     print(i)
...
1
2
>>> for i in itertools.islice([1, 2, 3], 2, None):
...     print(i)
...
3
>>> for i in itertools.islice([1, 2, 3], 0, None, 2):
...     print(i)
...
1
3
```

Es posible aplicar una transformación a un objeto justo antes de utilizarlo en el bucle:

```
>>> for i in itertools.starmap(sum, [[[1, 2, 3]], [[3, 5, 6]]]):
...     print(i)
...
6
14
```

En este ejemplo, se tiene una lista de argumentos, que está formada por un único argumento. La primitiva **sum** recibe un único argumento.
La primitiva **pow** recibe dos argumentos, que son ambos valores enteros, cuya escritura es:

```
>>> for i in itertools.starmap(pow, [[1, 2], [3, 5]]):
...     print(i)
...
1
243
```

Cuando se debe realizar varias veces una iteración, nos vemos tentados a escribir un bucle dentro de otro bucle:

```
>>> for i in range(2):
...     for ii in [1, 2, 3]:
...         print(ii)
...
1
2
3
1
2
3
```

© Editions ENI - All rights reserved

Python proporciona una manera mucho más sencilla que permite evitar un nivel de bloque suplementario y favorece la legibilidad y la claridad.

```
>>> for i in itertools.tee([1, 2, 3], 2):
...     for ii in i: print(ii)
...
1
2
3
1
2
3
```

El principio consiste en pivotar los valores basándose en la lista más larga:

```
>>> for i in itertools.zip_longest([1, 2, 3], [5]):
...     print(i)
...
(1, 5)
(2, None)
(3, None)
```

Recordemos lo que devuelve **zip**:

```
>>> for i in zip([1, 2, 3], [5]):
...     print(i)
...
(1, 5)
```

Es posible utilizar un argumento adicional para remplazar el valor por defecto:

```
>>> for a, b in itertools.zip_longest([1, 2, 3], [5], fillvalue=0):
...     print(a*b)
...
5
0
0
```

## 6.7 Combinatoria

El módulo itertools contiene, a su vez, funciones que permiten realizar operaciones de combinatoria clásica sobre secuencias o conjuntos.

La primera de ellas permite obtener todas las asociaciones entre los valores de una lista o con los de otra:

```
>>> for i in itertools.product([1, 2], [5, 6]):
...     print(i)
...
(1, 5)
(1, 6)
(2, 5)
(2, 6)
```

El parámetro **repeat** repite varias veces un mismo objeto de una lista, permitiendo realizar asociaciones sobre una única lista:

```
>>> for i in itertools.product([1, 2, 3], repeat=2):
...     print(i)
...
(1, 1)
(1, 2)
(1, 3)
(2, 1)
(2, 2)
(2, 3)
(3, 1)
(3, 2)
(3, 3)
```

El resultado de dicha operación equivale al conjunto de resultados posibles si lanzásemos un dado de tres caras (si existiera), anotando el número de cada dado (que se corresponde con el índice en la 2-tupla).
Por defecto, **repeat** vale 1 y, si hay una única lista, la función devuelve el valor en forma de tupla:

```
>>> for i in itertools.product([1, 2, 3]):
...     print(i)
...
(1,)
(2,)
(3,)
```

No existe la noción de duplicado en este procesamiento; cada valor se utiliza en función de su rango en la lista, sin otra consideración.

```
>>> for i in itertools.product([1, 1], repeat=2):
...     print(i)
...
(1, 1)
(1, 1)
(1, 1)
(1, 1)
```

Existen también las permutaciones, es decir, todas las posibilidades de orden para escribir los valores de una secuencia:

```
>>> for i in itertools.permutations([1, 2, 3]):
...     print(i)
...
(1, 2, 3)
(1, 3, 2)
(2, 1, 3)
(2, 3, 1)
(3, 1, 2)
(3, 2, 1)
```

© Editions ENI - All rights reserved

Por defecto, se utilizan todos los valores. Es posible indicar una longitud máxima para encontrar todos los posibles valores de parejas de un número de elementos dado:

```
>>> for i in itertools.permutations([1, 2, 3], 2):
...     print(i)
...
(1, 2)
(1, 3)
(2, 1)
(2, 3)
(3, 1)
(3, 2)
```

El resultado es el conjunto de resultados posibles si se lanzan dos dados de tres caras y se vuelve a lanzar el segundo hasta que su valor sea igual al primero, diferenciando el primer dado del segundo.
Las combinaciones son las agrupaciones de valores, sin noción de orden. Por ejemplo, **(1, 2)** y **(2, 1)** son idénticos, de ahí que este valor aparezca una única vez.

```
>>> for i in itertools.combinations([1, 2, 3], 2):
...     print(i)
...
(1, 2)
(1, 3)
(2, 3)
```

Se trata, por ejemplo, del resultado de lanzar dos dados de tres caras, volviendo a lanzar los dos dados mientras presenten dos valores idénticos.
Existe, finalmente, un último método, con un nombre un poco más largo. Se trata de lanzar dos dados, sin diferenciar uno del otro.

```
>>> for i in itertools.combinations_with_replacement([1, 2, 3], 2):
...     print(i)
...
(1, 1)
(1, 2)
(1, 3)
(2, 2)
(2, 3)
(3, 3)
```

## 7. Adaptar las listas a necesidades específicas

### 7.1 Lista de enteros

La idea es controlar los datos de la lista de manera que se pueda asegurar que no contiene más que números (enteros o de coma flotante):

```
class intlist(list):
    """Lista de números"""

    __types__ = [int, float]

    def __init__(self, *args, **kwargs):
            """Sobrecarga genérica del constructor"""
            list.__init__(self, *args, **kwargs)
            for index, value in enumerate(self):
                    if type(value) not in self.__types__:
                            raise TypeError("el objeto %s de índice %s de
la secuencia no es un número" % (value, index))

    def append(self, value):
            """Sobrecarga del método para agregar elementos al final de
la lista"""
            if type(value) not in self.__types__:
                    raise TypeError("%s no es un número" % value)
            list.append(self, value)

    def insert(self, index, value):
            """Sobrecarga del método para agregar elementos en un índice
determinado"""
            if type(value) not in self.__types__:
                    raise TypeError("%s no es un número" % value)
            list.insert(self, index, value)

    def extend(self, seq):
            """Sobrecarga del método de modificación de varios elementos"""
            for index, value in enumerate(seq):
                    if type(value) not in self.__types__:
                            raise TypeError("el objeto %s de índice %s de
la secuencia no es un número" % (value, index))
            list.extend(self, seq)

    def __setitem__(self, index, value):
            """Sobrecarga del método de modificación de un elemento"""
            if type(value) not in self.__types__:
                    raise TypeError("%s no es un número" % value)
            list.__setitem__(self, index, value)

    def __setslice__(self, i, j, seq):
```

© Editions ENI - All rights reserved

```
        """Sobrecarga del método de modificación de varios elementos"""
        for index, value in enumerate(seq):
            if type(value) not in self.__types__:
                raise TypeError("el objeto %s de índice %s de
la secuencia no es un número" % (value, index))
        list.__setslice__(self, i, j, seq)

    def __add__(self, seq):
        """Sobrecarga del método para agregar varios elementos"""
        for index, value in enumerate(seq):
            if type(value) not in self.__types__:
                raise TypeError("el objeto %s de índice %s de
la secuencia no es un número" % (value, index))
        return list.__add__(self, seq)

    def __iadd__(self, seq):
        """Sobrecarga del método para agregar varios elementos"""
        for index, value in enumerate(seq):
            if type(value) not in self.__types__:
                raise TypeError("el objeto %s de índice %s de
la secuencia no es un número" % (value, index))
        list.__iadd__(self, seq)
                    return self
```

Destacamos que existe otra solución escribiendo una clase por encima de **collections.UserList**, pero la facilidad con la que se puede heredar directamente del objeto **list** resulta seductora.

A continuación, resulta sencillo enriquecer la clase agregando funciones específicas para calcular una suma, un valor medio, una desviación típica o cualquier otro concepto.

Además, el ejemplo provisto es válido tanto para la rama 2.x de Python como para la rama 3.x. Los métodos inútiles podrían eliminarse, aunque dejarlos no supone un error.

Encontrará el ejemplo anterior en el código fuente complementario a este libro.

## 7.2 Presentación del tipo array

El módulo **array** contiene dos elementos interesantes. Por un lado, **array** permite construir una tabla que puede asemejarse a una lista de Python, pero que es muy próxima a la de C. Puede contener, únicamente, revestimientos de tipos **C**, que se determinan en el momento de la creación de la tabla.

A continuación, se muestra **typecodes**, que contiene estos tipos:

```
>>> import array
>>> dir(array)
['ArrayType', '__doc__', '__name__', '__package__',
'_array_reconstructor', 'array', 'typecodes']
>>> array.typecodes
'bBuhHiIlLfd'
```

La tabla contiene los métodos que hemos estudiado para la lista y que se llaman de la misma manera, dado que realizan la misma función, además de los métodos de conversión:

```
>>> dir(array.array)
['__add__', '__class__', '__contains__', '__copy__',
'__deepcopy__', '__delattr__', '__delitem__', '__doc__', '__eq__',
'__format__', '__ge__', '__getattribute__', '__getitem__',
'__gt__', '__hash__', '__iadd__', '__imul__', '__init__',
'__iter__', '__le__', '__len__', '__lt__', '__mul__', '__ne__',
'__new__', '__reduce__', '__reduce_ex__', '__repr__', '__rmul__',
'__setattr__', '__setitem__', '__sizeof__', '__str__',
'__subclasshook__', 'append', 'buffer_info', 'byteswap', 'count',
'extend', 'frombytes', 'fromfile', 'fromlist', 'fromstring',
'fromunicode', 'index', 'insert', 'itemsize', 'pop', 'remove',
'reverse', 'tobytes', 'tofile', 'tolist', 'tostring', 'tounicode',
'typecode']
```

Para crear una de estas tablas, es preciso indicar el tipo entre las posibles opciones:

```
>>> a=array.array('A')
Traceback (most recent call last):
File "<stdin>", line 1, in <module>
ValueError: bad typecode (must be b, B, u, h, H, i, I, l, L, f or d)
>>> a=array.array('i')
>>> a
array('i')
>>> a.typecode
'i'
```

Acabamos de crear, así, una tabla de enteros, pero de enteros en el sentido C:

```
>>> a.append(2**31-1)
>>> a.append(2**31)
Traceback (most recent call last):
File "<stdin>", line 1, in <module>
OverflowError: signed integer is greater than maximum
```

Si se va un poco más allá, se genera una excepción. Si se va realmente mucho más lejos, se genera otra:

```
>>> a.append(2**63-1)
Traceback (most recent call last):
File "<stdin>", line 1, in <module>
OverflowError: signed integer is greater than maximum
>>> a.append(2**63)
Traceback (most recent call last):
File "<stdin>", line 1, in <module>
OverflowError: Python int too large to convert to C long
```

© Editions ENI - All rights reserved

Cada tabla es, de este modo, homogénea por naturaleza. Por el contrario, dicha tabla no consume menos memoria que las listas en Python, y tampoco son más rápidas.

```
array('i', [2147483647])
>>> a.itemsize
4
```

En cuanto al resto, todo funciona como con las listas. Existen también métodos para transformarlas en bytes, aunque no se llaman igual, salvo para los valores enteros, puesto que no reciben los mismos parámetros:

```
>>> a=array.array('i', [1, 2, 3])
>>> a.tobytes()
b'\x01\x00\x00\x00\x02\x00\x00\x00\x03\x00\x00\x00'
```

Cuando el tipo básico es Unicode, es posible utilizar el método Unicode.
Preste atención: en la rama 3.x, Unicode se corresponde con la clase **str**, mientras que **string** se corresponde con la clase bytes. Los nombres de los métodos son los mismos que en la antigua rama.

```
>>> a=array.array('u', 'abcdef')
>>> a
array('u', 'abcdef')
>>> a.append('g')
>>> a
array('u', 'abcdefg')
>>> a.tounicode()
'abcdefg'
```

## 7.3 Utilizar una lista como una pila

Una pila es un espacio en el que los objetos que se reciben se apilan y donde es posible recuperar estos objetos a partir de la parte superior de la pila (desapilar). No es posible «levantar» la pila para buscar un objeto que se encuentra en la mitad de esta. El término inglés es «stack», y se habla de FILO o LIFO (*first in, last out o last in, first out*).
Es posible utilizar una lista como una pila:

```
>>> l = []
>>> l.append(4)
>>> l.append(5)
>>> l.pop()
5
>>> l.append(6)
>>> l.append(2)
>>> l.pop()
2
>>> l.pop(), l.pop()
6, 4
```

Basta con utilizar únicamente los métodos **append** y **pop**.

## 7.4 Utilizar una lista como una fila de espera

Una lista de espera o, simplemente, una fila es un espacio que almacena los objetos que esperan a ser tratados. Se procesarán según el orden de llegada. No es posible «cortar la fila» o «colar» a un objeto anterior. El término inglés es «queue», y se habla de FIFO (*first in, first out*).

```
>>> l=[]
>>> l.insert(0, 1)
>>> l.insert(0, 2)
>>> l.pop()
1
>>> l.insert(0, 3)
>>> l.insert(0, 4)
>>> l.pop()
2
>>> l.pop()
3
>>> l.insert(0, 5)
>>> l.pop()
4
>>> l.pop()
5
```

Basta, por tanto, con utilizar únicamente los métodos **insert** (siempre con el índice a 0) y **pop** para llegar a este funcionamiento. Únicamente el método **insert** tiene un coste algo elevado.

## 7.5 Contenedor con mejor rendimiento

La búsqueda del rendimiento resulta imprescindible, de modo que Python integra en su seno una herramienta adaptada a las pilas y a las filas. En el caso de la fila, puede utilizarse así:

```
>>> from collections import deque
>>> l = deque()
>>> l.append(1)
>>> l.append(2)
>>> l.popleft()
1
>>> l.append(3)
>>> l.append(4)
>>> l.popleft()
2
>>> l.popleft()
3
>>> l.append(5)
>>> l.popleft()
4
>>> l.popleft()
5
```

© Editions ENI - All rights reserved

**append** y **popleft** son suficientes. En realidad, en el ejemplo anterior, se entra en la fila por la izquierda (al inicio de la lista) para salir por la derecha (final de la lista), y en este último ejemplo, se entra por la derecha para salir por la izquierda. También es posible realizar la operación inversa:

```
>>> l = deque()
>>> l.appendleft(1)
>>> l.appendleft(2)
>>> l.pop()
1
>>> l.appendleft(3)
>>> l.appendleft(4)
>>> l.pop()
2
>>> l.pop()
3
>>> l.appendleft(5)
>>> l.pop()
4
>>> l.pop()
5
```

Encontrará este ejemplo en el código fuente complementario al libro, incluyendo una serie de mejoras de rendimiento en el procesamiento de listas y en la clase **deque** para este tipo de uso.

La solución basada en listas es, con diferencia, la menos óptima; las dos soluciones con **deque** son mucho mejores. Además la última está especialmente adaptada a volumetrías medianas.

Cabe destacar que es posible utilizar, también, **deque** para las pilas, usando de manera combinada **pop** y **append** (**popleft** y **appendleft** también funcionan, aunque son métodos más costosos).

## 7.6 Utilizar las listas para representar matrices

Esta sección está relacionada con las secciones relativas a las secuencias y tiene como único objetivo presentar las características particulares de las listas a través de las matrices, vistas como caso de uso.

Es posible utilizar listas para representar matrices. Esto puede hacerse, simplemente, sin demasiados controles:

```
>>> matriz = [[1, 2, 3], [4, 5, 6], [7, 8, 9]]
```

Es posible hacerlo mucho mejor mediante controles de coherencia, a nivel matemático (todas las matrices deben contener listas con el mismo número de elementos y la misma longitud). Podríamos utilizar la clase **numberlist** para realizar parte de las comprobaciones. No obstante, Python incluye **NumPy**, que es mucho más complejo y tiene un rendimiento mucho mejor (http://numpy.org/).

Por ejemplo, si se desea pivotar una lista, transformando las filas en columnas, es posible utilizar la primitiva **map** que ya hemos visto. Pero pasarle una lista no sirve para nada, es preciso pasarle la lista de filas: **map(fila1, fila2, ...)**. Esto se realiza de manera muy sencilla gracias al carácter asterisco.

```
>>> zip(*matriz)
[(1, 4, 7), (2, 5, 8), (3, 6, 9)]
```

En este caso concreto, la secuencia (que contiene tres listas) se ve como una agregación de tres listas y se utiliza como tal, con ayuda del prefijo *.

El ejemplo de las matrices puede servir también para ilustrar el uso del recorrido de listas anidadas:

```
>>> [[x**2 for x in linea] for linea in matriz]
[[1, 4, 9], [16, 25, 36], [49, 64, 81]]
```

La lectura se realiza de la siguiente manera:

- cada elemento de mi fila lo elevo al cuadrado;
- esto para cada fila de la matriz.

Preste atención con el recorrido de listas:

```
>>> [[x**2 for x in linea if x %2 == 0] for linea in matriz]
[[4], [16, 36], [64]]
```

Esta operación transforma una matriz en otra cosa, puesto que no se garantiza la misma longitud para todas las sublistas.

Es preciso, por tanto, manipular estos datos con mucha prudencia.

De paso, destacamos que Python 3.5 aporta la multiplicación matricial. Con un pequeño matiz: como explica la PEP 465, la multiplicación de arrays multidimensionales se parece a esto:

```
[[1, 2], [3, 4]] * [[11, 12], [13, 14]] = [[1 * 11, 2 * 12],
                                           [3 * 13, 4 * 14]]
```

Mientras que la multiplicación matricial sería, por ejemplo:

```
[[1, 2], [3, 4]] @ [[11, 12], [13, 14]] =
                  [[1 * 11 + 2 * 13, 1 * 12 + 2 * 14],
                   [3 * 11 + 4 * 13, 3 * 12 + 4 * 14]]
```

Esto se hace gracias al nuevo operador **@ (__matmul__** y **__rmatmul__**). Existe también, necesariamente, **@= (__imatmul__)**.

## 7.7 Lista sin duplicados

Es posible transformar una lista de manera que no incluya valores duplicados sobrecargando los métodos **__init__**, **append**, **insert**, **extend**, **__setitem__**, **__setslice__**, **__add__** y **__iadd__** para que verifiquen si el valor o los valores que se han insertado ya existen en el objeto en curso, antes de agregarlos.

```
class listaunica(list):
"""Lista de objetos únicos"""
```

© Editions ENI - All rights reserved

```
    def __init__(self, seq=[]):
            """Sobrecarga genérica del constructor"""
            for value in seq:
                    self.append(value)

    def append(self, value):
            """Sobrecarga del método que agrega elementos al final de la
lista"""
            if value not in self:
                    list.append(self, value)

    def insert(self, index, value):
            """ Sobrecarga del método que agrega elementos en un índice
determinado"""
            if value not in self:
                    list.insert(self, index, value)

    def extend(self, seq):
            """Sobrecarga del método de modificación de varios elementos"""
            for value in seq:
                    self.append(value)

    def __setitem__(self, index, value):
            """Sobrecarga del método de modificación de un elemento"""
            if value not in self:
            list.__setitem__(self, index, value)

    def __setslice__(self, i, j, seq):
            """Sobrecarga del método de modificación de varios elementos"""
            first = self[:i]
            last = self[j:]
            self.__delslice__(i, 2147483647)
            self.extend(seq)
            self.extend(last)

def __add__(self, seq):
            """Sobrecarga del método para agregar varios elementos"""
            checked_seq = []
            for value in seq:
                    if value not in self and value not in checked_seq:
                            checked_seq.append(value)
            return list.__add__(self, checked_seq)

    def __iadd__(self, seq):
            """Sobrecarga del método para agregar varios elementos """
            checked_seq = []
            for value in seq:
                    if value not in self and value not in checked_seq:
```

```
                checked_seq.append(value)
        list.__iadd__(self, checked_seq)
        return self
```

También aquí habríamos podido utilizar **collections.UserList**. Destacaremos también que si nos interesa únicamente el hecho de no tener duplicados, entonces será preferible utilizar un conjunto. El uso de una lista así es interesante únicamente si se desea mantener el orden de los elementos, y esta solución es bastante costosa (la inserción en un lugar específico de la lista es más costosa que una agregación al final).

La clase **uniquelist** existe también en la rama 2.x, motivo por el que contiene métodos deprecados. Estos podrían eliminarse si se utiliza únicamente la rama 3.x, aunque en el peor de los casos resultan inútiles y se ignoran.

Con dicha clase, cuando se intenta agregar un valor duplicado, no se permite. El objeto debe existir en la lista. La clase que hereda de una lista gestiona el orden.

Conviene mantener la posición del primer elemento insertado, en caso de duplicados. De este modo, tenemos:

```
>>> l=listaunica()
>>> l.append(1)
>>> l
[1]
>>> l.append(2)
>>> l
[1, 2]
>>> l.append(1)
>>> l
[1, 2]
>>> l.extend([5, 1, 8])
>>> l
[1, 2, 5, 8]
>>> l += [3, 4, 5, 6, 7, 8]
>>> l
[1, 2, 5, 8, 3, 4, 6, 7]
>>> l[1:4] = [8, 2, 0]
>>> l
[1, 8, 2, 0, 3, 4, 6, 7]
>>> l[1:4] = [2, 8, 7]
>>> l
[1, 2, 8, 3, 4, 6, 7]
```

Es, no obstante, raro necesitar una relación de orden cuando lo que se desea es evitar valores duplicados. Las implicaciones de esta elección (en particular la manera de procesar un duplicado y gestionar su posición) son complejas y poco útiles.

Es preferible trabajar con una lista no ordenada, que responde mejor a la mayoría de problemáticas. **set** lo permite, y se presenta en el capítulo Conjuntos y algoritmos aplicados, más adelante.

© Editions ENI - All rights reserved

Una solución relativamente buena consiste en utilizar la clase **set** para gestionar el conjunto de datos e iterar dentro del conjunto mediante un iterador gestionado en paralelo.
La mejor solución, por encima de la anterior –y con mayor rendimiento– consiste en apoyarse en la clase **set** para gestionar la problemática de los valores duplicados y sobrecargar el método **__iter__** para hacerlo apuntar a un iterador casero que gestione de manera sencilla la lectura de los datos. Conviene, también, gestionar otros métodos.

## 8. Otros tipos de datos

Si bien la lista y la n-tupla son las colecciones por excelencia, hemos visto que, para ciertas necesidades concretas, existen objetos tales como **deque**, mucho mejor adaptados. Existen, también, otros objetos que pueden presentar cierto interés, entre los que vamos a presentar dos.
En primer lugar, en el módulo de colecciones, vamos a presentar la **namedtuple**. Hemos visto que las n-tuplas permiten representar un dato enumerando sus componentes, y que el orden en que aparecen dichas componentes resulta esencial para recorrer el objeto.
De este modo, hablamos de un punto en un plano, y entendemos que la n-tupla (4,2) representa el punto con abscisa 4 y ordenada 2.
La idea subyacente tras la **namedtuple** es extremadamente sencilla. Se trata, simplemente, de permitir una mejor semántica para los datos, sin tener que recurrir a la escritura de una clase particular y sin perder las ventajas de las n-tuplas en términos de rendimiento y de facilidad de uso.
Si retomamos el ejemplo del punto en el plano, podemos definir:

```
>>> Punto = namedtuple('Punto', ['x', 'y'])
```

Nos encontramos, en este caso, con un objeto que posee su propia semántica (se denomina **Punto** y posee dos atributos **x** e **y** que son las coordenadas).
Es posible crear dicho objeto de la siguiente manera:

```
>>> p = Punto(4, 2)
>>> p = Punto(x=4, y=2)
>>> p = Punto(4, y=2)
>>> p = Punto(y=2, x=4)
```

Es posible acceder a sus atributos como si se tratara de una n-tupla, pero también utilizando la semántica definida:

```
>>> print(p[0], p[1])
(4, 2)
>>> print(p.x, p.y)
(4, 2)
```

Es posible, también, utilizar la asignación múltiple:

```
>>> x, y = p
>>> x, y
(4, 22)
```

Por último, desde Python 3.5 podemos agregar la documentación de los distintos atributos:

```
>>> Punto.__doc__ = "Representación de un punto en un plano"
>>> Punto.x.__doc__ = 'abscisa'
>>> Punto.y.__doc__ = 'ordenada'
```

Este objeto tiene la particularidad de que es muy fácil de crear, muy práctico y con muy buen rendimiento. Resulta particularmente interesante aprender a trabajar con él.

Desde Python 3.4, se dispone también de objetos **Enum**. Estos objetos permiten crear conjuntos con nombres únicos y asociarlos a valores.

La idea es trabajar siempre sobre la semántica, asociando términos (únicos) a valores (que no tienen por qué ser únicos necesariamente); se trata de una noción similar a las enumeraciones que se encuentran en PostgreSQL, por ejemplo.

He aquí un ejemplo concreto:

```
>>> from enum import Enum
>>> class Instrumento(Enum):
... guitara = 6
... bajo = 4
...
```

También es posible utilizar:

```
>>> print(Instrumento.guitarra)
Instrumento.guitarra
>>> print(repr(Instrumento.guitarra))
<Instrumento.guitarra: 6>
>>> type(Instrumento.guitarra)
<enum 'Instrumento'>
>>> print(Instrumento.guitarra.name)
guitarra
>>> print(Instrumento.guitarra.value)
6
>>> Instrumento(6)
<Instrumento.guitarra: 6>
>>> Instrumento['guitarra']
<Instrumento.guitarra: 6>
```

También es posible iterar una enumeración:

```
>>> for instrumento in Instrumento:
... print(instrumento)
...
Instrumento.guitarra
Instrumento.bajo
```

© Editions ENI - All rights reserved

La ventaja de la enumeración es que es hasheable y puede utilizarse como clave en un diccionario. Cuando se visualiza un diccionario, en lugar de recuperar el valor asociado a la enumeración, se obtiene realmente la semántica:

```
>>> musicos = {}
>>> musicos[Instrumento.guitarra] = 'Joe Satriani'
>>> musicos[Instrumento.bajo] = 'Stu Hamm'
>>> print(musicos)
{Instrumento.guitarra: 'Joe Satriani', Instrumento.bajo: 'Stu Hamm'}
```

Por último, para finalizar, también es posible asegurar que el conjunto de valores es único:

```
>>> from enum import Enum, unico
>>> @unico
... class Instrumento(Enum):
... guitarra = 6
... bajo = 4
...
```

En este caso, el hecho de tener dos valores idénticos creará una excepción.

© Editions ENI - All rights reserved

# Capítulo 3-6
# Conjuntos y algoritmos aplicados

## 1. Presentación

### 1.1 Definición de un conjunto

Un conjunto es una colección no ordenada de objetos únicos. No existe, por tanto, una relación de orden y resulta imposible encontrar dos elementos idénticos. Se trata, simple y llanamente, de un conjunto, en el sentido matemático del término.

Un conjunto se diferencia de una secuencia (lista o n-tupla) en que su uso es radicalmente distinto, mientras que las diferencias entre una lista y una n-tupla son de orden semántico y técnico.

Existen dos tipos de conjuntos, los conjuntos modificables (set) y los conjuntos no modificables (frozenset). La diferencia a nivel técnico es exactamente del mismo tipo que entre las listas y las n-tuplas.

Por el contrario, a nivel semántico, no existen diferencias entre un set y un frozenset – mientras que sí las hay entre una lista y una n-tupla–, dado que los dos se utilizan para representar el mismo tipo de datos, con el mismo significado.

Los puentes que hemos visto entre las n-tuplas, las listas y los iteradores funcionan también con los conjuntos. Es posible construir uno a partir de una lista, una tupla u otras secuencias:

```
>>> set([1, 2, 3])
{1, 2, 3}
```

Se comprueba, por otra parte, en la respuesta de la consola la nueva representación de un conjunto:

```
>>> {1, 2, 3}
{1, 2, 3}
```

No debe confundirse con un diccionario:

```
>>> {1:1, 2:2, 3:3}
{1: 1, 2: 2, 3: 3}
```

La representación de un conjunto vacío supone utilizar el constructor, pues el uso de llaves sin valores devuelve un diccionario:

```
>>> type({})
<class 'dict'>
```

La representación que da Python a un conjunto vacío creado artificialmente muestra con claridad que es preciso utilizar el constructor cuando se trata de un conjunto vacío:

```
>>> {0}-{0}
set()
```

En la rama 2.x de Python esta semántica que utiliza llaves no está presente y la representación se realiza siempre mediante el constructor:

```
>>> set([1, 2, 3])
set([1, 2, 3])
```

Existe una restricción de uso importante: los objetos contenidos en el conjunto deben poderse hashear, es decir, debe poderse determinar una clave de hash:

```
>>> {1, 2, 3}
{1, 2, 3}
>>> {1, 2, [3]}
Traceback (most recent call last):
File "<stdin>", line 1, in <module>
TypeError: unhashable type: 'list'
>>> {1, 2, (3,)}
{1, 2, (3,)}
```

De este modo, un conjunto no puede contener listas ni otros conjuntos modificables (sets), aunque sí puede contener n-tuplas o conjuntos no modificables (frozenset).

## 1.2 Diferencias entre set y frozenset

Veamos la diferencia entre una n-tupla y una tupla:

```
>>> list(sorted(set(dir(tuple))-set(dir(frozenset))))
['__add__', '__getitem__', '__getnewargs__', '__mul__', '__rmul__',
'count', 'index']
```

El conjunto tiene una única ocurrencia de cada objeto, de modo que los métodos **count**, **__mul__** y **__rmul__** resultan inútiles. El conjunto no tiene relación de orden, y tampoco de índice, de modo que **index**, **__getitem__** y **__setitem__** no tienen utilidad. No existe la noción de agregación en los conjuntos, aunque sí de unión.

© Editions ENI - All rights reserved

Los métodos comunes son aquellos vinculados al modelo de objetos, que permiten realizar la comparación, y el método **__iter__** permite obtener un iterador sobre el conjunto.

```
>>> list(sorted(set(dir(tuple))&set(dir(frozenset))))
['__class__', '__contains__', '__delattr__', '__doc__', '__eq__',
'__format__', '__ge__', '__getattribute__', '__gt__', '__hash__',
'__init__', '__iter__', '__le__', '__len__', '__lt__', '__ne__',
'__new__', '__reduce__', '__reduce_ex__', '__repr__', '__setattr__',
'__sizeof__', '__str__', '__subclasshook__']
```

Todos los métodos suplementarios tienen su objetivo para los conjuntos:

```
>>> list(sorted(set(dir(frozenset))-set(dir(tuple))))
['__and__', '__or__', '__rand__', '__ror__', '__rsub__', '__rxor__',
'__sub__', '__xor__', 'copy', 'difference', 'intersection',
'isdisjoint', 'issubset', 'issuperset', 'symmetric_difference', 'union']
```

La clase **set** ofrece métodos suplementarios para la modificación:

```
>>> list(sorted(set(dir(set))-set(dir(frozenset))))
['__iand__', '__ior__', '__isub__', '__ixor__', 'add', 'clear',
'difference_update', 'discard', 'intersection_update', 'pop',
'remove', 'symmetric_difference_update', 'update']
```

## 1.3 Uso para eliminar valores duplicados de las listas

El constructor set se conoce particularmente por permitir eliminar valores duplicados en una lista:

```
>>> l = [1, 2, 3, 2, 4, 1, 5]
>>> l=list(set(l))
>>> l
[1, 2, 3, 4, 5]
```

Si la relación de orden no tiene importancia, entonces no existe, en efecto, un algoritmo más óptimo ni más sencillo.
Los demás algoritmos para eliminar duplicados en una lista se abordan en la sección Las listas del capítulo Secuencias y algoritmos aplicados.

## 1.4 Agregar una relación de orden

Una manera sencilla de agregar una relación de orden consiste en utilizar este generador:

```
>>> s={1, 4, 3, 2, 15, 67, 34, 90}
>>> for i in sorted(s):
...     print(i)
...
1
2
3
4
15
34
67
90
```

Es posible, también, buscar los elementos mediante un iterador escrito para un conjunto:

```
>>> def orderedset(s):
...     while len(s)>0:
...         i=min(s)
...         s=s-{i}
...         yield i
...
```

El resultado permite gestionar el conjunto como un conjunto, sin cambiar su funcionamiento y leyendo con un iterador que se mantiene acoplado.
Este método es útil sobre todo a título pedagógico.

```
>>> for i in orderedset(s):
...     print(i)
...
1
2
3
4
15
34
67
90
```

## 2. Operaciones sobre conjuntos

### 2.1 Operadores para un conjunto a partir de otros dos

Conviene recordar la característica principal de un conjunto: no existen duplicados:

```
>>> s1 = {1, 2, 3, 3}
>>> s1
{1, 2, 3}
```

De este modo, es posible:

– saber si un elemento se encuentra en el conjunto (**`__contains__`**):

```
>>> 3 in s1
True
```

– conocer los elementos que se encuentran en s1, pero no en s2 (**`__sub__`**):

```
>>> s2 = {5, 4, 3}
>>> s1 - s2
{1, 2}
```

– conocer los elementos presentes en s1 o en s2 (**`__or__`**), el «o» u «o inclusivo» lógico. Se trata de una unión en el sentido matemático:

```
>>> s1 | s2
{1, 2, 3, 4, 5}
```

© Editions ENI - All rights reserved

– conocer los elementos presentes al mismo tiempo en s1 y s2, la intersección de s1 y s2 o el «y» lógico **(__and__)**:

```
>>> s1 & s2
{3}
```

– conocer los elementos en s1 o s2, pero que no estén en ambos, el «o exclusivo» **(__xor__)**:

```
>>> s1 ^ s2
{1, 2, 4, 5}
```

Una suma podría entenderse como en matemáticas, es decir, los objetos del primer conjunto se agregan a los objetos del segundo conjunto, salvo los objetos que pertenecen a la intersección de ambos conjuntos, puesto que no se permiten duplicados.

Dado que el conjunto es, por naturaleza, un conjunto, la suma realiza, en este caso, la misma acción que la unión, puesto que los duplicados se eliminan automáticamente. Podríamos agregar:

```
>>> class myset(set):
...     __add__ = set.__or__
...
>>> a, b = myset({1, 2, 3}), myset({5, 4, 3})
>>> a+b
{1, 2, 3, 4, 5}
```

Haciendo esto aparece una ambigüedad, pues se proporcionan dos métodos con nombres diferentes para realizar la misma acción, lo cual resulta contrario a la filosofía de Python. Además, la semántica es importante, y debería estar orientada a conjuntos.

## 2.2 Operadores para modificar un conjunto a partir de otro

Es sencillo crear un conjunto a partir de otros dos y, a continuación, asignar el resultado a una variable. No obstante, eso puede escribirse de manera más sencilla mediante operadores unarios (disponibles únicamente para set, pero no para frozenset) con objeto de permitir:

– eliminar los elementos en común con otro conjunto.

```
>>> s1, s2 = {1, 2, 3}, {5, 4, 3}
>>> s1 -= s2
>>> s1
{1, 2}
```

– agregar los elementos nuevos presentes en otro conjunto:

```
>>> s1, s2 = {1, 2, 3}, {5, 4, 3}
>>> s1 |= s2
>>> s1
{1, 2, 3, 4, 5}
```

– guardar únicamente los elementos comunes con otro conjunto:

```
>>> s1, s2 = {1, 2, 3}, {5, 4, 3}
>>> s1 &= s2
>>> s1
{3}
```

– guardar únicamente los elementos que no se encuentran en el otro conjunto y agregar aquellos que son nuevos o, dicho de otro modo, guardar únicamente los elementos presentes en uno u otro conjunto, pero no en ambos, lo que equivale a guardar todo el contenido salvo la intersección de elementos.

```
>>> s1, s2 = {1, 2, 3}, {5, 4, 3}
>>> s1 ^= s2
>>> s1
{1, 2, 4, 5}
```

## 2.3 Métodos equivalentes a la creación o modificación de conjuntos

Cada uno de los operadores posee un método llamado equivalente.
Resultan útiles para aquellos que no están familiarizados con las matemáticas de conjuntos:

| Símbolo | Método | Símbolo | Método |
|---|---|---|---|
| - | difference | -= | difference_update |
| \| | intersection | \|= | intersection_update |
| & | union | &= | union_update |
| ^ | symmetric_difference | ^= | symmetric_difference_update |
| > | issuperset | < | issubset |

## 2.4 Métodos de comparación de conjuntos

Tomemos los tres conjuntos siguientes:

```
>>> s1, s2, s3 = {1, 2, 3}, {1}, {5, 4, 3}
```

La comparación de dos conjuntos tiene un significado particular:

– dos conjuntos son iguales si poseen exactamente los mismos objetos (sin relación de orden):

```
>>> {1, 2, 3} == {3, 2, 1}
True
>>> {1, 2, 3} == {3, 2, 1, 4}
False
```

© Editions ENI - All rights reserved

– dos conjuntos son diferentes si uno posee al menos un valor que no está presente en el otro:

```
>>> {1, 2, 3} != {3, 2, 1}
False
>>> {1, 2, 3} != {3, 2, 1, 4}
True
```

– un conjunto es «superior» a otro si lo contiene:

```
>>> s1 > s2
True
```

– un conjunto es «inferior» a otro si está contenido en él:

```
>>> s2 < s1
True
>>> s2 < s3
False
```

– un conjunto es «igual o superior» a otro si lo contiene o es idéntico a él:

```
>>> s1 >= s2
True
>>> s1 >= s1
True
```

– un conjunto es «igual o inferior» a otro si está contenido en él o es idéntico:

```
>>> s1 <= s1
True
>>> s2 <= s1
True
```

De este modo, la siguiente situación tiene sentido:

```
>>> s1 < s3
False
>>> s1 > s3
False
```

No hay que leer «un conjunto puede ser ni más pequeño ni más grande que otro» sino más bien «un conjunto no contiene a otro ni está contenido en él».

Existe un último método de conjuntos llamado **isdisjoint** que permite saber si ambos conjuntos son disjuntos o, dicho de otro modo, si ambos conjuntos no comparten ningún valor:

```
>>> s1, s2, s3 = {2, 3}, {1}, {1, 2, 3}
>>> s1.isdisjoint(s2)
True
>>> s1.isdisjoint(s3)
False
```

Se puede, fácilmente, obtener el mismo resultado de la siguiente manera:

```
>>> len(s1 & s2) == 0
True
>>> len(s1 & s3) == 0
False
```

## 2.5 Ejemplos de uso poco clásicos

La primitiva **dir** podría presentar un conjunto de métodos y atributos pues es, en realidad, la mejor adaptada. Pero dado que queremos presentar este conjunto en orden alfabético, de manera que se facilite su lectura, se utilizará una lista.

También, a lo largo de este libro, se utilizan los conjuntos para comparar funcionalidades de distintos objetos:

```
>>> sorted(set(dir(set))-set(dir(object)))
['__and__', '__contains__', '__iand__', '__ior__', '__isub__',
'__iter__', '__ixor__', '__len__', '__or__', '__rand__',
'__ror__', '__rsub__', '__rxor__', '__sub__', '__xor__', 'add',
'clear', 'copy', 'difference', 'difference_update', 'discard',
'intersection', 'intersection_update', 'isdisjoint', 'issubset',
'issuperset', 'pop', 'remove', 'symmetric_difference',
'symmetric_difference_update', 'union', 'update']
```

En general, se da preferencia al uso de un conjunto frente al de una lista completa o a una lista de objetos únicos. Si la relación de orden tiene importancia, es posible utilizar un iterador particular para tenerla en cuenta.

Por ejemplo, un tablero de batalla naval podría implementarse mediante una 2-tupla que represente la abscisa y la ordenada o por una cadena de dos caracteres compuesta por una letra y un número. Para describir un conjunto de casillas, es posible utilizar un conjunto para asegurar la unicidad de manera natural, y aprovechar así los métodos u operadores sobre conjuntos para obtener la información.

He aquí el aspecto que tendría el tablero de juego:

```
>>> set(product('ABCDEFGHIJ', '0123456789'))
{('I', '9'), ('H', '4'), ('C', '4'), ('E', '0'), ('D', '5'), ('F',
 '4'), ('C', '3'), ('A', '1'), ('G', '9'), ('I', '0'), ('B', '0'),
('F', '5'), ('C', '2'), ('E', '2'), ('D', '3'), ('D', '8'), ('G',
'8'), ('B', '1'), ('F', '6'), ('C', '1'), ('A', '8'), ('A', '3'),
('I', '2'), ('B', '2'), ('H', '3'), ('F', '7'), ('E', '5'), ('H',
'8'), ('C', '0'), ('D', '1'), ('B', '3'), ('F', '0'), ('A', '5'),
('I', '4'), ('B', '4'), ('H', '1'), ('F', '1'), ('E', '7'), ('D',
'6'), ('J', '0'), ('B', '5'), ('F', '2'), ('J', '1'), ('A', '7'),
('G', '3'), ('I', '6'), ('B', '6'), ('H', '7'), ('F', '3'), ('E',
'1'), ('E', '8'), ('D', '4'), ('J', '2'), ('G', '2'), ('B', '7'),
('J', '3'), ('I', '1'), ('G', '1'), ('I', '8'), ('B', '8'), ('H',
'5'), ('E', '3'), ('D', '2'), ('J', '4'), ('G', '0'), ('B', '9'),
('A', '9'), ('A', '0'), ('J', '5'), ('I', '3'), ('G', '7'), ('H',
'2'), ('D', '0'), ('D', '9'), ('J', '6'), ('G', '6'), ('C', '9'),
('A', '2'), ('J', '7'), ('I', '5'), ('G', '5'), ('H', '0'), ('C',
```

© Editions ENI - All rights reserved

```
'8'), ('E', '4'), ('H', '9'), ('G', '4'), ('F', '8'), ('Ç', '7'),
('A', '4'), ('I', '7'), ('F', '9'), ('H', '6'), ('C', '6'), ('E',
'6'), ('E', '9'), ('D', '7'), ('J', '8'), ('C', '5'), ('J', '9'),
 ('A', '6')}
```

Construyamos nuestro tablero:

```
>>> tablero=set(product('ABCDEFGHIJ', '0123456789'))
```

Vamos a utilizar aquí un método **repeat**, del módulo **itertools**, que permite repetir tantas veces como sea necesario el mismo valor, es decir, en nuestro caso repetir el nombre de una columna o de una fila (dado que los barcos solo pueden estar situados horizontal o verticalmente):

```
>>> from itertools import repeat
```

Coloquemos dos barcos en vertical:

```
>>> barco1=frozenset(zip(repeat('B'), range(3, 8)))
>>> barco2=frozenset(zip(repeat('C'), range(3, 7)))
```

Y tres en horizontal. Mientras no se hayan descubierto todos los puntos de un barco, no está hundido:

```
>>> barco3=frozenset(zip('ABCD', repeat(1))
>>> barco4=frozenset(zip('ABC', repeat(0))
>>> barco5=frozenset(zip('BC', repeat(9))
```

Reunamos nuestros barcos:

```
>>> barcos={barco1, barco2, barco3, barco4, barco5}
```

He aquí las casillas ocupadas por barcos, que el adversario debe tratar de encontrar:

```
>>> ocupadas=barco1 | barco2 | barco3 | barco4 | barco5
```

Hay que comprobar que los barcos no se superponen (una casilla puede estar ocupada por un único barco). Para ello, vamos a contar simplemente el número de casillas ocupadas por todos los barcos, y debería haber 18:

```
>>> len(ocupadas)
```

Si no fuera el caso, es porque dos barcos se superponen, de modo que hay que comprobar por parejas:

```
>>> barco3_bis=frozenset(zip('ABCD', repeat(3)))
>>> barco3_bis & barco1
frozenset({('B', 3)})
>>> barco3_bis & barco2
frozenset({('C', 3)})
>>> barco3_bis & barco4
frozenset()
>>> barco3_bis & barco5
```

Si el resultado no es un conjunto vacío, significa que los barcos se superponen.

También podemos comprobar que todos los barcos no se salen del tablero de juego (es decir, que están contenidos en el tablero):

```
>>> ocupadas < tablero
True
```

A partir de ahora, el juego comienza:

```
>>> tablero=list(tablero)
>>> def jugar():
...     jugada=random.choice(tablero)
...     table.remove(jugada)
...     ya_jugados.add(jugada)
...     if jugada in ocupadas:
...         tocados.add(jugada)
...
```

Hemos transformado nuestro conjunto en una lista únicamente para aprovechar el método **choice**, que resulta práctico. Sin embargo, nuestra lista no está ordenada, aunque no necesitamos que lo esté.
Hagamos 15 jugadas:

```
>>> for i in range(15):
... jugar()
...
```

Una pequeña prueba permite comprobar que quedan únicamente 85 jugadas:

```
>>> len(tablero)
85
```

He aquí la lista de jugadas. No existe relación de orden, aunque no es necesario.

```
>>> ya_jugados
{('D', '5'), ('H', '5'), ('B', '3'), ('E', '9'), ('E', '0'), ('A',
'3'),  ('D', '9'), ('B', '4'), ('J', '6'), ('E', '6'), ('F', '1'),
('J', '4'), ('J', '9'), ('J', '3'), ('J', '8')}
```

También podemos comprobar si hay barcos tocados, aunque como con el resultado anterior, obtendrá un resultado diferente con cada prueba:

```
>>> tocados
{('B', '3'), ('B', '4')}
```

Es posible jugar hasta obtener un ganador:

```
>>> while(len(tocados)<18):
...     jugar()
...
```

Nos basamos en el hecho de que los barcos ocupan 18 casillas. Midamos la eficacia de nuestra inteligencia artificial, que no hace más que jugadas aleatorias:

```
>>> jugadas_totales=100-len(tablero)
>>> jugadas_totales
97
```

© Editions ENI - All rights reserved

De ello, se deduce que las jugadas aleatorias no son en absoluto la mejor estrategia, lo que no es especialmente sorprendente.

Es posible reiniciar el juego, jugar, detectar si se ha ganado la partida o detectar si un barco se ha hundido por distintos medios:

```
>>> len(barco1-tocados)==0
True
>>> barco1&tocados==barco1
True
```

No queda más que escribir las clases que permiten gestionar la situación propia de cada jugador, con su tablero y el de su adversario, escribir los métodos que permiten informar correctamente la situación de juego en cada instante, además de una interfaz de usuario y, por último, una buena estrategia, que sería la guinda del pastel.

Para crear una estrategia, es preciso crear la partida que se va a jugar, pero también que va a situar automáticamente los barcos del adversario.

Es preciso, por tanto, encontrar el conjunto de posiciones individuales de cada barco y el conjunto de posiciones que los barcos pueden tomar.

# 3. Métodos de modificación de un conjunto

## 3.1 Agregar un elemento

Estos métodos están disponibles únicamente para conjuntos modificables de tipo **set**, y no para **frozenset**. El primero de ellos es **add**:

```
>>> s={1, 2, 3}
>>> s.add(4)
>>> s
{1, 2, 3, 4}
>>> s.add(1)
>>> s
{1, 2, 3, 4}
```

Si el valor está presente en el conjunto, entonces no se modifica (agregar un elemento ya presente no supone un error).

Agregar un elemento es equivalente a realizar la unión con un conjunto que contenga, únicamente, dicho elemento:

```
>>> s|={5}
>>> s
{1, 2, 3, 4, 5}
```

## 3.2 Eliminar un elemento

Existen dos formas de eliminar un elemento de un conjunto. En primer lugar, el método **remove**, que se llama igual que para una lista pero recibe un único argumento, dado que no hay más que una única ocurrencia de cada objeto:

```
>>> s.remove(5)
```

Si el valor que se pide eliminar no se encuentra en el conjunto, se produce una excepción (el comportamiento es similar al de una lista, aunque el tipo de excepción es diferente):

```
>>> s.remove(8)
Traceback (most recent call last):
File "<stdin>", line 1, in <module>
KeyError: 8
>>> [].remove(1)
Traceback (most recent call last):
File "<stdin>", line 1, in <module>
ValueError: list.remove(x): x not in list
```

Otro medio de eliminar un elemento consiste en utilizar el método **discard**, que no produce ninguna excepción. Se obtiene el mismo resultado que con -=:

```
>>> s.discard(4)
>>> s.discard(8)
>>> s
{1, 2, 3}
>>> s-={3}
>>> s
{1, 2}
```

Ambos métodos responden a necesidades diferentes.

## 3.3 Vaciar un conjunto

Como todos los contenedores de objetos modificables, el conjunto posee un método **clear** que permite eliminar todos los valores del conjunto:

```
>>> s.clear()
>>> s
set()
```

## 3.4 Duplicar un elemento

El operador de asignación permite implementar la relación entre el nombre de una variable y un valor, aunque ambas variables apunten al mismo valor y, por tanto, si se modifica en un sitio dicha modificación, será visible en todos los lugares:

```
>>> s1={1, 2, 3}
>>> s2=s1
>>> s2.add(4)
>>> s1
{1, 2, 3, 4}
```

© Editions ENI - All rights reserved

Este comportamiento es exactamente igual que el de una secuencia. Esta última ofrece la posibilidad de utilizar el operador corchete, que permite duplicar la lista, cuando los elementos son no mutables. El conjunto no tiene noción de índice y mucho menos de tramo, por lo que este método no existe:

```
>>> s[:]
Traceback (most recent call last):
File "<stdin>", line 1, in <module>
TypeError: 'set' object is not subscriptable
```

El conjunto ofrece, por tanto, un método que gestiona específicamente esta problemática:

```
>>> s1={1, 2, 3}
>>> s2=s1.copy()
>>> s2.add(4)
>>> s1
{1, 2, 3}
```

Vemos que podría haber un problema de duplicación en una lista cuando contiene elementos no mutables:

```
>>> l=[[]]
>>> l1=[[]]
>>> l2=l1[:]
>>> l2[0].append(0)
>>> l1
[[0]]
```

Este problema no se plantea con los conjuntos, puesto que todos los objetos contenidos en él son mutables:

```
>>> s1={1, 2, 3, []}
Traceback (most recent call last):
File "<stdin>", line 1, in <module>
TypeError: unhashable type: 'list'
```

También es posible utilizar el módulo **copy** con **copy** y **deepcopy** para obtener un resultado similar al del método **copy** del **set**, al que debe darse preferencia.

## 3.5 Sacar un valor de un conjunto

Un conjunto no dispone de una relación de orden y puede contener únicamente objetos mutables:

```
>>> s=set('abcdefghijklmnopqrstuvwxyz')
>>> s
{'a', 'c', 'b', 'e', 'd', 'g', 'f', 'i', 'h', 'k', 'j', 'm', 'l',
'o', 'n', 'q', 'p', 's', 'r', 'u', 't', 'w', 'v', 'y', 'x', 'z'}
```

El orden en que se incluyen los objetos no depende de la función de hash, que sería:

```
>>> l=list('abcdefghijklmnopqrstuvwxyz')
>>> l.sort(key=hash)
>>> l
['a', 'b', 'c', 'd', 'e', 'f', 'g', 'h', 'i', 'j', 'k', 'l', 'm',
'n', 'o', 'p', 'q', 'r', 's', 't', 'u', 'v', 'w', 'x', 'y', 'z']
```

Además, cuando se utiliza el método **pop**, se sabe que se va a sacar el primer valor que se encuentre en la representación del conjunto, aunque a priori no se pueda prever el orden:

```
>>> len(s)
26
>>> s.pop()
'a'
>>> s.pop()
'c'
>>> s.pop()
'b'
>>> s.pop()
'e'
>>> len(s)
22
```

Cuando se sacan todos los valores y este queda vacío, el uso de **pop** produce una excepción, como en una lista, aunque el tipo de excepción es diferente:

```
>>> for i in range(22):
...     s.pop()
...
'd'
'g'
[...]
'z'
>>> s.pop()
Traceback (most recent call last):
File "<stdin>", line 1, in <module>
KeyError: 'pop from an empty set'
>>> [].pop()
Traceback (most recent call last):
File "<stdin>", line 1, in <module>
IndexError: pop from empty list
```

No es posible recorrer un conjunto porque no dispone de índice y todos los objetos son equivalentes (dado que se utiliza un conjunto y se trata de la propia naturaleza del objeto); **pop** es el medio de sacar un elemento para utilizarlo.

## 3.6 Utilizar un conjunto como un almacén de objetos

La idea de un almacén de objetos consiste en proveer cierto número de objetos que no pueden utilizarse por más de un usuario al mismo tiempo. Cuando el usuario ha terminado de usar un objeto, lo devuelve al almacén y queda disponible para que otro usuario pueda utilizarlo. Es un poco el principio de un pool de conexiones para una base de datos, por ejemplo: un único cliente puede utilizar una conexión, y cuando termina esta puede utilizarse para otro cliente.

© Editions ENI - All rights reserved

He aquí una clase que describe un almacén de objetos:

```
>>> import random
>>> class Pool(object)
...     _pool=set()
...     _used=set()
...     _factor=1
...     def __init__(self):
...         Pool._enlarge(16)
...     @classmethod
...     def _enlarge(cls, x):
...         sub=None
...         for i in range(x):
...             while sub in cls._pool or sub is None:
...                 sub = cls._createSubObject()
...             cls._pool.add(sub)
...     @classmethod
...     def _createSubObject(cls):
...         return random.choice(range(10000))
...     def give(self):
...         if len(self._pool)==0:
...             Pool._enlarge(4*Pool._factor)
...         Pool._factor+=1
...         result=Pool._pool.pop()
...         Pool._used.add(result)
...         return result
...     def salvage(self, sub):
...         Pool._used.remove(sub)
...         Pool._pool.add(sub)
...
```

A continuación se muestra una clase que utiliza este almacén:

```
>>> class PoolUser(object):
...     _used=None
...     _pool=None
...     def __init__(self, pool):
...         self._pool = pool
...     def _use(self):
...         print("Uso de %s" % self._used)
...     def _get(self):
...         self._used = self._pool.give()
...     def _release(self):
...         self._pool.salvage(self._used)
...         self._used=None
...     def __call__(self):
...         self._get()
...         self._use()
...         self._release()
...
```

He aquí cómo utilizar estos dos objetos:

```
>>> p = Pool()
>>> u=PoolUser(p)
>>> u()
Uso de 352
```

En nuestro ejemplo, se proveen cifras diferentes que pueden utilizarse y, a continuación, volver a dejarse en el almacén. Esto puede resultar útil en un ejercicio de combinatoria, pero no tanto en un contexto de aplicación, aunque es posible almacenar cualquier objeto. Para ello, basta con modificar el método **_createSubObject** de la clase **Pool** y, para definir cómo el cliente utiliza dicho objeto, es preciso redefinir el método **_use**.
Una vez escritas las clases, su uso es muy sencillo. Admitiendo que el método **use** sea un poco largo y trabajando en un contexto concurrente, veamos qué podemos esperar de un almacén. Vamos a crear un pool y 22 usuarios:

```
>>> p, s=Pool(), set()
>>> for i in range(22):
...     s.add(PoolUser(p))
...
>>> len(Pool._pool)
16
```

Existen 16 valores disponibles, que se agregan en caso de escasez:

```
>>> for u in s:
...     u._get()
...     u._use()
...
Uso de 4226
Uso de 2596
[...]
Uso de 8681
```

No hay ningún error, tenemos nuestros valores.

```
>>> len(Pool._pool)
6
>>> len(Pool._used)
22
```

Se han creado 16 tras la inicialización y, a continuación, se ha agregado cada vez que se ha necesitado. En primer lugar 4, a continuación 8 y, en tercer lugar, 12. Se han utilizado 22, de modo que quedan 6 disponibles. Es posible liberarlos a continuación:

```
>>> for u in s:
...     u._release()
...
>>> len(Pool._used)
0
>>> len(Pool._pool)
28
```

© Editions ENI - All rights reserved

He aquí cómo reiniciar el Pool:

```
>>> Pool._pool, Pool._used, Pool._factor = set(), set(), 1
>>> p=Pool()
```

Este ejemplo utiliza al mismo tiempo métodos de clase y de instancia.

## 3.7 Algorítmica avanzada: resolución del problema de las n reinas

El problema es el siguiente. Imaginemos un tablero de ajedrez clásico (de 8 por 8 casillas) y la idea consiste en situar 8 reinas en el tablero de manera que cubran todas las casillas del tablero sin amenazarse mutuamente (la cobertura y la amenaza se consideran semánticamente en el sentido de que están dentro del juego de ajedrez).

Este problema es el problema de las 8 reinas, y se generaliza considerando un tablero de lado n sobre el que deben situarse n reinas.

Una vez planteado el problema, la resolución se realiza de la siguiente manera (siendo n el número de reinas):

```
>>> from itertools import permutations
>>> def nqueens(n):
...     columns=range(n)
...     for board in permutations(columns):
...         if n == len(set(board[i]+i for i in columns)) \
...                == len(set(board[i]-i for i in columns)):
...                yield board
...
```

Esto requiere algunas explicaciones. La idea principal consiste en utilizar una lista. El índice representa la fila y el valor de la columna. Calculando el rango de n se sitúan todas las damas sobre la primera diagonal, sabiendo que existe una única dama por línea y una única dama por columna.

Una vez que se ha alcanzado esta primera posición, las demás se encuentran mediante una permutación de dos columnas (o dos filas). Esta representación resulta, por tanto, ultra ligera y cubre parte de las condiciones. Tan solo queda por verificar que las damas no se amenacen sobre las dos diagonales. Esto se comprueba mediante la única condición del generador.

He aquí un método que permite «dibujar» un tablero:

```
>>> def print_nqueens_solutions(n):
...     board_sep, board_top = '\n', '+'+'-+'*n
...     for board in nqueens(n):
...         print(board_top)
...         for l in board:
...             print('|'+' |'*l+'Q|'+' |'*(n-l-1))
...         print(board_top+board_sep)
...
```

He aquí los resultados para un tablero de lado 4 (sobre el que deben situarse 4 reinas):

```
>>> print_nqueens_solutions(4)
+-+-+-+-+
| |Q| | |
| | | |Q|
|Q| | | |
| | |Q| |
+-+-+-+-+
+-+-+-+-+
| | |Q| |
|Q| | | |
| | | |Q|
| |Q| | |
+-+-+-+-+
```

Una vez resuelto el problema, se prueba para valores de **n** de **1** a **12**, por ejemplo.
Para **n=1**, no hay problema. Una casilla, una reina, la solución es trivial.
Para **n=2** o **n=3**, sea cual sea la forma de situar las reinas, es imposible que no se amenacen.
A partir de **n=4**, existen varias soluciones. Por el contrario, el coste del cálculo se vuelve muy elevado, pues el número de permutaciones que hay que realizar aumenta y es necesario verificarlas todas.
He aquí un método que devuelve el número de resultados:

```
>>> ph = 'Resolución del problema de las %2d reinas: %5d soluciones
( %9.3f segundos)'
>>> from time import time
>>> for n in range(1, 13):
...     t0=time()
...     lr=len(list(nqueens(n)))
...     t1=time()
...     print(ph % (n, lr, t1-t0))
...
```

Preste atención, pues este método muestra por pantalla únicamente el número de resultados, aunque el algoritmo real no se contenta con ello, sino que calcula con precisión cada solución y la evalúa.
Por ello, si se comparan los resultados, conviene tener esto en cuenta. Contentarse con contar el número de soluciones será, sin duda, potencialmente mucho más rápido.
He aquí los resultados:

```
Resolución del problema de las  1 reinas:     1 soluciones (     0.000 segundos)
Resolución del problema de las  2 reinas:     0 soluciones (     0.000 segundos)
Resolución del problema de las  3 reinas:     0 soluciones (     0.000 segundos)
Resolución del problema de las  4 reinas:     2 soluciones (     0.000 segundos)
Resolución del problema de las  5 reinas:    10 soluciones (     0.001 segundos)
Resolución del problema de las  6 reinas:     4 soluciones (     0.004 segundos)
Resolución del problema de las  7 reinas:    40 soluciones (     0.023 segundos)
Resolución del problema de las  8 reinas:    92 soluciones (     0.133 segundos)
Resolución del problema de las  9 reinas:   352 soluciones (     1.311 segundos)
```

© Editions ENI - All rights reserved

```
Resolución del problema de las 10 reinas:   724 soluciones (   13.471 segundos)
Resolución del problema de las 11 reinas:  2680 soluciones (  155.987 segundos)
Resolución del problema de las 12 reinas: 14200 soluciones ( 1970.133 segundos)
```

Vemos claramente que el tiempo se vuelve exponencial, con más de media hora para el último resultado.

© Editions ENI - All rights reserved

# Capítulo 3-7
# Cadenas de caracteres y algoritmos aplicados

## 1. Presentación

### 1.1 Definición

Una cadena de caracteres es una colección ordenada y modificable de caracteres. No existe, necesariamente, una noción de duplicados, puesto que esta noción no tiene sentido para una cadena de caracteres. El orden es importante, pues se trata del orden de lectura, sin el cual no tiene sentido.

En Python 3, los métodos disponibles son:

```
>>> dir(str)
['__add__', '__class__', '__contains__', '__delattr__', '__doc__',
'__eq__', '__format__', '__ge__', '__getattribute__',
'__getitem__', '__getnewargs__', '__gt__', '__hash__', '__init__',
'__iter__', '__le__', '__len__', '__lt__', '__mod__', '__mul__',
'__ne__', '__new__', '__reduce__', '__reduce_ex__', '__repr__',
'__rmod__', '__rmul__', '__setattr__', '__sizeof__', '__str__',
'__subclasshook__', 'capitalize', 'center', 'count', 'encode',
'endswith', 'expandtabs', 'find', 'format', 'format_map', 'index',
'isalnum', 'isalpha', 'isdecimal', 'isdigit', 'isidentifier',
'islower', 'isnumeric', 'isprintable', 'isspace', 'istitle',
'isupper', 'join', 'ljust', 'lower', 'lstrip', 'maketrans',
'partition', 'replace', 'rfind', 'rindex', 'rjust', 'rpartition',
'rsplit', 'rstrip', 'split', 'splitlines', 'startswith', 'strip',
'swapcase', 'title', 'translate', 'upper', 'zfill']
```

Podemos considerar que una cadena de caracteres es una secuencia que contiene únicamente caracteres. Las cadenas de caracteres son, así, comparables entre sí, direccionables mediante índices y también mediante tramos:

```
>>> sorted(set(dir(str))&set(dir(list)))
['__add__', '__class__', '__contains__', '__delattr__', '__doc__',
'__eq__', '__format__', '__ge__', '__getattribute__',
'__getitem__', '__gt__', '__hash__', '__init__', '__iter__',
'__le__', '__len__', '__lt__', '__mul__', '__ne__', '__new__',
'__reduce__', '__reduce_ex__', '__repr__', '__rmul__',
'__setattr__', '__sizeof__', '__str__', '__subclasshook__',
'count', 'index']
```

He aquí la lista de métodos y atributos específicos:

```
>>> sorted(set(dir(str))-set(dir(list)))
['__getnewargs__', '__mod__', '__rmod__', 'capitalize', 'center',
'encode', 'endswith', 'expandtabs', 'find', 'format',
'format_map', 'isalnum', 'isalpha', 'isdecimal', 'isdigit',
'isidentifier', 'islower', 'isnumeric', 'isprintable', 'isspace',
'istitle', 'isupper', 'join', 'ljust', 'lower', 'lstrip',
'maketrans', 'partition', 'replace', 'rfind', 'rindex', 'rjust',
'rpartition', 'rsplit', 'rstrip', 'split', 'splitlines',
'startswith', 'strip', 'swapcase', 'title', 'translate', 'upper',
'zfill']
```

Estos métodos están adaptados a las especificidades de los procesamientos sobre este objeto.

## 1.2 Vocabulario

Unicode es un juego de caracteres universal que permite la interoperabilidad en los sistemas heterogéneos. Es también una norma.

Define el conjunto de caracteres confiriéndole un nombre, un número y una descripción, como cualquier juego de caracteres, y comparte información con la norma ISO/CEI 10646.

La particularidad de Unicode es que define las relaciones semánticas que pueden existir entre los caracteres sucesivos de un texto, así como algoritmos que procesan textos que preservan dicha semántica. Unicode trata las problemáticas de las letras mayúsculas, de clasificación alfabética y la combinación de acentos y caracteres.

Unicode se define según un modelo en capas:

- tabla de caracteres abstracta: caracteres y su descripción;
- juego de caracteres codificados: la tabla anterior más un índice;
- formalismo de codificación de los caracteres: agrega la representación física (ahora única) de cada carácter (y el número de bytes necesarios);
- mecanismo de serialización de caracteres: serialización y «endianness» (little endian (el byte menos significativo en primer lugar), big endian (el byte más significativo en primer lugar));
- codificación de transferencia: mecanismo de compresión y de codificación.

© Editions ENI - All rights reserved

De este modo, el Unicode puede codificarse indistintamente en varios esquemas de codificación:

- UTF-8;
- UTF-16;
- UTF-32.

UTF significa *Universal Transformation Format* y la cifra representa el número mínimo de bits necesarios para la unidad básica de codificación de un carácter.

De este modo se tiene una unidad física básica que está, respectivamente, situada a 1, 2 y 4 bytes.

UTF-8 es, por tanto, un formato de codificación de caracteres, que es el medio menos costoso en ocupación de memoria y que asegura una compatibilidad con las cadenas ASCII. Los caracteres ocupan como mínimo 1 byte y pueden ocupar hasta 4, en el caso de los más grandes.

Esta característica es su principal ventaja, aunque también su principal inconveniente, puesto que necesita agregar un proceso de autosincronización para conocer la longitud de codificación de cada carácter leído.

Esta codificación no se ha concebido para facilitar la manipulación de cadenas de caracteres.

Es, no obstante, la referencia en los protocolos de intercambio de información normalizados.

## 1.3 Especificidades de la rama 2.x

Veamos cómo se presentan las cosas para Python 2.x:

```
>>> c = 'ejemplo de codificación'
>>> c
'ejemplo de codificaci\xc3\xb3n'
>>> type(c)
<class 'str'>
```

Python 2.x no gestiona correctamente los caracteres acentuados, incluso aunque la primitiva **`print`** permite obtener una representación correcta en la consola:

```
>>> print c
ejemplo de codificación
```

El uso de caracteres no ASCII resulta imposible con la clase **`str`**.

Existe una clase específica, **`unicode`**, que permite gestionar esta problemática; no obstante los problemas de conversión entre distintas codificaciones de caracteres siguen siendo muy complejos de resolver.

```
>>> unicode(c, 'latin1')
u'ejemplo de codificaci\xc3\xb3n'
```

Para declarar directamente una cadena en Unicode, es preciso utilizar la siguiente sintaxis:

```
>>> u = u'ejemplo de codificación'
>>> u
u'ejemplo de codificaci\xf3n'
```

Algunos módulos de Python requieren el uso de Unicode por motivos de compatibilidad y exigen estas cadenas de caracteres. Si el resto de las aplicaciones no son Unicode, aparecen problemas de conversión.
He aquí los métodos disponibles para el tipo **str** de la rama 2.x:

```
>>> dir(str)
['__add__', '__class__', '__contains__', '__delattr__', '__doc__',
'__eq__', '__format__', '__ge__', '__getattribute__',
'__getitem__', '__getnewargs__', '__getslice__', '__gt__',
'__hash__', '__init__', '__le__', '__len__', '__lt__', '__mod__',
'__mul__', '__ne__', '__new__', '__reduce__', '__reduce_ex__',
'__repr__', '__rmod__', '__rmul__', '__setattr__', '__sizeof__',
'__str__', '__subclasshook__', '_formatter_field_name_split',
'_formatter_parser', 'capitalize', 'center', 'count', 'decode',
'encode', 'endswith', 'expandtabs', 'find', 'format', 'index',
'isalnum', 'isalpha', 'isdigit', 'islower', 'isspace', 'istitle',
'isupper', 'join', 'ljust', 'lower', 'lstrip', 'partition',
'replace', 'rfind', 'rindex', 'rjust', 'rpartition', 'rsplit',
'rstrip', 'split', 'splitlines', 'startswith', 'strip',
'swapcase', 'title', 'translate', 'upper', 'zfill']
```

El tipo Unicode dispone de todos estos métodos, así como de otros dos adicionales:

```
>>> list(set(dir(str))-set(dir(unicode)))
[]
>>> list(set(dir(unicode))-set(dir(str)))
['isnumeric', 'isdecimal']
```

La unificación de estas funcionalidades es un aspecto esencial de la rama 3.x.

## 1.4 Cambios aportados por la rama 3.x

De manera genérica podemos afirmar que el tipo **str** de la rama 3.x es el antiguo tipo **unicode** de la rama 2.x y el tipo **str** de la rama 2 .x se ha convertido en el tipo **bytes** y se ha relegado a usos particulares.
Una cadena de caracteres clásica es, por tanto, una cadena Unicode, y el Unicode está en el núcleo del sistema de conversión hacia otras codificaciones. De este modo, para pasar de una codificación a otra, se decodifica en Unicode y se vuelve a codificar en la codificación deseada, como veremos en la sección dedicada a esta problemática.
El resultado es que la consola es capaz de representar correctamente una cadena de caracteres sin tener que recurrir a la primitiva **print**:

```
>>> c = 'ejemplo de codificación'
>>> c
'ejemplo de codificación'
>>> type(c)
<class 'str'>
```

© Editions ENI - All rights reserved

La notación prefijada por una «u» no existe en las versiones 3.0 a 3.2 (se ha vuelto a introducir en la versión 3.3 para facilitar la transición). He aquí lo que ocurre en 3.2 cuando se utiliza:

```
>>> u''
File "<stdin>", line 1
u''
  ^
SyntaxError: invalid syntax
```

He aquí el detalle de los cambios entre la versión 2.x de **unicode** y la versión 3.x de **str** (rama2 es una copia de **dir(unicode)** en la consola 2.x):

```
>>> list(sorted(set(rama2)-set(dir(str))))
['__getslice__', '_formatter_field_name_split',
'_formatter_parser', 'decode']
```

La gestión de los tramos también se ha modificado, por lo que **__getslice__** ya no existe; por otro lado, Unicode es fundamental: se codifica de Unicode hacia el resto de las variaciones o se decodifica del resto de las variaciones hacia Unicode. De ahí que no exista el método **decode** para **str**. Los métodos que permiten dar formato a una cadena también se han visto considerablemente mejorados.

Como novedad, es posible recorrer una cadena de caracteres mediante un iterador, aspecto que se ha homogeneizado y mejorado por motivos de rendimiento.

```
>>> list(sorted(set(dir(str))-set(rama2)))
['__iter__', 'format_map', 'isidentifier'', 'isprintable', 'maketrans']
```

El método de formateo utiliza **format_map** y sus detalles se explican en la sección dedicada; **maketrans** es una mejora que proviene del módulo **string** y las otras dos funciones son novedades.

Este cambio es fundamental y permite a Python resolver el conjunto de problemáticas de codificación que permiten a un lenguaje de programación ser universal y utilizado por personas de todo el mundo que usan todo tipo de caracteres sin que se planteen problemas importantes.

Prácticamente todos los lenguajes han flaqueado o flaquean en esta problemática (Perl, que la ha superado, o PHP que ha debido abandonar su rama 6), a excepción de aquellos que se han planteado utilizar directamente Unicode (como, por ejemplo, Java).

Python ha preferido basar su rama 3.x de forma nativa sobre Unicode.

Al final, Python proporciona una solución que es extremadamente sencilla y con un buen rendimiento, y que además es perfectamente pythónica. Además, el esfuerzo de armonización realizado en la rama 3.x resulta particularmente visible.

Otro aspecto acerca de estas modificaciones es el nuevo objeto **bytes**.

He aquí el detalle de los cambios entre la versión 2.x de **str** y la versión 3.x de **bytes** (**rama2** es una copia de **dir(str)** en la consola 2.x):

```
>>> list(sorted(set(rama2)-set(dir(bytes))))
['__getslice__', '__mod__', '__rmod__',
'_formatter_field_name_split', '_formatter_parser', 'encode',
'format']
```

Podemos destacar cómo para **str** los tramos funcionan de manera diferente, y el método **encode** no tiene razón de ser, puesto que es preciso decodificar en **unicode** para utilizar el método **encode** de **Unicode** a continuación.
Otro aspecto esencial: no puede darse formato al tipo **bytes**. Su rol se ha revisado en profundidad.
He aquí las novedades:

```
>>> list(sorted(set(dir(bytes))-set(rama2)))
['__iter__', 'fromhex', 'maketrans']
```

El método **maketrans** es una aportación del módulo **string**, y el iterador también está presente. El método **fromhex** es un método particular que pone de manifiesto, una vez más, la dirección tomada por la evolución de **bytes**.
Respecto a la rama 2.x, el módulo **string** se ha revisado para homogeneizarlo con el tipo **str**, de modo que no existan funcionalidades duplicadas. Por ello, su uso se ha replanteado:

```
>>> import string
>>> dir(string)
['Formatter', 'Template', '_TemplateMetaclass', '__builtins__',
'__cached__', '__doc__', '__file__', '__name__', '__package__',
'_multimap', '_re', '_string', 'ascii_letters', 'ascii_lowercase',
'ascii_uppercase', 'capwords', 'digits', 'hexdigits', 'octdigits',
'printable', 'punctuation', 'whitespace']
```

La combinación de **str**, **bytes** y del módulo **string** permite realizar prácticamente cualquier operación sobre las cadenas de caracteres.

## 1.5 Cadena de caracteres como secuencia de caracteres

Los dos métodos (excluidos los métodos especiales) presentados para las n-tuplas existen también para las listas y las cadenas de caracteres:

```
>>> c = 'mi cadena de caracteres'
>>> c.count('a')
4
>>> c.index('a')
1
>>> i=-1
>>> for z in range(c.count('a')):
...     i=c.index('a', i+1)
...     print(i)
...
1
5
14
16
```

Se utilizan exactamente de la misma manera y producen un resultado similar al que se tendría convirtiendo la cadena de caracteres en una n-tupla de caracteres y aplicando los mismos métodos.

© Editions ENI - All rights reserved

Es posible situarse en los caracteres mediante índices o tramos de manera similar:

```
>>> c[1]
'i'
>>> c[3:10]
'cadena'
```

También es posible utilizar la primitiva **enumerate**. Los operadores **+** y *****, así como los operadores unarios **+=** y ***=**, tienen un funcionamiento similar:

```
>>> c += ' es una lista'
>>> c *=2
>>> c
'mi cadena de caracteres es una lista mi cadena de caracteres es
una lista
```

Ocurre, de manera similar, con la palabra clave **in**, que se utiliza de manera combinada con la palabra clave **for**:

```
>>> 'a' in c
True
>>> 'z' in c
False
>>> for l in 'abcdef':
...     print(l)
...
a
b
c
d
e
f
```

Este conjunto de métodos permite manipular caracteres de manera unitaria, del mismo modo que con los objetos de una secuencia.

Es posible leer una cadena de caracteres como una secuencia, un carácter extraído a partir de su índice como un objeto de una secuencia, y una subcadena extraída a partir de un tramo como un subconjunto de una secuencia.

No obstante, como ocurre con la n-tupla, no es posible modificar un carácter de una cadena de caracteres utilizando su índice, ni tampoco eliminarlo. No es posible tampoco manipularlos utilizando un tramo.

En efecto, los métodos **__delitem__** y **__setitem__** no existen (ni en la rama 2.x de Python, los métodos **__delslice__** y **__setslice__**):

```
>>> c[0]='M'
Traceback (most recent call last):
File "<stdin>", line 1, in <module>
TypeError: 'str' object does not support item assignment
>>> c[3:6]='non'
Traceback (most recent call last):
File "<stdin>", line 1, in <module>
```

```
TypeError: 'str' object does not support item assignment
>>> del c[0]
Traceback (most recent call last):
File "<stdin>", line 1, in <module>
TypeError: 'str' object doesn't support item deletion
>>> del c[3:6]
Traceback (most recent call last):
File "<stdin>", line 1, in <module>
TypeError: 'str' object does not support item deletion
```

Si estos métodos no están presentes es porque no se corresponden con ninguna necesidad clásica. Cuando se utiliza una cadena de caracteres, es para escribir palabras que tienen cierto sentido, para utilizar un lenguaje que sea más complejo que una simple lista de caracteres. Por ello, dichos métodos no tienen razón de ser, y si el desarrollador los necesita es porque no ha escogido un tipo de datos adecuado.

Del mismo modo, **append**, **extend**, **insert**, **pop**, **remove**, **reverse**, **sort** no están disponibles.

No obstante, sí es posible modificar una cadena de caracteres del mismo modo que una tupla, por reconstrucción.

```
>>> c='mi cadena de caracteres'
>>> c='M'+c[1:]
>>> c
'Mi cadena de caracteres'
>>> c=c[:3]+'non'+c[6:]
>>> c
'Mi nonena de caracteres'
>>> c=c[1:]
>>> c
'i nonena de caracteres'
>>> c=c[:3]+c[6:]
>>> c
'i nna de caracteres'
```

No obstante, si bien esto se utiliza raramente, puesto que hay herramientas mucho mejor adaptadas, existen métodos alternativos, descritos para las n-tuplas, que pueden utilizarse en las cadenas de caracteres.

Pero esto no se corresponde realmente con necesidades habituales.

## 1.6 Caracteres

Python no proporciona un tipo específico para gestionar los caracteres. Una cadena de caracteres de longitud 1 es un carácter, así de sencillo.

Estos caracteres se codifican de cierta manera, ocupando un lugar en una tabla de caracteres de la que puede deducirse un rango (índice en la tabla de caracteres). Se denomina ordinal.

Cada carácter se corresponde con un único ordinal, y un ordinal se corresponde con un único carácter.

© Editions ENI - All rights reserved

De este modo, Python proporciona dos primitivas, **ord** y **chr**, que permiten, respectivamente, realizar las dos conversiones:

```
>>> ord('?')                >>> ord('?')                >>> chr(2041)
2042                        2041                        '?'
```

Así, una cadena de caracteres puede verse como una n-tupla de ordinales:

```
>>> l = [ord(c) for c in 'a?3']
>>> l
[97, 2041, 51]
```

Un carácter puede verse, también, como un byte, es decir, como un objeto de tipo bytes de longitud 1.
Es posible aplicar la primitiva **ord** a dicho carácter, aunque los únicos caracteres autorizados son los caracteres ASCII:

```
>>> ord(b'c')
99
>>> ord(b'?')
File "<stdin>", line 1
SyntaxError: bytes can only contain ASCII literal characters.
```

Estas primitivas responden a problemáticas de bajo nivel.
Es fácil crear una tabla de correspondencia entre los caracteres Unicode y los ordinales utilizando un script de representación muy simple:

```
>>> for i in range(min, max):
...     print(r'%3d: %c' % (i, i))
...
```

Se anexa una tabla que contiene parte de la tabla de caracteres Unicode. Conviene recordar que los caracteres más habituales están contenidos en los 128 primeros elementos de la tabla.

```
>>> import csv
>>> with open('table_unicode.csv', 'w') as f:
...     writer=csv.DictWriter(f, ('ordinal', 'caracter'))
...     writer.writeheader(True)
...     writer.writeheader()
...     for i in range(55295):
...         b=writer.writerow({'ordinal': str(i),
'caracter':chr(i)})
...
```

## 1.7 Operadores de comparación

Existe también otro aspecto que se aborda en la sección Ordenar una lista del capítulo Secuencias y algoritmos aplicados. En efecto, esta ordenación se basa en la comparación de cadenas entre sí:

```
>>> c > 'truco'
False
>>> c > 'cosa'
True
>>> l=[c, 'cosa', 'chisme']
>>> l.sort()
>>> l
['cosa', 'mi cadena de caracteres', 'chisme']
```

Los operadores de comparación comparan por parejas los elementos de ambos objetos de derecha a izquierda hasta que encuentran una diferencia.

Cuando se encuentra una diferencia, la comparación se resuelve y se ignora el resto de la cadena de caracteres.

Los caracteres se evalúan en función de una relación de orden particular: el orden creciente del ordinal correspondiente a cada carácter, que no es exactamente el orden alfabético. La comparación no tiene, por tanto, un sentido gramatical, aunque es posible dárselo utilizando una función como clave de comparación.

Estos métodos de comparación se utilizan para realizar el método **sort** de una lista. Lo que se ha explicado en la sección Ordenar una lista del capítulo Secuencias y algoritmos aplicados vale también aquí:

```
>>> a, b, c = 'aa', 'b', 'Auto-Escuela!'
>>> c < a < b
True
>>> def simplify(s):
...     return s.lower().translate(transtable)
...
>>> transtable=str.maketrans(
...     'àâäéèêëîïôöùûüŷÿç~-_',
...     'aaaeeeeiioouuuyyc   ',
...     "2&'([|])`^/\@°+*-=$£µ§!:;.,?<>"
... )
>>> simplify(a) < simplify(c) < simplify(b)
True
```

La tabla de traducción que se presenta aquí es un método que define un diccionario cuyas claves son los caracteres y los valores por los que tienen que ser remplazados. None quiere decir que se eliminan y la ausencia de un carácter entre las claves significa que el carácter no se modifica.

© Editions ENI - All rights reserved

La realización de dicho diccionario no es una tarea necesariamente difícil desde un punto de vista técnico, aunque es larga y suele ser fuente de errores funcionales, además de que es poco legible, a menos que se conozcan de memoria los ordinales de cada carácter. El método presenta la ventaja de que nos permite construir nuestros propios diccionarios y de que es mucho más legible.

Las dos primeras cadenas de caracteres son la lista de caracteres que se desea remplazar (claves) y la lista de caracteres de remplazo (valores). Alineadas de este modo, una sobre otra, con la misma indentación, resulta mucho más sencillo realizar la lectura de arriba abajo. La tercera cadena de caracteres es la lista de los caracteres que se eliminarán (claves cuyo valor es **None**).

La primera y la tercera cadenas deben presentar una única ocurrencia de cada carácter, en correspondencia con las claves del diccionario. No deben tener tampoco caracteres comunes. El segundo argumento puede presentar varias ocurrencias del mismo carácter; un mismo valor puede utilizarse para remplazar varias claves.

He aquí un ejemplo muy sencillo:

```
>>> t=str.maketrans(
...     '_-',
...     '  ',
...     '()[]'
... )
>>> t
{40: None, 41: None, 45: 32, 91: None, 93: None, 95: 32}
>>> 'Esto es_[un-ejemplo];)'.translate(t)
'Esto es un ejemplo;'
```

He aquí una clase que presenta una cadena de caracteres cuyos operadores de comparación siguen las reglas gramaticales y que puede mejorarse o adaptarse trabajando sobre la tabla de traducción.

```
>>> class my_str(str):
...     _transtable=str.maketrans(
...         'àâäéèêëîïôöùûüŷÿç~-_',
...         'aaaeeeeiioouuuyyc   ',
...         "2&'([|])`^/\@°+*-=$£µ§!:;.,?<>"
... )
...     def tokenize(self):
...         return self.lower().translate(my_str._transtable)
...     def __eq__(self, other):
...         if hasattr(other, 'tokenize'):
...             return self.tokenize() == other.tokenize()
...         return str.__eq__(self, other)
...     def __ge__(self, other):
...         if hasattr(other, 'tokenize'):
...             return self.tokenize() >= other.tokenize()
...         return str.__ge__self, other)
...     def __gt__(self, other):
...         if hasattr(other, 'tokenize'):
...             return self.tokenize() > other.tokenize()
```

```
...         return str.__gt__(self, other)
...     def __le__(self, other):
...         if hasattr(other, 'tokenize'):
...             return self.tokenize() <= other.tokenize()
...         return str.__le__(self, other)
...     def __lt__(self, other):
...         if hasattr(other, 'tokenize'):
...             return self.tokenize() < other.tokenize()
...         return str.__lt__(self, other)
...     def __ne__(self, other):
...         if hasattr(other, 'tokenize'):
...             return self.tokenize() != other.tokenize()
...         return str.__ne__(self, other)
...
>>> 'Pera' < 'Melocotón' < 'albaricoque'
True
>>> my_str('albaricoque') < my_str('Melocotón') < my_str('Pera')
True
```

## 2. Dar formato a cadenas de caracteres

### 2.1 Operador módulo

Las cadenas de caracteres tienen una implementación específica del operador módulo. Esta realiza lo mismo que el lenguaje C hace con **printf**, aunque la funcionalidad proporcionada es todavía más impresionante.

Tras el módulo no puede haber más de un objeto. Si se necesita pasar varios, es preciso utilizar una n-tupla, usando paréntesis para definir las prioridades.

```
>>> 'esto es %s' % 'una cadena'
'esto es una cadena'
>>> '%s es %s' % ('esto', 'una cadena')
'esto es una cadena'
>>> '%s es %s' % 'esto', 'una cadena'
Traceback (most recent call last):
File "<stdin>", line 1, in <module>
TypeError: not enough arguments for format string
```

Veamos los distintos formatos posibles.

Simplificaremos utilizando **%s**:

```
>>> '%s' % 'cadena'
'cadena'
>>> '%s' % 1
'1'
>>> '%s' % 1.0
'1.0'
>>> '%s' % 1.000
'1.0'
```

© Editions ENI - All rights reserved

```
>>> '%s' % 1.
'1.0'
>>> '%s' % str
"<class 'str'>"
```

La conversión se realiza con ayuda del método **__str__** de cada objeto y es posible referirse al método **__repr__** utilizando **%r** en lugar de **%s**.
Por orden de frecuencia de uso, vienen los números enteros:

```
>>> '%d' % 1
'1'
>>> '%d' % 1.0
'1'
>>> '%d' % 1.9
'1'
```

El formato puede ser mucho más preciso, y ofrece la posibilidad de gestionar el tamaño de la cadena de salida de modo que, por ejemplo, se alineen las cifras tras la escritura de varias líneas consecutivas para gestionar, así, una alineación que favorezca la lectura del resultado producido:

```
>>> '%3d' % 4
'  4'
>>> '%-3d' % 4
'4  '
```

La cifra 3 en %3d representa la longitud mínima de la cadena, que puede superarse si la cifra es demasiado grande, puesto que el valor es más importante que el formato (el fondo es más importante que la forma):

```
>>> '%3d' % 43210
'43210'
```

Es posible rellenar los espacios en blanco con 0 a la izquierda.

```
>>> '%03d' % 4
'004'
```

También es posible mostrar el signo:

```
>>> '%+3d' % 4
' +4'
>>> '%+3d' % -4
' -4'
```

O incluir un espacio para que se muestre el signo negativo o se deje un espacio en blanco si es un número positivo (para mostrar el espacio en blanco es necesario no utilizar la cifra 3 en este ejemplo):

```
>>> '%+d' % 4
'+4'
>>> '% d' % 4
' 4'
>>> '% d' % -4
'-4'
```

Es posible combinar ambos formatos:

```
>>> '%+03d' % 4
'+04'
>>> '%0+3d' % 4
'+04'
>>> '%0+3d' % -4
'-04'
```

A continuación se muestran, siempre por frecuencia de uso, los números reales:

```
>>> '%f' % 1
'1.000000'
>>> '%f' % 1.9
'1.900000
```

Todo lo que hemos visto para los números enteros puede aplicarse a los números reales:

```
>>> '%0+15f' % -3.14
'-0000003.140000'
```

Aunque con sutilidades suplementarias fruto de la necesidad de gestionar las comas. En efecto, el número 15 quiere decir que la longitud de la cadena de caracteres que representa el número real es de 15 caracteres, que es el mínimo, y contiene el signo, los ceros o espacios en blanco suplementarios, el punto y los decimales.

Por defecto (si no se indica nada), se muestran seis cifras decimales, aunque es posible modificar este comportamiento indicando un número a continuación del punto:

```
>>> '%0+15.2f' % -3.14
'-00000000003.14'
```

La cadena que se obtiene ocupa exactamente lo mismo que la anterior, dado que no se produce ningún desbordamiento, aunque contiene solo dos decimales. Se agregan ceros suplementarios a la izquierda del número para rellenar el espacio.

En todos los casos, el fondo importa más que la forma, y en caso de que se produzca un formato inadecuado, o que el formato sea demasiado corto para representar un número completo, se produce un desbordamiento.

Por ejemplo, si se quiere un formato de longitud total de dos pero con dos decimales, el hecho de dar la primera cifra antes de la coma y la propia coma (un punto, de hecho, puesto que se trabaja con la notación inglesa), así como el signo, hace que la cadena de caracteres no pueda ser inferior a cinco caracteres:

```
>>> '%0+2.2f' % -3.14
'-3.14'
```

Se trata de una longitud mínima, como ocurría antes con el formato de un número entero, y el desbordamiento no es, en ningún caso, un bug, sino que es resultado de utilizar un formato que no tiene en cuenta todos los valores posibles.

Puede resultar útil dar formato a un carácter, para lo que existen dos métodos:

```
>>> '%c' % 'c'
'c'
>>> '%c' % 99
'c'
```

© Editions ENI - All rights reserved

Esto no funciona, por supuesto, sobre una cadena de caracteres:

```
>>> '%c' % 'ce'
Traceback (most recent call last):
File "<stdin>", line 1, in <module>
TypeError: %c requires int or char
```

Es preciso realizar cierta transformación de estilo para conseguir nuestro objetivo:

```
>>> def formatChars(cadena):
...     return '%c' * len(cadena) % tuple(cadena)
...
>>> formatChars('ce')
'ce'
>>> formatChars(['c', 101])
'ce'
```

Esta es una forma excelente de convertir un código en caracteres:

```
>>> '%c' % 1
'\x01'
>>> '%c' % 48
'0'
>>> '%c' % 49
'1'
>>> '%c' % 57
'9'
>>> '%c' % 58
':'
```

Es el equivalente a la primitiva **chr**, que transforma un ordinal en un carácter (consulte la tabla Unicode en el anexo).
Es posible transformar una secuencia de números en una cadena de caracteres de manera muy sencilla:

```
>>> ''.join([chr(n) for n in l])
'a?3'
```

Existe también la posibilidad de escribir los datos en formato octal o hexadecimal (en mayúsculas o minúsculas), una variante que utiliza el carácter #, que permite indicar el uso de dicho formato:

```
>>> '%o' % 1
'1'
>>> '%#o' % 1
'0o1'
>>> '%x' % 1
'1'
>>> '%#x' % 1
'0x1'
>>> '%X' % 1
'1'
>>> '%#X' % 1
'0X1'
```

Esto resulta mucho más evidente cuando se utiliza un número igual o superior a 8 para un octal o superior a 16 para un hexadecimal, de modo que se ponga de manifiesto el cambio de cifra resultado del cambio de sistema numérico:

```
>>> '%o' % 20
'24'
>>> '%#o' % 20
'0o24'
>>> '%x' % 20
'14'
>>> '%#x' % 20
'0x14'
>>> '%X' % 20
'14'
>>> '%#X' % 20
'0X14'
```

La combinación de estas posibilidades permite responder a muchas problemáticas avanzadas de formato. Es, de este modo, fácil crear frases dejando huecos preparados para alojar los datos, buscarlos a continuación y presentarlo todo en conjunto al usuario de la aplicación.

Esto resulta mucho más sencillo, legible y óptimo que la construcción de una cadena de caracteres mediante concatenación, una práctica que está obsoleta y debería evitarse:

```
>>> print('La multiplicación de ' + str(2) + ' por ' + str(4) + '
da ' + str(2*4))
La multiplicación de 2 por 4 da 8
>>> print('La multiplicación de %d por %d da %d' % (2, 4, 2*4))
La multiplicación de 2 por 4 da 8
```

El resultado es exactamente el mismo, salvo que en el segundo caso la solución es reutilizable y más legible, pues la frase puede leerse de un vistazo. Al final, el procedimiento es muy sencillo de utilizar y mucho más natural (y pythónico).

```
>>> template='La multiplicación de %d por %d da %d'
>>> def tabla_multiplicacion(numero, max):
...     for a, b in zip([numero]*max, range(max)):
...         print(template % (a, b, a*b))
...
>>> tabla_multiplicacion(9, 5)
La multiplicación de 9 por 0 da 0
La multiplicación de 9 por 1 da 9
La multiplicación de 9 por 2 da 18
La multiplicación de 9 por 3 da 27
La multiplicación de 9 por 4 da 36
```

Pero aunque este método ya es mucho más avanzado que el uso de la construcción de una cadena de caracteres, es posible ir mucho más lejos.

Además de las facilidades de representación de los datos en diferentes formatos, es posible utilizar un diccionario en lugar de una n-tupla.

© Editions ENI - All rights reserved

De este modo, la n-tupla posee un orden en el que se muestran los caracteres de remplazo en la cadena. Podemos nombrar los caracteres de remplazo, haciéndolos corresponder con una clave del diccionario.
Esto permite, entre otras cosas, no tener que escribir varias veces la misma variable si se necesita varias veces en la cadena, e independizarse de cualquier orden:

```
>>> "%(codigo)s es el %(codigo)s" % {'codigo': 'secreto'}
'secreto es el secreto'
```

Esto permite, a su vez, otorgar cierta semántica a los caracteres de remplazo. De este modo, el desarrollador que los utilice sabrá, leyéndolos, el tipo de datos que debe usar:

```
>>> "%(ciudad)s está a %(distancia)d km de mi casa " % {'ciudad':
'simcity', 'distancia': 34}
'simcity está a 34 km de mi casa'
```

Y, sobre todo, permite modificar una frase de manera sencilla sin tener que reordenar la n-tupla, facilitando así operaciones de mantenimiento.

```
>>> "A %(distancia)s km de mi casa, encontrará %(ciudad)s" %
{'ciudad': 'simcity', 'distancia': 34}
'A 34 km de mi casa, encontrará simcity'
```

De este modo, las cadenas de caracteres obtenidas en su aplicación pueden precalcularse e incluirse como un anexo a la aplicación, idealmente en archivos de traducción, mucho más fáciles de mantener y actualizar, pues los datos que se vinculan no necesitarán cumplir con un orden determinado ni tendrán que reorganizarse, salvo que se agreguen o eliminen datos.
Es frecuente que una traducción necesite cambiar el orden de los datos, lo cual se realiza en Python sin problema alguno.
Los paréntesis hacen referencia a la clave del diccionario (que puede contener más elementos de los necesarios) y se sitúan justo a continuación del %:

```
>>> '%(valor)0+15.2f' % {'valor': -3.14}
'-00000000003.14'
```

## 2.2 Métodos para dar formato al conjunto de la cadena

Además del operador módulo, muy útil, existen otras funciones para dar formato a una cadena de caracteres.
El método **zfill** permite asignar un tamaño mínimo a la cadena de caracteres rellenando el espacio a la izquierda con 0, y se utiliza principalmente para números, aunque puede usarse para cualquier tipo de cadena.

```
>>> s='cadena de caracteres'
>>> s.zfill(30)
'0000000000cadena de caracteres'
>>> '127'.zfill(5)
'00127'
```

A diferencia de lo que ocurre con el operador módulo, la transformación se realiza sobre toda la cadena y no sobre una variable formateada a partir de la cadena.

Es, también, posible centrar una cadena de caracteres:

```
>>> s.center(30)
'     cadena de caracteres     '
```

Es posible seleccionar los caracteres que envuelven a la cadena:

```
>>> s.center(30, '-')
'-----cadena de caracteres----'
>>> s.center(len(s) + 2).center(30, '-')
'---- cadena de caracteres ----'
```

Existen los mismos métodos para alinear a la derecha o a la izquierda:

```
>>> s.ljust(30)
' cadena de caracteres         '
>>> s.rjust(30)
'          cadena de caracteres'
>>> s.ljust(len(s)+1).ljust(30, '-')
'cadena de caracteres ---------'
>>> s.rjust(len(s)+1).rjust(30, '-')
'--------- cadena de caracteres'
```

Existen también dos métodos que realizan la operación inversa a los métodos anteriores. El método **strip** elimina los caracteres deseados a la izquierda y a la derecha (por defecto espacios en blanco), **lstrip** únicamente a la izquierda y **rstrip** a la derecha:

```
>>> test = ' cadena de caracteres '
>>> test.strip()
'cadena de caracteres'
>>> test.rstrip()
' cadena de caracteres'
>>> test.lstrip()
'cadena de caracteres '
>>> test = '--cadena de caracteres--'
>>> test.strip('-')
'cadena de caracteres'
>>> test.strip('- ')
'cadena de caracteres'
>>> test = '-- cadena de caracteres -'
>>> test.strip('- ')
'cadena de caracteres'
```

Python 3.9 también permite introducir dos métodos para eliminar o añadir al principio o al final de la cadena:

```
>>> test = "test_cadena_test"
>>> test.removeprefix("test_")
'cadena_test'
>>> test.removesuffix("_test")
'test_cadena'
```

© Editions ENI - All rights reserved

Este método busca una subcadena exacta. Si no la encuentra, devuelve la cadena sin modificar:

```
>>> test.removesuffix("_test_")
'test_cadena_test'
>>> test.removeprefix("_test_")
'test_cadena_test'
```

Existe también un método que permite transformar las tabulaciones en espacios en blanco, por defecto 8.

```
>>> test = '1\tprimero\n2\tsegundo'
>>> print(test. expandtabs())
1       primero
2       segundo
>>> print(test.expandtabs(4))
1   primero
2   segundo
```

Por último, existe un último método que permite conocer los caracteres que pueden considerarse como espacios (puede utilizarse implícitamente en los demás métodos):

```
>>> ''.isspace()
False
>>> ' '.isspace()
True
>>> '\t'.isspace()
True
>>> '\n'.isspace()
True
>>> '_'.isspace()
False
```

El conjunto de estos métodos tiene como objetivo dar a las cadenas de caracteres representaciones que, por ejemplo, puedan integrarse en una consola y, en lugar de tener que invocar a un programa, puedan recuperar su salida con un formato válido y ser capaces de alinearse con los datos.

He aquí un ejemplo de consola:

```
>>> result="""
... +-----------+------+
... |   Nombre  | Nota |
... +-----------+------+
... | Pedro     | 10.5 |
... | Pau       | 12   |
... | Javier    | 13   |
... +-----------+------+
... """
```

He aquí cómo procesar estos datos para realizar un diccionario con la representación de los datos intermedios.

```
>>> table=[line.strip('|') for line in result.splitlines() if '+'
not in line and len(line) !=0]
>>> table
['   Nombre    | Nota ', '   Pedro        | 10.5 ', ' Pau          | 12   '
, '  Javier     | 13   ']
>>> keys=[k.strip() for k in table[0].split('|')]
>>> keys
['Nombre', 'Nota']
>>> del table[0]
>>> datas=[{k:v for k, v in zip(keys, [k.strip() for k in
line.split('|')])} for line in table]
>>> datas
[{'Nota': '10.5', 'Nombre': 'Pedro'}, {'Nota': '12', 'Nombre': 'Pau'},
{'Nota': '13', 'Nombre': 'Javier'}]
```

Al final, se utilizan muchas nociones, pero únicamente las bases de Python, y el procesamiento a priori complejo de estos datos se realiza en cuatro líneas (sin tener en cuenta la representación).

## 2.3 Nuevo método para dar formato a variables en una cadena

El método **format** da formato a las cadenas de una forma diferente a lo que permite realizar el operador módulo. Las funcionalidades se parecen mucho a lo que permite realizar **C++** con **boost**.

Como hemos visto, con este método se puede ir mucho más allá que con el operador módulo. Permite, principalmente, utilizar las posibilidades de los objetos de Python (índices, datos encapsulados...), algo que no es posible hacer con el operador módulo.

En primer lugar, es posible indicar la ubicación de los datos donde nos queremos situar:

```
>>> '{}, {} {}'.format('un día', 'tú serás', 'un maestro')
'un día, tú serás un maestro'
```

Es posible agregar una numeración:

```
>>> '{0}, {1} {2}'.format('un día', 'tú serás', 'un maestro')
'un día, tú serás un maestro'
```

Esto resulta particularmente útil si es necesario invertir el orden:

```
>>> '{0}, {2} {1}'.format('un día', 'tú serás', 'un maestro')
'un día, un maestro tú serás'
```

Es posible utilizar varias veces el mismo índice:

```
>>> '{0}, {2} {1}... {0}'.format('un día', 'tú serás', 'un maestro')
'un día, un maestro tú serás... un día'
```

Como **format** es un método, es posible realizar el unpacking de parámetros:

```
>>> l = ['un día', 'tú serás', 'un maestro']
>>> '{0}, {2} {1}... {0}'.format(*l)
'un día, un maestro tú serás... un día'
```

© Editions ENI - All rights reserved

En lugar de indicar los índices, es posible utilizar las claves refiriéndose a un diccionario, usando el unpacking:

```
>>> '{cuando}, {que} {quien}... {cuando}'.format(**d)
'un día, un maestro tú serás... un día'
```

O pasando directamente los parámetros:

```
>>> '{cuando}, {que} {quien}... {cuando}'.format(cuando='un día',
quien='tú serás', que='un maestro')
'un día, un maestro tú serás... un día'
```

También es posible utilizar al mismo tiempo una cadena, una lista o un diccionario y usar el acceso directo en la cadena formateada:

```
>>> '{cuando[0]}, {que} {quien[yo]}...
{cuando[0]}'.format( cuando=['mañana', 'un día'], quien={'yo': 'tú
serás', 'él' : 'él será'}, que='un maestro')
'mañana, un maestro tú serás... mañana'
>>> '{cuando[1]}, {que} {quien[el]}...
{cuando[1]}'.format( cuando=['mañana', 'un día'], quien={'yo': 'tú
serás', 'él' : 'él será'}, que='un maestro')
'un día, un maestro él será... un día'
```

El punto permite acceder a los elementos de un objeto:

```
>>> class Test(object):
...     def __init__(self, cuando, que, quien):
...         self.cuando = cuando
...         self.que = que
...         self.quien = quien
...         _canvas = '{self.cuando}, {self.que} {self.quien}...
{self.cuando}'
...     def __str__(self):
...         return self._canvas.format(self=self)
...
>>> str(Test('un día', 'un maestro', 'tú serás'))
'un día, un maestro tú serás... un día'
```

La misma operación con el operador módulo:

```
>>> class Test(object):
[...]
...     _canvas = '%(cuando)s, %(que)s %(quien)s... %(cuando)s'
...     def __str__(self):
...     return self._canvas % self.__dict__
...
```

La diferencia con el operador módulo es, aquí, evidente y muestra la novedad que supone este método de formato. Con el operador módulo, la construcción de los datos, cuando deben buscarse en varias variables, debe llevarse a cabo (a la derecha del operador), mientras que con el método **format** dicha construcción se realiza directamente en la plantilla de formato:

```
>>> l, d=[30, 60], {'motivo': 'rebajas', 'nombre': 'MegaGros'}
>>> 'la tienda %(nombre)s hace descuentos de %(min)s%% a %(max)s
%% por motivo de %(motivo)s' % {'nombre': d['nombre'], 'motivo':
d['motivo'], 'min': l[0], 'max': l[1]}
'la tienda MegaGros hace descuentos de 30% a 60% por motivo de rebajas'
>>> 'la tienda {d[nombre]} hace descuentos de {reduc[0]}% a
{reduc[1]}% por motivo de {d[motivo]}'.format(d=d, reduc=l)
'la tienda MegaGros hace descuentos de 30% a 60% por motivo de rebajas
```

El formato, relativo a una variable y no a la cadena completa como con los métodos que hemos visto anteriormente, permite:

– definir un tamaño mínimo para la cadena, completado con espacios, con alineación a la izquierda, a la derecha o al centro:

```
>>> '{:>10}'.format('test')
'      test'
>>> '{:<10}'.format('test')
'test      '
>>> '{:^10}'.format('test')
'   test   '
```

– completar con un carácter diferente a los espacios en blanco (una única opción):

```
>>> '{:0<10}'.format('test')
'test000000'
>>> '{:*^10}'.format('test')
'***test***'
```

– para los valores enteros y reales, exigir que se muestre el signo + o -, o un espacio en blanco para números positivos y el signo - para los números negativos:

```
>>> '{:+d}'.format(5)
'+5'
>>> '{:+f}'.format(5)
'+5.000000'
>>> '{:+d}'.format(-5)
'-5'
>>> '{: d}'.format(-5)
'-5'
>>> '{: d}'.format(5)
' 5'
>>> '{: f}'.format(5.)
' 5.000000'
```

© Editions ENI - All rights reserved

- gestionar, para los valores enteros y reales, el número de caracteres que se muestran a continuación de la coma y la longitud de la cadena:

```
>>> '{:8.3f}'.format(5.)
'   5.000'
>>> '{:08.3f}'.format(5.)
'0005.000'
```

- utilizar una coma como separador de miles (este formato se utiliza exclusivamente, no puede combinarse con otros):

```
>>> '{:,}'.format(53457245)
'53,457,245'
>>> '{:,}'.format(53457245.56427)
'53,457,245.5643'
```

- utilizar un porcentaje (la multiplicación por 100 para representar la cifra con dicho formato):

```
>>> 'progreso: {:.2%}'.format(.082)
'progreso: 8.20%'
```

- dar formato a un valor binario, octal o hexadecimal:

```
>>> 'binario: {0:b}, octal: {0:o}, decimal: {0:d}, hexadecimal:
{0:x} / {0:X}'.format(42)
'binario: 101010, octal: 52, decimal: 42, hexadecimal: 2a / 2A'
>>> 'binario: {0:#b}, octal: {0:#o}, decimal: {0:d}, hexadecimal:
{0:#x} / {0:#X}'.format(42)
'binario: 0b101010, octal: 0o52, decimal: 42, hexadecimal: 0x2a / 0X2A'
```

Lo que hay delante de los dos puntos representa el índice, y lo que hay después, el formato.
Por último, Python 3.8 ha añadido la asignación automática:

```
>>> a = 42
>>> f"parece que {a=}"
'parece que a=42'
```

Este método permite ir más allá que con el operador módulo; la principal mejora es la accesibilidad de los valores de una secuencia, un diccionario o los atributos de un objeto.
Aporta también valor en términos semánticos y en términos de facilidad de uso. Por el contrario, como contrapartida, la plantilla de formato está vinculada al formato esperado de los datos.

## 2.4 Literales formateados

Retomando la sintaxis utilizada por el método **format** y usando el contexto, los literales formateados o f-string, permiten producir una cadena de caracteres dinámica usando las variables disponibles:

```
>>> a, b = 0, 1
>>> f"{a} + {b} = {b} + {a}"
'0 + 1 = 1 + 0'
```

Esto evita tener que hacer esto:

```
>>> a, b = 0, 1
>>> "{a} + {b} = {b} + {a}".format(a=a, b=b)
'0 + 1 = 1 + 0'
```

Por lo tanto, en algún lado está la continuación natural de la evolución del lenguaje, hacia una simplicidad cada vez mayor.
Podemos observar que desde Python 3.8, también es posible usar el operador = en estos literales formateados:

```
>>> f"{a + b = }"
'0 + 1 = 1'
```

Lo que es equivalente a:

```
>>> f"{a} + {b} = {a + b}"
'0 + 1 = 1'
```

Todo lo que se ha dicho antes sobre el formateo con ayuda del método **`format`** es cierto para los literales formateados.

# 3. Operaciones de conjunto

## 3.1 Secuenciación de cadenas

Una cadena de caracteres es, como se ha visto, iterable y puede utilizarse como una lista, en ciertos aspectos:

```
>>> for c in 'char':
...     print(c)
...
c
h
a
r
```

Si es necesario, resulta sencillo transformar una cadena de caracteres en una lista de caracteres:

```
>>> s = 'cadena de caracteres'
>>> l = list(s)
>>> l
['c', 'a', 'd', 'e', 'n', 'a', ' ', 'd', 'e', ' ', 'c', 'a', 'r',
'a', 'c', 't', 'e', 'r', 'e', 's']
```

Dicha operación es raramente útil, puesto que el tipo de datos cadena de caracteres dispone de todas las opciones que puede necesitar un desarrollador, aunque la conversión sigue siendo posible.
Otra opción es convertirla en un conjunto:

```
>>> e = set(s)
>>> s
'cadena de caracteres'
```

© Editions ENI - All rights reserved

```
>>> e
{'a', ' ', 'c', 'e', 'd', 'n', 's', 'r', 't'}
```

Gracias a esta herramienta podemos conocer la lista de las letras que se usan en una cadena y, utilizando matemáticas de conjunto, comparar dicha lista con otra cadena y saber qué comparten:

```
>>> s2 = "otra cadena"
>>> e2 = set(s2)
>>> e2
{'a', ' ', 'c', 'd', 'e', 'n', 'o', 'r', 't'}
>>> e | e2
{'a', ' ', 'c', 'd', 'e', 'n', 'o', 's', 'r', 't'}
>>> e & e2
{'a', ' ', 'c', 'd', 'e', 'n', 'r', 't'}
>>> e ^ e2
{'o', 's'}
>>> e - e2
{'s'}
>>> e2 - e
{'o'}
```

Esto permite trabajar a nivel de carácter, aunque se trabaja más a menudo a nivel de palabra, lo cual puede llevarse a cabo gracias a dos métodos dedicados, llamados **split** y **rsplit**:

```
>>> s.rsplit()
['cadena', 'de', 'caracteres']
```

Es posible descomponer una cadena de caracteres indicando su separador:

```
>>> s.split(' ')
['cadena', 'de', 'caracteres']
```

Así como indicando el número de cortes que se quiere realizar:

```
>>> s.split(' ', 1)
['cadena', 'de caracteres']
>>> s.rsplit(' ', 1)
['cadena de', 'caracteres']
```

Esto explica el interés de descomponer la cadena por la derecha o por la izquierda. Un corte produce una secuencia de dos elementos.

El método **partition** funciona como **split** con un segundo parámetro que vale **1**, aunque devuelve tres resultados: la primera cadena, el separador (como parámetro) y la segunda cadena.

Se presenta en forma de tupla:

```
>>> s.partition(' ')
('cadena', ' ', 'de caracteres')
>>> s.rpartition(' ')
('cadena de', ' ', 'caracteres')
```

Existe también el método **splitlines**, que separa una cadena de caracteres vista como un párrafo en una secuencia de líneas independientemente del sistema operativo utilizado (**\n** para Unix/Linux, **\r** para Windows o **\r\n** para Mac):

```
>>> lineas = """Esto es una cadena
... en varias líneas"""
>>> lineas.splitlines()
['Esto es una cadena', 'en varias líneas']
```

La reconstrucción de una cadena secuenciada es relativamente sencilla:

```
>>> ' '.join(['cadena', 'de', 'caracteres'])
'cadena de caracteres'
>>> '\n'.join(['Esto es una cadena', 'en varias líneas'])
'Esto es una cadena\nen varias líneas'
```

Observe que el método **join** se utiliza sobre el separador (pivote de la reconstrucción). También es posible transformar una secuencia de caracteres en una cadena de caracteres:

```
>>> ''.join(list(s))
'cadena de caracteres'
```

Si el pivote de reconstrucción es otro carácter diferente al que se ha utilizado para realizar la descomposición, simplemente remplazaremos el carácter:

```
>>> ''.join(s.split(' '))
'cadenadecaracteres'
>>> '_'.join(s.split(' '))
'cadena_de_caracteres'
```

Se obtiene el mismo resultado utilizando el método **replace**, con mucho mejor rendimiento y realmente dedicado al remplazo, a diferencia del código anterior:

```
>>> s.replace(' ', '_')
'cadena_de_caracteres'
```

Esto nos conduce, de manera natural, a las siguientes secciones.

## 3.2 Operaciones sobre mayúsculas y minúsculas

Poner una cadena en minúsculas, en mayúsculas o en letras capitales (primera letra de cada palabra en mayúscula y las demás en minúscula) forma parte de las problemáticas clásicas que se resuelven fácilmente:

```
>>> s = 'cadEna De caRacTereS'
>>> s.upper()
'CADENA DE CARACTERES'
>>> s.lower()
'cadena de caracteres'
>>> s.title()
'Cadena De Caracteres'
```

© Editions ENI - All rights reserved

Para saber si una cadena ha pasado por alguna de estas operaciones, existen métodos específicos, con el mismo nombre prefijado por «is»:

```
>>> s.title().istitle()
True
>>> s.lower().islower()
True
>>> s.upper().isupper()
True
>>> s.istitle()
False
>>> s.islower()
False
>>> s.isupper()
False
```

Existe otro método que permite poner todas las letras en minúscula, salvo la primera (no confunda **title** y **capitalize**):

```
>>> test = 'Esto es una frase. Esto es otra frase.'
>>> test.capitalize()
'Esto es una frase. esto es otra frase.'
>>> test. lower().capitalize()
'Esto es una frase. esto es otra frase.'
```

Conviene utilizarlo cuando la cadena de caracteres está compuesta por una única frase.
También es posible invertir mayúsculas y minúsculas, y viceversa:

```
>>> s.swapcase()
'CADeNA dE CarACtEREs'
>>> s.title().swapcase()
'cADENA dE cARACTERES'
```

Ninguno de estos métodos modifica el objeto que los encapsula, todos devuelven una nueva cadena. Dicha cadena de caracteres se comporta como una n-tupla.
Si se quiere realizar una modificación sobre la propia cadena incluida en la variable, es preciso volver a asignarla.
Para poner la cadena en minúsculas, por ejemplo, se procede de la siguiente manera:

```
>>> s = s.lower()
>>> s
'cadena de caracteres'
```

## 3.3 Búsqueda en una cadena de caracteres

Más potentes que el operador de comparación, y optimizados para ignorar mayúsculas y minúsculas, la puntuación y los caracteres especiales, son los métodos que permiten saber si una cadena de caracteres empieza o termina por una cadena específica:

```
>>> s.startswith('cad')
True
>>> s.endswith('eres')
True
```

```
>>> s.endswith('ere')
False
```

De manera más genérica, es posible saber si una cadena está contenida en otra cadena y conocer la posición donde se encuentra la primera ocurrencia, partiendo desde la derecha o desde la izquierda:

```
>>> s.find(' de ')
6
>>> s.rfind(' de ')
6
```

Cuando está presente una única vez, ambos métodos devuelven el mismo índice.

```
>>> s.find('a')
1
>>> s.rfind('a')
13
>>> s.find('nada')
-1
```

Si se obtiene un índice negativo, quiere decir que la subcadena no está contenida en la cadena original. Preste atención a lo siguiente (que no tiene sentido):

```
>>> s.find('')
0
```

Los métodos **index** y **rindex** funcionan como **find** y **rfind**, pero para un único carácter. La otra diferencia es que producen una excepción cuando la búsqueda no devuelve nada. No deben utilizarse, salvo si se espera obtener un resultado. Si el método **index** es similar al que encontraríamos si estuviéramos trabajando con una n-tupla de caracteres, el método **rindex** es similar al método **index** utilizado sobre la n-tupla invertida.

## 3.4 Información sobre los caracteres

Existen tres métodos, **isalnum**, **isalpha** e **isdigit**, que permiten, respectivamente, saber si una cadena es:

- alfanumérica (contiene únicamente letras y números);
- alfabética (contiene letras únicamente);
- numérica (solo contiene números).

Los tres métodos devuelven **False** para una cadena vacía.

Realicemos la prueba con una cifra:

```
>>> c='1234'
>>> c.isdigit()
True
>>> c.isalpha()
False
>>> c.isalnum()
True
```

© Editions ENI - All rights reserved

A continuación, con una cadena alfabética:

```
>>> c='abcDé'
>>> c.isdigit()
False
>>> c.isalpha()
True
>>> c.isalnum()
True
```

Y, por último, con una cadena alfanumérica:

```
>>> c='abcéD123'
>>> c.isdigit()
False
>>> c.isalpha()
False
>>> c.isalnum()
True
```

Vemos cómo los acentos se procesan correctamente y se consideran parte del alfabeto.

```
>>> 'abcdefghijklmnopqrstuvwxyzABCDEFGHIJKLMNOPQRSTUVWXYZ0123456789éèç
àâŷêûîôäÿëüïöÉÈÇÀŶÂÊÛÎÔÄŸËÜÏÖ'.isalnum()
True
```

Los acentos presentan problemas en Python 2.x:

```
>>> 'abcdefghijklmnopqrstuvwxyzABCDEFGHIJKLMNOPQRSTUVWXYZ0123456789éèç
àâŷêûîôäÿëüïöÉÈÇÀŶÂÊÛÎÔÄŸËÜÏÖ'.isalnum()
False
>>> 'abcdefghijklmnopqrstuvwxyzABCDEFGHIJKLMNOPQRSTUVWXYZ0123456789'.i
salnum()
True
```

Por otro lado, para ambos, la presencia de un espacio o de cualquier otro carácter de puntuación produce una respuesta negativa.

```
>>> ' '.isalnum()
False
>>> '.'.isalnum()
False
>>> ','.isalnum()
False
```

Esto puede resultar algo molesto para el carácter punto, puesto que es el separador decimal para los números reales. No existe ningún método para comprobar si una cadena está, simplemente, desprovista de símbolos distintos a los caracteres de puntuación.

# 4. Problemáticas relativas a la codificación

## 4.1 Codificación por defecto

En Python 2.x, la codificación por defecto es ASCII:

```
>>> import sys
>>> sys.getdefaultencoding()
'ascii'
```

En Python 3.x, es UTF-8:

```
>>> import sys
>>> sys.getdefaultencoding()
'utf-8'
```

## 4.2 Codificación del sistema

En Python 2.x, la codificación del sistema es conocida:

```
>>> import sys
>>> sys.getfilesystemencoding()
'UTF-8'
```

En Python 3.x, no se representa exactamente de la misma forma, aunque es la misma:

```
>>> import sys
>>> sys.getfilesystemencoding()
'utf-8'
```

En ambos casos, se reconoce correctamente.

## 4.3 Unicode, referencia absoluta

Unicode es una codificación que se ha creado con la finalidad de remplazar las codificaciones regionales, nacionales o semicontinentales para englobar en su seno todos los caracteres utilizados por las demás codificaciones.

Esto significa que las demás codificaciones son subconjuntos y que, en consecuencia, resulta muy sencillo pasar de Unicode a otra codificación, sea un conjunto grande o pequeño.

Existen varias codificaciones similares entre sí o que comparten en su tabla caracteres comunes. Las normas son numerosas y, en ocasiones, fuente de confusión, pues muchas han evolucionado en la historia de la informática, vinculadas a la evolución de la historia humana (aparición del símbolo **€**, por ejemplo), al hardware y a problemáticas de bajo nivel.

El resultado de la codificación de una cadena Unicode da como resultado un objeto de tipo **bytes**:

```
>>> test = "ejemplo de codificación"
>>> test.encode('latin1')
b'ejemplo de codificaci\xc3\xb3n'
>>> test.encode('iso-8859-1')
b'ejemplo de codificaci\xf3n'
```

© Editions ENI - All rights reserved

Cuando el conjunto contiene todos los caracteres necesarios para realizar la conversión de una cadena, la conversión tiene éxito. En caso contrario, se produce una excepción:

```
>>> test = 'Esto es un euro: €'
>>> test.encode('latin1')
Traceback (most recent call last):
File "<stdin>", line 1, in <module>
UnicodeEncodeError: 'latin-1' codec can't encode character
'\u20ac' in position 18: ordinal not in range(256)
>>> test.encode('iso-8859-1')
Traceback (most recent call last):
File "<stdin>", line 1, in <module>
UnicodeEncodeError: 'latin-1' codec can't encode character
'\u20ac' in position 18: ordinal not in range(256)
>>> test.encode('iso-8859-15')
b'Esto es un euro: \xa4'
```

Para este ejemplo, la norma **`Latin1`** es la norma **`ISO-8859-1`** y la norma **`ISO-8859-15`** es la misma norma dotada del símbolo **€**.
Para realizar la misma conversión a partir de la rama 2.x de Python, es preciso crear objetos Unicode con ayuda de **`u''`** y la conversión devuelve cadenas clásicas:

```
>>> test = u"ejemplo de codificación"
>>> test
u'ejemplo de codificaci\xf3n'
>>> test.encode('latin1')
'ejemplo de codificaci\xc3\xb3n'
>>> test = 'Esto es un euro: €'
>>> test = u'Esto es un euro: €'
>>> test.encode('iso-8859-15')
'Esto es un euro: \xa4'
```

## 4.4 Otras codificaciones

Además de UTF-8, existen muchas otras normas:

- **ISO-8859-1**: albanés, alemán, inglés, catalán, danés, español, feroés, finlandés, francés, gaélico, irlandés, islandés, italiano, holandés, noruego, portugués, sueco.
- **ISO-8859-2**: lenguas eslavas y de Europa central que utilizan el alfabeto latino: alemán, croata, húngaro, polaco, rumano, eslovaco, esloveno, checo.
- **ISO-8859-3**: esperanto, gaélico, maltés, turco.
- **ISO-8859-4**: estonio, letonio, lituano.
- **ISO-8859-5**: alfabeto cirílico: bielorruso, búlgaro, macedonio, serbio, ucraniano.
- **ISO-8859-6**: árabe (cuatro formas: forma inicial, media, final o aislada); es preciso analizar contextualmente un texto para escribirlo de la forma adecuada.
- **ISO-8859-7**: griego moderno.
- **ISO-8859-8**: hebreo.
- **ISO-8859-9**: ISO-8859-1 que remplaza las letras islandesas por letras turcas.

- **ISO-8859-10**: agrega a la ISO-8859-4 las primeras letras del groenlandés y cubre toda Escandinavia.
- **ISO-8859-15**: ISO-8859- 1 con el símbolo de euro (€).
- **KOI8-R**: ruso.
- **ISO-2022-JP**: japonés.
- **HKSCS**: chino tradicional (cantonés).
- **GB18030**: chino oficial.
- **ISCII** (obsoleto): indio.

La lista está muy lejos de ser exhaustiva.

## 4.5 Puntos entre el Unicode y el resto del mundo

Veremos a continuación algunos ejemplos de cadenas que utilizan caracteres específicos, empezando por el japonés:

```
>>> japon = '日本'
>>> japon
'日本'
>>> japon.encode('ISO-2022-JP')
b'\x1b$BF|K\\\x1b(B'
```

Algo de chino:

```
>>> chino_tradicional = '中國'
>>> chino_tradicional
'中國'
>>> chino_tradicional.encode('HKSCS')
b'\xa4\xa4\xb0\xea'
>>> chino_simplificado = '中国'
>>> chino_simplificado
'中国'
>>> chino_simplificado.encode('GB18030')
b'\xd6\xd0\xb9\xfa'
```

A continuación, algo de ruso:

```
>>> rusia = 'Россия'
>>> federacion_de_rusia = 'Российская Федерация'
>>> rusia + ' | ' + federacion_de_rusia
'Россия | Российская Федерация'
>>> federacion_de_rusia.encode('KOI8-R')
b'\xf2\xcf\xd3\xd3\xc9\xca\xd3\xcb\xc1\xd1
\xe6\xc5\xc4\xc5\xd2\xc1\xc3\xc9\xd1'
```

Turco (para ver los acentos, en lugar de seleccionar el nombre del país, vamos a utilizar el himno nacional, que se traduce por «Marcha de la independencia»):

```
>>> himno_turco = 'İstiklâl Marşı'
>>> himno_turco.encode('ISO-8859-9')
b'\xddstikl\xe2l Mar\xfe\xfd'
```

© Editions ENI - All rights reserved

He aquí algo de búlgaro:

```
>>> republica_de_bulgaria = 'България et Република България'
>>> republica_de_bulgaria.encode('iso-8859-5')
b'\xb1\xea\xdb\xd3\xd0\xe0\xd8\xef y
\xc0\xd5\xdf\xe3\xd1\xdb\xd8\xda\xd0
\xb1\xea\xdb\xd3\xd0\xe0\xd8\xef'
```

Árabe:

```
>>> arabe='العربية'
>>> arabe.encode('ISO-8859-6')
b'\xc7\xe4\xd9\xd1\xc8\xea\xc9'
```

Algo de indio (el indio se escribe únicamente con UTF-8, las demás codificaciones están obsoletas):

```
>>> india='भारत'
>>> republica_de_india = 'भारत गणराज्य'
>>> india
'भारत'
>>> republica_de_india
'भारत गणराज्य'
```

He aquí algo de griego moderno («griego moderno» en el texto):

```
>>> griego = '(νεο)ελληνική γλώσσα'
>>> griego.encode('iso-8859-7')
b'(\xed\xe5\xef)\xe5\xeb\xeb\xe7\xed\xe9\xea\xde
\xe3\xeb\xfe\xf3\xf3\xe1'
```

Para finalizar, he aquí una cadena de caracteres en griego antiguo. Unicode permite, a su vez, escribir de manera natural dicha cadena. No es posible utilizar UTF-8859-7, dado que solo trabaja con griego moderno:

```
>>> alejandro_III_de_macedonia="Ἀλέξανδρος Γ' ὁ Μακεδών"
>>> alejandro_el_grande ='Ἀλέξανδρος ὁ Μέγας'
```

Esto nos permite apreciar las posibilidades ofrecidas por Unicode y visualizar cómo declinar una cadena Unicode en cualquier otro formato.

## 4.6 Volver a Unicode

Retomemos uno de los ejemplos anteriores:

```
>>> japon = '日本'
>>> conversion = japon.encode('ISO-2022-JP')
>>> conversion
b'\x1b$BF|K\\\x1b(B'
```

El tipo de esta variable es, efectivamente, un byte que dispone del método **decode**:

```
>>> type(conversion)
<class 'bytes'
>>> conversion.decode('ISO-2022-JP')
'日本'
```

# 5. Manipulaciones de bajo nivel avanzadas

## 5.1 Operaciones para contar

He aquí una cadena de caracteres que representa un texto, de modo que puede almacenarse de forma persistente y recuperarse según los procedimientos habituales.

```
>>> s='''Esta es una frase corta. Esta es una un poco
más larga.
... Esto es otro párrafo.
... Esto es el último párrafo.
... '''
```

Contar el número de símbolos es trivial:

```
>>> len(s)
132
```

Contar el número de frases resulta algo más delicado:

```
>>> len(s.split('.'))
4
```

Es preciso tener en cuenta todos los caracteres de puntuación al final de las frases. La solución no es demasiado buena, pues crea tablas con tantas dimensiones como caracteres y obliga a realizar iteraciones algo pesadas a la vez en la sintaxis y en el procesamiento:

```
>>> temp=[a.split('!') for a in s.split('.')]
>>> frases=[]
>>> for tmp in temp:
...     frases.extend(tmp)
...
>>> len(frases)
5
```

Un algoritmo similar que gestione simultáneamente el punto, el signo de interrogación, el signo de exclamación, los puntos suspensivos, los dos puntos y el punto y coma sería también largo de escribir y de ejecutar. La solución más sencilla es, por tanto, realizar un remplazo antes de dividir:

```
>>> frases=s
>>> for c in '?!...:;':
...      frases=frases.replace(c, '.')
...
>>> len(frases.split('.'))
5
```

Contar las palabras es más trivial (aunque podemos considerar que existen otros separadores, además del espacio, para separar las palabras como, por ejemplo, el apóstrofo):

```
>>> len(' '.join(s.splitlines()).split(' '))
23
```

No hay que olvidar contar el salto de línea.

© Editions ENI - All rights reserved

Del mismo modo que con las palabras, conviene definir los separadores de palabras tales como el apóstrofo o el guión. Es preciso completar el algoritmo.

## 5.2 Una cadena de caracteres vista como una lista

En el capítulo Secuencias y algoritmos aplicados, hemos visto un medio de generar un código de barras a partir de una lista de valores. En realidad, un código es una cadena de caracteres. Es posible transformarla en una lista de la siguiente manera:

```
>>> code = '123456789012'
>>> code = [int(c) for c in code] # o code=list(code)
>>> code
[1, 2, 3, 4, 5, 6, 7, 8, 9, 0, 1, 2]
```

A continuación, aplicar el algoritmo visto anteriormente:

```
>>> code.append(( 1000 - sum( [ a * b for a, b in zip( code[::-1],
[ 3, 1 ] * 6)] ) ) % 10 )
>>> code
[1, 2, 3, 4, 5, 6, 7, 8, 9, 0, 1, 2, 8]
```

Y, por último, volver a convertir la cadena de caracteres de la siguiente manera:

```
>>> code = ''.join([str(c) for c in code])
>>> code
'1234567890128'
```

Existen importantes diferencias entre una cadena de caracteres y una lista de caracteres, y conviene saber pasar rápidamente de una a la otra. No obstante, es posible hacerlo mucho mejor:

```
>>> code='123456789012'
>>> code+=str((1000 - sum([ a * b for a, b in zip([int(i) for i in
code[::-1]], [3, 1]*6)]))%10)
>>> code
'1234567890128'
```

Esta vez se ha aplicado directamente el algoritmo de manera individual a cada carácter, transformado previamente en un valor entero, para tener el carácter suplementario que podemos, a continuación, agregar al código.

La operación se realiza en una única línea, utilizando el recorrido de la lista y las funciones **sum** y **zip**. Este código realiza muchas operaciones en relación con su tamaño, de modo que no resulta demasiado legible.

En el peor de los casos, una buena consola y algunas pruebas son más que suficiente para comprender su funcionamiento.

## 5.3 Una cadena de caracteres vista como un conjunto de caracteres

El conjunto es una herramienta bastante útil y particular que permite responder a ciertas problemáticas. Puede utilizarse de manera conjunta con un diccionario.
He aquí cómo obtener la lista de letras presentes en una frase, por ejemplo:

```
>>> frase = 'esto es un conjunto de letras que forman una frase'
>>> {c: frase.count(c) for c in set(frase)}
{'u': 4, 's': 4, 'f': 2, 'n': 5, 'a': 4, 't': 3,
'm': 1, 'r': 3, 'd': 1, 'o': 4, 'j': 1, 'q': 1,
'c': 1, 'l': 1, ' ': 9, 'e': 6}
```

# 6. Representación en memoria

## 6.1 Presentación del tipo bytes

Ahora que una cadena de caracteres se representa únicamente por el tipo **unicode**, el tipo **bytes** no se ve más que como una representación de bits, de bytes o de valores hexadecimales, y se utiliza específicamente para problemáticas de bajo nivel.
De este modo, al convertir una cadena de caracteres en un juego de caracteres diferente a Unicode, se considera como una serie de bits. Del mismo modo, un valor entero se ve como una serie de bits.
He aquí una forma de visualizar cómo se representan los 256 primeros números enteros en bytes, en paralelo con su representación octal y hexadecimal:

```
>>> def int_and_bytes():
...     print('+-----+---------+-------+------+')
...     print('| int |  bytes  | octal | hexa |')
...     print('+-----+---------+-------+------+')
...     for i in range(256):
...         print('| %3d | %-7s | %#-5o | %#-4x |' % (i,
i.to_bytes(1, 'big'), i, i))
...     print('+-----+---------+-------+------+')
...
```

El resultado de este script se muestra en el anexo.
Es posible transformar cualquier valor entero en bytes siempre y cuando la longitud de la representación sea suficiente:

```
>>> (10000).to_bytes(4, 'big')
b"\x00\x00'\x10"
>>> (10000).to_bytes(2, 'big')
b"'\x10"
>>> (10000).to_bytes(1, 'big')
Traceback (most recent call last):
File "<stdin>", line 1, in <module>
OverflowError: int too big to convert
```

© Editions ENI - All rights reserved

Además de la longitud de la representación, es preciso tener en cuenta la terminación:

```
>>> (12345).to_bytes(4, 'big')
b'\x00\x0009'
>>> (12345).to_bytes(4, 'little')
b'90\x00\x00'
```

Es también importante saber si la representación incluye el signo, lo cual es posible utilizando un parámetro nombrado (de la simple lectura del código):

```
>>> (12345).to_bytes(4, 'big', signed=True)
b'\x00\x0009'
>>> (12345).to_bytes(4, 'little', signed=True)
b'90\x00\x00'
>>> (-12345).to_bytes(4, 'big', signed=True)
b'\xff\xff\xcf\xc7'
>>> (-12345).to_bytes(4, 'little', signed=True)
b'\xc7\xcf\xff\xff'
```

## 6.2 Vínculo con las cadenas de caracteres

Una cadena de caracteres puede escribirse en forma de entero, para juegos de caracteres con un tamaño de representación fija:

```
>>> int.from_bytes(b'Si', 'big')
21353
>>> (20079).to_bytes(3, 'big')
b'No'
```

Un juego de caracteres dispone de índices para cada carácter. Cuando se transforma una cadena de caracteres Unicode en otro juego de caracteres, se trabaja en realidad con índices que establecen una correspondencia entre los de Unicode (que son más largos) y aquellos del juego de caracteres deseado (más controlados).

En efecto, las antiguas normas representaban un carácter con 7 bits (127 posibilidades) o 2 cifras decimales (256 posibilidades).

El byte no es más que una representación y no incluye información acerca del juego de caracteres utilizado. Es preciso conocerlo por otro medio para realizar la conversión a Unicode.

Veamos un ejemplo de la correspondencia entre el índice Unicode (ordinal) y el índice de otro juego de caracteres:

```
>>> 'Esto es un euro: €'.encode('iso-8859-15')
b'Esto es un euro: \xa4'
>>> ord(b'\xa4')
164
>>> 10*16+4
164
```

El ordinal de un carácter de tipo **bytes** no es idéntico al de **unicode**:

```
>>> chr(164)
'¤'
>>> ord('€')
8364
```

Preste atención, por tanto, a la conversión inversa:

```
>>> b.decode('iso-8859-1', 'strict')
'Esto es un euro: ¤'
>>> b.decode('iso-8859-15', 'strict')
'Esto es un euro: €'
```

Como hemos visto antes, es posible convertir un objeto de tipo bytes en una cadena de caracteres. En realidad, este método permite gestionar los errores que puedan producirse:

```
>>> 'Esto es un euro: €'.encode('iso-8859-1', 'strict')
Traceback (most recent call last):
File "<stdin>", line 1, in <module>
UnicodeEncodeError: 'latin-1' codec can't encode character
'\u20ac' in position 18 ordinal not in range(256)
>>> 'Esto es un euro: €'.encode('iso-8859-1', 'ignore')
b'Esto es un euro: '
>>> 'Esto es un euro: €'.encode('iso-8859-1', 'replace')
b'Esto es un euro: ?'
```

La opción por defecto es la opción **strict**.

## 6.3 Presentación del tipo bytearray

Los tipos **bytes** y **bytearray** son dos clases que heredan directamente de la clase **object** y que implementan, cada uno de ellos, una representación de bytes.

```
>>> type.mro(bytes)
[<class 'bytes'>, <class 'object'>]
>>> type.mro(bytearray)
[<class 'bytearray'>, <class 'object'>]
```

La diferencia entre **bytearray** y **bytes** es similar a la que existe entre una lista y una n-tupla.
Una instancia de **bytes** es no modificable, mientras que una de **bytearray** sí lo es. De este modo, este tipo agrega los métodos necesarios para gestionar estas nuevas funcionalidades:

```
>>> only_in_bytes=list(set(dir(bytes))-set(dir(bytearray)))
>>> only_in_bytes.sort()
>>> only_in_bytes
['__getnewargs__']
>>> only_in_bytearray=list(set(dir(bytearray))-set(dir(bytes)))
>>> only_in_bytearray.sort()
>>> only_in_bytearray
['__alloc__', '__delitem__', '__iadd__', '__imul__',
```

© Editions ENI - All rights reserved

```
'__setitem__', 'append', 'extend', 'insert', 'pop', 'remove',
'reverse']
```

El funcionamiento de estos métodos es similar a los aplicables sobre las listas. Es posible, de este modo:

– agregar un elemento, pero únicamente un entero:

```
>>> a=bytearray(b'abcde')
>>> a
bytearray(b'abcde')
>>> a.append(b'f')
Traceback (most recent call last):
File "<stdin>", line 1, in <module>
TypeError: an integer is required
>>> a.append(102)
>>> a
bytearray(b'abcdef')
```

– extender los valores a partir de una nueva lista:

```
>>> a.extend(b'gh')
>>> a.extend(b'i')
>>> a.extend([106])
>>> a
bytearray(b'abcdefghij')
```

Es posible utilizar indistintamente otro **bytearray**, un **bytes** de uno o varios caracteres o una secuencia de valores enteros y utilizar el **bytearray** como una pila de bits:

```
>>> a
bytearray(b'abcdefghi')
```

Los **bytes** y los **bytearray** son, por tanto, dos tipos muy similares, que representan los mismos datos, pero adaptados a usos diferentes: **bytes** para trabajar con caracteres o codificaciones y **bytearray** para trabajar con bits.

Destacamos que los bytes pueden manipularse casi como cadenas de caracteres (con algunas aproximaciones, dada su naturaleza). No podemos, por el contrario, hacer operaciones entre **bytes** y **str** (por ejemplo, concatenar un byte con un objeto) pues se trata de dos objetos diferentes: hay que hacer una operación de codificación/decodificación en primer lugar.

```
>>> b'4' + b'2'
b'42'
>>> b'4' + '2'
Traceback (most recent call last):
  File "<stdin>", line 1, in <module>
TypeError: can't concat bytes to str
```

Observe que con el paso a Python 3, el operador módulo se ha eliminado para los **bytes** y se ha vuelto a introducir en Python 3.5, pero con algunas modificaciones.

He aquí una miscelánea de manipulaciones que podemos hacer con los **bytes**:

```
>>> b'response = %i' % 42
b'response = 42'
>>> b'response = %02.5f' % 1.4284
b'response = 1.42840'
```

El **%s** se reserva para los bytes mientras que la **%a** lo está para las cadenas:

```
>>> b'response = %s' % "Decimos 42"
Traceback (most recent call last):
  File "<stdin>", line 1, in <module>
TypeError: %b requires bytes, or an object that implements
__bytes__, not 'str'
>>> b'response = %s' % b"Decimos 42"
b'response = Decimos 42'
>>> b'response = %a' % "Decimos 42"
b"response = 'Decimos 42'"
>>> b'response = %a' % "Decimos 42€"
b"response = 'Decimos 42\\u20ac'"
```

Por último, algunas operaciones que ya conocemos con las cadenas:

```
>>> b"Python is awesome".count(b'o')
2
>>> b"Python is awesome".find(b'o')
4
>>> b"awesome" in b"Python is awesome"
True
>>> b"Python is awesome".replace(b'awesome', b'amazing')
b'Python is amazing'
```

## 6.4 Gestión de un juego de caracteres

Un juego de caracteres es una tabla indexada de caracteres que puede relacionarse con la de Unicode y, de este modo, reducirse a un diccionario que tiene como clave valores enteros comprendidos entre 0 y 255 y como valores los ordinales de los caracteres que se desea utilizar entre aquellos provistos por Unicode (http://www.unicode.org/charts/).

El módulo **codecs** permite trabajar sobre problemáticas vinculadas con los juegos de caracteres:

```
>>> import codecs
>>> dir(codecs)
['BOM', 'BOM32_BE', 'BOM32_LE', 'BOM64_BE', 'BOM64_LE', 'BOM_BE',
'BOM_LE', 'BOM_UTF16', 'BOM_UTF16_BE', 'BOM_UTF16_LE',
'BOM_UTF32', 'BOM_UTF32_BE', 'BOM_UTF32_LE', 'BOM_UTF8',
'BufferedIncrementalDecoder', 'BufferedIncrementalEncoder',
'Codec', 'CodecInfo', 'EncodedFile', 'IncrementalDecoder',
'IncrementalEncoder', 'StreamReader', 'StreamReaderWriter',
'StreamRecoder', 'StreamWriter', '__all__', '__builtins__',
'__cached__', '__doc__', '__file__', '__name__', '__package__',
'_false', 'ascii_decode', 'ascii_encode',
```

© Editions ENI - All rights reserved

```
'backslashreplace_errors', 'builtins', 'charmap_build',
'charmap_decode', 'charmap_encode', 'decode', 'encode',
'escape_decode', 'escape_encode', 'getdecoder', 'getencoder',
'getincrementaldecoder', 'getincrementalencoder', 'getreader',
'getwriter', 'ignore_errors', 'iterdecode', 'iterencode',
'latin_1_decode', 'latin_1_encode', 'lookup', 'lookup_error',
'make_encoding_map', 'make_identity_dict', 'open',
'raw_unicode_escape_decode', 'raw_unicode_escape_encode',
'readbuffer_encode', 'register', 'register_error',
'replace_errors', 'strict_errors', 'sys',
'unicode_escape_decode', 'unicode_escape_encode',
'unicode_internal_decode', 'unicode_internal_encode',
'utf_16_be_decode', 'utf_16_be_encode', 'utf_16_decode',
'utf_16_encode', 'utf_16_ex_decode', 'utf_16_le_decode',
'utf_16_le_encode', 'utf_32_be_decode', 'utf_32_be_encode',
'utf_32_decode', 'utf_32_encode', 'utf_32_ex_decode',
'utf_32_le_decode', 'utf_32_le_encode', 'utf_7_decode',
'utf_7_encode', 'utf_8_decode', 'utf_8_encode',
'xmlcharrefreplace_errors']
```

Proporciona constantes (en letras mayúsculas), clases (en minúsculas y con la primera letra de cada palabra en mayúscula) y funciones (en minúsculas).

Para comprender el significado de las constantes, es preciso saber que BOM es la sigla de «Byte Order Mark» y se traduce en español como «marca de orden de bytes», LE para «little endian» y BE para «big endian».

Encontramos también 18 funciones de codificación y 19 de decodificación, así como otros métodos que permiten gestionarlas.

En cuanto a las clases, se distinguen aquellas que permiten encontrar información relativa a los juegos de caracteres disponibles:

```
>>> info=codecs.lookup('iso-8859-15')
>>> info.__class__
<class 'codecs.CodecInfo'>
```

De este modo, es posible encontrar métodos que sirven para codificar o decodificar a partir de un nombre de codificación:

```
>>> dir(info)
['__add__', '__class__', '__contains__', '__delattr__',
'__dict__', '__doc__', '__eq__', '__format__', '__ge__',
'__getattribute__', '__getitem__', '__getnewargs__', '__gt__',
'__hash__', '__init__', '__iter__', '__le__', '__len__',
'__lt__', '__module__', '__mul__', '__ne__', '__new__',
'__reduce__', '__reduce_ex__', '__repr__', '__rmul__',
'__setattr__', '__sizeof__', '__str__', '__subclasshook__',
'count', 'decode', 'encode', 'incrementaldecoder',
'incrementalencoder', 'index', 'name', 'streamreader',
'streamwriter']
```

Una función de codificación o de decodificación trata un dato en su integridad; las clases incrementales permiten codificar o decodificar por tramos, utilizando buffers o iteradores en función del tipo de procesamiento de los datos.
Veamos estos elementos:

```
>>> decoder=info.incrementaldecoder
>>> encoder=info.incrementalencoder
```

Y veamos lo que se obtiene:

```
>>> dir(decoder)
['__class__', '__delattr__', '__dict__', '__doc__', '__eq__',
'__format__', '__ge__', '__getattribute__', '__gt__', '__hash__',
'__init__', '__le__', '__lt__', '__module__', '__ne__', '__new__',
'__reduce__', '__reduce_ex__', '__repr__', '__setattr__',
'__sizeof__', '__str__', '__subclasshook__', '__weakref__',
'decode', 'getstate', 'reset', 'setstate']
>>> set(dir(encoder))^set(dir(decoder))
{'encode', 'decode'}
```

El codificador y el decodificador son idénticos, salvo que uno permite la codificación y el otro la decodificación e incluyen el método deseado.

```
>>> type.mro(decoder)
[<class 'encodings.iso8859_15.IncrementalDecoder'>,
<class 'codecs.IncrementalDecoder'>, <class 'object'>]
>>> type.mro(encoder)
[<class 'encodings.iso8859_15.IncrementalEncoder'>,
<class 'codecs.IncrementalEncoder'>, <class 'object'>]
```

El codificador y el decodificador son, por tanto, respectivamente subclases de las clases **IncrementalEncoder** e **IncrementalDecoder** del módulo codecs.
Los juegos de caracteres habituales están disponibles en el módulo **encoding**:

```
>>> import encodings
>>> dir(encodings)
['CodecRegistryError', '__builtins__', '__cached__', '__doc__',
'__file__', '__name__', '__package__', '__path__', '_aliases',
'_cache', '_import_tail', '_unknown', 'aliases', 'codecs',
'iso8859_15', 'latin_1', 'normalize_encoding', 'search_function',
'utf_32_be', 'utf_8']
```

La clase de decodificación es una novedad de la rama 2.x (Python 2.5).
El módulo codecs dispone de todas las herramientas necesarias para implementar la gestión de los errores que se producen en la codificación o decodificación, para recuperar los métodos que realizan dichas operaciones y también para cargar un nuevo juego de caracteres mediante un archivo (**codecs.open**).
Si bien existen numerosos métodos que permiten gestionar muchos casos de uso, es posible no obstante agregar nuestro propio juego de caracteres, nuestros propios métodos de codificación, decodificación y de búsqueda de codecs y de gestión de errores.

© Editions ENI - All rights reserved

El desarrollador que tenga que trabajar con estas problemáticas, bastante complejas (lectura de un archivo presente en un disco o en red, uso de protocolos específicos), encontrará con Python soluciones con un nivel de dificultad asumible.

Como hemos visto, estos juegos de caracteres pueden interpretarse también como una relación entre un índice del juego de caracteres con un ordinal Unicode, y se llaman **charmap**. La documentación de Python los describe:

http://docs.python.org/library/codecs.html#standard-encodings

Para una tabla de codificación, basta con una representación con forma de cadena de caracteres con 256 caracteres; el índice de un carácter del juego de caracteres viene dado, simplemente, por su índice en la cadena y el índice del mismo carácter en la tabla Unicode, dado por su ordinal.

He aquí un ejemplo de tabla de decodificación:

```
>>> encodings.iso8859_15.decoding_table
'\x00\x01\x02\x03\x04\x05\x06\x07\x08\t\n\x0b\x0c\r\x0e\x0f\x10\x1
1\x12\x13\x14\x15\x16\x17\x18\x19\x1a\x1b\x1c\x1d\x1e\x1f !"#$
%&\'()*+,-./0123456789:;<=>?
@ABCDEFGHIJKLMNOPQRSTUVWXYZ[\\]^_`abcdefghijklmnopqrstuvwxyz{|}~\x
7f\x80\x81\x82\x83\x84\x85\x86\x87\x88\x89\x8a\x8b\x8c\x8d\x8e\x8f
\x90\x91\x92\x93\x94\x95\x96\x97\x98\x99\x9a\x9b\x9c\x9d\x9e\x9f\x
a0¡¢£€
¥Š§š©ª«¬\xad®¯°±²³Žµ¶·ž¹º»ŒœŸ¿ÀÁÂÃÄÅÆÇÈÉÊËÌÍÎÏÐÑÒÓÔÕÖ×ØÙÚÛÜÝÞßàáâã
äåæçèéêëìíîïðñòóôõö÷øùúûüýþÿ'
>>> len(encodings.iso8859_15.decoding_table)
256
```

De este modo, para conocer el carácter de un juego de caracteres para un índice determinado, podemos simplemente proceder de la siguiente manera:

```
>>> encodings.iso8859_15.decoding_table[48]
'0'
>>> encodings.iso8859_15.decoding_table[65]
'A'
>>> encodings.iso8859_15.decoding_table[95]
'_'
>>> encodings.iso8859_15.decoding_table[97]
'a'
>>> encodings.iso8859_15.decoding_table[164]
'€'
```

Una tabla de estas características se transforma fácilmente en un diccionario:

```
>>> dec_map={i:ord(c) for i, c in
enumerate(encodings.iso8859_15.decoding_table)}
```

Es muy sencillo trabajar con este tipo de diccionarios:

```
>>> dec_map[48]
48
>>> dec_map[65]
65
```

```
>>> dec_map[97]
97
>>> dec_map[164]
8364
```

Es fácil poner de manifiesto la gran compatibilidad entre el juego de caracteres iso8859 y Unicode:

```
>>> len({k:v for k, v in dec_map.items() if k==v})
248
```

Es el motivo por el que existe una función que permite crear de manera sencilla dichos diccionarios, **make_identity_dict**. Estas dos líneas son idénticas.

```
>>> d=codecs.make_identity_dict(range(256))
>>> d={k:k for k in range(256)}
```

La segunda escritura permite obtener un desfase constante entre las claves y los valores, lo cual puede resultar útil con juegos de caracteres que formen parte de otros planes Unicode:

```
>>> d2={k:k+256 for k in range(256)}
```

A partir de una tabla de decodificación es posible obtener una tabla de codificación con forma de objeto **EncodingMap**:

```
>>> codecs.charmap_build(encodings.iso8859_15.decoding_table)
<EncodingMap object at 0x1930e50>
>>> encodings.iso8859_15.encoding_table
<EncodingMap object at 0x1929e70>
```

Este objeto es similar a un diccionario cuyas claves y valores son los valores y las claves del diccionario de decodificación:

```
>>> enc_map={v: k for k, v in dec_map.items()}
```

Existe también la función **make_encoding_map**:

```
>>> enc_map=codecs.make_encoding_map(dec_map)
```

Cabe destacar que un juego de caracteres no debe contener dos veces el mismo carácter, y cada valor debe estar representado una única vez. También es posible utilizar conjuntos para realizar operaciones.
He aquí cómo crear una tabla de decodificación y compararla con otra:

```
>>> table_encoding=''.join([chr(i) for i in range(256)])
>>> set(table_encoding)^set(encodings.iso8859_15.decoding_table)
{'€', 'ž', ' ¨', ' ¸', 'š', 'Š', 'Ÿ', '¦', '3⁄4', 'œ', 'Œ', '¤', '
', '1⁄4', 'Ž', '1⁄2'}
>> set(table_encoding)-set(encodings.iso8859_15.decoding_table)
{'¤', '¦', ' ¨', ' ´', ' ¸', '1⁄2', '1⁄4', '3⁄4'}
>>> set(encodings.iso8859_15.decoding_table)-set(table_encoding)
{'š', 'Š', '€', 'œ', 'Œ', 'Ÿ', 'Ž', 'ž'}
```

© Editions ENI - All rights reserved

Para leer un archivo utilizando un juego de caracteres específicos es posible utilizar una clase que hereda de **codecs.StreamReader**, que hereda a su vez de **codecs.Codec**. He aquí una que permite leer la codificación ISO-8859-15:

```
>>> type.mro(encodings.iso8859_15.StreamReader)
[<class 'encodings.iso8859_15.StreamReader'>, <class
'encodings.iso8859_15.Codec'>, <class 'codecs.StreamReader'>,
<class 'codecs.Codec'>, <class 'object'>]
```

Del mismo modo, existen clases que permiten escribir un flujo a fichero:

```
>>> type.mro(encodings.iso8859_15.StreamWriter)
[<class 'encodings.iso8859_15.StreamWriter'>, <class
'encodings.iso8859_15.Codec'>, <class 'codecs.StreamWriter'>,
<class 'codecs.Codec'>, <class 'object'>]
```

Al final, para crear un nuevo juego de caracteres, es preciso implementar todos estos elementos, agruparlos en una clase **CodecInfo** para registrarlos y hacerlos disponibles, mediante el método **register**.
He aquí cómo leer un archivo alojado en un disco duro utilizando simplemente la primitiva **open**:

```
>>> f=open('ejemplo_iso.txt', 'r')
>>> f.readline()
Traceback (most recent call last):
File "<stdin>", line 1, in <module>
File "/usr/lib/python3.2/codecs.py", line 300, in decode
(result, consumed) = self._buffer_decode(data, self.errors, final)
UnicodeDecodeError: 'utf8' codec can't decode byte 0xa4 in
position 18: invalid start byte
>>> f.close()
```

En este método **decode** de una implementación de **codecs.BufferedIncrementalDecoder**, obtenemos el error habitual cuando se realiza este tipo de operación, que significa que el juego de caracteres del archivo no es el que se cree o que, si se trata de una implementación personalizada, alguno de los caracteres no se ha tenido en cuenta correctamente.
Indicando el juego de caracteres, cambiamos de decodificador y todo funciona de forma adecuada:

```
>> f=open('ejemplo_iso.txt', 'r', encoding='iso-8859-15')
>>> f.readline()
'Esto es un euro: €\n'
>>> f.readline()
''
>>> f.close()
```

Cuando el fichero termina, todas las llamadas al método **readline** devuelven una cadena de caracteres vacía. No es el mismo caso que cuando se lee una línea vacía, porque se tiene, como mínimo, el carácter \n de fin de línea.

Python es un lenguaje de alto nivel, y posee por tanto todos los métodos que le permiten gestionar de manera transparente los distintos juegos de caracteres, aunque dispone también de todos los métodos necesarios para trabajar a bajo nivel si es necesario.

© Editions ENI - All rights reserved

# Capítulo 3-8
# Diccionarios y algoritmos aplicados

## 1. Presentación

### 1.1 Definición

Un diccionario es una colección no ordenada de relaciones entre claves y valores. La semántica de Python 3.x aproxima la notación de los conjuntos a la de los diccionarios; existen efectivamente similitudes entre ambas colecciones, empezando por el hecho de que una clave de un diccionario debe poderse hashear.

Veamos la lista de métodos de un diccionario:

```
>>> dir(dict)
['__class__', '__contains__', '__delattr__', '__delitem__',
'__doc__', '__eq__', '__format__', '__ge__', '__getattribute__',
'__getitem__', '__gt__', '__hash__', '__init__', '__iter__',
'__le__', '__len__', '__lt__', '__ne__', '__new__', '__reduce__',
'__reduce_ex__', '__repr__', '__setattr__', '__setitem__',
'__sizeof__', '__str__', '__subclasshook__', 'clear', 'copy',
'fromkeys', 'get', 'items', 'keys', 'pop', 'popitem',
'setdefault', 'update', 'values']
```

Los métodos que posee una lista y no posee un diccionario son:

```
>>> sorted(set(dir(list))-set(dir(dict)))
['__add__', '__iadd__', '__imul__', '__mul__', '__reversed__',
'__rmul__', 'append', 'count', 'extend', 'index', 'insert',
'remove', 'reverse', 'sort']
```

En efecto, el diccionario no implementa más operadores que los de comparación. No existe ninguna noción de índices, aunque posee claves que son únicas, y no existe una relación de orden. No existe, tampoco, la noción de tramos, pues si bien es posible crearlos a partir de índices, no lo es a partir de claves.

```
>>> (sorted(set(dir(dict))-set(dir(list)))
['clear', 'copy', 'fromkeys', 'get', 'items', 'keys', 'popitem',
'setdefault', 'update', 'values']
```

Dado que no existen más operadores, son los métodos **keys** los que permiten obtener la lista de claves, **values** para obtener la lista de valores e **items** para una 2-tupla que contiene la clave y el valor. Si bien es posible controlar los índices, pues están comprendidos entre 0 y la longitud de la lista menos **1**, no se conoce, implícitamente, el conjunto de claves; de ahí que el método **get** permita gestionar las claves de forma diferente al operador corchete. Agregar o modificar un elemento del diccionario se realiza mediante el método **update** y los demás métodos son específicos. Presentaremos todos ellos con detalle.

Comparando de la misma manera un diccionario con un set o un frozenset, se pone de relieve el hecho de que no existen nociones de conjunto en un diccionario. Por ello, no existen todos los operadores vinculados.

## 1.2 Evolución y diferencias entre las ramas 2.x y 3.x

Existen diferencias importantes con la rama Python 2.x.

La variable **rama2**, con un copiar-pegar en la consola de Python 3 del resultado del comando **dir(dict)** en la consola Python 2, pone de manifiesto lo siguiente:

```
>>> list(sorted(set(dir(dict))-set(rama2)))
[]
>>> list(sorted(set(rama2)-set(dir(dict))))
['__cmp__', 'has_key', 'iteritems', 'iterkeys', 'itervalues',
'viewitems', 'viewkeys', 'viewvalues']
```

El resultado se explica por el hecho de que los métodos que permiten acceder a las claves, a los valores o a los ítems han cambiado. Python 2.x disponía de **keys**, **values** e **item**, que devuelven directamente una lista. Los métodos **iterkeys**, **itervalues** e **iteritems** permitían obtener los iteradores. Python 3.x ofrece vistas de diccionarios, un comportamiento homogéneo respecto al funcionamiento de otros tipos, que incluyen simplemente los nombres **keys**, **values** e **items**, pero que no deben confundirse con los métodos homónimos de la rama 2.x, dado que no son idénticos. Estos últimos se han mantenido, no obstante, con los nombres **viewkeys**, **viewvalues** y **viewitems**.

Esta situación compleja de la rama 2.x tiene como objetivo facilitar la conversión de las aplicaciones de dicha rama hacia la rama 3.x.

Para simplificar su comprensión, he aquí una tabla que presenta las equivalencias entre los métodos de la rama 2.x y los de la rama 3.x, siendo el objeto d un diccionario (instancia).

| Rama 2.x (2.2 para iter* y 2.7 para view *) | Rama 3.x |
|---|---|
| `d.keys()` | `list(d.keys())` |
| `d.values()` | `list(d.values())` |
| `d.items()` | `list(d.items())` |
| `d.iterkeys()` | `iter(d.keys())` |

© Editions ENI - All rights reserved

| Rama 2.x (2.2 para iter* y 2.7 para view *) | Rama 3.x |
|---|---|
| `d.itervalues()` | `iter(d.values())` |
| `d.iteritems()` | `iter(d.items())` |
| `d.viewkeys()` | `d.keys()` |
| `d.viewvalues()` | `d.values()` |
| `d.viewitems()` | `d.items()` |

La rama 3.x ofrece cierta homogeneidad entre tipos que permite una coherencia.

## 1.3 Vistas de diccionarios

Las vistas de diccionarios son una herramienta nueva, pero de uso muy habitual. Hay tres:

```
>>> {}.keys()
dict_keys([])
>>> {}.values()
dict_values([])
>>> {}.items()
dict_items([])
```

Su representación sugiere, por la presencia de corchetes, cierto parentesco con las listas, aunque heredan directamente del objeto base:

```
>>> type.mro(type({}.keys()))
[<class 'dict_keys'>, <class 'object'>]
>>> type.mro(type({}.values()))
[<class 'dict_values'>, <class 'object'>]
>>> type.mro(type({}.items()))
[<class 'dict_items'>, <class 'object'>]
```

He aquí, con detalle, sus métodos:

```
>>> dir(type({}.keys()))
['__and__', '__class__', '__contains__', '__delattr__', '__doc__',
'__eq__', '__format__', '__ge__', '__getattribute__', '__gt__',
'__hash__', '__init__', '__iter__', '__le__', '__len__', '__lt__',
'__ne__', '__new__', '__or__', '__rand__', '__reduce__',
'__reduce_ex__', '__repr__', '__ror__', '__rsub__', '__rxor__',
'__setattr__', '__sizeof__', '__str__', '__sub__',
'__subclasshook__', '__xor__', 'isdisjoint']
>>> dir(type({}.values()))
['__class__', '__delattr__', '__doc__', '__eq__', '__format__',
'__ge__', '__getattribute__', '__gt__', '__hash__', '__init__',
'__iter__', '__le__', '__len__', '__lt__', '__ne__', '__new__',
'__reduce__', '__reduce_ex__', '__repr__', '__setattr__',
'__sizeof__', '__str__', '__subclasshook__']
>>> dir(type({}.items()))
['__and__', '__class__', '__contains__', '__delattr__', '__doc__',
```

```
'__eq__', '__format__', '__ge__', '__getattribute__', '__gt__',
'__hash__', '__init__', '__iter__', '__le__', '__len__', '__lt__',
'__ne__', '__new__', '__or__', '__rand__', '__reduce__',
'__reduce_ex__', '__repr__', '__ror__', '__rsub__', '__rxor__',
'__setattr__', '__sizeof__', '__str__', '__sub__',
'__subclasshook__', '__xor__', 'isdisjoint']
```

Simplificando, es posible ver que las claves y los ítems se tratan de la misma manera:

```
>>> list(sorted(set(dir(type({}.keys())))^set(dir(type({}.items())))))
[]
```

Y que disponen de métodos con finalidades de conjunto (&, |, ^, isdisjoint) que no están presentes para gestionar los valores, lo cual es natural dado que los valores no son únicos, mientras que las claves sí lo son, así como la asociación de claves-valores:

```
>>> list(sorted(set(dir(type({}.values())))-set(dir(type({}.keys())))))
[]
>>> list(sorted(set(dir(type({}.keys())))-set(dir(type({}.values())))))
['__and__', '__contains__', '__or__', '__rand__', '__ror__',
'__rsub__', '__rxor__', '__sub__', '__xor__', 'isdisjoint']
```

De este modo, es posible realizar operaciones de conjuntos sobre las claves de varios diccionarios:

```
>>> d1={'apellido': 'Ruiz', 'nombre': 'Pablo'}
>>> d2={'nombre': 'Alejandro', 'puesto': 'ensamblador'}
>>> d1.keys()|d2.keys()
{'apellido', 'puesto', 'nombre'}
>>> d1.keys()^d2.keys()
{'apellido', 'puesto'}
>>> d1.keys()&d2.keys()
{'nombre'}
```

Esto permite ver rápida y eficazmente si los datos de dos diccionarios son comparables, puesto que comparten información cuya naturaleza, dada por las claves, es idéntica.

```
>>> d1.items()|d2.items()
{('nombre', 'Pablo'), ('nombre', 'Alejandro'), ('apellido', 'Ruiz'),
('puesto', 'ensamblador')}
>>> d1.items()&d2.items()
set()
>>> d1.items()^d2.items()
{('nombre', 'Pablo'), ('nombre', 'Alejandro'), ('apellido', 'Ruiz'),
('puesto', 'ensamblador')}
```

Estos elementos, en cambio, no son iteradores y no se pueden usar como tales:

```
>>> next({}.keys())
Traceback (most recent call last):
  File "<stdin>", line 1, in <module>
TypeError: 'dict_keys' object is not an iterator
```

© Editions ENI - All rights reserved

A nivel de los ítems, las operaciones de conjuntos permiten poner de relieve las similitudes entre los diccionarios, en el caso de que existan dos parejas clave-valor iguales. Por ejemplo, es posible saber, a continuación, si varias personas comparten el mismo nombre o compiten por el mismo puesto. En el caso de que se quiera presentar todos los datos en forma de tabla (exportación CSV), es también sencillo buscar los encabezados de la tabla:

```
>>> l=[d1, d2]
>>> s=set()
>>> for d in l:
...     s|= d.keys()
...
>>> s
{'apellido', 'puesto', 'nombre'}
```

Es también posible homogeneizar todos los diccionarios, completándolos:

```
>>> for d in l:
...     keys=d.keys()
...     for k in s:
...         if k not in keys:
...             d[k]=''
...
>>> l
[{'apellido': 'Ruiz', 'puesto': '', 'nombre': 'Pablo'}, {'nombre':
'Alejandro', 'puesto': 'Taller', 'apellido': ''}]
```

Otra solución:

```
>>> diccvacio={k:'' for k in s}
>>> for i, d in enumerate(l):
...     n=diccvacio.copy()
...     n.update(d)
...     l[i]=n
...
```

## 1.4 Instanciación

Existen muchas maneras de instanciar un diccionario. Las que se muestran a continuación son todas equivalentes:

```
d={"uno": 1, "dos": 2}
d=dict({'uno': 1, 'dos': 2})
d=dict(uno=1, dos=2)
d=dict([['uno', 1], ['dos', 2]])
d=dict(zip(('uno', 'dos'), (1, 2)))
```

Y todavía más si tenemos en cuenta el hecho de que es posible utilizar tuplas en aquellos lugares donde se utilizan listas y viceversa. Por el contrario, no es posible utilizar **set** o **frozenset**, pues se pierde la relación de orden que, con la lista y la tupla, permite relacionar claves y valores.

### 1.5 Recorrer un diccionario

Python 3.x permite recorrer un diccionario:

```
>>> {a: a**2 for a in range(11) if a % 2 == 0}
{0: 0, 2: 4, 4: 16, 6: 36, 8: 64, 10: 100}
```

Las llaves se utilizan en la semántica de los conjuntos y de los diccionarios, y ambos objetos se diferencian por los dos puntos que asocian las claves con los valores.
No debe confundirse con el recorrido de un conjunto:

```
>>> {i**2 for i in range(10) if i%2==0}
{0, 16, 4, 64, 36}
```

Respecto al recorrido de una lista, solo el tipo de objeto generado cambia, en función de los caracteres de delimitación. Todo lo que se ha visto para ellos funciona también aquí:

```
>>> {i**2 if i%4==1 else i**4 for i in range(10) if i%2==0}
{0, 16, 4096, 256, 1296}
```

Python 2.x permite, no obstante, crear este tipo de recorrido de un diccionario construyendo el recorrido de una lista que contiene una 2-tupla de pares clave-valor (o una lista) y, a continuación, utilizando el constructor **dict**:

```
>>> a = dict([(a, a**2) for a in range(11) if a%2 == 0])
```

O escribiendo el recorrido directamente en el constructor, dado que los corchetes no tienen, en este contexto, ninguna utilidad y pueden simplificarse:

```
>>> a = dict((a, a**2) for a in range(11) if a%2 == 0)
```

La operación es muy sencilla de realizar, mantiene una legibilidad que permite llevar a cabo una lectura eficaz y evita tener que escribir algoritmos que, por otro lado, serían más lentos.
La rama 3.x de Python aporta una semántica interesante y permite recorrer un diccionario de manera todavía más sencilla, más conocida entre los desarrolladores y más utilizada.

## 2. Manipular un diccionario

### 2.1 Recuperar un valor de un diccionario

Es bastante sencillo saber si una clave está presente en un diccionario:

```
>>> 1 in d.keys()
True
>>> 5 in d.keys()
False
```

Tal y como se ha expuesto en la presentación del diccionario, la noción de índice no existe y es preciso trabajar con claves. Por ello, no existe la noción de tramos:

```
>>> d = {1: 1, 2: '2'}
>>> d[1]
1
>>> d[1]=3
```

© Editions ENI - All rights reserved

```
>>> d[1:2]
Traceback (most recent call last):
File "<stdin>", line 1, in <module>
TypeError: unhashable type
>>> del d[1]
>>> d
{2: '2'}
```

En el caso de que una clave no exista cuando se intenta acceder utilizando el operador corchete, se produce una excepción:

```
>>> d[5]
Traceback (most recent call last):
File "<stdin>", line 1, in <module>
KeyError: 5
```

Si no se quiere obtener una excepción, existe un método **get** que devuelve **None** si la clave no existe:

```
>>> d.get(5)
```

También es posible devolver un valor por defecto en lugar de **None**.

```
>>> d.get(5, 'no')
'no'
```

Preste atención: el hecho de recuperar el valor por defecto (o **None** si no se precisa un valor alternativo) utilizando **get** no permite deducir la no existencia de la clave, puesto que el valor por defecto puede, a su vez, estar asociado a la clave.

El diccionario es, por tanto, un tipo esencial que funciona como un agregador de datos. Podemos considerar un diccionario como un espacio de nombres donde las claves serían los nombres de las variables. Los atributos de una clase se encapsulan mediante este tipo.

## 2.2 Modificar los valores de un diccionario

Un diccionario puede modificarse directamente utilizando la clave para modificar el valor correspondiente:

```
>>> d={1: 6, 2: 2}
>>> d[1]=1
>>> d
{1: 1, 2: 2}
```

Si la clave no existe, simplemente se agrega:

```
>>> d[5]=5
>>> d
{1: 1.0, 2: 2, 5: 5}
```

No es, por el contrario, posible utilizar una sintaxis particular para modificar una clave, puesto que no es la manera en la que funciona un diccionario. Para modificar una clave, se duplica el valor para la nueva clave y se elimina la antigua:

```
>>> del d[5]
>>> d
{1: 1.0, 2: 2, 3: 5}
```

Existe otro método que permite modificar los valores de varias claves:

```
>>> d2={3:3, 4:4}
>>> d.update(d2)
>>> d
{1: 1, 2: 2, 3: 3, 4: 4}
```

Esto funciona como si se actualizara el diccionario clave a clave, es decir, si el diccionario de actualización contiene una clave contenida en el diccionario en curso, este último actualiza el valor correspondiente y, si la clave no existe, entonces la crea. El algoritmo equivalente sería:

```
>>> for k, v in d2.items():
...     d[k]=v
...
```

Desde Python 3.9, también existe la posibilidad de usar el operador de unión:

```
>>> d2={3:3, 4:4}
>>> d |= d2
>>> d
{1: 1, 2: 2, 3: 3, 4: 4}
```

O incluso, en su forma más sencilla:

```
>>> d2={3:3, 4:4}
>>> d3 = d |d2
>>> d3
{1: 1, 2: 2, 3: 3, 4: 4}
```

Obviamente, como se puede observar, estos métodos tienen un comportamiento coherente. En todos los casos, si hay una clave presente en los dos diccionarios, se actualiza. Siempre se aplica el mismo principio: el último que habla tiene razón.

## 2.3 Eliminar una entrada de un diccionario

Eliminar una entrada de un diccionario supone eliminar su clave y, en consecuencia, el valor que tiene asociado. Esta operación se realiza con la palabra clave **del**, como siempre (preste atención, la clave va entre corchetes, no es un índice):

```
>>> d
{1: 1, 2: 2, 3: 3, 4: 4}
>>> del d[4]
>>> d
{1: 1, 2: 2, 3: 3}
```

También es posible eliminar todas las entradas, es decir, vaciar el diccionario:

```
>>> d.clear()
>>> d
{}
```

© Editions ENI - All rights reserved

## 2.4 Duplicar un diccionario

Del mismo modo que es posible duplicar un conjunto utilizando directamente el método **copy** de la clase, también es posible duplicar un diccionario:

```
>>> d={1: []}
>>> d2=d.copy()
>>> d2[1].append(0)
>>> d2
{1: [0]}
>>> d
{1: [0]}
```

Los valores asignables se comparten entre ambos diccionarios, exactamente de la misma manera que con las listas. Dado que las claves se pueden hashear y no son modificables, no se plantea duda alguna entre ambos.
Es preciso utilizar, como con las listas, el módulo **copy** para obtener una copia profunda:

```
>>> import copy
>>> d3=copy.copy(d)
>>> d4=copy.deepcopy(d)
>>> d[1].append(1)
>>> d
{1: [0, 1]}
>>> d2
{1: [0, 1]}
>>> d3
{1: [0, 1]}
>>> d4
{1: [0]}
```

## 2.5 Utilizar un diccionario como un agregador de datos

Existe un método **popitem** que no recibe ningún argumento y que permite obtener 2-tuplas clave-valor eliminándolas del diccionario, como ocurre con **pop** para una lista o una secuencia:

```
>>> d={i:2**i for i in range(1, 81) if i%20==0}
>>> d
{40: 1099511627776, 60: 1152921504606846976, 20: 1048576, 80:
1208925819614629174706176}
>>> d.popitem()
(40, 1099511627776)
>>> d.popitem()
(60, 1152921504606846976)
>>> d.popitem()
(20, 1048576)
>>> d.popitem()
(80, 1208925819614629174706176)
>>> d.popitem()
Traceback (most recent call last):
```

```
File "<stdin>", line 1, in <module>
KeyError: 'popitem(): dictionary is empty'
```

El orden en que se obtienen las 2-tuplas es el orden de la representación.
Es posible obtener todos los valores mediante un simple bucle con una variable de control:

```
>>> d={i:2**i for i in range(1, 81) if i%20==0}
>>> for i in range(len(d)):
...     print('%3d: %25d' % d.popitem())
...
40:             1099511627776
60:       1152921504606846976
20:                   1048576
80: 1208925819614629174706176
```

Existe también el método **pop**, que devuelve el valor recibiendo como parámetro la clave y eliminándola del diccionario. A diferencia de los métodos **pop** de las listas y secuencias, este sí recibe un parámetro.
Es posible iterar a través de la lista y ordenar la recuperación de los datos mediante la ordenación de claves.

```
>>> keys=list(d.keys())
>>> keys.sort()
>>> for k in keys:
...     print('%3d: %25d' % (k, d.pop(k)))
...
20:                   1048576
40:             1099511627776
60:       1152921504606846976
80: 1208925819614629174706176
```

## 2.6 Métodos de iteración

Trabajar sobre un diccionario supone trabajar sobre las claves, los valores o ambos.
Es posible utilizar **enumerate**:

```
>>> for i, k in enumerate(d.keys()):
...     d[k]+=str(i)
...
>>> d
{2: '220'}
```

La primitiva **map** se aplica únicamente sobre las claves de un diccionario:

```
>>> [i for i in map(square, d) ]
[4]
```

© Editions ENI - All rights reserved

Si se requieren claves y valores para leer el diccionario, debe utilizarse **items**. Para modificar el diccionario, es preciso utilizar la clave; de nada sirve modificar el valor devuelto por el iterador:

```
>>> for v in d.values():
...     v = v * 2
...
>>> d
{1: 1, 2: 2, 3: 3}
```

```
>>> for k, v in d.items():
...     d[k] = v * 2
...
>>> d
{1: 2, 2: 4, 3: 6}
```

El método de la izquierda es inútil, el de la derecha permite realizar modificaciones.

# 3. Uso avanzado de diccionarios

## 3.1 Agregar una relación de orden

Python 3.x y Python 2.7 disponen de un diccionario dotado de una relación de orden. Esto permite recorrer los elementos en un orden determinado.

```
>>> from collections import OrderedDict
>>> d = OrderedDict()
>>> d
OrderedDict()
>>> d[1]='1'
>>> d[4]='4'
>>> d[3]='3'
>>> d[2]='2'
>>> d
OrderedDict([(1, '1'), (4, '4'), (3, '3'), (2, '2')])
```

Se aprecia claramente que el orden en que se presentan las tuplas clave-valor es el orden en que se han insertado.
A título de ejercicio de algorítmica, puede resultar útil construir un objeto que permita gestionar nuestra propia relación de orden. En nuestro caso, queremos que las claves queden clasificadas en todo momento:

```
class orderedDict(dict):
   def items(self):
          return sorted(super().items())

def keys(self):
          return sorted(super().keys())
   def values(self):
          return [self[k] for k in sorted(super().keys())]

   def popitem(self):
      try:
          key = list(self.keys())[-1]
      except IndexError:
          raise KeyError('dictionary is empty')
```

```
        value = self[key]
        del self[key]
        return (key, value)
```

Podríamos destacar que es realmente práctico heredar directamente de **dict**, como se hace habitualmente en la práctica, y también es posible heredar de **collections.UserDict**, que puede presentar algunas ventajas, de manera similar a **UserList** para **list**.

## 3.2 Algorítmicas clásicas

Un diccionario es un objeto que debe verse como una lista de asociaciones entre claves y valores, donde las claves son, obligatoriamente, únicas y los valores pueden recibir cualquier valor.

Es posible trabajar únicamente sobre las claves o sobre los valores:

```
>>> letras = 'abcdefghijklmnopqrstuvwxyz'
>>> d = {i: l for i, l in enumerate(letras)}
```

Trabajando sobre las 2-tuplas formadas por los ítems, resulta fácil recuperar las claves a partir de condiciones impuestas sobre los valores asociados.

```
>>> indices_vocales = [k for k, v in d.items() if v in 'aeiou']
```

Así como realizar la operación inversa:

```
>>> vocales = [v for k, v in d.items() if k in indices_vocales]
```

Suponiendo que no existen valores duplicados en la lista de valores, es posible invertir un diccionario (en el sentido de poner los valores como claves y las claves como valores) de manera muy sencilla:

```
>>> reversed = {v: k for k, v in d.items()}
```

Si existen valores duplicados, el algoritmo es algo más complejo:

```
>>> reversed = {}
>>> for k, v in d.items():
...     if v in reversed.keys():
...         reversed[v].append(k)
...     else:
...         reversed[v] = [k]
...
```

El diccionario permite, a su vez, representar árboles de datos, simplemente incluyendo en los valores otros diccionarios. Las hojas de este árbol son, por tanto, todos los valores que no son un diccionario:

```
>>> empresa = {'nombre': 'TheTeam', 'jefe': {'apellido': 'Ruiz',
'nombre': 'Persona'}, 'localización': {'país': 'España',
'ciudad': 'Alicante'}}
```

Se accede, así, a todos los datos mediante el operador corchete:

```
>>> empresa['jefe']
{'apellido': 'Ruiz', 'nombre': 'Persona'}
>>> empresa['jefe']['apellido']
'Ruiz'
```

© Editions ENI - All rights reserved

No debe confundirse la noción de atributo de la clase **dict** con la de clave del diccionario:

```
>>> empresa.jefe
Traceback (most recent call last):
  File "<stdin>", line 1, in <module>
AttributeError: 'dict' object has no attribute 'jefe'
```

Existe una manera de realizar esto, aunque entraña cierta confusión y es una mala práctica.

He aquí ahora un ejemplo bastante clásico: contar el número de ocurrencias de cada elemento de una secuencia:

```
>>> sequence = "Python forever"
>>> occurrences = {}
>>> for element in sequence:
...     if element not in occurrences:
...         occurrences[element] = 0
...     occurrences[element] += 1
...
>>> occurrences
{'r': 2, 'P': 1, 'n': 1, ' ': 1, 'h': 1, 'f': 1, 'e': 2, 'v': 1,
'y': 1, 'o': 2, 't': 1}
```

Vemos que si se encuentra el elemento por primera vez, hay que crear la entrada en el diccionario para, a continuación, poder incrementar el número de ocurrencias. De lo contrario, esto no funcionará.

Hay una primera manera sencilla de evitar esto:

```
>>> from collections import defaultdict
>>> occurrences = defaultdict(int)
>>> for element in sequence:
...     occurrences[element] += 1
...
```

Vemos la elegancia natural de Python. Se crea un diccionario que, por defecto, tendrá una clave entera, y el valor entero por defecto es 0. A continuación, si no existe una clave, valdrá 0 y el incremento podrá funcionar sin florituras. Este objeto es de gran utilidad en muchos casos de uso (como veremos).

Sepa que también existe esto, más específico para esta necesidad concreta.

```
>>> from collections import Counter
>>> occurrences = Counter()
>>> for element in sequence:
...     occurrences[element] += 1
...
```

La ventaja de este objeto es que podemos obtener los N elementos más comunes:

```
>>> occurrences.most_common(3)
[('r', 2), ('e', 2), ('o', 2)]
```

También podemos fusionar contadores con **update** o sustraerlos con **substract** (y potencialmente obtener números negativos).

Para terminar con los contadores, he aquí un ejemplo particularmente potente extraido de la documentación oficial:

```
>>> import re
>>> words = re.findall(r'\w+', open('hamlet.txt').read().lower())
>>> Counter(words).most_common(10)
[('the', 1143), ('and', 966), ('to', 762), ('of', 669), ('i', 631),
 ('you', 554),  ('a', 546), ('my', 514), ('hamlet', 471), ('in', 451)]
```

Completamos aquí con el conjunto de palabras contenidas en Hamlet (y obtenemos de paso una bella distribución de Pareto) donde podemos obtener rápidamente las 10 más utilizadas.
Por último, volveremos sobre el **defaultdict** con otro caso de uso:

```
>>> elements = defaultdict(list)
>>> elements["H"].append("H2O")
>>> elements["O"].append("H2O")
>>> elements["C"].append("CH4")
>>> elements["H"].append("CH4")
>>> elements
defaultdict(<class 'list'>, {'C': ['CH4'], 'H': ['H2O', 'CH4'],
'O': ['H2O']})
```

Vemos que las posibilidades de uso del **defaultdict** son bastante lógicas.

## 3.3 Adaptar los diccionarios a necesidades específicas

Es habitual que un diccionario esté construido a partir de valores provenientes de datos externos. En lugar de realizar un procesamiento desacoplado que cree un diccionario, en ocasiones resulta más ventajoso automatizar el proceso.
Un ejemplo puede ser la lectura personalizada de un archivo de configuración como, por ejemplo, el siguiente:

```
ldap.server=localhost
ldap.port=389
ldap.dn=uid=yo,ou=personas,o=company,o=com

db.servidor=localhost
db.protocolo=postgres
db.puerto=5432
db.usuario=user
db.pass=secreto
db.nombre=database
```

Para ello, hay que crear una expresión regular que permita explotar este archivo:

```
import re
config_reading = re.compile(r"^\s*([\w]+)\.([\w]
+)\s*=\s*(.*?)\s*$",re.MULTILINE)
```

© Editions ENI - All rights reserved

A continuación, hay que crear una clase que herede de la clase diccionario y sobrecargar su método **__init__** para que el objeto se cree a partir del nombre del archivo que contenga los elementos de configuración:

```
class Config(dict):
    """This objet read a config file and register properties"""

    def __init__(self, conf_file):
            """reading config file and setting attributes"""
            dict.__init__(self)
                    with open(conf_file) as f:
                            content = f.read()
                    for p, k, v in config_reading.findall(content):
                            if not self.has_key(p):
                                    self[p]={}
                            self[p][k]=v
```

Es n diccionario de diccionarios. Cada vez que se tenga una clave de primer nivel, se agregará un nuevo diccionario vacío como valor. Es posible, a continuación, completar este último a medida que se reciben los valores.
Un fichero así se utiliza de la siguiente manera:

```
>>> c = Config("file.ini")
>>> ldap_params = c["ldap"]
>>> ldap_params
{'dn': 'dn=uid=yo,ou=persona,o=company,o=com', 'port': '389',
'server': 'localhost'}
```

Cuando se instancia un objeto que espera los valores como parámetros o parámetros nombrados, es posible proceder de la siguiente manera:

```
>>> ldap_service = LDAP_Service(**ldap_params)
```

Un elemento importante cuando se combinan varios archivos de configuración es encontrar una manera sencilla de buscar la información entre todos los archivos de configuración, bien a partir de los datos por defecto o de las variables. Podríamos, por ejemplo, disponer de dos configuraciones de parámetros para LDAP, **ldap_params** y **ldap_params_2**, además de una configuración por defecto definida en un módulo externo:

```
>>> from configuration import default_configuration
```

Podemos imaginar también que un programa disponga de un divisor de argumentos (que se presenta en este libro, en la sección Práctica):

```
>>> parser = argparse.ArgumentParser()
>>> [ ... ]
>>> command_line_args = {k: v
                         for k, v in vars(parser.parse_args()).items()
                         if v}
```

Teniendo esto, podemos imaginar un objeto así:

```
>>> config = ChainMap(command_line_args,
                      locals(),
                      ldap_params,
                      ldap_params_2,
                      default_configuration,
                      globals(),
                      os.environ)
```

Este objeto no va a alterar el contenido de los diccionarios, sino que va a gestionar su orden. Aquí intentamos decir que vamos a buscar la información en el divisor de argumentos en primer lugar, y si no se encuentra, entonces buscaremos en las variables locales, luego en los parámetros extraidos de un primer archivo de configuración, luego de un segundo, luego en la configuración por defecto que da el propio módulo, luego en las variables globales y por último, en las variables de entorno.

Este ejemplo es demasiado rebuscado como para ser realista, pero la idea es esta: existen diccionarios en todas partes y podemos utilizarlos con una tremenda facilidad.

Evidentemente, no todos los valores serán redundantes de un diccionario a otro, aunque es una idea seductora, pues nos evita tener que escribir algoritmos complejos para gestionar este requisito que se plantea en cualquier aplicación parametrizable.

## 3.4 Representación universal de datos

Ahora que hemos visto las listas y los diccionarios, seremos capaces de estructurar cualquier tipo de datos.

Dicho de otro modo, Python permite hacer absolutamente cualquier tarea que se desee en términos de complejidad de representación de datos basándose únicamente en dos tipos de datos, que son:

- la lista:
  - dispone de una relación de orden;
  - dispone de un índice que permite acceder a un único valor;
  - puede contener absolutamente cualquier tipo de dato;
  - dispone de métodos eficaces;
  - Tener herramientas efectivas (iteraciones, algoritmos avanzados ...).
- el diccionario:
  - dispone de un conjunto de claves únicas;
  - puede contener cualquier tipo de datos como valor;
  - dispone de métodos eficaces;
  - dispone de herramientas eficaces (iteraciones, algoritmos avanzados...).

Los dos utilizan el operador corchete (que contiene un índice para las listas y una clave para los diccionarios; esta diferencia en la semántica resulta esencial).

Los dos son modificables, pueden copiarse en profundidad y pueden manipularse con facilidad.

Para manipular datos, es habitual que un lenguaje de programación deba recurrir a una arquitectura excesiva y a complejidades innombrables, sin una utilidad real, aparte de la voluntad de disponer de un tipo por cada caso de uso, lo cual no es el espíritu de Python.

© Editions ENI - All rights reserved

Python permite realizar la misma tarea, pero de manera más sencilla:

- cuando se va a buscar datos a un archivo CSV, es posible representarlos en forma de lista de listas o de lista de diccionarios; las claves del diccionario son, en este caso, el encabezado (primera línea del archivo CSV);
- cuando se va a buscar datos en una base de datos relacional, es posible, también, representarlos en forma de lista de diccionarios;
- cuando se va a buscar datos en un directorio LDAP, se obtiene una lista de diccionarios cuyos valores son listas (LDAP = multivalor por defecto).

Y podríamos hablar de muchos más ejemplos. De nada sirve, en Python, complicarse la vida. Conviene saber manejar perfectamente estos tipos básicos y no dudar a la hora de abusar de ellos. Es, también, posible agregar a la lista tipos para trabajar con conjuntos, lo cual se utiliza muy poco a pesar de su enorme originalidad, que completa el panorama de la oferta básica (unidad, sin relación de orden pero con operaciones sobre conjuntos muy útiles), así como las n-tuplas.

© Editions ENI - All rights reserved

# Capítulo 3-9
# Datos temporales y algoritmos aplicados

## 1. Gestionar una fecha del calendario

### 1.1 Noción de fecha del calendario

Una fecha es, simplemente, la combinación de un día, un mes y un año. Los tres elementos son obligatorios. No existe la noción de instante, de segundos, de minutos o de horas.

No hay nada más sencillo que gestionar una fecha, basta con crear un objeto **datetime.date** asignándole el año, el mes y el día.

```
>>> import datetime
>>> d=datetime.date(2009, 7, 22)
>>> d
datetime.date(2009, 7, 22)
```

En caso de existir algún error en los parámetros, se genera una excepción muy clara:

```
>>> d2=datetime.date(2009, 2, 30)
Traceback (most recent call last):
File "<stdin>", line 1, in <module>
ValueError: day is out of range for month
```

Dicho objeto proporciona:

```
>>> dir(datetime.date)
['__add__', '__class__', '__delattr__', '__doc__', '__eq__',
'__format__', '__ge__', '__getattribute__', '__gt__', '__hash__',
'__init__', '__le__', '__lt__', '__ne__', '__new__', '__radd__',
'__reduce__', '__reduce_ex__', '__repr__', '__rsub__',
'__setattr__', '__sizeof__', '__str__', '__sub__',
'__subclasshook__', 'ctime', 'day', 'fromordinal',
'fromtimestamp', 'isocalendar', 'isoformat', 'isoweekday', 'max',
'min', 'month', 'replace', 'resolution', 'strftime', 'timetuple',
```

```
'today', 'toordinal', 'weekday', 'year']
```

Dicho objeto posee tres propiedades que se pasan al constructor:

```
>>> d.day
22
>>> d.month
7
>>> d.year
2009
```

## 1.2 Trabajar con una fecha

Es posible recuperar el día de la semana según la norma española (el lunes es 0, el domingo es 6) o según la norma ISO (0 para el domingo hasta 6 para el sábado, según la norma inglesa):

```
>>> d.weekday()
2
>>> d.isoweekday()
3
```

También es posible obtener una representación del calendario, es decir, el año, el número de la semana y el número del día en la semana:

```
>>> d.isocalendar()
(2009, 30, 3)
```

Es posible, también, modificar una fecha mediante el método **replace**, que recibe parámetros nombrados o en el mismo orden que el constructor:

```
>>> d.replace(day=11)
datetime.date(2009, 7, 11)
>>> d.replace(month=11)
datetime.date(2009, 11, 22)
>>> d.replace(year=2011)
datetime.date(2011, 7, 22)
>>> d.replace(year=2011).replace(month=11, day=11)
datetime.date(2011, 11, 11)
>>> d.replace(2011, 11, 11)
datetime.date(2011, 11, 11)
>>> d
datetime.date(2009, 7, 22)
```

El objeto no se modifica, el método devuelve un nuevo objeto. Para modificar el objeto en curso es preciso reasignarlo:

```
>>> d=d.replace(2011, 11, 11)
>>> d
datetime.date(2011, 11, 11)
```

© Editions ENI - All rights reserved

## 1.3 Consideraciones astronómicas

Python utiliza el calendario gregoriano, en el que un año dura, de media (dado que se reparten los años bisiestos), 365,2425 días, lo que representa un error lo suficientemente débil respecto a la evolución de la duración exacta de los años.

Por ejemplo, el año 2000 ha durado 365 días, 5 horas, 48 minutos 45 segundos y 260600 microsegundos (es decir 365,242190517 días). La duración de los años disminuye en 0,53 segundos por siglo.

Disponer de una precisión superior no resulta útil, en el sentido de que la variación de la duración de un año se aproxima a la duración de los años según el valor teórico del calendario gregoriano y no se tiene una certeza sobre la futura evolución de dicha variación. Además, el error representa un día cada 10 000 años.

## 1.4 Consideraciones históricas

Python no tiene en cuenta ninguna consideración histórica. Es decir, las fechas que se sitúan antes del 15 de octubre de 1582, fecha en la que se introduce el calendario, se expresan, a pesar de todo, conforme a dicho calendario.

De este modo, no existen lagunas (a diferencia del calendario histórico, donde el 14 de octubre de 1582 no existe):

```
>>> datetime.date.fromordinal(577735)
datetime.date(1582, 10, 14)
```

Algo más cercano, el caso del 30 de diciembre de 2011 en las islas de Samoa es también un caso interesante (se pasó directamente del 29 al 31 de diciembre para dejar de tener un día de desfase con Australia, principal socio económico). Este detalle es una consideración histórica sobre un huso horario particular.

## 1.5 Consideraciones técnicas

El módulo **`datetime`** contiene dos constantes, que son **`MINYEAR`** y **`MAXYEAR`**, que valen respectivamente 1 y 9999. Se trata de los límites entre los que es posible gestionar una fecha.

Así, estas constantes son coherentes con las fechas mínima y máxima que es posible crear:

```
>>> d.min
datetime.date(1, 1, 1)
>>> d.max
datetime.date(9999, 12, 31)
```

Cada día puede, de este modo, corresponderse con un número, partiendo de la fecha mínima. Se denomina ordinal.

```
>>> d.toordinal()
733610
```

Es posible, también, crear una fecha a partir de un ordinal, por ejemplo restando 1 para obtener la víspera:

```
>>> datetime.date.fromordinal(733609)
datetime.date(2009, 7, 21)
```

También es posible saber cuántos días se gestionan en el modelo de fecha de Python:

```
>>> d.max.toordinal()
3652059
```

Una fecha puede, también, representarse en función de las convenciones de C:

```
>>> d.ctime()
'Wed Jul 22 00:00:00 2009'
```

Es posible conocer la resolución del objeto, es decir, la diferencia más pequeña entre dos objetos:

```
>>> d.resolution
datetime.timedelta(1)
```

Existe una representación que permite obtener una serie de datos en forma de tupla:

```
>>> d.timetuple()
time.struct_time(tm_year=2009, tm_mon=7, tm_mday=22, tm_hour=0,
tm_min=0, tm_sec=0, tm_wday=2, tm_yday=203, tm_isdst=-1)
```

Es posible recuperar, de este modo, el número de días en el año (**yday**).
Por último, una de las funcionalidades más útiles es la obtención de la fecha del día (fiándose del sistema) mediante el uso de:

```
>>> datetime.date.today()
datetime.date(2011, 7, 22)
```

Es fácil obtener la fecha de la víspera o del día siguiente utilizando **datetime. timedelta**, que se presenta más adelante junto a los operadores.

## 1.6 Representación textual

Una fecha debe presentarse de manera legible para un usuario o para almacenarse en una base de datos. En este último caso, existe un método adecuado:

```
>>> d.isoformat()
'2009-07-22'
```

Equivale a:

```
>>> d.strftime('%Y-%m-%d')
'2009-07-22'
```

Esta última función permite representar una fecha de forma personalizada:

```
>>> d.strftime('%a %d %b %y')
'Wed 22 Jul 09'
>>> d.strftime('%A %d %B %y')
'Wednesday 22 July 09'
```

He aquí algunos ejemplos menos comunes:

```
>>> d.strftime('%c')
'Wed Jul 22 00:00:00 2009'
>>> d.strftime('%x')
'07/22/09'
```

© Editions ENI - All rights reserved

```
>>> d.strftime('%z')
''
>>> d.strftime('%Z')
''
```

La siguiente tabla representa el conjunto de directivas que pueden utilizarse y que tienen sentido para una fecha:

| Directiva | Significado |
|---|---|
| **%a** | Nombre del día de la semana, abreviado |
| **%A** | Nombre del día de la semana, completo |
| **%b** | Nombre del mes, abreviado |
| **%B** | Nombre del mes, completo |
| **%c** | Representación conforme a los estándares de C |
| **%d** | Día del mes |
| **%j** | Día del año |
| **%m** | Número del mes |
| **%U** | Número de la semana a la que pertenece la fecha en el año |
| **%w** | Número del día de la semana, siendo 0 el domingo |
| **%W** | Número del día de la semana, siendo 0 el lunes |
| **%x** | Representación de una fecha conforme a una local |
| **%y** | Año, únicamente las dos últimas cifras |
| **%Y** | Año, en cuatro cifras |
| **%z** | Desfase UTC |
| **%Z** | Nombre de la zona |
| **%%** | Representación del carácter literal % |

Existen otras directivas que hacen referencia a las nociones de hora, minuto, segundo, microsegundo, que se abordan a continuación en este capítulo.

# 2. Gestionar un horario o un momento de la jornada

## 2.1 Noción de instante

La noción de instante cubre la noción de tiempo que transcurre en una jornada, en función de las reglas habituales y con una precisión que depende del contexto. Por ejemplo, para saber qué hora es, basta con conocer la hora y el minuto. Cuando se desea una mayor precisión, es posible agregar la noción de segundo y, por último, cuando se desea medir el tiempo con la máxima precisión, es posible descender a la millonésima de segundo.

No es posible obtener una mayor precisión, que viene dada por el hardware (y su cadencia) del sistema. Estas nociones de precisión son visibles en la firma del fabricante y en la representación del objeto:

```
>>> datetime.time()
datetime.time(0, 0)
>>> datetime.time(13, 56)
datetime.time(13, 56)
>>> datetime.time(13, 56, 12)
datetime.time(13, 56, 12)
>>> datetime.time(13, 56, 12, 54321)
datetime.time(13, 56, 12, 54321)
```

Este objeto es ideal para trabajar sobre momentos de la jornada sin considerar el día al que se aplica. Por ejemplo, para trabajar sobre una agenda, se utilizan objetos **datetime.date** para las columnas y **datetime.time** para las filas.

De este modo, es posible comparar horarios y resulta más sencillo gestionar los tramos horarios de una jornada. Esto puede, también, servir para medir los tiempos de ejecución en las pruebas de rendimiento.

Respecto a un objeto **datetime.date**, el objeto **datetime.time** presenta funcionalidades diferentes. No hay nada similar a la noción de fecha:

```
>>> diff=list(set(dir(datetime.date))-set(dir(datetime.time)))
>>> diff.sort()
>>> diff
['__add__', '__radd__', '__rsub__', '__sub__', 'ctime', 'day',
'fromordinal', 'fromtimestamp', 'isocalendar', 'isoweekday',
'month', 'timetuple', 'today', 'toordinal', 'weekday', 'year']
```

Y se tiene lo necesario para gestionar un horario o un instante:

```
>>> diff=list(set(dir(datetime.time))-set(dir(datetime.date)))
>>> diff.sort()
>>> diff
['__bool__', 'dst', 'hour', 'microsecond', 'minute', 'second',
'tzinfo', 'tzname', 'utcoffset']
```

Dicho objeto posee cuatro atributos:

```
>>> d=datetime.time(13, 56, 12, 54321)
>>> d.hour
13
>>> d.minute
56
>>> d.second
12
>>> d.microsecond
54321
```

© Editions ENI - All rights reserved

Existen también límites mínimo y máximo para un horario, y una resolución:

```
>>> datetime.time.min
datetime.time(0, 0)
>>> datetime.time.max
datetime.time(23, 59, 59, 999999)
>>> datetime.time.resolution
datetime.timedelta(0, 0, 1)
```

## 2.2 Noción de huso horario

Si los horarios de oficina son los mismos en París o Nueva York, el uso de un horario en ciertos contextos requiere gestionar el desfase horario y, por tanto, la noción de huso horario.

Para ello, hay que pasar un parámetro suplementario al constructor. Un objeto de tipo **tzinfo**. Este tipo de objeto es particular y se detallará en una sección a continuación.

Los métodos **utcoffset**, **dst** y **tzname** del objeto **time** son, por tanto, los métodos homónimos del objeto **tzinfo** que se pasa como parámetro, o valen **None** si no se pasa este parámetro.

Los husos horarios los utilizan, principalmente, los objetos **datetime.datetime**, que se han presentado en la sección siguiente, puesto que estos objetos sirven para representar un instante no en una jornada, sino en un calendario, es decir, una fecha y una hora utilizadas de manera conjunta.

## 2.3 Representación textual

He aquí las directivas específicas para los objetos **datetime.time**:

| Directiva | Significado |
|---|---|
| **%f** | Microsegundos entre 0 y 10**6-1 |
| **%H** | Hora, sobre 24 horas |
| **%I** | Hora, sobre 12 horas, se utiliza de manera combinada con %p |
| **%p** | AM o PM, se utiliza en combinación con %I |
| **%M** | Minuto |
| **%S** | Segundo |
| **%X** | Representación conforme a una local |

Las que se utilizaban por los objetos de tipo **datetime.date** también pueden usarse aquí, aunque carecen de sentido.

He aquí algunos ejemplos:

```
>>> d
datetime.time(13, 56, 12, 54321)
>>> d.strftime('%A %d %B %y, %H:%M:%S')
'Monday 01 January 00, 13:56:12'
```

```
>>> d.strftime('%A %d %B %y, %I:%M:%S %p')
'Monday 01 January 00, 01:56:12 PM'
>>> d.strftime('%A %d %B %y, %I:%M:%S %p %U')
'Monday 01 January 00, 01:56:12 PM 00'
>>> d.strftime('%X')
'13:56:12'
>>> d.strftime('%x %X')
'01/01/00 13:56:12'
```

Por defecto, en ausencia de datos para el día, se utiliza el 1 de enero del año 1900.

```
>>> d.strftime('%Y')
'1900'
```

Si bien Python permite gestionar fechas entre el año 1 y el año 9999, el año 1900 es un año de referencia que permite eliminar cualquier ambigüedad (cuando se utilizan 4 cifras) en la mayoría de fechas usadas en los programas informáticos habituales.
Es, también, posible recuperar información relativa al huso horario:

```
>>> d.strftime('%Z')
''
```

Existe también un módulo **time**, de más bajo nivel y que se detalla en una sección a continuación.

# 3. Gestionar un instante absoluto

## 3.1 Noción de instante absoluto

Se trata de identificar un instante mediante el uso conjunto de una fecha y un instante de la jornada, situando un evento con una exactitud determinada.
Por ejemplo, se sabe exactamente cuándo comenzó el eclipse del 11 de agosto de 1999 (en el Atlántico Norte) y cuándo terminó (en la India):

```
>>> inicio_eclipse=datetime.datetime(1999, 8, 11, 8, 26, 17, 600000)
>>> inicio_eclipse
datetime.datetime(1999, 8, 11, 8, 26, 17, 600000)
>>> fin_eclipse=datetime.datetime(1999, 8, 11, 13, 40, 8, 500000)
```

Una vez se tienen los dos instantes absolutos, resulta muy sencillo recuperar la duración:

```
>>> fin_eclipse-inicio_eclipse
datetime.timedelta(0, 18830, 900000)
```

## 3.2 Relación con las nociones anteriores

El objeto **datetime.datetime** permite gestionar una fecha, exactamente como el objeto **datetime.date**.

```
>>> d=datetime.datetime(2009, 7, 22)
>>> d
datetime.datetime(2009, 7, 22, 0, 0)
```

© Editions ENI - All rights reserved

Este objeto tiene una precisión mayor.

```
>>> datetime.date.resolution
datetime.timedelta(1)
>>> datetime.datetime.resolution
datetime.timedelta(0, 0, 1)
```

Como se verá más adelante, el primer elemento se corresponde con una granularidad de un día, el segundo con un segundo y el tercero con un microsegundo.
Por otro lado, ambos objetos, **datetime.datetime** y **datetime.date**, están relacionados:

```
>>> type.mro(datetime.datetime)
[<class 'datetime.datetime'>, <class 'datetime.date'>, <class 'object'>]
```

El conjunto de nociones expuestas en la sección anterior son válidas aquí:

```
>>> diff=list(set(dir(datetime.date))-set(dir(datetime.datetime)))
>>> diff
[]
```

El objeto **datetime.datetime** contiene también los métodos presentes en el objeto **datetime.time**:

```
>>> diff=list(set(dir(datetime.time))-set(dir(datetime.datetime)))
>>> diff
['__bool__']
```

Si se necesita únicamente la noción de día, basta con utilizar un objeto **datetime.date**, tanto por motivos de rendimiento como para evitar cualquier confusión. Del mismo modo, para gestionar horas, momentos de la jornada, franjas horarias, sin que estén vinculadas a un momento preciso o a un momento de una única jornada, conviene utilizar **datetime.time**.
Para los demás casos, **datetime.datetime** es la elección adecuada.
Su representación muestra el grado de granularidad del objeto. Por defecto, representa un minuto, que se corresponde con la unidad de tiempo utilizada en la vida cotidiana:

```
>>> d=datetime.datetime(2009, 7, 22, 13, 56)
>>> d
datetime.datetime(2009, 7, 22, 13, 56)
```

Pero este objeto puede ser más preciso y su representación se adapta en consecuencia:

```
>>> d=datetime.datetime(2009, 7, 22, 13, 56, 12)
>>> d
datetime.datetime(2009, 7, 22, 13, 56, 12)
>>> d=datetime.datetime(2009, 7, 22, 13, 56, 12, 54321)
>>> d
datetime.datetime(2009, 7, 22, 13, 56, 12, 54321)
```

En relación con lo que hemos visto, dispone de métodos suplementarios:

```
>>> diff=list(set(dir(datetime.datetime)) -
(set(dir(datetime.time))|set(dir(datetime.date))))
>>> diff.sort()
>>> diff
['astimezone', 'combine', 'date', 'now', 'strptime', 'time',
'timetz', 'utcfromtimestamp', 'utcnow', 'utctimetuple']
```

Existe un primer método que recupera los datos acerca del instante absoluto actual:

```
>>> d=datetime.datetime.now()
```

Tres de estos métodos hacen puente con las nociones anteriores:

- recuperación de la noción de fecha del calendario:

```
>>> d.date()
datetime.date(2009, 7, 22)
```

- recuperación de la noción de instante de una jornada (sin huso horario):

```
>>> d.time()
datetime.time(9, 36, 6, 617729)
```

- recuperación de la noción de instante de una jornada (con huso horario):

```
>>> d.timetz()
datetime.time(9, 36, 6, 617729)
```

- operación inversa, reconstrucción de un instante absoluto a partir de una fecha del calendario y de un instante de una jornada:

```
>>> datetime.datetime.combine(datetime.date(2009, 7, 19),
datetime.time(12, 12, 12))
datetime.datetime(2011, 7, 19, 12, 12, 12)
```

Como consecuencia, para recuperar la hora actual, en el sentido horario de una jornada, es posible hacerlo de la siguiente manera:

```
>>> datetime.datetime.now().time()
datetime.time(9, 45, 24, 787729)
```

## 3.3 Representación textual

Todo lo que hemos visto en los dos puntos anteriores es válido también aquí; todos tienen sentido:

```
>>> d.strftime('%A %d %B %y, %H:%M:%S')
'Wednesday 22 July 09, 13:56:12'
>>> d.strftime('%A %d %B %y, %I:%M:%S %p')
'Wednesday 22 July 09, 01:56:12 PM'
>>> d.strftime('%X')
'13:56:12'
>>> d.strftime('%x %X')
'07/22/09 13:56:12'
```

© Editions ENI - All rights reserved

## 3.4 Gestión de los husos horarios

Una jornada y una hora son una noción local a un huso horario. De este modo, los métodos **now**, **fromtimestamp** y **timetuple** se reescriben para ofrecer un resultado no respecto al uso horario local, sino respecto al UTC:

```
>>> datetime.datetime.now()
datetime.datetime(2009, 7, 22, 9, 42, 45, 937724)
>>> datetime.datetime.utcnow()
datetime.datetime(2009, 7, 22, 7, 42, 49, 747723)
>>> datetime.datetime.fromtimestamp(1248250000)
datetime.datetime(2009, 7, 22, 10, 6, 40)
>>> datetime.datetime.utcfromtimestamp(1248250000)
datetime.datetime(2009, 7, 22, 8, 6, 40)
```

El método **utctimetuple** tiene sentido únicamente si la fecha sobre la que se aplica está vinculada a un huso horario, en cuyo caso sustrae **utcoffset**.
También es posible traducir una instancia creada precisando un huso horario en otra instancia correspondiente a otro huso horario, mediante el método **astimezone**. Esto equivale a calcular la diferencia entre ambos desfases (offset) de los husos horarios.

## 3.5 Crear una fecha a partir de una representación textual

Este método realiza la operación inversa a **strftime**. Lo que cuenta es, únicamente, el formato que sigue, que puede indicarse en cualquier orden:

```
>>> d.strptime('2009 36 09 07 06 22', '%Y %M %H %m %S %d')
datetime.datetime(2009, 7, 22, 9, 36, 6)
```

Por el contrario, no hace falta tener dos veces el mismo dato (dos veces %d, por ejemplo) y es necesario tener los datos suficientes como para poder discriminar el resultado:

```
>>> d.strptime('2009 22', '%Y %d')
datetime.datetime(2009, 1, 22, 0, 0)
```

# 4. Gestionar una diferencia entre dos fechas o instantes

## 4.1 Noción de diferencia y de resolución

Python permite trabajar sobre la diferencia entre dos objetos **datetime.date**, **datetime.time** o **datetime.datetime** respetando su resolución, es decir, el intervalo más pequeño en el que tiene sentido obtener una diferencia (por ejemplo, dos objetos **datetime.date** con una diferencia de dos horas entre sí serán iguales si la resolución es de un día).
He aquí la firma del constructor:

```
datetime.timedelta([days [, seconds[, microseconds[, milliseconds[,
minutes, [hours, [weeks]]]]]]])
```

He aquí lo que devuelve cuando se utiliza cada parámetro de manera unitaria:

```
>>> datetime.timedelta(1)
datetime.timedelta(1)
>>> datetime.timedelta(0, 1)
datetime.timedelta(0, 1)
>>> datetime.timedelta(0, 0, 1)
datetime.timedelta(0, 0, 1)
>>> datetime.timedelta(0, 0, 0, 1)
datetime.timedelta(0, 0, 1000)
>>> datetime.timedelta(0, 0, 0, 0, 1)
datetime.timedelta(0, 60)
>>> datetime.timedelta(0, 0, 0, 0, 0, 1)
datetime.timedelta(0, 3600)
>>> datetime.timedelta(0, 0, 0, 0, 0, 0, 1)
datetime.timedelta(7)
```

De este modo, la representación, sean cuales sean los parámetros utilizados en el constructor, se basa únicamente en la distinción entre los días, los segundos y los microsegundos. Esto significa que dos valores idénticos construidos de manera diferente tienen la misma representación. Además, es posible utilizar parámetros nombrados:

```
>>> datetime.timedelta(weeks=2)
datetime.timedelta(14)
>>> datetime.timedelta(days=14)
datetime.timedelta(14)
>>> datetime.timedelta(milliseconds=950, microseconds=50000)
datetime.timedelta(0, 1)
>>> datetime.timedelta(seconds=1)
datetime.timedelta(0, 1)
```

La resolución está vinculada a la clase y no a una instancia, es siempre idéntica y no modificable:

```
>>> datetime.timedelta.resolution
datetime.timedelta(0, 0, 1)
>>> datetime.timedelta(days=14).resolution
datetime.timedelta(0, 0, 1)
>>> delta.resolution=datetime.timedelta(1)
Traceback (most recent call last):
File "<stdin>", line 1, in <module>
AttributeError: 'datetime.timedelta' object attribute 'resolution'
is read-only
```

© Editions ENI - All rights reserved

## 4.2 Consideraciones técnicas

El hecho de que la representación sea idéntica significa que el número de milisegundos está limitado entre 0 y 999999 pues, más allá, se obtiene un segundo. Del mismo modo, el número de segundos está limitado entre 0 y 86400 (24*60*60) pues, más allá, se obtiene un día.

Esto no significa que no puedan utilizarse valores superiores en el constructor:

```
>>> datetime.timedelta(seconds=86401)
datetime.timedelta(1, 1)
```

Como hemos visto, se realiza una conversión automáticamente, y el desarrollador no encuentra ningún problema a este respecto; Python gestiona de forma automática los desbordamientos.

Por el contrario, el número de días está, a su vez, limitado: no es posible superar mil millones de días:

```
>>> datetime.timedelta(days=10**9-1)
datetime.timedelta(999999999)
>>> datetime.timedelta(days=10**9)
Traceback (most recent call last):
File "<stdin>", line 1, in <module>
OverflowError: days=1000000000; must have magnitude <= 999999999
```

Mil millones de días representa un espacio de tiempo igual a 2738 milenios, lo que permite abarcar desde la aparición del *Homo habilis*, que precedió al *Homo erectus*, que precedió, a su vez, al *Homo sapiens*.

Dicho de otro modo, este objeto permite trabajar sobre todos los casos prácticos, a excepción de la edad del sistema solar o del universo, aunque en este caso el módulo **datetime** no está, claramente, construido para esta finalidad.

El último punto es que es posible gestionar intervalos temporales hacia el pasado o hacia el futuro. Es posible decir que una fecha es anterior a una segunda o que la segunda es posterior a la primera.

Para gestionar esto, los segundos y milisegundos son, siempre, positivos, pero los días pueden ser negativos, en el mismo intervalo.

```
>>> datetime.timedelta(microseconds=-1)
datetime.timedelta(-1, 86399, 999999)
```

En este caso, esto permite, sea cual sea la manera de construir un objeto, tener la misma representación. Por ejemplo «Hace dieciocho horas» se dice «Dentro de seis horas, hará un día» y «Hace cuatro días» se dice «La semana pasada, pero con tres días más»:

```
>>> datetime.timedelta(days=-1, hours=6)
datetime.timedelta(-1, 21600)
>>> datetime.timedelta(hours=-18)
datetime.timedelta(-1, 21600)
>>> datetime.timedelta(days=3, weeks=-1)
datetime.timedelta(-4)
```

## 4.3 Uso con fechas del calendario

Cuando se realiza una sustracción entre dos fechas del calendario, se obtiene un objeto **datetime.timedelta** cuya representación hace aparecer una diferencia en días:

```
>>> datetime.date(2011, 1, 1)-datetime.date(2010, 7, 22)
datetime.timedelta(163)
```

Del mismo modo, es posible modificar una fecha del calendario para agregar un objeto de tipo **datetime.timedelta**:

```
>>> d=datetime.date(2009, 7, 22)
>>> d+datetime.timedelta(weeks=1)
datetime.date(2009, 7, 29)
```

## 4.4 Uso con horarios

No es posible realiza una sustracción o una adición sobre un horario, puesto que se trata de un punto de referencia en el seno de una jornada y estos objetos no pueden sumarse entre sí.

## 4.5 Uso con fechas absolutas

Teniendo a la vez las nociones de fecha y horario en el seno de una jornada, es posible, de nuevo, realizar operaciones de adición y de sustracción.
Es posible saber cuánto tiempo queda de trabajo.

```
>>> resto=datetime.datetime(2009, 7, 22, 18)
- datetime.datetime(2009, 7, 22, 16, 55)
>>> 'Quedan %s horas y %s minutos' % (resto.seconds//3600,
resto.seconds//60%60)
'Quedan 1 hora y 5 minutos'
```

Esto funciona también si ambas fechas están a caballo entre dos días distintos.
Es posible realizar modificaciones sobre las fechas de manera sencilla.

```
>>> d=datetime.datetime(2009, 7, 22, 16, 55)
>>> d+datetime.timedelta(hours=1, minutes=5)
datetime.datetime(2009, 7, 22, 18, 0)
>>> d+datetime.timedelta(seconds=3900)
datetime.datetime(2009, 7, 22, 18, 0)
```

## 4.6 El segundo como unidad básica

Existe un método que permite utilizar el segundo como unidad básica y, de este modo, gestionar una diferencia entre la fecha en segundos, con números:

```
>>> d=datetime.timedelta(minutes=16, seconds=27,
microseconds=654321)
>>> d.total_seconds()
987.654321
>>> datetime.datetime(2009, 7, 22,
18)+datetime.timedelta(seconds=987.654321)
datetime.datetime(2009, 7, 22, 18, 16, 27, 654321)
```

© Editions ENI - All rights reserved

## 4.7 Precisión al nanosegundo

La resolución de los relojes modernos excede la precisión de un número en coma flotante clásico, devuelto por time.time. Como es normal, para no perder la compatibilidad hacia atrás, las funciones existentes no se modifican. Pero se dotará a Python de nuevas funciones que permiten descender al nanosegundo (lo que puede ser útil en la compatibilidad con otros lenguajes que ya funcionan sobre este registro).

A continuación se muestran estas funciones:

- `time.clock_gettime_ns()`
- `time.clock_settime_ns()`
- `time.monotonic_ns()`
- `time.perf_counter_ns()`
- `time.process_time_ns()`
- `time.time_ns()`

Se recomienda utilizarlas cuando se necesite este nivel de precisión o que necesitemos garantizar la compatibilidad con otro lenguaje que sea compatible con este nivel de precisión.

# 5. Especificidades de los husos horarios

Es posible gestionar el huso horario de referencia de manera muy simple:

```
>>> tz=datetime.timezone.utc
```

Los demás se construyen conociendo sus desfases respecto a este huso horario de referencia.

```
>>> tz=datetime.timezone(datetime.timedelta(hours=6))
>>> tz.tzname(datetime.datetime.now())
'UTC+06:00'
>>> tz.utcoffset(datetime.datetime.now())
datetime.timedelta(0, 21600)
>>> 21600/3600
6.0
```

He aquí los límites:

```
>>> datetime.timezone.min
datetime.timezone(datetime.timedelta(-1, 60))
>>> datetime.timezone.min.tzname(datetime.datetime.now())
'UTC-23:59'
>>> datetime.timezone.max
datetime.timezone(datetime.timedelta(0, 86340))
>>> datetime.timezone.max.tzname(datetime.datetime.now())
'UTC+23:59'
```

Si se quiere personalizar un huso horario, en particular dándole un nombre concreto o un desfase no estándar, hay que utilizar la clase **datetime.tzinfo** y sobrecargarla, como se muestra a continuación:

```
>>> class MyOffset(datetime.tzinfo):
...     """My Offset"""
...     def __init__(self, offset, name):
...         self.__offset = datetime.timedelta(minutes=offset)
...         self.__name = name
...     def utcoffset(self, dt):
...         return self.__offset
...     def tzname(self, dt):
...         return self.__name
...     def dst(self, dt):
...         return datetime.timedelta(0)
...
>>> myoffset=MyOffset(6, 'East 6')
```

Cabe destacar que la implementación en la máquina virtual del huso horario local es algo particular. Para aquellos servidores que ofrecen un servicio en función de la localización del cliente, la hora de actualización de un artículo en un sitio de Internet debe mostrarse según la hora local del cliente francés, canadiense o japonés, mientras que se almacena en UTC, idealmente, en la base de datos o en el huso horario del servidor. Conviene, por tanto, que estos servidores sepan interpretar los encabezados que proveen los clientes para enviar los datos correctos. Existen soluciones específicas para ello.

Independientemente de las plataformas web, que tienen sus propias soluciones, existe un modelo externo **pytz** (http://pytz.sourceforge.net/) que permite gestionar de manera sencilla los husos estándar.

## 6. Problemáticas de bajo nivel

### 6.1 Timestamp y struct_time

Python incluye varias formas de gestionar las fechas que tienen como resolución una jornada o un milisegundo. Se han expuesto más arriba.

Python posee, a su vez, una estructura **struct_time** que se parece a la estructura de C:

| Índice | Clave | Mínimo | Máximo |
|---|---|---|---|
| 0 | tm_year | 1900 | |
| 1 | tm_month | 1 | 12 |
| 2 | tm_day | 1 | 31 |
| 3 | tm_hour | 0 | 23 |
| 4 | tm_min | 0 | 60 |
| 5 | tm_sec | 0 | 60 |

© Editions ENI - All rights reserved

| Índice | Clave | Mínimo | Máximo |
|---|---|---|---|
| 6 | tm_wday | 0 (lunes) | 6 (domingo) |
| 7 | tm_yday | 1 | 366 |
| 8 | tm_isdst | -1 | 1 |

Los años pueden almacenarse con formatos de tres o cuatro cifras. Los valores 69 a 99, incluidos, representan los años 1969 a 1999; los valores 0 a 68, incluidos, representan los años 2000 a 2068, y los valores 100 a 1899, incluidos, están prohibidos, conforme se hace en C. Por el contrario, los meses van de 1 a 12 en Python en lugar de 0 a 11 como en C.

El atributo **tm_isdst** puede tomar los valores -1, 0 y 1 y permite gestionar el hecho de que la fecha sea local o UTC (DST: daylight saving time).

Existen puentes entre un **timestamp** y la estructura **struct_time**:

| Función | DST | Origen | Destino |
|---|---|---|---|
| | | | |
| time.gmtime() | UTC | timestamp | struc_time |
| calendar.timegm() | UTC | struc_time | timestamp |
| time.localtime() | local | timestamp | struc_time |
| time.mktime() | local | struc_time | timestamp |

Estas problemáticas son de bajo nivel y el módulo **time** se utiliza con poca frecuencia; **datetime** responde de manera natural a la mayoría de problemáticas.

## 6.2 Medidas de rendimiento

Para medir el tiempo que ha tomado un algoritmo en la realización de una operación existen dos maneras de proceder. O bien se mide el tiempo efectivo entre el inicio del algoritmo y su final, o bien se mide el tiempo que el procesador ha asignado realmente al proceso que ejecuta el algoritmo. De este modo, podemos medir una diferencia entre dos timestamps (número de segundos que han transcurrido desde el 1 de enero de 1970) o una diferencia entre dos valores de tiempo de procesador una vez iniciado el algoritmo. Por ejemplo, en la consola:

```
>>> time.clock()
0.54
```

El tiempo evoluciona, pero el tiempo de procesador consumido evoluciona poco:

```
>>> time.clock(), time.time()
(0.54, 1314188162.305353)
>>> time.clock(), time.time()
(0.54, 1314188164.905359)
```

Tras algunas instrucciones:

```
>>> time.clock()
0.55
```

El módulo **time** contiene un método que permite poner el programa en pausa durante un determinado número de segundos:

```
>>> time.sleep(1)
```

He aquí una función que sirve para medir y que no hace nada durante un segundo:

```
>>> def function1():
...     time.sleep(1)
...
>>> c, t = time.clock, time.time
>>> c0, t0 = c(), t(); function1(); c()-c0, t()-t0
(0.0, 1.0011138916015625)
```

El tiempo de procesador consumido es pequeño, y la precisión no es suficiente para medirlo; el tiempo real es algo superior a un segundo. La diferencia se explica porque la llamada a la función y las llamadas del sistema también consumen tiempo.

He aquí una comparación entre dos extractos de código funcionalmente idénticos:

```
>>> def function2():
...     s, l = 0, [i**2 for i in range(1000000)]
...     for i in l: s += i
...     print(s)
...
>>> c0, t0 = c(), t(); function2(); c()-c0, t()-t0
333332833333500000
(0.8099999999999998, 0.8258051872253418)
>>> def function3():
...     print(sum([i**2 for i in range(1000000)]))
...
>>> c0, t0 = c(), t(); function3(); c()-c0, t()-t0
333332833333500000
(0.81, 0.7367920875549316)
```

Se observa claramente que **time.clock** no tiene la precisión deseada para realizar una medida correcta.

Para medir correctamente el tiempo de ejecución de los algoritmos, es preciso utilizar el módulo de Python especializado, que es **timeit**:

```
>>> import timeit
>>> dir(timeit)
['Timer', '__all__', '__builtins__', '__cached__', '__doc__',
'__file__', '__name__', '__package__', '_template_func',
'default_number', 'default_repeat', 'default_timer',
'dummy_src_name', 'gc', 'itertools', 'main', 'reindent', 'repeat',
'sys', 'template', 'time', 'timeit']
```

© Editions ENI - All rights reserved

Este módulo dispone de funciones y de una clase específica para medir el rendimiento. Conviene precisar la función que debe invocarse y el método para acceder:

```
>>> timeit.timeit('function1()', 'from __main__ import function1',
number=5)
5.004093885421753
>>> timeit.timeit('function2()', 'from __main__ import function2',
number=5)
333332833333500000
[...]
333332833333500000
4.063819885253906
>>> timeit.timeit('function3()', 'from __main__ import function3',
number=5)
333332833333500000
[...]
333332833333500000
3.7220799922943115
```

Tan solo queda dividir el resultado obtenido por el número de iteraciones para obtener un valor medio. Este dato es más fiable cuanto mayor sea el número de iteraciones.
Por defecto, en todos los sistemas, salvo Windows, se utiliza **time.time**. En Windows, se trata de **time.clock**. Para modificar el método de medida, hay que proceder de la siguiente manera:

```
>>> timeit.timeit('function1()', 'from __main__ import function1',
time.clock, 5)
0.009999999999999801
>>> timeit.timeit('function2()', 'from __main__ import function2',
time.clock, 5)
333332833333500000
[...]
333332833333500000
4.050000000000001
>>> timeit.timeit('function3()', 'from __main__ import function3',
time.clock, 5)
333332833333500000
[...]
333332833333500000
3.7200000000000024
```

La precisión sigue siendo de dos cifras tras la coma; el carácter flotante puede inducir a error, aunque aumentar el número de iteraciones permite tener una medida mucho más fiable. Por defecto, el número de iteraciones es de un millón, necesario y suficiente para disponer de una buena medida.

# 7. Uso del calendario

## 7.1 Presentación del módulo calendar

Python provee un módulo que ofrece todas las funcionalidades necesarias para gestionar un calendario o una fecha en un calendario:

```
>>> import calendar
>>> dir(calendar)
['Calendar', 'EPOCH', 'FRIDAY', 'February', 'HTMLCalendar',
'IllegalMonthError', 'IllegalWeekdayError', 'January',
'LocaleHTMLCalendar', 'LocaleTextCalendar', 'MONDAY', 'SATURDAY',
'SUNDAY', 'THURSDAY', 'TUESDAY', 'TextCalendar', 'WEDNESDAY',
'_EPOCH_ORD', '__all__', '__builtins__', '__cached__', '__doc__',
'__file__', '__name__', '__package__', '_colwidth', '_locale',
'_localized_day', '_localized_month', '_spacing', 'c', 'calendar',
'datetime', 'day_abbr', 'day_name', 'different_locale', 'error',
'firstweekday', 'format', 'formatstring', 'isleap', 'leapdays',
'main', 'mdays', 'month', 'month_abbr', 'month_name',
'monthcalendar', 'monthrange', 'prcal', 'prmonth', 'prweek',
'setfirstweekday', 'sys', 'timegm', 'week', 'weekday',
'weekheader']
```

Veamos, en primer lugar, las constantes. EPOCH devuelve el año de origen del timestamp UNIX. De este modo, un timestamp de 0 se corresponde con el 1 de enero de 1970, a medianoche.

```
>>> calendar.EPOCH
1970
```

A continuación, tenemos los días de la semana:

```
>>> calendar.MONDAY
0
>>> calendar.TUESDAY
1
>>> calendar.WEDNESDAY
2
>>> calendar.THURSDAY
3
>>> calendar.FRIDAY
4
>>> calendar.SATURDAY
5
>>> calendar.SUNDAY
6
```

Y el número del mes de enero:

```
>>> calendar.January
1
```

© Editions ENI - All rights reserved

Son constantes que conviene utilizar en el código, en lugar de utilizar su valor.
Por ejemplo, es mejor escribir:

```
>>> c=calendar.Calendar(calendar.MONDAY)
```

que:

```
>>> c=calendar.Calendar(0)
```

Esto aporta claridad al código, en particular en este aspecto que resulta importante y donde los demás lenguajes utilizan, a menudo, el 0 para el domingo y el 6 para el sábado.
El módulo **calendar** hace referencia a otros dos módulos que le son útiles:

```
>>> import datetime
>>> calendar.datetime is datetime
True
>>> import sys
>>> calendar.sys is sys
True
```

El módulo contiene, también, la clase **TextCalendar**, que permite mostrar un calendario de manera textual, y que es una instancia de este objeto:

```
>>> type(calendar.c)
<class 'calendar.TextCalendar'>
>>> type.mro(calendar.TextCalendar)
[<class 'calendar.TextCalendar'>, <class 'calendar.Calendar'>,
<class 'object'>]
```

He aquí cómo utilizar las especificidades de este objeto:

```
>>> calendar.c.prmonth(2011, 9)
September 2011
Mo Tu We Th Fr Sa Su
1 2 3 4
5 6 7 8 9 10 11
12 13 14 15 16 17 18
19 20 21 22 23 24 25
26 27 28 29 30

>>> calendar.c.prmonth(2011, 9, 5)
              September 2011
 Mon   Tue   Wed   Thu   Fri   Sat   Sun
                     1     2     3     4
   5     6     7     8     9    10    11
  12    13    14    15    16    17    18
  19    20    21    22    23    24    25
  26    27    28    29    30

>>> calendar.c.prmonth(2011, 9, 5, 2)
              September 2011
Mon   Tue   Wed   Thu   Fri   Sat   Sun
```

```
                    1       2       3       4

 5       6       7       8       9      10      11

12      13      14      15      16      17      18

19      20      21      22      23      24      25

26      27      28      29      30
```

Así, todas las problemáticas habituales de visualización de los calendarios se tienen en cuenta y se tratan de la mejor manera posible. No sirve de nada crear un algoritmo propio para obtener una representación propia y coherente, con parámetros opcionales que permitan gestionar la representación.

También es posible obtener el año completo:

```
>>> calendar.c.pryear(2011, 1, 1, 2)
                                  2011

      January                   February                   March
Mo Tu We Th Fr Sa Su      Mo Tu We Th Fr Sa Su      Mo Tu We Th Fr Sa Su
                1  2          1  2  3  4  5  6          1  2  3  4  5  6
 3  4  5  6  7  8  9       7  8  9 10 11 12 13       7  8  9 10 11 12 13
10 11 12 13 14 15 16      14 15 16 17 18 19 20      14 15 16 17 18 19 20
17 18 19 20 21 22 23      21 22 23 24 25 26 27      21 22 23 24 25 26 27
24 25 26 27 28 29 30      28                        28 29 30 31
31

       April                      May                       June
Mo Tu We Th Fr Sa Su      Mo Tu We Th Fr Sa Su      Mo Tu We Th Fr Sa Su
             1  2  3                         1             1  2  3  4  5
 4  5  6  7  8  9 10       2  3  4  5  6  7  8       6  7  8  9 10 11 12
11 12 13 14 15 16 17       9 10 11 12 13 14 15      13 14 15 16 17 18 19
18 19 20 21 22 23 24      16 17 18 19 20 21 22      20 21 22 23 24 25 26
25 26 27 28 29 30         23 24 25 26 27 28 29      27 28 29 30
                          30 31

        July                     August                  September
Mo Tu We Th Fr Sa Su      Mo Tu We Th Fr Sa Su      Mo Tu We Th Fr Sa Su
             1  2  3       1  2  3  4  5  6  7                1  2  3  4
 4  5  6  7  8  9 10       8  9 10 11 12 13 14       5  6  7  8  9 10 11
11 12 13 14 15 16 17      15 16 17 18 19 20 21      12 13 14 15 16 17 18
18 19 20 21 22 23 24      22 23 24 25 26 27 28      19 20 21 22 23 24 25
25 26 27 28 29 30 31      29 30 31                  26 27 28 29 30

      October                   November                  December
Mo Tu We Th Fr Sa Su      Mo Tu We Th Fr Sa Su      Mo Tu We Th Fr Sa Su
                1  2          1  2  3  4  5  6                1  2  3  4
 3  4  5  6  7  8  9       7  8  9 10 11 12 13       5  6  7  8  9 10 11
```

© Editions ENI - All rights reserved

```
10 11 12 13 14 15 16  14 15 16 17 18 19 20  12 13 14 15 16 17 18
17 18 19 20 21 22 23  21 22 23 24 25 26 27  19 20 21 22 23 24 25
24 25 26 27 28 29 30  28 29 30              26 27 28 29 30 31
31
```

Existe también el método **formatmonth**, que equivale a **prmonth** en forma de cadena de caracteres explotable, y **formatyear** para **pryear**. El método **prmonth** equivale a hacer un **print** sobre el resultado de **formatmonth**.

```
>>> type.mro(calendar.HTMLCalendar)
[<class 'calendar.HTMLCalendar'>, <class 'calendar.Calendar'>,
<class 'object'>]
>>> h=calendar.HTMLCalendar()
>>> h.formatmonth(2011, 9)
'<table border="0" cellpadding="0" cellspacing="0"
class="month">\n<tr><th colspan="7" class="month">September
2011</th></tr>\n<tr><th class="mon">Mon</th><th
class="tue">Tue</th><th class="wed">Wed</th><th
class="thu">Thu</th><th class="fri">Fri</th><th
class="sat">Sat</th><th class="sun">Sun</th></tr>\n<tr><td
class="noday"> </td><td class="noday"> </td><td
class="noday"> </td><td class="thu">1</td><td
class="fri">2</td><td class="sat">3</td><td
class="sun">4</td></tr>\n[...]</table>\n'
```

Existen también **formatyear** y **formatyearpage**, que devuelven una página HTML.
Una funcionalidad que permite saber si un año es bisiesto o no lo es:

```
>>> calendar.isleap(2000)
True
>>> calendar.isleap(2001)
False
>>> calendar.isleap(2004)
True
>>> calendar.isleap(2100)
False
```

De este modo, conforme al calendario gregoriano, los años múltiplos de 100 y 400 son bisiestos, mientras que los que no son múltiplos de 400 no lo son, como 2100.
Es posible, también, saber cuántos años bisiestos hay en un intervalo determinado:

```
>>> calendar.leapdays(2000, 2100)
25
>>> calendar.leapdays(2100, 2200)
24
```

Algunas funciones permiten incluir una palabra sobre un dato, en función de los formatos que hemos visto antes:

```
>>> calendar.day_abbr.format
'%a'
>>> calendar.day_name.format
```

```
'%A'
>>> calendar.month_abbr.format
'%b'
>>> calendar.month_name.format
'%B'
```

La mayor parte de las demás funciones son accesos directos a los métodos de C:

```
>>> calendar.c
<calendar.TextCalendar object at 0x12126d0>
>>> calendar.monthcalendar
<bound method TextCalendar.monthdayscalendar of
<calendar.TextCalendar object at 0x12126d0>>
>>> calendar.prweek
<bound method TextCalendar.prweek of <calendar.TextCalendar object
at 0x12126d0>>
```

El último elemento esencial es la clase **calendar.Calendar** en sí misma.

## 7.2 Funciones esenciales del calendario

Es posible crear un calendario de manera muy sencilla:

```
>>> c=calendar.Calendar()
```

Recibe opcionalmente como parámetros el primer día de la semana, que por defecto es el lunes.
Dispone de diversos atributos y métodos:

```
>>> dir(c)
['__class__', '__delattr__', '__dict__', '__doc__', '__eq__',
'__format__', '__ge__', '__getattribute__', '__gt__', '__hash__',
'__init__', '__le__', '__lt__', '__module__', '__ne__', '__new__',
'__reduce__', '__reduce_ex__', '__repr__', '__setattr__',
'__sizeof__', '__str__', '__subclasshook__', '__weakref__',
'_firstweekday', 'firstweekday', 'getfirstweekday',
'itermonthdates', 'itermonthdays', 'itermonthdays2',
'iterweekdays', 'monthdatescalendar', 'monthdays2calendar',
'monthdayscalendar', 'setfirstweekday', 'yeardatescalendar',
'yeardays2calendar', 'yeardayscalendar']
```

- **iterweekdays()**: permite iterar sobre los días de la semana.
- **itermonthdates(year, month)**: permite iterar sobre los días del mes, aunque agrega los días anteriores y posteriores al mes, de manera que todas las semanas representadas estén completas; el objeto devuelto es un **datetime.date**.
- **itermonthdays(year, month)**: es similar al anterior, aunque devuelve el número del día en el mes o 0 para un día que esté fuera del mes.
- **itermonthdays2(year, month)**: es similar al anterior, pero devuelve una 2-tupla que contiene el número del día en el mes o 0 para un día fuera del mes, así como el número del día en la semana.

© Editions ENI - All rights reserved

- **monthdatescalendar(year, month)** : no es un iterador, aunque devuelve una lista de semanas, cada una de ellas es una lista de siete objetos **datetime.date**; similar a **itermonthdates**.
- **monthdayscalendar(year, month)**: similar a **itermonthdays**, devuelve una lista de semanas, cada una de ellas es una lista del número de días en el mes o 0.
- **monthdays2calendar(year, month)**: similar a **itermonthdays2**, semejante al anterior, salvo que se trata de tuplas (días del mes y de la semana).
- **yeardatescalendar(year[, width])**: tiene como objetivo presentar un calendario para un año. El parámetro **width** representa el número de meses por línea. Lo que se devuelve es, por tanto, una lista de líneas que contiene, cada una, **width** elementos que son un mes. Cada mes es, en este caso, lo que se obtendría utilizando **monthdatescalendar**. Al final se tiene una lista de listas de listas de **datetime.date**, el elemento más profundo es el día y, sucesivamente hacia arriba, una semana, un mes, un trimestre o semestre u otro (dependiendo de **witdh**), y por último un año.
- **yearsdayscalendar**: similar al método anterior, salvo que el mes se representa de la misma manera que con **monthdayscalendar**.
- **yearsdays2calendar**: similar al método anterior, salvo que el método está representado de la misma manera que con **monthdays2calendar**.

```
>>> c.yeardatescalendar(2011)[0][0][0][5]
datetime.date(2011, 1, 1)
>>> c.yeardayscalendar(2011)[0][0][0][5]
1
>>> c.yeardays2calendar(2011)[0][0][0][5]
(1, 5)
```

© Editions ENI - All rights reserved

# Parte 4 : Características

# Capítulo 4-1 Manipulación de datos

## 1. Manipular los archivos

### 1.1 Abrir un archivo

Python se diseñó originalmente para realizar operaciones de sistema, naturalmente se proporciona con herramientas muy extensas, muy fáciles de usar y muy efectivas. En una palabra, pythónicas. Y se han mejorado a lo largo de la evolución del lenguaje. Aquí está la forma básica de abrir un archivo:

```
>>> with open('test.txt') as f:
...     pass # Trabajar en el contenido del archivo
...
```

¿Qué representa la **f**?

```
>>> with open('test.txt') as f:
...     type(f)
...     type.mro(type(f))
...     dir(f)
...
<class '_io.TextIOWrapper'>
[<class '_io.TextIOWrapper'>, <class '_io._TextIOBase'>, <class '_io._IOBase'>,
<class 'object'>]
['_CHUNK_SIZE', '__class__', '__delattr__', '__doc__', '__enter__', '__eq__',
'__exit__', '__format__', '__ge__', '__getattribute__', '__getstate__',
'__gt__', '__hash__', '__init__', '__iter__', '__le__', '__lt__', '__ne__',
'__new__', '__next__', '__reduce__', '__reduce_ex__', '__repr__', '__setattr__',
'__sizeof__', '__str__', '__subclasshook__', '_checkClosed', '_checkReadable',
'_checkSeekable', '_checkWritable', 'buffer', 'close', 'closed', 'detach',
'encoding', 'errors', 'fileno', 'flush', 'isatty', 'line_buffering', 'name',
'newlines', 'read', 'readable', 'readline', 'readlines', 'seek', 'seekable',
'tell', 'truncate', 'writable', 'write', 'writelines']
```

La variable **f** es una estructura que corresponde a una entrada/salida (descriptor de archivo) y que puede usarse como generador.

Veremos como usar esta variable para satisfacer diferentes necesidades.
Antes de eso, es útil especificar que **open** toma otros dos parámetros, que son el tipo de acceso y el tamaño del búfer para usar con 0 para ninguno y 1 para el valor predeterminado.

| Símbolo | Significado | Símbolo | Significado |
|---|---|---|---|
| r | Solo lectura (por defecto) | t | Modo texto (por defecto) |
| w | Escritura de un nuevo archivo | b | Modo binario |
| a | Escritura después del existente | + | Apertura para modificación |

Esta funcionalidad es un estándar de Python y dominarla es esencial.
Incluso si solo se recomienda, la sintaxis con **with** debe usarse porque garantiza el uso correcto de un archivo.

## 1.2 Leer un archivo

Hay varias formas de leer un archivo según la manera en la que queramos tratarlo.
Si deseamos tener todo el contenido del archivo en una sola cadena de caracteres:

```
>>> with open('test.txt') as f:
...     content = f.read()
...
>>> content
'Primera línea\nSegunda línea\n'
```

O bien si queremos tener líneas una tras otra:

```
>>> with open('test.txt') as f:
...     lines = f.readlines()
...
>>> lines
['Primera línea\n', 'Segunda línea\n']
```

Pero también podemos querer leer el archivo línea tras línea a medida que se recorre, es decir, no tener que cargar todo en la memoria, sino procesar las líneas una tras otra, usando un generador.
La sintaxis es trivial y pythónica:

```
>>> with open('test.txt') as f:
...     for line in f:
...         print(line, end='')# Tratamiento en la línea
...
Primera línea
Segunda línea
```

© Editions ENI - All rights reserved

Mucho menos usado, porque es de nivel inferior y solo para necesidades específicas, es posible leer exclusivamente una longitud específica de caracteres:

```
>>> with open('test.txt') as f:
...     f.read(8)
...
'Primera'
```

Esta funcionalidad se debe usar en combinación con un método que permite el reposicionamiento del cursor:

```
>>> with open('test.txt') as f:
...     f.read(8)
...     f.seek(16)
...     f.read(7)
...
'Primera'
16
'Segunda'
```

El método **tell** le permite conocer la posición actual del descriptor y puede usarse para abordar relativamente la ubicación de un archivo.

Los principios establecidos aquí, son exactamente los mismos para todos los descriptores de archivo escritos en Python, por ejemplo, los métodos para leer un archivo CSV contenido en el módulo cvs, siguen exactamente los mismos principios.

## 1.3 Escribir un archivo

Para escribir en un archivo, debe pasar un argumento al abrir el archivo en el disco, para especificar que desea acceder a él para escribir, porque de forma predeterminada, la apertura es en modo solo lectura. Se trata del carácter **r**, pero si el archivo aún no existe o si uno no quiere sobrescribir y reemplazar el contenido de un archivo, escribiendo a continuación de lo que ya existe, es necesario usar **a**.

Por lo demás, la filosofía es la misma. O escribe una cadena de caracteres larga que representa todo el contenido del archivo o escribe línea tras línea.

Supongamos que usamos la opción incorrecta para escribir en un nuevo archivo:

```
>>> with open('test_w1.txt', 'r+') as f:
...     f.write(content)
...
Traceback (most recent call last):
  File "<stdin>", line 1, in <module>
IOError: [Errno 2] No such file or directory: 'test_w1.txt'
```

Con la opción correcta:

```
>>> with open('test_w1.txt', 'a') as f:
...     f.write(content)
...
29
```

Para escribir línea a línea :

```
>>> with open('test_w2.txt', 'a') as f:
...     f.writelines(lines)
...
```

Al final, el desarrollador elegirá el método de escritura en un archivo, dependiendo de la estructura de los datos que debe escribir en el archivo.

## 1.4 Comparar dos archivos

Aquí hay una utilidad muy práctica, que se utiliza para intervenir en los archivos de datos. Partimos de un ejemplo de dos archivos que contienen un registro por línea y comparamos diferentes versiones.
Aquí están los dos archivos:

```
>>> old, new = 'data.old.sql', 'data.sql'
```

Aquí se explica cómo recuperar datos:

```
>>> with open(old) as f:
...     odatas = f.readlines()
...
>>> with open(new) as f:
...     ndatas = f.readlines()
...
```

Aquí se explica cómo procesar todos los datos para obtener un archivo unificado, con las diferencias señaladas por un signo al comienzo de la línea. Esto se debe usar para mostrar en una interfaz gráfica, pero es difícil de usar.

```
>>> from difflib import Differ
>>> result = list(Differ().compare(odatas, ndatas))
>>> len(result)
354811
>>> len(odatas)
354809
>>> len(ndatas)
354809
```

Tenemos dos adiciones y dos eliminaciones, es decir, dos líneas adicionales. Las líneas añadidas están precedidas por el signo más y las eliminadas del signo menos.
Aquí hay una línea sin modificar:

```
>>> result[0]
'  -- MySQL dump 10.13  Distrib 5.1.54, for debian-linux-gnu (x86_64)\n'
```

Aquí le mostramos cómo obtener la lista de líneas modificadas:

```
>>> [r for r in result if r.startswith('- ')]
>>> [r for r in result if r.startswith('+ ')]
```

Pero esto no le permite conocer la ubicación de las líneas, solo se usa para una visualización, porque el propósito de una comparación también es ser lo más ligero posible.

© Editions ENI - All rights reserved

Aquí hay otra forma de lograr esto:

```
>>> from difflib import ndiff
>>> nd = list(ndiff(odatas, ndatas))
>>> len(nd)
354811
>>> nd[0]
'  -- MySQL dump 10.13  Distrib 5.1.54, for debian-linux-gnu (x86_64)\n'
```

Lo que queremos es tener una comparación que resalte solo las diferencias y no todo el archivo y que esté en formato ndiff :

```
>>> from difflib import unified_diff
>>> u = list(unified_diff(odatas, ndatas, n=3))
>>> len(u)
22
```

Aquí tenemos un contexto de tres líneas alrededor de las diferencias. Es posible eliminar este contexto:

```
>>> u = list(unified_diff(odatas, ndatas, n=0))
>>> len(u)
9
```

Aquí se explica cómo mostrar el resultado:

```
>>> for l in u:
...     print(l)
...
---

+++

@@ -28,0 +28,1 @@
[...]
```

Puede ser útil mostrar los nombres de los archivos que hicieron posible hacer las diferencias.

```
>>> u = list(unified_diff(odatas, ndatas, old, new, n=0))
>>> for l in u:
...     print(l)
...
--- data.old.sql

+++ data.sql

@@ -28,0 +28,1 @@
[...]
```

La documentación oficial ofrece una utilidad muy bien hecha y completa, que también permite ver más allá del simple problema de la comparación.

## 2. Herramienta de copia de seguridad

Un programa puede tener una o más formas de finalizar. También puede terminar con una excepción. Por estas razones, se debe proporcionar alguna forma de realizar acciones, independientemente de cómo termine el programa (esto no funciona cuando Python termina por señales externas ignoradas o errores fatales).

```
>>> datas = {}
>>> @atexit.register
... def quit():
...     print('Copia de seguridad de los datos')
...
```

Ejecutar [Ctrl] + d en la consola, para salir y probar la funcionalidad.

## 3. Leer un archivo de configuración

Los archivos de configuración pueden ser de diferentes estructuras. Algunos están en XML y, en este caso, debe usar un analizador XML para recuperar información útil (como archivos zcml de zope) o archivos de configuración de muchas aplicaciones Java, como Sonar, por ejemplo.

Los otros son los archivos clásicos de CONF para Unix o INI para Windows, pero también Unix (php.ini, por ejemplo).

Hay un módulo específico que le permite leer archivos INI como los que se encuentran en Windows. Aquí hay uno:

```
$ cat /tmp/test.ini
[SQL]
backoffice_url = postgres://user:pass@host/base
frontoffice_url = postgres://user:pass@host/base

[EXPORT]
directory = '/var/saves/csv/'
filename = 'export_%s.txt'

[SERVER]
port = 8016
webdav = yes
sftp = yes
```

Aquí se explica como parsear este archivo:

```
>>> import configparser
>>> parser = configparser.ConfigParser()
>>> parser.read('/tmp/test.ini')
['/tmp/test.ini']
```

Entonces es fácil recuperar las diferentes secciones:

```
>>> parser.sections()
['SQL', 'EXPORT', 'SERVER']
```

© Editions ENI - All rights reserved

El analizador puede usarse como un diccionario y cada sección también:

```
>>> parser['SQL']
<Section: SQL>
>>> [k for k in parser['SQL'].keys()]
['backoffice_url', 'frontoffice_url']
>>> parser['SQL']['backoffice_url']
'postgres://user:pass@host/base'
```

Y al igual que los diccionarios, existen métodos **get** que permiten proporcionar un valor de sustitución si la clave (argumento de configuración) no existe en el archivo de configuración y, por lo tanto, define una configuración predeterminada.

Por razones de coherencia con otras funcionalidades similares, es aconsejable pasar este argumento a través de un parámetro denominado **fallback**:

```
>>> parser['SERVER'].get('threads', fallback=8)
8
>>> parser['SERVER'].get('port', fallback=8080)
'8016'
```

# 4. Formato de exportación/importación

## 4.1 CSV

CSV es la abreviatura de *Comma Separated Values* y es, en su origen, un archivo de texto que contiene datos separados por comas. No obstante, el hecho de que la coma pueda utilizarse en un valor, y otras problemáticas relativas al contenido de los datos y a los hábitos de representación inherentes a los distintos lenguajes, han hecho aparecer otros formatos, que se llaman dialectos. Estas son las principales diferencias, dejando a un lado los dialectos:

- Los datos se presentan en forma de tabla.
- Cada fila del archivo CSV se corresponde con una fila de la tabla.
- Cada columna del archivo CSV está delimitada a la derecha y a la izquierda por el separador o (exclusivo) por un final de línea.
- La primera fila del archivo puede utilizarse para contener los encabezados de las columnas, aunque esto no es obligatorio.
- En función del formalismo, puede admitirse que no todas las filas tengan el mismo número de columnas, o bien esto puede considerarse como un error.

De cara a trabajar con datos reales, con cierto sentido y susceptibles de ser manipulados, se incluyen en los archivos para descargar varios documentos que contienen datos relativos a los municipios, provincias y comunidades autónomas de España.

Python dispone de las herramientas necesarias para acceder, a bajo nivel, a los datos de un archivo CSV, pero también dispone de las herramientas necesarias para representar estos datos mediante simples listas y diccionarios, que son objetos habituales en Python, y fáciles de manipular. El módulo se denomina **csv** y forma parte de las librerías integradas de Python, de modo que está incluida en Python 3.

```
>>> import csv
```

He aquí la primera dificultad. Trabajar con CSV se realiza, exclusivamente, en Unicode, que es el formato de las cadenas de caracteres por defecto de la rama 3 de Python. Puede que los archivos que queramos leer no sean archivos Unicode.
Su lectura produce un error:

```
>>> with open('comaut.txt', 'r') as f:
...     datas = csv.reader(f)
...     next(datas)
...
Traceback (most recent call last):
   File "<stdin>", line 3, in <module>
   File "/usr/lib/python3.2/codecs.py", line 300, in decode
     (result, consumed) = self._buffer_decode(data, self.errors, final)
UnicodeDecodeError: 'utf8' codec can't decode byte 0xe9 in
position 153: invalid continuation byte
```

La solución no consiste en abrir el archivo en binario y trabajar con sus bytes, incluso aunque se piense en hacer una conversión. Los archivos CSV son archivos de texto y deben cargarse como tales:

```
>>> with open('comaut.txt', 'rb') as f:
...     datas = csv.reader(f)
...     next(datas)
...
Traceback (most recent call last):
   File "<stdin>", line 3, in <module>
_csv.Error: iterator should return strings, not bytes (did you
open the file in text mode?)
```

De modo que la solución consiste en abrir el archivo en modo texto, indicando su codificación (la codificación utilizada por Python es, obligatoriamente, Unicode):

```
>>> with open('comaut.txt', 'r', encoding='latin1') as f:
...     datas = csv.reader(f)
...     next(datas)
...
['Cod.Comaut\tComAut']
```

### 4.1.1 Explotar un archivo CSV

El lector CSV es un simple generador que provee las filas del archivo unas tras otras. Cada fila es una lista que contiene la lista de columnas.
He aquí la segunda dificultad: el dialecto utilizado no es, claramente, el que se espera por defecto y, por tanto, los datos no se leen correctamente. Transformar el dato a mano a posteriori sería un inconveniente. Afortunadamente, Python lo tiene todo previsto y es capaz de adivinar el dialecto.
Esto se lleva a cabo utilizando un sniffer, que debe ser instanciado y luego manipulado:

```
>>> with open('comaut.txt', 'r', encoding='latin1') as f:
...     dialecto = csv. Sniffer().sniff(f.readline())
...     f.seek(0)
```

© Editions ENI - All rights reserved

```
...     datos = csv.reader(f, dialect=dialecto)
...     next(datos)
...
0
['Cod.Comaut\tComAut']
```

A partir de ahora, seremos capaces de leer cualquier archivo CSV.

La representación pythónica de un archivo CSV no contiene encabezados y es, simplemente, una lista de listas (lista de filas de la tabla, que se presentan en forma de lista). La lista de Python dispone de una relación de orden y permite conservar el orden de las filas y, dentro de cada fila, el orden de sus columnas.

Eliminaremos el encabezado del archivo simplemente no volviendo al inicio del archivo una vez determinado el dialecto, y construiremos dicha representación:

```
>>> with open('comaut.txt', 'r', encoding='latin1') as f:
...     dialecto = csv.Sniffer().sniff(f.readline())
...     datos = list(csv.reader(f, dialect=dialecto))
...
```

La operación se lleva a cabo en tan solo tres líneas de código.

La representación pythónica de un archivo CSV contiene los encabezados y una lista de diccionarios, cada uno representando una fila. Cada valor del diccionario representa una columna. La clave está compuesta por el contenido de la columna en curso y de la primera fila. El valor se compone del contenido de la fila en curso y de la columna en curso. La primera fila no contiene datos, evidentemente, puesto que es un encabezado.

Dicha representación podría construirse mediante un algoritmo, aunque es inútil dado que Python ya lo tiene todo previsto:

```
>>> with open('comaut.txt', 'r', encoding='latin1') as f:
...     dialecto = csv.Sniffer().sniff(f.readline())
...     f.seek(0)
...     datos = list(csv.DictReader(f, dialect=dialecto))
...
0
>>> type(datos)
<class 'list'>
>>> type(datos[0])
<class 'dict'>
>>> datos[0]
{'ComAut': 'Andalucía', 'Cod.ComAut': '1'}
```

Encontramos una verdadera lista que contiene diccionarios. Es posible utilizar todos los recursos de estos tipos tan potentes. Por ejemplo, si se desea disponer de un diccionario que nos devuelva el nombre y el código de las distintas comunidades autónomas. Trabajamos, en primer lugar, con el archivo correspondiente a las comunidades autónomas:

```
>>> comunidades={d['ComAut']:d['Cod.ComAut'] for d in datos}
>>> comunidades
{'Aragón': '2', 'Asturias, Principado de': '3', 'Catalunya': '9',
'Castilla y León': '7', 'Murcia, Región de': '14', 'Extremadura':
```

```
'11', 'Cantabria': '6', 'Canarias': '5', 'Madrid, Comunidad de':
'13', 'Castilla - La Mancha': '8', 'Ceuta': '18', 'Galicia': '12',
'Navarra, Comunidad Foral de': '15', 'Andalucía': '1',
'País Vasco': '16', 'Rioja, La': '17', 'Melilla': '19',
'Balears, Illes': '4', 'Comunitat Valenciana': '10'}
```

Obtenemos la lista de comunidades autónomas en función del código de la comunidad. A continuación podemos explotar este código. La idea consiste en obtener un archivo CSV que devuelva el nombre de la comunidad en función de su código. De hecho, podemos elaborar cierta información intermedia. He aquí la lista de provincias:

```
>>> with open('provincias.txt', 'r', encoding='latin1') as f:
...     dialect = csv.Sniffer().sniff(f.readline())
...     f.seek(0)
...     provincias = {d['Cod.Prov']: d['Cod.ComAut'] for d in
csv.DictReader(f, dialect=dialecto) if d['Cod.ComAut'] in
comunidades.values()}
...
0
```

He aquí los códigos de las provincias en función del código de su comunidad autónoma:

```
>>> provincias
{'30': '14', '08': '9', '46': '10', '41': '1', '27': '12', '16': '8',
'34': '7', '22': '2', '33': '3', '01': '16', '21': '1', '51': '18',
'10': '11', '13': '8', '39': '6', '32': '12', '44': '2', '26': '17',
'37': '7', '23': '1', '18': '1','02': '8', '42': '7', '49': '7', '47':
'7', '19': '8', '36': '12', '25': '9', '04': '1', '35': '5', '29': '1',
'06': '11', '45': '8', '43': '9', '31': '15', '40': '7', '52': '19',
'20': '16', '28': '13', '48': '16', '50': '2', '07': '4', '03': '10',
'24': '7', '17': '9', '05': '7', '12': '10', '15': '12', '09': '7',
'11': '1', '38': '5', '14': '1'}
```

A continuación, podemos explotar el último archivo, correspondiente a los municipios, para encontrar por ejemplo el listado de municipios pertenecientes a la comunidad autónoma de Andalucía:

```
>>> with open('municipios.txt', 'r', encoding='latin1') as f:
...     dialect = csv.Sniffer().sniff(f.readline())
...     f.seek(0)
...     municipios = {d['Municipio']: d['Cod.Prov'] for d in
csv.DictReader(f, dialect=dialecto)
...
0
```

© Editions ENI - All rights reserved

He aquí la lista de municipios:

```
>>> municipios
{ 'Parauta': '29', 'Lagartos': '34', 'Tortellà': '17', 'Montgai': '25',
'Selaya': '39', 'Fondón': '04', 'Salillas': '22', 'Valdemaqueda': '28',
'Finestrat': '03', 'Marlín': '05', 'Illano': '33', 'Valle de
Tabladillo': '40', 'Oseja de Sajambre': '24', 'Irixo, O': '32',
'Villanúa': '22', 'Lónguida/Longida': '31', 'Rebolledo de la Torre':
'09', 'Regumiel de la Sierra': '09', 'Villaprovedo': '34', 'Montemayor
del Río': '37', 'Moncalvillo': '09', 'Pancrudo': '44', 'Bovera': '25',
'Muñogalindo': '05', 'Viloria de Rioja': '09', 'Ponteareas': '36',
'Alfara de Carles': '43', 'Torrijos': '45', 'Outeiro de Rei': '27',
'Malpartida de Corneja': '05', 'Santa Comba': '15', 'Rocafort de
Queralt': '43', 'Viladrau': '17', 'Porrera': '43', 'Garray': '42',
'San Morales': '37', 'Espera': '11', 'Fuenmayor': '26', 'Cuevas Bajas':
'29', 'Ceutí': '30', 'Castellterçol': '08', 'Palau-saverdera': '17',
'Jaraicejo': '10', 'Vallirana': '08', 'Albox': '04', 'Castillejo de
Martín Viejo': '37', 'Vega del Codorno': '16', 'Fonelas': '18',
'Villares, Los': '23', 'Palacios y Villafranca, Los': '41',
'Hernialde': '20', 'Tudela de Duero': '47', 'Gabaldón': '16',
'Aguadulce': '41', 'Beniarbeig': '03', 'Sant Adrià de Besòs': '08',
'Cubillo del Campo': '09', 'Villeguillo': '40',...}
```

Ahora podemos relacionar todos los datos. En primer lugar, filtramos las provincias de Andalucía:

```
>>> provinciasAndaluzas = {k:v for k,v in provincias.items()
if v == comunidades.get('Andalucía')}

>>> provinciasAndaluzas
{'04': '1', '14': '1', '29': '1', '41': '1', '11': '1', '21': '1',
'23': '1', '18': '1'}
```

Y, a continuación, filtramos los municipios correspondientes a las provincias seleccionadas en el paso anterior:

```
>>> municipiosAndaluces = {k:v for k,v in municipios.items()
if v in provinciasAndaluzas.keys()}
```

De este modo se vinculan los tres diccionarios y se obtiene el listado de municipios de Andalucía:

```
>>> municipiosAndaluces
{'Vegas del Genil': '18', 'Láujar de Andarax': '04', 'Zahara': '11',
'Valle de Abdalajís': '29', 'Rosal de la Frontera': '21',
'Beas de Guadix': '18', 'Torres de Albánchez': '23', 'Estepona': '29',
'Santa Ana la Real': '21', 'Constantina':'41', 'Gallardos, Los': '04',
'Ferreira': '18', 'Setenil de las Bodegas': '11','Puente de Génave':
'23', 'Villardompardo': '23', 'Serón': '04', 'Casabermeja':'29',
'Nerja': '29', 'Alcóntar': '04', 'Morelábor': '18', 'Molvízar': '18',
'Andújar': '23', 'Alájar': '21', 'Lupión': '23', 'San Juan de
Aznalfarache': '41', 'Villares, Los': '23', 'Píñar': '18', 'Turrillas':
```

```
'04', 'Bollullos Par del Condado': '21', 'Fuente Obejuna': '14',
'Fuente-Tójar': '14', 'Doña Mencía': '14', 'Linares de la Sierra': '21',
'Campana, La': '41', 'Cumbres Mayores': '21', 'Manzanilla': '21',
'Chirivel': '04', 'Medina-Sidonia': '11', 'Baena':'14', 'Navas de San
Juan': '23', 'Zubia, La': '18', 'Estepa': '41', 'Montefrío': '18',
'Benarrabá': '29', 'Palomares del Río': '41', 'Castillo de Locubín':
'23', 'Castilleja de Guzmán': '41', 'Zurgena': '04', 'Cañete la Real':
'29', 'Obejo': '14', 'Galera': '18', 'Prado del Rey': '11', 'Chiclana de
Segura': '23', 'Burgo, El': '29', 'Bentarique': '04', 'Larva': '23',
'Bayárcal': '04', 'Vícar': '04', 'Villacarrillo': '23', 'Parauta': '29',
'Pórtugos': '18', 'Puerto de Santa María, El': '11','Salares': '29',
'Cortelazor': '21', 'Moclín': '18', 'Lújar': '18', 'Zújar': '18',
'Arroyomolinos de León': '21', 'Carolina, La': '23', 'Ojén': '29',
'Pedroche'...
```

Hemos visto cómo buscar datos en un archivo CSV no es algo más complicado que la simple apertura del archivo y la búsqueda del formato. El resto supone dominar bases de datos en Python, en particular los dos tipos de lista y los diccionarios.

### 4.1.2 Generación de un archivo CSV

Presentamos, ahora, la manera de generar un archivo CSV.

La primera tarea consiste en formatear los datos, lo que denominamos dialecto. El módulo propone estándares:

```
>>> csv.list_dialects()
['excel-tab', 'excel', 'unix']
>>> type.mro(csv.excel)
[<class 'csv.excel'>, <class 'csv.Dialect'>, <class 'object'>]
>>> type.mro(csv.excel_tab)
[<class 'csv.excel_tab'>, <class 'csv.excel'>, <class 'csv.Dialect'>,
<class 'object'>]
>>> type.mro(csv.unix_dialect)
[<class 'csv.unix_dialect'>, <class 'csv.Dialect'>, <class 'object'>]
```

La segunda tarea consiste en tener en cuenta la estructura de los datos que se quieren almacenar. O bien se trata de una lista de listas, o bien de una lista de diccionarios.

En el primer caso, basta con escribir igual que si lo hiciéramos en un simple archivo, a diferencia de que cada dato escrito se corresponde con una columna o varias columnas; de ahí la semántica del método que se ha de utilizar, que puede ser **writerow** o **writerows**, pero no **write**. He aquí un ejemplo:

```
>>> datas = [[0, 'cero'], [1, 'uno']]
```

He aquí cómo escribir archivos CSV en los distintos dialectos:

```
>>> with open('test_excel.csv', 'w') as f:
...     writer = csv. writer(f, dialect=csv.excel)
...     writer.writerows(datas)
...
>>> with open('test_excel_tab.csv', 'w') as f:
...     writer = csv.writer(f, dialect=csv.excel_tab)
```

© Editions ENI - All rights reserved

```
...     writer.writerows(datas)
...
>>> with open('test_unix.csv', 'w') as f:
...     writer = csv.writer(f, dialect=csv.unix_dialect)
...     writer.writerows(datas)
...
```

Y he aquí el contenido real de los archivos generados:

```
>>> with open('test_excel.csv', 'r') as f:
...     print(f.read())
...
0,cero
1,uno
>>> with open('test_excel_tab.csv', 'r') as f:
...     print(f.read())
...
0    cero
1    uno
>>> with open('test_unix.csv', 'r') as f:
...     print(f.read())
...
"0","cero"
"1","uno"
```

La operación de escritura resulta una operación extremadamente básica.

En el segundo caso, cuando se trata de una lista de diccionarios, conviene aprender otras problemáticas:

- Las claves de los diccionarios se corresponden con las columnas del archivo CSV.
- Seleccionar la lista de columnas que se desean exportar.
- Seleccionar el orden de las columnas.
- Seleccionar si los datos correspondientes a estas columnas son obligatorios.

Esta problemática puede plantearse, también, con las listas de listas, pero resueltas de manera mucho menos elegante, mientras que los diccionarios responden perfectamente a estas necesidades.

He aquí los datos incompletos:

```
>>> datas = [
...     {'id': 0, 'trato': 'Sr', 'apellido': 'van Rossum', 'nombre': 'Guido'},
...     {'id': 1, 'trato': 'Sr', 'apellido': 'Murdock', 'nombre': 'Ian'},
...     {'id': 2, 'trato': 'Sra', 'nombre': 'debra'},
... ]
```

No queremos que falle la exportación a causa de datos incompletos, pero sí queremos poder agregar una columna que no pertenezca a los datos:

```
>>> with open('test_dict.csv', 'w') as f:
...     writer = csv.DictWriter(f, ('nombre', 'apellido', 'comentario'),
dialect=csv.unix_dialect, restval='', extrasaction='ignore')
...     writer.writerows(datas)
...
```

He aquí el resultado:

```
>>> with open('test_dict.csv', 'r') as f:
...     print(f.read())
...
"Guido","van Rossum",""
"Ian","Murdock",""
"debra","",""
```

El parámetro **restval** permite asignar un valor por defecto a un parámetro que falta, y el parámetro **extrasaction** permite indicar si se quiere producir una excepción (comportamiento por defecto) o ignorar el error.
Es importante agregar también encabezados además de los datos para que el archivo CSV pueda leerse sin perder el significado:

```
>>> with open('test_dict.csv', 'w') as f:
...     writer = csv.DictWriter(f, ('nombre', 'apellido', 'comentario'),
dialect=csv.unix_dialect, restval='', extrasaction='ignore')
...     writer.writeheader()
...     writer.writerows(datas)
...
```

## 4.2 JSON

JSON es el acrónimo de *JavaScript Object Notation*. Se trata de la representación de un objeto JavaScript, es decir, cómo se podría escribir. Tenga en cuenta que para JavaScript, en lenguaje de objetos por prototipo, un objeto es un diccionario y el punto es el acceso a las propiedades del objeto.
Este lenguaje presenta objetos de una manera bastante similar a la que usa Python para presentar sus diccionarios, con la condición adicional de que todas las claves son cadenas de caracteres.
En Python, por lo tanto, es posible transformar un objeto en una cadena de caracteres, que contiene una representación del objeto en forma de diccionario. A esto lo llamamos "serializar". También es posible deserializar.
Por ahora, comencemos con un diccionario simple y lo serializaremos:

```
>>> json.dumps({"a": 42, "b": (1, 2)})
'{"a": 42, "b": [1, 2]}'
```

En JavaScript, no existe la noción de tupla, pero la lista juega el mismo papel. Por lo tanto, la conversión se realiza en silencio.

```
>>> json.dumps({"c": json})
Traceback (most recent call last):
TypeError: Object of type 'module' is not JSON serializable
```

Por otro lado, cuando agregamos el módulo json, esto produce un error, porque Python no sabe como convertir un módulo en una cadena de caracteres (que se debe deserializar de tal manera, que podamos entender lo que es y encontrar dicho módulo).

© Editions ENI - All rights reserved

Es comprensible que no tenga sentido serializar un módulo, o incluso cualquier objeto. Por otro lado, podemos serializar perfectamente números, cadenas de caracteres o contenedores clásicos, siempre que haya un equivalente en JavaScript:

```
>>> json.dumps({"d": {1, 2, 3}})
Traceback (most recent call last):
TypeError: Object of type 'set' is not JSON serializable
```

Por ejemplo, un conjunto no tiene equivalente en JavaScript.
Para deserializar, hay que seguir el mismo tipo de proceso:

```
>>> json.loads('{"a": 42, "b": [1, 2]}')
{'a': 42, 'b': [1, 2]}
```

De este modo, no obtenemos una representación pythónica, sino un objeto Python real que podemos usar:

```
>>> d = json.loads('{"a": 42, "b": [1, 2]}')
>>> d.keys()
dict_keys(['a', 'b'])
```

Por lo tanto, un diccionario de Python se interpretará como un objeto de JavaScript, una lista o una tupla como una matriz de JavaScript, una cadena de caracteres como una cadena de caracteres de JavaScript, un entero, un flotante o un número en sentido amplio como un número de JavaScript y las palabras clave **True**, **False** y **None** como las palabras clave **true**, **false** y **null**.
Existen diferentes técnicas para convertir objetos. Lo más conocido es escribir serializadores. Esto es lo que usará en el desarrollo web. Por otro lado, para usos muy concretos, puede escribir su propio serializador y usarlo.
Para nuestro ejemplo, vamos a escribir un objeto que sea convertible a un diccionario usando un método **to_dict** y que también se puede generar a partir de un diccionario utilizando un método **from_dict**:

```
>>> class Point:
...     def __init__(self, x, y, z):
...         self.x, self.y, self.z = x, y, z
...
...     def to_dict(self):
...         return {"python_type": "Point", "x": self.x, "y": self.y, "z":
self.z}
...
...     @classmethod
...     def from_dict(cls, d):
...         return cls(d["x"], d["y"], d["z"])
...
```

Ahora podremos basarnos en esto para permitir la conversión a JSON de este objeto:

```
>>> class ObjectEncoder(json.JSONEncoder):
...     def default(self, obj):
...         if hasattr(obj, "to_dict"):
...             return obj.to_dict()
```

```
...         return super().default(obj)
...
```

Aquí hay un ejemplo de como funciona:

```
>>> ObjectEncoder().encode(Point(1, 2, 3))
'{"python_type": "Point", "x": 1, "y": 2, "z": 3}'
```

Este serializador puede manejar cualquier objeto cuya clase tenga el método **to_json**. Ahora aquí está el deserializador:

```
>>> class ObjectDecoder(json.JSONDecoder):
...     def decode(self, s):
...         result = super().decode(s)
...         if result.get("python_type") == "Point":
...             return Point.from_dict(result)
...         return result
...
```

Y así es como se utiliza:

```
>>> ObjectDecoder().decode('{"python_type": "Point", "x": 1, "y": 2, "z": 3}')
<__main__.Point object at 0x...>
```

Esta vez, el deserializador debe ser consciente de la existencia de cada clase para que de acuerdo con la clave `python_type` en el diccionario, pueda obtener la clase correcta e instanciar el objeto correcto.
Hay varias formas de hacer esto, incluyendo:

```
>>> class ObjectDecoder(json.JSONDecoder):
...     def __init__(self, types):
...         self.types = types
...         super().__init_?)
...
...     def decode(self, s):
...         result = super().decode(s)
...         if result.get("python_type") in self.types:
...            return self.types[result.get("python_type")].from_dict(result)
...         return result
...
```

En la creación del decodificador, registramos un diccionario de tipos JSON y las correspondientes clases de Python:

```
>>> decoder = ObjectDecoder({"python_type": Point})
```

Entonces podemos usar nuestro decodificador:

```
>>> decoder.decode('{"python_type": "Point", "x": 1, "y": 2, "z": 3}')
{'python_type': 'Point', 'x': 1, 'y': 2, 'z': 3}
```

© Editions ENI - All rights reserved

## 4.3 Base64

La biblioteca **base64** contiene todos los algoritmos para convertir bytes complejos en bytes ASCII, a saber, Base16, Base32, Base64, pero también Ascii85 o Base85, descritos en RFC 3548.

Tenga en cuenta que el byte es lo que usamos cuando queremos pasar datos, por ejemplo, a través de la red. La ventaja de convertir bytes de esta manera es que, por defecto, no siempre son adecuados para todos los modos de transporte, como, por ejemplo, el envío de correo electrónico o incluso el uso del protocolo HTTP.

Su uso no podría ser más simple:

```
>>> import base64
>>> base64.b64encode(b"plop")
b'cGxvcA=='
>>> base64.b64decode(b"cGxpcA==")
b'plip'
>>> base64.b32encode(b"plop")
b'OBWG64A='
>>> base64.b32decode(b"OBWGS4A=")
b'plip'
```

Este módulo es esencial cuando el estándar del protocolo con el que trabaja lo requiere.

## 4.4 Pickle

La biblioteca **pickle** es un módulo que facilita la persistencia de los datos simplemente escribiéndolos en el disco duro, en una representación que es muy fácil de leer y escribir.

El módulo se lleva a la rama 3.x y, por lo tanto, se importa:

```
>>> import pickle
```

La ventaja, además del rendimiento y la simplicidad, es no depender de software de terceros, tecnología de terceros.

Aquí están los datos que almacenaremos:

```
>>> datas = ['datas']
```

Y este es el comentario:

```
>>> with open('data.pkl', 'wb') as f:
...     pickle.Pickler(f).dump(datas)
...
```

Para recuperar los datos almacenados, hay que proceder como sigue:

```
>>> with open('data.pkl', 'rb') as f:
...     datas2 = pickle.Unpickler(f).load()
...
>>> datas2
['datas']
```

Hacerlo le permite ver que mecanismos funcionan, lo cual es importante para personalizar como funciona este procedimiento. De hecho, vemos que es posible escribir dos clases heredadas de **Pickler** y **Unpickler**.
La mayoría de las veces, el módulo en sí es suficiente para satisfacer las necesidades y se le han agregado dos primitivas para ser aún más conciso:

```
>>> with open('data.pkl', 'wb') as f:
...     pickle.dump(datas, f)
...
>>> with open('data.pkl', 'rb') as f:
...     datas2 = pickle.load(f)
...
```

Podemos verificar que los datos no se alteren de esta manera:

```
>>> datas == datas2
True
```

Tenga en cuenta que los datos están en la primera posición y el archivo en la segunda.
Cuando el archivo se abre en modo de escritura, se vacía automáticamente. Por lo tanto, si desea agregar datos a un archivo, puede cargar su contenido, modificarlo y volver a serializarlo todo, o proceder de la siguiente manera:

```
>>> with open('data.pkl', 'ab') as f:
...     pickle.dump(['Otros datos'], f)
...
```

Por lo tanto, los datos se almacenan uno tras otro, en oleadas. Si cargamos los datos de la siguiente manera, solo obtenemos la primera ola:

```
>>> with open('data.pkl', 'rb') as f:
...     pickle.load(f)
...
['datas']
```

Sin embargo, los datos que no se almacenan no se deben cargar, de lo contrario se producirá un error:

```
>>> with open('data.pkl', 'rb') as f:
...     pickle.load(f)
...     pickle.load(f)
...     pickle.load(f)
...
['datas']
['otros datos']
Traceback (most recent call last):
  File "<stdin>", line 4, in <module>
EOFError
```

© Editions ENI - All rights reserved

El medio más elegante para buscar todos los elementos serializados en un mismo archivo, es crear un generador. Este último necesita el uso de un bucle para gestionar la excepción que, cuando se desencadena, significa el final del generador:

```
>>> def load_generator(filename):
...     with open(filename, 'rb') as f:
...         while True:
...             try:
...                 yield pickle.load(f)
...             except EOFError:
...                 return
...
```

Otro medio, más elegante, permite que podamos prescindir del mecanismo de excepción, que siempre es más pesado en términos de rendimiento, que una simple verificación. Simplemente verificamos que no estamos al final del archivo antes de ir a recuperar los datos.

```
>>> def load_generator(filename):
...     with open(filename, 'rb') as f:
...         while True:
...             if f.read(1) == b'':
...                 return
...             f.seek(-1, 1)
...             yield pickle.load(f)
...
```

Con el mismo espíritu, esto es mejor que decir "hagámoslo, y si no funciona, es porque el trabajo ya estaba hecho".
Aquí se explica como usar cualquiera de las soluciones:

```
>>> for d in load_generator('data.pkl'):
...     print(d)
...
['datas']
['Otros datos']
```

Finalmente, es importante saber que la técnica utilizada para representar los datos en el archivo, se llama protocolo pickle y que este último usa la versión 2 para Python 2 y la versión 3 para Python 3. Python 3.4 presenta la versión 4. Python 3.8 presenta la versión 5 de este protocolo. Esta versión está especialmente optimizada para aprovechar una arquitectura multi-núcleo o multiprocesador, al minimizar las copias en memoria (PEP 574).
Para leer un archivo escrito por otro intérprete, será necesario cuidar la versión utilizada, que es útil, por ejemplo, cuando pickle es el medio de comunicación utilizado por pyro.

## 5. Comprimir y descomprimir un archivo

### 5.1 Tarfile

Comprimir un archivo es una forma de reducir su tamaño sin pérdida de información. Para esto, hay diferentes algoritmos que se pueden usar en Python.

Antes de abordarlos, debe saber que es posible comprimir varios archivos mediante estos mismos algoritmos, simplemente uniendo los archivos uno detrás del otro de forma reversible, para posteriormente pasar el algoritmo de compresión al archivo único obtenido. Los archivos unitarios se nombran miembros del archivo global. Para obtener un archivo que contenga archivos ya comprimidos (archivos PNG u ODT, por ejemplo, un tar es suficiente).

El algoritmo para realizar esta operación es tar y la biblioteca de archivos tar de Python le permite trabajar con dichos archivos.

Deje que los siguientes dos archivos sean:

```
$ cat /tmp/archivo1.txt
Primera línea
Segunda línea
$ cat /tmp/archivo2.txt
Primera línea
Segunda línea
Tercera línea
```

Aquí se explica como construir un archivo tar:

```
>>> import tarfile
>>> with tarfile.open('/tmp/test.tar', 'w') as f:
...     f.add('/tmp/archivo1.txt')
...     f.add('/tmp/archivo2.txt')
...
```

El resultado es:

```
$ cat /tmp/test.tar
tmp/archivo1.txt0000644000175000017500000000003611641322375013470
0ustar  schsch0000000000000Primera línea
Segunda línea
tmp/archivo2.txt0000644000175000017500000000006111641322424013462
0ustar  schsch0000000000000Primera línea
Segunda línea
Tercera línea
```

Esta operación está muy cerca de un trabajo en un archivo clásico.

También es posible leer un archivo usando el segundo parámetro **r** en lugar de **w** o no poniendo:

```
>>> with tarfile.open('/tmp/test.tar') as f:
...     f.extractall('/tmp/test')
...
```

Aquí también la operación es sencilla.

© Editions ENI - All rights reserved

Veamos ahora el resultado:

```
$ ll /tmp/test/
total 4
drwxr-xr-x  3 sch  sch    16 2011-09-30 13:37 ./
drwxrwxrwt 17 root root 4096 2011-09-30 13:37 ../
drwxr-xr-x  2 sch  sch    44 2011-09-30 13:37 tmp/
$ ll /tmp/test/tmp/
total 8
drwxr-xr-x 2 sch sch 44 2011-09-30 13:37 ./
drwxr-xr-x 3 sch sch 16 2011-09-30 13:37 ../
-rw-r--r-- 1 sch sch 30 2011-09-30 13:16 archivo1.txt
-rw-r--r-- 1 sch sch 49 2011-09-30 13:16 archivo2.txt
```

El archivo creó la estructura de árbol completa de los archivos desde la raíz.
Esto se debe al hecho de que las rutas almacenadas en el archivo (aquellas con las que se agregaron los archivos al archivo, aquí con el método **add**), contienen el directorio "tmp", como podemos ver a continuación. Posiblemente se puede prever que las rutas almacenadas son absolutas o comienzan con ... lo que hacen referencia al padre, en cuyo caso los archivos podrían crearse en lugares no deseados y podrían sobrescribir archivos de configuración importantes y por tanto, poner en peligro la seguridad del sistema.
Por lo tanto, es particularmente importante verificar el contenido de un archivo antes de extraerlo, especialmente si proviene de una fuente que no es de confianza.
Para lograr esto, es posible obtener información sobre las rutas y los miembros de un archivo tar, de esta manera:

```
>>> with tarfile.open('/tmp/test.tar') as f:
...     print(f.getnames())
...     print(f.getmembers())
...
['tmp/archivo1.txt', 'tmp/archivo2.txt']
[<TarInfo 'tmp/archivo1.txt' at 0x248b7a0>, <TarInfo
'tmp/archivo2.txt' at 0x248b600>]
```

Es posible tener aún más información también:

```
>>> with tarfile.open('/tmp/test.tar') as f:
...     f.list()
...
-rw-r--r-- sch/sch          30 2011-09-30 13:16:13 tmp/archivo1.txt
-rw-r--r-- sch/sch          49 2011-09-30 13:16:36 tmp/archivo2.txt
>>> with tarfile.open('/tmp/test.tar') as f:
...     f.list(False)
...
tmp/archivo1.txt
tmp/archivo2.txt
```

Esta información pretende ser similar a lo que un **ls -l** o un **ls**.
También hay muchas posibilidades, por ejemplo, de extraer solo ciertos archivos al pasar su ruta como el segundo parámetro del método **extract**.

Muchas matices del módulo permiten realizar muchas operaciones y esto es relativamente simple, en comparación con un script bash o sh.

## 5.2 Gzip

Gzip es un acrónimo de *GNU zip* y se basa en el algoritmo de compresión, también utilizado por el formato de imagen PNG. Fue desarrollado a partir de 1991, para ofrecer una solución eficiente y gratuita.

Una apertura de archivo **tar.gz** se realiza exactamente de la misma manera que para los archivos **tar**, se detecta compresión y, por lo tanto, todo es transparente. Es posible forzar el uso del algoritmo Gzip utilizando la opción **r: gz**. Con respecto a la escritura, debe especificar el algoritmo de compresión:

```
>>> with tarfile.open('/tmp/test.tar.gz', 'w:gz') as f:
...     f.add('/tmp/archivo1.txt')
...     f.add('/tmp/archivo2.txt')
...
```

Para agregar un archivo a otro archivo, use la opción **a** sin más detalles, ya que sabemos qué algoritmo se usa, ya que el archivo ya existe. El algoritmo de compresión está disponible en el módulo **gzip** y se puede aplicar directamente a un único archivo, siguiendo los mismos principios (http://docs.python.org/library/gzip.html?highlight=gzip#module-gzip). Este módulo también contiene las funciones **compress** y **decompress** que permiten comprimir y descomprimir cadenas de bytes en memoria (**bytes**).

Algunas aplicaciones escriben sus errores en un archivo de texto, pero lo comprimen después de la rotación (un archivo de registro por día). Otras aplicaciones en Python, pueden escribir directamente en un archivo comprimido, legible con **zcat**.

## 5.3 BZ2

Bzip2 es un algoritmo de compresión desarrollado desde 1996, que ofrece una mejor tasa de compresión que gzip, pero es algo más lento en compresión y descompresión. Una alternativa a BZ2 es LZMA, que ofrece una compresión aún mejor, tiempos más cortos, pero un mayor consumo de memoria. Una biblioteca externa permite utilizar este algoritmo, pero no está soportado en python3 (http://www.joachim-bauch.de/projects/pylzma/).

Los archivos bz2 se gestionan como los archivos Gzip. La apertura es transparente o se puede forzar usando la opción **r:bz2** y la escritura se hace de la siguiente manera:

```
>>> with tarfile.open('/tmp/test.tar.bz2', 'w:bz2') as f:
...     f.add('/tmp/archivo1.txt')
...     f.add('/tmp/archivo2.txt')
...
```

El algoritmo de compresión está disponible en el módulo bz2 y se puede aplicar directamente a un único archivo, siguiendo los mismos principios (http://docs.python.org/library/bz2.html).

© Editions ENI - All rights reserved

## 5.4 Zipfile

El algoritmo zip es un algoritmo que realiza el equivalente de tar y gzip. Se ha convertido en un estándar para el sistema operativo Windows y también se usa en ciertos formatos, como archivos JAR o OpenDocument (que son un árbol de documentos XML).

Tiene la ventaja de ser más fácil de soportar por parte de los usuarios de Windows, pero la desventaja de almacenar incorrectamente los separadores de directorios y causar problemas en caso de diferencias en la codificación.

Para evitar estos problemas, el software LibreOffice tiene su propio algoritmo de compresión y descompresión.

Con Python, crear un archivo zip con la adición de archivos, es muy similar a crear un archivo con la adición de contenido.

```
>>> import zipfile
>>> with zipfile.ZipFile('/tmp/test.zip', 'w') as f:
...     f.write('/tmp/archivo1.txt')
...     f.write('/tmp/archivo2.txt')
...
```

El archivo creado de esta manera no está comprimido:

```
$ ll /tmp/test.zip
-rw-r--r-- 1 sch sch 317 2011-09-30 15:29 /tmp/test.zip
```

Así es cómo se se activa la compresión:

```
>>> with zipfile.ZipFile('/tmp/test.zip', 'w') as f:
...     f.write('/tmp/archivo1.txt', compress_type=zipfile.ZIP_DEFLATED)
...     f.write('/tmp/archivo2.txt', compress_type=zipfile.ZIP_DEFLATED)
...
```

Y el resultado:

```
$ ll /tmp/test.zip
-rw-r--r-- 1 sch sch 297 2011-09-30 15:58 /tmp/test.zip
```

Por defecto, la compresión no está activa, **`zipfile.ZIP_STORED`** es la opción correspondiente.

El hecho de que la elección de comprimir o, no se haga archivo por archivo en lugar de cubrir todo el archivo, es inusual en comparación con otros algoritmos de compresión, pero se puede utilizar para ahorrar tiempo. Por ejemplo, decidiendo comprimir solo los archivos en los que realmente podemos obtener un margen, como los archivos de texto o al excluir los archivos ya comprimidos, como las imágenes PNG, los documentos de OpenDocument.

Para leer un archivo zip, la técnica es bastante diferente. :

```
>>> with zipfile.ZipFile('/tmp/test.zip') as f:
...     for fileinfo in f.filelist:
...         print(f.read(fileinfo))
...
```

El resultado es una secuencia de bytes:

```
b'Prime\xc3\xa8rea línea\nSe\xc3\xa8megunda línea\n'
b'Prime\xc3\xa8ra línea\nSe\xc3\xa8megunda línea\nTe\xc3\xa8mercera línea\n'
```

Si desea extraer solo un número específico de archivos de los que conoce el nombre, es posible hacerlo:

```
>>> with zipfile.ZipFile('/tmp/test.zip') as f:
...     for fileinfo in ['tmp/archivo1.txt', 'noexiste.txt']:
...         try:
...             print(f.read(fileinfo))
...         except:
...             print("Este archivo, no está presente en el archivo")
...
b'Prime\xc3\xa8ra línea\nSegunda línea\n'
Este archivo no está presente en el archivo
```

Debe pensar en gestionar el hecho de que el archivo puede no existir en el archivo.
Como siempre, es especialmente importante echar un vistazo a lo que hay en un archivo, antes de extraer algo de él. Por este motivo, el método **filelist** es importante.
Aquí le mostramos cómo obtener más información sobre un archivo .zip :

```
>>> with zipfile.ZipFile('/tmp/test.zip') as f:
...     for info in f.infolist():
...         print("Archivo: %s" % info.filename)
...         print("Comment: %s" % info.comment)
...         print('Modified: %s' % datetime.datetime(*info.date_time))
...         print('System: %s (0 = Windows, 3 = Unix)' %
info.create_system)
...         print('ZIP version: %s' % info.create_version)
...         print('Compressed: %s bytes' % info.compress_size)
...         print('Uncompressed: %s bytes' % info.file_size)
...
Archivo: tmp/archivo1.txt
Comment: b''
Modified: 2011-09-30 13:16:12
System: 3 (0 = Windows, 3 = Unix)
ZIP version: 20
Compressed: 26 bytes
Uncompressed: 30 bytes
Archivo: tmp/archivo2.txt
Comment: b''
Modified: 2011-09-30 13:16:36
System: 3 (0 = Windows, 3 = Unix)
ZIP version: 20
Compressed: 33 bytes
Uncompressed: 49 bytes
```

El algoritmo de compresión se gestiona por medio de la librería **zlib**, que también se puede utilizar directamente en un archivo.

© Editions ENI - All rights reserved

## 5.5 Interfaz de alto nivel

El módulo **shutil** ofrece un método de alto nivel, que permite crear un archivo en las reglas del arte en una única línea.
Para esto, primero debe realizar una importación:

```
>>> from shutil import make_archive
```

Luego defina lo que queremos archivar colocando **root_dir** y **base_dir**, despues del nombre del archivo:

```
>>> root_dir, base_dir, archive_name = '/', '/var/www/tests',
'tests.tar.bz2'
```

Ahora, solo falta crear el archivo:

```
>>> archive_path = make_archive(archive_name, 'bztar', root_dir, base_dir)
```

Y el resultado es donde puede encontrar su archivo listo para usar.
El archivo así creado contiene el directorio **var**, que contiene el directorio **www**, que a su vez contiene los elementos que queríamos archivar, es decir, el directorio de pruebas y su contenido.
Esto le permite extraer el directorio directamente a la raíz y ver los archivos en el lugar correcto. El directorio de inicio del usuario también es el origen de este tipo de archivos.
El módulo le permite averiguar que formatos de archivo son compatibles:

```
>>> for format, name in get_archive_formats():
...     print('%10s: %s' % (format, name))
...
     bztar: bzip2'ed tar-file
     gztar: gzip'ed tar-file
       tar: uncompressed tar file
       zip: ZIP file
```

Las funciones **register_archive_format** y **unregister_archive_format** permiten agregar formatos de archivos de la lista de los utilizables. Luego debe proporcionar una forma de llamar a la herramienta de compresión.
Debe proporcionar la lista de extensiones para las cuales el formato es válido.
Del mismo modo, es posible administrar una utilidad de descompresión con **register_unpack_format** y **unregister_unpack_format** y la lista de los que son compatibles, son legibles con la función **get_unpack_formats**.
Esto hace posible descomprimir un archivo y el procedimiento es aún más simple que para la compresión, porque hay aún menos parámetros:

```
>>> from shutil import unpack_archive
>>> unpack_archive(archive_path, 'path/to/unpack')
```

El primer argumento es el nombre del archivo (el devuelto por **make_archive**) y el segundo argumento es el directorio en el que descomprimir. Se trata de un directorio de base, el correspondiente a **root_dir** para la compresión.

# 6. Herramientas de manipulación de datos

## 6.1 Generar números aleatorios

Una serie de números aleatorios es una serie de números en la que el siguiente número de la lista no puede predecirse de manera determinista (basándose en otros números de la lista, o en consideraciones del material...).

Si bien encontrar tres o cuatro números aleatorios es una tarea trivial, poder proveer una gran cantidad de ellos se convierte en una problemática de las más complejas de resolver y que capta la atención de los matemáticos.

El lenguaje Python proporciona un módulo dedicado a la generación de números aleatorios y que está orientado al usuario, pues proporciona funcionalidades realmente adaptadas a las necesidades del usuario. He aquí el módulo que debemos importar:

```
>>> import random
```

La funcionalidad clásica consiste en seleccionar un número comprendido entre dos valores:

```
>>> random.randint(512, 1024)
909
```

En Python, esto se realiza de manera muy sencilla y los límites están incluidos dentro de las opciones posibles. Habitualmente, esta base se utiliza para todos los demás tipos de necesidades. Por ejemplo, para seleccionar un elemento en una lista, contamos el número de elementos y seleccionamos un número que se corresponda con el índice del elemento seleccionado en la lista. Esto es algo molesto.

En Python, podemos trabajar de manera elegante, rápida y definida:

```
>>> colores = ['azul', 'amarillo', 'rojo', 'verde', 'violeta',
'naranja', 'marrón', 'blanco', 'negro']
>>> random.choice(colores)
'amarillo'
```

Basta con escribir una línea. Más difícil: deseamos seleccionar un cierto número de elementos de la lista, una muestra o algo similar:

```
>>> random.sample(colores, 3)
['verde', 'naranja', 'rojo']
```

En este caso basta, también, con una línea. Por último, la mezcla de manera aleatoria de una lista se realiza directamente sobre la lista (modificación del propio objeto) y es relativamente óptimo:

```
>>> random.shuffle(colores)
>>> colores
['naranja', 'negro', 'azul', 'verde', 'blanco', 'rojo', 'violeta',
'marrón', 'amarillo']
```

© Editions ENI - All rights reserved

Existen otras muchas funciones que proporcionan métodos adaptados a otras problemáticas y que se agrupan en el seno del módulo **random**. Están descritas en la documentación oficial (http://docs.python.org/py3k/library/random.html); la función técnica de generación de números aleatorios pertenece al módulo **os**, pues depende del sistema operativo (http://docs.python.org/py3k/library/os.html#os.urandom).

## 6.2 Expresiones regulares

Las expresiones regulares son un lenguaje formal que permite describir un patrón de búsqueda de cadenas de caracteres. Se trata de una gramática que utiliza muchos lexemas y que ofrece posibilidades tan amplias que sería necesario un libro entero para presentar todas sus variaciones. Aquí mostraremos las principales y más conocidas, sin entrar en detalles:

- **^** para el inicio de una cadena.
- **$** para el final de una cadena.
- **.** para cualquier carácter (salvo el salto de línea).
- ***** para precisar que lo que precede se repite de 0 a n veces.
- **+** para precisar que lo que precede se repite de 1 a n veces.
- **?** para precisar que lo que precede se repite de 0 a una vez.
- **{n}** para precisar que lo que precede se repite exactamente n veces.
- **{m, n}** para precisar que lo que precede se repite entre m y n veces.
- **[]** para indicar una lista de alternativas.
- **|** para indicar un O lógico entre dos expresiones.
- **()** para indicar un grupo (puede tener otros significados en función del primer carácter, según la apertura del paréntesis).
- **** para decir que el carácter que sigue no debe interpretarse (escape).
- **\b**: cadena vacía al inicio o final de la palabra.
- **\B**: cadena vacía que no está al principio o al final de una palabra.
- **\d**: indica una cifra.
- **\D**: indica cualquier cosa salvo una cifra.
- **\s**: designa un espacio (espacio, tabulación...).
- **\S**: designa cualquier cosa salvo un espacio.
- **\w**: designa una letra, una cifra o un carácter de subrayado.
- **\W**: designa cualquier cosa salvo una letra, una cifra o un carácter de subrayado.

He aquí la descripción de una palabra en mayúsculas que es simple o compuesta:

```
>>> pattern1 = r'^[A-Z][a-z-]*$'
```

He aquí la descripción de una contraseña de 8 caracteres:

```
>>> pattern2 = r'^\w{8}$'
```

He aquí la descripción de un número hexadecimal en medio de una frase:

```
>>> pattern3 = r'0x[0-9ABCDEF]+'
```

Estos patrones no son perfectos, ni mucho menos. Veremos cómo pueden utilizarse.

```
>>> import re
```

La primera funcionalidad consiste en comparar el patrón con una frase para ver si se encuentra algo. En caso positivo, devuelve un objeto. En caso negativo, se devuelve None:

```
>>> re.search(pattern1, "Coche")
<_sre.SRE_Match object at 0x7f696e22c988>
>>> re.search(pattern1, "coche")
>>> re.search(pattern1, "Coche deportivo")
```

Encontramos únicamente palabras en mayúsculas. El guión funciona también:

```
>>> re.search(pattern1, "Juan")
<_sre.SRE_Match object at 0xe29100>
>>> re.search(pattern1, "JuanCarlos")
>>> re.search(pattern1, "Juan-Carlos")
>>> re.search(pattern1, "Juan-carlos")
<_sre.SRE_Match object at 0xe29168>
```

He aquí un segundo patrón:

```
>>> re.search(pattern2, 'Passwor8')
<_sre.SRE_Match object at 0x7f696e22c850>
>>> re.search(pa5tern2, 'Passwor-')
>>> re.search(pattern2, 'Passwor$')
>>> re.search(pattern2, 'Passwor')
```

Para el tercero, el patrón no precisa el inicio o el final de la cadena. El patrón busca en cualquier lugar dentro de la cadena:

```
>>> re.search(pattern3, 'Esto es un hexadecimal 0x38FE y debería
encontrarse')
<_sre.SRE_Match object at 0xe29168>
```

Ha funcionado. A continuación vamos a agregar un carácter erróneo:

```
>>> re.search(pattern3, 'Esto no es un hexadecimal 0x38ZFE y debería
fallar')
<_sre.SRE_Match object at 0xe29100>
```

Esto también funciona. Sin embargo, no es lo que se desea. Esto significa que la expresión regular no es lo suficientemente precisa. Funciona, no obstante, en otros casos de uso:

```
>>> re.search(pattern3, 'Esto no es un hexadecimal 0h38ZFE y debería
fallar')
```

A continuación mostramos otro método del módulo re, que permite recuperar la cadena encontrada:

```
>>> re.findall(pattern3, 'Esto es un hexadecimal 0x38FE y debería
encontrarse')
['0x38FE']
>>> re.findall(pattern3, 'Esto no es un hexadecimal 0x38ZFE y debería
fallar')
['0x38']
```

Ahora comprendemos por qué el tercer patrón sí ha funcionado.

© Editions ENI - All rights reserved

Hay que modificar el patrón para que responda a nuestras expectativas:

```
>>> pattern3 = r'(0x[0-9ABCDEF]+)[\s,.:]|(0x[0-9ABCDEF]+)$'
```

Utilizamos un grupo. Decimos que queremos recuperar una cifra hexadecimal y que debe terminar con un espacio o con el final de la cadena de caracteres.
El resultado responde, ahora, a nuestras expectativas:

```
>>> re.findall(pattern3, 'Esto es un hexadecimal 0x38FE y debería
encontrarse')
['0x38FE']
>>> re.findall(pattern3, 'Esto no es un hexadecimal 0x38ZFE y debería
fallar')
[]
```

La principal dificultad en el uso de las expresiones regulares reside en el dominio de su gramática y de las posibilidades que ofrece.
Igual que existe **findall** (que devuelve una lista), existe **finditer**, que devuelve un iterador.
Estos métodos recuperan opciones bajo la forma de flags:

- **re.A**, **re.ASCII**: ejecuta la expresión regular sobre una cadena ASCII.
- **re.I**, **re.IGNORE_CASE**: vuelve la búsqueda insensible a mayúsculas y minúsculas.
- **re.L**, **re.LOCALE**: modifica el significado de \w, \s, \b y sus opuestos en función de la configuración local en curso.
- **re.M**, **re.MULTILINE**: permite tener en cuenta cadenas de varias líneas.
- **re.S**, **re.DOTALL**: modifica el sentido del punto para que tenga en cuenta todos los caracteres, incluido el salto de línea.
- **re.X**, **re.VERBOSE**: permite escribir expresiones regulares insertando comentarios que permitan realizar una documentación.
- **re.DEBUG**: provee información relativa a la interpretación del patrón; supone conocer la forma en que se procesan las expresiones regulares.
- **re.U**, **re.UNICODE**: funcionamiento por defecto pero útil en Python 2.x, permite aplicar la expresión regular sobre una cadena Unicode.
- **re.T**, **re.TEMPLATE**: permite utilizar plantillas poco usadas.

Cada una de estas opciones está vinculada a un bit sobre un byte:

```
>>> re.T, re.I, re.L, re.M, re.S, re.X, re.DEBUG, re.A
(1, 2, 4, 8, 16, 64, 128, 256)
```

Es posible mezclar varios flags en función de dos métodos distintos y equivalentes:

```
>>> re.I + re.M
10
>>> re.I | re.M
10
```

Los métodos **match** y **search** difieren en que **match** verifica la conformidad de la expresión regular con el inicio de la cadena, mientras que **search** encuentra los elementos dentro de toda la cadena y hallará varios, potencialmente.

Existe, también, el método **sub**, que permite realizar un remplazo:

```
>>> re.sub(pattern3, 'XXXX', 'primero: 0xA5, segundo: 0x93')
'primero: XXXX segundo: XXXX'
>>> re.sub(pattern3, 'XXXX', 'primero: 0xa5, segundo: 0x93')
'primero: 0xa5, segundo: XXXX'
>>> re.sub(pattern3, 'XXXX', 'primero: 0xa5, segundo: 0x93', flags=re.I)
'primero: XXXX segundo: XXXX'
```

El método **split**:

```
>>> re.split(r'[\s]', 'Esto es\tuna\nfrase.')
['Esto', 'es', 'una', 'frase.']
```

Cuando se emplea un patrón, en realidad se compila, se cachea y se utiliza. Esto permite disminuir el coste del uso de una expresión regular.
Para vaciar la caché, se utiliza el método **re.purge**.
En ciertos casos, resulta esencial mantener una versión ya compilada. Por ejemplo, en un servidor web, la declaración de la compilación a nivel de módulo y el uso en una clase supone que la compilación se realizará una única vez tras el arranque del servidor y, en consecuencia, todos los usos son óptimos dado que esta compilación no debe rehacerse con cada consulta o con cada uso.
Para ello, es muy sencillo. Basta con utilizar **re.compile** pasándole los posibles flags.

```
>>> url_reading = re.compile (r'(.*)://([^\/]*)(.*)', re.I)
```

Solo nos queda ver otro uso de los grupos:

```
>>> def getInfosFromURL (url):
...     try:
...         return url_reading.match(url).groups ()
...     except:
...         return ", ", "
...
>>> protocol, servername, path =
getInfosFromURL('http://docs.python.org/py3k/library/re.html')
>>> protocol, servername, path
('http', 'docs.python.org', '/py3k/library/re.html')
```

Las expresiones regulares son una herramienta perfectamente integrada en Python que permite resolver casos de uso complejos.
No obstante, tienen un coste en términos de rendimiento y, en situaciones sencillas, un procesamiento clásico sobre las cadenas de caracteres puede resultar más apropiado, especialmente dado que Python ofrece herramientas que permiten realizarlo de manera legible, y la brevedad de una expresión regular se aprecia a menudo.
Conviene conocer los distintos aspectos y no dudar a la hora de realizar pruebas.

© Editions ENI - All rights reserved

# 7. Criptografía ligera

## 7.1 Número aleatorio seguro

Para fines puramente criptográficos, es útil poder generar secuencias de bytes aleatoriamente y el módulo aleatorio no ofrece suficientes garantías de su aleatoriedad. Esto es suficiente para las necesidades del programa convencional, pero no para la criptografía.
De hecho, ningún sistema informático puede generar números absolutamente aleatorios. Siempre llega un umbral a partir del cual la generación se vuelve predecible. Sin embargo, existen estándares para generarlos que son lo suficientemente seguros:

```
import ssl
ssl.RAND_bytes(128)
```

Por lo tanto, por este método es necesario generar un número aleatorio en un contexto relacionado con la criptografía.
También hay un módulo de Python dedicado a estos problemas de criptografía y que contiene un módulo aleatorio reforzado. Se establecerse como:

```
$ pip install pycrypto
```

Y también se usa así:

```
>>> from Crypto.Random import random
>>> random.choice([1, 2, 3])
2
```

Este módulo contiene todas las funciones habituales, pero la gestión de la aleatoriedad es más segura. Sin embargo, notará que no se respetan las reglas de nomenclatura, ya que el módulo debe estar en minúsculas.

## 7.2 Funciones de cifrado

El módulo hashlib permite ofrecer las funciones de hash habituales, que suelen respetar la misma interfaz.
Una función de hash permite obtener una firma a partir de una secuencia de bytes, que puede ser una cadena de caracteres en una codificación particular o bien un archivo. En este caso, hablamos de una firma digital.
Esta firma puede ser de dos tipos: una secuencia de bytes o un número hexadecimal.

```
>>> import hashlib
>>> hashlib.algorithms_available
{'SHA1', 'SHA224', 'SHA', 'SHA384', 'ecdsa-with-SHA1', 'SHA256',
'SHA512', 'md4', 'md5', 'sha1', 'dsaWithSHA', 'DSA-SHA', 'sha224',
'dsaEncryption', 'DSA', 'ripemd160', 'sha', 'MD5', 'MD4',
'sha384', 'sha256', 'sha512', 'RIPEMD160'}
>>> hashlib.algorithms_guaranteed
{'sha1', 'sha224', 'sha384', 'sha256', 'sha512', 'md5'}
```

La lista de algoritmos disponibles es la lista de algoritmos que pueden funcionar en la máquina que ejecuta Python 3. La lista de algoritmos garantizados es la que funciona en todas las máquinas y que debemos utilizar si el proceso debe ejecutarse en varias máquinas diferentes.

Todos estos algoritmos son no reversibles y funcionan de la misma manera, por lo que resulta inútil ofrecer ejemplos; por el contrario sí es útil presentarlos.

El más conocido es, sin duda, MD5. Se utiliza en contextos de seguridad, como el almacenamiento de contraseñas, aunque no se considera suficientemente seguro. Actualmente, muchos sitios gratuitos le indican su contraseña inicial, intercambiando hash MD5.

Por el contrario, para verificar la integridad de un archivo tras su descarga, es perfectamente válido. El principio de funcionamiento consiste en que el sitio web proporciona un archivo para su descarga junto a su hash MD5, y el archivo descargado recalcula su MD5. Si son diferentes, quiere decir que se ha producido un error durante la descarga.

Que se corrompa el archivo de manera que se obtenga el mismo MD5 es prácticamente imposible.

He aquí cómo calcular la firma de un archivo:

```
>>> with open('test.txt', 'rb') as f:
...     print(hashlib.md5(f.read()).hexdigest())
...
35642013959a5cbecb415924c401bc80
```

Algunos protocolos dividen los archivos en tramos y realizan un cálculo hash sobre cada tramo, lo que permite retomar la descarga desde el último tramo correcto.

Si **hexdigest** permite obtener el hash hexadecimal, **digest** permite obtener el hash en bytes, sabiendo que es posible pasar de uno a otro, posteriormente, si es útil para su representación.

```
>>> with open('test.txt', 'rb') as f:
...     print(hashlib.md5(f.read()).digest())
...
b'5d \x13\x95\x9a\\\xbe\xcbAY$\xc4\x01\xbc\x80'
```

He aquí el paso de hexadecimal a bytes:

```
>>> bytes.fromhex('35642013959a5cbecb415924c401bc80')
b'5d \x13\x95\x9a\\\xbe\xcbAY$\xc4\x01\xbc\x80'
```

Y de bytes a hexadecimal:

```
>>> h = '5d \x13\x95\x9a\\\xbe\xcbAY$\xc4\x01\xbc\x80'
>>> ".join(['%02x' % ord(x) for x in h])
'35642013959a5cbecb415924c401bc80'
```

SHA es el acrónimo de *Secure Hash Algorithm*, un método de hash algo más seguro. SHA1 es la versión más común y SHA2 es una familia de algoritmos que se distinguen por una longitud de hash diferente, según su nombre (SHA256 para 256 bytes y SHA512 para 512 bytes). El principio de funcionamiento es que, cuantos más bytes se generen, más posibilidades existen y, por tanto, mayor es la seguridad.

© Editions ENI - All rights reserved

He aquí una tabla que representa la longitud de los hash de distintos algoritmos:

| md4 | md5 | sha1 | sha224 | sha256 | sha384 | sha512 | dsa | dsa&sha | ripemd 160 |
|---|---|---|---|---|---|---|---|---|---|
| 128 | 128 | 128 | 224 | 256 | 384 | 512 | 160 | 160 | 160 |

Los algoritmos sha256 y sha512 están considerados seguros actualmente.
Cuando observamos lo que contiene por defecto el módulo, no vemos más que algoritmos garantizados:

```
>>> dir(hashlib)
['__all__', '__builtins__', '__cached__', '__doc__', '__file__',
'__get_builtin_constructor', '__name__', '__package__',
'_hashlib', 'algorithms_available', 'algorithms_guaranteed',
'md5', 'new', 'sha1', 'sha224', 'sha256', 'sha384', 'sha512']
```

¿Cómo se utilizan los demás algoritmos? Simplemente usando **new**, que permite indicar, pasándolo como primer parámetro, el algoritmo deseado:

```
>>> hashlib.new('DSA', b'Truc').digest()
b'\xfc\xf5\xad9By\xa0\xf9Aq{\x15u*\xcf\xff\xca\x19\xc0\x95'
>>> hashlib.new('DSA-SHA', b'Truc').digest()
b'\xfc\xf5\xad9By\xa0\xf9Aq{\x15u*\xcf\xff\xca\x19\xc0\x95'
>>> hashlib.new('SHA256', b'Truc').digest()
b'\xcc\xb9\xe2n\x1a\r\x1f\xc8\x9b\x82\xc4$\xa2\xd8x\x8a\xaa:\xe7\x
07[\'\x19\x0f\xcb\xb8kqQ"\x86\x97'
```

Para ir más allá, conviene tener conocimientos en criptografía y saber adaptarlos a sus necesidades, pero una vez comprendida la teoría, la implementación con Python tiene una facilidad desconcertante y homogénea, sea cual sea la solución utilizada, lo cual supone una gran ventaja.

## 7.3 Código de autenticación del mensaje

Un código de autenticación del mensaje es un código que acompaña a los datos de un mensaje para asegurar su integridad, que no se basa únicamente en el mensaje, sino también en una clave secreta. Además, permite asegurar la identidad del proveedor del mensaje.
Este proceso es, como las funciones de hash, no reversible.
HMAC es el acrónimo de *Hash Message Authentication Code*, es decir código de autenticación de una firma de mensaje.
En este caso, para utilizarlo conviene conocer bien la teoría, pues la puesta en práctica con Python es trivial. He aquí una clave:

```
>>> key = b'mi clave secreta que nadie conoce'
```

He aquí cómo obtener una firma (digest, en inglés):

```
>>> with open('test.txt', 'rb') as f:
...     print(hmac.new(key, f.read()).hexdigest())
...
86289c2c38715113a3d3e6c28e3a4d6f
```

Por defecto, se utiliza MD5. Para cambiarlo, conviene precisar la función de hash deseada:

```
>>> with open('test.txt', 'rb') as f:
...     print(hmac.new(key, f.read(), hashlib.sha1).hexdigest())
...
7c5ce52975c686cfeb3519ada99cde84300c95aa
```

En un contexto web, es habitual utilizar una secuencia de bytes y convertirla en base64:

```
>>> import base64
>>> with open('test.txt', 'rb') as f:
...     print(base64.encodestring(hmac.new(key, f.read(),
hashlib.sha1).digest()))
...
b'fFzlKXXGhs/rNRmtqZzehDAMlao=\n'
```

He aquí un programa que contiene dos clases para escribir y leer en un pipe y que necesita el uso de una clave para almacenar o leer los mensajes.
El ejemplo no utiliza ningún sistema de gestión de semáforos para asegurar que el pipe no se lee y se escribe simultáneamente. Cada lectura se ubica en el último lugar leído o al principio si es la primera vez, y a continuación sitúa el cursor de lectura en el lugar original (consulte el archivo hmac_test.py):

```
$ ./hmac_test.py
Lectura del primer mensaje con la clave correcta
Mi primer mensaje
Lectura del segundo mensaje con una clave incorrecta
Datos corruptos o clave incorrecta
None
Lectura del tercer mensaje (corrupto) con la clave correcta
Datos corruptos o clave incorrecta
None
```

## 7.4 Huella de archivo

Cuando descarga un archivo, puede producirse un error y el archivo puede corromperse, en cuyo caso será imposible abrirlo. Este tipo de error es estadísticamente pequeño, dada la forma en que se construyen las capas de red y su implementación del protocolo de error, pero no podemos excluirlo. Por eso, cuando descarga un ISO de Debian, por ejemplo, también es posible descargar una huella digital. Dependerá de usted calcular la huella del archivo descargado y si es idéntica al original, esto significará que la descarga se realizó correctamente.
Sin embargo, sospechamos que no vamos a almacenar todo el archivo para calcular su huella, debemos hacerlo por partes:

```
>>> import md5
>>> def checksum(filename):
...     md5 = hashlib.md5()
...     with open(filename,'rb') as f:
...         for chunk in iter(lambda: f.read(128*md5.block_size), b''):
...             md5.update(chunk)
...     return md5.hexdigest()
```

© Editions ENI - All rights reserved

MD5 funciona con bloques de un tamaño predeterminado, **md5.block_size**. En el ejemplo anterior, decidimos trabajar 128 bloques por 128 bloques. Esta cifra debe adaptarse a la potencia de su máquina, pero la longitud de 128 es perfecta para cualquier PC actual.

## 7.5 Esteganografía

El objetivo de la criptografía es hacer indescifrable un mensaje, salvo para aquellas personas habilitadas para descifrarlo. Esto le permite circular libremente aun cuando no esté descifrado.

En realidad, si los algoritmos de encriptación considerados seguros en la actualidad no lo fueran en un futuro, y alguien guardara, pacientemente, los mensajes, podría leerlos en diez años, sin gran esfuerzo, dado el aumento de potencia de cálculo de los sistemas.

De manera similar, actualmente es posible descifrar mensajes que parecían seguros hace algunos años, relativos a información confidencial. Un ejemplo algo extremo sería el descifrado de una lista de agentes secretos en los años 1990 a 2005, sabiendo que la probabilidad de que sigan trabajando en sus puestos es relativamente elevada.

De ahí la necesidad de cambiar regularmente de clave de cifrado, porque descifrar un único mensaje equivale a descifrar todos los mensajes utilizando la misma clave, en términos de tiempo empleado.

A diferencia de la criptografía, la esteganografía se utiliza para disimular un mensaje dejándolo a la vista de todos. El procedimiento consiste en esconderlo en otro mensaje de manera que solo aquel que conozca la existencia de un mensaje oculto sea capaz de comprenderlo.

El módulo de referencia para trabajar con imágenes es Pillow, y se instala de la siguiente manera:

```
$ sudo pip-3.2 install pillow
```

Como a día de hoy es, todavía, de bajo nivel, trabajaremos con bytes. El módulo PIL no es del todo funcional en la rama 3.x de Python, de modo que trabajaremos con la rama 2.x teniendo en cuenta que **unicode** es una cadena de caracteres, mientras que **str** es una secuencia de bytes.

Uno de los procedimientos habituales consiste en esconder el mensaje en una imagen:

```
>>> from PIL import Image
>>> im = Image.open('original.png')
>>> w, h = im.size
>>> im.load()
<PixelAccess object at 0x1a411f0>
>>> r, v, b = im.split()
```

Como vemos, una imagen es un conjunto de puntos situados sobre una matriz, de la que tenemos su alto y su ancho, y cada uno de sus puntos es una 3-tupla que contiene información sobre las componentes roja, verde y azul del punto que a su vez se expresan como un número entero de 0 a 255, es decir, dos cifras hexadecimales o un byte.

Tres bytes para cada punto de la imagen del ejemplo (una fotografía digital personal de 4288 por 2848) representan 36 636 672 bytes, es decir, lo suficiente como para esconder un mensaje entre ellos. Es necesario, no obstante, que sea mucho más pequeño que los datos brutos de la imagen.

He aquí la información obtenida sobre la componente roja:

```
>>> r
<Image.Image image mode=L size=4288x2848 at 0x1C45E60>
>>> dir®
['_Image__transformer', '__doc__', '__getattr__', '__init__',
'__module__', '__repr__', '_copy', '_dump', '_expand',
'_makeself', '_new', 'category', 'convert', 'copy', 'crop',
'draft', 'filter', 'format', 'format_description', 'fromstring',
'getbands', 'getbbox', 'getcolors', 'getdata', 'getextrema',
'getim', 'getpalette', 'getpixel', 'getprojection', 'histogram',
'im', 'info', 'load', 'mode', 'offset', 'palette', 'paste',
'point', 'putalpha', 'putdata', 'putpalette', 'putpixel',
'quantize', 'readonly', 'resize', 'rotate', 'save', 'seek',
'show', 'size', 'split', 'tell', 'thumbnail', 'tobitmap',
'tostring', 'transform', 'transpose', 'verify']
```

He aquí el mensaje vinculado a la imagen (utilizamos únicamente la componente roja):

```
>>> msg_rojo = list(r.tostring())
>>> len(msg_rojo)
12212224
```

Y el mensaje que queremos disimular:

```
>>> msg = '¡Ponga una Python en su código!'
```

La cuestión que se plantea es: «¿Cómo modificar una imagen sin alterarla?».
Para ello, basta con modificar de manera mínima las imágenes. En efecto, nadie es capaz de discernir, a simple vista, entre un rojo #Fc y un rojo #fd o incluso entre un rojo #56 y un rojo #57.
La idea consiste en redondear nuestros bytes eliminando su valor de peso débil y, a continuación, mezclarlos con una cifra binaria (0 o 1). De esta manera, durante la lectura, todos los bytes que tengan un bit de peso débil se consideran como 1 y aquellos que no lo tengan se consideran 0.
Vamos a convertir, en primer lugar, nuestro mensaje (que es una secuencia de bytes) en bytes y, a continuación, en binario con objeto de asegurarnos de que tenemos 8 cifras binarias para cada número.
He aquí las etapas para el primer carácter del mensaje:

```
>>> ord(msg[0])
77
>>> bin(ord(msg[0]))
'0b1001101'
```

Se eliminan los caracteres **0b**, pues ya no son de utilidad:

```
>>> bin(ord(msg[0]))[2:]
'1001101'
```

Y se completa el resultado obtenido con 0 por la derecha hasta obtener 8 caracteres.

```
>>> bin(ord(msg[0]))[2:].rjust(8, '0')
'01001101'
```

© Editions ENI - All rights reserved

He aquí el proceso para todo el mensaje:

```
>>> msg_bin = [bin(ord(x))[2:].rjust(8, '0') for x in msg]
>>> msg_bin.append('0'*8)
>>> msg_bin
['01001101', '01100101', '01110100', '01110100', '01100101', [...]
'01110011', '00100001', '00000000']
```

Ahora, conviene saber cómo «redondear» un byte suprimiendo su bit de peso más débil:

```
>>> chr(ord('c')//2*2)
'b'
>>> chr(ord('b')//2*2)
'b'
```

Podríamos aplicar, a continuación, la transformación sobre la integridad del mensaje, que es el resto de los bytes de la componente roja de la imagen pero, en este caso, sería posible darse cuenta de que todos los últimos bytes del mensaje son «pares». Por este motivo, se agrega un carácter al final del mensaje y se aplica una transformación únicamente a los bytes que se utilizan. Existen otras formas de realizarlo, como por ejemplo almacenar al principio de la imagen el tamaño del mensaje... En cualquier caso, la manera de ocultar el mensaje importa poco. Lo realmente importante es que sea lo suficientemente discreto como para no llamar la atención.

He aquí cómo se disimula el mensaje:

```
>>> for i, b in enumerate(''.join(msg_bin)):
...     msg_rojo[i] = chr(ord(msg_rojo[i])//2*2+int(b))
...
```

Ahora, basta con reconstruir la imagen y guardarla a continuación:

```
>>> r2 = Image.new('L', (w, h))
>>> r2.fromstring(''.join(msg_rojo))
>>> res = Image.merge('RGB', (r2, v, b))
>>> res.save('transformado.png')
```

Puede realizar usted mismo la operación y observar ambas imágenes. No deberían presentar ninguna diferencia a simple vista.

A continuación, se carga la imagen transformada para encontrar la manera de realizar el proceso inverso. Este algoritmo no funciona comparando una imagen clásica y una imagen transformada, sino utilizando directamente la imagen transformada, más que suficiente.

```
>>> im = Image.open('transformado.png')
>>> im.load()
>>> r, v, b = im.split()
>>> datas = ['%s' % (ord(x) % 2) for x in r.tostring()]
```

Encontramos el mensaje oculto, pero con una longitud de mensaje correspondiente a la imagen. Podríamos optimizarlo (más largo de escribir) si nos limitamos al tamaño del mensaje oculto. A continuación, se agrupan los bits en grupos de 8 para obtener bytes, transformarlos en un objeto de tipo bytes (str en Python 2.x) y saber dónde detenerse.

```
>>> msg = ''
>>> for i, d in enumerate(datas[::8]):
...     o=''.join(datas[i*8:(i+1)*8])
...     if o == '00000000':
...             break
...     msg += chr(int(o, 2))
...
>>> msg
'¡Ponga una Python en su codigo!'
```

## 7.6 Comunicación segura entre aplicaciones

Imaginemos dos aplicaciones que se comunican entre sí, independientemente del canal de comunicación y su formato. La idea aquí es usar cifrado simétrico para cifrar los datos. Simétrico significa que se usará la misma clave para cifrar y descifrar el mensaje. Por lo tanto, suponemos que cada aplicación conoce la clave y que el almacenamiento de esta clave es seguro (la clave no se puede exponer).

Aunque es un cifrado simétrico, es muy seguro y muy difícil de romper, incluso más difícil que el cifrado asimétrico. El algoritmo utilizado es AES.

El principio es construir bloques de tamaño fijo y cifrarlos usando la clave y un número aleatorio, luego enviar un mensaje a la aplicación remota que contenga el número aleatorio y después el mensaje, todo convertido usando **base64**. El descifrado es exactamente el proceso opuesto.

Pero empecemos por el principio:

```
>>> import base64
>>> from Crypto.Cipher import AES
>>> from Crypto import Random
```

Aquí está el tamaño de un bloque:

```
>>> AES.block_size
16
```

Ahora, aquí se explica como asegurarse de que el mensaje tenga una longitud múltiplo de 16, un número entero de bloques:

```
>>> BS = AES.block_size
>>> pad = lambda s: s + (BS - len(s) % BS) * chr(BS - len(s) % BS)
```

Podemos comprobar su funcionamiento:

```
>>> pad ("plop")
'plop\x0c\x0c\x0c\x0c\x0c\x0c\x0c\x0c\x0c\x0c\x0c\x0c'
>>> pad ("este es un mensaje importante y secreto")
'este es un mensaje importante y secreto\t\t\t\t\t\t\t\t\t'
```

Si el mensaje tenía exactamente el tamaño correcto, simplemente agregamos un bloque completo que contiene solo el carácter final:

```
>>> pad("1234567890123456")
'1234567890123456\x10\x10\x10\x10\x10\x10\x10\x10\x10\x10\x10\x10\x10\x10
\x10\x10'
```

© Editions ENI - All rights reserved

Este carácter final no se elige al azar. Está allí para indicar cuántos caracteres más se han agregado. Entonces, este detalle se usa para eliminar estos caracteres adicionales:

```
>>> unpad = lambda s : s[:-ord(s[-1])]
```

Y aquí está lo más destacado de que funciona correctamente:

```
>>> r=pad ("este es un mensaje importante y secreto")
>>> unpad(r)
'este es un mensaje importante y secreto'
```

Ahora que tenemos un mensaje que siempre tiene la longitud correcta, aquí está el método de cifrado:

```
>>> def encrypt(key, data):
...     iv = Random.new().read(BS)
...     cipher = AES.new(key, AES.MODE_CBC, iv)
...     return base64.b64encode(iv + cipher.encrypt(pad(data)))
...
```

**iv** es un número aleatorio utilizado para construir el objeto de cifrado con la clave. Este último se usa para cifrar el mensaje una vez que se garantiza que tiene varios bloques completos. Luego, concatenamos el número aleatorio y el mensaje y codificamos todo esto en la base 64, para tener una cadena de bytes utilizable en todas las circunstancias.
Aquí hay un ejemplo de lo que obtenemos:

```
>>> encrypt("mi clave secreta", "Este es un mensaje importante y secreto")
b'O2TWuo9QCiHNHPOBwmCwF2hpUUjYg+domiLg2nifyMTzV9evpoUWtOn1J4FKa/ABCb
Nnq08tz8rippGjESB+tQ=='
```

Ahora aquí está el método para descifrar:

```
>>> def decrypt(key, encoded_data):
...     encrypted_data = base64.b64decode(encoded_data)
...     iv = encrypted_data[:BS]
...     cipher = AES.new(key, AES.MODE_CBC, iv)
...     return unpad(cipher.decrypt(encrypted_data[BS:]))
...
```

Y así es como se usa:

```
>>> res = encrypt("mi clave secreta", "Este es un mensaje importante y secreto")
>>> decrypt("mi clave secreta", res)
b'Este es un mensaje importante y secreto'
```

Ahora tenemos todo el proceso. Lo único realmente importante es evitar que la clave quede expuesta.

© Editions ENI - All rights reserved

# Capítulo 4-2
# Bases de datos

## 1. Introducción

Una base de datos es, simplemente, un espacio de almacenamiento de datos. El dato, en el corazón de cualquier sistema informático moderno, hace que las bases de datos estén sometidas a requisitos imperativos de fiabilidad (integridad de los datos, coherencia de los datos, tiempo de respuesta...).
Una base de datos relacional es un espacio de almacenamiento que contiene datos organizados en tablas y sus relaciones.
Estos datos pueden manipularse mediante operaciones de álgebra relacional.
Conviene distinguir entre la organización de la base de datos (esquema con las tablas, sus columnas y claves primarias, secundarias, y sus relaciones realizadas mediante claves foráneas (relación uno a uno, uno a varios o varios a varios)) y el contenido de estas tablas, que representa los datos en sí mismos.
Las bases de datos relacionales son las más usadas y, entre ellas, las soluciones libres son las referencias. Existen otros tipos de bases de datos que también se utilizan, tales como las bases de datos de objetos, las bases de datos XML y las bases de datos orientadas a documentos.

## 2. Acceso a una base de datos relacional

### 2.1 Punto de entrada

Python define una API que permite homogeneizar el uso de las distintas bases de datos. La wiki de Python define EL punto de entrada, que debe conocerse para trabajar con una base de datos relacional (http://wiki.python.org/moin/DatabaseProgramming/).
Este punto de entrada permite acceder a la PEP 249, que describe con claridad la DB-API, y ofrece todas las claves para conocer la manera de utilizar la gran cantidad de recursos que existen a este respecto, incluidas las reflexiones para un futuro.

Esta página se centra bastante en PostgreSQL, dado que esta base de datos es, a día de hoy, la más robusta, la más óptima y la más completa en términos de funcionalidad, y es una referencia. No obstante, la API se aplica también a otras bases de datos, de las que se presenta una lista como primer vínculo de la página (http://wiki.python.org/moin/DatabaseInterfaces).

Las bases de datos relacionales asociadas son IBM DB2, Firebird (and Interbase), Informix, Ingres, MySQL, Oracle, PostgreSQL, SAP DB (también llamada «MaxDB»), Microsoft SQL Server y Sybase, y cada una de ellas dispone de distintos módulos de interfaz, cada uno con sus propias características.

## 2.2 MySQL

MySQL es una base de datos relativamente ligera que, en sus orígenes, se concibió para hacer muy pocas cosas (sin claves foráneas, sin relaciones...), para poder llevarlas a cabo rápidamente. Poco a poco, se la ha visto dotada de componentes esenciales del álgebra relacional. En la actualidad, es una verdadera base de datos relacional (con claves foráneas) que ofrece rendimientos relativamente buenos.

Para trabajar con MySQL es preciso, en primer lugar, crear una base de datos y, para ello, utilizar bien el cliente de la consola mysql o bien cualquier otro medio habitual (existe, por ejemplo, MySQL Workbench, que es una excelente herramienta, con una interfaz gráfica y que reúne todas las herramientas necesarias para gestionar la configuración del servidor, la creación de las bases de datos y la ejecución de consultas). He aquí cómo conectarse con el usuario «root» y una contraseña; basta con escribir:

```
$ mysql -uroot -p
```

y, a continuación, escribir la contraseña de manera segura.

Cabe destacar que, para utilizar el cliente de consola de MySQL desde un script, es posible proveer directamente la contraseña por línea de comandos, aunque debe escribirse sin cifrar en el script, de la siguiente manera:

```
$ mysql -uroot -ppasswd
```

A continuación, basta con crear una base de datos. Aquí, se pide que esté en formato UTF8:

```
mysql> CREATE DATABASE test DEFAULT CHARACTER SET utf8 COLLATE utf8_bin;
Query OK, 1 row affected (0.00 sec)
```

Para Python 2, la librería de referencia es **MySQLDb** (https://pypi.python.org/pypi/MySQL-python/1.2.5). Se trata de una extensión escriba en C con muy buen rendimiento y muy madura. Desafortunadamente, no está en Python 3 y desde la adquisición de MySQL por parte de Oracle, los esfuerzos para crear o mantener conectores para Python están completamente basados en la comunidad.

Para Python 3, existen varias librerías alternativas que permiten conectarse a MySQL. Encontrará, entre otras, **mysqlclient** (https://pypi.python.org/pypi/mysqlclient) y **CyMySQL** (https://github.com/nakagami/CyMySQL), que son forks de **MySQLDb** adaptados a Python 3 (también con optimizaciones personalizadas). La primera de ellas se supone que se fusionará con el proyecto original en un futuro hipotético. Es también la librería con mejor rendimiento, aunque solo funciona con **CPython** y no con **PyPy**.

© Editions ENI - All rights reserved

Existen también algunas alternativas que son **pymysql** (https://pypi.python.org/pypi/pymysql) y **mysql-connector-python** (https://pypi.python.org/pypi/mysql-connector-python), ambas escritas en Python y que no necesitan librerías C ni dependencias complejas. La primera de ellas ofrece rendimientos bastante aceptables y es prácticamente compatible con **MySQLDb**, también está soportada por Oracle (compañía que, al adquirir Sun, se ha convertido en propietaria de MySQL).

La segunda es la biblioteca oficial admitida por el sitio MySQL, pero no está necesariamente actualizada con las nuevas características de MySQL y está alojada fuera del repositorio PYPI. También es un problema con Django cuyas versiones son mayores o iguales a 1.8.

Una última alternativa es **oursql** (https://pypi.python.org/pypi/oursql). Esta librería ha sido durante mucho tiempo la última alternativa para Python 3, las demás no existían, no estaban migradas correctamente o eran muy complicadas de instalar, motivos por los que escogimos esta versión en la edición anterior de este libro. Sin embargo, en la actualidad es un proyecto que ya no evoluciona, de modo que ya no es interesante desde la versión 3.4 de Python.

En efecto, la mayoría de soluciones solo soportan versiones recientes de Python 3. Por ello, según su versión de Python, **oursql** puede ser la única solución para usted (la otra sería migrar a Python 3.5).

En primer lugar, para Linux, vamos a tener que realizar una instalación manual y escribir previamente el siguiente comando en Debian (**python** en lugar de **python 3** para la rama 2 de Python):

```
$ sudo apt-get install python3-dev libmysqlclient-dev
```

Para Fedora:

```
$ sudo yum install python3-devel mysql-devel
```

Estos comandos son útiles para las librerías escritas en C.

La mayoría de módulos mencionados anteriormente, pueden instalarse fácilmente con **pip**:

```
$ pip install mysqlclient
$ pip install cymysql
$ pip install pymysql
$ pip install mysql-connector-python --allow-external
$ pip install mysql-connector-python-rf
$ pip install oursql
```

Hay que mencionar que también existen **asyncmy** y **aiomysql** que permiten trabajar en un contexto asíncrono, lo que puede ser útil para aplicaciones que piden rendimiento. Hablaremos de ellas en el libro Python 3, Tratamiento de datos y técnicas de programación.

Si esto ha funcionado, también puede hacer:

```
>>> import MySQLdb as mysql          # MySQLdb
>>> import cymysql as mysql          # CMySQL
>>> import pymysql as mysql          # pymysql
>>> import mysql.connector as mysql  # mysql-connector-python
```

```
>>> import mysql.connector as mysql  # mysql-connector-python-rf
>>> import oursql as mysql          # OurSQL
```

Si esto funciona, puede iniciar Python y escribir:

```
>>> import mysql
```

Si esto funciona, puede iniciar Python y escribir:

```
>>> import oursql as mysql
```

Para todo lo que sigue, como los módulos siguen la PEP 249 y, por tanto, proporcionan la misma interfaz, el código será idéntico, salvo por el nombre del módulo utilizado.
Ahora, tenemos una base de datos para jugar con Python. La primera acción consiste en importar los módulos necesarios para crear una conexión hacia la base de datos:

```
import sys
import mysql.connector as mysql
try:
  conn = mysql.connect (host = "localhost", user = "root",
passwd = "passwd", db = "test")
except oursql.Error, e:
  print("Error %d: %s" % (e.args[0], e.args[1]))
  sys.exit (1)
```

Ahora que se ha establecido la conexión, he aquí cómo crear un minijuego de datos:

```
try:
  cursor = conn.cursor ()
  cursor.execute ("DROP TABLE IF EXISTS Elemento")
  cursor.execute ("""CREATE TABLE Elemento (
        numero    INT(4),
        nombre    CHAR(40),
        columna   INT(4),
        fila     INT(4)
  )""")
  cursor.execute ("""INSERT INTO Elemento (numero, nombre,
columna, fila) VALUES
        (1, 'Hidrógeno',1, 1),
        (2, 'Helio', 18, 1),
        (3, 'Litio', 1, 2),
        (4, 'Berilio', 2, 2),
        (5, 'Boro', 13, 2),
        (10, 'Neon', 18, 2)
  """)
  print("Número de columnas insertadas: %d" % cursor.rowcount)
  cursor.close ()
  conn.commit ()
except mysql.Error, e:
    print("Error %d: %s" % (e.args[0], e.args[1]))
    sys.exit (1)
```

© Editions ENI - All rights reserved

Se ha creado un cursor para utilizarlo en todas nuestras manipulaciones: remplazar una tabla (eliminarla en el caso de que ya exista y volver a crearla) y agregar seis elementos.

Para ejecutar cada comando, es posible recuperar el número de registros encontrados (SELECT) o impactados (INSERT, UPDATE, DROP e incluso CREATE, que devuelve siempre 0).

También es conveniente realizar pruebas para verificar que se ha modificado el número de líneas correcto; en caso contrario se reportará un error en la consulta que necesitará un rollback.

Cabe destacar que el commit se realiza sobre el objeto de conexión, tal y como describe la PEP 249.

Si el script se detuviera aquí, podríamos agregar:

```
conn.close()
```

Pero el script continúa para mostrar cómo recuperar los datos. Existen dos opciones posibles: recuperar las filas una a una:

```
try:
  cursor = conn.cursor ()
  cursor.execute ("SELECT nombre, columna FROM Elemento")
  while (1):
      row = cursor.fetchone ()
      if row == None:
         break
      print("%s, %s" % (row[0], row[1]))
  print("Número de filas devueltas: %d" % cursor.rowcount)
  cursor.close ()
except mysql.Error, e:
    print("Error %d: %s" % (e.args[0], e.args[1]))
    sys.exit (1)
```

O simultáneamente:

```
try:
  cursor.execute ("SELECT nombre, columna FROM Elemento")
  rows = cursor.fetchall ()
  for row in rows:
      print("%s, %s" % (row[0], row[1]))
  print("Número de filas devueltas: %d" % cursor.rowcount)
  cursor.close ()
except mysql.Error, e:
    print("Error %d: %s" % (e.args[0], e.args[1]))
    sys.exit (1)
```

Es preferible utilizar el primer método cuando es necesario realizar algún tipo de procesamiento sobre los datos o cuando la cantidad de datos que se ha de recuperar es importante. Se complementa perfectamente con los generadores.

He aquí un ejemplo de un generador que recibe un cursor que contiene los resultados de una consulta y los devuelve uno a uno:

```
fetch_from_cursor(cursor):
  while (1):
      row = cursor.fetchone ()
      if row == None:
         return
      ield row
```

Podría utilizarse de la siguiente manera:

```
try:
  cursor = conn.cursor ()
  cursor.execute ("SELECT nombre, columna FROM Elemento")
  for row in fetch_from_cursor(cursor):
      print("%s, %s" % (row[0], row[1]))
  print("Número de filas devueltas: %d" % cursor.rowcount)
  cursor.close ()
except mysql.Error, e:
    print("Error %d: %s" % (e.args[0], e.args[1]))
    sys.exit (1)
```

Para un uso más pythónico, es posible tener un diccionario cuyas claves sean los nombres de las columnas, en lugar de los índices. La diferencia es mínima en tiempo de creación del cursor:

```
try:
  cursor = conn.cursor (mysql.DictCursor)
  cursor.execute ("SELECT nombre, columna FROM Elemento")
  result_set = cursor.fetchall ()
  for row in result_set:
      print("%s, %s" % (row["nombre"], row["columna"]))
  print("Número de filas devueltas: %d" % cursor.rowcount)
  cursor.close ()
except oursql.Error, e:
    print("Error %d: %s" % (e.args[0], e.args[1]))
    sys.exit (1)
```

Sin embargo, preste atención porque en algunos módulos como **`mysql-connector-python`**, la clase **`DictCursor`** no existe, pero hay otra:

```
try:
  cursor = conn.cursor (mysql.cursor.MySQLCursorDict)
  cursor.execute ("SELECT nombre, columna FROM Elemento")
  result_set = cursor.fetchall ()
  for row in result_set:
      print("%s, %s" % (row["nom"], row["columna"]))
  print("Número de filas devueltas: %d" % cursor.rowcount)
  cursor.close ()
except oursql.Error, e:
    print("Error %d: %s" % (e.args[0], e.args[1]))
    sys.exit (1)
```

© Editions ENI - All rights reserved

Este módulo es relativamente fácil de utilizar y no produce sorpresas desagradables. Los objetos manipulados son de los tipos clásicos en Python.
El rendimiento es relativamente bueno, aunque el módulo sigue siendo un módulo de bajo nivel, es decir, es preciso conocer e incluso dominar bien el lenguaje SQL y saber utilizar correctamente los cursores y las transacciones. Para trabajar a más alto nivel, consulte la sección SQLAlchemy.

## 2.3 PostgreSQL

PostgreSQL es una base de datos relacional libre muy robusta, fiable y con un buen rendimiento que ofrece una gran cantidad de funcionalidades que permiten responder a necesidades muy avanzadas de manera particularmente eficaz. Presenta la ventaja de ser muy extensible (es posible crear extensiones C) y de poderse utilizar directamente en Python (entre otros) mediante PL/Python.
Psycopg es la implementación de referencia para Postgres y se basa en la librería C libpq.
La interacción con Python es robusta y existe una cantidad considerable de excelentes recursos en la web (http://wiki.postgresql.org/wiki/Psycopg2_Tutorial).
La librería depende de Python y de libpq, es necesario haber descargado los archivos de encabezado necesarios para instalarla (cabe destacar el 3 en python3-dev; en caso contrario se hace referencia a los encabezados de Python2, que no son útiles para esta versión):

```
sudo install libpq-dev python3-dev
```

Es necesario, también, instalar las herramientas complementarias:

```
sudo aptitude install python3-setuptools
```

Una vez hecho, hay que utilizar la herramienta adecuada:

```
sudo pip-3.5 install psycopg2
```

**psycopg2** respeta, evidentemente, la PEP 249 e implementa la DB-API.
Hay que señalar que también existe **psycopg** (que en realidad es psycopg 3) así como **psy-copgcffi** (https://pypi.org/project/psycopg2cffi/ más para PyPy) y **pg8000** (https://pypi.org/project/pg8000/) que son alternativas.
Por último, existe **asyncpg** que permite usar un contexto asíncrono y por lo tanto mejorar el rendimiento al usarse con otros componentes asíncronos. Hablaremos de ella en el libro Python 3, Tratamiento de datos y técnicas de programación.
En consecuencia, todo lo que hemos visto para MySQL es exactamente igual a lo que se hace con psycopg2 y los ejemplos son los mismos, modificando el nombre del módulo por **psycopg2** en el código. Si bien existe alguna diferencia entre los lenguajes SQL de ambas bases de datos relacionales, el hecho de que respeten la misma API hace que su uso sea similar. Por el contrario, es necesario respetar el lenguaje SQL de Postgres, es decir, el lenguaje PL/SQL.
Para comenzar, puede crearse una base de datos de prueba, así como un usuario de prueba. Es posible realizar estas acciones simplemente utilizando la excelente herramienta pgAdminIII, que presenta una interfaz gráfica muy amigable, o usando la consola. He aquí cómo conectarse:

```
$ psql—user=postgres—password
```

Basta, a continuación, con crear un usuario:

```
postgres=# create user usuariotest with encrypted password 'pass';
CREATE ROLE
```

Y una base de datos:

```
postgres=# create database test owner usuariotest;
CREATE DATABASE
```

Una vez realizado el trabajo preliminar, es posible utilizar una consola y descubrir el módulo y sus capacidades.

Las ventajas de PostgreSQL sobre MySQL están vinculadas con el lenguaje SQL de PostgreSQL, en particular las funciones disponibles y el hecho de que los procedimientos almacenados puedan devolver resultados de tipo SET OF RESULTS.

He aquí cómo conectarse:

```
>>> conn = psycopg2.connect("dbname='test' user='usuariotest'
host='localhost' password='pass'")
```

Es posible, a continuación, utilizar este objeto **conn** para manipularlo tal y como hemos visto hasta ahora:

```
>>> type(conn)
<class 'psycopg2._psycopg.connection'>
>>> dir(conn)
['DataError', 'DatabaseError', 'Error', 'IntegrityError',
'InterfaceError', 'InternalError', 'NotSupportedError',
'OperationalError', 'ProgrammingError', 'Warning', [...] ]
```

He aquí cómo crear un cursor:

```
>>> cursor = conn.cursor ()
```

Es posible, también, manipular este objeto:

```
>>> type(cursor)
<class 'psycopg2._psycopg.cursor'>
```

Y utilizarlo para crear un juego de datos:

```
>>> cursor.execute('create table Elemento(numero INTEGER, nombre
VARCHAR(40), columna INTEGER, fila INTEGER);')
>>> cursor.execute ("""INSERT INTO Elemento (numero, nombre, columna,
fila) VALUES
...             (1, 'Hidrógeno',1, 1),
...             (2, 'Helio', 18, 1),
...             (3, 'Litio', 1, 2),
...             (4, 'Berilio', 2, 2),
...             (5, 'Boro', 13, 2),
...             (10, 'Neon', 18, 2)
...     """)
>>> print("Número de filas insertadas: %d" % cursor.rowcount)
Número de filas insertadas: 6
>>> cursor.close()
```

© Editions ENI - All rights reserved

Para recuperar los objetos en forma de lista de diccionarios:

```
>>> from psycopg2.extras import DictCursor
>>> cursor = conn.cursor(cursor_factory=DictCursor)
>>> cursor.execute('select * from Elemento')
>>> results=cursor.fetchall()
```

El resultado es una lista de diccionarios que no son del tipo habitual **dict**, sino de un tipo particular:

```
>>> type(results)
<class 'list'>
>>> type(results[0])
<class 'psycopg2.extras.DictRow'>
```

También en este caso se trata de un módulo de bajo nivel que podrá aprovecharse únicamente si se conoce bien el lenguaje SQL específico a esta base de datos, en particular sus muchas funciones, y también los procedimientos almacenados y las funciones que pueden devolver registros, a diferencia de lo que permite, por ejemplo, MySQL. Existen también pypostgresql y pygresql.

## 2.4 SQLite

SQLite es un motor de base de datos relacional escrito en C que, a diferencia de MySQL y PostgreSQL, no funciona según un modelo cliente-servidor, sino que se ha diseñado para estar embebido en un programa, tal como Firefox, por ejemplo (para gestionar el histórico de navegación, los marcadores...), o incluso Amarok.

Las bases de datos SQLite resultan particularmente útiles cuando se desea distribuir una aplicación que deba manipular datos sobre puestos que no disponen, necesariamente, de un servidor de bases de datos relacionales, aunque el rendimiento puede disminuir drásticamente si la cantidad de datos se vuelve demasiado elevada.

De este modo, en Amarok, leer de manera aleatoria una lista de 200 canciones no supone ningún problema, pero leer una lista de 2000 canciones requiere un intervalo de tiempo significativo cada vez que se pasa de una canción a la siguiente. Es necesario, entonces, instalar PostgreSQL y volver a configurar Amarok.

PySQLite es el módulo de referencia, compatible con la PEP 249, que permite interactuar con SQLite desde Python. Para importar este módulo con Python 3, basta con proceder de la siguiente manera:

```
>>> import sqlite3
```

A continuación, es posible utilizar un archivo para almacenar su base de datos:

```
conn = sqlite3.connect('/tmp/ejemplo.sqlite')
```

O crear una base de datos directamente en memoria:

```
conn = sqlite3.connect(':memory:')
```

Para el resto, basta con conocer las especificidades SQL de SQLite para sacarle el máximo provecho, pues todo lo relativo al código en Python es idéntico a lo que se ha expuesto para MySQL o PostgreSQL.

Cabe señalar que existe **aiosqlite** que permite acceder a una base de datos SQLite de manera asíncrona. Hablaremos de esta librería en el libro Python 3, Tratamiento de datos y técnicas de programación.

### 2.5 Oracle

Oracle es una solución muy extendida en el mundo de la empresa y que sirve como referencia para comparar otras soluciones. A día de hoy, PostgreSQL ha superado funcionalmente a la base de datos Oracle, aunque no se encuentra tan extendido entre los administradores de bases de datos.

Oracle ha sido, durante mucho tiempo, un sistema cerrado, que implicaba esfuerzos importantes de ingeniería inversa para interactuar con código libre, y que podía llevar a litigios. Desde hace algunos años el sistema es algo más abierto y han aparecido drivers más fiables.

Para Python, python-oracledb (https://oracle.github.io/python-oracledb/) es la versión nueva de cx_Oracle (https://oracle.github.io/python-cx_Oracle/). Estas últimas están escritas en C y se pueden instalar con la ayuda de PIP.

## 3. Uso de un ORM

### 3.1 ¿Qué es un ORM?

ORM es el acrónimo de *Object Relational Mapping*, en español «mapeo objeto-relacional». Un ORM tiene como objetivo la manipulación de los datos de una base de datos relacional a través de la manipulación de objetos sencillos.

Los más vanguardistas ven un primer paso con la generalización de las bases de datos de objeto que remplazarán, según ellos, las bases de datos relacionales clásicas. A decir verdad, esto no parece estar ocurriendo y las bases de datos relacionales tienen todavía un futuro prometedor frente a ellas.

Para simplificar, en lugar de manipular tablas de datos, se manipulan objetos y, en consecuencia, se aprovecha la sintaxis orientada a objetos de la semántica vinculada a los objetos.

La eficacia de un ORM está, por tanto, íntimamente ligada al modelo de objetos del lenguaje de programación. El de Python, al ser excepcional, hace que los ORM de Python proporcionen funcionalidades muy avanzadas y bastante eficaces.

Detrás de este enfoque orientado a objetos, el ORM tiene también como objetivo aislar al usuario de las diferencias existentes entre las distintas bases de datos.

### 3.2 ORM propuestos por Python

Las bases de datos relacionales existentes en el núcleo de una gran cantidad de aplicaciones y las posibilidades tan versátiles del modelo de objetos de Python permiten implementar diferentes visiones; de ahí que la competencia sea importante (http://wiki.python.org/moin/HigherLevelDatabaseProgramming).

Si bien ciertas soluciones se desmarcan únicamente por su rendimiento o por su alcance funcional, existen otras que son muy originales. La mayoría de las soluciones provienen de proyectos más amplios y están organizadas para utilizarse de manera independiente.

© Editions ENI - All rights reserved

De este modo, la solución más extendida es SQLAlchemy, que se utiliza por defecto en numerosos frameworks web descentralizados, mientras que Django es una solución monolítica que posee su propia solución con DjangoORM.
SQLObject es una solución también bastante extendida, así como Storm, que aprovecha el soporte de un fabricante importante (Canonical).
Las principales diferencias entre los distintos ORM residen en la sintaxis que proporcionan para manipular los objetos y la cantidad de trabajo que debe realizarse para obtener un nivel de abstracción correcto. Para comparar los distintos ORM unos respecto a los otros, basta con consultar la documentación correspondiente a cada uno y ojear los ejemplos básicos (quick overview).
En este libro se presenta únicamente SQLAlchemy, puesto que es la solución más extendida, es muy completa y resulta, quizá, la más generalista en el sentido de que existe una cantidad de soluciones paralelas muy próximas.

## 3.3 SQLAlchemy

### 3.3.1 Introspección en una tabla existente

SQLAlchemy es un ORM potente y eficaz que permite trabajar con muchas bases de datos realizando una abstracción de sus diferencias y utilizando aspectos del modelo de objetos de Python.
SQLAlchemy está disponible en la rama 3.x de Python, aunque este módulo se basa en las librerías de bajo nivel presentadas anteriormente. Es preciso, por tanto, instalar librerías vinculadas a la base de datos que desea utilizar.
Para instalar esta librería:

```
$ pip install sqlalchemy
```

Cuidado, la version 2.0 de SQLAlchemy acaba de salir en el momento de redactar estas lineas. Para saber qué versión tiene instalada:

```
>>> import sqlalchemy
>>> sqlalchemy.__version__
2.0.4
```

Si quiere instalar la última versión de la rama 1.x:

```
$ pip install sqlalchemy<2.0
```

Los principios básicos no cambian, pero hay muchas diferencias entre las dos ramas.
La primera acción que se debe realizar es gestionar la conexión a una base de datos cualquiera. He aquí la información de la conexión:

```
>>> scheme = "postgresql"
>>> host = "localhost"
>>> port = 5432
>>> user = "project"
>>> password = "secret"
>>> name = "test"
```

La conexión a una base de datos debe poder representarse de una manera sencilla y parecida para todas las bases de datos. En nuestro ejemplo escogeremos una representación basada en URL, que se construye de la siguiente manera:

```
>>> url = >>> url = f"{scheme}://{user}:{password}@{host}:{port}/{name}"
```

Fácilmente, SQLAlchemy permite conectarse a una base de datos y recuperar información acerca de su estructura. Aquí se propone un planteamiento ligeramente distinto y complementario a los excelentes tutoriales que encontrará en línea (https://docs.sqlalchemy.org/en/20/orm/quickstart.html y https://docs.sqlalchemy.org/en/20/tutorial/index.html): se intenta conectar con una base existente y se buscará descubrir su estructura para acceder, modificar o eliminar datos.

Para ello, podemos utilizar el objeto **MetaData**:

```
>>> from sqlalchemy import MetaData
>>> metadata = MetaData(url)
```

Es posible recuperar información relativa a todos los objetos más corrientes de una base de datos; los más importantes suelen ser las tablas. Para eso, hay que empezar por crear una sesión, se hace mediante:

```
>>> from sqlalchemy import create_engine
>>> engine = create_engine(url)
```

Una vez creado el motor, se puede usar para cargar la estructura de la tabla desde la base de datos, de manera introspectiva:

```
>>> from sqlalchemy.schema import Table
>>> table = Table('guitarristas', metadata, autoload=True)
```

Es posible obtener la lista de columnas:

```
>>> [c.name for c in (table.c]
['guitarristas.id', 'guitarristas.apellido',
'guitarristas.nombre', 'guitarristas.nacimiento']
```

Así como información relativa a las columnas:

```
>>> type(table.c.id)
<class 'sqlalchemy.schema.Column'>
>>> print(table.c.id.type)
INTEGER
>>> print(table.c.apellido.type)
TEXT
>>> print(table.c.nacimiento.type)
DATE
```

Uno de los grandes principios utilizados de manera recurrente es que la mayoría de métodos que tienen un significado SQL incluyen una representación textual que devuelve una sección de código SQL. Por ejemplo, con la columna que hemos visto antes, es posible utilizar un método como el siguiente:

```
>>> table.c.id.desc()
<sqlalchemy.sql.expression._UnaryExpression object at 0x1c22150>
```

© Editions ENI - All rights reserved

Cuando se representa textualmente el resultado:

```
>>> str(table.c.id.desc())
'guitarristas.id DESC'
```

Esta es la base del funcionamiento del ORM. El resultado es que se trabaja con código orientado a objetos, legible, y la representación textual de este código es el código SQL que se enviará al servidor.
El ejemplo más básico es:

```
>>> table. select()
<sqlalchemy.sql.expression.Select at 0x1c22150; Select object>
>>> str(table.select())
'SELECT guitarristas.id, guitarristas.apellido, guitarristas.nombre,
guitarristas.nacimiento \nFROM guitarristas'
```

El principio funciona para los demás métodos:

```
>>> str(table. count())
'SELECT count(guitarristas.id) AS tbl_row_count \nFROM guitarristas'
```

Y el código orientado a objetos vinculado se entiende perfectamente:

```
>>> str(table.select())
'SELECT guitarristas.id, guitarristas.apellido, guitarristas.nombre,
guitarristas.nacimiento \nFROM guitarristas'
>>> str(table.c.id == 1)
'guitarristas.id = :id_1)'
>>> str(table.select().where(table.c.id == 1))
'SELECT guitarristas.id, guitarristas.apellido, guitarristas.nombre,
guitarristas.nacimiento \nFROM guitarristas \nWHERE guitarristas.id =
%(id_1)s'
```

Al final, generar código SQL complejo es más sencillo, y toda la complejidad vinculada a SQL se enmascara, puesto que el desarrollador escribe únicamente sintaxis orientada a objetos o imperativa, perfectamente legible.
Para ello, es necesario saber cómo ejecutar el código SQL:

```
>>> resultado = table.select().where(table.c.id == 1).execute()
>>> resultado.keys()
[u'id', u'apellido', u'nombre', u'nacimiento']
>>> resultado.fetchall()
[(1, u'Satriani', u'Joe', datetime.date(1956, 7, 15))]
```

El resultado es, por tanto, un objeto puramente Python y las cadenas de caracteres se procesan como cadenas Unicode.
He aquí un ejemplo con like:

```
>> table.select().where(table.c.apellido. like('Sat%')).execute().fetchall()
[(1, u'Satriani', u'Joe', datetime.date(1956, 7, 15))]
```

Y un ejemplo con una unión (ya no es preciso disponer de un método de selección, pues está implícito):

```
>>> table1.join(table2, table2.c.id_table1 == table1.c.id)
```

Es posible, ahora, recuperar cualquier dato en forma de objetos Python básicos trabajando en dos etapas:

```
>>> cursor = table.select().execute()
```

Y calculando el resultado:

```
>>> resultado = [dict(zip(cursor.keys(), r)) for r in  cursor.fetchall()]
```

El cual es, para el ejemplo que nos ocupa:

```
>>> resultado
[{u'apellido': u'Satriani', u'nacimiento': datetime.date(1956, 7, 15),
u'id': 1, u'nombre': u'Joe'}, {u'apellido': u'Persona', u'nacimiento':
None, u'id': 2, u'nombre': u'Paul'}]
```

### 3.3.2 Manipular datos en una tabla existente

Esto nos permite recuperar toda la información contenida en una base de datos, sea cual sea su estructura o su contenido.

Por el contrario, para agregar, modificar o eliminar datos, es necesario disponer de una utilidad suplementaria: la sesión.

A continuación se describe la manera más rápida de crear una sesión, junto a las explicaciones complementarias. En primer lugar, los imports:

```
>>> from sqlalchemy.orm import scoped_session, sessionmaker
```

Se requiere un objeto para fabricar la sesión a la que se pasan los parámetros de configuración:

```
>>> maker = sessionmaker(autoflush=True)
```

Es necesario, a continuación, crear la sesión:

```
>>> session = scoped_session(maker)
```

La última etapa es la configuración, que consiste en asociar una sesión a un motor, que hemos creado un poco más arriba para hacer instrospección en la tabla:

```
>>> session.configure(bind=engine)
```

Es posible ahorrar dos líneas, aunque procediendo así se obtiene en el espacio global los distintos objetos implicados, pudiendo observar su aspecto.

La documentación de SQLAlchemy a este respecto (en particular las distintas opciones que podemos pasar al maker) es bastante útil.

Cabe destacar que la url utilizada para construir **`MetaData`** es exactamente la misma que la utilizada para construir el objeto **`session`**, afortunadamente.

Ahora, tan solo queda construir una clase destinada a contener el mapping del objeto de la tabla. Puede estar vacío, puesto que se construye a partir de la base de datos y es, de forma obligatoria, globalmente conforme:

```
>>> class MappedObject():
...     pass
...
```

© Editions ENI - All rights reserved

Ahora, la clase y la tabla deben «mapearse». Para eso, hay que usar el registro de SQLAlchemy (del nombre del patrón de diseño):

```
>>> from sqlalchemy.orm import registry
>>> mapper_registry = registry()
```

Luego hay que volver a declarar la tabla para usar el objeto **metadata** del registro:

```
>>> table = Table(
..      "elements",
...      mapper_registry.metadata,
...      autoload_with=engine,
)
```

Ahora es posible mapear estos dos objetos:

```
mapper_registry.map_imperatively(MappedObject, table)
```

Cada registro de la tabla SQL se mapea en una instancia de la clase que acabamos de crear, aunque cabe destacar que una clase puede mapearse con una única tabla.
Para mapear 20 tablas, es necesario crear 20 clases vacías mediante el siguiente algoritmo:

```
>>> def getVoidClass():
...     class MappedObject():
...             pass
...     return MappedObject
...
```

Es posible leer los datos en la sesión, así como los metadatos, con una sintaxis es algo diferente, más orientada a objetos, mientras que la presentada anteriormente era más imperativa:

```
>>> resultado = session.query(MappedObject).filter(MappedObject.id
== 1).one()
```

Al final, esto también funciona, aunque el mecanismo es algo distinto, puesto que nos encontramos trabajando en el marco de una sesión, es decir, se utiliza el mismo conector en toda la duración de la sesión.
Veamos en detalle cómo funciona esta sintaxis.
En primer lugar, el método **query** puede recibir distintos parámetros:
- he aquí cómo obtener las columnas de una tabla:

```
session.query(MappedObject)
```

- o guardar solamente algunas:

```
session.query(MappedObject.apellido, MappedObject.nombre)
```

En este caso, en lugar de recuperar objetos MappedObject, se recuperan n-tuplas. En segundo lugar, el método **filter** puede servir para responder a distintos casos de uso habituales:
- igualdad:

```
session.query(MappedObject).filter(MappedObject.id == 1)
```

- diferencia:

```
session.query(MappedObject).filter(MappedObject.id != 1)
```

- presencia de una subcadena:

```
session.query(MappedObject).filter(MappedObject.apellido.like
("%tria%"))
```

- pertenencia a una lista de valores:

```
session.query(MappedObject).filter(MappedObject.id.in_([1, 2]))
```

- no pertenencia a una lista de valores:

```
session.query(MappedObject).filter(~MappedObject.company_name.in_
([1, 2]))
```

Observe el signo delante de la aserción. Se trata de un operador de Python que se utiliza aquí para expresar la negación.

- nulo:

```
session.query(MappedObject).filter(MappedObject.nacimiento == None)
```

- no nulo:

```
session.query(MappedObject).filter(MappedObject.nacimiento!= None)
```

- responder a ciertas condiciones:

```
from sqlalchemy import and_
session.query(MappedObject).filter(and_(MappedObject.apellido ==
"Satriani, MappedObject.nombre == "Joe")
```

Es obligatorio utilizar una función para gestionar la prioridad de la escritura en el código SQL. Esta función utiliza una notación prefijada, como las consultas LDAP (el operador en primer lugar, y los operandos a continuación).

- responder a varias condiciones:

```
session.query(MappedObject).filter(MappedObject.apellido ==
"Satriani").filter(MappedObject.nombre == "Joe")
```

Encadenar los métodos **`filter`** permite resolver la problemática.

- responder a al menos una condición:

```
from sqlalchemy import or_
session.query(MappedObject).filter(or_(MappedObject.apellido ==
"Satriani", MappedObject.nombre == "Joe")
```

El uso del modelo de objetos es, también, diferente, puesto que se pasa como parámetro un nombre de clase y se vincula sistemáticamente a este último en lugar de utilizar objetos construidos con anterioridad.

Hace falta cierto tiempo de adaptación para trabajar con soltura con estos conceptos. Resulta esencial disponer de la documentación oficial a mano, de modo que podamos, rápidamente, consultar la mejor manera de responder a un problema, puesto que el uso de un ORM generará consultas SQL en nuestro lugar y será conveniente pensar en optimizarlas.

© Editions ENI - All rights reserved

En efecto, SQL es el origen de muchos problemas de rendimiento en una aplicación, incluso por delante de otras causas.

Para realizar estas optimizaciones, será preciso ver qué código SQL se genera, cómo optimizarlo y, a continuación, comprender el impacto en el código de objetos que genera este SQL, lo cual no siempre es fácil, o incluso realizable, pues los ORM no integran todas las sutilidades propias de cada SGBD.

Es momento de ver cómo realizar una modificación de datos.

He aquí un ejemplo para el que necesitamos datos:

```
>>> from date import date
```

Existen cuatro instrucciones diferentes: se recupera un resultado, se modifica, se guarda y se valida:

```
>>> resultado = session.query(MappedObject).filter(MappedObject.id
= 2).one()
>>> resultado.nacimiento = datetime.date(1949, 12, 27)
>>> session.save(resultado)
>>> session.flush()
```

Es posible crear un nuevo elemento creando en primer lugar el objeto e introduciendo su información, a continuación guardándolo y validando la operación:

```
>>> nuevo = MappedObject()
>>> nuevo.apellido = 'Clapton'
>>> nuevo.nombre = 'Eric'
>>> session.save(nuevo)
>>> session.flush()
```

También es posible eliminar un objeto. Esto requiere conocer el objeto, habiéndolo recuperado previamente:

```
>>> session.delete(nuevo)
>>> session.flush()
```

O conocer lo suficiente de él como para determinar qué objeto es y reconstruirlo:

```
>>> obsoleto = MappedObject()
>>> obsoleteo.id = 4
>>> session.delete(obsoleto)
>>> session.flush()
```

En este caso, el borrado se realiza a partir de la clave primaria, que es el id.

El último punto importante es la gestión de las transacciones:

```
try:
   session.begin()
   [ ... Acciones a realizar ... ]
   session.commit()
except:
   session.rollback()
finally:
   session.close()
```

Conviene tener en cuenta que el ORM permite manipular con facilidad registros SQL presentándolos en forma de objetos, lo que enmascara la complejidad de SQL, pero pretender que el ORM lo realice todo no es una buena idea. Componer consultas particularmente complejas, utilizar vistas, procedimientos almacenados (funciones en postgresql) para resolver necesidades particulares de restitución de datos de manera paralela a un ORM para la gestión de los datos es un buen compromiso que permite aprovechar las ventajas de ambas tecnologías y no perder el tiempo optimizando los objetos, además del código SQL.

### 3.3.3 Describir una base de datos mediante el código

La primera parte nos ha permitido ver hasta qué punto es fácil escribir algunas líneas de código para teclear en una base existente. Se manipula de manera general datos que se generan. Por eso es importante saber describir estos datos.

```
>>> from sqlalchemy import MetaData, create_engine
>>> metadata_obj = MetaData()
>>> user_table = Table(
...     "user",
...     metadata_obj,
...     Column("id", Integer, primary_key=True, autoincrement=True),
...     Column("name", String(16), nullable=False, unique=True),
...     Column("email_address", String(60)),
... )
>>> task_table = Table(
...     "task",
...     metadata_obj,
...     Column("id", Integer, primary_key=True, autoincrement=True),
...     Column("user_id", Integer, ForeignKey("user.id"), nullable=False),
...     Column("content", String(128), nullable=False),
... )
```

En el ejemplo anterior se describen dos tablas. La primera tiene algunas columnas clásicas: un identificador autoincremental y dos cadenas de caracteres, una de ellas es obligatoria y tiene una limitación de unicidad. La segunda muestra cómo gestionar las claves exteriores. Una vez hecho esto, luego hay que asegurarse de que la base de datos se haya creado vacía para recepcionar nuestras tablas:

```
>>> scheme = "postgresql"  # postgresql+psycopg2
>>> host = "project_postgres"
>>> port = 5432
>>> user = "project"
>>> password = "secret"
>>> name = "appli"
>>> url = f"{scheme}://{user}:{password}@{host}:{port}/{name}"
>>> engine = create_engine(url)
```

Hasta aquí, nada es nuevo: simplemente creamos un motor, como hemos hecho antes. La URL de la base de datos cambia porque creamos una nueva. Entonces, para crear las tablas solo necesitamos:

```
>>> metadata_obj.create_all(engine)
```

© Editions ENI - All rights reserved

A partir de ahí, se puede usar una sesión para añadir, modificar, eliminar, buscar y leer datos como hemos visto antes

Para terminar, hay que señalar que SQLAlchemy permite trabajar de modo asíncrono, lo que podría usarse dentro de una aplicación asíncrona. Eso es posible a partir del momento en que se utiliza un conector asíncrono como **asyncmy**, **aiomysql**, **asyncpg** o incluso **aiosqlite**. Hablaremos de este uso específico en el libro Python 3, Tratamiento de datos y técnicas de programación.

# 4. Otras bases de datos

## 4.1 CSV

CSV es la abreviatura de *Comma Separated Values*, valores separados por comas, en español. Como su nombre indica, originalmente es un archivo de texto que contiene datos separados por comas. Sin embargo, dado que la coma se puede usar dentro de un valor, y podrían surgir más problemas en función de los datos y de los patrones de representación intrínsecos de los distintos lenguajes, han aparecido otros formatos llamados dialectos. Estos son los principios generales aplicables a todos los dialectos:

- Los datos se presentan en forma tabular.
- Cada línea del archivo CSV corresponde a una fila de la tabla.
- Cada columna del archivo CSV está delimitada a derecha e izquierda por el separador o (exclusiva) por un final de línea.
- La primera fila del archivo se puede usar para contener los encabezados de las columnas, pero no es obligatorio.
- En función del formalismo, se puede admitir que todas las filas no tengan la misma cantidad de columnas o considerarse esto como un error.

PEn el material disponible para descargar correspondiente a este libro encontrará archivos con información sobre municipios, provincias y comunidades autónomas españolas.

Python dispone de las herramientas necesarias para acceder a bajo nivel a los datos de un archivo CSV, pero también para representar estos datos con ayuda de simples listas y diccionarios que son objetos habituales de Python manipulables con mucha facilidad. El módulo se llama `csv`, forma parte de las bibliotecas integradas de Python y está incorporado en Python 3.

```
>>> import csv
```

Esta es la primera dificultad. En CSV solo se trabaja en unicode, el formato de cadenas de caracteres predeterminado de la rama 3 de Python. Pues bien, los archivos que vamos a usar no son archivos Unicode.

Entonces, la lectura no se realiza correctamente:

```
>>> with open('com_auto2011.txt', 'r') as f:
...     datas = csv.reader(f)
...     next(datas)
...
Traceback (most recent call last):
  File "<stdin>", line 3, in <module>
```

```
  File "/usr/lib/python3.2/codecs.py", line 300, in decode
    (result, consumed) = self._buffer_decode(data, self.errors, final)
UnicodeDecodeError: 'utf8' codec can't decode byte 0xe9 in
position 153: invalid continuation byte
```

La solución no consiste en abrir el archivo binario y trabajar con bytes, incluso si está pensando en hacer una conversión en algún momento. Los archivos CSV son archivos de texto y tienen que considerarse como tales:

```
>>> with open('com_auto2011.txt', 'rb') as f:
...     datas = csv.reader(f)
...     next(datas)
...
Traceback (most recent call last):
  File "<stdin>", line 3, in <module>
_csv.Error: iterator should return strings, not bytes (did you
open the file in text mode?)
```

Entonces, la solución consiste en abrir el archivo en modo texto especificando la codificación usada en él (la codificación usada por Python es necesariamente unicode):

```
>>> with open('com_auto2011.txt', 'r', encoding='latin1') as f:
...     datas = csv.reader(f)
...     next(datas)
...
['COM_AUTONOMA\tCP_CAPITAL_COM\tNUM_PROV\tNOMBRE_MAYUSCULAS\tNOMBRE_MAYUS_MINUS']
```

El lector CSV es un generador sencillo que suministra las líneas del archivo una tras otra. Cada línea es una lista que contiene la lista de columnas.

He aqui la segunda dificultad: el dialecto utilizado no es claramente el predeterminado y entonces los datos no se han leído correctamente. Transformar el dato manualmente más tarde sería laborioso. Por suerte, Python lo tiene previsto y es capaz de adivinar el dialecto. Para adivinar usa el *sniffer* o analizador de paquetes, primero hay que instanciarlo y luego usarlo:

```
>>> with open('com_auto2011.txt', 'r', encoding='latin1') as f:
...     dialect = csv.Sniffer().sniff(f.readline())
...     f.seek(0)
...     datas = csv.reader(f, dialect=dialect)
...     next(datas)
...
0
['COM_AUTONOMA', 'CP_CAPITAL_COM', 'NUM_PROV', 'NOMBRE_MAYUSCULAS',
'NOMBRE_MAYUS_MINUS']
```

Ahora ya podemos leer cualquier archivo CSV.

La representación en Pyhton de un archivo CSV no contiene encabezados, solo una lista de listas (lista de las filas de la tabla también presentadas en forma de lista) porque la lista Python dispone de una relación de orden y, por lo tanto, permite conservar el orden de las filas y, en cada una de ellas, el orden de las columnas.

© Editions ENI - All rights reserved

Eliminamos el encabezado de este archivo simplemente no volviendo al inicio del archivo después de haber determinado el dialecto y construimos una representación como esta:

```
>>> with open('reg2011.txt', 'r', encoding='latin1') as f:
...     dialect = csv.Sniffer().sniff(f.readline())
...     datas = list(csv.reader(f, dialect=dialect))
...
```

La operación se ha realizado de una manera propia y en solo tres líneas.

La representación en Python de un archivo CSV que contiene encabezados solo es una lista de diccionarios, donde cada uno representa una fila. Cada valor del diccionario representa una columna; la clave es el contenido de la columna actual y de la primera línea, mientras que el valor es el contenido de la fila y columna actuales. Obviamente, el valor de la primera fila se excluye de los datos porque es un encabezado.

Una representación de este tipo se podría construir mediante un algoritmo eficaz, pero es inútil porque Python ya lo tiene todo previsto:

```
>>> with open('com_auto2011.txt', 'r', encoding='latin1') as f:
...     dialect = csv.Sniffer().sniff(f.readline())
...     f.seek(0)
...     datas = list(csv.DictReader(f, dialect=dialect))
...
0
>>> type(datas)
<class 'list'>
>>> type(datas[0])
<class 'dict'>
>>> datas[0]
{'NUM_PROV': '8', 'COM_AUTONOMA': '01', 'NOMBRE_MAYUSCULAS': 'ANDALUCIA',
'NOMBRE_MAYUS_MINUS':
'Andalucía', 'CP_CAPITAL_COM': '41001'}
```

Entonces nos encontramos con una lista auténtica que contiene diccionarios auténticos. Por lo tanto, podemos usar todos los recursos de estos tipos extremadamente potentes. Por ejemplo, queremos tener un diccionario que nos dé el nombre de la ciudad que es capital de la comunidad autónoma. Empezamos trabajando con el archivo de las comunidades autónomas:

```
>>> capitales={d['NOMBRE_MAYUSCULAS']: d['CP_CAPITAL_COM'] for d in datas}
>>> capitales
{'PAIS VASCO': '01001', 'CANTABRIA': '39001', 'LA RIOJA': '26001',
'ARAGON': '50001', 'CEUTA': '51001',
'COMUNITAT VALENCIANA': '46001', 'EXTREMADURA': '06800',
'REGION DE MURCIA': '30001', 'ILLES BALEARS': '07001',
'CATALUNYA': '08001', 'CASTILLA - LA MANCHA': '45001',
'CASTILLA Y LEON': '47001', 'COMUNIDAD DE MADRID': '28001',
'COMUNIDAD FORAL DE NAVARRA': '31001', 'PRINCIPADO DE ASTURIAS': '33001',
'ANDALUCIA': '41001', 'CANARIAS': '35001', 'GALICIA': '15701',
'MELILLA':
'52001'}
```

Ahora tenemos la lista de las comunidades autónomas relacionada con el código postal de los municipios que son capital y hay que utilizar este código. Lo ideal es tener un archivo CSV que da el nombre del municipio relacionado con su código, pero no existe. De hecho, hay que pasar por una información intermedia, es decir, encontrar a qué provincia pertenece cada código.

Aquí vemos la lista de las provincias donde se encuentran las capitales:

```
>>> with open('provinc2011.txt', 'r', encoding='latin1') as f:
...     dialect = csv.Sniffer().sniff(f.readline())
...     f.seek(0)
...     provincias = {d['CP_CAPITAL']: d['PROVINCIA'] for d in
csv.DictReader(f, dialect=dialect) if d['CP_CAPITAL'] in
capitales.values()}

...
0
```

Aquí vemos los provincias de cada municipio:

```
>>> provincias
{'01001': '04', '39001': '14', '26001': '38', '50001': '50',
'51001': '51', '46001': '47', '06800': '53', '30001': '32',
'07001': '08', '08001': '09', '45001': '46', '47001': '48',
'28001': '30', '31001': '33', '33001': '05', '41001': '42',
'35001': '36', '15701': '54', '52001': '52'}
```

**Observación**

*Debido al caso especial de Extremadura cuya capital es Mérida y Galicia cuya capital es Santiago de Compostela, en el archivo provinc2011.txt se han añadido dos líneas especiales al final.*

Ahora hay que usar el último archivo, el de los municipios, para ir a buscar las capitales de comunidad autónoma caracterizadas por la columna **CAPITAL**. Esta columna puede tomar tres valores distintos, donde 0 significa que el municipio que aparece en la misma fila no es capital de provincia ni de comunidad autónoma, 1 significa que el municipio que aparece en la misma fila es capital de provincia y 2 significa el municipio que aparece en la misma fila es capital de comunidad autónoma. Buscaremos donde toma el valor 2 la columna **CAPITAL** e identificaremos las capitales de comunidad autónoma por el número de provincia, puesto de relieve más arriba:

```
>>> with open('municipios2011.txt', 'r', encoding='latin1') as f:
...     dialect = csv.Sniffer().sniff(f.readline())
...     f.seek(0)
...     municipios = {d['PROVINCIA'].lstrip('0'): d['NOMBRE_MAYUS_MINUS'] for d in
csv.DictReader(f, dialect=dialect) if d['CAPITAL'] == '2' and
d['PROVINCIA'].lstrip('0') in provincias.values()}
...
0
```

© Editions ENI - All rights reserved

Esta es la lista de los municipios para las provincias deseadas:

```
>>> municipios
{'36': 'Las Palmas de Gran Canaria', '04': 'Vitoria', '14': 'Santander',
'38': 'Logroño', '50': 'Zaragoza', '51': 'Ceuta', '47': 'València',
'53': 'Mérida', '32': 'Murcia', '08': 'Palma',
'09': 'Barcelona', '46': 'Toledo', '48': 'Valladolid', '30': 'Madrid',
'33': 'Pamplona', '05': 'Oviedo', '42': 'Sevilla',
'54': 'Santiago de Compostela', '52': 'Melilla'}
```

Ahora solo queda vincular todos los datos:

```
>>> resultado = {k: municipios.get(provincias.get(v)) for k, v in
capitales.items()}
```

Así vinculamos los tres diccionarios y obtenemos lo que queremos:

```
>>> resultado
{'ANDALUCIA': 'Sevilla', 'ARAGON': 'Zaragoza',
'PRINCIPADO DE ASTURIAS': 'Oviedo', 'ILLES BALEARS': 'PALMA',
'CANARIAS': 'LAS PALMAS DE GRAN CANARIA', 'CANTABRIA': 'Santander',
'CASTILLA Y LEON': 'Valladolid', 'CASTILLA - LA MANCHA': 'Toledo',
'CATALUNYA': 'Barcelona', 'COMUNITAT VALENCIANA': 'València',
'EXTREMADURA': 'Mérida', 'GALICIA': 'Santiago de Compostela',
'COMUNIDAD DE MADRID': 'Madrid', 'REGIÓN DE MURCIA': 'Murcia',
'COMUNIDAD FORAL DE NAVARRA': 'Pamplona',
'PAIS VASCO': 'Vitoria', 'LA RIOJA': 'Logroño', 'CEUTA': 'Ceuta',
'MELILLA': 'Melilla'
```

Por lo tanto, buscar datos en un archivo CSV es tan sencillo como abrir el archivo y buscar el dialecto. El resto solo es dominar las bases de Python, especialmente sus dos tipos lista y diccionario.

Vamos a ver cómo generar un archivo CSV.

Lo primero que hay que hacer es dar formato a los datos, lo que se llama el dialecto. El módulo propone los estándares:

```
>>> csv.list_dialects()
['excel-tab', 'excel', 'unix']
>>> type.mro(csv.excel)
[<class 'csv.excel'>, <class 'csv.Dialect'>, <class 'object'>]
>>> type.mro(csv.excel_tab)
[<class 'csv.excel_tab'>, <class 'csv.excel'>, <class 'csv.Dialect'>,
<class 'object'>]
>>> type.mro(csv.unix_dialect)
[<class 'csv.unix_dialect'>, <class 'csv.Dialect'>, <class 'object'>]
```

Lo segundo que hay que tener en cuenta es la estructura de los datos que se quieren almacenar. Puede ser una lista de listas o una lista de diccionarios.

En el primer caso, es suficiente con escribir como para un archivo sencillo, con la diferencia de que cada dato escrito corresponde a una o a varias columnas; de ahí la semántica del método que se usará, que puede ser **`writerow`** o **`writerows`**, pero no **`write`**.

He aqui un dato de ejemplo:

```
>>> datas = [[0, 'zero'], [1, 'un']]
```

Aquí se ve cómo escribir archivos CSV con dialectos distintos:

```
>>> with open('test_excel.csv', 'w') as f:
...     writer = csv.writer(f, dialect=csv.excel)
...     writer.writerows(datas)
...
>>> with open('test_excel_tab.csv', 'w') as f:
...     writer = csv.writer(f, dialect=csv.excel_tab)
...     writer.writerows(datas)
...
>>> with open('test_unix.csv', 'w') as f:
...     writer = csv.writer(f, dialect=csv.unix_dialect)
...     writer.writerows(datas)
...
```

Y aquí vemos el contenido real de los archivos generados de esta manera:

```
>>> with open('test_excel.csv', 'r') as f:
...     print(f.read())
...
0,zero
1,un
>>> with open('test_excel_tab.csv', 'r') as f:
...     print(f.read())
...
0	zero
1	un
>>> with open('test_unix.csv', 'r') as f:
...     print(f.read())
...
"0","zero"
"1","un"
```

La operación de escritura es extremadamente básica.

En el segundo caso, cuando nos encontramos con una lista de diccionarios, es recomendable definir otros problemas:

- Las claves de los diccionarios corresponderán a las columnas del archivo CSV.
- Elegir la lista de las columnas que se quiere ver.
- Elegir el orden de estas columnas.
- Elegir si los datos correspondientes a estas columnas son obligatorios.

Estos problemas también se pueden plantear para listas de listas, pero la resolución es mucho menos elegante mientras que el diccionario responde perfectamente a estas necesidades.

Aquí tenemos datos incompletos:

```
>>> datas = [
...     {'id': 0, 'tratamiento': 'Sr', 'apellido': 'van Rossum', 'nombre':
'Guido'},
...     {'id': 1, 'tratamiento': 'Sr', 'apellido': 'Murdock', 'nombre':
'Ian'},
...     {'id': 2, 'tratamiento': 'Sra', 'nombre': 'debra'},
... ]
```

© Editions ENI - All rights reserved

No quiero que la exportación fracase a causa de la falta de datos y quiero poder añadir una columna que no pertenece a los datos:

```
>>> with open('test_dict.csv', 'w') as f:
...     writer = csv.DictWriter(f, ('nombre', 'apellido', 'comentario'),
dialect=csv.unix_dialect, restval='', extrasaction='ignore')
...     writer.writerows(datas)
...
```

Este es el resultado:

```
>>> with open('test_dict.csv', 'r') as f:
...     print(f.read())
...
"Guido","van Rossum",""
"Ian","Murdock",""
"debra","",""
```

El parámetro **restval** permite dar un valor predeterminado a un parámetro que falta y el parámetro **extrasaction** permite decir si se quiere activar una excepción (comportamiento predeterminado) o ignorar el error.

También es importante añadir los encabezados, además de los datos, para que el archivo CSV se relea sin perder significado:

```
>>> with open('test_dict.csv', 'w') as f:
...     writer = csv.DictWriter(f, ('nombre', 'apellido', 'comentario'),
dialect=csv.unix_dialect, restval='', extrasaction='ignore')
...     writer.writeheader()
...     writer.writerows(datas)
...
```

## 4.2 NoSQL

NoSQL significa *Not Only SQL* y es un movimiento que afirma que las bases de datos relacionales no son la única manera de almacenar datos. Agrupa a su alrededor numerosas tecnologías muy distintas que tienen objetivos muy diferentes y, en consecuencia, almacenan datos de una manera también muy diversa.

## 4.3 Base de datos orientada a objetos: ZODB

Cuando se trabaja con objetos, la solución de persistencia de los datos por excelencia es, simplemente, una base de datos orientada a objetos, y la más extendida es la ZODB.

Componente central –e histórico– del framework web Zope, la ZODB permite simplemente almacenar objetos y ofrece soluciones de indexación muy eficaces que sitúan esta base de datos al mismo nivel que las bases de datos relacionales en términos de rendimiento.

ZODB es una solución antigua que ha evolucionado constantemente y que ha sabido responder a problemáticas bastante complejas, aparecidas en relación con Zope. A día de hoy, tiene detrás de sí una experiencia que deja a todos sus competidores directos (dentro del mismo perímetro funcional y con los mismos objetivos en términos de volumetría) fuera de juego.

La ZODB gestiona un histórico de datos, permite deshacer una transacción sobre un objeto, sea cual sea el número de transacciones que se hayan realizado a continuación, y permite supervisar y analizar las transacciones y los diferenciales que estas han ocasionado. Dispone también de scripts que permiten realizar una copia de seguridad de la base de datos y vaciarla de esta información histórica, para aligerarla.

La ZODB permite gestionar una replicación sobre varios servidores, y también gestionar varios clientes, gracias a ZEO, de manera que puedan administrarse varias consultas de forma simultánea, todo ello asegurando la coherencia de los datos. La ZODB es el fruto de toda una impresionante experiencia acumulada y es, para las aplicaciones orientadas a objetos, una alternativa con muy buena credibilidad frente a las bases de datos relacionales, pudiendo utilizarse para cubrir necesidades mucho más amplias.

De hecho, ZODB está escrita en Python, así como todas las herramientas disponibles para utilizarla, empezando por una documentación muy completa escrita en sphinx:
http://www.zodb.org/

Para instalarla, se procede de la siguiente manera:

```
$ sudo pip-3.5 install zodb
```

A continuación, en una consola Python 3, el módulo está disponible de la siguiente manera:

```
>>> import ZODB
```

He aquí un ejemplo de clase de la que se quieren almacenar instancias:

```
>>> class Elemento(object):
...     def __init__(self, numero, nombre, columna, fila):
...         self.numero = numero
...         self.nombre = nombre
...         self.columna = columna
...         self.fila = fila
...     def muestra(self):
...         print("%(numero)s: %(nombre)s (%(columna)s, %
(fila)s)" % self.__dict__)
...
```

He aquí cómo crear la base de datos que va a contener los datos:

```
>>> from ZODB.FileStorage import FileStorage
>>> storage = FileStorage('Data.fs')
```

He aquí cómo crear una conexión a la base de datos:

```
>>> from ZODB.DB import DB
>>> db = DB(storage)
>>> connection = db.open()
```

A continuación, es preciso crear el objeto raíz, que va a contener todos los datos:

```
>>> root = connection.root()
```

Y utilizarlo como un diccionario:

```
>>> root['H']=Elemento(1, 'Hidrógeno', 1, 1)
>>> root['He']=Elemento(2, 'Helio', 18, 1)
```

© Editions ENI - All rights reserved

Para validar los cambios realizados, basta con:

```
>>> import transaction
>>> transaction.commit()
```

He aquí algunos detalles relativos a este objeto raíz:

```
>>> type(root)
<class 'persistent.mapping.PersistentMapping'>
>>> root
{'H': <__main__.Element object at 0x27ab810>, 'He':
<__main__.Element object at 0x27ab890>}
>>> root.keys()
['H', 'He']
```

Trabajando sobre este objeto es posible crear una arborescencia de datos y, de este modo, construir una estructura que resulta extremadamente útil, aunque puede utilizarse también como un simple contenedor de objetos que puede contener una gran cantidad de objetos sin sufrir el más mínimo problema de rendimiento. Por el contrario, no puede haber dos claves idénticas; de ahí la necesidad de construir un generador de claves que garantice su unicidad.

Esto puede realizarse de manera sencilla mediante un código independiente del tipo de objeto, o utilizando uno o varios prefijos para crear una tipología.

Cuando simplemente se modifican los atributos de un objeto, la base de datos es capaz de detectar un cambio y validarlo en el siguiente commit aunque, para los objetos mutables, funciona de otra manera, pues la detección de un cambio no es trivial. De este modo, conviene hacer que la clase sea persistente:

```
>>> from persistent import Persistent
>>> class Elemento(Persistent):
...     def __init__(self, numero, nombre, columna, fila):
...         self.numero = numero
...         self.nombre = nombre
...         self.columna = columna
...         self.fila = fila
...     def muestra(self):
...         print("%(numero)s: %(nombre)s (%(columna)s, %
(fila)s)" % self.__dict__)
...
```

También es posible indicar un cambio que se quiere tener en cuenta en un commit modificando el atributo **_p_changed**, de cara a informar que es necesario actualizar el objeto en curso en la siguiente transacción.

Los dos objetos mutables más corrientes son las listas y los diccionarios. En ambos casos existen clases particulares cuyo rol es asegurar la persistencia:

```
>>> from persistent.mapping import PersistentMapping
>>> from persistent.list import PersistentList
```

No existe, por el contrario, ningún conjunto persistente y no es posible construirlo de manera trivial:

```
>>> class PersistentSet(set, Persistent):
...     pass
...
Traceback (most recent call last):
  File "<stdin>", line 1, in <module>
TypeError: Error when calling the metaclass bases
    multiple bases have instance lay-out conflict
```

Para ello, se trabaja en dos etapas. En primer lugar, es necesario crear una clase que herede de set y sobrecargar todos los métodos que producen una modificación poniendo a True el atributo **_p_changed**, a continuación es preciso utilizar el modelo de objetos de Python para determinar en qué casos se utilizan los atributos del conjunto y en qué casos se utilizan los de Persistent; aquí el conjunto es prioritario:

```
>>> class PersistentSet(Persistent):
...     def __init__(self):
...         self._set = AwareSet()
...     def __getattribute__(self, name):
...         try:
...             _set = Persistent.__getattribute__(self, "_set")
...             attr = getattr(_set, name)
...         except AttributeError:
...             attr = Persistent.__getattribute__(self, name)
...         return attr
...
```

Incluso aunque se piense que un objeto no tendrá objetos mutables como atributos, es necesario realizar el esfuerzo de volverlo mutable haciéndolo heredar de Persistent, si hereda directamente del objeto, o agregando Persistent a la lista de sus padres.

La detección de errores si se olvida agregar la persistencia a un objeto es particularmente difícil de realizar, porque algunas modificaciones sobre los objetos mutables pueden tenerse en cuenta y otras no, debido a la forma de modificar un objeto mutable.

Desde la versión 3.3, las clases **news-style** (que heredan de **object**) son persistentes.

La versión 3.4 incluye puntos para realizar copias de seguridad que son minitransacciones.

Si en una base de datos relacional es posible construir relaciones entre entidades, en una base de datos orientada a objetos es posible construir un grafo de objetos.

He aquí un nuevo objeto. Tras haber creado dos elementos, se crea una tabla para contenerlos y se almacena en la base de datos:

```
>>> class Tabla(Persistent):
...     pass
...
>>> tabla = Tabla()
>>> tabla.H=root['H']
>>> tabla.He=root['He']
>>> root['tabla']=Tabla
>>> transaction.commit()
```

© Editions ENI - All rights reserved

En concreto, basta con componer objetos entre ellos para obtener un grafo. Aquí, resulta sencillo, aunque es posible complicarlo todo lo que se desee.
Esto permite representar cualquier tipo de datos. Hemos visto que dos elementos esenciales que permiten representar datos con facilidad son el uso de listas y de diccionarios. También es posible utilizar una lista:

```
>>> class Tabla(PersistentList):
...     pass
...
>>> elementos = Tabla()
>>> elementos.append(root['H'])
>>> elementos.append(root['He'])
>>> root['tabla']=Tabla
>>> transaction.commit()
```

O un diccionario:

```
>>> class Tabla(PersistentMapping):
...     pass
...
>>> elementos = Tabla()
>>> elementos['H']=root['H']
>>> elementos['He']=root['He']
>>> root['tabla']=Tabla
>>> transaction.commit()
```

Todas las posibilidades permiten, para un dato, acceder fácilmente a los objetos conectados y modificarlos por este medio.
Ahora que sabemos de qué forma hacer interactuar los datos y almacenarlos, nos interesaremos por la forma de realizar una búsqueda basada en cualquier condición (tipo de objeto, valor de un atributo...).
Buscar un objeto recorriendo la base de datos supondría trabajar con un rendimiento bastante malo, de la misma manera que si una base de datos relacional tuviera que recorrer sus tablas. Conviene, por tanto, utilizar tablas de índices, como con las bases de datos relacionales, aunque la ZODB no proporciona nada a este respecto, puesto que no existe ninguna solución de indexación nativa. Es el usuario el encargado de gestionar, él mismo, esta problemática.
En realidad, esta problemática es esencial y bien conocida entre los desarrolladores, y existe una manera de resolverla, pues en caso contrario resultaría inútil trabajar con ZODB. La solución más popular es **`ZCatalog`**. Exige crear índices tipándolos y, a continuación, todos los objetos que presenten automáticamente atributos o características (type...) que se correspondan con un índice tendrán la misma ruta de acceso almacenada y serán, de este modo, direccionables.
No es preciso decir que esta librería está optimizada para responder a consultas sobre varios atributos y que trabaja de la manera más óptima posible.
Además, conviene saber que la ZODB utiliza pickle para escribir sus objetos sobre el disco duro. Prácticamente todos los objetos pueden escribir, salvo excepciones contadas, dichos ficheros o funciones.

Para obtener un buen rendimiento, es necesario disponer de contenedores optimizados que, en consecuencia, realizan lo mínimo.

Si se requiere trabajar con grandes listas o diccionarios, conviene aprender a utilizar los BTree y los TreeSet. También es importante saber cómo utilizar los BLOB (*Binary Large OBject*) de manera correcta, por ejemplo, para almacenar cadenas de caracteres muy largas.

La fuerza de ZODB consiste en permitir almacenar cualquier tipo de objeto sin tener que definir una estructura concreta, pues en todo momento es posible agregar atributos que inicialmente no estuvieran previstos, sin limitaciones técnicas similares a las que hemos visto con la declaración de una columna VARCHAR(100), que obliga a trabajar con una cadena de caracteres limitada a 100.

El objeto se serializa, simplemente, y se almacena de manera nativa, presentando así grandes posibilidades, sin necesitar una sentencia SQL para determinar la forma de almacenar y recuperar los elementos, dado que todo se realiza de manera transparente. Por último, resulta sencillo crear una arborescencia de datos y estructurarlos como se desee mediante la creación de grafos.

Los puntos débiles son que la ZODB no ha salido del mundo Python y que no se utiliza en otras tecnologías, mientras que es un producto particularmente fiable, sin duda, pues pocas técnicas permiten interactuar con ella, salvo Python. Además, la indexación no es nativa a la ZODB, que trata de no imponer ningún límite a su rendimiento, lo que puede originar conflictos si no se sabe gestionar. Por último, la enorme libertad que ofrece ZODB puede presentar grandes errores que penalicen el rendimiento si no se controla convenientemente. El rendimiento cuando se trabaja con grandes cantidades de datos puede, también, estar algo por debajo del nivel de las demás bases de datos.

## 4.4 Base de datos orientada al grafo: Neo4j

Una base de datos orientada al grafo, es una base de datos orientada a objetos cuya estructura se basa en la teoría de los grafos: gestiona nodos y arcos para representar los objetos que almacena.

Por lo tanto, está adaptada particularmente al recorrido complejo de arcos que, si usáramos una base de datos relacional, implicaría una complejidad demasiado grande y tiempos de consulta muy altos.

Podemos mencionar, por ejemplo, todas las herramientas de referencia que conoce de la aplicación de tiendas en línea. Por ejemplo, cuando coloca un artículo en su cesta, se le sugieren artículos relacionados que otros clientes pueden haber comprado. En este caso, el cliente es un nodo, el producto es otro y al explotar correctamente los arcos, podemos encontrar esta lista de productos a un costo muy bajo.

La base de datos orientada al grafo más popular es Neo4j. Para instalar un servidor, acceda al siguiente enlace: https://neo4j.com/download/

Para aquellos con un sistema de tipo Linux Debian, esta es una alternativa:

```
$ sudo wget -O - http://debian.neo4j.org/neotechnology.gpg.key |
sudo apt-key add -
$ sudo echo 'deb http://debian.neo4j.org/repo stable/' > /etc/apt/sources.list.d/
neo4j.list
$ sudo apt-get update
$ sudo apt-get install neo4j
```

© Editions ENI - All rights reserved

Una vez terminada la instalación, podemos comprobar que el servidor funciona correctamente, haciendo:

```
$ service neo4j status
```

El servicio funciona en el puerto 7687 y hay disponible una herramienta de administración desde su navegador: http://localhost:7474/browser/. La contraseña por defecto es neo4j, por lo que deberá cambiarla durante su primera conexión.
Una vez conectado, obtiene uno los paneles llamados *play: write-code* en el centro de la pantalla que ofrece varias bases de datos de ejemplo, entre las que encontramos *Movie Graph*. Al hacer clic en él, se abre un nuevo panel *play: movie-graph*.
Este último ofrece una pantalla para crear la base de datos, simplemente haga clic en el icono **play** al inicio del script de creación. Luego puede continuar usando esta herramienta para descubrir como funciona la base de datos de tipo grafo.
Para descubrir como podemos interactuar con esta base de datos usando Python, se aconseja clonar un primer proyecto (https://github.com/neo4j-examples/movies-python-bolt):

```
$ mkdir neo4j
$ virtualenv -p python3 neo4j-movies
$ source neo4j-movies/bin/activate
$ git clone https://github.com/neo4j-examples/movies-python-bolt.git
$ cd movies-python-bolt/
$ pip install -r requirements.txt
```

Solo queda poner la contraseña (la misma que acaba de cambiar) en una variable de entorno:

```
$ export NEO4J_PASSWORD="my-password"
```

Y después, lanzar el servidor:

```
$ python movies.py
```

Verá un grafo de datos y podrá hacer búsquedas, así como echar un vistazo al código para comprobar cómo funciona (tanto del lado de Python como del lado del lenguaje de la base de datos).

## 4.5 Base de datos de tipo clave-valor: Redis

Para almacenar datos que no son entidades con relaciones pesadas entre sí u objetos complejos, es perfectamente justificable utilizar un almacenamiento más sencillo y más conveniente.
Las bases de datos clave-valor se utilizan para almacenar datos estructurados formalmente, pero que están simplemente indexados (a partir de tipos básicos propios de los del lenguaje) por una clave, que es el aspecto esencial del dato.
Comprenden, de forma esquemática, tres instrucciones:

| | |
|---|---|
| SET clave valor | > 'OK' |
| GET clave | > 'valor' |
| DELETE clave | > 'OK' |

Esto es simple y eficaz. Además, es posible aprovechar esta simplicidad para alcanzar un buen rendimiento, mucho mejor que con las bases de datos relacionales, aunque el perímetro funcional es mucho más limitado, puesto que no se pueden realizar consultas que trabajan sobre los valores.

Resulta muy importante acotar bien los requisitos en términos de almacenamiento de datos, y no acudir siempre, de manera sistemática, a las mismas soluciones más habituales, pues se trata de elecciones estructurales de la aplicación y afectan tanto a los datos como al rendimiento.

Las bases de datos clave-valor no cubren las mismas necesidades que las bases de datos relacionales, pero sí permiten alcanzar rendimientos imbatibles cuando se utilizan adecuadamente.

Estas soluciones se conciben, realmente, para trabajar en entornos de muy alto rendimiento, que se alcanza gracias a disponer de una arquitectura distribuida y a aprovechar la estructuración de los datos.

**Redis** es una base de datos clave-valor escrita en C que provee un excelente rendimiento. Se describe, simplemente, como un servidor de diccionarios remoto «REmote DIctionnary Server», lo que realmente es. Sus valores pueden ser de distintos tipos: cadenas de caracteres, listas, diccionarios, conjuntos y conjuntos ordenados.

El conjunto de datos se almacena en memoria, lo que mejora el rendimiento, siempre que no se supere la cantidad de memoria disponible, en cuyo caso se utilizará la memoria virtual, lo cual provoca pérdidas considerables de rendimiento.

**Redis** permite, también, capturar el estado de la memoria en un archivo con el objetivo de hacer frente a un hipotético fallo; de manera imperfecta, pues nada garantiza la conservación de los datos entre dos capturas. En caso de tener una fuerte necesidad de almacenamiento de los datos, conviene orientarse hacia otra solución.

Es, también, posible conservar trazas de las manipulaciones realizadas sobre la memoria. Del mismo modo, es posible utilizar la replicación trabajando con una máquina maestra y varias esclavas, donde las esclavas trabajan en modo de solo lectura, y nada permite garantizar que las esclavas sean una copia perfecta, en todo momento, de su maestra. También en este caso, si se requiere trabajar con una coherencia de datos importante, conviene orientarse hacia otra solución.

**Redis** se utiliza a menudo para almacenar una caché de datos especialmente optimizados (estructura y contenido) para una necesidad muy concreta. De este modo, Redis remplaza a menudo **memcached**, con la ventaja de que no se pierden los datos si se detiene el servidor, puesto que en el siguiente arranque recupera la última captura realizada.

Además, **memcached** funciona sobre una pareja clave-valor que son cadenas de caracteres y, si se desea almacenar un valor diferente a una cadena de caracteres, es preciso serializarlas, lo cual supone una pérdida de tiempo. Con Redis es posible almacenar tipos de datos diferentes, y la combinación permite representar cualquier tipo de datos.

La última ventaja de **Redis** es que tiene un mejor rendimiento que **memcached**, que es una referencia a nivel de rendimiento.

La instalación del paquete en Python 3 se realiza de la siguiente manera:

```
$ sudo pip-3.2 install redis
```

© Editions ENI - All rights reserved

El paso a Python 3 ha terminado y está operacional, descrito en el siguiente ticket: https://github.com/andymccurdy/redis-py/pull/122

El módulo y toda la información útil se encuentran en el sitio PyPI https://pypi.python.org/pypi/redis/. Encontrará también una documentación mínima, aunque muy útil. La documentación de la API se encuentra en Read The Doc: http://redis-py.readthedocs.org/en/latest/

Cabe destacar que la página principal del proyecto ofrece un tutorial sobre el uso del módulo, a un nivel muy asequible.

## 4.6 Bases de datos orientadas a documentos: CouchDB y MongoDB

Una base de datos orientada a documentos es, simplemente, un espacio de almacenamiento destinado a aplicaciones encargadas de gestionar documentos. Esto no excluye a las bases de datos relacionales –como, por ejemplo, PostgreSQL con una extensión que contiene nuevos tipos de datos específicos a los documentos–; no obstante, en la práctica, se trata a menudo de extensiones sobre las bases de datos clave-valor, donde el valor es un documento (sin precisar la naturaleza del documento o su estructura), o de manera más global una estructura de datos no plana.

El interés de esta solución reside en la estructuración del valor y en la optimización de las lecturas realizando un uso correcto de las claves.

MongoDB es una implementación en C++ que permite manipular objetos estructurados en forma binaria mediante BSON, una versión binaria de JSON, de la que conviene disponer de un controlador para cada lenguaje, incluido Python.

MongoDB permite realizar una replicación maestro-esclavo con los esclavos en solo lectura y alcanzar unos rendimientos considerablemente buenos. Existe también un modo batch que permite realizar inserciones masivas, así como la posibilidad de escribir scripts JavaScript para manipular grandes cantidades de datos.

MongoDB permite, también, almacenar información geográfica, situándose como una alternativa a PostGIS (Postgres + extensión gráfica).

La librería Python para acceder a MongoDB (http://pypi.python.org/pypi/pymongo/) es PyMongo y su documentación es relativamente completa (http://api.mongodb.org/python/current/). El paso a Python 3 está, a día de hoy, completamente operacional. Se ha realizado y trazado en un ticket GitHub (https://github.com/mongodb/mongo-python-driver/pull/13).

CouchDB es un proyecto de la fundación Apache escrito en Erlang. Los datos están organizados en forma de colección de objetos JSON y accesibles mediante una API REST. Dada la integración de REST en Python, su uso es bastante afortunado.

CouchDB está diseñado para desplegarse en una arquitectura distribuida con una replicación bidireccional (es decir, no existe un maestro y esclavos, sino elementos iguales que discuten e intercambian información entre sí). Existen procesos nativos que permiten detectar y gestionar los posibles conflictos.

Las librerías de Python para CouchDB son numerosas. Para utilizarlo con Python 3, es preferible usar pycouchdb, que es la mejor librería de entre las disponibles. La documentación se encuentra en PyPI (https://pypi.python.org/pypi/pycouchdb/1.7). No obstante, para usos básicos, es posible interrogar estas bases de datos a bajo nivel mediante JSON.

## 4.7 Bases de datos nativas XML: BaseX, eXist

El XML era, en el pasado, una solución de descripción de datos independiente de cualquier lenguaje de programación y se basaba en una estructura de datos y un medio de controlar la conformidad de la estructura de un documento. Era, por tanto, una solución que permitía a distintas tecnologías comunicarse entre sí, una solución de interoperabilidad.

En la actualidad, la interoperabilidad se resuelve mediante otras tecnologías mucho menos pesadas y más eficaces que han tomado el relevo, como JSON, por ejemplo.

Sin embargo, el rigor de XML y la implicación de ciertas tecnologías como Java suponen un elemento central, y utilizan XML sistemáticamente, incluso para realizar bases de datos en las que el lenguaje de consulta sería XML (XPath o XQuery).

Esto plantea problemas respecto a los medios disponibles para gestionar la indexación, pues es necesario indexar los atributos, pero también las relaciones entre elementos.

Este tipo de bases de datos es bastante específico y necesita buenos conocimientos de XML.

BaseX (http://basex.org) es una solución completa y bastante avanzada respecto a sus competidores directos. Integra una interfaz gráfica para el análisis de datos y dispone de extensiones. La librería de Python, como el propio proyecto, está alojada en GitHub (https://github.com/BaseXdb/basex/tree/master/basex-api/src/main/python) y dispone de ejemplos.

En este caso, conviene estar familiarizado con el mundo XML, e incluso con el mundo Java.

Aunque BaseX dispone también de una API REST que le permite ser consultado directamente desde Python (pues solo hace falta gestionar un intercambio por la red). Destacaremos, sin embargo, que un módulo especializado utiliza esta API REST y nos facilita la tarea: se trata de pyBaseX, también en GitHub (https://github.com/lucalianas/pyBaseX).

Además, eXist proporciona a su vez una interfaz XQuery, XPath y XSLT, y también interfaces HTTP como REST, WebDAV, SOAP, XML-RPC o incluso Atom. Son interfaces que Python puede utilizar de manera nativa, sin necesitar librerías específicas (http://exist-db.org/exist/apps/doc/devguide_rest.xml), pero destacaremos una de las librerías: pyexist.

Otra base de datos XML es Xindice, que está enmarcada en la Fundación Apache, y dispone también de varios medios para utilizarse directamente desde Python.

Todas estas bases de datos están escritas en Java y se utilizan en el marco de proyectos Java, de modo que son perfectamente convenientes a los puristas que defienden la pureza de Java y el XML puro para los datos. Pero estas bases de datos se utilizan relativamente poco en el mundo Python, generalmente en el marco de programas de integración.

© Editions ENI - All rights reserved

## 4.8 Cassandra

**Cassandra** es un proyecto importante entre los desarrollados por la Fundación Apache. La aplicación está diseñada para un volumen importante de datos repartidos en varios servidores (clúster) y está optimizada para obtener tiempos de respuesta mínimos y una tolerancia a fallos elevada.

Inicialmente desarrollada por Facebook, la aplicación se ha liberado y ha sido adoptada por otras redes sociales como Twitter, Netflix, Instagram o Spotify, y la incorporación de este proyecto al portfolio Apache le garantiza una evolución estable, durable y profesional. Ha sido una de las primeras bases de datos en imponerse en el mundo emergente del BigData y es la base de datos NoSQL más popular tras MongoDB.

El sitio oficial es http://cassandra.apache.org/.

Es una base de datos orientada a columnas, aunque presenta funcionalidades clave-valor más clásicas. Con todo, es muy diferente a **Redis** y se utiliza por motivos diferentes. Hablaremos de bases de datos orientadas a columna un poco más adelante.

El lenguaje utilizado para producir consultas en **Cassandra** es el CQL (*Cassandra Query Language*), que difiere de SQL en que está dirigido a una base de datos orientada a columnas.

La primera edición de este libro presentaba **Pycassa**, que ahora se ha reemplazado por **DataStax** (https://github.com/datastax/python-driver), que soporta Python 2.6, 2.7 y Python 3 a partir de Python 3.3.

Se instala así:

```
$ pip3,5 install cassandra-driver
```

Encontrará la documentación necesaria aquí: http://datastax.github.io/python-driver/index.html. También puede ver a qué se parecen las consultas CQL y su uso en Python aquí: http://datastax.github.io/python-driver/getting_started.html

## 4.9 Bases de datos orientadas a columnas: HBase

Las bases de datos relacionales a las que estamos acostumbrados están orientadas a filas. Una tabla tiene un número de columnas fijo, perfectamente definido, y cada registro es una fila que tiene un valor para cada columna. Cuando no existen valores, se utiliza el valor **NULL**. Las bases de datos orientadas a columnas no definen columnas, sino familias de columnas. Cada registro puede tener tantas columnas como desee, cada una pertenece a una familia. Además, cada estado del dato se almacena, de manera similar a un timestamp, lo que permite conservar todo el histórico.

El dato se parece finalmente a una especie de diccionario donde las claves serían multidimensionales (combinación entre la clave de la fila, la de la familia de columna, la de la columna y un timestamp). La ventaja es que las claves se encuentran muy rápido y se pueden hashear y los valores se obtienen también rápidamente a partir de esta clave.

Esta manera de trabajar permite insertar lo que se necesita para cada registro, modificar las tablas más fácilmente y aplicar optimizaciones sobre las columnas.

HBase es una base de datos distribuida, orientada a columnas, concebida para gestionar grandes cantidades de datos estructurados, y está escrita en Java. Forma parte del ecosistema Hadoop aunque puede utilizarse de manera independiente.

Python dispone de un módulo llamado HappyBase que permite utilizar HBase:
https://happybase.readthedocs.org/en/latest/
Se instala así:

```
$ sudo pip-35 install happybase
```

Se reproduce aquí el ejemplo de la página de inicio de este sitio para mostrar cómo funciona dicha base:

```
>>> import happybase
```

Se conecta con el servidor de base de datos:

```
>>> conexion = happybase.Connection('hostname')
```

A diferencia de las bases de datos relacionales, las tablas son independientes, no hay uniones. Desde el punto de vista de Python, una tabla se puede ver como un objeto que hay que buscar:

```
>>> tabla = conexion.table('table-name')
```

Se pueden insertar datos así:

```
>>> tabla.put('row-key', {'family:qual1': 'value1',
...                       'family:qual2': 'value2'})
```

Reconocemos la clave de la familia de columnas antes de los dos puntos, seguidos de la columna. La familia de columnas debe declararse durante la creación de la tabla (o actualizando esta última). Por el contrario, las columnas pueden utilizarse la primera vez, esto no importa.
Se puede acceder a un registro a partir de su propia clave:

```
>>> row = table.row('row-key')
```

Se puede acceder a un dato cruzándolo con el nombre de una columna.

```
>>> print row['family:qual1']  # prints 'value1'
```

Se puede iterar sobre un conjunto de registros así:

```
>>> for key, data in table.rows(['row-key-1', 'row-key-2']):
...     print key, data  # prints row key and data for each row
```

También se puede recorrer toda la tabla, eventualmente completando el campo con el prefijo del registor que se desea encontrar:

```
>>> for key, data in table.scan(row_prefix='row'):
...     print key, data  # prints 'value1' and 'value2'
```

Por último, se puede eliminar un registro así:

```
>>> row = table.delete('row-key')
```

La base de datos HBase es también una de las bases de datos NoSQL más populares junto con MongoDB, Cassandra y Redis, todas en el top 20 (http://db-engines.com/en/ranking).

© Editions ENI - All rights reserved

## 4.10 Big Data: el ecosistema Hadoop

El ecosistema Hadoop es un conjunto de herramientas dedicadas exclusivamente al Big Data y funciona en clúster. Si no tiene demasiados TB de datos que almacenar, no está hecho probablemente para usted.

Este ecosistema permite manipular datos muy poco estructurados y se sitúa en el extremo opuesto a las bases de datos relacionales: no está pensada para gestionar problemáticas en tiempo real, ni para responder a consultas rápidamente, ni para optimizar el uso de la memoria o del espacio en disco, sino para realizar el análisis de datos históricos sobre grandes cantidades de datos, y no duda en replicar mucho estos datos, de modo que necesita cantidades ingentes de recursos.

El ecosistema contiene, entre otros, HBase de la que ya hemos hablado, MapReduce, HDFS, HCatalog, Pig y Hive. Los vamos a presentar.

No vamos a detallar aquí la instalación de Hadoop: si realmente lo necesita, podrá encontrar la información necesaria (y el método podría cambiar drásticamente, haciendo que este paso se quede obsoleto rápidamente). Indicaremos simplemente que es necesario definir cierto número de variables de entorno.

En Linux, esto se hace en el archivo **~/.bashrc**:

```
export JAVA_HOME=/usr/lib/jvm/java-7-openjdk-amd64
export HADOOP_HOME=/home/hadoop/hadoop
```

En los demás, no hay nada especialmente complicado, si se está acostumbrado a Python:

```
$ sudo pip-3.5 install pydoop
```

La documentación oficial es un excelente lugar para comenzar (http://crs4.github.io/pydoop/); sin embargo, conviene estar familiarizado con el principio de funcionamiento de Hadoop, en particular, con el concepto MapReduce.

En efecto, toda operación sobre los datos puede realizarse mediante operaciones de tipo MapReduce. Si ha seguido bien la sección Los fundamentos del lenguaje de este libro, y en particular, lo relativo a la programación funcional, el cambio será menos drástico para usted (una ventaja sobre aquellos desarrolladores que solo programan con orientación a objetos): el nombre viene de la concatenación de dos de las funcionalidades más emblemáticas **map** y **reduce** (las demás son **filter**, **lambda one** o **all**).

Estas operaciones se realizan mediante una plataforma con el mismo nombre que permite realizar cálculos sobre cantidades de datos superiores al TB, pero que de momento está poco optimizada (uno de los grandes proyectos en curso).

He aquí un ejemplo:

```
def mapper(_, record, writer):
    writer.emit("", len(record))
```

Podemos destacar que Hadoop utiliza particiones particulares: particiones HDFS (*Hadoop Distributed File System*). HDFS se construye por encima de la capa TCP/IP y está desarrollado en Java a partir de GoogleFS. Permite gestionar grandes volúmenes de datos representando varios discos duros físicos de varias máquinas como un único volumen lógico, de ahí el uso de TCP/IP.

Estas particiones pueden manipularse por línea de comandos, aunque también desde Python:

```
>>> from pydoop.hdfs import hdfs
>>> fs = hdfs()
```

A continuación, podemos manipular nuestro sistema de archivos mediante este objeto y así, por ejemplo, recuperar su capacidad total o utilizada:

```
>>> fs.capacity()
>>> fs.used()
```

Es posible encontrar o cambiar la carpeta de trabajo por defecto:

```
>>> fs.working_directory()
>>> fs.set_working_directory('/ruta/hasta/carpeta')
```

También es posible encontrar información acerca del contenido o los metadatos de una carpeta:

```
>>> fs.list_directory('.')
>>> fs.get_path_info('.')
```

Otro método permite encontrar la ruta absoluta de una carpeta:

```
>>> import pydoop.hdfs.path as hpath
>>> hpath.abspath('.')
u'hdfs://localhost:9090/user/hadoop/.'
```

Es posible navegar por el árbol en HDFS de la misma manera que Python lo permite para los demás sistemas de archivos:

```
>>> fs.walk('/ruta/hasta/carpeta')
```

Comprobar la existencia de un archivo:

```
>>> fs.exists('/ruta/hasta/archivo')
```

Copiar, desplazar o eliminar archivos:

```
>>> fs.copy('/ruta/hasta/archivo/origen', fs,
            '/ruta/hasta/archivo/destino')
>>> fs.move('/ruta/hasta/archivo/origen', fs,
            '/ruta/hasta/archivo/destino')
>>> fs.delete('/ruta/hasta/archivo/origen')
```

Precisemos que si el archivo de origen está sobre el sistema de archivos en curso, el de destino puede estar sobre cualquier sistema de archivos (de ahí, el segundo parámetro de las funciones **copy** y **move**).
Otro de los aspectos importantes es la gestión de permisos:

```
>>> fs.chmod('/ruta/hasta/archivo', 777)
>>> fs.chown('/ruta/hasta/archivo', 'user', 'group')
```

He aquí ahora el método que permite abrir un archivo:

```
>>> fs.open_file('/ruta/hasta/archivo')
```

© Editions ENI - All rights reserved

El objeto obtenido no es un descriptor de archivo al uso, sino de tipo pydoop.hdfs.file. Sin embargo, este último se comporta desde el exterior exactamente de la misma manera. Encontramos los métodos **read**, **readline**, **seek**, **tell** y **close** entre otros, aunque encontramos también las funciones **read_chunk** o **pread**, que permiten ofrecer alternativas potencialmente con un mejor rendimiento.

Sobre cada archivo, es posible definir un nivel de replicación diferente:

```
>>> fs.set_replication('/ruta/hasta/archivo', 2)
```

He aquí para terminar otras funciones útiles, entre ellas:

```
>>> from pydoop.hdfs import get, put, mkdir, rmr, lsl
```

HCatalog permite administrar el índice y el almacenamiento. Es similar a otros tipos de catálogos, tales como los que encontramos en ZODB, por ejemplo. El principio consiste en almacenar la posición de los elementos respecto a los índices que son hasheables y, por lo tanto, fáciles de encontrar. Esta es una etapa indispensable para obtener rendimientos aceptables. HCatalog también permite abstraerse del formato de almacenamiento de los datos y obtener una vista relacional. Es posible acceder a esta herramienta mediante una API REST, aunque todavía no existe ninguna interfaz de alto nivel para Python.

Pig es una herramienta que permite crear programas map/reduce en su propio lenguaje, lo que permite abstraerse del lenguaje Java y aproximarse a SQL. También podemos escribir programas directamente en Python, entre otros. Podemos también acceder a estos servicios mediante una API REST puesto que por ahora no existe ninguna interfaz de alto nivel.

Por último, Hive (colmena) es un sistema de almacenamiento de datos relacionales, construido encima de Hadoop y cuya función principal consiste en disminuir la complejidad inherente a los datos que están por naturaleza poco estructurados, proporcionándoles cierta estructura. Permite realizar consultas complejas sobre estos datos y, de este modo, realizar un análisis de los datos y del datamining. Hive posee una interfaz REST así como una librería de alto nivel, construida sobre SQLAlchemy (https://github.com/dropbox/PyHive).

# 5. LDAP

## 5.1 Protocolo

LDAP son las siglas de *Lightweight Directory Access Protocol* y es, como su propio nombre indica, un protocolo destinado a acceder a los datos presentes en un directorio, con forma de arborescencia estandarizada.

Este protocolo incluye un modelo de datos, un modelo de nomenclatura, un modelo funcional, un modelo de seguridad y un modelo de replicación.

## 5.2 Servidores

Existen multitud de servidores que permiten crear directorios LDAP, llamados servidores LDAP, o implementaciones del protocolo LDAP. Los dos principales son openLDAP y Apache Directory Server.

El primero es una implementación libre que almacena los datos en una base BerkeleyDB, pero que puede almacenarlos de otras formas. Es una referencia absoluta, muy extendida, con un buen rendimiento, fiable y dispone de una comunidad impresionante en términos de competencia y capacidad de reacción, entre otras cualidades.

Apache Directory Server es una versión desarrollada en Java, destinada a contentar a los puristas de lenguaje, permitiéndoles integrar, e incluso embarcar, un servidor LDAP escrito en Java. Está bastante extendido entre las principales aplicaciones Java, aunque Python, como cualquier otra tecnología, también puede acceder.

## 5.3 Terminología

Los datos se presentan bajo la forma de una estructura arborescente. Esta dispone de una raíz (root) cuyo nombre se corresponde, por convención, con la rama DNS que representa la situación del directorio. Todos los datos se asocian a esta raíz.

Los datos que son terminales (no tienen datos asociados) se denominan hojas, y los demás elementos son nodos, por contraposición.

En función de la pertenencia de un dato (nodo u hoja) a un nodo padre, su característica propia (RDN, por *relative distinguished name*), que es única respecto a los demás miembros contenidos en el nodo padre, puede ser una organización (o), una unidad organizativa (ou), un nombre (cn) u otro.

Un objeto cualquiera posee una o varias clases y varios atributos, algunos de ellos obligatorios por su pertenencia a las clases (por ejemplo, el atributo RDB viene impuesto por la clase y es obligatorio para una persona (InetOrgPerson, sn es obligatorio, como lo es cn, que es el RDN)). Cada atributo es multivaluado, es decir, está diseñado para recibir varios valores.

Existe un identificador único llamado dn (por *distinguised name*) que es la concatenación de los RDN de cada nodo partiendo del propio dato hasta la raíz.

## 5.4 Instalación

Damos por hecho que dispone de un servidor LDAP instalado de manera local sobre su propio equipo, o que puede acceder a un servidor remoto. Los ejemplos provistos a continuación utilizan un servidor local.

Para instalar los paquetes Python, se procede de la siguiente manera:

```
pip-3.2 install ldap3
```

Esta nueva librería LDAP3 remplaza la antigua librería LDAP. La manera de trabajar se ha revisado completamente; veremos el impacto conforme avancemos en esta sección

© Editions ENI - All rights reserved

## 5.5 Abrir una conexión a un servidor

Para abrir una conexión a un servidor, es necesario importar, en primer lugar, algunos objetos:

```
>>> from ldap3 import Server, Connection, AUTH_SIMPLE,
STRATEGY_SYNC, GET_ALL_INFO
```

Como podemos observar, se importa cierto número de constantes.
A continuación, es posible crear el objeto servidor:

```
>>> s = Server('localhost', port=389, get_info=GET_ALL_INFO)
```

Luego, es posible crear el objeto conexión:

```
>>> c = Connection(s,
... auto_bind=True,
... client_strategy=STRATEGY_SYNC,
... user='cn=admin,dc=mydomain,dc=com',
... password='secreto',
... authentication=AUTH_SIMPLE)
```

Aquellos que conozcan la antigua librería recordarán que existían muchos métodos de conexión en función de si se deseaba trabajar de manera síncrona o asíncrona, o en función del método de autenticación.
Todo esto se ha remplazado con dos clases, más el uso de constantes. Lo detallaremos más adelante. Ahora que hemos abierto una conexión, podemos recuperar información útil para saber qué nos permite realizar el servidor LDAP:

```
>>> print(s.info)
DSA info (from DSE):
Supported LDAP Versions: 3
Naming Contexts:
dc=mydomain ,dc=com
Supported Controls:
2.16.840.1.113730.3.4.18 - Proxy Authorization Control - Control - RFC6171
2.16.840.1.113730.3.4.2 - ManageDsaIT - Control - RFC3296
1.3.6.1.4.1.4203.1.10.1 - Subentries - Control - RFC3672
1.2.840.113556.1.4.319 - LDAP Simple Paged Results - Control - RFC2696
1.2.826.0.1.3344810.2.3 - Matched Values - Control - RFC3876
1.3.6.1.1.13.2 - LDAP Post-read - Control - RFC4527
1.3.6.1.1.13.1 - LDAP Pre-read - Control - RFC4527
1.3.6.1.1.12 - Assertion - Control - RFC4528
Supported Extensions:
1.3.6.1.4.1.4203.1.11.1 - Modify Password - Extension - RFC3062
1.3.6.1.4.1.4203.1.11.3 - Who am I - Extension - RFC4532
1.3.6.1.1.8 - Cancel Operation - Extension - RFC3909
Supported Features:
1.3.6.1.1.14 - Modify-Increment - Feature - RFC4525
1.3.6.1.4.1.4203.1.5.1 - All Op Attrs - Feature - RFC3673
1.3.6.1.4.1.4203.1.5.2 - OC AD Lists - Feature - RFC4529
1.3.6.1.4.1.4203.1.5.3 - True/False filters - Feature - RFC4526
1.3.6.1.4.1.4203.1.5.4 - Language Tag Options - Feature - RFC3866
```

```
1.3.6.1.4.1.4203.1.5.5 - language Range Options - Feature - RFC3866
Supported SASL Mechanisms:
DIGEST-MD5, NTLM, CRAM-MD5
Schema Entry:
cn=Subschema
Other:
entryDN:
objectClass:
top
OpenLDAProotDSE
structuralObjectClass:
OpenLDAProotDSE
configContext:
cn=config
```

## 5.6 Realizar una búsqueda

Para realizar una búsqueda, basta con utilizar el método search de la clase Connection:
Damos por hecho que dispone de un servidor LDAP instalado de manera local sobre su propio equipo, o que puede acceder a un servidor remoto. Los ejemplos provistos a continuación utilizan un servidor local:

```
>>> with Connection(s, auto_bind = True, client_strategy =
STRATEGY_SYNC, user='cn=admin,dc=nodomain', password='test',
authentication=AUTH_SIMPLE) as c:
... c.search('o=test',
... '(objectclass=*)',
... SEARCH_SCOPE_WHOLE_SUBTREE,
... attributes = ['sn', 'objectclass'])
...
```

El primer argumento es el baseObject: se trata del elemento a partir del que se realiza la búsqueda. El segundo argumento es el filtro de búsqueda (en este caso, todos los objetos). El tercer argumento representa el método de búsqueda y, por último, el cuarto argumento representa los atributos que queremos recuperar.
En este caso, se utiliza una constante para definir el método de búsqueda. He aquí las diferentes opciones para dicho método:

```
SEARCH_SCOPE_BASE_OBJECT
SEARCH_SCOPE_SINGLE_LEVEL
SEARCH_SCOPE_WHOLE_SUBTREE
```

En la primera constante, el método de búsqueda **BASE** permite encontrar el propio objeto **baseObject**. La segunda constante se corresponde con el método **ONE**, que permite realizar la búsqueda a nivel de entradas inmediatamente vinculadas al objeto **baseObject**, mientras que la última constante se corresponde con el método **SUB** y busca en toda la profundidad del árbol a partir del objeto **baseObject**.

© Editions ENI - All rights reserved

Existen, también, otras constantes que permiten definir si se desea seguir los alias o no (**derefAliases**):

```
SEARCH_DEREFERENCE_ALWAYS
SEARCH_DEREFERENCE_FINDING_BASE_OBJECT
SEARCH_DEREFERENCE_IN_SEARCHING
SEARCH_NEVER_DEREFERENCE_ALIASES
```

Por último, conviene invertir cierto tiempo en la construcción del filtro de búsqueda para LDAP. Cuando se describe una condición, se indica entre paréntesis:

```
(atributo=valor)
```

También es preciso saber que se trata de una escritura prefijada. Es decir, una condición Y se escribe de la siguiente forma:

```
(&(atributo1=valor1)(atributo2=valor2))
```

Veamos, por ejemplo, cómo encontrar todas las personas (objetos de tipo person) cuyo nombre sea Joe y su apellido Satriani:

```
(&(objectClass=person)(|(givenName=Joe)(sn=Satriani)))
```

## 5.7 Síncrono vs asíncrono

Los servidores LDAP tienen muy buen rendimiento y pueden trabajar con cantidades de datos muy importantes. Disponen de un modo de trabajo síncrono y otro asíncrono.

En efecto, cuando se realiza una búsqueda utilizando el método BASE sobre un servidor LDAP que esté razonablemente solicitado, el resultado se recupera rápidamente. En este caso, utilizar el método síncrono obliga al cliente a esperar el resultado y recuperarlo muy rápidamente.

En otros casos, en particular cuando se utiliza el método SUB, con un filtro complejo, se van a obtener, potencialmente, muchos resultados y el servidor puede tardar bastante tiempo en devolver la respuesta.

La idea es que, en lugar de esperar a que el servidor remoto termine la operación de búsqueda, le pidamos el primer resultado, que podemos tratar antes de pedir el siguiente, y así sucesivamente. Esto disminuye de forma considerable el tiempo de espera y permite, también, no tener una aplicación aparentemente parada esperando una respuesta del servidor, sobre todo cuando resulta imposible prever cuánto tiempo tardará en devolver el resultado.

He aquí las constantes relativas a las estrategias síncrona y asíncrona:

```
STRATEGY_ASYNC_THREADED
STRATEGY_LDIF_PRODUCER
STRATEGY_REUSABLE_THREADED
STRATEGY_SYNC
STRATEGY_SYNC_RESTARTABLE
```

## 5.8 Conexiones seguras

Para securizar una conexión a un servidor LDAP, lo más eficaz es utilizar SSL y TLS. Para ello, creamos en primer lugar el objeto **Tls**:

```
>>> import ssl
>>> tls = Tls(
... local_private_key_file='key.pem',
... local_certificate_file='cert.pem',
... validate=ssl.CERT_REQUIRED,
... version=ssl.PROTOCOL_TLSv1,
... ca_certs_file='ca_certs.b64')
```

Esta es la etapa importante, pues toda la seguridad de la conexión se basa en un uso correcto de los certificados. Debe utilizar los certificados generados por sus entidades de certificación o bien generar su propios certificados autofirmados si desea trabajar en local. Para ello, podemos recuperar el ejemplo de creación de una conexión usado más arriba:

```
>>> s = Server('localhost', port=389)
```

Y modificarlo para utilizar SSL:

```
>>> s = Server('localhost', port=636, use_ssl=True, tls=tls)
>>> c.start_tls()
```

Por último, existe también SASL, que utiliza dos métodos: External y Digest-Md5. Este último es muy poco seguro y bastante fácil de romper, pero se implementa en Python porque muchos servidores LDAP disponen únicamente de este método y es necesario poder comunicarse con ellos. Tenga en cuenta, únicamente, que conviene migrar estos servidores y dejar de utilizar este protocolo.
He aquí cómo crear una conexión que utiliza External:

```
>>> connection = Connection(server,
... auto_bind=True,
... version=3,
... client_strategy=STRATEGY_ASYNC_THREADED , # No vinculada a SASL
... authentication=AUTH_SASL,
... sasl_mechanism='EXTERNAL',
... sasl_credentials='username')
```

© Editions ENI - All rights reserved

# Parte 5:
# Puesta en práctica

## Capítulo 5-1
## Crear un entorno de trabajo en 10 minutos

### 1. Descripción de la aplicación para construir

En los siguientes capítulos vamos a construir una aplicación en varias partes con el propósito de demostrar que una aplicación puede tener una interfaz web (capítulo Crear una aplicación web en 30 minutos), una interfaz gráfica (capítulo Crear una aplicación gráfica en 20 minutos) y una interfaz de consola (capítulo Crear una aplicación de consola en 10 minutos) y compartir los datos.

La aplicación en su totalidad es un simple formulario de contacto.

La solución web adoptada es Pyramid, un framework web que usa distintos módulos de Python probados que agrega y en los que se apoya para ofrecer una solución fiable, aunque muy ligera.

De hecho, en el universo Python para la web, existe una gran cantidad de módulos concurrentes para cada aspecto de la web: solución de autentificación, de enrutamiento de gestión de datos, de generación de páginas web (creación de plantillas), etc.

El desacoplamiento de estos módulos es uno de los puntos fuertes de este framework, lo que lo convierte en la herramienta ideal para los creadores web.

La solución persistente que vamos a usar es PostgreSQL, pero también es posible usar MySQL o incluso, pero solo para el desarrollo, SQLite.

La solución que vamos a usar para la interfaz gráfica será GTK+. De hecho, la solución habitual es la que se incluye en el lenguaje Python, es decir, TKInter, y ya hay muchos tutoriales que hablan de ella. GTK es una biblioteca más generalista, usada para crear las aplicaciones en Debian o Ubuntu (por ejemplo) y permite responder a todas las necesidades modernas.

Por último, para la interfaz de consola, vamos a usar bibliotecas estándar de Python.

## 2. Contenedores

Vamos a usar Docker y Docker compose. Para instalarlos, estas son las distintas páginas útiles de la documentación oficial:

– https://www.docker.com/get-started/

– https://docs.docker.com/compose/install/

Si utiliza Windows, se recomienda instalar WSL usando Debian o Ubuntu como distribución por defecto, luego Docker Desktop desde Microsoft Store y activarlo bajo WSL. Después, usará WSL para todas las operaciones.

### 2.1 Portainer

Incluso antes de empezar a pensar en nuestra aplicación, hay que establecer los distintos contenedores que necesitamos. El primero es una herramienta que nos permite gestionar nuestros contenedores con facilidad mediante una interfaz web.

Aquí podemos ver un extracto del archivo **docker-compose.yml** relacionado con este tema:

```
version: '3.3'
services:

 portainer:
   image: portainer/portainer-ce:latest
   ports:
     - 9443:9443
   volumes:
     - portainer_data:/data
     - /var/run/docker.sock:/var/run/docker.sock
   restart: unless-stopped

volumes:
 portainer_data
```

Hay que colocar este archivo en la raíz del proyecto. Lo importante es la sección **volumes** y el hecho de que el contenedor va a compartir con nuestra máquina el archivo **/var/run/docker** y, por lo tanto, el portainer estará conectado con el Docker de nuestra máquina.

Una vez hecho esto, hay que ejecutar el comando siguiente en una línea de comandos dentro del directorio fuente del proyecto:

```
$ docker compose up -d
```

Una vez hecho esto, hay que ir rápidamente a https://localhost:9443 y finalizar la instalación desplegando la configuración local (un botón para hacer clic); rápidamente porque, después del comando anterior, hay un tiempo limitado para acceder a Portainer. Si tarda demasiado, habrá que volver a ejecutar este mismo comando. Añadamos también el hecho de que la URL debe especificar HTTPS, no hay redirección automática.

© Editions ENI - All rights reserved

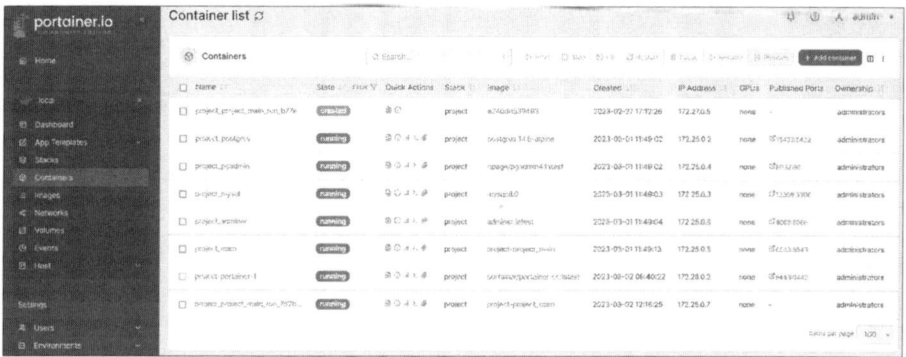

*Vista de la herramienta portainer*

Ahora puede ir a ver las variables de entorno o los parámetros de un contenedor, sus registros o incluso acceder a una consola desde esta herramienta.

## 2.2 Base de datos

Se puede usar MySQL, PostgreSQL o incluso SQLite. Para este último, será suficiente con almacenar los datos en memoria o dentro de un archivo en el contenedor de la aplicación. Para los dos primeros, es necesario usar un contenedor para la base de datos, al que se añadirá un contenedor para la visualización de los datos (adminer o pgadmin4, según la base elegida).

Aquí podemos ver la configuración de estos contenedores para MySQL, siempre dentro del mismo archivo:

```
version: '3.3'

services:
 project_mysql:
   container_name: project_mysql
   image: mysql:8.0
   restart: unless-stopped
   environment:
     - MYSQL_ROOT_PASSWORD=secret
   ports:
     - "13306:3306"
   volumes:
     - mysql_data:/var/lib/mysql

 adminer:
   container_name: project_adminer
   image: adminer:latest
   restart: unless-stopped
   ports:
```

```
      - 8063:8080
    depends_on:
        - project_mysql

volumes:
 mysql_data:
```

Si lo desea, guarde los elementos anteriores para Portainer. Cabe señalar que aquí inicializamos la contraseña root sel servidor (también puede hacerse con ayuda de variables de entorno para no confirmar este dato dentro de nuestro repositorio de código).

Para Postgres, proponemos esta configuración:

```
version: '3.3'

services:
 project_postgres:
    container_name: project_postgres
    image: postgres:14.6-alpine
    restart: unless-stopped
    environment:
      - POSTGRES_DB=project
      - POSTGRES_USER=project
      - POSTGRES_PASSWORD=secret
      - POSTGRES_PORT=5432
    ports:
      - "15432:5432"
    volumes:
      - postgres_data:/var/lib/postgresql/data

 pgadmin:
    container_name: project_pgadmin
    image: dpage/pgadmin4:latest
    environment:
        PGADMIN_DEFAULT_EMAIL: pythoniste@protonmail.com
        PGADMIN_DEFAULT_PASSWORD: secret
        PGADMIN_LISTEN_PORT: 80
    ports:
        - 8032:80
    volumes:
        - pgadmin_data:/var/lib/pgadmin
        - ./servers.json:/pgadmin4/servers.json
    depends_on:
        - project_postgres

volumes:
 postgres_data:
 pgadmin_data:
```

© Editions ENI - All rights reserved

En esta ocasión, podemos configurar el usuario, la contraseña y el nombre de base en Postgres, así como el puerto de escucha, pero también el correo predeterminado y el puerto de escucha de pgadmin4. En el caso de esta última herramienta, recuerde que puede alcanzar distintos servidores. Se puede predeterminar la configuración de PG Admin dando, dentro de un archivo servers.json, los parámetros de nuestro servidor descrito dentro del docker-compose:

```
{
    "Servers": {
        "project_postgres": {
            "Name": "project_postgres",
            "Group": "Servers",
            "Host": "project_postgres",
            "Port": 5432,
            "MaintenanceDB": "postgres",
            "Username": "project",
            "SSLMode": "prefer",
            "PassFile": "/pgadmin4/pgpassfile"
        }
    }
}
```

La contraseña se almacenará en local dentro del contenedor y, como se trata de un volumen persistente, podrá volver a conectarse con ayuda de la herramienta sin tener que volver a introducirla cada vez.

Hay que precisar que las herramientas portainer, adminer o pgadmin4 no tienen nada que hacer dentro de una pila de producción y, si ya las tiene en otra pila o en local, o si prefiere las pull desde el Docker Hub sin pasar por un archivo compose, también es perfectamente aceptable. Aquí están agrupadas con el propósito de facilitar la tarea de aquellos de ustedes que no estén muy familiarizados con Docker.

## 3. Crear su contenedor Docker

Crear un contenedor Docker permite gestionar todo el entorno, desde la versión del SO hasta las bibliotecas de sistema instaladas; uno de esos elementos es la versión de Python. Entonces se puede usar la versión de sistema de Python, pero sabiendo que solo sirve para nuestra aplicación.

Configuraremos nuestro propio contenedor de la siguiente manera:

```
services:
 project_main:
   container_name: project_main
   build:
     context: .
     dockerfile: ./Dockerfile
   # command: pserve development.ini
   tty: true
   ports:
   - "6543:6543"
```

```
    volumes:
      - ".:/home/pythoniste"
      - data:/home/pythoniste/project/data
    restart: unless-stopped
    links:
      - project_postgres
    depends_on:
      - project_postgres
    environment:
      - POSTGRES_HOST=project_postgres
      - POSTGRES_PORT=5432
      - POSTGRES_DB=project
      - POSTGRES_USER=project
      - POSTGRES_PASSWORD=secret

volumes:
 data:
```

Por motivos de preferencias personales, uso PostgreSQL, pero con unos pocos cambios es posible hacer de MySQL en su lugar, actualizando la dependencia, el vínculo y, principalmente las variables de entorno.

Ahora, solo falta un elemento para nuestro contenedor: el comando. En efecto, en este momento, todavía no hemos hecho nada, no hemos iniciado nuestro proyecto, y por lo tanto no se puede iniciar un servidor de internet que todavía no existe.

Este comando se añadirá al final. Mientras tanto, está escrito en las líneas anteriores, pero como comentario.

Este contenedor se ha construido según una receta contenida dentro del archivo Dockerfile. Aquí podemos verlo:

```
FROM python:3.11-bullseye

SHELL ["/bin/bash", "-c"]

ENV DEBIAN_FRONTEND noninteractive
ENV APT_KEY_DONT_WARN_ON_DANGEROUS_USAGE=DontWarn
ENV PYTHONDONTWRITEBYTECODE 1
ENV PYTHONUNBUFFERED 1
ENV LANG en_US.utf8
ENV TERM xterm
ARG POETRY_VERSION=1.3.2


RUN apt-get update && \
   apt-get upgrade -y && \
   apt-get install -y libsasl2-dev libldap2-dev libssl-dev python3-dev \
                     libxml2-dev libxslt1-dev libgflags-dev libzstd-dev \
                     libsnappy-dev zlib1g-dev libbz2-dev liblz4-dev \
                     librdkafka-dev libpq-dev libgirepository1.0-dev \
                     libsqlite3-dev default-libmysqlclient-dev \
                     make g++ build-essential devscripts debhelper fakeroot \
                     locales locales-all --no-install-recommends

ENV LC_ALL en_US.UTF-8
```

© Editions ENI - All rights reserved

```
ENV LANG en_US.UTF-8
ENV LANGUAGE en_US.UTF-8

RUN useradd pythoniste --create-home --user-group --groups sudo --shell /bin/bash

WORKDIR /home/pythoniste

# Actualización de PIP
RUN pip install --no-cache-dir --upgrade pip

# Instalación de Poetry
RUN pip install poetry==${POETRY_VERSION}
RUN poetry config virtualenvs.create false

# Instalación de las dependencias
# COPY * .
# RUN poetry install --no-interaction --no-ansi
# RUN poetry build && poetry install ./project

# Limpieza de los paquetes Debian que ya no son útiles
RUN apt-get clean
```

Sin entrar en detalles, esta receta permite instalar una cierta cantidad de bibliotecas útiles para muchas necesidades distintas (**libpd** para PostgreSQL, **libldap2** para el LDAP, etc.) que usted podrá utilizar según lo que decida implementar después de estos tutoriales o incluso para probar otras partes de este libro.

La receta también permite actualizar **pip** e instalar **poetry**, ya presente en este libro. Después, hay tres líneas que están comentadas porque permiten instalar el entorno **poetry** que todavía no hemos creado, así como el futuro proyecto.

Una vez más, para crear este contenedor, habrá que hacer un:

```
$ docker compose up -d
```

Para forzar que el contenedor se cree de nuevo, es posible hacer:

```
$ docker compose build
```

Entonces verá cómo se construye el contenedor etapa por etapa. Si una etapa falla, se volverá a iniciar la última etapa que se realizó correctamente. Si ha modificado la receta entre dos llamadas al comando, entonces el proceso se retomará precisamente en el nivel del cambio.

## 4. Instalar sus bibliotecas Python

Una vez que el contenedor está operativo, es posible lanzar un terminal en su interior desde **portainer** o desde la consola tecleando el siguiente comando:

```
$ docker compose run projetct_main bash
```

Una vez en el interior, la primera vez hay que inicializar **poetry**:

```
$ poetry init
```

Este comando le hará varias preguntas y luego le ofrecerá instalar varias bibliotecas. Para cada una de ellas, escribirá un nombre para buscar, después un número en la lista de resultados de la búsqueda y, finalmente, una limitación. También puede instalar los archivos con ayuda de:

```
$ poetry add chameleon
$ poetry add "sqlalchemy<2.0"
```

Una vez activadas todas las dependencias, podrá hacer:

```
$ poetry install
```

luego reactive las dos primeras líneas comentadas dentro del archivo Dockerfile (la siguiente, así como la línea comentada dentro del archivo **docker-compose.yml**, deberán ser descomentadas cuando se cree el proyecto principal).
Podrá verificar que el contenedor se crea bien volviendo a ejecutar el comando:

```
$ docker compose up -d
```

Cuidado: si tiene un error con **poetry**, a nivel global hay dos explicaciones: usted pide lo imposible (instalar un paquete que depende de **xxx** versión inferior a 1 y otro que depende de **xxx** versión superior a 1, por ejemplo, algo que es irresoluble) o que la instalación de uno de los paquetes fracasa porque le falta una biblioteca (dependencia del sistema **libxxx-dev**). En ese momento, habrá que identificar esta dependencia y añadirla a la receta **Dockerfile**.
Ahora está listo para iniciar los tutoriales.

© Editions ENI - All rights reserved

# Capítulo 5-2
# Crear una aplicación web en 30 minutos

## 1. Descripción de la aplicación que se va a construir

Como hemos especificado en el capítulo anterior, vamos a construir una aplicación que permite ilustrar varios campos técnicos distintos. Este capítulo se centra en la parte principal: la aplicación web.

De hecho, para construir esta aplicación, vamos a usar un generador de código que hará una gran parte del trabajo por nosotros.

Por cuestiones prácticas, hay que empezar por este capítulo para poder hacer los siguientes.

La aplicación, en su globalidad, es un simple formulario de contacto.

La solución web que vamos a utilizar es Pyramid, un framework web que utiliza distintos módulos de Python bien contrastados y sobre los que se basa para ofrecer una solución fiable, pero flexible, pues en todo momento es posible remplazar alguno de los módulos por otro (por ejemplo, cambiar el módulo que gestiona el templating, o el que gestiona la autenticación, o incluso el que gestiona el enrutado...). El desacople de estos módulos es una de las ventajas de este framework.

La solución para gestionar la persistencia que vamos a utilizar es PostgreSQL.

Cabe destacar que la primera edición de este libro utilizaba TurboGears. Esta solución sigue siendo excelente e implementa varios componentes similares a Pyramid así como muchos otros bastante específicos e interesantes, pero se parece más a un framework como Django.

Este último es un framework full-stack, es decir, que integra en su seno todos los componentes elementales (ya no es necesario utilizar proyectos complementarios para realizar las tareas básicas y, por otro lado, el desarrollar ya no tiene restricciones).

La gran ventaja de Django es que dispone de una galaxia impresionante de módulos externos, que permiten realizar tareas complejas con muy poco esfuerzo. Django es uno de los productos de referencia de la Web y contribuye en gran medida a la popularidad de Python.

Destacaremos que es posible utilizar el ORM SQLAlchemy con Django, ya que se ha presentado en este libro, y que también es posible utilizar otro sistema de plantillas diferente al que se provee de base, pero la ventaja de utilizar una solución *full stack* reside en usarla tal y como ha sido diseñada.

A contrario que Django, Pyramid es un framework minimalista. Para construir una aplicación es necesario agregar varios componentes Python independientes. La ventaja es que cada uno es intercambiable. Se trata de un framework muy ligero llamado light-stack.

En efecto, el desarrollador de Python puede elegir cada componente y debe realizar la integración. El especialista de Python tenderá a dar prioridad a un framework determinado, que le permitirá reutilizar componentes que ya utilice en algún otro proyecto y construir su solución personalizada y reutilizable.

Por el contrario, los desarrolladores que debuten tendrán que hacer un mayor esfuerzo para encontrar los componentes adecuados (los foros y la experiencia de la comunidad ayudan mucho), aunque quien sea curioso se formará muy rápidamente.

La aplicación que vamos a diseñar tiene como objetivo mostrar un formulario de contacto y registrar los datos en una base de datos relacional.

Esta misma aplicación se desarrollará para permitir reutilizar el modelo de datos para la creación de una interfaz gráfica, que será el tema central del capítulo Crear una aplicación gráfica en 20 minutos, así como la creación de una aplicación terminal en el capítulo Crear una aplicación de consola en 10 minutos.

Las tres aplicaciones utilizarán la misma base de datos.

Los 30 minutos se entienden como el tiempo de desarrollo, una vez realizada la fase de diseño, pensada la estructura de la base de datos, así como las relaciones entre objetos e interfaces.

Además de la implementación de Pyramid, este tiempo se dedicará para realizar:

- el modelo de objetos: dos objetos, es decir, dos clases modelo,
- la modificación de la vista del índice y de la plantilla asociada,
- la creación de otra vista,
- la modificación de una plantilla.

## 2. Implementación

### 2.1 Aislar el entorno

Para esta parte vamos a utilizar el trabajo realizado en el capítulo anterior.

Para entrar en el entorno de trabajo, solo tiene que situarse en el directorio del proyecto y ejecutar los comandos:

```
$ docker compose up -d
$ docker compose run project_main bash
```

Así abrirá un terminal en el entorno de trabajo.

Hay que destacar que Pyramid hace algunas elecciones importantes, como la que consiste en usar *cookie cutter* para generar el código inicial del proyecto; lo veremos inmediatamente después.

© Editions ENI - All rights reserved

La plantilla de código usa un método antiguo para empaquetar la aplicación, se basa en un archivo setup.py.
Le invito a seguir los distintos tutoriales de Pyramid para profundizar en este aspecto, en particular porque este tutorial evita repetir y presentar aspectos que ya aparecen en los tutoriales y ofrece complementos mostrando técnicas que no están incluidas en ellos.
A pesar de eso, por nuestra parte, vamos a hacer empaquetado usando **poetry** y, por lo tanto, el archivo **pyproject.toml** ya iniciado en el capítulo anterior, pero igualmente vamos a usar la misma base de código que el tutorial oficial de Pyramid, utilizado el mismo *cookie cutter* de plantillas.

## 2.2 Creación del proyecto

La primera etapa consiste en instalar Pyramid con **poetry** si no lo ha hecho antes:

```
$ poetry add pyramid
```

Si funciona correctamente, el siguiente comando debería funcionar:

```
$ pserve -help
```

**pserve** es el servidor web Python que permite ejecutar la aplicación con el objetivo de desarrollarla, ofreciendo herramientas para el desarrollo (no sirve para poner la aplicación en producción, pues ese es el rol de apache2+wsgi).
Tan solo queda crear el proyecto:

```
$ poetry add cookiecutter
$ cookiecutter gh:Pylons/pyramid-cookiecutter-starter --checkout 2.0-branch
```

Este último comando es estrictamente idéntico al del tutorial oficial, lo que permite generar un código idéntico al que habría obtenido usando el método presentado en el tutorial.

## 2.3 Configuración

Una vez creado el proyecto, hay que ubicarse en la carpeta que lo contiene:

```
$ cd project/
```

La primera etapa consiste en abrir el archivo **setup.py** y personalizarlo (esta función no es útil en nuestro caso, pero permite garantizar la compatibilidad con el método clásico):

```
$ vi setup.py
```

He aquí los campos que es preciso modificar, entre otros:
– version
– description
– author
– author_email
– install_requires
– paster_plugins
– tests_require
– message extractors
– entry_points

Los últimos puntos deben modificarse cuando se conocen bien los componentes y se quieren aportar los cambios.

Para los **install_requires**, podremos considerar la posibilidad de añadir el conector a la base de datos elegida (si no se ha hecho en el capítulo anterior) y habrá que especificar **"SQLAlchemy<2.0"**.

En efecto, en el momento de la redacción de este libro, SQLAlchemy 2 acaba de salir, pero zope.sqlalchemy todavía no es compatible y aún no se ha añadido la limitación de dependencia. La instalación puede fracasar si no se especifica.

También habríamos podido evitar zope.sqlalchemy encontrando otro medio de gestionar las transacciones, pero no existe ninguna alternativa sencilla.

En particular, hay que tomar nota de la lista de los paquetes escritos en **install_requires** e instalarlos con ayuda de **poetry**:

```
$ poetry add plaster_pastedeploy pyramid pyramid_jinja2
pyramid_debugtoolbar waitress alembic pyramid_retry pyramid_tm
SQLAlchemy<2.0 transaction zope.sqlalchemy
```

Para el entorno que se usa, se puede modificar el archivo **pyproject.toml**:

```
[tool.poetry.plugins."paste.app_factory"]
main = "project:main"

[tool.poetry.plugins."console_scripts"]
initialize_project_db = "project.scripts.initialize_db:main"
```

Estas líneas permiten declarar el punto de entrada del servidor web además de un ejecutable llamado **initialize_project_db** que se ejecuta en la consola (permite hacer lo mismo que las declaraciones del tutorial oficial en setup.py).

Las otras modificaciones que hay que efectuar las lleva a cabo el comando **poetry add**.

La segunda etapa consiste en configurar el proyecto. En función de la base de datos, habrá que ajustar la configuración de distinta manera. Vamos a empezar por SQLite3.

Para eso abriremos el archivo **development.ini** y modificaremos las siguientes líneas:

```
sqlalchemy.url = sqlite:///%(here)s/data/project.sqlite
sqlalchemy.echo = true

[server:main]
use = egg:waitress#main
listen = 0.0.0.0:6543
```

Los fragmentos de texto que aparecen en negrita son los que se han modificado. El hecho de añadir **/data** permite colocar el archivo de la base de datos dentro del volumen **data** que es persistente, lo que permite conservar esta base de datos cuando se extingue el contenedor, salvo si se extingue con:

```
$ docker compose down -v
```

o si se elimina el volumen de manera explícita.

La segunda línea en negrita permite escribir todas las consultas SQL en los registros para poder verificarlas.

© Editions ENI - All rights reserved

Por último, se pide escuchar en todas las interfaces de red (0.0.0.0) porque escuchar el bucle local dentro de un contenedor no serviría de nada. Es necesario que nuestro servidor pueda responder a consultas procedentes de nuestro puesto de trabajo, es decir, del exterior del contenedor.

Si hemos elegido PostgreSQL, hay que modificar este parámetro de la siguiente manera:

```
sqlalchemy.url = postgresql://project:secret@project_postgres:5432/project
```

Para MySQL, hay que ajustar la URL así:

```
sqlalchemy.url = postgremysql://project:secret@project_mysql:3306/project
```

La tercera etapa consiste en crear la base de datos. Para SQLite3, no hay que hacer nada. Para las otras bases, simplemente usaremos la herramienta PGAdmin o Adminer para crear una base de datos que corresponda a la URL antes introducida (mismo nombre de base y el usuario de la URL es el propietario de la base de datos y tiene todos los derechos sobre ella).

Por último, hay que construir la aplicación a partir de estas declaraciones:

```
$ poetry build
$ poetry install ./project
```

Esto permite crear el script siguiente, al que podemos llamar para crear la base de datos a partir de los modelos existentes por defecto:

```
$ initialize_contact_db development.ini
```

El servidor (que todavía no hace nada) puede ejecutarse:

```
$ pserve development.ini
```

En este instante, es posible ir al archivo **docker-compose.yml** y descomentar la línea **command**, luego ir al archivo **Dockerfile** y descomentar la última línea (que corresponde a los dos comandos que están justo encima).

Entonces se puede reconstruir el contenedor y volver a lanzarlo:

```
$ docker compose build
$ docker compose up -d
```

## 2.4 Primeros ensayos

Ahora es necesario conectarse a la aplicación con el navegador web preferido escribiendo la URL correspondiente a la configuración (por defecto, localhost:6543).

Es posible ver la página de inicio, creada automáticamente.

A continuación, es necesario leer los archivos que se encuentran en la carpeta contact para ver los modelos, controladores y templates con objeto de comprender sus roles y lo que hacen.

A nivel de las vistas, es necesario aprender a controlar los lenguajes de template utilizados. Para comenzar, los templates son XHTML stricto y no respetar la norma supone un error (olvidar una etiqueta de cierre, por ejemplo, o utilizar un nombre de etiqueta deprecado...). El lenguaje por defecto es genshi (http://genshi.edgewall.org/) y requiere aprender ciertas nociones que son fáciles de dominar, puesto que son coherentes con el lenguaje Python.

Para los modelos, se utiliza simplemente SQLAlchemy, que hemos visto en la sección dedicada a SQL. Basta con saber que la creación del objeto de sesión y la del objeto metadata ya están realizadas y basta con agregar los propios objetos.
Por último, en lo relativo a los controladores, se trata de funciones que reciben como parámetro un único parámetro, que es la consulta, y que devuelven un diccionario o terminan con una redirección.
Mediante un decorador, estas funciones se agregan a una ruta (dicho de otro modo, a una declaración de URL) y a un template. Es posible, también, utilizar estos controladores como servicios web.

## 3. Realizar la aplicación

A continuación, pasamos a realizar la aplicación. Para ello, vamos a empezar presentando los modelos en su integridad y, a continuación, las vistas para mostrar cómo se organizan y muestran los datos; por último veremos los controladores para manipularlos y vincular las vistas al modelo.

### 3.1 Modelos

Esta sección es particular, pues este modelo sirve también como base a los proyectos detallados en los siguientes capítulos. Vamos a escribir el modelo en un archivo project.py situado en la carpeta project/models.
Contiene:

```
# -*- coding: utf-8 -*-

from datetime import datetime

from sqlalchemy import (
    Column,
    ForeignKey,
    Index,
    Integer,
    UnicodeText,
    Unicode,
    DateTime,
    )


from .meta_import_base

__all__ = ['Subject', 'Contact']

  class Subject(Base):
    __tablename__ = 'subjects'
    id = Column(Integer, primary_key=True)
    name = Column(Unicode(255), unique=True)
```

© Editions ENI - All rights reserved

```
Index('subject_name_index', Subject.name, unique=True,
mysql_length=255)

class Contact(Base):
    __tablename__ = 'contacts'
    id = Column(Integer, primary_key=True)
    email = Column(Unicode(255), nullable=False)
    subject_id = Column(Integer, ForeignKey(Subject.id))
    text = Column(UnicodeText, nullable=False)
    created = Column(DateTime, default=datetime.now)

Index('contact_email_index', Contact.email, mysql_length=255)
```

Conocer SQLAlchemy es un requisito previo que se explica en el capítulo Manipulación de datos.

Este ejemplo muestra cómo hacer que un campo sea obligatorio o único, cómo colocar índices, claves primarias y claves foráneas o valores por defecto, como la fecha en curso.

Una vez escritos los modelos, hay que gestionar las migraciones. En efecto, en producción, es necesario mantener la base de datos. Cada vez que se hacen modificaciones, hay que generar un script que permita pasar de una estructura dada a la nueva. Son las migraciones.

Existe una herramienta que nos permite gestionarlas automáticamente. Cada vez que modifique los modelos, podrá escribir:

```
$ alembic -c development.ini revision --autogenerate -m "Add new models"
```

La palabra importante es **revision**. El comentario permite describir el cambio que se ha producido en los modelos desde la última versión.

Para aplicar esta migración, es decir, hacer que la base de datos sea conforme con los modelos descritos en el código, hay que aplicar el siguiente comando:

```
$alembic -c development.ini upgrade head
```

Ahora podemos utilizar nuestros modelos y una sesión para modificar datos en la base de datos. Vamos a empezar inmediatamente modificando el script de inicialización de datos que se encuentra en **contact/scripts/initializedb.py** de la siguiente manera:

```
import argparse
import sys
import transaction

from pyramid.paster import bootstrap, setup_logging,
from sqlalchemy.exc import OperationalError

from ..models import MyModel, Subject, Contact,
from ..models.meta import   Base,


def setup_models(dbsession)  :
    """
    Add or update models / fixtures in the database.
```

```
    """
    model = MyModel(name='one', value=1)
    dbsession.add(model)

        for subject_name in ('Python', 'Pyramid', 'Pygame'):
            model = Subject(name=subject_name)
            dbsession.add(model)
        model = Contact(email='me@example.com', text='Why 42 is
the answer ?')
        dbsession.add(model)
```

El resto del archivo no se modifica. A continuación hay que crear la base de datos con tablas nuevas.

Para volver a crear esta base de datos, es necesario hacerlo exactamente de la misma manera que antes:

```
$ initialize_contact_db development.ini
```

Una vez realizado, se reinicia el servidor:

```
$ docker compose up -d
```

Si no quiere reiniciar el servidor manualmente con cada modificación, en docker-compose.yml puede modificar el comando en:

```
pserve --reload development.ini
```

La opción **--reload** inicia un monitor que supervisa los archivos del proyecto y reinicia el servidor cada vez que se modifica alguno de ellos, lo cual resulta muy práctico durante la fase de desarrollo.

A continuación mostraremos un formulario vacío que permitirá introducir datos de manera amigable. El resto del tiempo se utilizará para modificar la página de índice y crear los controladores.

## 3.2 Plantillas

El modelo es bastante independiente, el único cambio consiste en manipular los datos y sus relaciones con total libertad, las vistas y el controlador son relativamente interdependientes en el sentido de que el controlador está al servicio de la vista y debe proveer los datos que espera.

A continuación presentaremos la lógica de visualización que dirige las selecciones realizadas para mostrar esta vista y solo a continuación podremos ver los controladores; es útil ver uno para comprenderlo y conocer las interacciones entre ambos.

Cuando se arranca un nuevo proyecto con Pyramid, se crea por defecto una página de índice que es rosada, basada en un framework CSS que es Twitter Bootstrap, uno de los frameworks más utilizados y populares a día de hoy.

Si desea utilizar otro framework, siéntase libre de integrarlo: bastará con modificar totalmente la estructura de la página, cambiando simplemente los archivos CSS y JavaScript referenciados.

© Editions ENI - All rights reserved

En lo relativo a nuestro proyecto, vamos a utilizar las posibilidades ofrecidas por este framework y modificar únicamente la parte de contenido. La primera actividad consiste en modificar la frase de bienvenida:

```
            <div class="content">
              <h1><span class="font-semi-bold">Pyramid - Contact
Ejemplo</span> <span class="smaller">starter template</span></h1>
              <p class="lead">Welcome to
<span class="font-normal">{{project}}</span>,
an application generated by<br>the
<span class="font-normal">Pyramid Web Framework</span>.</p>
```

Si ha elegido chameleon en lugar de jinja2, tendrá que usar **`${project}`** en vez de **`{{ project }}`** (y repetirlo cada vez que quiera mostrar una variable).
A continuación guardaremos algo de sitio para alojar un mensaje informativo (que permite comunicar que el formulario se ha procesado):

```
{% for info in infos %}
<div class="alert alert-info">{{ info }}</div>
{% endfor %}
```

Para chameleon, esto se parecerá más bien a:

```
              <div class="alert alert-info" tal:condition="infos"
tal:repeat="info infos" tal:content="info">Information messages</div>
```

En este punto, es necesario realizar una pequeña explicación. Durante el arranque del proyecto con *cookie cutter*, Pyramid le ha pedido elegir un lenguaje de plantilla. Según su elección, usará un motor de renderizado llamado Jinja2, que se parece al de Django, o Chameleon (camaleón), heredado de Zope. Permiten visualizar en HTML datos de manera dinámica. En el ejemplo anterior, se muestran tantos párrafos de información como información deba mostrarse. Con Jinja, tenemos una sintaxis que se parece a la de Python; con Chameleon, tenemos atributos especiales con el prefijo **`tal`**. De hecho, aquí se utilizan los lenguajes METAL/TAL/TALES.
Este lenguaje de plantilla es muy potente y permite cubrir todas las necesidades más habituales.
A continuación, se mostrará el formulario utilizando una estructura adaptada a Twitter Bootstrap, es decir reproduciendo los ejemplos proporcionados por su sitio de referencia (http://getbootstrap.com/css/) y utilizando las clases adecuadas (se utilizan los dos lenguajes y le corresponde a usted elegir uno):

```
          <form role="form" class="form-horizontal" method="POST">
            <div class="form-group">
              <label for="email" class="col-sm-2 control-label">
Your e-mail</label>
              <div class="col-sm-10">
                 <input type="email" name="email" class="form-control" />
              </div>
            </div>
            <div class="form-group">
              <label for="subject" class="col-sm-2 control-label">
```

```
Pick a subject</label>
            <div class="col-sm-10">
               <select name="subject_id" class="form-control">
            {% for subject in subjects %}
              <option
value="{{ subject.id }}">{{ subject.name }}</option>
              {% endfor %}
                 <option tal:repeat="subject subjects"
tal:attributes="value subject.id" tal:content="subject.name"></option>
               </select>
             </div>
          </div>
          <div class="form-group">
             <label for="text" class="col-sm-2 control-label">Your
message</label>
             <div class="col-sm-10">
               <textarea name="text" class="form-control"></textarea>
             </div>
          </div>
          <div class="  col-sm-offset-2 col-sm-10">
             <button type="submit" class="btn btn-default">
Submit</button>
          </div>
      </form>
    </div>
```

Destaca también la iteración sobre las opciones de la lista de selección que permite rellenar dinámicamente los asuntos disponibles.

## 3.3 Vistas

Un controlador manipula el ORM para acceder a los datos, para transmitirlos a la vista, y también para recuperar la información ofrecida por el usuario de la aplicación, dotarla de seguridad y almacenarla de manera persistente.

Para ello, el controlador utiliza la sesión vinculada al ORM; conviene leer el capítulo Bases de datos, sección SQLAlchemy para saber cómo utilizarla correctamente. Antes de explicar el funcionamiento de los controladores, es útil interesarse por el proceso bootstrap, es decir, la manera en la que se construye la aplicación y se articula para generar su propio entorno e invocar al controlador adaptado.

Vamos a reproducir aquí todas las etapas para comprender lo que ocurre, dado que será útil para el siguiente capítulo.

© Editions ENI - All rights reserved

La primera etapa consiste en inicializar un entorno que se cree automáticamente en Pyramid:

```
>>> from pyramid.paster import bootstrap, setup_logging
>>> setup_logging(args.config_uri)
>>> env = bootstrap('development.ini')
>>> with env['request'].tm
...     dbsession = env['request'].dbsession
...     dbsession.query(Contact).all()
```

Con la configuración con **sqlalchemy.echo** en **True**, esto es lo que se puede ver:

```
2014-03-04 23:42:25,864 INFO sqlalchemy.engine.base.Engine select version()
2014-03-04 23:42:25,875 INFO sqlalchemy.engine.base.Engine {}
2014-03-04 23:42:25,876 INFO sqlalchemy.engine.base.Engine
select current_schema()
2014-03-04 23:42:25,876 INFO sqlalchemy.engine.base.Engine {}
2014-03-04 23:42:25,877 INFO sqlalchemy.engine.base.Engine SELECT
CAST('test plain returns' AS VARCHAR(60)) AS anon_1
2014-03-04 23:42:25,877 INFO sqlalchemy.engine.base.Engine {}
2014-03-04 23:42:25,878 INFO sqlalchemy.engine.base.Engine SELECT
CAST('test unicode returns' AS VARCHAR(60)) AS anon_1
2014-03-04 23:42:25,878 INFO sqlalchemy.engine.base.Engine {}
2014-03-04 23:42:25,878 INFO sqlalchemy.engine.base.Engine show
standard_conforming_strings
2014-03-04 23:42:25,878 INFO sqlalchemy.engine.base.Engine {}
2014-03-04 23:42:25,879 INFO sqlalchemy.engine.base.Engine BEGIN (implicit)
2014-03-04 23:42:25,879 INFO sqlalchemy.engine.base.Engine SELECT
contacts.id AS contacts_id, contacts.email AS contacts_email,
contacts.subject_id AS contacts_subject_id, contacts.text AS
contacts_text, contacts.created AS contacts_created FROM contacts
2014-03-04 23:42:25,879 INFO sqlalchemy.engine.base.Engine {}
[<contact.models.Contact object at 0x5467f50>,
<contact.models.Contact
object at 0x546af10>, <contact.models.Contact object at 0x546a290>,
<contact.models.Contact object at 0x546a110>,
<contact.models.Contact
object at 0x546a050>, <contact.models.Contact object at 0x546af90>]
```

Obtenemos un entorno de trabajo y de pruebas correcto.

Una vez que sabemos manipular la base de datos, basta con crear los controladores. Se trata de simples funciones que están decoradas para precisar la ruta a la que corresponden, así como el método, y el hecho de que sea Ajax o no, así como el nombre del método o de los métodos aceptados.

De este modo, una misma ruta puede utilizarse de diversas maneras y corresponder a diversas acciones. Es posible tener, por ejemplo, una ruta que permita realizar una autenticación que funcione con Ajax o según la web clásica. En lo relativo a los métodos HTTP utilizados por los navegadores, el método GET permite mostrar el formulario y el método POST permite procesarlo (solo los formularios de búsqueda se procesan también con GET, cuyos resultados pueden alojarse en caché).

Para los servicios web, se distingue el método GET, que permite obtener información, el método POST, que permite agregar información, el método PUT, que permite modificar información (la distinción es importante), el método DELETE, que permite eliminar algún dato y, por último, el método HEAD, que permite recuperar únicamente los encabezados (es imposible colocar un contenido).

Volviendo a los controladores, cuando tienen como objetivo devolver un resultado, como el hecho de mostrar una página, se devuelve un único diccionario como resultado del método. El decorador se encarga de ubicar los datos en la vista para generarla (o, en los servicios web, de transformar este diccionario en Ajax). He aquí los métodos que se propone escribir para mostrar el formulario y procesarlo:

```
from pyramid.response import Response
from pyramid.httpexceptions import HTTPFound
from pyramid.view import view_config
from sqlalchemy.exc import SQLAlchemyError

import transaction

from .models import (
    Subject,
       MyModel,
    Subject,
      Contact,
    )


@view_config(route_name='home', request_method='GET',
renderer='project:templates/mytemplate.jinja2')
def contact_get(request):
    """Display the contact form"""
    # Código original
    try:
        query = request.dbsession.query(MyModel)
        one = query.filter(MyModel.name == 'one').one()
    except SQLAlchemyError:
        return Response(db_err_msg, content_type='text/plain', status=500)
    # Código añadido
    subjects = request.dbsession.query(Subject).all()
    infos = request.session.pop_flash('infos')
    return {'one': one,'subjects': subjects, 'project': 'contact', 'infos':
infos}


@view_config(route_name='home', request_method='POST',
renderer='templates/mytemplate.pt')
def contact_post(request):
    """Process contact datas"""

    email, subject_id, text = map(request.POST.get, ('email',
```

© Editions ENI - All rights reserved

```
'subject_id', 'text'))

    with transaction.manager:
       DBSession.add(Contact(email=email, subject_id=subject_id,
text=text))

    request.session.flash("Your submission has been registered", 'infos')
    return HTTPFound(location=request.route_url('home'))
```

En este último ejemplo, cabe destacar bastantes cosas. La primera es la firma de cada función, que no recibe como parámetro más que la consulta. Este objeto consulta resulta esencial y conviene aprender a utilizarlo, por ejemplo para recuperar los datos.

A continuación se utiliza el decorador y el ORM, tal y como hemos visto anteriormente.

Acaba de terminar la creación de la primera aplicación web, con dos vistas, una plantilla y dos modelos. Acaba de implementar también el entorno y ha podido conocer aquellos aspectos esenciales de él que le conviene dominar, todo en 30 minutos, escribiendo apenas algunas pocas líneas de código fuente.

Quedan muchas cosas por ver, especialmente profundizar en SQLAlchemy y los modelos usando claves externas y relaciones de varios a varios, crear nuestras propias vistas en lugar de simplemente modificar la que ya existe y descubrir el concepto de enrutado (archivo routes.py), gestionar los conceptos de autenticación y autorización, y probar los excelentes tutoriales en línea en la página web oficial.

## 4. Para ir más allá

Se han presentado aquí los fundamentos que permiten crear un sitio web a partir de un framework minimalista en Python 3. Haría falta un libro entero dedicado a este tema, pues las competencias necesarias son enormes: Pyramid permite hacer muchas más cosas que las que se han presentado aquí y requiere una verdadera inversión de tiempo, sin hablar de las tecnologías HTML, CSS, JavaScript, asociadas a perfiles de diseñadores gráficos y de ergonomía.

Esta presentación puede, también, completarse con otros temas potencialmente complejos como, por ejemplo, la gestión correcta de los usuarios y de los grupos, la autenticación mediante LDAP, los grupos LDAP, la gestión de openID, el uso de varias bases de datos o la implementación de herramientas de profiling.

Por último, para finalizar, cuando se pone en producción una aplicación de estas características, conviene utilizar un servidor como Apache, Gunicorn, Tornado o NGINX y, por tanto, WSGI. Esto se lleva a cabo muy rápidamente y de manera sencilla; gracias a los hosts virtuales es posible integrar esta aplicación en un pool de aplicaciones que se ejecuten en un mismo servidor.

Cabe tener en cuenta que Pyramid no es la única solución y que para realizar ciertas funcionalidades es necesario invocar a otros módulos Python, no todos ellos necesariamente migrados a Python 3, lo cual puede suponer un problema. Pyramid se sitúa como un framework web sobre una base de datos relacional, pero que puede trabajar con otros tipos de bases de datos y su tamaño, modesto, lo convierte en un buen candidato para adaptarse a situaciones particulares.

Existen algunos competidores muy apreciados. Uno de los más populares es Django, que tiene exactamente la misma posición que Pyramid. La diferencia entre ambos es que Django posee sus propios componentes para resolver todas las problemáticas. De este modo, es menos flexible pero más coherente, y aprovecha una documentación también muy buena.

Antes de concluir este capítulo, debemos hablar de Twisted. Este framework es muy particular y no es un framework MVC. Se trata de un framework que permite realizar una programación orientada a eventos y que permite resolver problemáticas de red. Si bien no tiene, a priori, nada que ver con todo lo que hemos expuesto en este capítulo, en realidad es un complemento que puede resultar muy útil. No obstante, es muy especializado y difícil de dominar.

© Editions ENI - All rights reserved

# Capítulo 5-3
# Crear una aplicación de consola en 10 minutos

## 1. Objetivo

El objetivo de este capítulo es presentar una aplicación de consola basada en el trabajo realizado en el capítulo anterior, pues vamos a reutilizar la base de datos creada, así como toda la parte correspondiente al modelo.

El objetivo es iniciar un programa que permita introducir un contacto de forma rápida, escribiendo los argumentos directamente por línea de comandos.

A diferencia de un sitio web, una aplicación de consola tiene una interacción limitada con el usuario. No existe una interfaz de usuario avanzada, ni un formulario para presentar. Se contenta con recibir los parámetros y mostrar un mensaje en caso de error.

Crearemos esta aplicación de la manera más sencilla posible, es decir, reutilizando el modelo ya existente y dotando de seguridad a los datos introducidos mediante un módulo **argparse**. Como puede imaginarse, en una segunda etapa, es posible utilizar la entrada estándar para escribir los datos, o crear un programa para mostrar los contactos existentes, por ejemplo, aunque esto se sale del marco y el alcance de este capítulo.

Llamaremos a nuestra aplicación de consola con los siguientes parámetros:

```
$ contacto desarrollo.ini yo@casa.org Python "Mi mensaje"
```

El primer argumento designa el archivo de configuración de la aplicación. A continuación, se escribe el correo electrónico, el asunto y el mensaje.

## 2. Registrar el script

La primera tarea consiste en registrar esta aplicación nueva. Para ello, hay que modificar el archivo **pyproject.toml** de la siguiente manera:

```
[tool.poetry.plugins."console_scripts"]
initialize_project_db = "project.scripts.initialize_db:main"
show_settings = "project.scripts.settings:main"
contact = "project.scripts.contact:main"
```

Para conservar la compatibilidad con el sistema antiguo de empaquetado, también se puede modificar el archivo **setup.py** añadiéndole la línea en negrita:

```
setup(name='contacto',
      version='0.0',
      description='contacto',
      [...]
      install_requires=requires,
      entry_points=
          "paste.app_factory": [
              "main = project:main",
          ],
          "console_scripts": [
              "initialize_project_db = project.scripts.initialize_db:main",
              "show_settings = project.scripts.settings:main",
              "contacto = project.scripts.contacto:main",
          ],
      },
       )
```

De este modo se agrega a la aplicación un nuevo punto de entrada, que describe la función **main** del módulo contacto, situado en la carpeta script (junto al script de inicialización de la base de datos). A continuación es necesario redesplegar la aplicación (en un entorno virtual):

```
$ poetry build
$ poetry add ./project
```

## 3. Creación de los datos

A continuación, es preciso crear el archivo contacto.py y agregar la función principal, que realiza el trabajo:

```
def contacto(dbsession, email, subject, text):
    """Agregar un contacto"""
    obj = dbsession.query(Subject).filter_by(name=subject).first()
    if not obj:
        print('Seleccione un asunto de la lista:')
        for obj in dbsession.query(Subject).all():
            print('> %s' % obj.name)
        print('Pruebe de nuevo.')
```

© Editions ENI - All rights reserved

```
        return
    with transaction.manager:
        dbsession.add(Contact(email=email, subject_id=obj.id, text=text))
```

Esta función necesita una sesión funcional y tres argumentos útiles para crear el dato.

Es importante destacar que, para una aplicación de consola sencilla, no existe ningún equivalente a una lista de selección como en la Web. De este modo, es posible seleccionar el asunto, escribiéndolo y buscándolo a continuación en la base de datos. Si no existe, entonces no se inserta el dato y se muestra un mensaje de error. También podríamos haber optado por agregarlo, si no existe, aunque hemos preferido mantener un comportamiento similar al de la Web.

Si el programa falla, el usuario puede invocar al comando mediante el histórico y modificar únicamente el asunto para seleccionar uno correcto.

Observe que también es posible utilizar un cursor, aunque en este caso superaríamos los diez minutos de desarrollo, y estamos viendo una sencilla introducción.

Ahora que todo está preparado, simplemente queda crear el parser de argumentos. Este se encargará de invocar a nuestra función, aunque también realizará ciertos controles de integridad sobre los argumentos, lo cual es muy importante para evitar inserciones incorrectas en la base de datos.

## 4. Parser de argumentos

Hay que crear un simple parser que se encargue de crear un contacto.

He aquí dicho parser:

```
def get_parser():
   # Etapa 1: definir una función proxy hacia la función principal
   def proxy_contacto(args):
       """Función proxy hacia contacto"""
       setup_logging(args.config_uri)
       env = bootstrap(args.config_uri)

       try:
          with env['request'].tm:
               dbsession = env['request'].dbsession
               contact(dbsession, args.email, args.subject, args.text)
       except OperationalError:
          print('Mensaje de error idéntico a initialize_db.py')

   # Etapa 2: definir el analizador general
   parser = argparse.ArgumentParser(
       prog = 'contacto',
       description = """Programa que permite agregar un Contacto""",
       epilog = """Realizado para el libro Python, los fundamentos
del lenguaje"""
   )
   # Agregar opciones útiles
   parser.add_argument(
```

```
        'config_uri',
        help = """archivo de configuración""",
        type = str,
    )
    parser.add_argument(
        'email',
        help = """Dirección de correo electrónico""",
        type = str,
    )
    parser.add_argument(
        'subject',
        help = """Asunto""",
        type = str,
    )
    parser.add_argument(
        'text',
        help = """Mensaje""",
        type = str,
    )

    # Etapa 3: agregar el vínculo entre el analizador y la función proxy
para calcula_capital
    parser.set_defaults(func=proxy_contact)
    return parser
```

Solo falta el código que es el punto de entrada del script:

```
def main():
    parser = get_parser()
    # Etapa 4: iniciar el análisis de los argumentos, después el programa.
    args = parser.parse_args()
    args.func(args)
```

En este ejemplo, se usan todas las posibilidades del parser y se aclara más su creación que en el archivo initialize_db.py generado durante la creación del proyecto.

Los detalles del funcionamiento de un parser de argumentos se aclaran en el libro Python 3, Tratamiento de datos y técnicas de programación, en el capítulo dedicado a la programación de sistema.

Las etapas clásicas de la creación de un parser de argumentos son: crear el parser, agregar las opciones detallándolas y vincularlo a una función proxy.

La parte importante es, en realidad, esta función proxy. Es ella la encargada de leer el archivo de configuración, extraer los parámetros mediante la función bootstrap, establecer el entorno y ejecutar la parte útil del código que es la primera función `contact`.

Este procedimiento es similar a lo que se ha visto en el capítulo anterior para probar mediante la consola la base de datos.

Con este parser terminamos este capítulo y, como hemos podido constatar, hemos sido capaces de crear aquí una aplicación de consola en menos de diez minutos y con apenas unas cincuenta líneas de código.

© Editions ENI - All rights reserved

# Capítulo 5-4
# Crear una aplicación gráfica en 20 minutos

## 1. Objetivo

### 1.1 Funcional

El objetivo de este capítulo es crear una aplicación que acceda a los mismos datos a los que se accede mediante la aplicación web y la aplicación de consola utilizando el mismo modelo y la misma configuración.

La interfaz gráfica propuesta es similar a la interfaz web, aunque ofrece una experiencia de usuario distinta, dado que los diseños de una interfaz web y una interfaz gráfica no responden a las mismas reglas ni exigencias.

### 1.2 Técnico

El principal logro de una aplicación gráfica es permitir un diálogo eficaz entre las acciones del usuario que hace clic en los elementos gráficos o informa datos y la manipulación efectiva y persistente de estos.

El diseño de una interfaz gráfica consiste en crear elementos gráficos tales como zonas de texto de información, zonas para introducir datos más o menos similares a los que se pueden introducir mediante HTML. La diferencia es que el vínculo entre el formulario y la aplicación se realiza mediante llamadas de retorno (callbacks) y no mediante peticiones.

La librería TkInter forma parte del núcleo de Python, y no es una librería externa que debemos agregar. Se ha adaptado para Python 3 (https://docs.python.org/3/howto/pyporting.html) y está completamente migrada.

Es una librería excelente, aunque no es la única que vamos a usar aquí.

En efecto, vamos a utilizar una librería todavía más completa, de la que haremos una pequeña introducción. Se trata de Gtk, una excelente elección, pues más allá del simple hecho de crear todas las piezas de una aplicación gráfica, existe un grupo de aplicaciones de referencia para las que se pueden crear extensiones mediante esta herramienta.

Es el caso de Gedit, por ejemplo:
http://www.linuxplanet.com/linuxplanet/tutorials/6720/1n

# 2. Breve presentación de Gtk y algunos trucos

## 2.1 Presentación

**Gtk** es una librería gráfica asociada al entorno gráfico **Gnome**. Forma parte del proyecto **Gimp**: sus creadores pensaron que era una lástima haber creado tantos componentes sin ofrecer la oportunidad a los demás de utilizar su formidable trabajo para crear otras aplicaciones.

**PyGTK** es una librería gráfica de libre distribución que conecta **GTK+** a Python 2. Para Python 3, se trata de **gi.repository**. Esta última está escrita en C (utiliza **Cairo**) y forma parte de un conjunto mucho más amplio. Se utiliza en numerosas aplicaciones de referencia, como Gimp, por ejemplo, que está en el germen de entornos de escritorio como Gnome y Xfce. Está vinculada a la Libglade y a una aplicación de creación de interfaces gráficas Glade que es muy práctica y eficaz.

La librería GTK+ ha sido objeto de profundos cambios que han dado como resultado la aparición de GTK3+ (con rupturas de la compatibilidad hacia atrás perfectamente comprensibles) y en Python 3 disponemos únicamente de esta nueva rama.

Es importante destacar la existencia de una documentación de referencia indispensable que permite arrancar progresivamente, paso a paso, y que le aconsejo revisar antes o después de leer este capítulo:

http://readthedocs.org/docs/python-gtk-3-tutorial/en/latest/index.html

En efecto, el ejemplo que explicamos aquí complementa esta documentación, presentando otros aspectos.

Los dos puntos importantes abordados aquí son la separación de los distintos elementos del código y el uso de la herramienta **Glade** para crear interfaces de ratón.

## 2.2 Trucos

Se va a reutilizar parte del trabajo que ya se ha realizado durante la construcción de una aplicación de consola. De este modo gestionaremos, de manera muy sencilla, el hecho de disponer de un comando que recibe como parámetro el archivo de configuración adecuado para extraer los parámetros útiles, con el objetivo de crear la sesión, cuyo objeto central nos permite crear nuestros datos.

A continuación crearemos una interfaz muy sencilla, mediante la herramienta **Glade**, para diseñar, con algunos pocos clics de ratón, los tres campos que necesitaremos, así como los controles útiles.

Por último, crearemos un controlador encargado de lanzar la interfaz gráfica y que posea los métodos necesarios para utilizar el modelo con el objetivo de leer o escribir los datos.

El aspecto importante que es preciso tener en cuenta es que no deben mezclarse las cosas. No sería práctico implementarlo todo en la interfaz gráfica. En efecto, no es una clase concebida para hacer que **Gtk** juegue con la sesión **SQLAlchemy**.

Esta clase debe contentarse con ser un simple vínculo y debe concentrarse en lo que se denomina la experiencia de usuario, es decir, describir lo que debe ocurrir cuando el usuario hace clic en un campo, sobre un botón o cuando pasa por encima de una etiqueta...

© Editions ENI - All rights reserved

La base de las librerías gráficas tales como Gtk es el uso de eventos. Cada vez que ocurre algo (movimiento del ratón, escritura mediante teclado, paso por encima de un campo concreto...), se generan eventos.

La mayor parte del tiempo, no ocurre nada, dado que no hay nadie encargado de leer dichos eventos. Basta con vincular un evento a un método para que dicho método se invoque cuando se produzca el evento.

De manera indirecta, estamos utilizando aquí varios patrones de diseño, entre ellos la llamada de retorno o callback.

Uno de los ejemplos habituales es el botón. Su clic puede asociarse a un evento mediante dicho callback. La dificultad principal consiste en crear varios botones que deban utilizar el mismo método callback, pero de manera distinta.

Encontrará en la documentación oficial ejemplos que le permitirán crear un callback para una función que pueda utilizarse por un único botón. Si desea pasarle parámetros, es necesario utilizar un objeto al que se le puedan pasar parámetros y cuyo resultado sea una función. En Python, una función no es más que un objeto que posee un método **`__call__`**.

Se crea, por tanto, un objeto de este tipo:

```
class Ejemplo:
    def __init__(self, callback, **kw):
            self.callback = callback
            self.kw = kw
    def __call__(self):
            self.callback(**self.kw)
```

Esta manera de utilizar las funciones resulta esencial en la programación de interfaces gráficas.

Es, también, importante señalar otro truco. Si trabaja en un entorno virtual, **Gtk** no es fácil de instalar en él. Para ello, basta con instalarlo en el entorno del sistema mediante el gestor de paquetes y, a continuación, agregar el paquete al entorno virtual, estableciendo un vínculo:

```
$ ln -s /usr/lib/python3/dist-packages/gi ../lib/python3.2/site-packages/
```

## 3. Iniciar el programa

Como hemos visto anteriormente, es preciso crear un nuevo punto de entrada para arrancar nuestro programa, en el archivo pyproject.toml:

```
[tool.poetry.plugins."console_scripts"]
initialize_project_db = "project.scripts.initialize_db:main"
show_settings = "project.scripts.settings:main"
contact = "project.scripts.contact:main"
gcontact = contact.scripts.gtk:main
```

Para conservar la compatibilidad con el sistema antiguo, también se puede modificar el archivo **`setup.py`**:

```
setup(name='contact',
      version='0.0',
      description='contact',
```

```
        [...],
        install_requires=requires,
        entry_points="""\
        [paste.app_factory]
        main = contact:main
        [console_scripts]
        initialize_contact_db = contact.scripts.initializedb:main
        show_settings = contact.scripts.settings:main
        contact = contact.scripts.contact:main
        gcontact = contact.scripts.gtk:main
        """,
        )
```

Ahora hay que volver a desplegar la aplicación:

```
$ poetry build
$ poetry add ./project
```

A continuación hay que crear un archivo **gtk.py** en la carpeta scripts, donde ya podemos agregar código:

```
#!/usr/bin/python3

import argparse

from pyramid.paster import bootstrap
from sqlalchemy import engine_from_config
from contact.models import DBSession, Base, Contact, Subject

import transaction

class Controller:
      def __init__(self, DBSession):
          self.DBSession = DBSession
          print('This test is a success')

def get_parser():
    # Etapa 1: definir una función proxy hacia la función principal
    def proxy_gcontact(args):
        """Función proxy hacia contact"""
        try:
            env = bootstrap(args.config_uri)
        except:
            print('Configuration file is not valid: %s' % args.config_uri)
            return
        settings, closer = env['registry'].settings, env['closer']
        try:
            engine = engine_from_config(settings, 'sqlalchemy.')
            DBSession.configure(bind=engine)
            Base.metadata.bind = engine
            Controller(DBSession)
```

© Editions ENI - All rights reserved

```
        finally:
            closer()

    # Etapa 2: definir el analizador general
    parser = argparse.ArgumentParser(
        prog = 'contact',
        description = """Programa que permite agregar un Contacto""",
        epilog = """Realizado por el libro Python, los fundamentos
del lenguaje"""
    )

    # Agregar las opciones útiles

    parser.add_argument(
        'config_uri',
        help = """archivo de configuración""",
        type = str,
    )

    # Etapa 3: agregar el vínculo entre el analizador y la función proxy
    parser.set_defaults(func=proxy_gcontact)
    return parser



def main():
    parser = get_parser()
    # Etapa 4: iniciar el análisis de argumentos, y a continuación
el programa.
    args = parser.parse_args()
    args.func(args)


# Fin del programa
```

Como puede comprobarse, se crea una clase controlador que agrega la sesión **SQLAlchemy** y que muestra un mensaje indicando que todo va bien. El resto es muy similar a lo expuesto en el capítulo anterior, a excepción de que se recibe un único argumento, en lugar de varios. Simplemente queda redesplegar la aplicación para verificar que este esqueleto de script funciona:

```
$ python setup.py develop
```

Ahora, podemos probar nuestro nuevo comando y, simplemente, ver el mensaje que se muestra.

```
$ gcontact development.ini
```

Es posible, también, probar el método sin argumentos, o pasando demasiados argumentos, o incluso con un archivo de configuración incorrecto para comprobar que los errores se gestionan correctamente a este nivel.

## 4. Interfaz gráfica con Glade

Cuando se trabaja con **GTK**, la adopción de una herramienta potente como **Glade** supone un verdadero ahorro de tiempo. Por otro lado, el resultado producido puede utilizarse tanto en Python como en C.

En este ejemplo, se ha diseñado una ventana, llamada **`main_window`**, que contiene una malla de dos columnas y cuatro líneas. Las tres primeras líneas de la primera columna contienen etiquetas.

Puede observar que el nombre asignado a cada uno de los componentes es importante y puede modificarse.

En la segunda columna, se ha agregado, sucesivamente, un campo de entrada (**`Entry`**), una lista de selección (**`ComboBox`**), una zona de texto (**`TextView`**) y, por último, un cuadro que contiene dos espacios que colocaremos de manera horizontal para agregar dos botones.

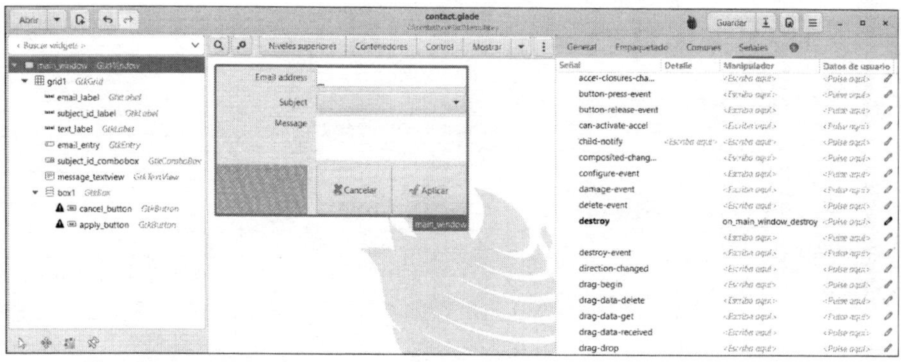

*Interfaz general de **Glade** y eventos en la ventana*

Como puede comprobar, la interfaz no es, necesariamente, agradable a la vista. Pero lo que importa son los parámetros que encontrará en las distintas pestañas del panel situado abajo a la derecha.

Puede hacer que los distintos elementos de la malla tengan la misma longitud o no, que estén centrados, alineados en la parte superior derecha...

Todavía más importante, puede seleccionar los callback que desea vincular a los eventos particulares. En la ventana principal, el evento importante es el clic en la cruz que permite salir de la aplicación. Aquí, se asocia al método llamado **`on_main_window_destroy`**.

© Editions ENI - All rights reserved

Los otros dos elementos que queremos colocar rápidamente son los botones. Se va a vincular el botón de anulación con el mismo evento, que nos permite salir de la aplicación si se hace clic en él. A continuación, conviene homogeneizar su rol parametrizándolo como se indica a continuación:

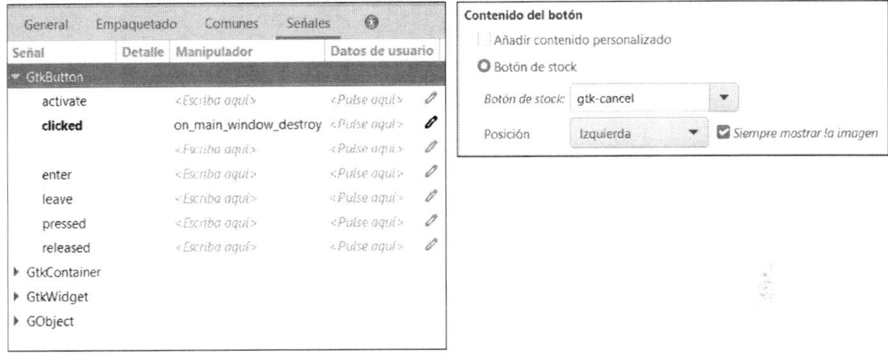


*Parametrización del botón de anulación*

Queda por parametrizar el botón de validación:

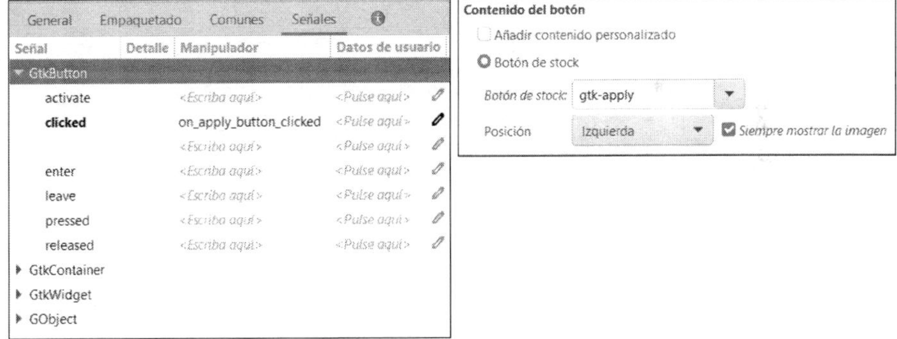


*Parametrización del botón de validación*

Para todos los demás elementos, puede revisar los distintos parámetros propuestos, realizar pruebas y darse cuenta usted mismo de las consecuencias que se obtienen modificando sus atributos. No obstante, el uso de uno de los componentes no es evidente a primera vista. Se trata de la lista de selección.

En efecto, es preciso completar la lista con los valores adecuados. Esta lista muestra el texto del asunto, pero devolverá su identificador. Sin anticipar lo que viene a continuación, admitamos aquí que se utilizará una simple 2-tupla.

El primer elemento será el identificador y el segundo el texto. Es preciso indicarlo en la interfaz **Glade**:

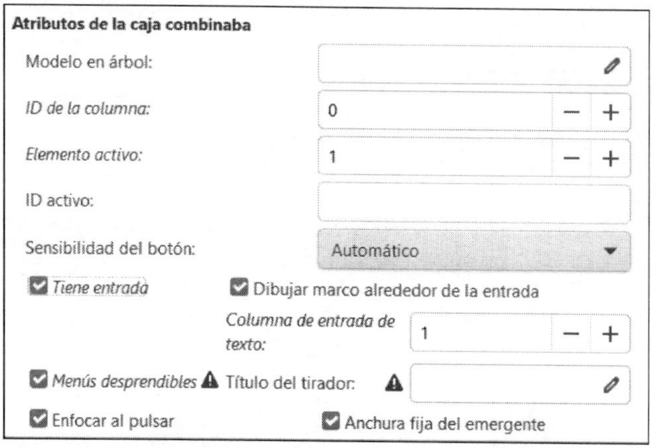

**Atributos de la caja combinaba**

| | |
|---|---|
| Modelo en árbol: | |
| *ID de la columna:* | 0 |
| *Elemento activo:* | 1 |
| ID activo: | |
| Sensibilidad del botón: | Automático |

☑ *Tiene entrada* ☑ Dibujar marco alrededor de la entrada

*Columna de entrada de texto:* 1

☑ *Menús desprendibles* Título del tirador:

☑ Enfocar al pulsar ☑ Anchura fija del emergente

*Parametrización de la lista de selección*

Disponemos ahora de todos los objetos necesarios. El interés de utilizar Glade, además del hecho de que se gana en rapidez, es también poder disponer en una interfaz clara y legible del conjunto de opciones, sin tener que acudir a la documentación. Dicho de otro modo, a primera vista, existen muchos parámetros, aunque hay que saber que la mayoría de ellos no son útiles más que en situaciones muy concretas y que, si no sabemos para qué sirve algún parámetro, basta con dejar su valor por defecto. En otro caso, podemos simplemente modificar su valor y reiniciar la aplicación para comprobar el cambio.

Para encontrar en la documentación el significado de ciertos parámetros, conviene revisar la documentación de GTK+, es decir, de la librería original.

Guardamos este archivo en la carpeta templates, ya que diseña, en cierto modo, una interfaz de usuario.

## 5. Crear el componente gráfico

El componente gráfico dispone de tres métodos: un método de inicialización y dos métodos de callback, es decir, el método para salir de la aplicación cuando se hace clic en la cruz o en el botón de anulación, y el método de validación que creará un contacto.

He aquí la clase, con las correspondientes explicaciones para cada etapa:

```
class GtkContact:
    def __init__(self, controller):
        self.controller = controller
```

© Editions ENI - All rights reserved

Empezamos agregando el controlador a la instancia en curso, lo que dará acceso a los métodos útiles que permiten recuperar los asuntos o crear el contacto. A continuación, es preciso cargar la interfaz que acabamos de diseñar con Glade:

```
        interface = Gtk.Builder()
        interface.add_from_file('contact/templates/contact.glade')
```

Nos contentamos con crear el builder y cargar el archivo **Glade**. A continuación, hay que recuperar punteros hacia los campos útiles, tarea que podemos realizar porque se han nombrado correctamente en Glade:

```
        # Vínculos hacia los campos útiles
        self.email = interface.get_object("email_entry")
        self.subject = interface.get_object("subject_id_combobox")
        self.text = interface.get_object("message_textview")
```

Ahora, es posible atacar al encargado de rellenar la lista de selección. Esto se realiza en varias etapas. En primer lugar es preciso crear un objeto destinado a agregar los datos:

```
        store = Gtk.ListStore(int, str)
        for subject in controller.get_subjects():
            store.append([subject.id, subject.name])
```

Cabe destacar que este mismo componente se utiliza en los árboles de datos o bien para las tablas. Se trata de un elemento muy importante.
A continuación, hay que vincularlo con nuestra lista de selección, y utilizar un objeto particular para hacer aparecer el texto:

```
        self.subject.set_model(store)
        cell = Gtk.CellRendererText()
        self.subject.pack_start(cell, True)
        self.subject.add_attribute(cell, "text", 1)
```

Una vez realizado, vinculamos los métodos de la clase en curso con los eventos declarados en **Glade**:

```
        interface.connect_signals(self)
```

Y mostramos la ventana para que el usuario pueda verla:

```
        window = interface.get_object("main_window")
        window.show_all()
```

Ahora, tan solo queda crear los dos callback, tal y como hemos hecho para vincular los componentes diseñados con **Glade**. Poseen, efectivamente, el mismo nombre que el declarado en **Glade**:

```
    def on_main_window_destroy(self, widget):
        Gtk.main_quit()
```

Para el primer evento, se trata de cortar el bucle de eventos y terminar el programa. Para la otra función, se recuperan los datos introducidos por el usuario:

```
    def on_apply_button_clicked(self, widget):
        # Recuperar del valor de un campo de texto
        email = self.email.get_text()
```

Si bien resulta sencillo para un campo de texto, existen más etapas para gestionar la lista de selección. Es posible recuperar la pareja de datos:

```
        # Recuperar el valor de la lista desplegable
        tree_iter = self.subject.get_active_iter()
        if tree_iter is None:
            return
        model = self.subject.get_model()
        row_id, name = model[tree_iter][:2]
```

El procedimiento es bastante estándar. En este caso, nos interesa el identificador:

```
        subject_id = row_id
```

A continuación se muestra cómo recuperar la integridad del texto informado en una zona de texto:

```
        # Recuperar el valor de un campo de texto multilínea
        message = self.text.get_buffer()
        text = message.get_text(message.get_start_iter(),
message.get_end_iter(), False)
```

Ahora que la parte esencial del trabajo está realizada, podemos crear el contacto:

```
        # Crear el contacto
        self.controller.add_contact(email, subject_id, text)
```

Para controlar realmente **GTK**, hay que pasar tiempo probando cada uno de los componentes con el apoyo de un tutorial. Se verá rápidamente que se trata de los mismos principios a los que estamos acostumbrados y, de este modo, podremos adquirir los conocimientos mínimos necesarios.

## 6. Controlador

La interfaz tiene como objetivo permitir al usuario introducir un contacto. Debe, también, proveer la lista de asuntos, de modo que pueda recuperarse a partir de una lista de selección. Se trata de las dos únicas acciones que esperamos por parte del controlador. Es también el encargado de generar la interfaz gráfica y ejecutar el bucle de eventos.
He aquí el controlador:

```
class Controller:
    def __init__(self, DBSession):
        self.DBSession = DBSession
        GtkContact(self)
        Gtk.main()

    def get_subjects(self):
        return DBSession.query(Subject).all()

    def add_contact(self, email, subject_id, text):
        with transaction.manager:
            DBSession.add(Contact(email=email, subject_id=subject_id,
text=text))
```

© Editions ENI - All rights reserved

Tras la llamada a **`Gtk.main`**, el programa se pone en pausa y a la escucha de eventos generados por el usuario. Cuando se sale de la aplicación, invocando a **`Gtk.main_quit`**, el bucle termina.

He aquí el resultado:

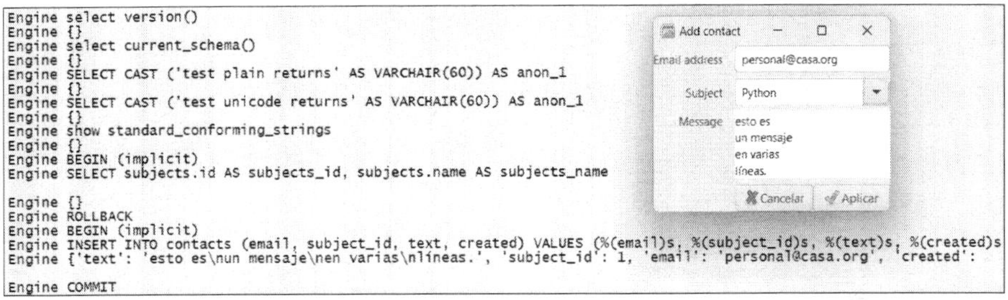

```
Engine select version()
Engine {}
Engine select current_schema()
Engine {}
Engine SELECT CAST ('test plain returns' AS VARCHAIR(60)) AS anon_1
Engine {}
Engine SELECT CAST ('test unicode returns' AS VARCHAIR(60)) AS anon_1
Engine {}
Engine show standard_conforming_strings
Engine {}
Engine BEGIN (implicit)
Engine SELECT subjects.id AS subjects_id, subjects.name AS subjects_name

Engine {}
Engine ROLLBACK
Engine BEGIN (implicit)
Engine INSERT INTO contacts (email, subject_id, text, created) VALUES (%(email)s, %(subject_id)s, %(text)s, %(created)s
Engine {'text': 'esto es\nun mensaje\nen varias\nlíneas.', 'subject_id': 1, 'email': 'personal@casa.org', 'created':

Engine COMMIT
```



*Aplicación gráfica con el log de SQLAlchemy de fondo*

# 7. Otras librerías gráficas

## 7.1 TkInter

**TkInter** es la librería gráfica utilizada por Python y es una migración de la librería gráfica de **Tk** creada para el lenguaje **TLC**.

Como gran ventaja cabe destacar que es fácil de implementar y se parece bastante a Gtk en su enfoque general.

## 7.2 wxPython

La librería **wxPython** es una librería que conecta los **wxWidgets** a Python. Es una alternativa a **TkInter** muy valorada y particularmente completa, próxima al sistema operativo.

La librería **wxWidgets** es una librería gráfica de libre distribución escrita en C++ que permite escribir una interfaz gráfica que será idéntica sea cual sea el sistema operativo, pero tomando su apariencia.

Esta librería es una referencia, y funciona en Python 3 a partir de la versión 3.3.

## 7.3 PyQt

PyQt es una librería gráfica de libre distribución que conecta **Qt** a Python. **Qt**, que debe pronunciarse como la palabra inglesa «cute», se escribe en C++ y es muy portable. El entorno gráfico KDE está construido en **Qt**. Muchos módulos complementarios adicionales hacen de ella mucho más que una simple librería que permite realizar interfaces gráficas.

**Qt** está vinculada a **QtDesigner**, que es, de manera similar a **Glade**, una aplicación que permite crear interfaces gráficas.

**Qt** está completamente migrada a Python 3.x desde su versión 4.5, lo que hace de ella un candidato excelente. También es bastante madura y estable en su evolución.

### 7.4 PySide

**PySide** es una nueva implementación de **Qt** para Python. La principal diferencia es la licencia más permisiva (LGPL en lugar de GPL). Está menos madura que **Qt**, aunque presenta ventajas e inconvenientes similares.

### 7.5 Otras

Existen otras librerías, más confidenciales o específicas. Toda la información útil y los enlaces están aquí: http://docs.python.org/3/faq/gui.html

© Editions ENI - All rights reserved

# Capítulo 5-5
# Crear un juego en 30 minutos con PyGame

## 1. Presentación de PyGame

PyGame es una librería de libre distribución que conecta la librería SDL a Python, cuyo objetivo es facilitar el desarrollo de videojuegos en tiempo real.

SDL son las siglas de *Simple Direct media Layer* y es una librería de referencia, escrita en C, que gestiona la representación de vídeo y de audio ofreciendo un sistema de gestión de eventos que incluye los eventos vinculados a dispositivos periféricos tales como teclados y ratones. Ofrece, a su vez, una gestión precisa del tiempo, indispensable cuando se está desarrollando aplicaciones en tiempo real, además de soporte a imágenes y tipos de letra.

La librería SDL es famosa por su fácil uso, permitiendo a los desarrolladores aplicar conceptos complejos sin apenas esfuerzo. Python aporta, a su vez, calidad en términos de simplicidad, de legibilidad, de portabilidad y ambos se conjugan perfectamente bien.

Más allá de la adaptación de la librería SDL, PyGame provee, a su vez, funciones específicas para el desarrollo de juegos (que no es el único uso de SDL, ni de PyGame: es perfectamente posible realizar una interfaz gráfica estándar con PyGame, si así se desea).

Las dificultades del desarrollo de juegos en tiempo real son, por un lado, gestionar el aspecto de tiempo real y, por otro, gestionar la representación. Para ello, PyGame provee todos los recursos que uno pudiera soñar.

Al desarrollador no le queda más que describir su visualización y escribir el conjunto de la lógica de programación de su juego, que no es más que una secuencia en la que se va a generar una imagen que contiene varios elementos. El programa escuchará eventos y reaccionará a la presencia o ausencia de algunos de ellos para realizar modificaciones. El ciclo de visualización –escucha de los eventos– modificaciones, se repite hasta el infinito.

Estas modificaciones pueden ser la aparición, el movimiento o la desaparición de un objeto en la pantalla, la visualización de un dato... Al desarrollador solo le queda por gestionar la lógica de la aplicación, mientras que las dificultades técnicas las gestiona PyGame.

La programación del juego permite, de este modo, potenciar la imaginación del desarrollador, su sentido artístico y sus cualidades de gestión del escenario...

Python y PyGame logran igualar al desarrollador del juego y a un desarrollador debutante con el mínimo de conocimientos en algoritmia y que domine un mínimo de Python.

El sitio oficial del proyecto (http://www.pygame.org/news.html) es una mina de información y, si bien está muy orientado en la página principal hacia la comunicación y hacia sus desarrolladores y las contribuciones que estos realizan al proyecto, permite al debutante encontrar con qué nutrir su curiosidad y aprender de manera autónoma, inspirándose en ejemplos existentes.

PyGame se puede instalar en un entorno virtual o en un contenedor Docker (similar al creado previamente, pero sin la línea **command** en el archivo **docker-compose.yml**). En determinados casos, para instalar PyGame, hay que teclear los siguientes comandos en su entorno virtual o colocarlos en el archivo Dockerfile.

Instalación de la librería SDL:

```
$ sudo apt install libsdl1.2-dev libsdl-console
libsdl-image1.2-dev libsdl-sound1.2-dev libsdl-mixer1.2-dev
libsdl-net1.2-dev libsmpeg-dev libportmidi-dev libavformat-dev
libswscale-dev libsdl-ttf2.0-dev
```

Una vez instalados los archivos con los encabezados, es preciso recuperar el código fuente de PyGame de la siguiente manera (una vez situados en la carpeta de destino):

```
$ poetry install pygame
```

## 2. Construcción de un juego Tetris

### 2.1 Presentación del juego

Tetris es uno de los grandes clásicos del videojuego y se ha adaptado incontables veces. Se trata de un juego donde se presenta al jugador un tablero que se completa con piezas que descienden inexorablemente desde la parte superior de la pantalla hasta la parte inferior.

Estas piezas son elementos «sólidos» formados por cuatro cubos que pueden girar sobre sí mismos y desplazarse de izquierda a derecha, además de acelerar su caída.

El único modo de vaciar el tablero es completar líneas, que desaparecen a continuación. Cuando se eliminan cuatro líneas ubicando una única pieza, el jugador ha conseguido realizar un tetris.

Algunas variantes permiten que las piezas que no se sostienen por otras piezas, tras la supresión de línea, caigan de nuevo. Esto permite completar más de cuatro líneas de una única vez. La manera de calcular la puntuación del jugador es, también, variable, así como el hecho de agregar interacciones entre varios jugadores, por ejemplo haciendo que cuando uno realiza un tetris, los «escombros» aparezcan en la pantalla de otro jugador.

Es realmente un juego donde prima la inventiva del desarrollador y donde es posible aportar novedades continuamente.

© Editions ENI - All rights reserved

## 2.2 Presentación de la problemática

Si bien el principio del juego es muy sencillo, sus problemáticas no son triviales de resolver cuando no se está habituado a la programación de videojuegos.

Afortunadamente, la mayoría de las problemáticas puramente técnicas se gestionan gracias al módulo PyGame. Es el caso, por ejemplo, de la gestión del tiempo, de la visualización, de los retardos y de la captura de eventos.

A nivel de la representación, es necesario diseñar el tablero de juego, las piezas y el marcador. Decidimos comenzar el juego con una pantalla de inicio que aparece previamente y terminarlo con otra pantalla que indica que la partida ha terminado.

La problemática funcional consiste en escoger una pieza para hacerla descender por el tablero, permitirle descender de manera «natural» por gravedad, y permitir al usuario desplazarla a la derecha, a la izquierda o hacia abajo rápidamente, además de hacerla girar sobre sí misma. Todo ello, gestionando las colisiones con los bordes del tablero y con las piezas que ya existen.

El siguiente ejemplo utiliza únicamente funcionalidades de bajo nivel de PyGame.

Por último, todas las combinaciones posibles de cuatro cubos se describen en el siguiente vínculo y reciben la notación que vamos a utilizar (http://es.wikipedia.org/wiki/Tetris#Colores_de_los_tetriminos). Para simplificar las cosas, vincularemos un color a cada pieza.

## 2.3 Creación de constantes

No tenemos que inventar nada, todo se ha modelado previamente y se sabe cómo disponer todas las piezas y todas sus posiciones. De modo que vamos a declararlas en una variable PIEZAS (en mayúsculas, pues se trata de una constante).

Se representan de manera legible y que puede comprobarse en la consola:

```
PIEZAS = {
    'O': [
            '0000\n0110\n0110\n0000',
    ],
    'S': [
            '0000\n0022\n0220\n0000',
            '0000\n0200\n0220\n0020',
    ],
    'Z': [
            '0000\n3300\n0330\n0000',
            '0000\n0030\n0330\n0300',
    ],
    'I': [
            '0400\n0400\n0400\n0400',
            '0000\n4444\n0000\n0000',
    ],
    'J': [
            '0000\n5000\n5550\n0000',
            '0000\n0550\n0500\n0500',
            '0000\n0000\n5550\n0050',
```

```
        '0000\n0050\n0050\n0550',
    ],
    'L': [
        '0000\n0060\n6660\n0000',
        '0000\n0060\n0060\n0660',
        '0000\n0000\n6660\n6000',
        '0000\n0660\n0060\n0060',
    ],
    'T': [
        '0000\n0700\n7770\n0000',
        '0000\n0700\n0770\n0700',
        '0000\n0000\n7770\n0700',
        '0000\n0070\n0770\n0070',
    ]}
```

He aquí cómo realizar la prueba:

```
>>> for k, v in PIEZAS.items():
...     print k
...     for p in v:
...             print p, '\n'
...
```

He aquí un extracto de lo que podremos ver:

```
Z                                0000
0000                             0030
3300                             0330
0330                             0300
0000
```

Cada cifra representa un color (se han utilizado, prácticamente, los mismos que los indicados en el artículo de la Wikipedia). Se declaran a continuación:

```
COLORES = {
    0: (0, 0, 0),
    1: (255, 255, 0),
    2: (0, 255, 0),
    3: (255, 0, 0),
    4: (0, 255, 255),
    5: (0, 0, 255),
    6: (255, 127, 0),
    7: (255, 0, 255),
    8: (127, 255, 0),
    9: (255, 255, 255),
}
```

El vínculo entre el tipo de pieza y su color no es, obligatoriamente, una regla, y aquí puede dejarse al azar.

© Editions ENI - All rights reserved

No obstante, existe una manera mejor de almacenar los datos: en forma de una tabla de tablas de tablas:

```
for name, rotations in PIEZAS.items():
   PIEZAS[name] = [[[int(i) for i in p] for p in r.splitlines()]
for r in rotations]
```

Habría sido un estorbo anotar, directamente, el objeto con esta nomenclatura, motivo por el que se pasa por un estado intermedio, que resulta mucho más sencillo de escribir. La operación no tiene coste alguno, puesto que se realiza una única vez.

También habríamos podido almacenar esta información con algún formato que utilizara menos espacio, aunque se da preferencia a la flexibilidad y la facilidad de uso frente al puro rendimiento, en este ejemplo.

Es preciso, a continuación, definir los datos en todo el entorno. He aquí los datos básicos:

```
TAMAÑO_VENTANA = 640, 480
DIM_TABLERO = 10, 20
BORDE_TABLERO = 4
TAMAÑO_BLOQUE = 20, 20
```

El tamaño de la ventana, el tamaño de cada bloque, el espacio del borde y la capacidad del tablero de juego son conocidos. Todos los demás datos se calculan a partir de estos datos de partida, cuyo control basta para determinar los siguientes parámetros:

```
TAMAÑO_TABLERO = tuple([DIM_TABLERO[i]*TAMAÑO_BLOQUE[i] for i in range(2)])
TAMAÑO_TABBORDE = tuple([DIM_TABLERO[i]*TAMAÑO_BLOQUE[i]
+BORDE_TABLERO*2 for i in range(2)])
```

El tablero es el contenido de las piezas y lo que se denomina «tabborde» es el tablero con su borde, donde se realiza el cálculo para evitar repetirlo con cada representación.

```
MARGEN = tuple([TAMAÑO_VENTANA[i]-TAMAÑO_TABLERO[i]-
BORDE_TABLERO*2 for i in range(2)])
START_TABLERO= int(MARGEN[0]/2), MARGEN[1]+2*BORDE_TABLERO
START_TABBORDE = int(MARGEN[0]/2)-BORDE_TABLERO,
MARGEN[1]+BORDE_TABLERO
```

Las demás constantes son las coordenadas de representación de los datos secundarios:

```
CENTRO_VENTANA = tuple([TAMAÑO_VENTANA[i]/2 for i in range(2)])
POS = CENTRO_VENTANA[0], CENTRO_VENTANA[1]+100
POSICION_MARCADOR = TAMAÑO_VENTANA[0] - START_TABBORDE[0] / 2, 120
POSICION_PIEZAS = POSICION_MARCADOR[0], 150
POSICION_LINEAS = POSICION_MARCADOR[0], 180
POSICION_TETRIS = POSICION_MARCADOR[0], 210
POSICION_NIVEL = POSICION_MARCADOR[0], 240
```

Y, por último, la definición de la gravedad. Cada tercio de segundo, aproximadamente, la pieza en curso desciende una casilla.

```
GRAVEDAD = 0.35
```

Existe una variante clásica que consiste en disminuir este valor en función del nivel alcanzado, para hacer los siguientes niveles más complicados.

A continuación, no debemos olvidar el significado de la suma para una n-tupla, que es la concatenación de valores De este modo, la suma de dos 2-tuplas devuelve una 4-tupla. Esta operación se utilizará con abundancia en lo sucesivo.

Como este capítulo se centra únicamente en la creación del juego utilizando PyGame, no se construye una arquitectura pesada como la que podría realizarse con una clase que permitiera gestionar una pieza, una clase encargada de gestionar el tablero de juego, una clase para gestionar la representación... Se opta por una construcción más sencilla, aunque se utiliza la orientación a objetos con una clase que permite gestionar el conjunto, para disponer de un espacio de nombres claro. Todas las variables compartidas entre los métodos son, de este modo, simples atributos.

Para comenzar, he aquí los módulos utilizados (junto a nuestras constantes):

```
# -*- coding: utf-8 -*-

import random
import time
import pygame
import sys
from pygame.locals import *

from constantes import *
```

He aquí nuestra clase Juego y su inicialización. Se crea un objeto reloj y una superficie sobre la que dibujar, dos tipos de letra para mostrar los textos y se asigna un título a la ventana:

```
class Juego(object):
    def __init__(self):
        pygame.init()
        self.clock = pygame.time.Clock()
        self.surface = pygame.display.set_mode(TAMAÑO_VENTANA)
        self.fuentes = {
            'predeterminada': pygame.font.Font('freesansbold.ttf', 18),
            'titulo': pygame.font.Font('freesansbold.ttf', 100),
        }
        pygame.display.set_caption('Aplicación Tetris')
```

He aquí el primer método, que se encarga de acoger al jugador. Se muestran dos textos, un título y se entra en modo de espera utilizando métodos de nuestra clase:

```
    def start(self):
        self._mostrarTexto('Tetris', CENTRO_VENTANA, fuente='titulo')
        self._mostrarTexto('Pulse una tecla...', POS)
        self._espera()
```

El método de final de partida muestra el texto «Ha perdido», pone el juego en espera y, al final de la espera, sale de la aplicación:

```
    def stop(self):
        self._mostrarTexto('Ha perdido', CENTRO_VENTANA, fuente='titulo')
        self._espera()
        self._salir()
```

© Editions ENI - All rights reserved

He aquí el método que permite mostrar un texto:

```
    def _mostrarTexto(self, texto, posicion, color=9,
fuente='predeterminada'):
#       print("Mostrar texto")
        fuente = self.fuentes.get(fuente, self.fuentes['predeterminada'])
        color = COLORES.get(color, COLORES[9])
        repres = fuente.render(texto, True, color)
        rect = repres.get_rect()
        rect.center = posicion
        self.surface.blit(repres, rect)
```

El método es muy sencillo. Consiste en recuperar un tipo de letra creado previamente, seleccionar un color (que puede escogerse gracias a un parámetro opcional de nuestro método) y crear la representación. Esta representación dispone de un método **get_rect** que contiene la información relativa a la situación que ocupa y su colocación. Dispone de un método **center** que nos permite ubicar el elemento centrado en un punto particular.
A continuación, se utiliza la superficie y su método **blit** para agregar la representación, indicando su posición. En todo lo que se ha construido hasta el momento, el estado de las variables se ha modificado, pero no la representación. Para el jugador, la última imagen generada es todavía la que visualiza.
He aquí el método que permite entrar en modo de espera:

```
    def _espera(self):
        print("Espera")
        while self._getEvent() == None:
            self._restituir()
```

Claramente, este método dice «Mientras no reciba un evento, me quedo en espera». Veamos, a continuación, cómo se realiza la restitución:

```
    def _restituir(self):
        pygame.display.update()
        self.clock.tick()
```

La primera línea del método remplaza la imagen actual, que visualiza el usuario, por la que se acaba de crear.
El segundo método permite al script no concluir demasiado rápido ni consumir muchos recursos. Permite, también, asegurar una cierta regularidad similar al «tiempo humano» al bucle.
He aquí cómo se recuperan los eventos captados por PyGame:

```
    def _getEvent(self):
        for event in pygame.event.get():
            if event.type == QUIT:
                self._salir()
            if event.type == KEYUP:
                if event.key == K_ESCAPE:
                    self._salir()
            if event.type == KEYDOWN:
                if event.key == K_ESCAPE:
                    continue
                return event.key
```

El método **pygame.event.get** devuelve un conjunto de eventos que acaban de capturarse. Es preciso iterar entre ellos para ver si es alguno de los que nos interesan. Cada evento posee un tipo y, para los eventos de teclado, un atributo que permite saber qué tecla es la afectada.

Los eventos de tipo QUIT (que detienen la aplicación a partir de una señal del sistema, o al hacer clic en el aspa de la ventana administrada por el sistema operativo) se gestionan para cerrar la aplicación. Los demás eventos se reenvían.

Observe el procesamiento de las teclas. La tecla de escape se captura cuando se levanta el dedo de ella, mientras que las demás teclas se capturan en el momento en que se presionan. Este tipo de captura hace que el hecho de presionar continuamente una tecla no tenga ningún efecto. Es posible querer gestionar este aspecto, aunque sería preciso introducir una noción suplementaria que es «durante cuánto tiempo recibo información» sin que la aplicación se vuelva ingobernable.

He aquí la función que permite salir de la aplicación:

```
    def _salir(self):
        print("Salir")
        pygame.quit()
        sys.exit()
```

Se detiene el proceso **Pygame** y se utiliza la función **exit** del módulo **sys**, clásica.

Hemos gestionado, hasta el momento, todo salvo el propio juego.

En primer lugar gestionamos una nueva pieza y recuperamos su color:

```
    def _getPiece(self):
        return PIEZAS.get(random.choice(PIEZAS_KEYS))
    def _getCurrentPieceColor(self):
        for l in self.current[0]:
             for c in l:
                if c != 0:
                     return c
```

Cada pieza se gestiona mediante la posición que ocupa en el tablero de juego. Existen tres parámetros que son, respectivamente, el eje horizontal, el eje vertical (la coordenada puede ser negativa, dado que cuando entra en el tablero la pieza aparece por encima del propio tablero de juego) y la rotación de la pieza (puede tener una, dos o cuatro distintas rotaciones en función de las piezas).

A continuación, es necesario traducir esta posición mediante un grupo de coordenadas de cada cubo de la pieza (siempre tendremos cuatro sobre el tablero de juego). Se trata de las coordenadas que se comprueban para saber si una pieza puede ocupar una posición o no.

```
    def _calcularDatosPiezaEnCurso(self):
        m=self.current[self.position[2]]
        coords = []
        for i, l in enumerate(m):
            for j, k in enumerate(l):
                if k != 0:
                    coords.append([i+self.position[0],
j+self.position[1]])
        self.coordenadas = coords
```

© Editions ENI - All rights reserved

La problemática esencial consiste en saber si una posición de la pieza en curso (la que está cayendo actualmente) es válida.

Podemos conocer si la posición actual es válida cuando los tres parámetros son nulos. Buscamos anticipar la situación para saber si es posible realizar un desplazamiento lateral, cuando **x** recibe un valor positivo o negativo; si es posible realizar un desplazamiento hacia abajo, cuando **y** tiene un valor positivo, o si es posible realizar una rotación, cuando **r** tiene valor positivo.

En los dos primeros casos, las coordenadas son fáciles de calcular, aunque en el último caso es preciso simular que la pieza ha rotado y, a continuación, recalcular las coordenadas (observe el uso del módulo para iterar sobre las posibilidades de rotación):

```
    def _esValida(self, x=0, y=0, r=0):
        max_x, max_y = DIM_TABLERO
        if r == 0:
            coordenadas = self.coordenadas
        else:
            m=self.current[(self.position[2]+r) %len(self.current)]
            coords = []
            for i, l in enumerate(m):
                for j, k in enumerate(l):
                    if k != 0:
  coords.append([i+self.position[0], j+self.position[1]])
               coordenadas = coords
#              print("Rotación comprobada: %s" % coordenadas)
```

A continuación se comprueba si cada cubo está bien situado lateralmente:

```
        for cx, cy in coordenadas:
            if not 0 <= x + cx < max_x:
#               print("No válido para X: cx=%s, x=%s" % (cx, x))
            return False
```

Si alguno de los cubos está situado verticalmente fuera del tablero de juego (todavía no ha aparecido), se ignora:

```
            elif cy <0:
                continue
```

En caso contrario, debe encontrarse por encima del límite de la base:

```
             elif y + cy >= max_y:
#                      print("No válido para Y: cy=%s, y=%s" % (cy, y))
                      return False
```

Por último, debe estar situado en algún lugar del tablero desocupado:

```
             else:
                  if self.tablero[cy+y][cx+x] != 0:
#                         print("Posición ocupada en el tablero")
                          return False
```

Si ninguno de los cuatro cubos incumple alguna de las reglas anteriores, la posición comprobada es válida:

```
#       print("Posición comprobada válida: x=%s, y=%s" % (x, y))
        return True
```

A continuación, es preciso gestionar la problemática relacionada con el reposo de una pieza. Cuando una pieza alcanza la parte inferior del tablero de juego, se dice que reposa, y el juego debe continuar con una nueva pieza. Pero, antes, es preciso realizar ciertas comprobaciones.

Si alguno de los cubos de la pieza no hubiera entrado en juego o estuviera situado en el límite, la partida estaría perdida:

```
    def _reposarPieza(self):
            print("La pieza reposa")
            if self.position[1] <= 0:
                  self.perdido = True
```

En caso contrario, la pieza en curso se sitúa en el tablero de juego, y verificamos las posibles líneas completadas, almacenando su índice.

```
             # Agregar la pieza al tablero
            color = self._getCurrentPieceColor()
            for cx, cy in self.coordenadas:
                  self.tablero[cy][cx] = color
            completadas = []
            # calcular las líneas completadas
            for i, line in enumerate(self.tablero[::-1]):
                  for case in line:
                        if case == 0:
                              break
                  else:
                        print self.tablero
                        print ">>> %s" % (DIM_TABLERO[1]-1-i)
                        completadas.append(DIM_TABLERO[1]-1-i)
```

A continuación, se eliminan todas aquellas líneas que se han completado:

```
            lineas = len(completadas)
            for i in completadas:
                  self.tablero.pop(i)
```

Y se remplazan por líneas vacías que aparecen por la parte superior del tablero:

```
            for i in range(lineas):
                  self.tablero.insert(0, [0] * DIM_TABLERO[0])
```

Se calcula la puntuación:

```
            # calcular la puntuación
            self.lineas += lineas
            self.puntuacion += lineas * self.nivel
            self.nivel = int(self.lineas / 10) + 1
            if lineas >= 4:
                  self.tetris +=1
                  self.puntuacion += self.nivel * self.tetris
```

© Editions ENI - All rights reserved

Por último, se deshabilita la pieza en curso:

```
            # Finaliza el trabajo con la pieza en curso
            self.current = None
```

Estas distintas etapas podrían llevarse a cabo en un método particular para poder gestionarlas por separado, aunque se ejecutan todas en bloque cuando aterriza una pieza.
He aquí, a continuación, otras problemáticas más fáciles, como la inicialización del tablero de juego:

```
    def _first(self):
            self.tablero = [[0] * DIM_TABLERO[0] for i in
range(DIM_TABLERO[1])]
            self.puntuacion, self.piezas, self.lineas, self.tetris,
self.nivel = 0, 0, 0, 0, 1
            self.current, self.next, self.perdido = None,
self._getPiece(), False
```

La petición de una nueva pieza y la inicialización de los atributos necesarios:

```
    def _next(self):
        print("Pieza siguiente")
        self.current, self.next = self.next, self._getPiece()
        self.piezas += 1
        self.position = [int(DIM_TABLERO[0] / 2)-2, -4, 0]
        self._calcularDatosPiezaEnCurso()
        self.ultimo_movimiento = self.ultima_caida = time.time()
```

Por último, he aquí cómo asociar las acciones a los eventos que se van a controlar:

```
    def _gestionarEventos(self):
            event = self._getEvent()
```

En primer lugar, la pausa (la pantalla se vuelve negra y se muestra un texto):

```
            if event == K_p:
                print("Pausa")
                self.surface.fill(COLORES.get(0))
                self._mostrarTexto('Pausa', CENTRO_VENTANA,
fuente='titulo')
                self._mostrarTexto('Pulse una tecla...', POS)
                self._espera()
```

A continuación los movimientos laterales:

```
            elif event == K_LEFT:
                print("Movimiento a la izquierda")
                if self._esValido(x=-1):
                    self.position[0] -= 1
            elif event == K_RIGHT:
                print("Movimiento a la derecha")
                if self._esValido(x=1):
                    self.position[0] += 1
```

La aceleración hacia abajo:

```
            elif event == K_DOWN:
                print("Movimiento hacia abajo")
                if self._esValido(y=1):
                    self.position[1] += 1
```

La rotación de una pieza:

```
            elif event == K_UP:
                print("Movimiento de rotación")
                if self._esValido(r=1):
                    self.position[2] = (self.position[2] + 1)
%len(self.current)
```

La posibilidad de hacer descender una pieza hasta abajo de manera inmediata (que requiere cálculos intermedios sobre la pieza en curso):

```
            elif event == K_SPACE:
                print("Movimiento de caída %s / %s" %
(self.position, self.coordenadas))
                if self.position[1] <=0:
                    self.position[1] = 1
                    self._calcularDatosPiezaEnCurso()
                a = 0
                while self._esValido(y=a):
                    a+=1
                self.position[1] += a-1
            self._calcularDatosPiezaEnCurso()
```

Por último, se muestra cómo gestionar la gravedad, solicitando que las piezas desciendan lentamente:

```
    def _gestionarGravedad(self):
        if time.time() - self.ultima_caida > GRAVEDAD:
            self.ultima_caida = time.time()
            if not self._esValido():
                print ("Se está en una posición inválida")
                self.position[1] -= 1
                self._calcularDatosPiezaEnCurso()
                self._reposarPieza()
            elif self._esValido() and not self._esValido(y=1):
                self._calcularDatosPiezaEnCurso()
                self._reposarPieza()
            else:
                print("Desplazamiento hacia abajo")
                self.position[1] += 1
                self._calcularDatosPiezaEnCurso()
```

Se verifica si la pieza reposa o no.

© Editions ENI - All rights reserved

Por último, he aquí el método que permite dibujar el tablero utilizando funcionalidades de PyGame. Empezamos pintando todo de negro, y seguidamente se muestran los elementos unos a continuación de los otros. Si se superponen, se visualizará el último objeto dibujado.

```
    def _dibujarTablero(self):
            self.surface.fill(COLORES.get(0))
```

Diseño del borde del tablero:

```
            pygame.draw.rect(self.surface, COLORES[8],
START_TABBORDE+TAMAÑO_TABBORDE, BORDE_TABLERO)
```

Dibujamos los cubos ya presentes en el tablero:

```
          for i, linea in enumerate(self.tablero):
              for j, case in enumerate(linea):
                 color = COLORES[case]
                 position = j, i
                 coordenadas = tuple([START_TABLERO[k] +
position[k] * TAMAÑO_BLOQUE[k] for k in range(2)])
                   pygame.draw.rect(self.surface, color,
coordenadas + TAMAÑO_BLOQUE)
```

Diseño de la pieza en curso:

```
          if self.current is not None:
              for position in self.coordenadas:
                 color =  COLORES.get(self._getCurrentPieceColor())
                  coordenadas = tuple([START_TABLERO[k] +
position[k] * TAMAÑO_BLOQUE[k] for k in range(2)])
                   pygame.draw.rect(self.surface, color,
coordenadas + TAMAÑO_BLOQUE)
```

Visualización de la información situada a la derecha:

```
          self._mostrarTexto('Puntuación: >%s' % self.puntuacion,
POSICION_MARCADOR)
          sself._mostrarTexto(u'Piezas: %s' % self.piezas, POSICION_PIEZAS)
            sself._mostrarTexto('Líneas: %s' % self.lineas, POSICION_LINEAS)
            sself._mostrarTexto('Tetris: %s' % self.tetris, POSICION_TETRIS)
            sself._mostrarTexto('Nivel: %s' % self.nivel, POSICION_NIVEL)
```

Representación de lo que se acaba de dibujar utilizando el método:

```
            sself._restituir()
```

He aquí, por último, el método que gestiona el juego. Se comienza pintando la pantalla de negro, ejecutando la inicialización mediante la llamada a **`_first`** y realizando un bucle mientras no se pierda la partida.

Este bucle gestiona los eventos recibidos, la gravedad y, por último, dibuja los componentes. En realidad, estos tres métodos son una división que permite ver el conjunto de manera más clara, con métodos más cortos.

Si la pieza en curso reposa, se crea otra invocando al método **`_next`**.

He aquí el código:

```
    def play(self):
            print("Jugar")
            self.surface.fill(COLORES.get(0))
            self._first()
            while not self.perdido:
                if self.current is None:
                    self._next()
                self._gestionarEventos()
                self._gestionarGravedad()
                self._dibujarTablero()
```

He aquí, para finalizar, cómo ejecutar el juego, con las tres fases que acabamos de construir:

```
if __name__ == '__main__':
    j = Juego()
    print("Juego listo")
    j.start()
    print("Arranca la partida")
    j.play()
    print("Finaliza la partida")
    j.stop()
    print("Detención del programa")
```

Para que el juego esté terminado, solo nos queda mostrar la siguiente pieza en la parte derecha o izquierda de la pantalla, junto al tablero de juego.

Es posible agregar variantes. Por ejemplo, mostrar las tres piezas siguientes, en lugar de una sola. Podemos, también, utilizar tableros de distintos tamaños y ver las problemáticas que presentan, o incluso trabajar sobre un cálculo diferente de la puntuación agregando un bonus siempre que se realice un tetris. Es posible, también, gestionar de manera distinta la interfaz de usuario y permitir que se jueguen varias partidas seguidas, o incluso gestionar un palmarés de puntuaciones.

Una vez dominados los conceptos de PyGame, tan solo queda dividir el código que compone el juego en una parte de servidor (que gestiona la problemática vinculada al cálculo de los datos del juego, al tiempo real y a la visualización por pantalla) y una parte cliente (que gestiona la interacción con el teclado). Es, a continuación, posible mejorar la parte del servidor permitiendo jugar a varios jugadores, modificando el gameplay o incluso remplazando la parte cliente por una inteligencia artificial.

En lo relativo a PyGame, se han visto aquí los conceptos más elementales y, una vez dominados, es posible utilizar otros conceptos de más alto nivel que permiten facilitar el desarrollo, como por ejemplo los **`Sprites`**.

© Editions ENI - All rights reserved

# Anexos

## 1. Objetos mutables y no mutables

Uno de los principales errores en Python consiste en confundir los objetos mutables con los objetos no mutables.
He aquí algunos ejemplos de código:

| Mutable | No mutable |
|---|---|
| `>>> def funcion(lista=[]):`<br>`...     pass # Resto del código` | `>>> def funcion(n_uplet=()):`<br>`...     pass # Resto del código` |

La declaración de la función se realiza en el momento de la lectura del código. Los parámetros por defecto se crean en este momento, es decir, se crean una única vez para siempre. Modificar un objeto no mutable equivale a crear un nuevo objeto y cambiar el puntero de la variable, de modo que no existe ningún problema. Modificar un objeto mutable equivale a alterar un objeto tras la llamada siguiente. Aquí tenemos otro ejemplo:

```
>>> def funcion(lista=[]):
...     lista.append(42)
...     print(lista)
...
```

Si se pasa un argumento, no se usa el valor por defecto. Entonces todo va bien:

```
>>> funcion([0])
[0, 42]
>>> funcion([0])
[0, 42]
```

Sin embargo, cuando se usa un valor por defecto, se reutilizará una variable cuyo espacio de memoria se asigna en el momento de la creación de la función. Por lo tanto, si esta variable se modifica durante la ejecución de la función, el estado modificado será el punto de partida en la siguiente llamada:

```
>>> funcion()
[42]
>>> funcion()
[42, 42]
>>> funcion()
[42, 42, 42]
```

Pero si el parámetro deseado es obligatoriamente una lista y no una n-tupla, entonces hay que hacer:

```
>>> def funcion(lista=None):
...     if lista is None:
...         lista = []
...     # Resto del código
```

He aquí otro error clásico:

```
>>> cadena.replace('buscar e', 't reemplazar')
```

Vemos que el reemplazo no se lleva a cabo. Todos los métodos de la cadena de caracteres, objeto no mutable, no modifican el objeto (cuya zona de memoria no es modificable) sino que devuelven uno nuevo, que contiene las modificaciones.
Si se olvida la asignación, no se realiza la operación deseada. Habría sido necesario hacer:

```
>>> cadena.replace(buscar e', 't reemplazar')
```

Por el contrario:

```
>>> lista = [5, 8, 2, 7, 4, 9]
>>> lista = lista.sort()
>>> print(lista)
None
```

Aquí, la lista se modifica en el sitio y el método `sort` no devuelve nada (por lo que devuelve `None`). Asignando el valor devuelto por el método `sort` a nuestra variable, perdemos en realidad su contenido.
Habría sido necesario hacer esto:

```
>>> lista = [5, 8, 2, 7, 4, 9]
>>> lista.sort()
>>> print(lista)
[2, 4, 5, 7, 8, 9]
```

He aquí un último ejemplo:

```
>>> a = [(), []]
>>> a *= 2
>>> a[0] += (42,)
>>> a[1] += [34]
>>> a
[(42,), [34], (), [34]]
```

© Editions ENI - All rights reserved

Duplicando la lista original (segunda línea de código), se duplican los punteros a la n-tupla vacía y la lista vacía. Cuando se modifica la n-tupla (tercera línea), se cambia el puntero hacia la nueva n-tupla modificada, mientras que, cuando se modifica la lista (cuarta línea), se modifica el objeto que está apuntado por los rangos `1` y `3` de la lista `a`.

Tenemos aquí un efecto colateral que puede resultar particularmente molesto (la solución sería realizar una copia, o una copia profunda).

Al extraer una sublista de nuestra lista (incluso si contiene todos los elementos), se la duplica en otra zona de memoria.

Aquí vemos cómo hacer una copia y una copia profunda:

```
>>> from copy import copy, deepcopy
>>> copia_a = copy(a)
>>> copia_profunda_a = deepcopy(a)
```

Aquí vemos cómo hacer una copia simple:

```
>>> a = [(), []]
>>> a = a + a[:]
>>> a[0] += (42,)
>>> a[1] += [34]
>>> a
[(42,), [34], (), []]
```

He aquí una lista de los principales tipos de objetos, clasificados según si son mutables o no:

| Categoría | Mutable | No mutable |
|---|---|---|
| Números | | int<br>float<br>complex<br>double |
| Cadenas de caracteres | | str |
| Bytes | bytearray | bytes |
| Secuencias | list | tuple |
| Diccionario | dict | frozendict (https://pypi.python.org/pypi/frozen-dict/,<br>http://legacy.python.org/dev/peps/pep-0416/) |
| Conjunto | Set | frozenset |
| Otras colecciones | dequee<br>namedtuple<br>defaultdict | |
| Objetos | object | |

Es importante tener esta información en mente cuando se utiliza un objeto para evitar errores similares a los presentados en el ejemplo anterior. Como habrá podido ver, los objetos representables como literales son inmutables, mientras que las colecciones más útiles son mutables, así como los objetos.

## 2. Tabla Unicode

### 2.1 Script

He aquí un script que genera una tabla Unicode y permite enumerar todos los caracteres disponibles en la máquina en curso, así como su ordinal:

```
>>> tabla_unicode = [{'n°': r'%3d' % i, 'char': '%c' % i} for i in
range(33, 2043)]
>>> import csv
>>> with open('tabla_unicode.csv', 'w') as f:
...     writer = csv.DictWriter(f, ('n°', 'char'))
...     writer.writeheader()
...     writer.writerows(tabla_unicode)
...
```

Esto produce un documento de más de 2000 líneas que es una pequeña parte del Unicode, aunque contiene sin duda todo lo esencial (y lo que se va a utilizar) en las primeras 200 líneas, o incluso 400, si se desea acceder a todos los caracteres europeos.

## 3. Bytes

### 3.1 Script

Un byte es exactamente equivalente a un número y este número se puede representar bajo su forma decimal, octal o hexadecimal.

```
>>> def int_and_bytes():
...     print('+-----+---------+------+------+')
...     print('| int |  bytes  | octal | hexa |')
...     print('+-----+---------+------+------+')
...     for i in range(256):
...             print('| %3d | %-7s | %#-5o | %#-4x |' % (i,
i.to_bytes(1, 'big'), i, i))
...     print('+-----+---------+------+------+')
...
>>> int_and_bytes()
```

© Editions ENI - All rights reserved

## 3.2 Resultado

```
+-------+---------+-------+-------+
| int   |  bytes  | octal | hexa  |
+-------+---------+-------+-------+
|   0   | b'\x00' | 0o0   | 0x0   |
|   1   | b'\x01' | 0o1   | 0x1   |
|   2   | b'\x02' | 0o2   | 0x2   |
|   3   | b'\x03' | 0o3   | 0x3   |
|   4   | b'\x04' | 0o4   | 0x4   |
|   5   | b'\x05' | 0o5   | 0x5   |
|   6   | b'\x06' | 0o6   | 0x6   |
|   7   | b'\x07' | 0o7   | 0x7   |
|   8   | b'\x08' | 0o10  | 0x8   |
|   9   | b'\t'   | 0o11  | 0x9   |
|  10   | b'\n'   | 0o12  | 0xa   |
|  11   | b'\x0b' | 0o13  | 0xb   |
|  12   | b'\x0c' | 0o14  | 0xc   |
|  13   | b'\r'   | 0o15  | 0xd   |
|  14   | b'\x0e' | 0o16  | 0xe   |
|  15   | b'\x0f' | 0o17  | 0xf   |
|  16   | b'\x10' | 0o20  | 0x10  |
|  17   | b'\x11' | 0o21  | 0x11  |
|  18   | b'\x12' | 0o22  | 0x12  |
|  19   | b'\x13' | 0o23  | 0x13  |
|  20   | b'\x14' | 0o24  | 0x14  |
|  21   | b'\x15' | 0o25  | 0x15  |
|  22   | b'\x16' | 0o26  | 0x16  |
|  23   | b'\x17' | 0o27  | 0x17  |
|  24   | b'\x18' | 0o30  | 0x18  |
|  25   | b'\x19' | 0o31  | 0x19  |
|  26   | b'\x1a' | 0o32  | 0x1a  |
|  27   | b'\x1b' | 0o33  | 0x1b  |
|  28   | b'\x1c' | 0o34  | 0x1c  |
|  29   | b'\x1d' | 0o35  | 0x1d  |
|  30   | b'\x1e' | 0o36  | 0x1e  |
|  31   | b'\x1f' | 0o37  | 0x1f  |
|  32   | b' '    | 0o40  | 0x20  |
|  33   | b'!'    | 0o41  | 0x21  |
|  34   | b'"'    | 0o42  | 0x22  |
|  35   | b'#'    | 0o43  | 0x23  |
|  36   | b'$'    | 0o44  | 0x24  |
|  37   | b'%'    | 0o45  | 0x25  |
|  38   | b'&'    | 0o46  | 0x26  |
|  39   | b"'"    | 0o47  | 0x27  |
|  40   | b'('    | 0o50  | 0x28  |
|  41   | b')'    | 0o51  | 0x29  |
|  42   | b'*'    | 0o52  | 0x2a  |
```

```
|  43   | b'+'    | 0o53  | 0x2b  |
|  44   | b','    | 0o54  | 0x2c  |
|  45   | b'-'    | 0o55  | 0x2d  |
|  46   | b'.'    | 0o56  | 0x2e  |
|  47   | b'/'    | 0o57  | 0x2f  |
|  48   | b'0'    | 0o60  | 0x30  |
|  49   | b'1'    | 0o61  | 0x31  |
|  50   | b'2'    | 0o62  | 0x32  |
|  51   | b'3'    | 0o63  | 0x33  |
|  52   | b'4'    | 0o64  | 0x34  |
|  53   | b'5'    | 0o65  | 0x35  |
|  54   | b'6'    | 0o66  | 0x36  |
|  55   | b'7'    | 0o67  | 0x37  |
|  56   | b'8'    | 0o70  | 0x38  |
|  57   | b'9'    | 0o71  | 0x39  |
|  58   | b':'    | 0o72  | 0x3a  |
|  59   | b';'    | 0o73  | 0x3b  |
|  60   | b'<'    | 0o74  | 0x3c  |
|  61   | b'='    | 0o75  | 0x3d  |
|  62   | b'>'    | 0o76  | 0x3e  |
|  63   | b'?'    | 0o77  | 0x3f  |
|  64   | b'@'    | 0o100 | 0x40  |
|  65   | b'A'    | 0o101 | 0x41  |
|  66   | b'B'    | 0o102 | 0x42  |
|  67   | b'C'    | 0o103 | 0x43  |
|  68   | b'D'    | 0o104 | 0x44  |
|  69   | b'E'    | 0o105 | 0x45  |
|  70   | b'F'    | 0o106 | 0x46  |
|  71   | b'G'    | 0o107 | 0x47  |
|  72   | b'H'    | 0o110 | 0x48  |
|  73   | b'I'    | 0o111 | 0x49  |
|  74   | b'J'    | 0o112 | 0x4a  |
|  75   | b'K'    | 0o113 | 0x4b  |
|  76   | b'L'    | 0o114 | 0x4c  |
|  77   | b'M'    | 0o115 | 0x4d  |
|  78   | b'N'    | 0o116 | 0x4e  |
|  79   | b'O'    | 0o117 | 0x4f  |
|  80   | b'P'    | 0o120 | 0x50  |
|  81   | b'Q'    | 0o121 | 0x51  |
|  82   | b'R'    | 0o122 | 0x52  |
|  83   | b'S'    | 0o123 | 0x53  |
|  84   | b'T'    | 0o124 | 0x54  |
|  85   | b'U'    | 0o125 | 0x55  |
|  86   | b'V'    | 0o126 | 0x56  |
|  87   | b'W'    | 0o127 | 0x57  |
|  88   | b'X'    | 0o130 | 0x58  |
|  89   | b'Y'    | 0o131 | 0x59  |
|  90   | b'Z'    | 0o132 | 0x5a  |
```

© Editions ENI - All rights reserved

```
|  91    | b'['     | 0o133 | 0x5b  |
|  92    | b'\\'    | 0o134 | 0x5c  |
|  93    | b']'     | 0o135 | 0x5d  |
|  94    | b'^'     | 0o136 | 0x5e  |
|  95    | b'_'     | 0o137 | 0x5f  |
|  96    | b'`'     | 0o140 | 0x60  |
|  97    | b'a'     | 0o141 | 0x61  |
|  98    | b'b'     | 0o142 | 0x62  |
|  99    | b'c'     | 0o143 | 0x63  |
| 100    | b'd'     | 0o144 | 0x64  |
| 101    | b'e'     | 0o145 | 0x65  |
| 102    | b'f'     | 0o146 | 0x66  |
| 103    | b'g'     | 0o147 | 0x67  |
| 104    | b'h'     | 0o150 | 0x68  |
| 105    | b'i'     | 0o151 | 0x69  |
| 106    | b'j'     | 0o152 | 0x6a  |
| 107    | b'k'     | 0o153 | 0x6b  |
| 108    | b'l'     | 0o154 | 0x6c  |
| 109    | b'm'     | 0o155 | 0x6d  |
| 110    | b'n'     | 0o156 | 0x6e  |
| 111    | b'o'     | 0o157 | 0x6f  |
| 112    | b'p'     | 0o160 | 0x70  |
| 113    | b'q'     | 0o161 | 0x71  |
| 114    | b'r'     | 0o162 | 0x72  |
| 115    | b's'     | 0o163 | 0x73  |
| 116    | b't'     | 0o164 | 0x74  |
| 117    | b'u'     | 0o165 | 0x75  |
| 118    | b'v'     | 0o166 | 0x76  |
| 119    | b'w'     | 0o167 | 0x77  |
| 120    | b'x'     | 0o170 | 0x78  |
| 121    | b'y'     | 0o171 | 0x79  |
| 122    | b'z'     | 0o172 | 0x7a  |
| 123    | b'{'     | 0o173 | 0x7b  |
| 124    | b'|'     | 0o174 | 0x7c  |
| 125    | b'}'     | 0o175 | 0x7d  |
| 126    | b'~'     | 0o176 | 0x7e  |
| 127    | b'\x7f'  | 0o177 | 0x7f  |
| [...]  | [...]    | [...] | [...] |
+-------+---------+-------+-------
```

La siguiente información es similar a la presentada para el ordinal 127.

El tipo Bytes se utiliza para gestionar problemáticas de bajo nivel.

## 4. Guía de migración a Python 3

Python 3 es, desde hace varios años, muy estable. Ha sabido convencer a los desarrolladores. Es un lenguaje resolutivo que mira al futuro y es bastante más fácil de aprender para los debutantes.

Si está acostumbrado a trabajar con Python 2, debe olvidar algunas cosas y habituarse a algunos cambios importantes.

Python 2 estaba previsto hasta 2015, aunque para permitir a la gran comunidad de usuarios migrar tranquilamente, la rama 2 ha visto su duración extendida hasta 2020.

Si tiene en su parque informático muchas aplicaciones en Python 2, debería migrarlas a Python 3 algún día, aunque apenas dispone de tiempo para organizarse (http://pythonclock.org).

Toda migración es, por definición, una tarea puramente técnica, que no aporta nada o casi nada a nivel funcional. Generalmente, este tipo de tareas se dejan para otro momento de manera indefinida.

Sin embargo, existen algunas ventajas: Python 3 es un lenguaje maduro, más sencillo de utilizar, todas las librerías modernas o indispensables están migradas y, sobre todo, si migra hoy, no tendrá que migrar más tarde el código producido entre tanto.

Antes de comenzar, debe saber si todas las librerías que necesita están migradas y, para ello, no hace falta pasarse una eternidad comprobando los módulos uno por uno leyendo su documentación. Puede instalar esto:

```
$ sudo pip install caniusepython3
```

A continuación, debe utilizar la herramienta pasándole como parámetro su lista de módulos utilizados (idealmente, en un archivo, si el proyecto está correctamente empaquetado, o, por defecto, citando estos módulos):

```
$ caniusepython3 -r requirements.text
$ caniusepython3 -p pygal django pillow
```

Si alguno de los módulos no es válido, habrá que consultar su documentación para saber si ha sido reemplazado, si va a serlo o si existe alguna otra alternativa (como Pillow para PIL).

Si todo es correcto, es el momento ideal para comenzar a migrar progresivamente, empezando por sus aplicaciones más antiguas; y lo ideal es migrar de manera que el código sea compatible con Python 2 y Python 3 para poder realizar el cambio el día D sin problema.

Sepa, para comenzar, que las ramas antiguas de Python 2 (Python 2.6 e inferiores) ya no están soportadas, igual que Python 3.3 e inferiores. Solo debe preocuparse de la compatibilidad entre Python 2.7, 3.4 y 3.5.

Si por azar realmente necesita mantener una compatibilidad con Python 2.5 o inferior, debe utilizar obligatoriamente la librería six:

```
$ sudo pip install six
```

Sin esta restricción, puede utilizar las librerías Modernize (http://python-modernize.readthedocs.org/en/latest/) y Futurize (http://python-future.org/automatic_conversion.html):

```
$ sudo pip install modernize future
```

© Editions ENI - All rights reserved

Estas dos librerías le proporcionan un medio bastante sencillo para convertir automáticamente su código en código compatible con las versiones 2.6 (bajo ciertas condiciones) 2.7, 3.3, 3.4 y 3.5.
Idealmente, debería crear una nueva rama en su control de versiones, y utilizar a continuación uno de estos dos módulos. Se trata principalmente de utilizar un comando (a elección):

```
$ python-moderniez - w module.py
$ futurize --stage2 module.py
```

Evidentemente, si dispone de muchas pruebas unitarias, tendrá una manera eficaz de detectar errores debidos a estas transformaciones. También podrá llamar a Pylint, pep8 o incluso a pyflake para verificar que el código obtenido es correcto.
Sin embargo, no puede dejar a un lado la necesidad de conocer las diferencias entre las dos ramas principales de Python.
Afortunadamente para usted, todo lo que necesita saber está resumido en una única página (http://python-future.org/compatible_idioms.html). Se trata esencialmente de la función print, de la sintaxis de las excepciones, del operador de división entre enteros, de enteros longs, del uso masivo de generadores, de la reorganización de los módulos, de la herencia de objetos por defecto, de las metaclases y, sobre todo, de las cadenas de caracteres Unicode y de los bytes.
Por último, si necesita más información, sepa que existe un libro escrito sobre este asunto (http://python3porting.com/) y que se puede descargar gratuitamente en línea (en inglés).

## 5. Cómo depurar

El medio más directo para depurar y configurar correctamente nuestro IDE (ya sea PyCharm o VSCode) es hacer clic en un número de línea. Si se trabaja con WS o dentro de un entorno virtual o incluso dentro de un contenedor Docker, habrá que configurar su IDE con el Python realmente usado por el programa.
Fuera del IDE, Python dispone del módulo pdb, que está integrado de manera directa dentro de la biblioteca estándar del lenguaje. Para activarlo:

```
>>> import pdb ; pdb.set_trace()
```

Esta línea contiene dos instrucciones, separadas por un punto y coma. Al contrario de las recomendaciones clásicas, la importación del módulo (instrucción import) no se coloca en la parte superior del archivo y no se respetan las PEP clásicas. De hecho, esta escritura en una sola línea permite comentar y descomentar la línea a voluntad; además, se trata de una línea que no se queda en la versión entregable del programa que se escribe.
Se puede recordar el hecho de que no es un problema importar varias veces el mismo módulo. En el peor de los casos, el segundo import no tiene ningún efecto.
Para las versiones Python 3.7 y superiores, hay una función nueva:

```
>>> breakpoint()
```

Entonces hay que iniciar el programa y realizar las acciones necesarias para llamar a la función o método que queremos depurar. Así se consigue un terminal como este:

```
(Pdb)
```

Ahora podemos escribir todas las instrucciones Python posibles (aunque sea difícil declarar una función o una clase de varias líneas, teniendo en cuenta que el avance de línea produce la ejecución del comando), incluidas las instrucciones que modifican el valor de variables locales.

Hay una serie de comandos que permiten moverse en el código:

- **p var**: muestra la variable **variable**.
- **pp var**: ídem, pero usa una visualización más legible, con ayuda del módulo pprint.
- **n**: ejecuta la línea actual e ir a la siguiente.
- **s**: vuelve a entrar en la función en la línea actual.
- **r**: termina la función actual y retoma su llamada en la línea siguiente.
- **j número**: ejecuta la función hasta el número de línea indicado.
- **c**: permite levantar el punto de parada y dejar que el programa continúe (hasta el siguiente).
- **q**: detiene el programa o la tarea actual.
- **l**: muestra 11 líneas de código alrededor de la línea actual.
- **ll**: muestra toda la función que se está ejecutando.
- **w**: muestra la pila de llamadas actual.

Hay contextos en los no es posible colocar con facilidad puntos de parada; por ejemplo, cuando el programa Python se ejecuta dentro de un contenedor Docker.

Para eso se puede usar el módulo `web_pdb` :

```
>>> import web_pdb ; web_pdb.set_trace()
```

Cuando se ejecuta esta línea, Python lanza un servidor web en el puerto 5555. Entonces solo hay que abrir un navegador en este puerto y veremos varias ventanas, un poco como si estuviera en un IDE. Es posible usar los mismos comandos para desplazarse dentro del programa y mostrar todas las informaciones deseadas.

Si está dentro de un contenedor Docker, tendrá que pensar en redireccionar el puerto, y si tiene varios contenedores que puedan ser objeto de depuración, tendrá que pensar en usar puertos de salida distintos.

Para el resto, esta solución, muy elegante, permite responder a todas las necesidades.

Hay que destacar que la función `breakpoint` se puede usar configurando una variable de entorno para declarar el módulo que se va a usar.

```
PYTHONBREAKPOINT = "web_pdb.set_trace"
```

© Editions ENI - All rights reserved

## 6. Cómo probar el rendimiento

La prueba de rendimiento se realiza en varios niveles.

Por un lado, tenemos el algoritmo que permite optimizar el código al nivel más fino. Para eso, existe el módulo `timeit` que permite medir el tiempo de ejecución medio de una función y comparar varios algoritmos para determinar el más rápido, así como el módulo `dis` que permite descompilar una función para ver lo que Python usa de verdad y estimar la complejidad.

Por último, la documentación de Python da información sobre la complejidad de las operaciones de base que también permite tener una idea clara de su rendimiento algorítmico: https://wiki.python.org/moin/TimeComplexity

A continuación, hay que ser consciente de las limitaciones de nuestras instrucciones.

Por ejemplo, cuando se va a abrir un archivo, se llamará a funcione del sistema y en ese proceso puede haber retrasos. Durante cortos periodos de tiempo, el programa Python está bloqueado esperando la respuesta del sistema. En estos casos prácticos, el uso de la programación asíncrona puede permitir aumentar el rendimiento con un coste menor. Esta tecnología bastante nueva es uno de los pilares principales del desarrollo del lenguaje Python.

Otro ejemplo, si varios usuarios utilizan un programa monotarea simultáneamente, solo uno de ellos puede ejecutar una acción en un momento dado mientras los otros están bloqueados esperando. También es posible que un programa quiera realizar varias tareas en paralelo: hacer un cálculo complejo, enviar un correo y actualizar la interfaz hombre-máquina del usuario. Para solucionar todos estos problemas tenemos la programación paralela, que permite manipular las tareas o procesos con facilidad.

Finalmente, también se puede dividir la aplicación o hacer que varias aplicaciones se comuniquen entre ellas usando un administrador de mensajes, como RabbitMQ o Kafka. Se trata de programación distribuida.

Todos estos casos prácticos son soluciones procedentes de la arquitectura de software que permiten mejorar los rendimientos a nivel global.

El libro Pyhton 3: tratamiento de datos y técnicas de programación gira alrededor de todas estas técnicas de programación.

© Editions ENI - All rights reserved

## !



## A

# B



© Editions ENI - All rights reserved

© Editions ENI - All rights reserved

## D

© Editions ENI - All rights reserved

## E

# F



© Editions ENI - All rights reserved

## G

# I



© Editions ENI - All rights reserved

© Editions ENI - All rights reserved

## N



© Editions ENI - All rights reserved

# P



© Editions ENI - All rights reserved

# R



© Editions ENI - All rights reserved

# S

© Editions ENI - All rights reserved

## U



## V



© Editions ENI - All rights reserved

# W



# X



# Y



# Z

Para poder acceder durante un año
a la versión online de este libro,
envíenos su justificante de compra a

**librodigital@ediciones-eni.com**

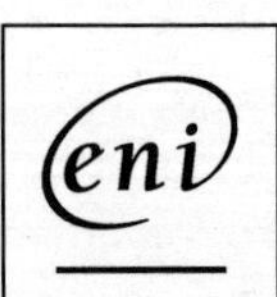